□ 운암 조신권 교수 전집 7

# 존 밀턴의 영성문학과 신학
### -서사 시학 탐색-

조 신권 지음

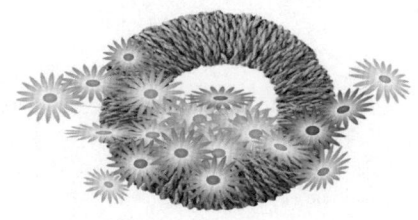

아가페문화사

# The Spiritual Literature and Theology

− Inquiry into Narrative Prosody −

by

Shin-kwon Cho

2015

Agape Culture Publishing Company

Seoul, Korea

## 雲菴 조신권 교수 전집을 펴내면서

지금까지 50여 년 간 연세대학교와 총신대학교 및 한국여자신학교에서 가르치고 연구하며 성경과 문학과의 가교를 놓는 일에 진력해 오신 우리들의 동료이자 은사이시며 신앙의 선배이신 雲菴 조신권 교수님의 학덕을 기리고, 신앙과 사상, 교육과 연구 및 문화와 학술 면에서 그가 세운 업적과 공적을 길이 보존하며, 후대에 널리 전승시키고 선양시키기 위하여 그의 전집을 펴내고자 합니다.

그 사이 연구하여 발표하고 출판했던 번역물들과 학술논저들, 그리고 틈틈이 써서 내놓았던 창작물들과 새로 쓴 것들을 모아 雲菴 전집 40권으로 묶어 펴내려 합니다. 이 40권 중에는 『성경의 문학적 탐구』를 비롯한 5권의 성경과 문학의 관계저서와 『존 밀턴의 문학과 사상』을 비롯한 9권의 영문학과 성경과의 관계 저서, 『한국문학과 기독교』를 비롯한 18권의 기타 기독교 관계 저서와 창작물, 『실낙원』을 비롯한 6권의 번역물과 해설, 그리고 2권의 부록이 포함됩니다. 운암전집 40권 가운데서 『인생여록』을 비롯한 저작전집 23권을 2016년까지 1차로 펴내서 전집 출간을 일단 마무리 하고, 2차로 창작전집 15권과 부록전집 2권 등 총 17권은 어떤 여건에도 구애받지 않고 자유롭게 출간하도록 하겠습니다.

이 전집에서 우리는 끊임없이 새로운 것을 추구하는 선생님의 정열과 도전 및 탐구 정신과 만나게 되고, 무엇보다 복음 안에서 모든 학문과 현상을 재구성하고 재창조하는 그의 탁월한 상상력과 용광로처럼 뜨거운 영성을 재체험(再體驗) 또는 감응감수(感應感受) 할 수가 있습니다. 이런 영성은 혼탁한 세대를 밝히는 등불이 될 것이고, 어디로 가야할 지를 모르는 사람들에게는 지팡이가 될 것입니다.

독자 여러분에게 놀라운 은혜와 감동 및 유익과 새로운 깨달음을 줄 수 있었으면 좋겠습니다. 동시에 그의 한결같은 일관성과 그의 쇠심줄 같은 끈기 및 그의 성문학(聖文學)에 대한 사명감 등을 공유할 수가 있었으면 좋겠습니다. 더구나 영상매체가 판을 치는 이때에 펴내는 이 전집이 천박해 지기 쉬운 우리들의 후학과 후손들의 품격을 고상하게 격상시켜 주는데 도움이 되었으면 좋겠습니다.

지속적인 후원과 기도를 부탁드리며 순차적으로 펴내도록 하겠습니다.


雲岩 조신권 교수 전집 출간후원회
고문 : 총신대 전 총장/현 대신대 총장/김인환 박사
대표 : 총신대 재단이사장 김영우 목사

# 머 리 말

　존 밀턴(John Milton, 1608-74)은 존 번연(John Bunyan, 1628-74)과 더불어 17세기 영국문학을 대표하는 청교도 작가다. 뿐만 아니라 그는 문학의 역사를 바꾼 인물들 가운데서도 아주 특출한 인물 중의 하나다. 또한 그는 사상적인 면에 있어서는 셰익스피어를 훨씬 능가하는 위대한 작가다.

　밀턴은 고금동서를 통틀어 가장 숭고한 시인이요 박력(迫力)과 기백(氣魄)이 넘치는 작가였다고 가히 말할 수 있다. 밀턴에게 이런 박력과 기백이 없었더라면 『실낙원』(Paradise Lost)같은 작품은 태어나지 못했을 것이다. 모리스의 『지상낙원』이나 로버트 브라우닝의 『반지와 책』 같은 작품이 졸음이 오는 시가 되어버린 것은 그들에게는 이런 박력과 기백이 없었기 때문이다. 밀턴의 시작풍토에 발을 들여놓고 『하이페리온』을 집필하던 키츠가 중도에서 펜을 던지고 새 출발을 시도한 것은 좋은 의미에서 말하면 '독자적인 길을 발견했기 때문이라'이라고 할 수 있지만, 실은 투철한 자아의식과 박력의 부족함을 통절히 자각했기 때문이었을 것이다. 밀턴의 작품만큼 기백과 박력이 넘치는 작품은 세계 어디서도 찾아볼 수 없다.

　학자들 간에는 밀턴을 가리켜 '예술가로서보다는 오히려 인생으로서 더 위대했다'고 평하는 사람들도 있지만, 사실상 그는 인생으로서도 위대했지만 예술가로서 더욱 위대하였다. 예술가로서 그는 너무 신학론에 치우쳐 재미보다는 교훈에 더 큰 비중을 둔 호교적인 작가라는 부정적인 평도 받지만, 이것은 진지한 주제를 다루는 서사시인들에게 있어서는 누구에게나 공통되는 요소였다고 할 수 있다. 호메로스(Homeros)와 베르길리우스(Virgileus) 및 단테(Dante) 모두가 다 그러했다. 그 면에서 있어서는 밀턴도 마찬가지였지만, 그 스케일의 웅대함과 사상의 숭고함, 및 서사시적인 진지성에 있어서는 그들을 훨씬 능가하였다고 말 할 수가 있다. 그래서 존 드라이든(John Dryden, 1631-1700)은 호메로스와 베르길리우스, 그리고 밀턴을 비교하면서 그의 탁월성을 단시로서 이렇게 표현하였다.

세 시인이, 세 먼 시대에 태어나
그리스와 이탈리아와 영국을 장식했다.
첫째 시인은 높은 사상에서,
다음 시인은 장엄함에서, 셋째는 이 모두에서 뛰어났다.
자연의 힘은 그 이상 더 갈 수 없어,
셋째를 낳으려고, 앞서간 둘을 합친 것이다.
— "밀턴에 관한 단시" 전문

Three poets, in three distant ages born,
Greece, Itlay, and England did adorn.
The first in liftiness of thought surpassed,
The next in majesty, in both the last:
The force of Nature could no farther go;
To make a third, she joined the former two.
— *Epigram on Milton*

여기서 세 시인이란 호메로스, 베르길리우스와 밀턴을 가리킨다. 호메로스는 높은 사상 면에서 뛰어나고 베르길리우스는 장엄함에서 뛰어나지만, 밀턴은 그 둘을 다 합쳐놓은 것과 같아서 사상에 있어서도 그리고 장엄함에 있어서도 모두 뛰어난다는 것이다.

그는 또한 사건을 아주 웅장하고 치밀하게 구성하는 능력과 재능도 갖고 있었다. 그가 주제로 성경에서 취한 인류타락이라는 주제는 사실상 단조롭고 무미건조하며 지극히 단순하고 짧은 사건으로 처리될 수가 있다. 만일 밀턴이 허구와 진실을 결합하여야 한다고 하는 어떤 제약 때문에, 그 간단한 사건만을 사실 그대로 취급하였다고 하면, 과연 오늘의『실낙원』같은 위대한 작품을 남길 수 있었을까 하는 것이 의문이다. 뿐만 아니라, 그는 호메로스나 셰익스피어처럼 많은 인물들을 만들어내지는 못했지만, 사탄과 알레고리칼 캐릭터인 '죄'(Sin)와 '죽음'(Death) 따위의 파괴적인 세력들에 대해서는 어느 누구도 따를 수 없는 괴력적인 필치와 탁월한 묘사력을 보여주었다. 이런 의미에서 그는 상상력이 뛰어난 예술가였다고 말할 수가 있다.

그리고 밀턴은 고뇌와 고통으로 점철된 패배의 삶을 살았던 사람이다. 그 패배는 가정에서의 실패와 공화주의자로서의 정치적인 실패, 그리고 통풍과 앞을 보지 못하게 되는 육체적인 실패 곧 실명으로 이어졌었다. 그러나 그는 이런 실패와 고난 속에 묻히지 아니하고 그 시련과 고난을 딛고 일어서서 그가 추구하던 진리의 빛을 찬란하게 발한 경건한 신앙인이요 크리스천 휴머니스트였다. 그런 밀턴에게 혹자들이 결점으로서 지적하는 그런 인간미가 다소 결여되었다 하드래도, 그것이 그의 작품비평이나 예술적 탁월성을 평가절하 하는 잣대가 될 수는 없다.

이와 같이, 그는 참으로 역사상 누구보다도 탁월한 시인이었고, 누구보다도 더 많은 업적을 남긴 작가였다. 그러면 그가 남긴 업적은 무엇인가? 그가 남긴 업적이 무엇인지를 다음과 같이 세 항목으로 나누어 천착해 보겠다.

첫째 그는 영국문학사상 누구와도 비교할 수 없는 다수의 탁월한 글과 저술을 남겼다. 운문 역을 포함하여, 좀 긴 것도 있고 아주 짧은 것도 있지만, 그는 90편의 서정시와 2편의 가면극을 라틴어나 영어로 썼고, 대학시절로부터 시작해서 그가 크롬웰의 공화정에 참여 하여 외국어 비서장관으로 일하면서, 시민과 가정의 자유, 정치적 자유, 그리고 종교적 자유와 언론출판의 자유를 주장한 무려 35여 편의 산문으로 된 논문과 수십 편의 편지를 써서 남겼다. 그리고 말년에는 2대 신앙의 서사시와 내용은 성경에서 따오고 형식은 그리스 비극의요소를 갖춘 1편의 비극 작품을 썼다. 이렇게 많은 작품을 남긴 문인은 셰익스피어 말고는 찾아보기 드물다. 이런 점에서 그는 아무도 부인할 수 없는 넓은 의미의 문화적인 업적을 남겼다고 할 수 있다.

 그리고 이 저술들 대부분을 쓰게 된 동기나 목적은 시민 교육이었다고 할 수 있다. 그가 뜻하는 바는 무력 혁명이 아니라 문학 교육을 통하여 나라를 사랑하는 엘리트 시민을 양육하는 것이었다. 그것이 서사시를 구상하고 처음부터 의도했던 밀턴의 의지였다. 그는 문학 교육을 통해 영국 젊은이들의 의식을 전환시켜 주려는 노력을 기울였다. 그런데 그것은 그리스적인 고전정신만을 가지고서는 불가능하다는 결론에 이르렀다. 그래서 그는 헤브라이즘을 기반으로 한 작품,『실낙원』,『복낙원』, 그리고『투사 삼손』같은 작품들을 쓰게 되었다. 이것은 헬레니즘적인 것이 판을 치던 시대에 이런 이단적인 것을 가지고 나서는 것은 크나큰 모험이요 도전이었다. 고전 서사시의 전통을 반드시 따르지 않아도 서사시가 될 수 있다는 아주 과감하고 유용한 선례를 보여준 것이었다. 이런 점에서 그는 문학사의 한 획을 긋는 위대한 위인이라 할 수 있다.

 둘째 그는 기독교적 세계관을 바탕으로 공화정을 주장하며 잉글랜드라는 공간에다 지상낙원을 건설해 보려는 야심만만한 포부를 품고 정치계에 뛰어들어 불철주야 올리버 크롬웰 정부에서 일을 하였다. 찰스 1세를 부패한 독재자로 몰아서 처형한 올리버 크롬웰이 의회파와 힘을 합쳐 공화정을 세우자, 밀턴은 외국어 비서장관이 되어 공화정을 대변하였고, 찰스 1세를 국가의 적으로 처단한 당위성을 변호하기도 하였다. 이것은 실로 목숨을 건 정치행각이었고 웬만한 소신이 없으면 할 수 없는 용기이기도 하였다. 전제군주를 처형하고 비록 짧은 기간이기는 하지만 크롬웰의 실제적인 정치 참모로서 공화정의 이념 형성을 위해 분골쇄신 노력하였으며, 공화정에 대해 반론을 펴는 사람들을 위해 공화정부 수립의 정당성을 변호하는 글을 쓰기도 하였다. 그러다가 그가 고작 얻은 것은 실명뿐이었다. 11년간의 공화정 정치가 물거품처럼 사라지자 그는 절망의 나락에 빠져서 한 동안 헤매다가 거기서 영안이 열려 새로운 빛을 찾게 되었다. 그것이 바로 정치와 같은 물리적인 것으로서는 이상 국가를 세울 수 없고 오로지 인간이 신앙을 통해 영석으로 중생할 때 비로소 가능하다는 것을 깨달은 것이었다. 그래서 그는 말년에 눈먼 장님의 처지에 주저앉아만 있지 않고 분연히 떨쳐 일어나 영적인 대도로 나섰다. 그 결과『실낙원』을 만들어 낼 수가 있었다. 그의 청교도 이상주의자로서의 정치적인 꿈은 환상으로 끝나기는 했지만, 그것은 결코 잊을 수 없는 일대 혁명적인 도전이었고 지울 수 없는 위업이었다고 할 수 있다. 그 신념은 외연적인 면에서는 중단되었지만 내연적으로는『실낙원』이라는 작품세계로 이어졌음을 알 수가 있다.

셋째 그는 인간의 기본 인권과 시민의 자유를 누구보다도 소중하게 여기고 그것을 위해 평생 목숨을 걸고 싸워왔다고 해도 과언이 아니다. 그는 참으로 투철한 자유의 투사요 철두철미한 인권주의자였다. 그는 시민의 말할 수 있는 언론의 자유와 권리를 옹호하였고, 출판 검열의 부당성을 비판하였으며, 전통적 교회적 논리에 묶여서 사랑도 없이 가정이라는 끈에 얽매어 사는 것은 옳지 못하다고 역설하였다. 그래서 그는『아레오파지티카』와 같은 산문으로 된 고전적인 논문과 아주 혁신적이며 가정의 파탄을 부추기는 이단적인 글이라고 지탄을 받았던『이혼론』및『사현금』을 비롯한 4편의 이혼론을 발표하기도 하였다. 이것은 그 시대적 흐름에 역행하는 일이요 이단으로 몰릴 수 있는 그런 주장이었다. 그러나 그는 그것을 두려워하지 않고 옳지 못한 시대와 맞서 싸웠고 정의와 자유를 절규하는 투사로서의 역할을 아낌없이 다 하였다. 그는 진정한 자유 투사였을 뿐 아니라 남녀 차별을 두지 않고 사랑을 강조하는 인권 옹호론자였다. 이 업적은 그 어떠한 업적보다도 더 심한 규탄을 받고 비난도 받았지만 밀턴만이 할 수 있는 대담한 제창이요 시대를 앞서나가는 아주 혁신적인 주장으로서 그 시대를 일깨우는 경종이요 큰 업적이었다. 이런 위대한 작가 존 밀턴을 계속 연구하면서 내가 깨달은 것은 학자란 부단히 학문의 연속성을 추구하는 동시에 새로운 학술정보와 지식을 남보다 먼저 확보하지 않으면 안 된다는 것이었다. 학문의 연속성과 지속성을 확보하기 위해서 나는 학문이라는 가마솥에다 하루도 거르지 않고 불을 지피는 동시에 그 학문을 이어줄 수 있는 후진을 양성하는 일에 혼신의 심혈을 기울여왔다. 그런 노력의 결과 나의 문하에서 밀턴학자 3명 곧 서홍원, 김종두, 황원숙 박사가 배출되었다. 황원숙 교수는 지병으로 거의 학술활동을 중단한 상태지만 서홍원 김종두 양 교수는 각자 나름대로 열심히 가르치며 학문연구와 학술활동을 활발하게 펴가고 있으며 이제는 영문학계의 중진들이 되었다.

그리고 새로운 지속적인 학술정보와 지식을 확보하기 위해서 나는 260여 권이 넘는 밀턴 관계 서적과 저널을 구입해 보았고, 또한 새로운 학술교류를 위하여 학회활동도 열심히 하였다. 특히 1990년에는 한국밀턴학회를 창립하여 밀턴 동호인들과 학술발표를 통하여 지식을 공유하려고 노력해왔고 또한 그들과 두터운 학문적인 교류도 해오고 있다.

더욱이 학문연구는 머리로 이루어지는 것이 아니고 뼈를 깎는 노력과 블천불역(不遷不易)의 연찬(研鑽)으로서 이루어진다는 것도 깨달았다. 그래서 나는 처음부터 굳게 세운 항심(恒心)을 꺾지 않고 한 결 같이 어떠한 상황에서도 전문적인 글쓰기와 폭 넓은 학문연구를 게을리 하지 않았다. 이렇게 쓰인 글들을 체계적으로 모아서 나는 총 33권의 저서와 90여 편의 학술 논문 및 250여 편의 일반평론을 발표하였다. 그 중에서도 저서와 평론, 번역과 창작물들을 모으고 다시 다듬어서 운암 조신권 전집 총 40권으로 출판 중에 있다. 또한 원고 청탁을 받으면 고료 따위는 상관하지 않고 사명감을 가지고 부담 없이 글을 써왔다. 그렇다고 한 번도 대충 안이하게 쓴 일이 없고 어떤 글이던 최선을 다해 다듬고 또 다듬어서 절차탁마(切磋琢磨)의 결실만을 내놓았다.

학문의 길을 걸어오면서 내가 또 하나 더 느낀 것은, 젊었을 경우 열정은 뜨겁지만, 학문의 지평과 깊이는 좁고 옅은데 반해, 세월이 흘러나이가 들었을 땐 학문의 지평은 넓어져 전체가 다 보이지만, 정열은 쇠잔하여지고 기억력은 감퇴되고 안력은 약해져서 모든 것이 느리고 진행속도가 더디다는 것이었다. 때로는 손에 붓을 잡는 것조차 싫을 때도 있다. 그러나 나는 이런 경우에도 결코 한 시도 한눈팔시 잃고 글쓰기와 연구를 계속해 왔다. 그 결과 이미 앞서도 말한 대로 2002년에 『청교도 애국시인 존 밀턴의 문학과 사상 : 서사시로 가는 길』을 출판할 수 있었다.

이 책은 밀턴의 초기시를 읽는 데 꼭 필요한 필독서다. 이 책은 대한민국 학술진흥원(사단번인)을 통하여 2002년도 기본학술 우수도서로 선정되기도 하였다. 그러나 이 책에는 밀턴의 말기작품들에 대한 연구결과가 거의 들어있지 않다. 그래서 나는 그 사이 발표했던 20여 편의 논문들을 수집하여 재구성하고 정리하는 동시에 미비한 부분은 새로 써서 『존 밀턴의 영성 문학과 신학 : 서사 시학 탐색』이라는 제목으로 운암전집 7권으로 출간하게 되었다.

운암전집을 내는 일에 큰 관심을 가지고 여러모로 도와주시는 총신대학교 전 총장 김인환 박사님 및 연세대학교와 총신대학교의 나와 관계가 있는 여러 교수님들, 그리고 총신대학교 이사장이신 김영우 목사님을 비롯한 물심 양 면으로 도와주시는 여러 이사님들과 후원회 회원 여러분들 및 나의 영적인 후견인으로서 세심한 관심과 배려로 돌보아 주시는 청암교회 담임목사 권성묵 목사님께 감사를 드린다. 또한 이권에 개의치 아니하고 전집 출판에 심혈을 기울여 주시는 아가페문화사 사장 김영무 목사님과 헌신적으로 후원해 주시는 빛과 소금의 교회 최삼경 목사님과 광성교회 이문희 목사님, 연세대 최종철 교수님과 서울여대 김선희 교수님, 그리고 맞춤법과 띄어쓰기 및 워딩 작업 같은 자질구레한 일들을 맡아서 성심껏 처리해 준 둘째 아들 조기백 집사부부에게 감사한 마음을 표한다.

두 아이를 양육하기에도 힘들 터인데 그것도 마다하지 않고 표지 디자인에 정성을 쏟아 주어서 품위 있는 책을 내도록 해준 셋째 자부에게 심심한 사의를 표하며, 늘 옆에서 성실하게 내조하고 기도로 도와주며 동역해오고 있는 사랑하는 아내 강경애 권사와 따뜻한 보살핌으로써 늘 힘을 실어 북돋아 주는 세 아들 조기헌 장로, 조기백 안수집사, 조준용 안수집사와 셋이 다 집사들인 이은재, 조모란, 황현정 세 자부에게도 고마운 마음을 표한다. 할아버지의 건강을 위해 늘 고사리 손으로 기도로써 도와주는 대견스런 현우, 현수, 현재, 현서 네 손자와 유진, 유빈 두 손녀에게 하나님의 평강과 축복이 넘치기를 애정을 모아 간절히 기원 한다.

2015년 5월 25일
寶巢濟에서
운암 조신권 씀

# 차 례

운암 조신권 교수 전집을 펴내면서 · 3
머리말 · 5

## 제1부 『실낙원』의 서사시적 탐구 · 21

### I. 밀턴의 서사시와 고전적 전통 · 21

1. 서사시의 세계 · 23
    1) 서사시의 기원 · 23
    2) 서사시의 본질 · 26
    3) 서사시의 성격 · 29
    4) 서사시의 관례와 특징 · 33
2. 고전적 전통 · 36
    1) 구조와 고전전통 · 36
    2) 은유적 비유와 고전전통 · 45

### II. 밀턴의 시신과 영감 · 48

1. 호메로스가 불렀던 시신 · 49
2. 밀턴의 시신과 영감의 시간 · 51
3. 성령의 점진적 계시 · 57
4. 시신 '하늘의 뮤즈'가 하는 역할 · 67

### III. 『실낙원』의 주제와 구조 · 73

1. 주제 · 76
2. 구조 · 81

Ⅳ. 『실낙원』의 언어와 문체 · 83
  1. 언어 · 86
    1) 태초의 시원언어 · 86
    2) 타락언어 · 101
    3) 회복언어 · 115
  2. 문체 · 119

Ⅴ. 『실낙원』은 비극인가? · 130
  1. 플롯 · 130
  2. 인물 · 134
  3. 카타르시스 · 138

## 제2부 존 밀턴의 기독교적 영성 문학세계 · 143

Ⅰ. 하늘나라와 하나님 · 146
  1. 하늘나라 · 149
    1) 『실낙원』에 묘사된 하늘나라 · 149
    2) 하늘나라의 구조 · 153
  2. 하나님의 본질 · 170
    1) 영과 인격 · 170
    2) 유일성과 삼위성 · 174
    3) 창조와 섭리 · 184
    4) 초월과 내재 · 196
    5) 예정과 자유의지 · 202
    6) 공의와 은총 · 208
  3. 묘사를 통해 본 삼위일체 하나님 · 213
    1) 성부 하나님 · 215
    2) 성령 하나님 · 220
    3) 성자 하나님 · 221

II. 에덴동산과 인간 · 229
  1. 에덴동산 · 229
    1) 낙원의 의미 · 230
    2) 묘사를 통해 본 에덴의 세계 · 232
    3) 에덴동산의 식물과 동물 · 241
    4) 에덴동산을 잃어버린 삶 · 252
  2. 인간 · 259
    1) 하나님의 형상으로서의 인간 · 259
    2) 낙원을 잃어버린 인간 · 289
    3) 구원받을 수 있는 인간 · 327

III. 지옥과 사탄 · 329
  1. 지옥과 혼돈 · 330
    1) 지옥 · 330
      (1) 외재적 지옥 · 331
      (2) 내재적 지옥 · 346
    2) 혼돈 · 348
      (1) 거대한 해원 · 349
      (2) 사탄의 여행 · 352
  2. 천사 · 355
    1) 천사의 존재 · 356
      (1) 창조된 거룩한 존재 · 356
      (2) 영적인 존재 · 358
      (3) 인격적 존재 · 358
      (4) 능력 있는 존재 · 359
      (5) 불멸의 존재 · 360
    2) 천사의 칭호 · 360

              (1) 천사의 사역을 나타내는 이름들 · 360
              (2) 천사의 속성을 나타내는 이름들 · 361
         3) 천사의 등급 · 362
              (1) 천사장 · 362
              (2) 그룹 · 363
              (3) 스랍 · 363
              (4) 보좌들 · 364
              (5) 주관들 · 364
              (6) 정사들 · 364
              (7) 권세들 · 364
              (8) 능력들 · 364
              (9) 천사들 · 364
         4) 천사의 책임 · 365
         5) 천사의 반역 · 366
    3. 사탄 · 376
         1) 성경에 나타난 사탄의 이름들 · 377
              (1) 위치를 나타내는 이름들 · 378
              (2) 성격을 나타내는 이름들 · 378
              (3) 활동을 나타내는 이름들 · 379
         2) 사탄의 특성 · 380
              (1) 영성적 특성 · 380
              (2) 인성적 특성 · 386
         3) 부정한 삼위일체 : 사탄의 본질 · 389
              (1) 하늘의 대천사 : 루시퍼 · 391
              (2) 지옥의 군주 : 사탄 · 398
              (3) 지상의 유혹자 : 뱀 · 406
         4) 사탄의 위장과 변신 · 408

            (1) 사탄의 원초적 모습 · 408
            (2) 사탄의 변신 · 411
            (3) 사탄의 위장 · 416
        5) 사탄의 술책과 전략 · 423
            (1) 첫 번째 전략 : 속임 · 423
            (2) 두 번째 전략 : 유혹과 시험 · 425
            (3) 세 번째 전략 : 인격파괴 · 427
        6) 지옥의 악당 삼인방 : 사탄·죄·죽음 · 428
            (1) 죄 · 430
            (2) 죽음 · 432
            (3) 사탄·죄·죽음 · 435

Ⅳ. 그리스도와 구원 · 439
    1. 그리스도 · 440
        1) 중보자 그리스도 · 441
        2) 그리스도의 본성 · 446
        3) 그리스도의 직분 · 448
    2. 구원 · 453
        1) 예지 예정 · 455
        2) 회복 : 구원의 서정 · 464

Ⅴ. 시간·역사·자연 · 485
    1. 시간 · 485
        1) 문학적 시간 · 486
        2) 순환적 시간 · 488
        3) 동력적 시간 · 495
        4) 분열된 시간 · 500
        5) 역설적 시간 · 505

2. 역사 · 509
   1) 인간의 비극적 역사 · 510
   2) 하나님의 구원의 역사 · 517
   3) 약속된 낙원의 역사 · 522
3. 자연 · 526
   1) 피동적인 자연 · 526
   2) 야누스적인 자연 · 532
   3) 아름다운 지식의 책 · 536
   4) 탄식하는 자연 · 541

# VI. 존 밀턴의 자유관 · 547
1. 이성과 자유 · 548
   1) 선택의 자유 · 548
   2) 자유의 시금석 : 선악을 알게 하는 나무 · 554
   3) 자유의지의 상실 · 562
2. 언론·출판과 자유 · 572
   1) 출판허가제 반대의 논리 · 574
   2) 출판의 자유 · 579
   3) 관용론 · 582
3. 교육과 자유 · 584
4. 이혼과 자유 · 588

⊙ 끝맺는 말 · 591
  • 『실낙원』 - 기독교적 세계관과 서사 시학의 유기체 · 591

⊙ 인용문헌 목록 · 603

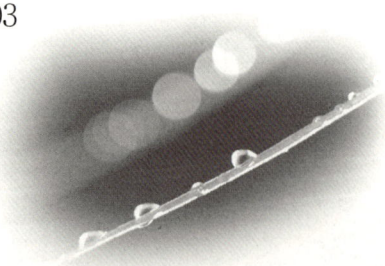

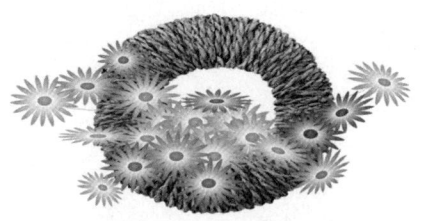

# 존 밀턴의
# 영성문학과 신학

# 제1부
# 『실낙원』의 서사시적 탐구

 

나는 연세대학교 영어영문학과에서 35년 간 17·18세기 영시와 존 밀턴을 가르치다가 2002년 2월을 끝으로 정년퇴직 하였다. 2002년 2월 퇴직할 때까지 강의했던 노트들이 많이 남아 있다. 이들 중에서 밀턴강의 노트를 정리해서 여기에 실으려 한다. 이 중에는 이미 지상에 발표되었던 것들도 있고, 구두로 발표했던 것들도 있다. 물론 개중에는 전혀 새로운 것도 있다. 강의 모습을 그대로 살리기 위하여 별반 손을 대지 않고 그대로 실리겠다.

## Ⅰ. 밀턴의 서사시와 고전적 전통

밀턴을 가리켜 정치가라고 하는 사람도 없고 종교가라고 하는 사람도 없다. 보통은 그를 가리켜 위대한 서사시인이라 한다. 그러나 밀턴이 정치에 참여 안 한 것도 아니며 종교에 관심을 갖지 않은 것도 아니다. 더욱 그가 서사시만을 쓴 것도 아니다. 케임브리지 대학에 갈 때만 해도 그는 목사가 되려고 하였고, 올리버 크롬웰 정권이

들어섰을 때는 외국어 비서 장관에 임명되어 불철주야 영국에다 이상 국가를 세워보려고 정치 일선에서 애를 쓰기도 하였다. 그리고 초기에는 라틴어나 영어로 여러 형태의 서정시를 썼고 공화정권 시절에는 필요에 따라 논쟁적인 산문들을 써서 그의 필력을 유감없이 발휘하였다. 그렇다고 밀턴을 단순히 서정시인으로 보거나 산문 작가 또는 논객으로 보는 사람은 없다.

그 까닭은 무엇인가? 그것은 그가 워낙 세계의 삼대 서사시 중의 하나로 손꼽히는 『실낙원』 같은 불후의 작품을 써서 모든 독자에게 그 이미지를 깊이 심어놓았기 때문이기도 하고, 또한 그의 비서사적인 서정시나 논쟁 문에도 서사시성이 적지 않게 나타나기 때문이기도 하다. 이런 점을 고려해 볼 때 밀턴은 시를 쓰기 시작한 처음부터 위대한 서사시를 쓰겠다는 야망과 열렬한 사명의식에 사로잡혀 있었던 것이 틀림없다.1) 르네상스 시대 많은 민족서사시들이 있지만 그 중에서도 밀턴의 서사시는 최후 최대의 서사시로서, 풍부한 성경적 지식을 바탕으로 수많은 신화적 인유와 독특한 문체를 사용하여 그리스도교적인 진리를 설화한 서사시의 세계라 할 수 있다.2)

대부분 르네상스 시대의 서사시들 치고 고전의 영향을 받지 않은 작품이 없다. 물론 밀턴도 고전의 영향을 많이 받았다. 그러나 밀턴의 서사시가 의도한 바는 그의 작품을 소재와 형식면에서 고전의 전통을 벗어나서 영어로써 영국의 명예와 가르침이 반영되어 있는 작품을 쓰는 것이었고 훌륭한 구성을 갖춘 전 인류가 가치 있게 여기는 강력한 힘을 지닌 작품을 쓰고자 하였다. 그래서 밀턴의 작품을 심도 있게 이해하려고 하면 성경과 고전을 몰라가지고서는 불가능하다. 그러나 밀턴의 서사시는 고대의 전통에 입각한 민족적 영웅의 행위를 다룬 서사시가 아니고 전 인류의 운명을 다룬 기독교적

---

1) James Thorpe, *John Milton : The Inner Life* (San Marino : The Huntington Library, 1983), 13.
2) Gilbert Highet, *The Classical Tradition : Greek and Roman Influences on Western Literature* (London : Oxford UP., 1953), 149.

인 서사시다. 이런 영향이나 전통을 논하기 전에 무엇보다 먼저 서사시의 세계부터 살펴보는 것이 좋겠다.

## 1. 서사시의 세계

서사시란, 단적으로 말하면, 장중한 문체로 심각한 주제를 다루는 장편의 이야기로서 국가, 민족, 또는 인류의 운명과 직결되어 있는 한 위대한 인물(영웅)의 행위가 그 중심적 이야기 거리가 된다.

서사시는 대체로 둘로 나뉘는데 하나는 전승적(傳承的) 또는 일차적 서사시로서 한 민족 집단이 위대한 지도자(영웅)의 영도 하에 외적을 물리치고 국가를 형성하던 창업시대의 역사 및 전설을 소재로 하여 익명의 시인이 지은 장편의 노래를 말한다. 이는 애초에는 기억에 의하여 구전되던 것인데 훨씬 이후에 문자로 정착된 것이다. 또 하나는 문학적, 또는 이차적 서사시로서 일차적 서사시를 모범으로 삼아 시인이 의도적으로 창작한 서사시를 말한다. 이 서사시는 처음부터 문자로 기록된다.[3] 이 서사시의 기원과 본질, 그 성격과 관례 및 특징을 살펴보겠다.

### 1) 서사시의 기원

어느 민족의 역사에 있어서나 원시시대는 제정일치(祭政一致)였다. 그때에는 국가와 교회의 구별은 없었고, 따라서 위정자와 제사장을 한 사람이 겸하였고 율법은 종교와 더불어 신성시되었다. 그것은 그리스 사회에 있어서도 그랬고 게르만 민족의 경우에 있어서도 그랬다. 타키투스(Tacitus)의 『게르마니아』(*Germania*)라는 작품에

---

[3] 李商燮 著,『文學批評用語事典』(서울 : 民音社, 1976), 135.

서 게르만 민족의 흥미 있는 제비뽑기의 관습을 이렇게 기술하고 있다.

나무 가지를 꺾어다 여러 개의 말을 만들어 그 위에 일정한 표식을 한 후 그 말들을 흰 보자기 위에 내던진다. 그 다음에는 제사장이나 혹은 가장이 신들에게 기도를 올린 뒤 하늘을 쳐다보면서 보자기 위에서 세 번 그 말을 주어 올린다. 그는 말 위에 기록된 표지에 따라서 해석한다.

타키투스에 의하면 그 해석은 시적이었고 또 그 표지는 루운(Rune)4) 문자로 돼 있었다고 한다. 즉 제사장이나 혹은 가장은 그가 집어 올린 말들의 루운 문자를 두운(頭韻)을 맞춘 운문(alliterative verse)로 해독했던 것이다. 이와 같이 원시시대에 있어서 문자를 읽는 일은 그 속에 숨어 있는 신의 비밀을 드러내는 일을 뜻했다. 그러한 의미는 현대에도 수수께끼를 푸는 속에 보존돼 있다. 이렇게 해독된 문자의 의미는 신의 율법이기 때문에, 그 종족 전체를 구속하는 힘이 있었다. 그리고 중요한 것은 해독의 결과를 산문으로 발표하지 않고 운문으로 발표했다는 사실이다. 그러므로 문학의 가장 오랜 시는 율법과 종교를 주관하는 제사장들 사이에서 시작되었다고 할 수 있다.

이런 원시적 형태의 시는 자주 종교의식에도 사용되었다. 어느 민족이나 신에서부터 시작되었다는 것을 자랑했는데, 그들은 일정한 계절에 모여서 그들의 신인 조상에 대한 자랑을 열렬한 노래(chant)로 표현했던 것이다. 그 형식은 코러스였지만, 그 내용은 지리멸렬한 말들의 반복에 불과했다. 이처럼 그들은 노래를 부르고 발을 구르면서 춤을 추었다. 발을 구르는 일은 자연히 가사를 지배하는 힘을 갖기 때문에, 지금도 운율의 단위를 운각(韻脚, foot)이라 한다. 일정한 의미를 적는 말들이 질서적인 사상으로 연결되고 또 그 속

---

4) 루운 문자는 북유럽 즉 고대 게르만 사람들의 문자 또는 신비적인 기호를 가리킨다.

에 운율이 침투되면 벌서 그것은 예술적으로 시가 되는 것이다. 그런 원시적인 시를 찬가(hymn)라 했다.

그 찬미가의 내용은 말할 것도 없이 신인(神人)의 사적(史蹟), 말하자면 그의 탄생과 성장 또는 위대한 행적으로 구성되었다. 이런 방식으로 찬미가 속에 전설의 날이 침투되었던 것이다. 전설의 날 이편 끝은 그 민족의 인간 세계와 연결되어 있지만, 저편 끝은 아득한 과거의 이적과 초자연세계로 사라졌다. 여기서 또 하나의 새로운 씨를 도입할 필요성이 생기는 것이다. 그들의 신인 조상을 둘러싸고 있는 자연현상과 그 과정을 설명하기 위해서 원시인들은 다수한 신들을 가지고 그들의 우주를 가득채웠다. 다시 말하면 자연력의 활동 속에다 인간적인 의지와 감정을 부여했던 것이다. 번갯불과 울부짖는 폭풍 뒤에는 막연하나마 어떤 인간적인 실체가 서 있다고 생각했다. 이러한 자연신들의 모든 성질과 행동은 전설적인 신인의 사적과 결합하여 찬미가 속에 신화적인 요소를 도입했던 것이다.

그러나 전설과 신화는 노래로서 가창되기보다는 이야기로서 설화되었다. 이리하여 두 요소를 끌어들인 찬미가는 이미 단순한 찬미가는 아니었다. 코러스와 가장(歌章)은 없어지고 그 대신에 시행들이 중간에 끊어지지 않고 계속되었다. 또 많은 군중이 무도하면서 합창하지 않고 한 사람이 나타나서 처음부터 낭송하였다. 이 때 낭송되는 노래는 으레히 전설과 신화5)로 가득 찼고 종족의 신한데 집중되어 있었다. 이러한 시를 서사시(Epic poetry)라 한다. 에픽의 어원 '에포스'(epos)는 먼저 '낱말'(word)을 의미했고, 그 다음에는 '이야기하기'(narration)를 의미했다. 북구민족의 서사시를 '사가'(saga)라 하는데, 그 어원도 역시 '이야기된 것'(something said)을 뜻했다.

고대의 서사시는 후세의 문학처럼 개인의 창작품이 아니라 민족 전체의 소산이라는 것을 주목할 필요가 있다.6) 결국 서사시의 근원

---

5) Walter Blair & W. K. Chandler, *Approaches to Poetry* (New York : Appleton-Century-Crofts, Inc., 1953), 159.

은 인간 상상의 궁극적 근원이 되는 자연과 인생의 실제적 체험으로 올라가는 것이라고들 하는데, 이 견해는 지극히 정당하다고 본다. 여기서의 상상은 인간정신의 고유한 창조능력을 말하며, 자연과 인생의 실제적 체험은 상술한 신화와 전설을 의미한다. 이런 견해에 따르면 원시 사회에 있어서 신화와 전설이 민족의 창조적 상상력을 자극하여 서사시를 만들어내게 되었다는 것이다. 그러한 서사시는 한꺼번에 이루어진 것이 아니고, 잡다한 자료들이 장구한 시일 동안 서로 결합해서 차츰 한편의 서사시로 통일되었는데, 그 도중에 다수한 음영시인(scop)들이 참가했을 것이고 또 최종 형태로 고정될 때에는 어떤 위대한 재능을 갖고 있는 시인, 이를테면 호메로스(Homeros) 같은 존재가 필요했을 것이다. 그렇지만 고대 서사시의 특질은 개인의 정신적 노력의 결과가 아니라 전민족의 체험의 소산이라는 데 있다.

그러니까 일차적 서사시는 어떤 시인에 의하여 갑자기 생겨난 것은 아니고, 옛부터 전승되어오는 노래, 이야기, 역사, 전설과 신화 등을 토대로 하여 일정한 시기에 어떤 시인이 지금 우리가 보는 형태로 짜놓은 것으로 간주된다. 이차적 즉 문학적 서사시는 일차적 서사시의 예술적 기교와 가치를 모방하여 시인이 의도적으로 창작하게 된다.

## 2) 서사시의 본질

아리스토텔레스는 『시학』(*Poetics*)에서 극과 비교하면서 서사시를 취급했다. 극과 서사시는 다 같이 인간의 행동을 대상으로 삼는 모방예술이지만 모방의 방식에 있어서 서로 다르다. 즉 전자는 인간의 행동을 무대 위에서 실현해 보이는 재현적 예술(再現的 藝術,

---

6) Mason Long, *Poetry and Form* (New York : G. P. Putnam's Sons, 1938), 132.

Representative Art)이고, 후자는 이야기로서 전하는 설화적 예술(說話的 藝術, Narrative Art)이다. 서사시의 예술적 성격은 결국 설화에서 결정된다.

재현은 한 장소에 동시적으로 존재하는 요소—인물, 사건, 배경 등을 결합해서 우리의 시각에 호소한다는 점에서 일종의 공간적인 예술이라 할 수 있다. 그것은 미술만큼 순수한 공간적 예술은 아니지만 그 본질은 '공간성'(空間性)에 있다. 서사시는 시간적으로 계기하는 사건들을 따라서 인간의 행동을 전개시킨다는 점에서 일종의 시간적 예술이다. 그것은 음악만큼 순수한 시간적 예술은 아니지만 그 본질은 '시간성'(時間性)에 있다. 공간적 존재는 우리의 감각을 가지고 직접 지각할 수 있지만, 시간적 계기는 상상으로 파악할 수밖에 없다. 따라서 주로 상상에 의거하는 점이 서사시의 본질적인 특색이라는 것을 알 수 있다.

그러나 이것은 다만 극과 서사시의 본질성을 말함에 지나지 않는다. 두 종류가 다 순수예술이 아니라, 종합적 예술이기 때문에 극이 다분히 시간적 요소를 포함하고 있는 것과 마찬가지로 서사시도 공간적 요소를 많이 가지고 있다. 극적 행동은 무대의 한 장면에 고정되어 있지만, 그 행동은 시간적으로 움직이며 또 장면이 바뀌이고 막이 갈리어 전체적으로 보면 시간적인 연속성을 갖는다. 또 극의 플롯과는 직접 관련이 없는 인물의 과거 경력이나 사건의 사회적 배경 같은 것을 대화와 기타의 방법에 의하여 에피소드 형식으로서 관중에게 소개할 때 극작가는 설화적 방법을 이용한다. 사건이 이루어지는 주위 환경 혹은 인물의 용모와 옷 빛깔 등을 세밀히 묘사할 때 그는 언어회화를 하고 있는 것이며, 또 그 운명을 따로 취급해 오다가 두 인물을 한 장면 속에 대면시켜 의지와 의지의 투쟁을 그려내면서 소위 극적 장면을 만들어 낼 때 그는 순전히 극의 수법을 이용하고 있는 것이다. 이리하여 서사시인은 시 전체 속에 함축 되는 바 의미를 한 장면으로서 독자 앞에 시각화할 수 있다. 이러한 심리적 효과는 매양 극의 본령이기 때문에 아리스토텔레스는 극을 서사시보다 더 높이 평가하였던 것이다. 그가 『시학』에서 서사시를 부수적으로 취급한 것도 이 때문이다.7) 그러나 서사시가 갖는 독특한 우수성도 있다. 마치 강물처럼 흘러가는 역사의 흐름에 따라 인간의 행동을 전개시키면서 그 내포 하는 바 실제성(實際性)을 상상적으로 제시하는 설화야말로 서사시의 본령이며 또 문학이 가지는 바 가장 우수한 점이다. 그러한 의미에서 서사시를 최고의 시라고 생각한 사람들에게는8) 충분한 이유가 있었던 것이다. 서사시의 이런 특징은 서정시와 구별해 볼 때 더욱 뚜렷해진다.

서정시는 인간의 행동을 모방하지 않고 시인 자신의 정서를 표현한다. 그러니까 모방의 이론을 가지고 서정시를 설명할 수는 없다. 아리스토텔레스가 그의 『시학』에서 서정시를 전연 언급하지 않은 이유를 알 수 있다. 그러나 두 가지 점에서 우리는 서정시와 서사시를 비교해 볼 수 있다. 첫째로 서정시는 현재를 취급하지만, 서사시는 과거를 취급한다. 서사시가 전설과 신화에서 시작되었다는 역사적 사실은 설화의 방법을 결정했다. 이 점에 있어서는 극도 서정시와 동일하다. 그것은 에피소드의 형식으로 역사에 접할 수도 있지만, 그것은 한 보조적인 수단이고 극의 본질은 현재를 클로즈업 하는 데 있다. 둘째로 서정시는 시인 자신의 정서가 주제가 되기 때문에 시인 자신이 표면에 나타난다. 시인의 태도가 아무리 객관적이라 하드라도 서정시는 주관성(主觀性)을 면할 수 없다. 그러나 서사시에서는 시인은 작품 뒤에 숨고 표면에는 인물들이 나와서 활약한다. 이상 말한 것을 종합해 볼 때 서사시의 본질은 역사적 실제성의 상상적 제시라 할 수 있다. 이러한 서사시의 전통은 현대의 산문소설로 이어지고 있다.

---

7) Aristotle, *Poetics* with Commentary by O. B. Hardison, Jr., Translated by Leon Golden (New Jersey : Prentice-Hall, Inc., 1968), 3-52 참조.
8) Long, 127.

### 3) 서사시의 성격

　르네상스기의 서사시관(敍事詩觀)에 의하면 서사시의 성격 중의 하나는 제의적 낭송성(祭儀的 朗誦性)이다. 서사시는 대제전(大祭典) 시에 그 일환으로 낭송되는 것이 보통이었는데, 고전서사시의 전범(典範)이라 할 수 있는 호메로스의 두 작품을 보면 제의의 흔적을 볼 수 있다.9) 또한 호메로스의 작품은 그때그때 낭송자가 청중을 향해 민족의 고난과 영광을 말로 읊은 것을 듣고 그것을 집적(集積)해 놓은 것이라 할 수 있다. 그 때문에 그 작품은 제의적인 요인과 낭송적인 요인을 다 포함하고 있어서 집단적이고 비개성적이며 객관적인 성격을 구비하고 있다.

　이것은 호메로스의 작품의 특징만은 아니다. 물론 낭송적 서사시와 판이하게 다른 베르길리우스의 서사시 같은 것은 창작된 서사시라고 한다. 호메로스의 서사시에서 볼 수 있는 제의적 낭송성은 르네상스기의 서사시에서도 발견된다.10) 예를 들어 밀턴의 서사시에 나타나는 제의성(祭儀性)에 대해서는 루이스(C. S. Lewis)가 명확히 하고 있다.11) 그의 작품의 낭송성에 대해서도 몇 개의 연구가 이루어져 있다. 그 중에서도 트레이프 여사의 관점이 신선하고 새롭다. 여사에 따르면 『실낙원』의 구독법은 논리를 기준으로 한 구독법이 아니고 그 이전의 "리드미컬한, 응변적인" 구독법을 채용하고 있다고 한다.12) 이것은 밀턴의 작품에 낭송적 성격이 남아 있다는 증거로 보아도 좋다. 그러나 밀턴은 서사 시인으로서 적극적으로 낭송

---

9) Gilbert Murray, *The Rise of Greek Epic* (London : Oxford UP, 1924), 188-190, 299-300.
10) Rene Welleck and Austin Warren, *Theory of Literature* (New York : The Odyssey Press, 1942), 216-217.
11) C. S. Lewis, *A Preface to Paradise Lost* (London : Oxford UP, 1960), 32-60.
12) Mindele Treip, *Milton's Punctuation and Changing English Usage* 1582-1676 (London : Macmillan and Co., 1970).

할 수 있는 시를 쓰려고 했다고는 볼 수 없다. 그는 장님이었지만 그런 노력을 의도적으로 시도했다고는 생각 할 수 없다.

두 번째 서사시의 성격으로는 보편성을 들 수 있다. 아리스토텔레스는 『시학』 마지막 장에서 비극이 서사시보다 우수한 이유를 드는 중에 비극적 모방은 좁은 범위에서 그 목적을 달성할 수 있다는 점을 강조하였다.13) 인생의 어느 일면을 집중적으로 묘사할 때, 인생의 여러 면을 다루는 것 보다는 좀 더 통일성을 기할 수 있고 보다 강열한 효과와 환희를 줄 수 있는 것은 사실이다. 그러나 그것은 격렬하기는 해도 영속적일 수 없고, 마음에 해맑고 드높은 아름다움은 줄 수 있어도 안전성을 줄 수는 없다. 그것은 바로 비극이 서사시에 비해서 폭이 좁고 보편성을 띠울 수 없다는 약점 때문인 것이다. 서사시처럼 작품의 폭이 넓고 보편성을 띠우게 되면, 비록 격렬하지는 못해도 영속적인 효과를 줄 수 있고, 순수한 기분은 못 주어도 안전성만은 줄 수가 있다. 그것은 어떤 영웅적인 환희보다는 고요하게 따라가는 기분을 주는 것이다. 올더스 헉슬리는 "비극과 전체적인 진리"(*Tragedy and the Whole Truth*)라는 평론에서 보편성이라는 말 대신에 "전체적인 진리"14)라는 말을 사용했다. 과거의 위대한 작가 중에 이러한 전체적 진리를 준 사람은 극히 드문데, 그 중에 한 사람이 호메로스라는 것이다. 헉슬리는 전체적 진리를 보여주는 예를 『오디세이아』(*Odysseia*) 제12권에서 들었다.

'오디세우스'의 부하 중에서도 가장 용감한 부하 여섯 명이 있었다. 그 여섯 명의 부하가 머리가 여섯이고 발이 열두 개가 달린 여괴(女怪)인 실라(Scylla)에게 납치된 것이다. '오디세우스'가 뱃머리에서 몸을 돌려 부하들을 보호하려고 했을 때는 이미 공중으로 붙들려 올라가는 때였다. 그들은 비명을 지르며 필사적으로 '오디세우

---

13) Aristotle, 50-52.
14) Aldous Huxley, *In Music at Night* (London : Chatto & Windus, 1936), 3-18.

스'의 이름을 부르고 있었다. 실러는 여섯 명의 부하를 동굴 앞까지 끌고 가서 잡아먹었다. 이러한 처절한 비극과 위험이 지나간 후 '오디세우스'와 그 일딩은 어느 해안가에 배를 대고 일류 요리사처럼 저녁을 준비하였다. 준비된 성찬을 먹고 나서 동료들을 생각하며 울다가 잠이 든다. 호메로스는 이 장면을 다음과 같은 말로 끝맺고 있다. "그들은 주림과 갈증을 채우고 나서 실러가 삼켜버린 동료들을 생각하며 울었다. 그들은 이와 같이 울다가 고요히 잠들어 버렸다."

이것이 전체적 진리라는 것이다. 전체적 진리란 다름 아닌 작품에 묘사된 체험이 우리의 현실체험과 조응될 때, 혹은 그 어떤 우리의 잠재적 체험과 조응될 때, 느끼는 그런 진실을 말하는 것이다. 『오디세이아』 제12권에서 느낄 수 있었던 그런 진실을 『실낙원』 맨 마지막 권(12권)에서도 느낄 수가 있다.

마침내 에덴에서 추방되는 아담과 하와는 지금까지 자신들의 행복의 복음자리였던 낙원의 동쪽을 바라보며 한없이 눈물을 짓는다. 그러나 어차피 떠나야만 하는 길이기에 눈물을 머금고, 에덴을 통과 그 쓸쓸한 광야의 길을 걸어간다. 그러다가는 다시 회오의 눈물을 뿌리며 얼굴을 돌려 낙원을 바라본다.

우리가 이 두 서사시에서 느끼는 것은 역시 헉슬리가 말한 그런 전체적인 진실이다. 단편적인 진실을 다루는 작가는 많아도 전체적인 즉 보편적인 진실을 다루는 작가는 그리 많지가 못하다. 아무튼 서사시는 쏠로가 아니라 심포니와 같은 것이어서, 보다 폭이 넓고 인생의 전체적인 진실을 다루어 주는 것이어야만 한다. 이러한 '보편성'(universality)은 무엇보다 그 작품에 등장하는 인물들과 그 시대의 문화 및 시대정신으로부터 우러나오는 것이라 할 수 있다.

호메로스는 40여명의 특색 있는 인물들을 창조하여 작품 전체에 보편성을 주었고 또 그 시대의 정치와 문화를 요약해 주고 있다는 점에서도 역시 보편적이라 할 수 있다. 파블리우스 베르길리우스 마로(Publius Vergilius Maro)의 『아이네이스』(*Aeineis*)라는 작품도 역시 정치적이며 애국적이라는 것을 알 수가 있다. 밀턴이 서사시를 구상하게 된 것도 다분히 애국적이고 정치적인 의도에서 출발한 것도 틀림없는 사실이다. 정작 『실낙원』을 쓸 때는 덜 정치적이었지만, 보다 넓은 세계역사를 포섭하면서 중세적인 과제와 르네상스시대의 문화를 결합하는데 성공하였다. 이와 같이 호메로스는 서사시적인 정신면에서 밀턴의 사표가 되었다고 본다.

세 번째 서사시의 성격은 인생의 두 모형(pattern)을 충실히 모방하여야 한다는 것이다. 『일리아스』(Ilias)의 주제는 전쟁이며 『오디세이아』의 주제는 방랑이다. 전쟁과 방랑, 이 두 주제는 인생의 두 면, 즉 심각한 투쟁과 로맨틱한 모험을 대표한다. 전자는 슬픔으로 인도하고 후자는 기쁨으로 인도한다. 작품들의 결말은 그러한 정신의 대조를 역력하게 보여주고 있다. 『일리아스』는 헥토르(Hector)의 시체를 화장하는 장면의 묘사로 끝나고, 『오디세이아』는 결혼 축하의 연회를 준비하는 장면으로 끝난다. 비극을 영웅의 불행한 죽음으로 끝나는 이야기라고 정의하고 희극을 "얽힘이 풀려서 행복한 결말에 도달하는 이야기라고 한다면, 두 편의 시에서 구현한 것은 바로 이러한 비극의 정신과 희극의 정신이다. 그리고 이 두 서사시가 내면적으로 계속되는 한 사이클(cycle)이라는 것을 생각할 때, 문학에서 생의 모형, 즉 겨울 뒤에 봄이 오고 죽음 뒤에 재생이 오는 자연 질서를 모방하려고 한 의도는 뚜렷해진다.

마찬가지로 밀턴도 『실낙원』과 『복낙원』에서 인생의 두 모형을 충실히 모방하고 있다. 결국 『실낙원』에서는 보다 비극정신을, 『복낙원』에서는 희극정신을 구현해 준 셈이다. 『실낙원』만 놓고 보드라도 '심각한 투쟁과 정신적 방랑을 지나 이르는 희망'이라는 두 주제가 잘 나타나 있다. 그러나 서사시는 전통적으로 희극적이고 냉소적이라기보다는 비극적이고 긍정적이라야 한다.

인생의 내면적인 사이클에 대한 모방은 신화적인 구조에서 말하는 탐구의 형식과 동일시 할 수 있을 것이다. 탐구의 형식이란 곧

고난과 시련의 길을 경과해서 영광스러운 목적지까지 이르는 여행을 말한다. 『오디세이아』와 『아이네이스』 같은 작품이 그런 탐구의 형식을 취하고 있다. 이것을 단데의 『신곡』이나 밀턴의 『실낙원』과 『복낙원』 또는 번연의 『천로역정』같은 그리스도교적 서사시에서 흔히 다루는 주제인 영혼의 영적 순례(여행)로 생각할 수도 있다.15)

### 4) 서사시의 관례와 특징

서사시하면 그 관례로서 "주제 표명" 및 "시신(詩神)에의 기도" (invocation to Muses), "사건의 중심으로부터의 서술개시" (in medias res), "등장인물의 카탈로그", "전투설화 삽입", "반복적인 표현", "서사시적 직유의 사용" 등을 들어왔다. 그러나 이것들은 서사시의 일반적 관례인 동시에 기법적인 특징이지만 서사시의 본질적 특성은 못된다. 그래서 좀 더 자세하게 서사시의 일반적인 특성을 들어보겠다.16)

첫째 서사시의 주인공은 종족이나 국가 또는 인류의 운명이 좌우될 수 있는 위대한 국가 민족적이며 인류적인 영웅이어야 한다는 것이다. 그는 능력에 있어서는 물론 출생에 있어서도 비범하지 않으면 안 된다. 많은 경우에 있어 그는 신적인 요소도 갖게 된다. 베르길리우스의 주인공 아에네아스는 비누스 여신의 아들이며, 밀턴의 『실낙원』의 아담은 인류의 조상이다.

둘째 서사시의 사건이 벌어지는 배경은 세계적이며 우주적인 광대한 규모를 지녀야 한다는 것이다. 『실낙원』에 있어서는 우주 전체가 배경이 되며, 『오디세이아』에서는 당시의 천하였던 지중해 지역

---

15) J. E. Spingarn ed., *Critical Essays of the Seventeenth Century* (London : Oxford UP, 1908-1909), 2:89.
16) C. Hugh Holman, *A Handbook to Literature* (Indianapolis : Bobb-Merill Educational Publishing Co., 1980), 161 ; M. H. Abrams, *A Glossary of Literary Terms* (New York : Holt Rinehart and Winston, 1981), 50 참조.

전체가 배경이 된다. 많은 경우에 있어서 지옥과 천국도 포함된다.

일반적으로 서사시는 그 배경이 웅대하므로 잠깐 주제에서 벗어나는 많은 일탈적 삽화(逸脫的 揷話, digression)를 허용하게 된다. 그러나 전체로서의 통일을 잃어서는 안 된다. 노스럽 프라이는 서사시를 "중심이 있는 백과전서형식(百科全書形式)"이라 했을 때 바로 이 점을 지적한 것이었다고 할 수 있다.17) 르네상스 서사시관에 따르면 서사시는 시간적. 공간적 지식 전체의 일람(compendium)이 아니면 안 되었다. 『실낙원』을 전체 지식을 담고 있는 규범으로 규정한 것은 윌리엄 엠프슨이었다.18)

셋째 서사시는 긴 설화체로서 위대하고 진지한 주제를 갖추고 있어야 한다는 것이다. 서사시는 보편적 중요성을 갖는 큰 주제를 다루게 되므로 자연히 객관적이다. 저자는 개인적인 정서나 사상을 표현하려고 하지 않고 커다란 역사 공동체, 나아가서는 인류 전체의 이념을 기리는 입장을 고수한다. 또한 광범위한 배경 속에서 벌어지는 많은 부차적 영웅들의 행위를 다루므로, 소재가 다양하고, 전체적으로 보아 포괄적이다. 즉 한 민족 집단의 종교, 군사뿐 아니라 풍속, 사회구조, 상공업, 교육, 과학, 사상 등 집단생활의 모든 면모가 언급되고 논의되고 비판될 여지가 있는 것이다.

넷째 서사시는 초인적 용기를 요구하는 행위로 구성되고, 그 행위는 초자연적 존재들이 적극적으로 참여하여야 한다는 것이다. 『실낙원』에서 사탄과 천사들의 전쟁은 신들의 싸움답게 웅장하다. 오디세우스의 해상 방랑은 신들과의 투쟁도 포함된다. 신들이 인간들의 투쟁에 참여하는 적도 많다. 『일리아스』는 트로아 벌판에서 벌어지는 영웅적 인간들의 행위뿐 아니라 올림포스 산 위의 신들의 투쟁도 된다.

---

17) Northrop Frye, *Anatomy of Criticism* (New York : The Odyssey Press, 1965), 315.
18) William Empson, *The Structure of Complex Words* (London : Faber and Faber, 1951), 101-104.

다섯째 본래 귀족적 청중에게 음송되던 것이므로 장중한 문체로, 또한 거기에 어울리는 운율로 구성되어야 한다는 것이다. 서사시인은 신시한 내용을 다루게 되므로 그 문체도 그 내용에 어울리는 숭고하고 장중한 것이어야 한다.

여섯째 서사시인은 그들이 속해 있는 부족과 민족을 향해서 그 사회집단의 최고의 가치 또는 신의 입장을 대신하는 대언자(prophets)로서 말한다. 그 때문에 그는 그 집단의 통일정신으로서의 숭고한 인격을 범례(範例)(exemplum)로 하여 노래한다.19) 그렇기 때문에 그가 사용하는 언어는 그가 출생한 그 땅의 언어, 즉 토박이 언어 (native language)이고 그 작품은 그가 속한 사회집단에 대한 애정(patriotism)을 다루는 것이 보통이다. 이와 같이 서사시인은 고결한 민족적 인격을 주제로 하여 노래하기 때문에 아량(magnanimity), 지혜(wisdom), 용기(fortitude), 절제(temperance)와 같은 플라톤적인 에토스, 즉 고결한 윤리성이 요구된다. 이런 점에서 르네상스시기에 있어서 서사시는 귀족계급의 자제들의 신사교육을 목적으로 씌여진 것이 일반적인 경향이었다.

주인공이 애국심과 윤리적 결백성을 지닌 범례가 된다는 것과 영적 여행의 구조를 갖는 역사 이야기라는 것과 그리고 지식의 일람이라는 점에서 서사시는 그 고유한 특징을 이룬다고 할 수 있고, 밀턴의 서사시성의 궤적을 추적하는데 있어서 하나의 지표가 될 수 있다. 또한 위에서 말한 서사시의 기원과 본질 같은 것도 서사시성을 추적하는 데 있어서 그것을 가늠하는 표준을 제시해 준다고 생각한다. 이 모든 서사시적인 요소들을 살피면서 서사시적 궤적을 따라가겠다.

---

19) E. M. W. Tillyard, *The English Epic and Its Background* (London, 1954), 294-319.

## 2. 고전적 전통

밀턴은 고전 서사시의 전통을 그대로 따르고 있지는 않지만, 딕슨 같은 학자는 고전의 영향이 하도 커서 기독교적인 설화 전체가 이교적인 전설 같이 보인다고 했고,20) 하이엇은 『실낙원』을 완전히 이해하려면 고전학자가 되어야 할 것이라고 했다.21) 이 정도로 밀턴은 고전 서사시의 전통을 원칙적으로 따르면서도 필요할 때마다 적절하게 변형을 가해 그가 원하는 방향으로 적극적으로 끌고 갔다. 많은 학자들이 말한 것처럼, 밀턴은 르네상스 인문주의자들이 즐겨 사용한 방법을 따라서 그리스·로마의 신화를 충분히 마음껏 활용하고 있다.22) 그러나 그가 전하고자 하는 메시지는 이미 앞에서 언급한 바와 같이 그리스·로마적인 것이 아니라 성경적인 것 곧 기독교적인 영성세계였다. 밀턴의 『실낙원』에 나타나는 서사시적 전통을 구조와 문체 면에서 천착해보겠다.

### 1) 구조와 고전전통

구성면에서 볼 때 르네상스기의 서사시들, 이를테면 아리오스토(Ariosto)의 『분노한 오르란도』(*Orlando Furioso*), 에드먼드 스펜서(Edmund Spencer)의 『요정여왕』(*Faerie Queen*), 보카치오(Boccaccio)의 『테세이다』(*Teseida*), 타소(Tasso)의 『해방된 예루살렘』(*Gerusalemme Liberata*) 같은 서사시들은 대부분이 중세적이라 할 수 있지만, 『실낙원』은 고전적이다. 작품 전체가 『아에네이스』와 마찬가지로 12권으로 구성돼 있다.

---

20) W. M. Dixon, *English Epic and Heroic Poetry* (Oxford : The Clarendon Press, 1956), 213.
21) Highet, 145-147 참조.
22) 이인성, "밀턴과 서사시 전통," 밀턴과 근세 영문학회 편 『밀턴의 이해』(서울 : 시공아카데미, 2004), 366.

서사시에 있어서 무엇보다 먼저 고려하여야 할 것이 있다면, 그것은 플롯(plot)이다. 그런데 조셉 애디슨(Joseph Addison)에 의하면 플롯 구성이 성공하느냐 못하느냐 하는 것은 주로 그것이 다루게 되는 '행동'(action) 여하에 따라 좌우된다고 한다. 그 행동이 완전하면 플롯도 완전하고 그 행동이 불완전하면 플롯도 불완전 해 질 수 밖에 없다는 말이다. 애디슨이 지적한 바와 같이, 그 행동이 완전하려면, 필시 세 가지 조건을 구비하여야 한다.

"첫째, 그것은 단 한 행동이어야 한다. 둘째, 그것은 전체적 행동이어야 한다. 셋째, 그것은 위대한 행동이어야 한다."(First, it should be but one Action. Secondly, it should be an entire Action; and Thirdly, it should be a great Action.)23) 『스펙테이터』(*The Spectator*) 267호를 중심으로 애디슨이 제시한 세 가지 조건은 아리스토텔레스의 서사시의 규칙을 적용한 것에 불과하다.

아리스토텔레스와 한가지로, 애디슨은 서사시의 플롯은 한 동작으로 통일되어야만 성공을 거둘 수 있다고 보았다. 위대한 두 고전 서사시인 호메로스(Homeros)나 베르길리우스(Vergilius)가 그랬던 것처럼, 밀턴이 '사실의 한가운데서'(in medias res)라는 호라티우스(Horatius)의 법칙을 철저히 준수한 것도 바로 '행동의 일치'(the unity of an Action)를 보존하기 위한 것이었다. 그래서 밀턴은 사건을 일어날 순서대로 서술하지 않고, 인간의 타락을 시도하는 지옥의 회의장면으로부터 시작하였다. 그리고는 이보다 선행되었던 천상의 싸움이나 세계 창조 같은 대사건은 숭고한 에피소드로 제5-7권에서 취급하였다. 애디슨은 밀턴의 이러한 플롯구성의 법칙을 주목하면서, 그것은 행동의 통일성을 유지하기 위해, 발생한 사건을 시간적인 계기를 따라 서술하지 않고 그 사건의 중심에서부터 서술했던 고전 서사시의 이념과 완전히 일치하는 것이라 하였다. 이와

---

23) Joseph Addition, *The Spectator* No. 267 (London : J. M. Dent & Sons Ltd., 1958), 2 : 295.

같이 서사시의 플롯은 한 동작으로 통일될 때에만 비로소 완전한 것이다.

이러한 수법은 『오디세이아』(*Odysseia*)의 플롯 구성을 그대로 모방한 것이라 할 수 있다. 가령 『오디세이아』의 내용은 주인공이 겪는 10년 동안의 체험이지만, 그 행동은 가장 효과적인 마지막 수 주간에 국한되어 있으며, 나머지 이야기는 전부가 회고적으로 설화되어 있다. 이러한 구성과 수법을 밀턴은 호메로스에게서 배웠다. 그러나 『실낙원』에 자주 나오는 객담(digression), 이를테면 '맹목(盲目)의 탄식'(*PL.*, 3. 1-55), '결혼찬가'(*PL.*, 4. 741-775), '아담과 하와의 나체에 대한 의견'(*PL.*, 4. 312-318), '천사의 식사에 대한 의견'(*PL.*, 5. 433- 443) 등은 그 자체 아름다운 점이 없는 것이 아니지만, 구성상 불필요한 주옥의 티 같은 것들이다.

둘째로 아리스토텔레스가 말한바 '시초'(beginning)와 '중간'(middle)과 '종결'(ending)을 갖는 '전체적 행동'만이 완전하다고 할 수 있다. 플롯이 한 동작으로 통일 되어 있다 하더라도 시작과 중간과 끝이 없다면, 그것은 서사시의 구세로서는 적합한 것이라 할 수 없다. 이런 측면에서 볼 때 『실낙원』의 주제는 완벽하다는 것인데, 특히 아킬레스(Achilles)의 분노의 발단, 계속, 결과와 비교될 수 있는 동시에 아에네아스(Aeneas)가 해륙(海陸)의 장해를 거쳐서 이탈리아에 정착하는 과정하고도 비교될 수 있는 '지옥에서 시도되고, 지상에서 실행되어, 천상에서 형벌되는'의 주제를 들어 이를 입증하였다.

세 번째로 애디슨은 플롯의 필요한 조건으로 '위대한 행동'을 들었다. 예를 들어, 아킬레스의 분노가 그리스의 제왕을 혼란시켰고, 트로이의 영웅들을 파멸시켰으며, 여러 신들을 전쟁의 와중으로 이끌어 드렸다고 하는 것은 그 행동 자체가 본질적으로 위대하다는 것이다. 마찬가지로 아에네아스의 이탈리아로의 이주는 수많은 시저들을 출현 시켰고, 로마 제국을 탄생시켰다는 점에서 또한 위대하다. 그러나 이들의 행동은 단순히 한 개인 또는 한 국민의 운명만을 결정했을 뿐이었다.

이런 면에서 본다면, 한 개인 또는 한 국민 만이 아니라 전 인류의 운명을 결정하는『실낙원』의 주제가 더 위대하다고 볼 수 있다. 요컨대, 인류의 타락을 기도하는 지옥의 연합된 세력이던 그 장본인인 인간이던, 인간을 중심으로 움직이는 저들의 적 타락한 천사이던, 아니면 저들의 영원한 벗인 메시아이던, 이 숭고한 시속에 등장하는 존재는 그 무엇이던 간에, 이 시에서 저마다 적합한 역할로 이루 형언할 수 없는 위대한 행동을 구성해 주고 있다고 본 것이 애디슨이었다.

그러나 아리스토텔레스가 이르는바 행동의 위대성이란, 그 행동의 본질 면에 있어서 뿐 아니라 그 기간에 있어서까지 위대한 행동을 뜻한다. 다시 말해서 주제 자체가 아무리 위대하고 숭엄하다 하더라도 적합한 길이를 갖지 못하면 결코 위대하게 보일 수 없다는 말이다. 사실『일리아스』나『아에네이스』의 행동은 그 자체만으로 본다면 위대하지만 길이로 본다면 너무나 짧다. 이렇게 짧은 행동을 그대로 플롯으로 구성한다면, 그것이 아무리 본질적으로는 위대하다고 할지라도, 실제에 있어서는 위대해 보일 수가 없는 것이다. 때문에 시인은 수많은 에피소드와 시적인 수식으로 그것을 확대하여야 하고 다양화 하여야 하는 것이다. 그렇지만 길이가 너무나 길면, 그 반대의 효과를 초래할 수 있기 때문에, 행동의 길이는 적당하여야 한다는 것이 애디슨의 지론이었다.

그러면『실낙원』은 어떤가. 성경에서 취한 인류 타락이라는 주제는 사실상 단조롭고 무미건조하며 지극히 단순하고 짧은 사건이라 할 수 있다. 만일 밀턴이 허구와 진실을 결합하여야 한다고 하는 어떤 제약 때문에, 그 간단한 사건만을 사실 그대로 취급하였다고 하면, 과연 오늘의『실낙원』같은 위대한 작품을 남길 수가 있었을까 하는 것이 의문이다. 여러 가지 제약을 극복하면서라도 그가 놀랄

만큼 다양한 사건을 구성하여 그의 행동을 확대한 것도 바로 이런 점에 있다. 그래서 애디슨은, 행동의 위대성은 행동 그 자체의 본질에도 달려 있지만, 그 행동의 길이 여하에도 크게 좌우된다고 하였다. 동시에 그는 이교사상을 취급하는 것보다 훨씬 까다롭고 어려운 제약을 잘 극복하고, 적당한 길이의 위대한 행동을 구성해 낸 밀턴의 천재성을 높이 평가하였다.

보다 구체적으로 서사시적 구조면에 미친 고전 서사시의 영향을 살펴보겠다. 제1편 서두에서 주제를 선언한 것이나 비록 대상은 다르지만 '시신'(Muse)을 불러 영감을 기원한 것은 순연히 호메로스나 베르길리우스의 모방이라 할 수 있다. 호메로스가 불렀던 '시신'을 밀턴도 부르지만, 밀턴의 뮤즈는 '천상의 뮤즈'(Heavenly Muse)로서 기독교의 성령을 가리킨다. 부르는 대상은 달라도 그 수법은 조금도 다를 것이 없다. 그리고 밀턴이 악천사를 등장시킬 때에 있어서도 역시 호메로스의 배와 베르길리우스의 용사들을 생각했던 것이 틀림없다.

고전 서사시에서 매우 중요한 역할을 하고 있는 것이 '예언'(prophecy)의 방식을 이용하여 새로운 세계의 창조와 인간세계의 창조를 예시하는 것인데, 사실상 예언은 고전서사시에 있어서 사건의 진전을 암새해 주는 가장 효과적인 기교 중의 하나다. 이런 기교는 물론 인간을 타락시키려고 모의하는 악마들의 회의하는 장면에서도 발견할 수 있다. 이러한 회의는 호메로스나 베르길리우스의 작품에서도 수없이 찾아볼 수 있는 것으로 밀턴의 독창이라 할 수 없다.

더욱 사탄이 단독으로 지상을 향해 항해하는 데, 이는 오디세우스(Odysseus)의 항해나 모험과 흡사하고, 그 여행 중에 통과하는 지옥의 묘사도 고전의 전통을 충실히 엄수한 것이 분명하다. 직접적으로는 아리오스토의 영향이 컸던 것 같다. 그러나 단테나 아리오스토도 결국은 고전의 전통을 따른 것에 불과하므로, 『실낙원』의 지옥묘사에 결정적인 영향을 준 것은 역시 고전이라 할 수 있다. 사탄이 지옥을 통과할 때 그 문을 지키고 있던 '죄'(Sin)와 '죽음'(Death)은 고전적 괴물이라기보다는 오히려 중세적이며, 호메로스나 베르길리우스에게서보다는 성경에서 암시받은 것으로 봐야 할 것이다. 그러나 성경 밖에서 그 모형을 찾는다면 오비디우스(Ovidius)의 『변신이야기』(Metamorphoses)에 나오는 실라(Scylla)를 들 수 있다.

신이 옥좌에 앉아서 사탄이 새로 창조된 세상을 향해 날아오는 것을 보며 우편에 앉아있는 독생자에게 사탄의 성공을 예언하는데, 이는 호메로스나 베르길리우스가 확립한 일시적인 장면 전환으로 흥미와 긴장을 불러일으키려는 수법이다. 가령 『일리아스』 제21권에 보면, 아킬레스에게 쫓기는 헥토르(Hector)가 묘사되다가 돌연 장면이 전환되어 신들이 그것을 바라보며 회의하는 장면이 나오는데, 이런 장면 전환의 기법을 밀턴이 그들에게서 배운 것이라 보아야 할 것 같지만, 밀턴이 묘사한 신은 주피터보다는 훨씬 우수하다는 사실을 잊지 말아야 할 것이다.

이 밖에 기적적인 사건을 추호도 의심 없이 믿을 수 있도록 구성하고 묘사하는 기법도 결코 밀턴의 독창이 아닌 것만은 사실이다. 가령 오디세우스의 배가 바위로 변하고 아에네아스(Aeneas)의 함대가 한 떼의 물의 요정으로 변한 사건은 놀라운 일이기는 하지만, 전혀 믿을 수 없는 사건이 아니라 능히 있을 수 있는 일로 독자들이 받아드리는 것은 그들에게 이미 기적과 진실을 결합시키는 기교가 있었기 때문이라고 할 수 있다.

낙원에 도달한 사탄이 자신의 모습을 여러 가지 모양으로 변환시키는데, 이것 역시 호메로스나 베르길리우스의 작품에서 자주 발견되는 것이다. 물론 성경에서도 천사들이 인간의 모습으로 변모하여 나타나는 것을 보지만, 밀턴이 모방한 것은 성경이 아니라 고전 시인이었음이 틀림없다. 사탄이 낙원에서 가마우지 모습으로 생명나무 위에 앉아있는 모양은 『일리아스』 제7권에서 아테나와 아폴로가 독수리 모습으로 높은 상수리나무 위에 앉아있는 장면과 같고, 이 하늘에 매단 금 저울은 『일리아스』 제22권에서, 제우스가 헥토르와 아킬레스의 싸움의 운명을 재기 위해 매단 저울과 흡사하다. 그리고 낙원에 대한 묘사 역시 고대 서사시의 그것과 흡사하다. 이를테면 『오디세이아』에서 알키노우스(Alcinous)의 정원이 아름답고 풍성하게 묘사된 것이나 콜립소(Calypso)의 섬이 아름답게 묘사된 것이 바로 그러하다. 그러나 밀턴의 서술이 호메로스보다 더 정교한 감을 주는 것은 주제면 에서 에덴동산이 더 중요하기 때문이다.

사탄이 아담과 하와의 정아하고 행복한 생활에 불붙는 질투를 느끼며 인간에 대한 타락계획을 세우고 있을 때, 우리엘(Uriel) 천사가 핏빛을 타고 내려온다. 이 장면은 마치 『일리아스』에서 제우스의 사자 이리스(Iris)가 무지개를 타고 내려오는 장면과 흡사하며, 아담과 하와의 안식처인 '정자'(bower)에 대한 서술이 꿈속에 하와를 꾀는 사탄의 유혹 장면에 나오는데, 영웅 서사시에 있어서 꿈은 중요한 역할을 한다. 그리고 하와를 유혹하던 사탄이 가브리엘(Gabriel)과 휘하 천사들의 제지를 받고 일진을 머리는데, 이는 『일리아스』 중에서 아킬레스와 헥토르를 물리치기 위해 제우스가 그들과 싸우는 장면과 방불하다.

에덴동산에 아침이 밝고 잠에서 깬 하와는 남편 아담에게 불길한 꿈 이야기를 한다. 이 때 신은 라파엘을 파견하여 절대 순종할 것과 원수가 접근했음을 예고 해 준다. 여기서 라파엘이 에덴으로 내려올 때의 모습이 서술되는데, 그것은 『오디세이아』 제5권에서 제우스가 헤르메스(Hermes)를 콜립소로 보낼 때 서술 되는 그 모습과 조금도 다름이 없다. 『일리아스』의 '이리스'던, 『오디세이아』의 '헤르메스'던, 이들은 시인에게 있어서 신적인 개입의 기구로 이용된다.

라파엘이 그 메시지를 전하고 아담의 요청에 따라 그들의 원수가 누구인지를 설명해 주는 대목이 나온다. 이런 회고적인 서술은 서사시에 있어서 무엇보다 특색 있는 테크닉 중의 하나로 들 수 있다.

라파엘의 회고적인 서술로서, 천사와 악마들 사이에 벌어졌던 처절한 전투가 밝혀졌다. 이런 전투의 신화는『일리아스』의 제20권에서 벌어지는 여러 신들의 싸움과 같고 사탄의 패배는 아레스(Ares)의 패배를 모방한 것이다. 또한 이 싸움에서 천사들이 산들을 씻어서 악마에게 던지는 광경은 헤시오드(Hesiod)의『신통기』(神統紀, Theogony)의 거인족과 올림포스의 제신들 사이에 전개되는 싸움에서 암시받은 것이며,『실낙원』제6편 637행 이하 악마들이 천사들과의 싸움에 패하여 지옥으로 떨어지는 9일이라는 일자는 역시 헤시오드의『신통기』에 나오는 숫자이다. 그리고 사탄과의 싸움에서 그의 검을 두 동강으로 낸 미카엘의 검은 베르길리우스가 묘사한 투르누스(Turnus)의 검을 부숴버린 아에네아스의 검과 같고 미카엘의 검에 부상당한 사탄을 묘사하는 대목은 호메로스의 시구와 유사하다.

라파엘이 아담의 요청에 따라 세계창조의 역사를 말한다. 이런 세계 창조에 대한 신화는 성경에서만 찾을 수 있지만, 세계를 창조할 때에 우주와 온갖 창조물의 한계를 정하기 위해 신이 사용한 황금 컴퍼스(golden compasses)는 호메로스의 정신을 계승한 것이라 할 수 있고, 밀턴의 서술이 성경보다 정교한 감을 주는 것은 루크레티우스(Lucretius)의『사물의 본성에 관하여』(De Rerum Natura)나 오비디우스의『변신 이야기』의 영향에서 온 것이라 할 수 있다.

서두에 아담과 라파엘이 주고받은 천체운동에 대한 질문과 모호한 대답은 특히 마닐루스(Manilus)의『천문학』(Astronomica)에서 얻은 재료 같다. 왜냐하면 호메로스나 베르길리우스는 천문학에 대한 큰 관심을 가진 일이 없기 때문이다. 그러나 라파엘이 말하는 지옥문의 음산한 모양은『아에네이스』제6권으로부터 이미지를 얻은 것이다.

『실낙원』제9편에서 사탄은 지구를 돌고나서, 치밀한 간계를 품고, 안개처럼 낙원을 침범하여 잠자고 있는 뱀에게로 들어가는데,

이것은 『일리아스』 제1권에서 여신 테티스(Thetis)가 안개로 변하는 것과 흡사하고, 사탄이 뱀 속으로 들어간 것은 성경에서 연상된 것이지만, 고대에 있어서 신 아스케피오스(Askepios)가 열렬한 숭배자들에게 그 모습을 드러낼 때는 언제나 뱀의 모습을 취하였다는 기록이 있는 것으로 보아서, 단순한 성경의 연상만은 아닌 것 같다. 그리고 하와가 금단의 열매를 따먹은 후 천지가 격동한 것은, 『아에네이스』 제4권에서 여왕 디도(Dido)가 유혹 당했을 때 천지가 진동한 것과 같고, 금단의 열매를 따먹은 후의 아담과 하와가 주고받은 대화는 『일리아스』 제14권에서 주피터와 주노(Juno)가 주고받은 대화와 방불하다.

　사탄은 인간을 타락시키는데 성공한 후 '복마전'(pandemonium)으로 돌아오는데, 지옥의 악마들은 개선한 사탄에게 갈채와 환성을 보낼 사이도 없이 야릇한 기성을 발하며 모두가 뱀으로 변해 버리고 만다. 이것은 호메로스나 베르길리우스의 영향이 아니라 오비디우스의 『변신 이야기』 특히 제4권에서 카드무스(Cadmus)가 뱀으로 변하는데서 암시받은 것으로 본다. 그리고 호메로스나 베르길리우스와 마찬가지로 어둡고 상상적인 인물들을 많이 등장시키고 있는 것도 묵과 할 수 없을 것 같다.

　타락 후 고민에 쌓인 아담을 높은 언덕으로 인도한 천사는 홍수 때까지 일어날 일을 환상으로 보여주는데, 이것은 『아에네이스』 제6권서 안치세스(Anchises)가 아에네아스를 높은 곳으로 인도하여 로마의 역사를 이룩할 자들의 환상을 보여주는 장면을 연상시켜 준다. 이 장면도 그렇지만, 『실낙원』 제2편의 구성과 에피소드의 처리에 있어서도 주로 베르길리우스의 영향을 보여주고 있다.

　이렇게 볼 때, 원칙적으로 밀턴은 『실낙원』의 구성과 에피소드 및 그 수법 면에서 고전 서사시의 모델을 충실히 배우고 그 모델에 따라 세심하게 『실낙원』을 구성했다는 것을 알 수 있다. 그러나 그것으로 그친 것이 아니고 밀턴은 자기의 주제와 구성에 맞게 적절하게 조정해서 사용하여 자기가 전달하고자 하는 메시지에는 조금도 손상을 주지 않았다는 것도 알아야 한다. 다시 말하면, 주제와 내용은 성경의 이야기지만 그 이야기를 전개하는 수법이나 묘사법은 그리스·로마적이라는 말이다.

이를테면 대천사 미카엘이 아담과 하와를 낙원으로부터 추방하기 위하여 나타났을 때, 그는 그리스의 무지개의 여신이 염색한 '자색의 제복'을 착용하고 있었던 것 같은 것이다(PL., 1. 244). 또 라파엘이 아담에게 유혹자가 접근하고 있음을 경고하기 위해 날아 내려올 때, 그는 성경의 최고천사와 같이 여섯 날개를 가지고 날아오는데, 그 둘은 헤르메스와 같이 발에 나 있는 것은(PL., 5. 825) 우연한 것인가? 서역에서 때로 천사들이 인간의 사건 속에 개재하는 것을 보지만, 밀턴이 묘사한 천사는 성경의 천사라기보다는 고전 서사시의 하위천사들과 흡사하다. 아무튼 초자연적인 요소들을 서술할 때, 밀턴은 고전 서사시의 묘사법을 사용하였고, 영웅의 공적을 묘사할 때도 그러했다. 또한 사탄(PL., 1. 196f)이나 자연계(PL., 4. 266)의 묘사도 언제나 고전의 비유를 빌어서 묘사했다.

## 2) 은유적 비유와 고전전통

아리스토텔레스와 마찬가지로 애디슨도 "영웅시의 언어는 명쾌하고 숭고하여야 한다"24)고 하였다. 이 두 특질 중의 어느 한 특질이 없어도, 서사시의 언어로서는 완전하다 할 수 없다. 명쾌하고 자연스러운 표현이 무엇보다 중요하지만, 너무나 독자의 귀에 친숙한 일상어만을 사용하면 저속해지기 쉽기 때문에, 그 언어를 좀 더 숭고하게 끌어올리는 것이 필요하다는 것이다.

아리스토텔레스가 제시한 방법을 좇아서, 애디슨은 첫째『실낙

---

24) Addison, *The Spectator*, No. 285, 2 : 349.

원』에서 채용된 것과 같은 은유적인 비유를 사용하므로 언어를 숭고하게 만들 수 있다고 하였다. 그가 든 『실낙원』의 은유적 비유는 다음과 같다. 사탄이 단독 혼돈을 뚫고 에덴낙원에 이르러 새로 창조된 아담과 하와가 서로 미소 짓고 입 맞추고 껴 않으며 낙원의 축복을 마음껏 즐기고 있는 모습을 보고 질투의 눈길로 흘겨보며 이렇게 은유로 비유하였다. 즉 "서로의 품에서 낙원화 된"(Inparadised in one another's arms—PL., 4. 506)이라고 하였는데, 이는 '아담과 하와가 서로 껴않고 즐거워하며 행복해 하였다'고 표현한 것보다는 훨씬 우아하고 숭고하게 느끼게 한다.

제6편에서는 천상에서의 싸움이 삽화로 소개되는데, 제일전(第一戰)을 힘겹게 치룬 후 사탄과 그의 부하 용사들은 야음을 타서 퇴각한다. 사탄은 회의를 소집하고, 마(魔)의 기계 곧 화포를 발명하여 그것으로 다음날의 전쟁에서는 미카엘과 그의 부하 천사들을 다소 혼란에 빠뜨린다. 이때의 화포의 화문에 갈대 불을 갖다 대는 장면을 이렇게 은유하였다. "그 손으로 끝에 불붙은/갈대를 흔들며 서 있었다."(in his hand a reed/Stood waving, tipped with fire—PL., 6. 579-580). 그러나 그들은 이윽고 산을 뽑아서 던져 사탄의 군세와 마의 기계를 모두 함께 압도한다. '끝에 불붙은 갈대'로 포문에 불을 붙여 쏘아대는 바람에 소동은 그치지 않았다. 여기서 단순히 '갈대'를 '흔들다'라고 표현한 것보다는 '끝에 불붙은 갈대를 흔들다'로 표현하는 것이 훨씬 일상적인 색채를 벗어나 숭고하게 만든다.

7권에서는 창조 이야기를 하는데, 어류와 조류는 알에서 나왔지만 개구리, 지렁이, 벌레 등은 땅 속에서 창조되어 땅 위로 초목이 돋아나오듯 나온 것으로 묘사를 하고 있다. 이러한 상상을 좀 더 확대해서 사자도 범도 역시 그렇게 해서 나왔다고 생각하여 밀턴은 이렇게 은유적으로 비유했다. "풀밭이 새끼를 낳았다"(The grassy clods now calved.—PL., 7. 463). 이 얼마나 생뚱맞고 기괴한 비유인가? 그러나 일상적인 표현보다는 훨씬 숭엄하게 만든다.

아리스토텔레스는 일체를 은유적 비유로만 쓰면 수수께끼가 된다고 하였지만, 밀턴은 은유를 남용하여 문장을 수수께끼로 만든 일은 없다. 그래서 애디슨은 "적절하고 자연스러운 말로 할 수 있는 곳에서는, 좀처럼 밀턴은 은유를 사용한 일이 없다"[25]고 강조하였다. 밀턴의 은유적 비유는 매우 대담하지만 아름답고 적절하다고 할 수 있으며 문체를 숭고하게 해준다. 밀턴의 문체에 대해서는 아래서 장을 달리하여 좀 더 자세하게 살펴보겠다.

---

25) *Ibid.,* No 285, 2:351.

## II. 밀턴의 시신과 영감

　영국의 17세기 청교도 시인인 존 밀턴의 『실낙원』(*Paradise Lost*)의 초판이 나온 것이 1667년 4월이다. 초판은 전 10편(10.550행)으로 이루어져 있었지만, 이로부터 7년 뒤인 1674년 재판될 때는 12편(10.558행)으로 재편되었다. 『실낙원』의 근거가 될 만한 자료는 방대하지만, 그 근간이 되는 것은 창세기 1-2장의 아담과 하와의 타락 이야기와 요한 계시록 12장에 나오는 천상에서의 싸움 이야기 등이라 할 수 있다. 이 서사시에는 이러한 성경의 구절들이 수없이 삽입 인유되어 있고, 또 고전에 정통한 학자라도 현혹을 느낄 정도로 번잡하게 그리스·로마의 고전과 그 밖의 여러 사상에 대한 지식이 나열 또는 인용되어 있다.
　『실낙원』은 호메로스의 『일리아스』와 『오디세이아』나 단테의 『신곡』과 비교해도 조금도 손색이 없는 불후의 고전이다. 그러나 이 작품은 아주 오래 된 사상서이거나 교리서가 아니라, 어디까지나 밀턴이 기도를 통하여 받은 영감을 가지고 정성을 기울여 만든 서사시인 것이다. 『실낙원』을 보면 시신에게 영감을 비는 기도가 네 곳에 나온다. 제1편 1-26행, 제3편 1-55행, 제7편 1-47행, 제9편 1-47행이 그것이다.
　밀턴은 무사(Mousa)를 제1편에서는 '하늘의 뮤즈'(Heavenly Muse)로, 제3편에서는 '하늘의 빛'(Celestial Light)으로, 제7편에서는 '우라니아'(Urania)로, 제9편에서는 '하늘의 수호여신'(Heavenly Patroness)으로 부른다. 이 기도는 문맥 구조로 볼 때 매우 중요하다. 네 번의 기도에 있어서 영감을 비는 대상의 이름은 각기 다르지만 우리가 유의하여할 것은 이름이 아니라 그 이름 속에 내포되어 있는 뜻이다.26) 이 사실은 밀턴이 시를 쓰는 과정에 있어서 기도를 통하

---

26) William Kerrigan, *The Prophetic Milton* (Charlottesville : The University

여 얼마나 하늘로부터 영감과 계시를 받고자 했는가를 역력히 보여준다. 여기서는 호메로스가 그의 서사시를 쓰면서 부른 무사와 밀턴이 『실낙원』을 쓰면서 부른 시신의 성격이 어떻게 다르며 그 '무사'가 밀턴에게 어떠한 의미와 영향을 주었는가를 살펴보고자 한다.

## 1. 호메로스가 불렀던 시신

호메로스는 그의 두 권의 서사시, 『일리아스』와 『오디세이아』에서 다음처럼 시신을 불러 도움을 요청한다.

"노래하라, 뮤즈(무사이)여, 아킬레우스의 노여움을, 그리스인에게 그렇게 많은 슬픔을 안겨 준 그 노여움을."27)
"오 뮤즈여! 그 옛날 토로이 성을 함락시킨 후 머나먼 타관을 정처 없이 헤매던 방랑의 영웅의 이야기를 들려주소서."28)

호메로스가 부른 시신은 '무사'다. 원래 '무사들'(복수 '무사이', 영어로는 뮤즈-Muses)은 올림포스에 있는 두 무리의 아름다운 자매들 중 한 무리의 자매였다. 무사 자매말고 올림포스에는 '카리스들'(복수 '카리테스', 영어로는 그레이즈-Graces)이 있었다.29) 이 '카리스들'은 그녀들의 반려들인 '무사'(詩神)들과 함께 '노래의 여왕들'이었고, 그녀들이 없는 잔치는 재미가 없었다. '카리스들'의 반려들인 '무사들'(시의 여신들)은 제우스와 기억의 여신 므네모쉬네의

---

Press of Virginia, 1974), 126.
27) 호메로스, 『일리아스』『오디세이아』, 정병조 역 (서울 : 동화출판사, 1970), 25.
28) 위 책, 137.
29) 이디스 헤밀튼 지음, 『그리스. 로마 신화』, 이재호, 유철준 옮김 (서울 : 탐구당, 1995), 49-50.

딸들로, 아홉 명이었다. 맨 처음에 '카리스들'처럼 그녀들은 서로를 구별할 수가 없었다. 헤시오도스에 의하면 "그녀들은 모두가 한 가지 정신을 갖고 있어 마음은 노래에 쏠려 있고, 정신은 걱정이 없다. 무사들의 사랑을 받는 자는 행복하다. 왜냐하면 사람이 그의 영혼 속에 슬픔과 비탄을 갖고 있다 할지라도 무사들의 하인이 노래할 때면, 즉시 어두운 생각들을 잊어버리고 괴로움을 기억하지 못하기 때문이다."30)

나중에는 '무사들' 각자가 특별한 분야를 맡게 되었다. '클리오' (혹은 클레이오)는 역사의 시신, '우라니아'는 천문학의 시신, '멜포메네'는 비극의 시신, '탈리아'(혹은 탈레이아)는 희극의 시신, '테르프시코레'는 춤의 시신, '칼리오페'는 서사시의 시신, '에라토'는 연애시의 시신, '폴리휨니아'는 신들에게 바치는 노래의 시신, '에우테르페'는 서정시의 시신으로 나타난다.

헤시오도스는 그녀들이 거주하는 산들 중의 하나인 헬리콘 산 근처에 살았다고 한다.31) 무사들의 다른 산은 그녀들이 태어났던 피에리아에 있는 피에로스, 파르낫소스 그리고 올림포스다. 어느 날 아홉 명의 '무사들'은 헤시오도스한테 나타나 그에게 "우리는 진실인 듯 보이는 허위를 말하는 법을 알고 있지만, 우리는 원하기만 한다면 진실된 것을 말하는 법도 알고 있다"고 말했다.32) '무사들'은 진리의 신인 '아폴론'의 반려인 동시에 '카리스들'의 반려였다. 핀다로스는 황금칠현금이 아폴론의 것인 동시에 무사들의 것이라 했다.33) 무사들이 영감을 불어넣어 준 사람은 어느 사제보다도 훨씬 더 성스럽다. 무사는 아홉 명의 여신으로 시나 노래 그리고 예술을 지배했으며, 시인들에게 영감을 주는 그리스의 시신들이다.

---

30) 위 책, 50에서 재인용.
31) 위 책, 50.
32) 위 책, 50에서 재인용.
33) 위 책, 50.

호메로스는 『일리아스』에서는 전쟁과 죽음의 주제를, 『오디세이아』에서는 방랑(낭만)과 행복의 주제를 다루었다. 이 서사적 주제 즉 인간의 보편적인 진리의 세계는 인간의 의식적 계획을 초월한다는 인식 아래 신의 도움을 요청했던 것이다. 호메로스의 시신에의 부름은 일종의 기도라 할 수 있지만, 그의 기도의 대상은 초자연적인 인격신이 아니요 인간의 예술을 지배하는 헬리콘 산의 인간과 거의 비슷한 시의 여신이었다. 그것은 우리 인간의 의식 밖에서 들어오는 것이긴 하지만 기독교에서 말하는 성령의 영감하고는 다른 창작력(創作力)이나 형성력(形成力) 같은 것이었다. 그것은 신의 능력이라기 보다는 인간의 창작정신과 유사한 그런 비범한 인간의 정신 능력이었다.34)

## 2. 밀턴의 시신과 영감의 시간

히브리인들은 그 나름의 풍부하고도 독특한 상상력을 가지고 있었다. 흔히 그들의 '상상력'을 가리켜 '히브리적 상상력'(Hebrew imagination)이니 또는 '종교적 상상력'(religious imagination)이라 한다. 이런 종교적 상상력은 시인의 체험을 "혼란하고 불규칙적이고 단편적인 것"35)인 것으로 끝나게 하지 아니하고 그것에다 "진정한 표현의 통일성"36)을 준다. 이 히브리적 상상력을 흔히 영감이라고 한다. 밀턴의 시신은 시인 그 자신의 내면에서 들려오는 내면의 소리도 아니고 비범한 창작 정신도 아니라 성령 그 자체인 것이다.

그리스 사람들은 신탁을 영감 받은 행위로 보았지만, 기독교에서

---

34) S. T. Coleridge, *Biographia Literaria,* ed., J. Shawcross (Oxford : Basil Blackwell, 1907), 107.
35) T. S. Eliot, *Selected Essays* (London : Faber and faber, 1951), 287.
36) David Daiches, *Critical Approaches to Literature* (London : Longmans, Green and Co., Ltd., 1969), 109.

는 하나님 자신이 자신의 뜻을 드러내 보여준 사람에게 그것을 기록할 수 있도록 창조적인 영 곧 생명력을 주입해 주시는 것을 영감이라고 본다. 그러니까 영감이란 성령의 초자연적인 역사인 것이다.37) 매튜 헨리(Matthew Henry)라는 성경학자는 성경은 영감 받은 사람들에 의해 기록된 하나님의 말씀이라고 말하고 있다.

"성령은 그들(성경 기자들)을 강하게 고무하고 효과적으로 속박하여 그들의 입 속에 넣어 놓은 것을 말하게 (그리고 쓰게) 하였다. 성령은 성경 기자들이 성령으로부터 받은 것을 전달하는데 있어 너무나 현명하고 주의 깊게 그들을 돕고 인도함으로 성경 기자들은 그들이 계시하는 것을 표현하는데 있어 충분히 그 어떤 잘못으로부터도 벗어날 수 있었다. 따라서 바로 성경의 말씀들은 성령의 말씀으로 간주되어야 할 것이다."38)

매튜 헨리의 주장대로 성경은 영감에 의해 기록된 것이므로 일점일획도 틀림없는 정확무오(正確無誤)한 하나님의 말씀이다. 리랜드 라이큰이 말한 대로 밀턴은 성경 기자들이 받았던 영감에 의해 초월적인 진리를 계시 받아서, 종교적 상상력을 통하여 그것을 새롭게 창조해내고, 그 오래된 진리를 새로운 양식으로 해석하고 표현하여 생활에다 새롭게 적용한 작가인 것이다.39)

이런 작품은 신성하고 고상한 내질을 담고 있어서 우리의 존재의 영역을 확장시켜줄 뿐 아니라 우리의 생활을 순화시키고 고상하게 만들어간다. 영국의 유명한 작가요 기독교 변증가였던 루이스(C. S. Lewis)는 이런 말을 했다.

---

37) I.. Howard Marshall, *Biblical Inspiration* (Michigan : William B. Eerdmans Publishig Company, 1982), 13.
38) 편찬위원회, 『기독교 대백과사전』 (서울 : 기독교문사, 1984), 642에서 제인용.
39) Leland Ryken, *The Christian Imagination : Essays on Literature and the Art* (Michigan : Grand Rapids, 1981), 37.

"우리는 우리의 존재를 확장하기 위해 애를 쓴다. 우리는 우리 자신을 넘어서고 싶어하는 것이다. 본성적으로 우리 모두는 자기 자신의 녹특한 관점과 선별 기준을 가지고 있어서, 그 입장에서 전체의 세계를 바라본다. … 우리는 우리 자신의 입장에서뿐만 아니라 다른 사람의 눈으로 보고, 다른 사람의 상상력으로 상상하며, 다른 사람의 마음으로 느끼고 싶어 한다. 우리에게는 바라볼 창문이 필요하다. 이것은 내가 아는 한, 문학이 가진 특이한 가치요, 이점이다. 왜냐하면 문학은 우리 아닌 다른 사람의 체험으로 우리를 인도해 주기 때문이다. 나 자신의 시각만으로는 충분하지 않다. 다른 사람의 시각을 통해서 보아야 하는 것이다."40)

모든 신앙적인 경건문학은 성령의 영감 없이는 존재할 수 없다. 밀턴의 『실낙원』은 한 마디로 말해서 기도를 통해 영감을 받아서 기록된 문학 작품이라 할 수 있다. 그러나 밀턴이 기도드리는 대상인 "하늘의 뮤즈"는 호메로스가 불렀던 그런 시신이 아니라 천지를 창조하시고 전지전능하시며 영원불멸하신 하나님의 삼위 중의 하나인 성령(the Holy Spirit)을 지칭한다.41) 이와 같이 밀턴은 고전문학의 영감의 근원이었던 무사들과는 근본적으로 차원이 다른 성령이 시의 영감의 근원이었던 것이다. 성경의 기록자들이 하나님의 영감 없이는 그 높은 뜻과 섭리를 알 수도 없고 기록도 할 수 없었듯이 밀턴도 성령의 영감 없이는 『실낙원』에서 정당화하고자 하는 "하나님의 영원한 섭리"를 형상화 할 수 없었을 것이다. 비단 『실낙원』뿐만 아니라 밀턴의 초기 신앙시들은 대부분 성령의 영감에 의해 쓰여진 것들이다.

랭든은 젊은 시인 밀턴은 "그리스도 탄생하신 날 아침에"라는 시

---

40) 위 책, 23-24에서 재인용.
41) O. B. Harison, "Written Records and Truths of Spirit in *Paradise Lost*," *Milton Studies 1* (Pittsburgh : University of Pittsburgh Press, 1969), 150.

도 크리스마스 새벽에 영감을 받아쎴다고 한다.42) 시인은 영감 없이는 어떤 작품도 쓸 수가 없다라고 생각할 때 가장 중요한 문제는 그 영감을 언제 받느냐 하는 시간의 문제다. 성경에 있어서는 전체적으로 볼 때 아침과 저녁의 시간적 구별을 보이지 않고 있지만, 예언자들은 개별적으로 볼 때 영감의 아침형과 저녁형이 구분되는 것을 알 수 있다. 구체적으로 그 예를 성경에서 들어보겠다.

"해질 때에 아브람이 깊이 잠든 중에 캄캄함이 임하므로 심히 두려워하더니 여호와께서 아브람에게 이르시되. . . ."(창 15:12-13). "그 밤에 하나님이 아비멜렉에게 현몽하시고 그에게 이르시되 네가 취한 이 여인을 인하여 네가 죽으리니 그가 남의 아내임이니라"(창 20:3). 여기서 우리는 밤에 성령께서 아브람, 아비멜렉에게 나타나 말씀하시는 것을 볼 수 있다. 역시 이삭(창 26:24), 야곱(창 31:24), 기드온(삿 6:25), 사무엘(삼상 3:3-4), 솔로몬(왕상 3:5), 엘리야(왕상 19:5), 나단(대상 17:3), 다니엘(단 2:19)도 밤의 환상 중에 하나님의 음성(계시)을 들었다.

그러나 영감은 반드시 밤하고만 관계있는 것은 아니다. 모세에게는 대낮에 불꽃 가운데서 나타났고(출 3:2), 사울의 군졸들은 대낮에 하나님의 신이 내려 신들린 상태가 되었고(삼상 19:20), 이사야는 아침마다 내 귀를 일깨워 주신다고 하였다(사 50:4).

이상이 구약으로부터 얻을 수 있는 영감의 시간에 관한 지식이다. 이 사례에 나타난 바와 같이 구약 성경에 있어서 아침, 대낮, 저녁의 시간적 요소는 영감의 본질을 결정하는데 절대적인 작용을 하지 않는다는 것을 알 수 있다. 이것은 신약 성경에서도 마찬가지이다 (마 1:20, 2:13, 2:22 ; 요 20:1, 14 ; 행 16:9, 23:11).

일정하지는 않지만 예언자들에게는 영감의 아침형도 있고, 저녁형도 있다는 것을 알 수 있다. 이사야나 다윗 또는 에스겔에게 나린

---

42) Ida Langdon, *Milton's Theory of Poetry and Fine Arts* (New York : Russell & Russell, 1965), 66.

영감(계시)은 주로 이른 아침에 이루어졌던 것이다. 이런 점과 관련하여 예수의 부활이 이른 아침에 일어난 것을 생각하면, 인간의 생명과 우주의 신비적인 관계를 고려하지 않을 수 없다. 이런 종류의 영감을 아침형의 영감이라고 한다. 이와는 달리 야곱, 솔로몬, 욥, 스가리아, 요셉, 바울의 환상은 주로 밤에 계시된 것이다. 이런 유형의 영감을 저녁형의 영감이라고 한다. 다니엘의 계시는 아침과 저녁 꼭 같이 이루어졌으므로 조석형(朝夕型)의 영감이라 할 수 있다. 그러면 밀턴의 영감은 어떤 유형에 속하는가? 앞서 말한 랭든의 말을 따르면 밀턴의 영감은 아침형에 속한다 할 수 있고, 밤(어둠)은 분명 아침(빛)의 대립개념으로 연결되고 있을 뿐이다. "그리스도 탄생하신 날 아침에"의 서시(序詩) 제1연을 보면 크리스마스 새벽에 영감을 받아 이 시를 썼다는 것이 확실해진다.

> 이 달, 이 행복한 아침에
> 정혼한 처녀, 동정녀 어머니에게서 태어난
> 하늘의 영원한 왕의 아들께서
> 하늘로부터 우리들의 위대한 구원을 가져왔다.
> 일찍이 거룩한 예언자들도 그가 우리들의
> 죽을 죄를 면해 주시고 그의 아버지와 함께
> 우리에게 영원한 평화를 이루어 주리라고 노래했다.

> This is the month, and this the happy morn
> Wherein the Son of heaven's eternal King,
> Of wedded maid, and virgin mother born,
> Our great redemption from above did bring;
> For so the holy sages once did sing,
> That he our deadly forefeit should release,
> And with his Father work us a perpetual peace.

우리들의 영원한 왕, 위대한 구세주, 예언자들이 노래했던 영원한 평화의 사자, 하나님의 아들 예수가 탄생한 그 아침을 시인은 행복한 아침(happy morn)이라 했고 이 시의 제목에서도 그 뜻을 제시하고 있다. 더욱 서시의 제3연을 보면 이 시의 창작 원천은 영감이라는 것을 알 수 있다.

　　하늘의 시신이여, 말하라, 그대 신성한 가락으로
　　어린 아기 하나님께 예물을 바치지 않겠는가?
　　그대는 그를 이 새로운 거처로 맞아들일
　　시와 찬미와 엄숙한 노래가 없는가,
　　태양신의 날개 돋친 말들이 아직 밟지 않은 하늘,
　　그 하늘에 다가오는 빛의 흔적이 보이지 않는 지금,
　　천군 천사들이 찬란한 대열을 지켜보는 동안에?

　　Say heavenly Muse, shall not thy sacred vein
　　Afford a present to the infant God?
　　Hast thou no verse, no hymn, or solemn strain,
　　To welcome him to this his new abode,
　　Now while the heaven by the sun's team untrod,
　　Hath took no print of the approaching light,
　　And all the spankled host keep watch in squadrons bright?

　여기서 밀턴이 부르는 "하늘의 시신"은 분명 성령이 그 위에 머무는 그의 시적 영성(poetic spirituality)이라 할 수 있다. 이 시적 영성은 "태양신의 날개 돋친 말들이 아직 밟지 않은 하늘"이라고 한 것을 보면 새벽에 받은 것이 틀림없다. "그리스도 탄생하신 날 아침에"라는 시를 쓸 때는 주로 아침에 영감과 계시를 받았던 것 같지만, 『실낙원』을 쓸 때는 이미 실명한 탓이었는지는 몰라도 거의 밤마다 성령이 그를 찾아와 시재와 시체(詩體)에 영감을 불어넣어 주었다(7편 1-39행, 9편 20-24행). 그러니까 밀턴의 영감도 아침형이니 저녁형이니 분명한 선을 그을 수가 없고 구태여 말한다면 조석형이라 할 수 있다. 기도는 아침에만 드리는 것도 아니고 저녁에만 드리는 것도 아니다. 기도는 언제나 할 수 있는 것이고 또한 간절한 기도를 통하여 늘 영감을 받을 수 있는 것이니까 영감은 아침하고만 관계된 것도 아니고 저녁하고만 관계된 것도 아니다. 결국 우리가 여기서 크게 유의하여야 할 것은 기도 없이 영감과 계시를 받을 수 없다는 것이다.

## 3. 성령의 점진적 계시

밀턴은 『실낙원』에서 중요한 네 대목에서 네 번의 기도를 드린다. 기도를 통해 그는 성령의 영감을 받았다. 밀턴은 성경의 기록자들과 마찬가지로 영감을 통해 하늘의 진리를 계시 받았고, 또한 그것의 효과적인 촉발에 의해 불붙은 영적 상상력을 가지고 그 진리를 웅장하게 표현할 수가 있었다. 그러나 그의 영감 즉 계시는 즉각적인 것이 아니라 점진적이었다. 그 점진적인 계시가 『실낙원』에서 어떻게 형상화되는가를 살펴보겠다.

서사시 『실낙원』에서, 시인은 성경에 나오는 일련의 장소들을 통하여 점진적으로 영감의 완전한 근원으로 옮겨가고 있다. 그 차서는 성경적 역사의 연대기를 쫓은 것이고, 또한 그것은 그 백성을 향한 하나님의 점진적 계시를 요약해 주고 있다. 모세는 맨 처음에는 "호렙의 외진 산봉우리"의 불타는 덤불 속에서 하나님을 보았고, 그 뒤에는 시나이 산에서 보다 완전한 비전을 보게 된다(1편 7-10행). 그리고 성육하신 그리스도가 "성전 바로 곁을 흐르는/실로아의 냇물에서"(1편 11-12행) 눈먼 사람을 고쳤을 때 그 계시는 완성된다.

이 영감과 관련되는 성경적 인유는 곧 구약으로부터 신약으로, 모세로부터 그리스도로 옮겨져 계시가 완성됨을 보여준다. 시인은 이러한 비전의 이행을 통하여 타락으로부터 결국은 구원의 문제로, 또는 '외적인 낙원'(Paradise without)으로부터 '마음의 낙원'(Paradise within)으로 그 주제가 점진적으로 진행될 것을 보여주고 있다.

그리고 그 성격을 표현함에 있어서도, 그는 '예루살렘 성전'(temple)이라는 말을 쓰지 않고 '신탁'(oracle)이라는 말을 선택함으로써 그것이 제도적인 기독교와 관계되는 것이라기보다는 예언적이라는 것을 강조한다. 밀턴은 제사장이 아니라 시인이다. 그러므로 그는 제사 드리는 일에 참여하고자 하는 것이 아니라 하나님의 예언적 역사에 참여하고자 한다. 다시 말하면 그는 '하나님 말씀'(계시)의 새로운 그릇이 되어 구약의 예언자들로부터 예수 그리스도에게까지 이어져 내려오는 예언의 전통을 잇고싶어 하는 것이다.43) 그가 부르는 기도의 대상인 시신(Muse)은 그리스 신화에 나오는 단순한 시신이 아니라 새로운 진리 계시의 영 곧 성령인 것이다.

> 그대, 어떤 성전보다도 바르고 깨끗한 마음을
> 좋아하시는 성령이여,
> 나를 가르치시라, 그대 아시나니. 그대는
> 한 처음부터 계셨고, 그 힘센 날개를 펼쳐
> 비둘기처럼 대 심연을 품고 앉아
> 이를 잉태케 하셨나니, 내속의 어두운 것을
> 비추시고 낮은 것을 높여 떠받쳐주시라.
>
> And chiefly thou O spirit, that dost prefer
> Before all temples the upright heart and pure,

---

43) *Ibid.*, 127.

> Instruct me, dor thou know'st; thou from the first
> Wast present, and with mighty wings outspread
> Dove-like sat'st brooding on the vast abyss
> And madest it pregnant: what in me is dark
> Illumine, what is low raise and support. (*PL.*, 1. 17-23)

참된 교회는 건축물이 아니라 영감 받은 마음이다. 구약의 예언자들은 외적인 성전의 건물에 관심을 쏟았지만, 예수가 오시면서, 사람의 마음은 내면의 성전이 되고 성령이 거하는 내면적인 지성소(至聖所)가 된다. 내적인 성전인 마음을 더 강조한 것은 이미 지적한 바와 마찬가지로 구약으로부터 신약에로의 이동을 말해주는 것이라 할 수 있다.

서사시는 창세기의 사건을 재현하는 것이기 때문에, 그의 노래를 돕는 영은 창조의 영이다. 그 영은 '태초' 즉 창조 때부터 계셨고, 창조에 참여했던 하나님이신 것이다. 그 성령은 창조의 사실을 모두 알고 있으므로 모세나 밀턴에게 가르쳐 줄 수가 있고 문학 작품 창작에 영감을 줄 수가 있다.

시인은 모세에게 영감을 주어 창세기를 기록케 했던 그 하나님이신 성령에게 기도하는 것이다. 그러나 그 기도는 모세로부터 그리스도에게로, 시나이 산으로부터 실로아의 냇물로 전진하는 것을 볼 수 있다. 왜냐하면 그는 타락을 노래할 뿐 아니라 또한 회복(구원)을 노래하기 때문이다. 시인은 더욱 제3권의 기도 속에서 모세와 자기와의 관련성을 탐색해 나간다. 제3권의 서두에서 행한 기도는 일종의 '빛을 향한 기도'라 할 수 있다.

> 오 복되도다. 거룩한 빛, 하늘의 첫아들이여!
> 혹 영원한 분과 같은 영원의 빛이라고
> 불러도 나무라지 않을지? 하나님은 빛이시라

영원으로부터 오로지 가까이 갈 수 없는
빛 가운데 계시며, 그대 속에 살며, 창조되지 않은
찬란한 빛의 본질을 눈부시게 발산하셨으니.

Hail, holy Light, offspring of heaven first-born,
Or of the eternal co-eternal beam
My I express thee unblamed? since God is light,
And never but in unapproached light
Dwelt from eternity, dwelt then in thee,
Bright effluence of bright essence increate. (*PL.*, 3. 1-6)

  이 기도에서 영감을 달라고 부르고 있는 빛에 대해서는 여러 가지 논쟁이 많다. 그 논쟁은 서너 가지 견해로 요약된다.[44] 첫째 그 빛은 단테의 '살아있는 빛'(천국편 제13가 55행)과 같은 하나님의 아들을 지시한다는 것이고, 둘째 그것은 『실낙원』 제3권 21-24행에서 지시하는 바와 마찬가지로 육체적인 의미의 '빛'(눈빛)을 말한다는 것이다. 그리고 세 번째 그것은 '신적인 것'을 가리킨다고 한다. 밀턴은 플라톤의 체계를 따라서 빛으로써 하나님의 중요한 이미지를 나타낼 뿐 아니라 신적인 유출 그 자체로서 창조된 모든 것에 광휘를 만들어내는 빛으로 보고 있다고 할 수 있다.

  눈먼 장님 밀턴은 육안을 가지고는 볼 수가 없다. 그러므로 그는 "찬란한 빛의 본질을 눈부시게 발산시켜"(3편 6행) "내 속을 비춰다오"(3편 52행)라고 기도하는 것이다. 밀턴이 간구하는 빛은 창조된 것이 아닌 근원적인 하나의 본질이다. 다시 말하면 그 빛은 그 자체가 곧 하나님이며, 하나님은 빛 속에 계시며, 빛은 하나님과 더불어 영원히 공존하는 것으로 그는 파악하고 있다. 따라서 밀턴은

---

44) Alastair Fowler ed., *Milton : Paradise Lost* (London : Longman Group Ltd., 1968), 141 note 참조.

빛은 태양이나 하늘보다 먼저 있었고, 천지 창조보다 먼저 있었던 것으로 인식하고 있다. 시인이 요청하는 비전은 육체상의 이미지를 초월하는 것이다. 눈먼 시인 밀턴은 신으로부터 흘러나오는 빛을 받아 눈먼 고대 예언자들 즉 다미리스(Thamyris), 메오니데스(Maeonides), 티레시아스(Tiresias), 피네우스(Phineus) 등과 같은 역할을 하고자 한다. 이 진정한 희망은 시나이 산에서 모세가 받은 체험과 동일한 것을 되풀이 하든가 아니면 그것을 능가하고 싶어 하는 것이다. 이 기도의 성경적 인유는 출애굽기 33장 12-13절에 나온다.

"모세가 여호와께 아뢰되 보시옵소서. 주께서 내게 이 백성을 인도하여 올라가라 하시면서 나와 함께 보낼 자를 내게 지시하지 아니하시나이다. 주께서 전에 말씀하시기를 나는 이름으로도 너를 알고 너도 내 앞에 은총을 입었다 하셨사온즉 내가 참으로 주의 목전에 은총을 입었사오면 원하건대 주의 길을 내게 보이사 내게 주를 알리시고 나로 주의 목전에 은총을 입게 하시며 이 족속을 주의 백성으로 여기소서."

하나님은 '가까이 갈 수 없는' 빛이시므로 나에게 다가와 내 속을 비춰달라는 것이다. 모세는 외적인 비전을 위하여 가까이 갈 수 없는 신을 요청하였지만 실명한 밀턴은 내적인 비전을 요구하는 것이다. 모세는 시나이 산에서 '구름 기둥'을 향해 말하였다. 이 사실은 밀턴으로 하여금 다음과 같은 이미지를 채용하게 만든다.

그대신 다만 나는 구름과 끝없는 어둠만이
나를 에워싸고 있다. 사람들의 즐거운 생활에서
단절되고, 아름다운 지식의 책 대신
이제는 지워지고 문질러 벗겨진 자연 만물의

끝없이 망망한 백지만이 주어져
지혜는 한쪽 문으로 완전히 내밀려버렸구나.

But cloud in stead, and ever-during dark
Surrounds me, from the cheerful ways of men
Cut off, and for the book of knowledge fair
Presented with a universal blank
Of nature's works to me expunged and razed,
And wisdom at one entrance quite shout out.
(*PL.*, 3. 45-50)

그의 빛을 향한 기도는 그 구름이 흐트러지기를 바라는 소망을 가지고 끝을 맺고 있다.

그러니 그대 하늘의 빛이여, 더욱더
내 속을 비춰다오. 마음속의 온갖 능력을 샅샅이
밝혀다오. 또한 그대 눈을 그리로 돌려 마음속의
모든 안개를 깨끗이 거둬다오. 사람의 눈으로
볼 수 없는 것을 보고 말할 수 있도록.

So much the rather thou celestial Light
Shine inward, and the mind through all her powers
Irridiate, there plant eyes, all mist from thence
Purge and disperse, that I may see and tell
Of things invisible to mortal sight. (*PL.*, 3. 51-55)

눈먼 밀턴의 간절한 기도는 마음속의 모든 '안개'(회의와 원망)가 깨끗이 걷혀 그 청정(淸淨)한 마음의 눈을 가지고 사람의 눈으로 볼 수 없는 것을 보고 말하게 해 달라는 것이다. 하나님은 볼 수 없지만 그리스도에게서 볼 수 없는 하나님의 모습을 보고 "성가를 인도하여 드높은 환희를 불러일으키고"(PL., 3. 365-369) 싶다는 것이다. 결국 밀턴은 기도를 통하여 하나님의 목전에 은총을 입어 하나님의 신비를 나무랄 데 없이 표현하고자 한다.

제7편으로 넘어가면 밀턴은 '우라니아여'라고 부르며, '하늘에서 내려와 안전히 나를 인도해 주시고 방황하다 쓸쓸히 표랑하는 일이 없도록' 보호해 달라고 호소한다.

> 하늘에서 내려오라, 우라니아여, 만일 그대
> 그 이름으로 불릴 만하다면. 거룩한 그대 목소리 따라
> 날개 달린 페가수스가 나는 것보다 더 높이
> 올림포스의 산을 넘어 나는 날아가리라.
> 내가 부른 것은 그 이름 아니라 그 뜻이니, 이는
> 그대는 아홉 명의 뮤즈에 속하지도 않았고
> 옛 올림포스의 산정에서 살지도 않았고,
> 하늘에서 태어나, 산이 나타나고 샘물이 흐르기도 전에
> 영원의 지혜, 그대의 자매인 지혜와 함께 교제하며
> 전능의 아버지 앞에서 노닐고 그대의
> 하늘나라의 노래로 그분을 즐겁게
> 해 드렸음이라. 그대의 인도를 받아
> 나는 하늘들 중의 하늘에 지상의 빈객으로
> 올라가, 그대가 조절한 정화천의 공기를
> 마셨도다. 내려갈 때도 마찬가지로 안전히 나를
> 인도해서 내 본고장으로 돌려보내고,
> ...
> ... 고삐 풀린 이 준마에서 떨어져
> 알레의 들판으로 굴러내려 거기서

방황하다 쓸쓸히 표랑하는 일이 없도록 해주시라.
...

··· 그대여, 간청하는 자를 그대 정녕 실망시키지 말라, 그대는 천신이고 그녀는 헛된 꿈이니.

Descend from heaven, Urania, by that name
If rightly thou art called, whose voice divine
Following, above the Olympian hill I soar,
Above the flight of Pegasean wing.
The meaning, not the name I call : for thou
Nor of the Muses nine, nor on the top
Of old Olympus dwell'st, but heavenly born,
Before the hills appeared, or fountain flowed,
Thou with eternal Wisdom didst converse,
In presence of the almighty Father, pleased
With thy celestial song. Up led by thee
Into the heaven of heavens I have presumed,
An earthly guest, and drawn empyreal air,
Thy rempering; with like safely guided down
Return me to my native element;
Lest from this flying steed unreined, ···
···

··· Dismounted, on the Aleian field I fall
Erroneous there to wander and forlorn.
···

··· So fail thou, who thee implores :
For thou art heavenly, she an empty dream. (*PL*., 7. 1-39)

시의 주제가 하늘에서 땅으로 내려오기 때문에 시인은 '하늘에서 내려오라, 우라니아여'라고 한다. 우라니아는 '하늘에 있는 자'라는 뜻이다. 그리스 신화에서 우라니아는 천문(天文)을 관장하는 시의 여신이었다. 그러나 밀턴이 여기서 부르는 우라니아는 그 뜻 그대로 하늘에 있는, 창조 때 수면에 운행했던(창세기 1:2) 성령이다. 밀턴이 '우라니아'를 부르는 것은 창조의 대업을 형상화하는 데 있어서 영감의 도움을 얻고자 함이요, 또 다른 하나는 그 자신이 하늘 높이까지 올라가고자 함이다.

그것을 그는 "날개 달린 페가수스가 나는 것보다 더 높이/올림포스의 산을 넘어 나는 날아가리라"고 표현하고 있다. 페가수스는 그리스 신화에 나오는 날개 달린 말로서 신들이 있는 하늘까지 올라가 나중에는 제우스의 뇌전을 짊어졌다고 한다. 밀턴은 페가수스도 미치지 못하는 높이, 즉 하나님의 옥좌가 있는 최고의 하늘까지 올라가고자 하는 것이다. 그래서 밀턴은 간곡하게 우라니아여 내려와 도와달라고 요청한다.

이런 우라니아로 표상 되는 성령이 "밤마다 내 잠에 아니면 아침이 동녘을/붉게 물들일 때 나를 찾아주니/나는 외롭지 않도다"라고 하는 위안의 노래를 부르는 것이다. 그리스 작가들이 부르는 뮤즈는 "그 아들들을 지킬 수 없지만"(*PL*., 7. 37) 하늘의 뮤즈 우라니아는 페가수스보다 훨씬 높이 날을 수 있고, 그녀의 아들인 밀턴 그 자신 특히 눈이 멀어 "어둠 속에서 위험과 고독에 에워싸여"(*PL*., 7. 27) 있는 그 자신을 지혜로 인도하며 능력으로 보호하시는 수호의 여신이라는 것이다. 그리스인의 뮤즈는 헛된 꿈에 불과하고 하늘의 뮤즈 즉 성령만이 참된 영감의 신이요, 실체로 받아드리는 것이다.

제9권에서도 '우라니아'와 '하늘의 수호여신' 즉 '성령'과 동일시하면서 밀턴은 그의 시재와 시체(詩體)까지도 그녀에게서 얻었다고 한다.

만일 이에 어울리는 시체를 내가
하늘의 수호여신에게서 얻을 수만 있다면,
그녀는 원치 않는데도 밤마다 나를 찾아와
잠자는 나에게 받아쓰게 하거나 또는 영감을 주어
미처 생각지도 못했던 시구를 나오게 하리라.

If answerable style I can obtain
Of my celestial patronness, who deigns
Her nightly visitation unimplored,
And dictates to me slumbering, or inspires
Easy my unpremediated verse. (*PL.*, 9. 20-24)

　밀턴은 밤마다 꿈속에서 성령을 찾아가고 또한 성령의 방문을 받거나 영감을 얻어 시를 썼다. 시인은 영감을 통하여 하나님의 영원한 섭리 즉 창조와 타락과 그리스도를 통한 구원이라고 하는 하나님의 뜻을 입증하고자 한다. 시인 성직자인 밀턴은 이러한 숭엄한 주제를 다루어나갈 때 전적으로 영감을 의뢰했던 것이다.45) 기도 없이 눈먼 장님 시인으로 무엇을 할 수가 있었겠는가? 기도를 통하여 영감을 받고 영감을 통해 그는 다가갈 수 없는 하나님을 보았으며 그의 뜻을 헤아려 알 수 있었다.
　이처럼 밀턴은 영감의 점진적인 계시를 통해서 그가 '생각지 못했던' 구원의 노래를 부를 수가 있었던 것이다.

---

45) John Spencer Hill, *John Milton : Poet, Priest and Prophet* (London : The Macmillan Press, Ltd., 1979), 116.

## 4. 시신 '하늘의 뮤즈'가 하는 역할

밀턴이 기도들인 '하늘의 뮤즈' 즉 성령이 하시는 일은 인간을 통해 여러 가지 역사를 하지만(*PL*., 12. 485-502 참조), 위에서 언급한 네 번의 기원문에서는 크게 세 가지 역할을 하는 것으로 집약할 수 있다.

첫째 성령은 천지 창조에 관여한다.

> 하나님의
> 목소리를 듣고 마치 외투로 감싸듯이
> 공허하고 형체 없는 무한에서 얻은
> 어둡고 깊은 물로 된 신세계를 감쌌었다.

> at the voice
> of God, as with a mantle didst invest
> The rising world of waters dark and deep,
> Won from the void and formless infinite. (*PL*., 3. 9-12)

밀턴은 성령의 창조력을 알을 품고 있다가 새끼를 까는 비둘기에 비유하고 있다. 밀턴은 지금 알을 품고 새끼를 까고자 하는 자기에게 그런 힘 즉 생산력을 달라고 기도드리는 것이다. 다시 말하면 천지 창조 때처럼 자기가 이 작품을 쓸 때 성령은 창조의 영으로 도와준다는 것이다.

둘째 성령은 영원한 지혜로 작용한다.

> 영원의 지혜, 그대의 자매인 지혜와 함께 교제하며
> 전능의 아버지 앞에서 노닐고 그대의
> 하늘나라의 노래로 그분을 즐겁게

해드렸음이라.

Thou with eternal Wisdom didst converse,
Wisdom thy sister, and with her didst play
In presence of the almighty Father, pleased
With thy celestial song. (*PL.*, 7. 9-12)

이 성령은 밀턴을 가르치시고 영적 어둠을 밝혀 주신다. 밀턴은 그 성령을 '하늘의 빛'(*PL.*, 3. 51, 22, 24)에다 비유한다. 여기서 '빛'(light), '불빛'(lamp), '서광'(ray), '빛'(beam) 등은 모두 다 어둠을 밝혀 주는 빛이다. 시인은 등불이 공간의 어둠을 밝혀 주듯이 하늘의 빛이 시인 영혼의 어둠을 조명해 주는 것을 암시하고 있다. 성스러운 하늘의 빛이 시인의 마음과 생각을 밝혀 주시고, 하늘의 진리로 그를 인도하시며, 시인의 스승이 되어, 그의 무지를 깨우쳐 준다는 것이다.

그러니 그대 하늘의 빛이여, 더욱더
내 속을 비춰다오. 마음의 온갖 능력을 샅샅이
밝혀다오. 또한 그대 눈을 그리로 돌려 마음속의
모든 안개를 깨끗이 거둬다오.

So much the rather thou celestial Light
Shine inward, and the mind through all her powers
Irradiate, there plant eyes, all mist from thence
Purge and disperse. (*PL.*, 3. 51-54)

매슈 아놀드는 밀턴을 일컬어 기도의 사람이라 했고, 진리로 풍요롭게 하는 성령께 경건한 기도를 드렸다고 하였다.46) 밤마다 드리는 기도를 통하여 밀턴은 영감을 받아 웅장한 주제에 어울리는 시체로 표현할 수가 있었던 것이다(9편 21-28행).
　셋째 성령은 무한한 하나님의 구원의 은총을 찬양하게 한다.

　　　　아 비할 데 없는 사랑이여,
　　하나님에게서 아니면 어디서도 찾을 길 없는 사랑이여,
　　찬송하리로다, 하나님의 아들, 인간의 구세주여,
　　당신의 이름은 이후 내 노래의 풍부한 소재 될
　　것이요, 내 수금은 당신의 찬미를 결코 잊지 않을 것이며
　　당신 아버지께 대한 찬미와 구별하지도 않으리라.

　　　　O unexampled love,
　　Love nowhere to be found less than divine!
　　Hail, Son of God, savior of men, thy name
　　Shall be the copious matter of my song
　　Henceforth, and never shall my harp thy praise
　　Forget, nor from thy Father's praise disjoin.
　　(*PL.*, 3. 410-415)

시인은 역경 속에서 역설적으로 영원하고 참된 기쁨을 맛보게 되었고 하늘의 영원한 삶을 소유하게 되었다. 그것을 밝히는 것이 밀턴의 소명인 것이다.
　밀턴에게 있어서 왜 성령의 영감이 필요했는가? 그것은 단적으로 말해서 밀턴 자신 이 시를 쓸 때 육체적으로 눈이 멀었을 뿐 아니라 영적으로도 눈이 멀었다고 생각했기 때문이다. 영적으로 눈이 멀면 하나님의 영원한 섭리를 알 수도 받아들일 수도 없다. 그것은

---

46) Matthew Arnold, *Essay In Criticism* (London : Macmillan and Co, Ltd., 1969), 39.

신성모독인 것이다. 그런 신성모독의 죄를 범하지 않기 위하여 그는 기도를 드리는 것이다. 그가 기도를 드리는 것은 눈먼 자기 자신만을 위한 것이 아니고 독자도 마찬가지로 영적으로 눈이 멀었다고 생각하고 그들에게도 자기에게와 마찬가지로 영적인 광명을, 영적인 계시를 보고 깨닫게 해달라고 기도하는 것이다. 중보의 기도가 되는 셈이다.

마음이 청결하고 상상력이 깨끗하지 않은 자는 하나님을 볼 수도 없고 깨끗한 글을 쓸 수도 없다. 밀턴은 지옥의 문제로(제1편), 천국에로(제3편), 지상의 문제로(제7편), 또한 낙원에서의 인간의 원죄와 비극의 문제로 독자를 끌고 가기 위하여 간곡하게 기도를 드린다. 여기서 작자와 독자 사이에 예전적(禮典的)인 일체화가 이루어진다. 육안은 잃었지만 그는 그것으로 인해서 오히려 영안을 얻었다. 그 영안을 가지고 하나님의 뜻을 헤아릴 때 인간을 향한 하나님의 길이 올바름을 알게 되었다. 어둠이 짙고 강하지만 빛이 나타나면 어둠은 사라진다는 것을 알게 된 것이었다. 밀턴은 그 영적인 빛을 가지고 하나님이 움직여 가시는 역사의 정로(正路)를 조명해 보여준 것이 『실낙원』이다.

그는 이처럼 그 실명이라는 대 재난을 겸손하게 그리고 경건하게 받아드린다. 그때부터 밀턴에게는 평정이 찾아온다. 물론 그것은 생의 전 과정을 통하여 이루지게 된다. 복종과 사랑과 창조에 대한 의존심과 진리를 위한 수난을 통하여 지혜를 배우게 되는 것이다. 이렇게 이 진리와 지혜를 깨닫게 되는데 기여한 것이 그의 실명이다.

"나는 이제 알았나이다. 복종하는 것이 최선임을.
또한 두려운 마음으로 오직 한 분이신
하나님을 사랑하고, 그 앞에 있는 듯이 걷고,
그 섭리를 항상 지키고, 모든 성업에
자비로우신 그분에게만 의존하고 선으로써 항상

악을 정복하고 작은 일로써 큰일을 성취하고,
약하게 보이는 것으로써 세상의 강한 것을,
어리석은 유순으로써 세상의 슬기로운 것을
뒤집어 놓는다는 것을, 더구나 진리를 위한
수난은 최고의 승리에 이르는 용기고,
믿는 자에겐 죽음이 생명의 문이라는 것을.
영원히 축복 받는 나의 구세주라고 지금 내가
인정하는 그분의 모범에서 이것을 배웠나이다."
그에게 천사도 마지막으로 대답했다.
"이것을 배웠으니, 그대는 지혜의 극치에
이르렀도다. ···
··· 다만 그대의
지식에 부합되는 행위를
더하고, 이에 믿음을, 믿음에 덕을,
덕에 인내와 절제를, 절제에 사랑을, 그 밖의
일체의 영혼인, 자비라는 이름으로 불리는 사랑을 더하라.
그러면 그대 이 낙원을 떠나도 마다하지 않을 것이니,
한층 행복한 낙원을 그대 마음속에 갖게 되리라.

Henceforth I learn, that to obey is best,
And love with fear your only God, to walk
As in his presence, ever to observe
His providence, and on him sole depend,
Merciful over all his works, with good
Still overcoming evil, and by small
Accomplishing great things, by things deemed weak
Subverting worldly strong, and worldly wise
By simply meek; that suffering for truth's sake

Is fortitude to highest victory,
And to the faithful death the gate of life :
Taught this by his example whon I now
Acknowledge my redeemer ever blest.
　To whom thus also the angel last replied :
This having learned, thou hast attained the sum
Of wisdom ; ···
··· only add
Deeds to thy knowledge answerable, add faith,
Add virtue, patience, temperance, add love,
By name to come called Charity, the soul
Of all the rest ; then wilt thou not be loath
To leave this Paradise, but shalt possess
A paradise within thee, happier far. (*PL.*, 12. 561-87)

　믿음으로써만 마음속에 훨씬 더 행복한 낙원이 이루어진다는 것을 깨닫게 된다. 그리고 하나님의 그 섭리가 올바름을 영감을 통하여 알게 된다. 그것을 밀턴은 노래한다. 그런 의미에서 밀턴은 기도와 영감의 시인이라 할 수 있다.

## III. 『실낙원』의 주제와 구조

　1638년부터 1639년까지 이루어진 이탈리아 여행에서 돌아온 직후부터 밀턴은 서사시 혹은 극시로서 취급할 소재와 주제에 대한 흥미 있는 계획을 꾸미고 있었다. 그는 가장 취급하기에 적합한 자료로서 약 100 여개의 소재들을 열거했는데, 그것들 대부분이 성경의 역사나 또는 잉글랜드의 역사에서 취한 것들이다. 어떤 것은 단순히 언급만 했고 다른 어떤 것은 상세하게 개요까지 써놓고 있다. 이런 주제들은 극문학의 자료로 사용되는 것이 적합하다고 생각했던 것들이다.

　그러나 다른 목록에는 서사시용 주제도 많이 포함되어 있다.47) 이 리스트 속에 포함되어 있는 주제로서는 아서 왕에 대한 것보다는 오히려 인간의 타락에 관한 것이 더 많다. 타락을 다루는 주제의 초고는 넷이다.48) 이 초고들이야말로 『실낙원』을 쓰는 방향으로 전환한 최초의 실제적인 시도였다는 것을 보여주고 있다. 그러나 기억하여야 할 것은 그때까지도 이 모든 초고들은 극작품의 형태를 위한 것이었다는 것이다. 물론 이 초고들 속에 『실낙원』의 철학적인 목적과 서사시의 많은 인물들이 포함되어 있는 것만은 사실이다.

　왜 밀턴이 극시를 쓰려다가 서사시로 바꾸었는지는 그 이유가 확실하지 않다. 아마도 한 이유는 타락의 주제, 그 자체가 한 무대 위에서 단 몇 시간 안에 풀어내기에는 너무 복잡하다고 하리만큼 규모가 크다는 것이다. 또 다른 이유로서 1642년에 영국에서는 극장들이 완전히 폐쇄되었었다는 사실을 들 수 있다. 물론 위에서 든 이

---

47) Maurice Sands, *An Outline of Milton : Life and Work* (Boston : Student Outlines Company, 1949), 22.
48) 네 개의 초안에 대해 좀 더 자세하게 알고 싶으면 Alastair Fowler ed., *Milton : Paradise Lost* (London : Longman Group Ltd., 1971), 3-4 참조 바람.

유보다 더 중요한 것은 스토커(Margarita Stocker)가 지적했듯이,49) 육안으로만 볼 수 없는 창조주의 신비한 세계와 그 섭리를 알고 노래할 수 있을 정도로 영안이 열렸기 때문이었다. 아무튼 밀턴은 극시보다는 그의 소명과 그의 목적을 가장 적절하게 표현해 낼 수 있는 문학의 형태는 서사시라고 생각했던 것이 틀림없다. 『실낙원』 제9편 25행 이하에서 "내가 처음 이 영웅시의 주제에/마음 끌린 이래 그 선택은 오래였고,/시작은 늦었도다. 지금까지 영웅시의 유일한/주제였던 전쟁을 노래하는 것은/천성적으로 흥미 없는 것이니"라고 말한 그대로, 『일리아스』나 『아에네이스』에 맞먹는 대작을 써보겠다는 의도는 학생 시절부터 갖고 있었지만, 그가 애초에 구상했던 중세세기의 로맨스 유나 아서 왕 전설, 또는 맥베스 설화 같은 것을 꾸며 보려던 생각을 버리고, 보다 엄숙하고 보다 근본적인 인간의 운명 문제를 선택하기까지에는 상당히 오랜 세월이 걸렸던 것이다.

인류의 타락과 그 결과로 얻게 되는 죽음과 고통, 그리고 낙원 상실을 주제로 한 현재와 같은 『실낙원』을 구상하기 시작한 것은 1650년대 후반부터였던 것 같고, 그것이 집필 완료된 것은 1663년 가을이었다. 그러나 1665년에 밀턴의 『실낙원』이 완전히 완성된 것은 1665년이었지만,50) 그 당시에 일어난 끔찍한 두 사건, 즉 수많은 인명을 빼앗아간 페스트(1665)와 런던 대화재(1666) 사건으로 인하여 출판이 늦어져 출판업자 새뮤얼 시몬즈(Samuel Simmons)와 출판계약을 맺은 것은 1667년 4월이었다. 1667은 밀턴의 나이가 59세가 되는 해였다. 또한 그가 완전 실명한지 10여 년이 넘는 가장 불운한 때였다. 서상한 바와 같이, 초판은 10편(10,550행)이었지만, 이보다 7년 후인 1674년 재판할 때에는 12편(10,558행)으

---

49) Margarita Stocker, *An Introduction to the Variety of Criticism : Paradise Lost* (London : Macmillan, 1988), 66-67.
50) 좀 더 자세한 내용은 조신권 지음, 『청교도 애국시인 존 밀턴의 문학과 사상』 (서울 : 아가페문화사 2012), 162-172 참조바람.

로 재편되었다. 12편으로 재편할 때는 7편과 10편이 각각 두 권씩으로 나뉘어졌다고 한다.51)

『실낙원』의 근거가 될 만한 자료는 매우 방대하지만, 그 근간이 되는 것은 창세기 1-2장의 아담과 하와의 타락 이야기와 요한 계시록 12장에 나오는 천상에서의 싸움 이야기에 대한 계시적인 기록이라 할 수 있다. 이 서사시엔 성경의 구절들이 수없이 삽입되어 있고, 또 고전에 정통한 학자라도 현혹을 느낄 정도로 번거롭게 그리스와 로마의 고전과 그 밖의 여러 사상에 대한 지식이 나열 또는 인용되어 있다. 그래서 그의 작품은 시나 산문이나 거의 일반 독자로서는 읽기가 어려울 정도로 난삽하고, 또한 쉽사리 접근하고 공감할 수 없다.

그러나 『실낙원』이 성공했다면, 그것은 성경적 주제를 다룰 때 흔히 빠져들기 쉬운 단색의 빛에다 고전의 깊은 맛을 가미해 준 데 있고, 무한한 상상력을 가지고 인간의 운명과 하나님의 섭리와 도리라는 장대한 문제를 고전적 전통의 빛을 가지고 조명해 줄 수 있었다는 데 있다. 만일 서사시의 정신면에 있어서나 그 구상과 스타일 면에 있어서 고전적 전통을 수용하지 않았다면, 오늘의 『실낙원』만큼 장엄하고 고아할 수 있었겠는가 하는 것이 의문이다. 아마 오늘의 그것보다는 평이하고 단조로운 것이 되었을는지는 모르지만 불후의 고전으로 남기에는 어려웠을 것이다. 『실낙원』은 오히려 인류문화의 두 원류인 헬레니즘과 헤브라이즘이 합하여 형이상학적인 영롱한 빛을 발하고 있기에 더욱 위대하다고 할 수 있다.

『실낙원』은 일생 동안 그가 겪은 고난 속에서 구축된 하나의 웅장한 건축물과도 같다. 실로 밀턴의 일생은 고뇌와 고통으로 점철된 패배의 연속이었다. 그 패배는 가정에서의 실패와 공화주의자로서의 정치적 실패, 그리고 앞을 보지 못하게 되는 육체적인 실패 곧

---

51) Fowler, 23.

실명으로 이어졌다. 그러나 이와 같은 실패와 고난이야말로 그로 하여금 신앙의 깊은 심연을 들여다보게 하였다. 이 신앙을 발판으로 해서 그는 그 심연을 딛고 일어서서 그의 일생을 위대한 승리로 역전시켰다. 이러한 생의 역전을 계기로 그는 그가 겪은 쓰라린 경험을 담아 최대의 걸작품들을 만들었는데, 그것들이 『실락원』, 『복락원』, 『투사 삼손』 같은 작품들이다.

밀턴이 1656년에 쓴 성경적 교의학이라 할 수 있는 『그리스도교 교리론』(*The Christian Doctrine*)를 근간으로 해서 이루어진 『실낙원』이야말로 밀턴이 겪은 고난의 열매요 십자가 뒤에 따르는 고난의 면류관이었다고 해도 과언이 아니다. 그렇긴 하지만 『그리스도교 교리론』는 『실낙원』의 사상적인 배경이 될 뿐 사실상 그의 작품 속에 형상화된 교리는 『그리스도교 교리론』 속에 체계화된 조직신학하고는 획연히 다르다. 이 점을 간과해서는 안 된다.

## 1. 주제

밀턴은 구약성경 「창세기」에 나오는 인류 창조 이야기를 소재로 하여 『실낙원』을 작성하였다. 그는 사탄의 타락과 그 악마의 인간 유혹, 그로 인한 시조 아담과 하와의 타락, 그 결과 인간이 얻게 되는 죽음, 불행 및 낙원의 상실, 그리고 보다 "한 위대한 분"의 구속을 통한 구원으로 이어지는 사건을 이야기하면서, 인류에 대한 하나님의 영원한 섭리와 길이 올바름을 입증하겠다고 한다. 그것이 바로 『실낙원』의 중심사상 곧 주제다.

그의 선배 서사 시인이었던 호메로스나 베르길리우스가 시신을 불러 도와달라고 요청했던 것처럼 밀턴도 '천상의 시신', 곧 '성령'을 향하여 숭고한 주제를 다루려는 눈먼 시인을 도와달라고 간곡하게 기도하면서 모두에서 그 주제를 이렇게 밝히고 있다.

인간이 한 처음에 하나님을 거역하고 죽음에 이르는
금단의 나무 열매를 맛봄으로써
죽음과 온갖 재앙이 세상에 들어왔고
에덴까지 잃게 되었으나, 이윽고 한 위대한 분이
우리를 회복시켜 복된 자리를 도로 얻게 하셨으니,
노래하라 이것을, 하늘의 뮤즈여. 오렙이나 시나이의
외진 산꼭대기에서 저 목자에게 영감을 부어주어
한 처음에 하늘과 땅이 어떻게 혼돈으로부터 생겼는가를
처음으로 선민에게 가르쳤던 그대여,
혹시 시온 산과 성전 바로 곁을
흐르는 실로아의 냇물이 더욱 그대의 마음을
즐겁게 한다면, 그 때문에 내 청하노니,
부디 나의 모험적인 노래를 도우시라
이는 다만 중층천(中層天)에 머물질 않고 아오니아 산보다
더 높이 날아올라, 일찍이 산문에서도 시에서도
시도된 바 없는 그런 주제를 추구하려는 것이니.
더욱이 그대, 어떤 성전보다도 바르고 깨끗한 마음을
좋아하시는 성령이시여,
나를 가르치시라, 그대 아시나니. 그대는
한 처음부터 계셨고, 그 힘센 날개를 펼쳐
비둘기처럼 대 심연을 품고 앉아
이를 잉태케 하셨나니, 나의 어두운 것을
비추시고 낮은 것을 높여 떠받쳐주시라.
이 높고 위대한 주제에 어긋남이 없이
영원한 섭리를 역설하여, 인류에 대한
하나님의 뜻이 옳음을 밝힐 수 있도록.

Of man's first disobedience, and the fruit
Of that forbidden tree, whose mortal taste
Brought death into the world, and all our woe,
With loss of Eden, till one greater man
Restore us, and regain the blissful seat,
Sing heavenly Muse, that on the secret top
Of Oreb, or of Sinai, didst inspire
That shepherd, who first taught the chosen seed,
In the beginning how the heavens and earth
Rose out of Chaos; or if Sion hill
Delight thee more, and Siloa's brook that flowed
Fast by the oracle of God; I thence
Invoke thy aid to my adventurous song,
That with no middle flight intends to soar
Above the Aonian mount, while it pursues
Things unattempted yet in prose or rhyme,
And dhiefly thou O Spirit, that dost prefer
Before all temples the upright heart and pure
Instruct me, for thou know'st; thou from the first
Wast present, and with mighty wings outspread
Dove-like sat'st brooding on the vast abyss
And madest it pregnant; what in me is dark
Illumine, what is low raise and support;
That to the highth of this great argument
I may assert eternal providence,
And justify the ways of God to men. (*PL.*, 1. 1-26)

밀턴은 하늘을 세 지역 곧 상층천, 중층천, 하층천으로 나누었던 것 같다. 여기서 "중층천에 머무르지 않고"라고 했을 때, 그 '중층천'은 다름 아닌 그리스 로마의 세계를 가리킨다. 그리고 "아오니아 산보다 더 높이 날아올라" 했을 때, 이 '아오니아산'은 그리스 시신의 거처인 헬리콘 산을 가리킨다. 그러니까 "중층천에 머무르지 않고", "아오니아 산보다 더 높이 날아오르겠다"고 한 것은 곧 그리스 로마의 대표 서사 시인이었던 호메로스나 베르길리우스의 시 세계를 뛰어넘겠다는 것을 의미한다. 그들이 추구한 것은 이교적 영웅주의 시대의 최고의 가치관이었던 '전쟁'과 '낭만' 같은 것이었다. 그러니까 밀턴이 그들을 뛰어넘겠다고 한 것은 바로 그런 가치관이 아닌 다른 세계를 다루겠다는 말로 해석될 수 있다. 그것은 여지까지 '시에서나 산문에서' 시도해 본일 없는 '모험적인 노래'라는 것이다. 구체적으로 그가 추구한 '모험적인 노래'의 세계는 무엇이었는가? 단적으로 말해서 그것은 기독교적인 세계관으로만 볼 수 있는 그런 세계다. 그러므로 시인이 추구한 것은 이러한 기독교적 세계관을 다루면서 거기에 바르고 정당하게 드러나는 하나님의 영원한 섭리와 길을 입증해 가는 것이었다. 이 뜻이 옳음을 가려 따진다고 하는 것은 너무나 '모험적이고 높은 주제'인 것이 틀림없다. 그래서 그는 하늘에 계신 삼위일체 하나님의 한 분이신 성령을 향하여 가르침과 도우심을 구하는 것이다.

틸야드(Tillyard)는 '인간의 타락'을, 월터 롤레이(Walter Raleigh)는 '천사의 타락과 인간의 타락' 두 사건을 『실낙원』의 주제로 보았지만52), 나는 성령의 도우심과 가르침을 받아서 창조와 죄 그리고 구원으로 이어지는 하나님의 변함없는 섭리와 길이 올바름을 입증해 보려는 것이 곧 『실낙원』의 주제로 본다. 물론 틸야드나 롤레이의 주장이 틀렸다는 것은 아니지만, 그렇게 되면 인간의 본질 문제의 지극히 작은 일면만 볼 수밖에 없어서 밀턴의 웅장한 서사시적

---

52) E. M. W. Tillyard, *Milton* (Harmondsworth : Penguin Books Ltd., 1968), 205.

계획을 다 설명할 수가 없다. 그래서 나는 태초(한 처음)로부터 세상 끝 날까지 계속되는 하나님의 뜻 곧 섭리를 『실낙원』의 주제로 보는 것이다. 이러한 주제를 전개시키기 위하여 밀턴은 서사시라는 형식을 택하였다.

 하나님의 계획과 길이 올바름을 입증하려 하는 것은 하나님의 공의를 증명해 보이려는 것으로 국한 될 수 있으나 밀턴이 추구한 것은 그런 공의를 훨씬 능가하는 '하나님의 무한한 사랑'을 노래하려 했다는 것이다. 이 세상에서는 찾아 볼 수 없는 '유례없는 사랑'이 바로 하나님의 놀랍고 신비로운 섭리의 기초가 된다. 『실낙원』 제3편에 묘사된 성부 하나님과 성자와 나누는 드라마틱한 대화는 범죄 한 인류를 구원하시려는 '하나님의 무한한 은총'의 파노라마 할 수 있다.

 "그대들 중에 누가 인간의 죽을 죄를 대속하기 위하여/죽음을 택하고, 불의한 자 구하기 위해 의를 택하겠느냐./이 하늘에 이처럼 귀한 사랑이 어디에 남아 있느냐"(*PL.*, 3. 213-16)라고 성부 하나님께서 질문하였을 때, 오직 성자만이 기꺼이 하늘의 영광을 버리고 희생양으로 나선다. 영원토록 죄와 사탄의 노예가 되고 사망과 지옥의 어둠 속에서 저주받아야 할 인류를 구원하신 독생자의 '희생적인 사랑', '무조건적인 하나님의 사랑'으로 구현되는 그 섭리를 영원토록 소리 높여 노래하였다. 부시가 주장한 바처럼,53) 『실낙원』 대주제인 '영원한 섭리'란 다름 아닌 '하나님의 영원무궁하신 사랑'에 지나지 않는다. 다른 말로 말하자면 그것은 하나님께서 금하신 금단의 열매를 따먹고 불순종하므로 죽게 된 아담과 하와에게서 족쇄를 풀어주는 성자의 '비할 데 없는 사랑'(unexampled love)을 입증해 주는 하나님의 사랑 이야기다.

 밀턴은 한때 여러 실패를 겪으면서 자기를 향한 하나님의 길이

---

53) Douglass Bush, "*Paradise Lost* in Our Time : Religious and Ethical Principles," *Milton : Modern Essays in Criticism,* ed., Arthur E. Barker (London : Oxford UP, 1972), 164.

너무 가혹하고 불합리적이라고 생각하였었다. '좋으신 하나님이라는데 무엇이 좋으시다는 말인가? 하나님은 합리적이라시는데 무엇이 어떻게 합리적이라는 말인가? 나처럼 유능하고 젊은 사람을 정치 일선에서 쫓겨나게 하고 일시에 눈도 멀게 해서 글도 못쓰게 만들다니 어디 그럴 수가 있겠는가?' 라는 것이 그의 항변의 내용이었다.

그러나 그 처절한 시련의 극한점에서 그는 새로운 진리를 깨닫고 영적인 눈이 뜨였고 하나님의 길이 옳다는 것을 열린 영안을 통해 볼 수 있었다. 그래서 그는 인류에게 이것을 증명해 보이지 않을 수가 없었다. 이미 앞에서도 언급한 바 있지만, 하나님의 길은 세 가지 큰 사건으로 이어지게 된다. 첫째는 창조, 둘째는 타락, 셋째는 구원이다. 이것이 기독교 세계관의 요체이기도 하다. 따라서 『실낙원』을 기독교적 세계관을 극명하게 보여주는 대표적인 기독교문학의 고전작품이라 할 수 있다.

## 2. 구조

『실낙원』의 주제는 이미 언급한 대로 기독교적 세계관을 구현한 작품이라 할 수 있는데, 밀턴은 이를 변증법적으로 전개하였다. 여러분도 잘 아시다시피 변증법은 정반합의 원리에 의해서 전개되는 하나의 논증법이다. 『실낙원』에 있어서 정(Thesis)에 해당되는 것은 하나님의 창조 질서, 의로움, 창조에 나타난 하나님의 사랑, 창조의 선을 일컫는다. 그런데 선하던 세계 속에 악이 들어와서 그 선과 질서를 파괴하려고 충돌하며 도전하는 것이 곧 반(Antithesis)이다. 이 반의 단계는 하나님의 창조 질서에 도전한 사탄의 분기로부터 시작해서 그의 사주에 의해 하나님의 뜻을 거역한 인간의 모순, 갈등, 긴장관계로 이루어진다. 이런 모순, 갈등, 긴장관계를 통하여 새로운 합(Synthesis)의 세계가 이루어지는데, 그것은 그리스도의 사랑으로 나타나는 구원이다. 이 구원 속에서 사탄의 파괴적인 질서는 분쇄되고 모든 인간의 악은 포섭 통합되어 승화되는 것이다.

이런 웅대한 구상과 전 우주를 거머쥐는 밀턴의 상상력이 경탄할 만하지만, 무엇보다도 놀라운 것은 그러한 구상과 상상세계를 예술적으로 처리한 그의 기교이다. 서상한 바와 같이, 밀턴은 이 구상을 처리하기 위하여 지옥. 천국. 지상이라는 세 공간에다 그의 상상력을 집중시켰다. 그리고 세 지역을 구체적인 이미지로 파악할 수 있는 장소인 동시에, 그것이 어디까지나 관념 세계인 것을 잊지 않게 하기 위하여, 추상과 구체, 상상할 수 있는 것과 상상할 수 없는 것, 정신적인 요소와 물질적 요소 등을 결합 대조시켰다. 즉 지옥에 대한 그 풍부한 형용만을 보더라도, 거기에 그늘(shade)이 있는 것으로 했지만, 그 그늘은 물체에서 오는 그늘뿐이 아니라, 슬픔의 그늘(doleful shade)인 정신적인 상태인 것이다. 또한 천국에 비치는 빛은 광명을 주는 빛인 동시에, 정신적인 지복의 빛이기도 하다. 그리고 신과 죄와 인간에 대한 생각을 각각 세 지역으로써 구상화하기 위하여, 밀턴이 얼마나 교묘한 대조의 수법을 썼는가도 볼 만한 일이다. 『실낙원』은 이런 대조적 구조와 이미지로 직조되어 있다. 즉 천국과 지옥, 빛과 어둠, 선과 악, 사랑과 증오, 겸손과 교만, 창조와 파괴, 그리스도와 사탄 등의 대조와 변증법적인 논리로 치밀하고 신묘하게 직조한 작품이 『실낙원』이다. 이 신적인 섭리의 진행과 완성을 향하여 전진하는 과정에서 그 섭리를 따라 사탄과 인간이 교만을 품고 상승하기도하고 그 결과 불행의 나락으로 떨어지기도 한다. 이런 구조를 상승 하강의 구조라 한다. 이런 구조 안에서 대조의 수법으로 변증법적인 전개를 도모한 것이 『실낙원』이라는 작품이다.

## Ⅳ. 『실낙원』의 언어와 문체

인간은 피조물 중에서 '하나님의 형상'(Imago Dei)으로 지음 받은 가장 존엄한 존재다. 그의 존엄성의 근거는 바로 인간이 '하나님의 형상'대로 창조되었다는데 있다. 인간의 존엄성과 완전성의 근거가 되는 '하나님의 형상'은 인간에게 어떻게 나타나는가? '하나님의 형상'은 주로 영혼에 나타난다고 하지만, 실은 그건 영혼에도 나타나고 육체에도 나타난다. 영혼에 나타나는 '하나님의 형상'은 단적으로 말해서 '원초적 의'(original righteousness)와 '이성'(reason), '자유의지'(free will)와 '사랑'(love) 등이라 할 수 있다. 이에 대해서는 이론이 분분하지만 차후 '인간'에 대해 고찰할 때 재론 하겠다. 서상한 바와 같이, 이런 '하나님의 형상'은 내적인 영혼에만 나타나는 것이 아니라 외적인 육체에도 나타나는데, 그것이 '언어'와 '직립자세'(直立姿勢), 그리고 하나님으로부터 수임 받은 만물을 다스리는 '지배권' 등이다. 그러니까 '언어'는 '원초적 의'와 '이성', '자유의지'와 '사랑' 등과 더불어 신이 인간의 몸에 부조(浮彫)해 주신 신비로운 은총이라 할 수 있다.54) "추리는 대체로/그대들의 것이고 직관은 주로 우리들의 것이지만,/정도의 차이가 있을 뿐 종류는 같도다"(*PL.*, 5. 488-490)라고 라파엘 천사의 언표가 보여주듯이, 타락 이전의 천사들이 사용한 언어와 인간의 언어는 정도의 차이는 있어도 근본적으로는 차이가 없었다고 밀턴은 믿고 있었다.

인간에게 있어서 언어는 단순한 의사소통 기능을 가진 것일 뿐 아니라 그 이상이라 할 수 있다. 왜냐하면 우리는 언어로써 우리의 품은 뜻과 감정을 얼마든지 자유롭게 표현할 수 있고, 또한 그로써 문화를 축적할 수 있기 때문이다. 또한 언어는 개인적인 인격과 성격이나 사상 등을 나타내는 수단이 되기도 한다. 뿐만 아니라 언어는

---

54) Leonard Mustazza, "*Such Prompt Eloquence*" : *Language as Agency and Character in Milton's Epics* (Lewisburg : Bucknell UP., 1988), 14.

인간을 영적으로, 정신적으로, 지적으로 성장할 수 있게 해주는 구실을 하기도 한다. 이런 언어를 통하여 인간은 사물의 본질을 파악할 수 있었으므로, 아담은 사물에 그 이름을 부쳐줄 수가 있었다. 이름은 그 사물의 본질을 드러내 보여주는 일종의 기호요 칭호다.

요컨대 하나님께서는 '말씀'으로 천지를 창조 하셨다는 것이다. 다른 말로 하면 천지창조는 태초의 시원언어인 '말씀'(로고스)의 형상화 또는 사물화라 할 수 있다는 말이다. 여기서 말하는 '말씀'은 귀로 들을 수 있는 그런 '말'만을 가리키지는 않는다. 아무튼 이 '말씀'으로써 천지를 창조하신 창조자 하나님과 그의 말씀으로 지음 받은 피조물 사이의 관계는 작가와 작품 사이의 관계와 같다고 성경은 말하고 있다. 따라서 그 작품 속엔 눈으로 볼 수 있는 작가의 인격은 보이지 않지만 그의 체취와 글투나 말씨 같은 것이 은연 중 배어있고 깃들어있기 마련이다. 우리는 이런 그 작품 속에 배어있는 체취를 보통 '표증'(sign) 또는 '흔적'(mark)이라 한다. 이 '흔적'은 일종의 우리가 성대를 울려내는 말이 아닌 몸을 통해 나타내는 몸말(body language)이나 또는 보행자의 전진과 정지를 알리는 신호기와 같은 계시언어 또는 상징언어라 할 수 있다.

세상창조 중에서도 맨 마지막 날에 창조자는 자신의 '형상'대로 인간을 창조하였다. 하나님 자체가 시원언어이듯이 그의 형상대로 지음 받은 인간 자체도 그의 이미지 곧 그의 언어(형상)으로 기록된 작품이라 할 수 있다. 인간에게 나타나는 하나님의 형상은 한 마디로 말해서 '사랑의 흔적'(mark of love)이라 할 수 있다. 그 흔적의 다른 보이는 형태가 에덴동산에 두신 '생명나무'와 '선악을 알게 하는 나무'다. 창조자 하나님께서는 자기의 형상대로 지음 받은 인간을 사랑하기 때문에 동산에 있는 모든 것은 다 먹되 '선악을 알게 하는 나무' 열매만은 먹지 말라고 명령하셨다. 먹으면 인간이 죽을 수밖에 없었기 때문이었다. 그러니까 이 명령(commandment)은 인간의 자유를 구속하기 위한 강압조치가 아니라 자유의지에 준한 사랑 곧 인간의 순종을 가름해 보기 위한 시금석(touchstone) 같은 가늠자였다. 그러니까 동산 중앙에 있는 '선악을 알게 하는 나무'는 하나님의 핵심적인 형상인 사랑 곧 순종을 요구하는 침묵의 언어였다고 할 수 있을 것이다. 이런 침묵의 언어에 반응하는 가장 적합한 언어는 성대를 울려서 내는 그런 언어가 아니라 '순종'이라는 사랑 행위의 언어였다. 이런 태초의 시원언어를 통해 창조자와 피조물들이 소통하고 교류할 때 인간은 자신의 정체성과 존재의식을 극명하게 깨닫게 되는 것이다. 만일 이런 시원언어인 존재와의 만남이 없으면, 인간은 '자기'라는 불확실하고 미숙한 존재의 틀 속에 갇혀 더 이상 확대와 성장, 아름다움과 행복의 삶으로 나갈 수가 없다. 창조자와 피조물의 시원적 소통을 통해 인간은 대상(타자)을 향해 열리게 되고, 우주적 존재구조 아래 있는 존재로서의 의식도 뚜렷해지고 존재인식도 확대되어 성장되고 성숙하게 될 것이다.

하나님의 시간과 인간의 시간이 다르고, 하나님의 언어와 인간의 언어가 다르지만 영적으로 순수했을 때는 직관과 영감을 통해 창조 때 받은 '존재의 언어'로써 하나님과 영적인 교류를 주고받을 수 있었다. 인간은 이렇게 하나님의 놀라운 사랑을 입은 존재였다. 그런 존재가 하나님을 배신한 사탄에게 사주되어 전락함으로써 하나님으로부터 소외당하게 되고 언어소통도 단절되고 말게 된다. 영적인 대화선이 끊어지고 마는 것이다. 지금 우리가 사용하는 언어는 타락한 바벨탑의 언어요 하나님의 전능적인 말씀의 힘에 의해 분쇄된 혼란의 언어다.

이제 언어를 되찾는 길은 타락을 겸허하게 인정하고 가던 악의 길에서 돌아서 특수계시로 오신 예수 그리스도 앞에 나가 순종의 증표를 올려 드릴 때 가능해진다. 종교개혁자 마르틴 루터가 아주 의미심장한 말을 한 일이 있다. "마치 세례 요한을 보내셔서 준비를 하셨듯이, 하나님께서는 언어와 문자를 먼저 흥왕 시킨 다음에 위대한 하나님의 말씀을 계시하셨다."[55] 즉 세례 요한이 예수님보다 먼저 나타나 "회개하라 하늘나라가 가까웠느니라"는 말을 선포케 한 후 예수 그리스도가 성육신으로 오시게 되었다는 것이다. 이제 인간이 계시언어인 그리스도를 통해 새롭게 되어 하나님께 나가면 존재의 변화와 함께 언어도 회복될 것이다.

## 1. 언어

일반적으로 밀턴의 작품세계를 논할 때 관심이 집중되는 관점은 다양하겠지만, 그 중에서도 소홀히 할 수 없는 것이 언어문제가 아닌가 한다. 밀턴의 『실낙원』에 나타나는 인간의 언어는 창조 당시의 하나님으로부터 흘러나오는 태초의 시원언어(始原言語)와 전락한 이후에 나타나는 타락언어(墮落言語), 그리고 수육하신 그리스도를 믿음으로 영접하고 순종함으로써 다시 찾게 되는 회복언어(回復言語)로 구분해서 천착해 볼 수 있을 것이다.

### 1) 태초의 시원언어

태초의 시원언어는 천지와 모든 생명체를 만드시고 통치·관활·보존하시는 조물주 하나님의 언어를 가리킨다. 창조에 사용된 시원언어의 주역(主役)은 하나님이시다. 그 하나님은 이 시간(때)이 시작되기 훨씬 이전 '태초'부터 말씀으로 계셨다(창 1 : 1). 창조주 하나님은 우주의 밖에 있으며(초월성) 자신의 위대하고 강력한 말씀으로 만물을 창조하고 그것을 통제하며 보존해 가신다. 동시에 만물에 아름다운 형태를 부여하고 모든 것에 질서를 세우신 장인(匠人)이시기도 하다(창 1 : 2). 이렇게 창조하고 통치 관활 보존하

---

55) C. S. Lewis, *Reflections on the Psalms* (New York : Harcourt, Brace & World, 1958), 76-89.

는 과정 중에 드러내는 하나님의 언어는 대개는 명령적이고 선포적이며, 계시적이고 존재인식을 확대시켜 주는 그런 언어로 나타난다. 편의상 이렇게 세 가지로 범주를 나누어서 태초의 시원언어를 살펴보겠다.

### (1) 명령과 선포의 언어

하나님은 창조자로서 만물의 주권을 가지고 계시므로 언어로 행사할 때 주로 명령하고 선포하며 계시하는 방법으로 하신다. 밀턴은 『실낙원』 제7편에서 창세기 1장의 창조 이야기를 인유하여 좀 더 구체적으로 묘사하여 생동감 있게 다음과 같이 형상화 하였다.

> 그들이 천상의 땅에
> 서서, 그 기슭에서 광대무변한
> 심연을 바라보니, 그것은 바다처럼
> 어둡고 적막하고 황량하고 광란하고
> 사나운 바람과 하늘의 정점을 찌르고
> 중심과 극점을 뒤섞을 듯한 산더미 같은 거대한
> 파도에 의해 밑바닥부터 뒤집히고 있었느니라.
> "'조용하라, 너 거친 파도여, 너 심연이여,
> 잠잠 하라, 너희 불화를 그치라!' 전능의 말씀은
> 이렇게 말씀하셨도다. 이에 머물지 않고 성자는
> 그룹천사의 날개에 올라타고 아버지의 영광에 싸여
> 멀리 혼돈과 아직 생기지 않은 세계로 향했도다.
> 혼돈은 그의 목소리를 들었고 모든 천사군은
> 창조와 그의 놀라운 위력을 보려고
> 찬란한 대열을 지어 그 뒤를 따랐도다.
> 이윽고 불타는 차량들은 서고, 그는 하나님의

영원한 창고에 비치되어 있는 황금 컴퍼스를
그 손에 들고 이 우주와 모든 피조물의
한계를 정하시려 했도다. 그는 컴퍼스의
한쪽 다리를 중심에 놓고, 다른 쪽을 암담한
대심연 속으로 돌리면서 이렇게 말씀하셨도다.
'여기까지 벌려라, 너의 경계는 여기,
너의 정당한 경계는 이것이로다. 아, 세계여!'
하나님은 이처럼 하늘을, 이처럼 땅을,
즉 형체가 없고 공허한 물질을 만드셨도다. 깊은
암흑은 심연을 덮었지만, 잔잔한 물 위에
하나님의 영은 품어 안은 따뜻한 날개를 펴시어
유동하는 덩어리에 골고루 생명의 힘과 생명의
온기를 불어넣으셨도다. (*PL.*, 7. 209-237)

    하나님의 시원언어를 구체적으로 살펴 볼 수 있는 아주 중요한 장면이므로 조금은 길지만 여기에다 인용하게 되었다. 하나님께서 이 세상을 만드시기 전에는 아무것도 없었다. 하늘도, 땅도, 소리도, 빛도 없었고, 살아서 움직이는 것도 전혀 없었다. 오직 땅에는 어둠과 고요, 그리고 생명이라고는 전혀 없는 공허(空虛), 마치 수렁과도 같은 텅 빈 허공만 있었다. 그런데 하나님께서는 자신이 세운 창조 계획에 따라 말씀이신 아들과 협력하여 황금 컴퍼스를 가지고 모든 것의 경계를 정하고 세상과 사람을 만들었으며 꼴(form)과 색깔(color)을 주었고 무질서하던 것을 질서 있게 하셨으며 텅텅 비어있던 것을 살아 움직이는 것들로 가득 채우셨다.
    서상한 바와 같이, 아버지 하나님(Father God)은 전지전능(全知全能)의 능력을 가지시고 창조의 기본 계획(masterplan)을 세웠고, 아들 하나님(Son God)은 지혜의 말씀(Word)으로써 창조물들을 구체적으로 배열하는 작업을 하셨으며, 성령 하나님(Holy Spirit God)

은 비둘기처럼 따뜻한 날개를 펴서 유동하는 덩어리들을 품어 골고루 생명의 힘과 생명의 온기를 불어넣어 주는 사랑(love)으로써 창조를 마무리 지었다. 이 일은 따로따로 시간차를 두고 이루어진 것이 아니라 동시적으로 이루어졌다고 할 수 있고, 삼위(三位) 하나님의 기능은 각기 달라도 그것은 한 하나님으로부터 나오는 유기적인 일체(一體)의 행위요, 공동의 시원언어로 행한 일체의 작업이라 할 수 있다.

성경의 창조 이야기와 『실낙원』의 창조묘사를 통해 우리는 창조의 과정을 소상하게 살필 수가 있다. 맨 처음으로 하나님께서 내리신 명령이 "빛이 있으라"(창 1 : 3)는 것이었다. 그러자 어둠과 고요함 위로 빛이 비쳐 왔다. 하나님이 그것을 보시니 참 좋았다(창 1 : 4). 하나님은 빛과 어둠을 갈라놓으시고 빛을 '낮', 어둠을 '밤'이라 하였다(창 1 : 5). 이것이 첫째 날에 하신 일이다. 창세기의 이 말씀을 인유하여 밀턴은 다음과 같이 자기 특유의 이미지를 가지고 다음과 같이 노래하였다.

'빛이 있으라!' 하고 하나님이 말씀하시자, 즉시
만물의 시초인 하늘의 빛, 순수한 제오 원소가
심연에서 튀어나와 빛나는 구름에 싸여
그 태어난 동쪽으로부터 어두운 허공을 지나
나아가기 시작했으니, 이는 해가 아직은
나타나질 않고 잠시 구름의 장막 안에
머물고 있었기 때문이었노라. 하나님은 빛을 보고
좋다고 하셨도다. 그러고는 반구로서
빛과 어둠을 갈라 빛을 낮, 어둠을 밤이라
이름 하셨도다. 이처럼 저녁이 되고 아침이 되니
첫째 날이니라. (*PL.*, 7. 243-253)

태초의 시원언어는 '빛이 있으라!'는 명령으로 선포되었다. 하나님은 말씀으로 물 가운데 궁창(firmament)을 창조하시고, 궁창 아래의 물과 궁창 위의 물을 나누었다. 밤이 지나고 낮이 되니 둘째 날이었다. 셋째 날, 하나님은 하늘 아래의 물을 한 곳으로 모아서 땅을 창조하고 채소와 풀과 열매 맺는 과목을 창조하셨다. 넷째 날, 하나님은 낮과 밤을 가르는 큰 빛(sun)과 작은 빛(moon)을 창조해서 낮과 밤을 다스리게 하셨다. 다섯째 날, 하나님은 물속의 각종 물고기와 공중의 각종 새를 창조하고 생육 번성하라고 하셨다. 여섯째 날, 하나님은 땅의 육축과 기는 것과 짐승을 창조하고 마침내 그 자신의 모습대로 인간을 창조하셨다. 일곱째 날, 하나님은 모든 창조를 끝내고 쉬셨다. 이것이 안식일의 기원이 되는 것이다(창 1: 6-31).

하나님의 창조 행위는 평행 구조 속에서 진행되었음을 알 수 있다. 첫째 날의 빛의 창조와 빛과 어두움을 나눈 것은 넷째 날의 큰 빛(해)과 작은 빛(달)의 창조와 병행을 이룬다. 둘째 날의 궁창 창조와 궁창 아래의 물과 궁창 위의 물로 구분한 것은 다섯째 날에 물과 공중의 각종 생물을 창조한 것과 병행을 이룬다. 셋째 날의 땅과 채소의 창조는 여섯째 날의 땅 위에 각종 생명과 채소류를 창조한 것과 병행을 이룬다. 이와 같이 하나님은 일정한 틀 속에서 처음 삼일 동안에 창조한 것을 그 후 삼일 동안에 움직이게 하였다. 넷째 날 해와 달에다 빛과 어두움, 낮과 밤의 주기적 패턴(cyclical pattern)을 주어 해와 달을 운동시킨 후, 하나님은 땅과 공중과 바다에다 고기와 새와 인간을 포함한 동물을 살게 하고 생육하고 번성하라고 축복해 주었다. 이처럼 하나님은 하늘과 땅, 해와 달, 빛과 어두움, 낮과 밤, 궁창 아래의 물과 궁창 위의 물, 공중의 각종 생물과 땅의 각종 생명과 채소류와 같은 창조의 병행구조 안에서 창조했던 것을 축복으로 재창조했던 것이다.

창세기 1장과 『실낙원』 제7편에 형상화된 창조 이야기의 구조 분석을 통해 몇 가지 하나님의 계획과 뜻을 살펴볼 수 있다. 첫째로 하나님은 만물을 만드신 창조자이지만, 하늘에서는 해와 달을 그의 대리자 또는 수임자(受任者)되게 하였고, 땅에서는 사람을 그의 대리자 또는 수임자로 만드셨다는 것이다. 둘째로 하나님은 처음 삼일 동안에 창조한 하늘과 땅을 그 뒤 삼일 동안에 운동시키셨고, 셋째로 하나님은 창조의 위계질서에 따라 생물을 창조하셨다는 것이다.

이 창조의 이야기 속에 스며있는 예술적 형식의 한 요소는 반복이라 할 수 있다. "하나님이 말씀하시기를, … 있으라, 그러니 그렇게 되었다"(God said, let … , and it was so). 이런 반복적 형식은 시의 후렴과 같이 창조의 긴 여운을 남겨 주는 동시에 흥겨운 축제나 신비로운 천상의 연도(連禱)와 같은 효과와 율동감을 자아내고 있다.

또한 창조의 구상을 보면, 선포(announcement : 하나님이 말씀하시기를), 명령(command : … 있으라), 보고(report : 그러니 그렇게 되었다), 평가(evaluation : 하나님이 보시니 좋았다)로 이루어진 것을 알 수 있다. 일시적인 틀 안에서의 배치(placement in a temporal frame : 저녁이 되고 아침이 되니 ~ 날이다)와 같은 일정한 패턴을 사용하여 무엇보다 질서를 중시한 것을 알 수 있다. 이런 창조의 리듬과 질서는 땅의 수임자인 우리 사람들로서는 무엇보다 먼저 본 따야만 할 창조 행위의 원형이 되는 것이다.

하나님의 언어는 이러한 창조의 예술적인 형식이나 구조 또는 이미지와 더불어 나타나는 시원언어로서 주로 서상한 바와 같이 명령과 선포로 나타난다는 것을 살펴보았다. 다음으로는 그가 만드신 자연만물과 역사와 인간의 영혼 속에 남기신 흔적을 통해 드러내는 하나님의 모습을 살펴보겠다.

## (2) 흔적과 계시의 언어

태초의 시원언어는 창조된 세계를 보여주는 흔적언어 또는 계시언어다. 밀턴은 하나님의 아름다운 흔적들이 사방에 흩어져 있어도 눈이 멀어 볼 수 없는 것에 비교해 죄로 인해 내면의 눈이 흐려져서 하나님을 발견할 수 없게 된 것을 애달프게 생각하며 이렇게 노래했다.

> 이렇게 해마다
> 계절은 돌아와도, 나에겐 돌아오지 않는구나,
> 낮도, 신선하게 다가오는 아침저녁도,
> 봄철의 꽃, 여름철 장미의 모습도,
> 양떼나 소떼, 또는 거룩한 사람의 얼굴도.
> 다만 나는 구름과 끝없이 지루한 어둠에
> 에워싸여, 사람들의 즐거운 생활에서
> 단절되고, 아름다운 지식이 책 대신
> 이제는 지워지고 벗겨진 자연 만물의
> 끝없이 망망한 백지만이 주어져
> 지혜는 한쪽 문으로 완전히 내밀려버렸구나.
> 그러니 그대 하늘의 빛이여, 더욱더
> 내 속을 비춰다오. (PL., 3. 40-52)

하나님의 흔적은 다양하게 나타나는데 그 중에서도 특별히 자연 속에 나타나는 흔적을 비유적으로 표현하여 '자연의 책'이라 한다. '자연'은 단순히 아름다운 현상이라기보다는 서구인들에게 있어서는 '하나님'을 설명해주는 해설서라 보아서 '아름다운 지식의 책'(the book of fair knowledge)56)이라고도 한다. 하나님의 조화와 질서를 사랑하는 그의 특성이 찍힌 흔적 곧 활자로 꾸며진 아름다운 일반은총의 계시서라 한다. 위의 인용문에서 보는 바와 같이, 밀턴은 이젠 장님이 되어 돌고 도는 계절의 변화와 아름다움도, 새의 날음도, 여름철의 장미도, 양떼나 소떼, 거룩한 사람의 얼굴도 볼 수 없듯이, 아무리 아름다운 지식의 책이 자기 앞에 펼쳐져 있어도 하나님의 흔적을 발견할 수도 없고 그 의미를 해석해 낼 수 없는 것을 한탄하며 하늘의 빛을 돈호 하면서 내면의 눈이 띄어지도록 내 속을 비춰달라고 호소하며 기원한다.

밀턴은 장님이 되어 외부의 자연계를 볼 수 없는 것도 한스럽지만 자기를 비롯한 인간의 마음속에 죄가 스며들어 우리의 시선을 어둠침침하게 만들어 그 흔적을 보지 못하고 하나님을 분별하지도 못하게 된 것이 개탄스러운 것이다. 외적인 눈이 멀었다 하드라도 내면의 시선이 살아 있으면 하나님의 흔적을 발견할 수도 있고 읽어낼 수도 있는데 말이다. 그러기 위해서는 먼저 특별계시의 도움을 받아야 한다. 신앙인들이 자연이나 영혼 속에서 하나님의 일반계시를 볼 수 있는 것은 하나님의 특별계시가 먼저 주어졌기 때문이다. 특별계시란 하나님께서 믿는 자들에게 하나님께서 스스로 자신의 존재와 이끄심을 특별하게 들어내신 사건을 의미한다.57) 자연의 책은 하나님의 일반은총을 보여주는 책이고 성경은 하나님의 특별은총을 계시해 주는 책이다. 특별계시 가운데 중요한 것은 하나님의 말씀인 성경과 기록되지 않은 말씀인 성육신 하신 예수 그리스도다. 성경과 그리스도를 힘입어 새롭게 거듭나면 어둡고 흐린 침침한 눈에 안경을 낀 것과 마찬가지로 자연의 책을 더 확실하고도 더 아름답게 읽어낼 수도 있고 역사를 재조명해 볼 수도 있게 된다. 『실낙원』제3편을 보면 죄로 인해 어둡고 침침해진 내면세계와 내면의

---

56) William Bloys, *Adam in his Innocence* (New York : Washington Square Press, 1928), 8-9.
57) 장경철, 『흔적신학』(서울 : 도서출판 더드림, 2014), 24.

눈을 회복시켜 밝게 볼 수 있게 해주기 위하여 하나님의 아들을 사람을 몸을 입게 하시어 인간을 구원하겠다는 말씀이 선포된 것을 알 수 있다.

> 아, 너야말로, 진노 아래 있는 인류를 위해
> 나타난 하늘과 땅의 유일한 평화로다. 아, 너
> 나의 유일한 기쁨이여, 너는 잘 안다, 내가 얼마나
> 나의 모든 창조물을 귀히 여기는가를. 또한 인간이
> 맨 나중에 창조되었으나 그 사랑스러움 더할 나위
> 없어, 그들을 위하여 내 품안과 오른손에서 내놓아,
> 잠시 너를 잃음으로써 잃었던 온 인류 구원코자 함을.
> 너, 그러니, 너만이 구속할 수 있는
> 그들의 본성을 너의 본성에 결합하라.
> 그리고 때가 오면, 불가사의한 출생으로,
> 처녀의 씨로써 화육(化肉)하여, 스스로 지상의
> 인간들 속에 인간되어, 너 비록 아담의 자식이지만,
> 아담을 대신하여 온 인류의 머리 되어라. (*PL*., 3. 274-286)

성경에 따르면 우리의 운명은 '꺾인 나뭇가지'와 같다고 한다. 죄와 불순종으로 인하여 우리의 생명은 아직은 붙어 있으나 꺾인 나뭇가지 같아서 곧 말라 죽게 될 것이다. 우리 안에 있는 시간, 양분, 수분은 제한된 것이다. 하나님께서는 이런 꺾인 가지 같은 우리 인간을 줄기에 '접붙임'을 받게 해서 생명을 회복하게 하신 것이 곧 수육신의 사건이다. 이 수육신의 사건은 구원을 약속하는 은총의 언어요 십자가의 언어다.

### (3) 존재의 성숙과 인도의 언어

밀턴에 의하면 인류의 조상 아담은 창조될 때부터 다른 피조물들과는 달리 하나님의 형상 중 언어형상을 단독으로 부여 받은 탁월한 존재였다. 아담의 언어는 경험이나 교육을 통해 배운 그런 언어가 아니고 이미 창조될 때부터 입술과 언술기관에 각인된, 사물을 인식할 수 있고 그걸 언어로 표현할 수 있는 선험적(a priori)인 현상이요 완벽한 영성언어였다. 그런 언어 구사의 은총이 아담에게 주어졌었다. 다음 구절만 봐도 쉽게 그런 사실을 확인할 수가 있다.

  ··· 말하려 하니 즉시
  말 나오고 혀도 잘 따라주어, 보는 것은 무엇이나
  이름을 지을 수 있었나이다.

아담은 따로 배운 일도 없고 주서 들은 것도 별로 없었다. 그런데도 말하려 하니 즉시 절로 말이 나오고 혀도 잘 따라주어서 보는 것이면 무엇이나 이름을 지을 수가 있었다고 한다. 이는 확실히 선험적인 것으로서 하나님이 입술에 창조 때 이미 부조해준 형상언어요 존재언어라 할 수 있다. 아담은 이렇게 창조 때부터 탁월한 언어구사 능력을 가진 존재였다고 하는 것은 다음과 같은 구절에도 잘 나타난다.

  인간의 조상이여, 그대의 입술 역시 우아하고
  혀도 유창하도다. 이는 하나님이 아름다운
  자기 모습대로 그대를 만들고 그대 몸 안에도, 몸 밖에도
  풍족히 그의 은총을 쏟아 주셨기 때문이니라.

하나님은 완전한 분이시다. 그 완전한 하나님의 형상을 닮은 인간

도 완전하다고 아니 할 수 없다. 그러나 하나님의 완전성은 절대적이지만 사람의 완전성은 조건적이요 상대적이다. 그러므로 아담의 언어는 조건과 상대적인 상황에 따라 변할 수 있는 개연성을 가진 언어였다. 그러나 인간의 언어는 하나님의 언어와 상당한 유사성을 가지고 있는 시원언어다. 최초의 인간 아담과 하와는 언어를 통해 대화하고, 인식하고, 추론하고, 기억하고, 예배하고, 하나님과의 영적인 관계를 유지하는 일들을 하였다. 이와 같이, 그들은 언어를 통해 하나님과 소통하는가 하면, 언어를 통해 다른 피조물들을 지배할 수도 있었다.

더욱 인간의 언어는 인간을 영적으로, 지적으로 성장성숙하게 해주는 인식능력이 된다는 점에서 인간들에게 있어서 매우 중요한 도구가 되며 필수불가결의 가치가 된다. 태어나는 첫날밤의 잠에서 깨어나면서 보였던 화와의 정체성이 확실치 않은 상태로부터 하나님의 음성과 아담을 만나 그의 말을 들으면서 점차 자기 정체성이 깊어지고 확실해지는 것을 볼 수 있다. 이런 일들이 전부 말을 통해서 이루어진다는 것을 알게 되면 언어의 중요성을 재삼 안 느낄 수가 없게 될 것이다.

서상한 바와 같이, 하와는 창조된 첫날 잠에서 깨어날 때 '쉬고 있는 자신을 발견'(found myself repos'd, *PL*., 4. 450)하는데, 그런 자기를 그녀는 '자신'(myself)이라 부른다. 이것은 깨어나는 자기의식과는 동떨어진 외부에 있는 사물이나 존재처럼 인식한 것을 단적으로 보여준다. 이때까지 하와는 아직 자아에 대한 각존(覺存)에 이르지 못했었다는 것을 알 수 있으며, 그녀의 생각은 자동적이고 본능적으로만 진행되고 있는 것을 볼 수 있다.58) 하와는 "생후 처음 가져 보는 생각을 품고"(*PL*., 4. 457) 고요한 호수로 가서 그 속을 들여다보다가 호수에 비친 하늘을 '또 하나의 다른 하늘'(*PL*.,

---

58) 최재헌, 『*Paradise Lost*의 언어와 존재 연구』 경북대학교 대학원 문학박사학위논문 (1993), 18. 이 분야에 관심을 갖는 사람은 이 논문을 꼭 읽어 보는 것이 유익할 것이다.

4. 459)로 인식하는 것을 볼 수 있는데, 이때까지도 주체와 객체, 자신과 외부세계, 기표(시니피앙, signifiant)와 기의(시니피에, signi-fie) 간에 존재하는 차이를 뚜렷하게 구별하지 못할 정도로 미숙하다. 이런 상태로부터 하와가 벗어나게 되는 것은 바로 초월적인 목소리 즉 하나님의 음성을 들으면서부터다. 호수로부터 불러낸 하나님께서는 하와를 '인류의 어머니'(Mother of human race)라고 부름으로써 그녀의 정체성을 일깨워준다.

보이진 않지만 이렇게 하나님의 음성에 이끌려(PL., 4. 476) 아담에게로 가서 처음으로 그를 만나는데, 이때 비로소 하와는 아름다운 것과 덜 아름다운 것, 사실과 허구 사이에서 선택을 하지 않으면 안 되는 입장에 놓이게 된다. "그 고요한/수면의 영상보다는 아름답지도, 상냥하고 포근하지도,/사랑스럽고 온화하지도 않은 듯한" (PL., 4. 478-480) 아담으로부터 돌아서려고 할 때, 아담이 하와의 이름을 부른다.

'돌아오라, 아름다운 하와여,
누굴 피하는가? 그 피하려는 자에게서
그대는 생겨났고, 그의 살이요 뼈로다.
그대 있게 하고자, 나 그대에게 심장 가장 가까운
옆구리에서 실재적인 생명을 주었고, 이후로 그대를
갈라놓을 수 없는 귀여운 위안자로 내 곁에 두겠노라.
내 영의 한 부분으로서 그대를 찾았으니, 그대를
나의 반신이라 부르리라.'

하와는 자기가 아담의 영혼의 한 부분이며 아담의 옆구리에서 실제적인 생명을 얻었다는 언어적인 서술을 통해 아담과 하와는 서로 의존적이면서 동시에 독립적인 돕는 자(helper)요 위안자라는 것을 서서히 알아가게 된다. 그러나 하와는 아담이 손을 잡을 때까지 그를 따르지 않는다. 아담의 손을 터치한 것이 하와에게 그를 따르도록 하는 확신을 주며, 그녀는 아담에게 순종함으로써 새로운 지식을 얻게 된다.59) 왜냐하면 그때부터 하와가 "사내다운 품위와 지혜가 아름다움보다 뛰어나고/그것만이 참된 아름다움이라는 것을 깨닫게 되기"(*PL*., 4. 489-491) 때문이다. 이때부터 하와는 그 자신을 외부의 한 사물과 같은 그런 존재로만 인식하던 차원을 넘어서 자기는 아담과 동일하면서도 의존적인 존재라는 존재감을 갖게 된다. 그런 존재인식의 결과 아담과 하와는 반려자로서 짝을 짓게 된다. 결국 하와에게 자신의 존재감을 갖게 해주는 동시에 아담의 반려자로까지 나가게 하는 것은 언어적 서술이다. 이것이 태초의 시원언어 즉 존재의 언어라 할 수 있다.

아담은 라파엘에게 천체의 운행에 관한 질문을 하다가 알아두어서 별 가치가 없는 그런 천문에 관한 이야기보다는 좀 더 알아서 좋을만한 이야기를 하는 것이 더 좋겠다고 하는 라파엘 천사의 권고에 따라 그는 자기가 창조 당시를 회상하는 이야기하기 시작한다.

> 나는 경이의 눈을 하늘로 곧바로 돌려
> 한참 동안 대공(大空)을 바라보다가
> 재빠른 본능적인 반사운동으로 몸을 일으켜
> 그곳으로 가려는 듯이 벌떡 일어나 꼿꼿이
> 바로 섰나이다. 나는 내 주위에서 산과 골짜기,
> 그늘진 숲과 해 빛 쬐는 들, 그리고 속삭이며
> 흐르는 맑은 시냇물을 보았나이다. 그 곁에서는
> 살아 움직이는 것들, 걷는 것들, 나는 것들,
> 나뭇가지에서 지저귀는 새들, 이 모든 것들이
> 미소 지었고, 나의 가슴에는 향기와 기쁨이
> 넘쳐흘렀나이다. 그래서 나는 나 자신을

---

59) 최재헌, 22.

살피고 손발을 바라보며 활력이 이끄는 대로
관절도 부드럽게 걷기도 하고 뛰기도 했나이다.
그러나 나는 누구며, 어디서 어째서 있게
되었는지를 알지 못했나이다. (*PL*., 8. 257-271)

하와에게 있어서와 마찬가지로 아담에게 있어도 최초의 기억은 감각적이고 본능적이었다. 하와는 '수면'에 비치는 자기 모습에 반하여 눈을 떼지 못하지만 아담은 본능적으로 자기 근원으로 여겨지는 '하늘'을 쳐다 보고 벌떡 일어나 꼿꼿이 선다. '하늘'을 쳐다 본 것은 감각적 본능에 의한 것이지만 곧바로 자기 자신이 다른 동물과 다르다는 인식을 갖고 '벌떡 일어나 직립자세로 선' 것은 분별력에 가까운 선한 본성인 내적 기민한 직관적 동작(quick instinctive motion, *PL*., 8. 259)에 의한 것이었다. 타락하기 이전의 아담은 타락 천사들과는 달리 자신의 환경을 보고 즉시 그것을 자신과 관련짓는 내면에 부조된 그런 선하고 기민한 본성을 지니고 있었다. 따라서 사탄처럼 자기 자신을 '스스로 태어나 스스로 컸다' (self-begot, self-raised, *PL*., 5. 860)는 그런 존재로 인식하지는 않았다. 아담이 주위에 있는 산과 골짜기 숲과 내려 쪼이는 해 빛, 흐르는 맑은 시냇물, 기고 나는 모든 생물들을 보면서 기뻐하고 감격스러워 한 것도 그런 연유에서이다.

그러나 그의 인식은 막연하고 모호하여 확실하질 않았다. 그래서 자기 근원에 대한 회의를 품은 채 '나는 누구며, 어디서 어찌해서 있게 되었는지'를 그는 곰곰이 생각해 보게 되는 것이다. 요컨대 아담도 하와와 마찬가지로 처음에는 자기가 어떤 존재인지 막연했을 뿐 확실하게는 인식할 수가 없었다. 즉, 막연하게 그저 자신의 존재가 창조세계와 무관하지 않을 뿐만 아니라 자기가 자기 혼자의 힘으로 된 것이 서가 아니라 위대한 창조주에 의해서 이루어졌을 것이라고 생각하고 있었을 뿐이다. 자연을 봐도 그것이 어떤 창조자의

'기호'이고 '흔적'인 것 같기는 한데, 그것에 대한 직접적인 지식을 전달할 수도 없고, 자연의 기호들을 정확하게 해석해낼 수도 없었다. 아담이 확실하게 자기에 대한 존재의식을 갖게 되는 것은 꿈속에 나타난 시원언어인 '거룩한 형체'(*PL.*, 8. 295)에 의해서다. 그러나 그 인식도 전체가 아니라 부분적이었다. 얼마 후 꿈속의 환영이 '아담'이라고 명명해줌으로써, 그로 인해서 점차 자기 자신을 이해해 가게 된다.

'너의 집이 너를 기다리니, 아담, 일어서라,
무수한 인류의 최초의 아버지로 정해진
최초의 인간이여, 너의 부름 받고 마련된 곳,
축복의 낙원으로 너를 인도하러 왔노라.' (*PL.*, 8. 296-299)

'최초의 인간', '최초의 아버지'라는 언어적 명명에 의해 그 자신이 어떤 존재인지를 좀 더 확실하게 알게 된다. 이 '성스러운 존재'는 시원언어인 하나님이신데, 그가 아담 앞에 나타나 그를 '축복의 동산'으로 인도하고 안내해서 '선악을 알게 하는 나무'에 대한 금지령을 엄한 어조로 선포할 때 비로소 아담은 자기 자신이 하나님의 창조물이라는 것과 그의 형상대로 지음 받은 존재라는 것을 확실하게 알게 된다. 이런 언어적 작용에 의해 창조주 하나님이 창조한 세계와 자신의 관계를 바로 인식하는 판단을 하게 된다. 결국은 언어생활 또는 그 체험을 통해서 영적으로, 정신적으로, 지적으로 미숙하던 상태에서 성숙한 상태로 나가게 되는 것이다.

그러나 하나님의 형상 중의 하나인 인간의 언어는 하나님의 언어와는 달라서 역시 그의 도움 없이는 유효하지 못하며 사물의 본질도 파악하여 해석할 수 없다. 하나님은 시원언어이지만 인간은 그 언어의 흔적을 갖기는 하지만 그의 언어적 설명(*PL.*, 8. 343- 345) 곧 그의 계시 없이는 아무것도 알 수도 없고 이해할 수도 없다. 이 하나님의 계시는 맑고 깨끗한 영혼에게만 이슬처럼 내려진다. 이런 하나님의 은총을 받으면 흔적을 보고 그것을 만들고 남기신 주재자의 모습을 이해할 수가 있게 된다. 결국 시원언어는 인간의 언어가 아니라 하나님의 언어로서 언제나 침묵하는 것이어서 순수한 영만이 소통할 수 있고 그 뜻을 풀이할 수도 있다.

## 2) 타락언어

시원언어가 하나님의 언어요 타락하지 않은 천사들과 인간의 언어였다면, 타락언어는 타락한 천사들의 우두머리인 사탄의 언어요 그의 사주로 타락하게 된 인간들의 언어를 일컫는다. 언어는 인격의 집이라는 말이 있다. 타락하기 이전의 인격은 진위와 선악을 가려서 판단할 수 있는 능력과 자율적인 의지 등을 갖춘 품격 있는 존재였다. 그러니 만큼 언어도 그에 걸맞게 사용되었으므로 결코 자신의 이기적인 욕심이나 영달을 위해 사용되지 않았다. 다시 말해서 그것은 인간의 행복과 평화를 위해서, 그리고 하나님의 뜻을 올바르게 파악하고 그의 영광을 드러내는 도구로 사용되었다는 말이다. 그러나 천사가 타락하여 악령이 되는 순간부터 사탄의 언어는 변질되기 시작하여 그 언어는 남용되고 왜곡되며 비뚤어지게 되었다. 뿐만 아니라 사탄에게 사주 받아 타락한 인간의 언어도 타락하게 되었다. 인격이 왜곡되고 비뚤어지면서 언어의 성격도 달라진다.

### (1) 설득적인 수사언어

사탄은 이미 앞서 말한 바와 같이 하나님의 창조물로서 영적인 존재이며 하늘에 거하도록 되어 있는 존재였다. 그때의 이름은 '루시퍼'(Lucifer)라 불렸다. '빛을 걷머진 자'(light-bearer)를 뜻하는

'루시퍼'는 성군(星群)의 삼분의 일을 이끄는 샛별 같은 대천사였고 (*PL*., 5. 708-710), 마치 햇빛과도 같았으며, 하늘에서 바르고 깨끗하게 서 있던(*PL*., 4. 837) 영광스럽고 완전한(*PL*., 5. 567-568) 존재였다. 그러나 그는 교만한 성품 때문에 하나님께 반역을 도모하는 것이다.

> 그날 위대한
> 아버지로부터 예우를 받고 기름부음을 받아,
> 메시야 왕으로 불리게 된 성자에 대한 질투심에
> 사로잡혀 오만한 나머지, 그 광경을 차마 견디지
> 못하고 스스로 열등하게 되었다고 생각했느니라.
> (*PL*., 5. 661-665)

천사들이 타락하기 이전에 천상에서 사용하던 말은 화자가 의도하는 뜻과 목적에서 이탈 되질 않고 완벽하게 부합되고 말 자체가 꾸미거나 위장되질 않고 명시적이었으며 애매모호하질 않고 뚜렷하고 직선적이었다. 그러나 오만 때문에 멸시 당한다고 생각해서 하나님과 정면 대결했다가 패배한 사탄은 천상의 언어 체계를 뒤집어 버린다. 그가 꾸며서 사용하는 말의 애매성은 거짓말과 아첨, 말에 대한 기만적인 해석 따위로 포장돼 있다. 하나님께 정면 도전했다가 패배한 첫 날 사탄은 회의를 소집하여 다음과 같이 말한다.

> 여러분은 그 승부 모를
> 싸움으로 하루를 견뎌 냈도다 (하루가 그랬으니
> 영원히 그렇지 않겠는가?). 그러니 지금까지는
> 그를 전지자라고 생각했지만 앞으로는 많은 실수자로
> 볼 수 있으리라. 사실 무장이 약하여
> 얼마간의 불편과 지금까지 몰랐던 고통을

겪었지만, 알고 보니 우스운 일이로다.
이제 우리가 알듯이 우리들의 영체는
치명적 상처를 받을 수도 없고
또한 불멸이어서 찔려 상처 난다 해도 즉시 아물고
본유(本有)의 활력에 의해 낫는다.
치료가 손쉬운 그만큼 재난도 적으리라.
다음에 우리가 만날 때는 아마도 더 튼튼한
무기와 더 강렬한 병기로 우리의 힘은
커지고 적은 약화하여 본질상 차이가 없는
우리 사이의 우열은 동등하게 되리라.
만일 눈에 보이지 않는 다른 이유가 있어
그들이 우세하다면, 우리의 정신이 완전하고
이성이 건전하게 보존되는 동안에
적절히 탐구하고 상의하여 알아보자." (*PL*., 6. 423-445)

사탄은 여기서 '하루'(one day)와 '영원'(eternal), '틀리기 쉬운'(fallible)과 '전지한'(omniscient), '몰랐던'(not known)과 '안'(known), '찔려'(pierce'd)와 '아물어'(closing), '약화하여'(worse)와 '튼튼한'(better), '우열'(odds)과 '동등'(equal), '보이지 않는'(hidden)과 '알아 본다'(dsclose) 따위의 대조를 일곱 번에 걸쳐 사용하였다. 천사들의 타락 이전에는 오직 한 창조의 선한 질서밖에 다른 것이 전혀 없었다. 그러나 타락한 이후 사탄은 위계질서를 깨고 그 질서에서 이탈하여 나와 악한 언사와 행동으로 선의 질서를 파괴하기 시작한다. 타락하기 이전의 진리는 선하고 단순해서 복잡한 언어가 필요 없었다. 그러나 타락한 이후에는 진리를 위장하고 포장하고 기만하는 일이 비일비재해서 언어 자체가 복잡하고 애매모호하고 꾸미고 둘러대는 수사적 언어가 늘어나게 되었다.
사탄은 수사적 기법 가운데서도 대조법을 가장 선호하였다. 대조법이란 주지하는 바와 같이 반대되거나 눈에 띄게 다른 낱말이나 어구 또는 문장을 서로 나란히 대비시켜 말하는 수사법을 말한다. 사탄은 이런 대조법을 통하여 하나님의 창조 질서로부터 자기는 이탈되어 다른 대립되는 악의 질서를 이루었음을 확인하는 동시에 자기 부하들에게 그 사실을 알려서 아무런 의심 없이 받아들이도록 설득하기 위하여 대조라고 하는 수사를 동원한다. 하나님은 피조물을 설득할 필요가 없었다. 그러므로 선포하고 명령하고 통치하고 보호하며 심판하면 되었다. 그래서 하나님은 그런 언어를 사용하였다. 그러나 사탄은 자기가 하나님과 맞먹는 적대자라고 하는 자신의 정체성을 확인시켜야 하고, 가급적이면 막강한 힘을 구축하여야 하나님께 대항할 수 있음으로 자기의 말을 듣고 따르도록 설득하고 권유하지 않으면 안 되었다. 그래서 그는 수사적인 설득을 통하여 하나님과 싸울 담력을 돋우어 주고 힘을 규합했던 것이다.

다음 날 사탄과 그의 군대들이 몰래 감춘 대포를 갖고 등장할 때, 사탄은 '불분명한 말로 조롱하며'(*PL*., 6. 568) 자기 부하들을 향해 설득적인 수사를 사용하여 연설을 한다.

'선봉대여, 좌우로 정면을 열어라.
우리를 미워하는 무리들에게 우리가 얼마나
평화와 화목을 갈구하고, 또 넓은 도량으로
그들을 받아들이기 위해 일어섰음을 보여줘야겠다,
그들이 우리의 제안에 호의를 갖고 악하게 등을 돌리지
않는다면. 하지만 그것은 의심스러운 일. 어쨌든 하늘이여,
살피시라, 우리들이 자유로이 우리의 직분을
다하는 동안, 하늘이여 곧 살피시라. 그대 명령을
받고 일어선 자여, 그 책임을 다하고 우리가 제안한
것에 가볍게 손을 대되, 모두들 듣도록 크게 하라.'
(*PL*., 6. 558-567)

위 인용문에서 사탄이 사용하는 수사의 가장 큰 특징은 애매모호성(ambiguity)이라 할 수 있다. 그는 '제안'(overture), '악하게 등을 돌리지 않는다'(turn not back perverse, '자유로이 우리의 직분을 다하다'(discharge/Freely our part), '우리가 제안한 것에 가볍게 손을 대다'(briefly touch/What we propound), '크게하다'(loud) 등 두 가지 이상의 의미를 지니는 다의적이고 애매모호한 말들을 사용하여 그의 연설을 듣는 부하들의 판단력을 흐리게 만들었고, 이를 통해 공감적 유대를 이루게 해서 분연히 일어나 하나님을 배신하도록 자극하였다. 그는 언어가 지니는 설득적이고 감화적인 기능을 이용하여 부하들이 자신의 생각에 동조하고 나아가 자신의 의도대로 행동하도록 선동하였던 것이다.

이와 같이, 사탄은 인간을 타락시키기 위하여 하나님이 창조한 언어와는 다른 새로운 화법을 스스로 고안해 낸다. 그 첫 번째가 바로 '설득적인 화술'(persuasive rhetoric)이라 할 수 있다.60) 사탄의 언어가 가지는 앞과 뒤가 다른 이러한 이중성 즉, '갈라진 혀'(double tongue)는 마음(생각)과 말(표현)이 일치하지 않는 사탄의 이중적인 모습을 암시해주는 하나의 상징이 된다. 그런데 문제는 이러한 사탄의 갈라진 혀가 천사들뿐만 아니라 인간을 유혹하는 일에 결정적으로 중요한 역할을 수행하는 도구가 된다는 것이다. 사탄은 갈라진 혀로 주로 언어를 날조하고 정략적으로 교묘하게 비틀어 사용하였다.

### (2) 날조된 정략언어

사탄의 반역 순간부터 모호한 말과 속이고 교묘하게 꾸미는 타락언어가 등장하게 된다. 원래 히브리어 '사탄'(Satan)은 '적대자'(adversary) 또는 '원수'(enemy)를 뜻하는 보통명사였는데, 천상의 전쟁

---

60) Mustazza, 16.

에서 패배한 후 천국에서 쫓겨나 지옥으로 떨어지면서 마왕을 지칭하는 고유명사가 된다. 서상한 바와 같이, 그렇게도 빛나던 천사가 타락하여 천상에서 쫓겨나 지옥으로 떨어져 복마전을 짓고 지옥의 군주가 되면서 그는 타락한 정치 지도자 또는 부패한 장군과 같이 변모한다. 그러면서 그의 언어도 변질되는 것이다. 이런 언어는 하늘나라에서 사용되던 시원언어와는 완전히 성격이 다른 언어, 즉 교묘하게 꾸미고 날조하는 정략적인 언어로 변질된 것이었다.

'그대 자는 가 다정한 친구여, 도대체 무슨 잠이 그대의
눈꺼풀을 닫을 수 있으랴, 바로 어제
천국의 전능자의 입으로부터 어떤 명령이 나왔던가를
기억할 터이니. 그대는 나에게 그대 생각을,
나는 그대에게 내 생각을 예사로 털어놓은 터.
깨어 있을 때 우리의 마음이 하나였을진대,
지금 그대 잔다 해서 어찌 다를 수 있으랴. 알겠지,
새로운 법이 공포되었음을. 통치자의 새로운 법은
섬기는 자들에게도 새로운 정신과 새로운 의향을
불러일으키는 법. 그래서 어떤 일이 닥쳐올까 하고
협의해 보려는 것이지만, 이 이상 이곳에서
말하는 것은 위험하리라. (PL., 5. 673-683)

하나님께 대한 복수를 실현하고자 하는 자신의 목적을 달성하기 위해서 사탄은 그의 동료인 바알세블(Beelzebub)의 '방심한 가슴 속에 나쁜 영향'(PL., 5. 565-566)을 불어넣고 그의 복수심이 불타오르도록 부추기고 악의를 조장한다. 사탄은 그의 차서급인 바알세블을 자신의 완전한 충복으로 만들기 위하여 교묘하게 꾸미고 기만적인 수사와 날조된 정략적 언어를 사용하는 데, 그것이 단적으로 나타난 것이 아주 가까운 사이처럼 보이기 위하여 바알세블을 '다정

한 친구'라고 부른 것이다. 그러나 이러한 호칭은 호감을 사기 위한 위장이었고 바알세블을 비난하기 위한 정략적인 꾸민 의도였을 뿐이다. 다정한 척 해서 바알세블의 마음을 사로잡아 놓고서 그는 "도대체 무슨 잠이 그대의/눈꺼풀을 닫을 수 있으랴"라는 설의로 말꼬리를 획 틀어버린다. 천국에는 새로운 왕이 등극하고 새로운 법을 세우는 판국에 그렇게 한가롭게 잠만 잘 수 있느냐는 힐책에 가까운 말을 하는 것인데 그걸 설의문으로 포장해서 모호하게 만든다.

방심하고 있는 바알세블의 가슴에 꽂은 이런 '달콤한 독이 묻은 비수'를 휘휘 비틀어 조이면서 그는 바알세블의 시의를 잃은 잠은 사실인즉 하나님께서 그의 아들을 왕으로 세운 그 주권적 행사에 대한 간접적인 도전이라고 해석하는 비틀기 식 위장된 말로 그를 꼼짝달싹하지 못하게 만든다. 이런 궤술과 정략적 언어의 비수에 꽂힌 바알세블은 사탄의 괴변적인 논리를 추호도 의심하지 않고 거부감 없이 받아들이게 되는 것이다. 또한 '하나님'(God)이라는 말을 피하고 보다 냉소적인 색깔이 짙은 '천국의 전능자'(Heav'nly Almighty)나 또는 의미심장한 적의를 암시하는 통치자(him who reigns)라는 말을 대용하여 또 다른 괴이한 논쟁을 심중에 불러일으키도록 선동한다. 그렇게 해서 새 왕의 임명에 대한 타당성과 아울러 새로운 법을 만든 입법자의 권위까지도 따질 권리가 자기들에게도 있다는 것을 환기시키는 것이다. 사탄의 정략적인 언술에 어리벙벙해진 바알세블은 사탄의 그 모호하고 교묘한 논리를 추호의 의심도 없이 받아들일 뿐만 아니라 이 자리에서 더 이상 이야기하는 것은 안전하지 않다는 애매모호한 입장도 전혀 이상히 여기지 않고 따른다. 바알세블은 어떤 질문도 하지 않고 다만 그의 명령을 받아서 실행에 옮기기만 하고 있을 따름이다. 이것이 타락한 세계에서 통하는 정략적인 언어이다.

이렇게 사탄의 정략적인 말을 그대로 받아들인 바알세블은 군대를 소집하면서 사탄으로부터 들은 말을 군대들에게 들려주면서 간

간히 그 사이에다 애매한 말과 질투심을 불러일으킬 말을 끼어 넣어 군대들의 충성심을 부추긴다(PL., 5. 702-704). 심지어 바알세블은 사탄을 자기들의 '왕'이라고 선동하면서 그를 높여 왕에 준하는 '적절한 환대'(PL., 5. 690)를 하여야 한다고 더구나 주장한다. 이런 언술은 두 가지 면의 언어적 타락을 보여주고 있는데, 그 하나는 천사들을 유인하기 위해서 거짓말을 하고 있다는 것이고, 다른 하나는 냉소적인 어투를 사용하고 있다는 것이다. 사탄은 정정당당하게 자신의 의중을 토로하는 것이 아니라 오히려 정반대되는 사실을 꺼내서 그걸 설득적으로 사용함으로써 보다 자신의 뜻을 더 적극적으로 표현하려 했던 것이다. 극히 단순함에도 불구하고 그의 냉소는 언어 사용에 왜곡을 불러일으키는 역할을 하게 된다. 왜냐하면 이것이 언어에 애매성을 불러일으키기 때문이다.

사탄은 소집된 충실된 천사들 앞에서 성자를 등극시킬 때의 하나님을 흉내내어(PL., 5. 600-601) 추종자들을 공식적인 칭호로 부른다. 그러나 그는 즉시 그 칭호가 나타내는 직위가 더 이상 적용될 수 없고, 성자가 등극함으로써 그들이 이기기 지희게저 '빈순시 내 름뿐인 것이' 되었음을 암시한다.61)

> 좌품천사, 주천사, 권천사, 역천사, 능품천사들이여,
> 이 엄위한 칭호들이 여전히 이름뿐인 것이
> 아니라면. 이렇게 말하게 되는 것은 칙명에 의해
> 다른 자가 이제 전권을 장악하고
> 기름부음을 받은 왕의 이름으로 우리들의 빛을
> 빼앗았기 때문이다. (PL., 5. 773-777)

위의 인용문을 자세하게 살피면 기름부음을 받은 새 왕이 임명되었다는 단 한 마디의 말 말고는 위의 언술에서 얻을 수 있는 것은

---

61) 최재헌, 48-56 참조.

사변적인 정보밖에 없다. 정말로 그럴듯하게 꾸민 교묘한 비방만 늘어놓으면서 사탄은 그의 듣는 자들에게 두려움을 불러일으키려 하고 있는 것이다. 그리고 나서 그는 재빨리 "이 엄위한 칭호들이 여전히 이름뿐인 것이 아니라면"이라는 조건절을 직설법의 형태로 바꾸어 버림으로써 그들의 칭호와 그에 따르는 소멸에 대해 비난의 화살을 돌린다. 이런 말장난은 그를 따르는 천사들이 자신들의 칭호에 대해 자존심을 가지게 하는 동시에 그 칭호들을 상실한 데 대한 두려움을 갖게 하려는 전략적인 언술이라 할 수 있다. 사탄은 비논리적이고 기만적인 장광설을 통해서 폭도들에게 두려움과 혐오의 감정을 분연히 일어나도록 선동한다. 이렇게 사탄은 연설 서두에서 시치미떼기와 우회적인 언설로 듣는 자들의 마음을 빼앗고는 자신에게 충성된 천사들이 당한 모독에 대해 표면상으로는 분노를 표하는가 하면 동시에 그들에게 이기심과 두려움을 불러일으켜 자신의 의도에 호감을 사는데 성공한다. 이런 교묘하게 날조된 정략적인 언어를 써서 그의 소기의 목적을 달성하는 것이다.

### (3) 기만적인 가장언어

사탄의 언어는 설득적인 것일 뿐만 아니라 기만적이고 파괴적인 성격을 지니는 것으로 나타난다. 타락한 대천사 마왕을 지칭하는 고유명사로 사용되는 '사탄'이란 이름 자체가 '속이는 자'(deceiver)라는 의미를 가지고 있듯이, 사탄은 자신의 진심을 숨긴 채 상대방을 기만하고 속여 파멸의 나락으로 전락시키기 위한 자기 실속만 챙기는 이기적이고 사악한 자신의 목적을 충족시키는 데 언어를 사용한다. 하나님께서는 천사를 포함한 피조물들에게 자기 생각을 진실 되고 선하게 전달하고 표현하라고 언어를 그 '거룩한 선물'(divine attribute)로 주셨지만, 사탄은 하나님의 뜻에 어긋나게 언어를 사용함으로써 거룩한 선물을 경하게 여겨 저버렸던 것이다. 하나님의 거룩한 선물인 진실된 언어 사용을 저버린 사탄은 그때부터 기만적인 가장언어를 쓰기 시작한다. 주로 이 기만적인 가장언어는 사탄이 인간을 꾀어 넘어뜨리기 위해 사용하고 있다는 것을 알 수 있다.

사탄은 언어를 위장하기 전에 먼저 자신의 정체를 위장하지 않으면 안 되었다. 하나님께 대한 간접적인 보복을 위해 지옥에서 단독으로 빠져나와 에덴으로 침투한 사탄은 자신의 간계를 숨겨 적절하게 펼쳐 주기에 알맞은 대상을 세밀하게 살피다가 들짐승 가운데서 가장 교활한 뱀을 발견하고 그 속으로 들어가 뱀으로 위장한다. 이 상황을 밀턴은 이렇게 묘사하고 있다.

> 마침내 그는 뱀 속으로 들어가 그 음흉한
> 유혹을 가장 날카로운 시선에 드러나지 않도록
> 숨길 수 있는 적절한 도구, 속임수를 쓰는 데
> 가장 적합한 소악마로서 뱀을 선택하기로
> 결정했다. 교활한 뱀에게 어떤 술책이 있다 해도
> 의심할 자 없고, 그 천성의 기지와 교활의 탓으로
> 볼 것이기 때문이었다. (PL., 88-94)

이와 같이, 사탄이 '뱀'으로 위장한 것은 그의 '음흉한 유혹'을 드러내지 않고 숨길 수 있을 뿐 아니라 속임수를 가장 적절하게 구사해줄 만큼 간교했기 때문이었다. 이렇게 간교하고 교활한 뱀으로 위장한 사탄은 뱀처럼 구불구불 땅을 기어가질 않고 의젓한 신사처럼 자세를 꼿꼿이 세우고 걸어가 아담과 헤어져 혼자 일하고 있는 하와에게 접근해서 아양 떠는 말로써 그녀를 이렇게 유인한다.

> "놀라지 마소서, 여왕이여, 오직 하나의 경이로운
> 그대 혹시 놀라셨다면. 더구나 하늘과 같이 온유한
> 그 얼굴에 멸시의 표정 띠지 마시며,

이렇게 접근하여 싫증을 느끼지 않고 그대를
바라보고, 이렇게 혼자 있어 더욱 엄숙한
그대의 이마를 두려워하지
않는다고 불쾌히 여기지 마소서. 아름다운 조물주와
흡사한 어여쁜 자여, 모든 생물들,
그대에게 내려준 모든 것들이 그대를 바라보며,
황홀한 눈으로 그 하늘의 아름다움을 찬미하나이다."
(PL., 9. 532-541)

하와를 '여왕'이니 또는 '아름다운 조물주와 흡사한 어여쁜 자'라고 부르는 것과 같은 여자들을 한껏 들뜨게 하고 설레게 하기에 족한 그런 말로써 그녀의 비위를 맞춰주며 황홀한 눈으로 그녀의 천상적인 아름다움을 찬미한다. 이에 그만 혼이 쏙 빠져 간이 부어오른 하와는 사탄이 이끄는 대로 '선악을 알게 하는 나무'가 있는 곳까지 따라간다. 그러나 그 순간 하나님의 명령이 떠올라 일말의 양심의 가책을 느끼며 뱀에게 이렇게 말한다.

"낙원의 나무 열매는 마음대로 먹어도 좋으나
낙원 한가운데 있는 이 아름다운 나무 열매에
대해서는 하나님은 '너희는 이것을 먹지 말라,
손대지도 말라, 그렇지 않으면 죽으리라'고 말씀하셨도다."
(PL., 9. 660-663)

이에 뱀은 저 옛날의 이름난 변사들인 데모스테네스, 소크라테스, 키케로 등보다도 더 능한 언변으로 하나님의 말씀을 왜곡 위장해서 공감을 갖도록 하는 방법으로 하와를 넘어뜨린다.

이 우주의 여왕이여! 그 엄한

죽음의 위협 믿지 마소서. 그대 죽지 않으리니.
열매를 맛본다고 죽음을 얻다니, 어찌 그러리오?
그것은 지혜뿐 아니라 생명도 주리이다.
· · · · · ·
· · · 하나님은
아시리라, 그대들이 그것을 먹는 날, 밝게 보면서
실은 어두운 그대들의 눈이 완전히 열리고 밝아져
신들같이 되고 신들처럼 선악을 알게 되리라는
것을. (*PL.*, 9. 684-687, 706-710)

위의 시구들을 면밀하게 살펴보면, 사탄은 하나님의 말씀과는 달리 분명치 않은 애매모호한 말로써 진실을 기만하고 가장하여 말하고 있다는 것을 알 수 있다. 위의 인용시구에서 보는 그대로 애매모호한 말은 세 대목으로 나누어 생각해 볼 수 있다. 첫째로 애매모호한 말은 '그대 죽지 않으리니'는 시구다. 성경에는 선악을 알게 하는 나무 열매를 먹으면 '반드시 죽으리라'했는데, 사탄은 '죽지 않으리니'라는 전혀 반대되는 말로 진실을 왜곡시키고 있다. 또 그 의미도 아주 애매모호하다. '죽지 않으리니'라는 시구 속에 함축되어 있는 일차적인 의미는 하와가 '선악과를 따먹더라도 결코 죽지 않는다'라는 것을 암시한다. 또 다른 측면에서는 비록 하와가 '하나님이 금한 금단의 열매를 먹더라도 먹는 즉시 육신이 바로 죽지는 않는다'라는 뜻으로도 해석해 볼 수도 있다. '죽으리니'라는 말은 아주 애매모호한 위장된 기만언어라 할 수 있다.

둘째는 선악과를 먹으면 '그대들의 눈이 완전히 열리고 밝아져'라는 시구도 의미가 알쏭달쏭하다. 즉, 새로운 지식과 행복에 대해 눈을 뜨게 된다는 것인지, 아니면 죄로 인한 수치와 공포를 알게 될 것이라는 것인지 알 수가 없다. 그리고 선악과를 먹으면 '선악을 알게 되리라'는 표현도 언뜻 보면 선과 악 모두를 알게 되어 지식의 폭이 넓어지게 될 것이라는 의미로 볼 수도 있지만, 그걸 어떤 식으로 알게 될 것인지에 대해서는 일언반구의 암시도 없어서 애매모호하기 짝이 없다. 실제로 선악과를 따먹은 결과 인간이 경험하게 된 것은 죄로 인한 수치와 공포뿐이었다. 사탄이 이렇게 감미롭게 위장한 말은 하와를 꾀어 넘어뜨리고자 하는 술책을 숨긴 거짓일 뿐 진실이라고는 전혀 들어있지 않은 위장된 감언이설이라는 것을 알 수 있다.

   사탄은 인간을 타락시키기 위해 이와 같이 가진 감언과 이설로 위장하고 가장했는데, 자기의 의도를 관철시키기 위해서 일견 아주 논리적인 그런 언어를 사용하기도 하였다. 그는 진리를 자신에게 편리하고 유리한 쪽으로 해석하고 그걸 다시 개념화함으로써 자신의 궤변과 위장된 가장언어의 논리를 입증시키고자 시도하며, 자신의 요구를 받아들이도록 만들기 위해서 반복이라는 수사적 기법을 동원한다. 그가 반복의 기법을 즐겨 사용하는 것은 하와가 그의 말을 믿도록 만들기 위해서다. 같은 개념의 말을 자꾸 되풀이 하면 마치 최면에 걸린 듯 비판 능력을 잃게 되고 그 결과 결국 그가 던지는 낚시 밥에 걸려들고 만다.

   실제로 사탄이 하와를 유혹할 때, 그녀는 그의 언어에서 어떤 모순점도 눈치 채지 못했을 뿐만 아니라 그가 내리는 개념의 정의에 대해 조금의 의심도 품지 않는다. 이렇게 해서 그녀는 넘어가게 된다. 이렇게 타락하면서 그들의 언어도 타락하는 것이다. 다음과 같이 내뱉는 아담의 말을 보면 그 언어가 타락되어 있음을 즉각적으로 알 수 있다.

> ··· 이 여인은 나의
> 내조자로 만드시어, 비길 데 없이 훌륭하고
> 적합하고 만족스럽고 거룩하고 완전한 선물로서
> 주어진 것이었기에, 그 손에서 어떤 악도
> 의심할 수 없었고, 그녀가 하는 일이 어떤 것이건

그녀가 행함으로써 올바르게 되는 것같이 생각되어,
그녀가 그 나무의 열매를 주기에 그것을
먹는 것이 좋을 듯싶어서 먹었나이다. (*PL.*, 10. 137-143)

위의 말은 금단의 과일을 먹고 타락한 즉후 성자로 분한 하나님이 찾아와서 어찌하여 그것을 먹게 되었느냐고 묻는 질문에 대한 대답이다. 여기서 보는 바와 같이 아담은 하나님보다 아내를 더 사랑하는 나머지 아내가 주는 과일을 자의로 받아먹은 죄는 가리고 교묘히 자기가 한 선택에 대한 언급을 피하는 말장난을 하면서 자신의 거짓말을 믿게 하려고 진실과 거짓을 섞은 말을 한다. 뿐만 아니라 말로써 죄의 책임을 내조자인 하와에게로 전가한다. 심지어 하나님이 준 선물인 하와를 탓함으로써 하나님에게도 죄의 책임이 있다는 식으로 죄의 책임을 떠넘기는 것이다. 타락 이후 아담의 언어가 달라진 것은 언어를 원망하고 죄를 떠넘기고 회피하며 이기적인 구실로 기만하는데 사용한다는 것이다. 직관적이고 순수하던 품성은 살아지고 따라서 언어도 마찬가지로 그렇게 타락해졌다. 하와의 변명은 아담의 변명보다는 덜 수다스럽지만 그녀도 자신의 죄와 허영과 야망을 인정하지 않고 뱀 때문에 사단이 났다고 죄의 책임을 뱀에게 전가한다(*PL.*, 10. 162).[62]

타락한 인간의 언어도 사탄의 어법을 본 딴 가장언어로 바뀌었을 뿐 아니라 명쾌하지도 아니하고 불확실하며 허위적인 것으로 변질되었다. 하와의 문제점은 사탄이 그녀를 타락시키기 위해 모순 어법, 잘못된 추론, 의미상 일관성이 없는 말 등을 사용하였는데도 전혀 의문도 품지 않았을 뿐 아니라, 남편과 한 마디의 상의도 하지 않은 것은 문제다. 사탄은 하와로부터 단 한 번의 지적인 저항이나 도전도 받지 않은 채 그녀를 유혹하는 데 성공한다. 그녀의 이런 불행은 단지 자신에게서 끝나는 것이 아니라 사탄의 주장을 자신의

---

[62] 최재헌, 91-91 참조.

입으로 되풀이하며 그것을 행동으로 실행하는 단계 즉, 신이 금지한 금단의 열매를 따먹을 뿐만 아니라 남편인 아담에게도 주어서 먹게 만드는 단계에까지 나아가게 된다. 이렇게 해서 사탄은 인간을 타락하게 만드는 데 이런 사탄의 일차적 승리는 바로 수사적 승리라고 할 수 있다.

### 3) 회복언어

하나님의 형상으로 창조된 죄 없던 인간이 하나님의 명령을 어기는 '불순종'으로 인하여 타락하게 되고 그 형상이 뭉개져 버리고 만다. 이 '불순종'은 인간의 자의에 의한 것이라기보다는 사탄의 기만적인 수사에 미혹 당한 데서 기인된다. 그런 점에서 그 주된 책임을 유혹자인 사탄에게 있다고 할 수 있다. 그러나 신(信)과 불신, 순종과 불순종에 대한 선택은 인간 자신의 결정에 달린 것이지 어느 타자에 의한 것이 절대 아니다. 그런 점에서, 타락의 근본적인 책임은 자유의지를 스스로 행사한 인간 자신이 질 수밖에 없다. 그것은 머스타자가 설명한대로 어떤 설득이 이루어질 때, 그것은 엄밀한 의미에서 외적인 간섭의 결과가 아니라 개인의 내부에서 일어나는 '자기설득'(self-persuasion)일 수밖에 없기 때문이다.63) 또한 여기서 이루어지는 사탄의 유혹은 불완전한 인간의 내적인 상태를 묵시하는 외적인 상징으로 볼 수 있다는 점에서, 유혹의 목소리는 사탄으로 대변되는 외부 세계가 아닌 인간의 내부에 존재하는 것이라 할 수 있기 때문에, 타락의 본질적인 책임은 인간에게 있으며, 타락의 결과 인간에게 주어지는 고통과 죽음의 형벌 또한 당연히 인간이 감당할 수밖에 없다.

인간의 존재상황과 양태가 달라지면 사용되는 언어도 달라질 수밖에 없다. 따라서 인간이 타락하면 그들의 언어도 타락하게 된다.

---

63) Mustazza, 15.

타락의 결과 입는 인간의 손상은 극심하고 근원적이어서 하나님의 '도우심'(help) 곧 '은총'(grace) 없이 그 영향을 극복할 수가 없다. 그 도우심은 성육신으로 오셔서 십자가에서 죽으시고 부활하신 그리스도를 구속주로 받아들이고 그를 믿는 신앙과 회개를 통해서 나타난다. 아담은 참회와 그리스도를 구속주로 영접하는 신앙을 통해 온전한 것은 아니지만 어느 정도 회복되고 그 결과 언어도 회복된다. 그것은 타락했을 때 사용한 언어와 회복된 이후 사용한 말을 대조해 보면 인간의 회복과 더불어 그들의 언어도 회복되어졌다는 것을 알게 된다.

『실낙원』 제10편 제720행 "아, 행복에 뒤따른 비참이여!"로 시작되어 타락 이후의 아담의 독백이 길게 이어지는데, 그 가운데서 하와를 '악녀'(that bad woman, *PL.*, 10. 837)라고 부르며 그녀가 다가올 때 '너 뱀'(thou Serpent, *PL.*, 10. 867)라고 외친다. 자기 부인을 '악녀'니 '뱀'이니 하는 것은 타락하지 않고서는 쓸 수 없는 아주 악질적인 언사다. 타락 이전에는 그렇게도 금슬이 좋던 아담과 하와는 타락하자마자 책임을 전가하며 서로 상대를 헐뜯고 비난하는 모양으로 바뀌어 저질스러워진다. 그러나 하와가 아담을 먼저 유혹했듯이 진정한 회개에 앞서는 화해와 용서의 첫 단추를 푼다. 이는 참으로 아이러니컬하지만 의미심장하다 아니 할 수 없다.64) 몸과 고개를 돌리는 아담을 거침없이 눈물 흘리며 흐트러진 머리로 그의 발아래 낮게 엎드려, 그 발을 끌어안고 평화를 구하며 '나를버리지 마소서'하고 애원하며 용서를 비는 말에, 아담은 이내 "무장을 푼 사람처럼 노여움을 모두 잊고"(*PL.*, 10. 945) "부드러운 말로"(*PL.*, 10. 946) 그녀를 달래며 격려한다. 이렇데 밀턴이 그의 저서『그리스도교 교리론』에서 제시한 회개의 다섯 단계를 거치며 아담은 회복된다. 그 이후 아담은 하와를 '악녀'니 '뱀'이니 하는 호칭

---

64) B. Rajan, *Paradise Lost & the Seventeenth Century Reader* (London : Chatto & Windus, 1947), 77.

으로 부르질 않고 전과 다름없이 그녀의 품격에 어울리는 정당한 호칭으로 부르는 것을 볼 수 있다. 이것이 곧 회복과 함께 언어도 회복되어신다는 사실을 입증해준다.

> 그러니 그대는 행복해지리라. 정당 할 손
> 그 이름 하와, 인류의 어머니, 온갖 생물의
> 어머니, 그대로 하여 인간은 살게 되고
> 만물은 모두 인간을 위해 살게 되리라.(*PL*., 11. 158-161)

이렇게 볼 때, 아담의 타락 전의 언어가 어느 정도 회복된 것을 알 수 있다. 그러나 회복된 언어는 타락 이후 사용되었던 언어의 '함축적 애매성'(connotative ambiguity)에서는 벗어나지만 에덴에서 사용했던 언어와는 같을 수가 없다.65) 인간의 회복은 존재만 변화시키는 것이 아니라 언어까지도 변화시킨다. 따라서 그들의 회복된 언어는 타락 이전과 동일하게 선한 도구로 사용되며 올바른 이성을 행사하는데 있어서 보조수단으로 사용되게 된다. 미카엘의 메시아에 대한 설명을 듣고 기쁨과 감사를 표명하며 행복하게 대답하는 말에서 타락 이전의 순수했던 언어의 흔적을 볼 수 있다.

> 아, 무한한 선, 끝없는 선이시여!
> 이 모든 선을 악에서 나오게 하고, 악을
> 선으로 바꾸시다니— 창조에 의해 비로소
> 어둠에서 빛을 가져오게 했던 것보다
> 더 신기하도다! 이제 나는 어찌할까, 내가 범하고
> 내가 초래한 죄를 회개할 것인가, 혹은 거기서
> 더욱 많은 선이 솟아나올 것을 더 기뻐할 것인가.

---

65) Robert L. Entzimibger, *Divine Word : Milton and the Redemption of Language* (Pittsburgh : Duquesne UP., 1985), 106.

하나님께서는 더 많은 영광이, 인간에게는
하나님의 더 많은 은혜가, 그리고 노여움 위엔
자비가 충만하리라. (PL., 12. 469-478)

  악을 선으로, 죽음을 생명으로, 불행을 행복으로, 슬픔을 기쁨으로 역전시키는 하나님의 그 반전의 능력으로 인하여 사탄은 승리의 절정에서 비참하게 된다는 아담의 언표는 참 진리로서 꾸밈도 허풍도 없는 진실 된 말이다. 타락했을 때는 감사는커녕 저주하고 원망하며 거짓만 일삼는 기만과 가장된 언어만 썼지만, 죄와 죽음에서 자유하게 되고 그 존재가 새로워지자, 그 언어도 전환되어 허구와 악의 도구가 아닌 진리와 선의 도구로 사용되기에 이른다. 다음과 같은 시구를 보면 그런 사실을 확인할 수가 있다.

나는 이제 알았나이다. 복종하는 것이 최선임을,
또한 두려운 마음으로 오직 한 분이신
하나님을 사랑하고, 그 앞에 있는 듯이 걷고,
그 섭리를 항상 지키고, 모든 성업에
자비로우신 그분에게만 의존하고 선으로써 항상
악을 정복하고 작은 일로써 큰일을 성취하고,
약하게 보이는 것으로써 세상의 강한 것을,
어리석은 유순으로써 세상의 슬기로운 것을
뒤집어놓는다는 것을, 더구나 진리를 위한
수난은 최고의 승리에 이르는 불굴의 정신이고,
믿는 자에겐 죽음이 생명의 문이라는 것을.
영원히 축복받는 나의 구세주라고 지금 내가
인정하는 그분의 모범에서 이것을 배웠나이다."
(PL., 12. 561-573)

타락했을 때는 수다스럽고 어리석은 말을 많이 했는데, 언어가 회복되자 그들의 입에서는 선하고 지혜로운 말만 흘러나온다. 현대인들이 말이 거칠고 난폭하며 저질스러운 것은 죄악에 물들어 타락의 수렁에 빠져 있기 때문이다. 이런 타락에서 구원 받아야 언어도 선의 도구로 전환될 수 있다. 그런데 그런 역전을 시도해서 저주를 뒤집어 줄 수 있는 존재는 하나님 한 분뿐이다. 아담과 하와는 하나님의 은총을 힘입어 저주스러운 타락으로부터 축복의 자리로 옮겨지게 된다. 그러면서 그들의 언어도 '덕스러움'과 '지혜'를 드러내는 언어로 전환된다. 사탄이 인간의 언어를 타락시켜 아담이 자손에게 물려줌으로써 언어를 악의 도구로 만들었지만, 성자를 통해 사탄을 물리치고 승리한 하나님은 한층 더 풍부한 새로운 차원의 언어를 유산으로 물려주었다. 이제 인간은 타락 이전의 직관적인 인식능력과 순수성, 유창한 언어능력을 완전히 회복할 수는 없지만 신실하게 회개하고 그리스도를 구속주로 영접해서 신뢰하면 그 그리스도가 언어도 구원해 주실 것이다.

## 2. 문체

『실낙원』을 서사시 또는 영웅시라 한다. 서사시를 일명 영웅시라고 하는 것은 본디 전쟁과 낭만, 그리고 신화적인 영웅들이나 왕들의 위대한 업적을 칭송하는 데에서 기인되었기 때문이다. 송시 중에서도 가장 방대한 스케일과 장중한 문체로 씌여지는 것이 서사시다. 밀턴의 시에서 보는 바와 같이, 서사시인들은 신적인 영감과 비전으로써 위대한 사상, 고양된 감정을 격조 높은 비유와 장엄한 시어, 장중문체에 담아서 노래하는 것을 소명으로 생각하였다. 즉 그들은 시인을 신의 위대한 신댁된 사람으로 생각하는 동시에 격조 높은 노래로 신의 섭리를 어리석은 민중들에게 전달하는 사람이 시인이라는 자긍심과 사명감을 가지고 있었다.

서사 시인들의 문체의 공통적인 특징은 서사시가 읽히는 시가 아닌 낭송을 목적으로 한 시이기 때문에 시각적 이미지보다는 장중한 리듬을 중요시 한다는 것이다. 그래서 일상회화체의 간결한 문장으로 씌여지질 않고 주로 많은 수식어와 수식절에 의한 장황한 문장으로 씌여졌다. 그래서 한 문장이 20여 행에 걸치는 복합문의 경우가 보통이고, 시어의 선정에 있어서도 고어나 일상생활에서 벗어난 비일상어(非日常語), 낯선 고유명사가 나열되어 있음을 보는데, 그것은 시인이 인간의 차원을 넘어서는 주제를 다루기 위해 영감에 의존하기 때문에 그가 쓰는 시어 자체도 일상적인 언어차원을 넘어설 수밖에 없다고 한다.66) 그러한 시어들은 장엄하고, 원대하고, 기이하고, 초월적이고, 의례적인 감을 주어 독자의 감정을 고양시켜준다.67)

특히 밀턴의 문체는 지금까지 산문에서나 운문에서나 별반 시도해 본 일이 없는 새롭고 독특한 문체다. 그러나 그것은 그의 독창이라기보다는 베르길리우스에게서 배운 것이라고 하는 것이 타당할 것이다. 첫째로 그는 영어를 라틴어의 양식에 따라 개조하였다. 라틴어와 영어의 근본적인 차이는 문법적인 것이었기 때문에 그는 라틴 문법을 채용하였고, 어순도 영어의 어순보다는 라틴어의 어순이 보다 다양해서 경이와 즐거움을 주는데 더 효과적이라 생각하여 라틴어의 어순을 보다 많이 쓰고 있음을 본다. 그것은 그의 길고 함축적인 문장을 구성하는데 크게 도움이 되었고, 그의 문체를 대할 때 기이한(exotic) 느낌을 주는 것도 그것 때문이라고 생각한다. 밀턴은 또한 시의 운율을 높이고 시와 산문의 차이를 뚜렷이 하기 위해

---

66) Francis C. Blessington, *Paradise Lost : Ideal and Tragic Epic* (Boston : G. K. Hall, 1988), 104.
67) 존 밀턴 지음 『실락원·장사 삼손』, 이창배 옮김 (서울 : 동국대학교 출판부, 2000), 14-15.

많은 외래어를 사용하였다. 외래어는 언어를 숭고하게 끌어올려 시적인 변화를 줄 수 있다. 밀턴이 사용한 외래어의 실례로서 애디슨은 다음과 같은 시구를 들었다.

> 그들은 지금 자신들이 처한
> 참상을 보고서 심한 고통을 못 느끼는바 아니나
> 즉시 대왕의 명령에 따른다.
> Nor did they not perceive the evil plight
> In which they were, or the fierce pains not feel,
> Yet to their General's voice they soon obeyed.
> (*PL*., 1. 335-337)

위에서 보는 바와 같이, '못 ~바 아니나'(Nor did they not)라는 라틴어법을 가져다가 쓴 경우로서 이질감과 동시에 숭엄감을 준다.

> 누가 적당할 것 같소? 누가 방랑의 길 떠나,
> 저 어둡고 밑 없는 무한의 심연을 탐색하여
> 손으로 만져질 것처럼 짙은 어둠 속에서 낯선 길을
> 찾아낼 것이며, 또 지치지 않는 날개에 실려
> 광막한 심연을 넘어, 가볍게 하늘을
> 날아 저 행복의 섬에
> 다다를 것인가.

> Who shall tempt with wand'ring feet
> The dark, unbottomed, infinite abyss
> And through the palpable obscure find out
> His uncouth way, or spread his airy flight
> Upborne with indefatigable wings

Over the vast Abrupt, ere he arrive
The happy isle. (*PL*., 2. 404-410)

외래어 사용에 있어서 보는 바와 같이, 현저하게 눈에 띄는 것은 '형용사'를 명사 뒤에 두는 것과 '형용사'를 '명사'로 사용하는 것 등이다. 위에 인용한 시구에서는 '형용사'를 '명사' 뒤에 둔 경우는 찾아 볼 수 없지만 다른 곳에서는 많이 찾아볼 수가 있다. 그러나 '형용사'를 '명사'로 대신 사용한 경우의 예는 여기서 찾아볼 수 있다. 예를 들면 '어둠침침한'(obscure)이라는 '형용사'를 '어둠'(darkness)이라는 '명사' 대신 사용한 것이나 '가파른'(abrupt)이라는 '형용사'를 '심연'(abyss)이라는 '명사' 대신 사용한 것 같은 경우가 그렇다. 그리고 속악(俗惡)한 말을 피하기 위하여 밀턴은 말을 바꾸고 보통 알수 없는 고유명사 같은 것을 많이 사용한 것도 간과할 수 없다. 그 뿐인가? 단어를 사용할 때에는 대부분 일반적인 함축의미로 사용하질 않고 원의미로 사용했는데, 이런 독특한 시어의 사용은 대시인의 손을 거쳐 특별한 효과를 주고 있다. 가령 위의 예에서 '댐드'(tempt)는 '유혹하다'라는 뜻이 아니라 라틴어의 원뜻인 '시도하다'(attempt)라는 뜻으로 사용되었다. 이것이 모두 베르길리우스에게 받은 영향이라 할 수 있다. 하긴 당시 가장 혁명적인 시형으로 간주하여 논란의 대상이 되었던 '무운시'(Blank Verse)만 해도 베르길리우스의 영향이 있었기에 그는 그렇게 대담하게 사용할 수 있었다.

이외에도 호메로스풍의 비유(Homeric simile)가 매우 정교하게 채용된 점도 지나쳐 버릴 수 없는 것 중의 하나다. 때로는 비유의 대상마저도 호메로스나 베르길리우스의 작품으로부터 차용한 것도 있다. 지옥을 나르는 사탄을 바다 멀리 떠가는 한척의 함대에 비유한 예는 호메로스풍의 비유로서 유명하다.

한편 하나님과 인간의 대적인

사탄은 어마어마한 계획에 불붙어,
빠른 날개를 타고 지옥문을 향해
홀로 날아서 탐색해 나아간다. 때로는
오른편 연안(沿岸)을, 때로는 왼쪽을 살피며,
날개를 평평히 하고서 심연을 스쳐 가다가는
다시 솟구쳐 높이 솟은 불의 궁륭에 이른다.
마치 일단의 상선들이 벵갈라로부터,
또는 상인들이 향료 가져오는
테르나테나 티도르의 섬들로부터 무역풍 받고
빽빽하게 범주하면서 바다 멀리 떠있어
구름에 걸려 있는 것처럼 아득히 보이듯이, 무역의
해로(海路) 따라 저 넓은 인도양을 지나 희망봉까지
남극을 향해 밤마다 힘써 거슬러 올라가듯이,
그처럼 날아가는 마왕은 아득히 보인다.

Mean while the adversary of God and man,
Satan with thoughts inflamed of highest design,
Puts on swift wings, and towards the gates of hell
Explores his solitary flight ; some times
He scours the right hand coast, some times the left,
Now shaves with level wing the deep, then soars
Up to the fiery concave towering high.
As when far off at sea a fleet descried
Hangs in the clouds, by equinoctial winds
Close sailing from Bengala, or the isles
Of Ternate and Tidore, whence merchants bring
Their spicy drugs : they on the trading flood
Through the wide Ethiopian to the Cape

Ply stemming nightly toward the pole. So seemed
Far off the flying fiend: (*PL*., 2. 629-43)

이 비유는 '~마치'로 시작해서 8행이 이어지며 함대 또는 거대한 상선(商船), 그것도 인도의 동북부의 주 벵갈라나 말레이 군도에 있는 유명한 향료의 섬 테르나테와 티도르로부터 향료를 싣고 저 넓은 인도양을 지나 희망봉에 이르기까지 남극을 항해하는 일단의 상선(함대)에다 사탄의 비행을 비교하는 장중하고 정교한 비유다. 그의 마음을 불태우는 그 어마어마한 계획은 희망에 부풀은 상선에 가득 싣고 오는 향료와 비교가 된다. 다음과 같은 예도 흔히 볼 수 있는 호메로스풍의 직유다.

풀밭이 새끼를 낳자, 이제 반쯤 나타난 것은
황갈색의 사자, 그 뒷부분을 빼내려고
발버둥치더니 곧 굴레를 벗은 듯 껑충 뛰어
일어나, 뒷발로 서서 얼룩진 갈기털을
흔들었다. 표범 · 삵괭이 · 범은 두더지가
일어나듯, 허물어진 흙을 자기 몸에
산처럼 쌓아올렸다.

The grassy clods now calved, now half appeared
The tawny lion, pawing to get free
His hinder parts, then springs as broke from bonds,
And rampant shakes his brinded mane; the ounce,
The libbard, and the tiger, as the mole
Rising, the crumbled earth above them threw
In hillocks. (*PL*., 7. 463-69)

"풀밭이 새끼를 낳자"라는 표현은 그리 쉽게 이해될 수 있는 표현이 아니다. 어류와 조류는 알에서 나왔지만 개구리, 지렁이, 벌레 등은 땅 속에서 창조되어 땅 위로 초목이 돋아 나오듯 나왔다고 생각하였다. 이러한 상상을 좀 더 확대해서 사자도 삵괭이도 범도 역시 그렇게 해서 나왔다고 한다. 초목들이 돋아나듯이 사자들도 그렇게 굴레를 벗은 듯 껑충 뛰어 일어나 뒷발로 서서 얼룩진 갈기 털을 흔들어댄다고 하는 비유는 그것이 참인지 아닌지는 둘째 치고 일단은 교묘하고 어떤 의미에서는 장중하기까지 하다. 표범이 두더지가 일어나듯 허물어진 흙을 산처럼 쌓아올리는 동작 묘사 같은 것은 전율을 느끼게 할 정도로 대단하다. 이런 비유를 호메로스풍의 직유 또는 서사적 직유라 한다. 서사시적 직유란 '매체'(媒體, vehicle)가 이것에 비유되는 원관념, 즉 '주의'(主意, tenor)와 특정한 유사점을 넘어서 발전하는, 격식을 갖춘 긴 직유를 일컫는다. 위의 인용문의 비유가 그런 서사시적 직유다. 그러나 밀턴은 자연스러운 언어로 표현할 수 있는 경우까지도 무시하고 은유나 비유를 사용하지는 않았다.

  호메로스 풍의 직유는 주제에서 벗어나 지리멸렬하거나 단순히 장식적인 것으로 머물지는 않는다. 그러나 밀턴이 취한 직유의 방법 중 하나는 호메로스가 전통적인 도해(traditional iconography) 사용 방법하고는 분명히 다르다는 것이다. 그 일례를 마귀의 상징으로 고래를 사용한 것 같은 것이다.

    이렇게 사탄은 바로 옆의 동료에게 말한다,
    머리를 물결 위에 내밀고, 불타는 눈을 번쩍번쩍
    빛내면서. 그 몸뚱이는 더구나 물결 위에 길고 넓게
    퍼진 채 둥둥 떠 있는데,
    그 넓이는 수천 평에 이르고, 그 몸의 크기는
    마치 옛 전설 속에 나오는 괴상망측하게 크다고 하는

조부와 싸운, 땅이 낳은 거신들, 티탄들과도 같고
백수신(百手神) 브리아로스나 혹은 그 옛날
다소 근처 동굴 속에 산 백두신 티폰과도 같으며,
저 바다의 짐승, 해류를 헤엄치는, 만물 중에서
가장 크게 하나님이 창조하신 리워야단과도 같다.
이 짐승이 어쩌다 노르웨이의 거품 이는 바다에
잠들 양이면, 해가 져 뱃길 잃은 어느 조각배의 사공이
웬 섬인 줄 알고— 뱃사람들이 말하듯—
가끔 그 비늘 돋친 가죽에 닻을 내리고
바람을 피하여 쉬었다고 한다, 어두움이
바다를 덮고 기다리는 아침이 더디 오는 동안.
이렇듯 마왕은 사슬에 묶여, 불타는 호수에
거대한 몸을 길게 뻗고 누운 채, 거기서 영영
일어나지도 머리를 치켜 올리지도 못했으리라,
만일 만물을 다스리는 하늘의 뜻과 높은 관용이
그로 하여금 음흉한 흉계를 자행토록 내버려 두시
않았다면. (*PL.*, 1. 192-214)

타락한 천사 사탄을 거신들이나 리워야단에다 비교하는 이미지는 가장 기억할 만한 서사시적 직유 또는 호메로스적인 직유라 할 수 있다. 밀턴은 '그 넓이는 수천 평'이라고 묘사하여 사탄을 거대한 괴물로 그리고 있다. 다시 말하면 옛 전설에 나오는 우라노스(하늘)와 가이아(땅) 사이에 태어난 거신들인 티탄, 우라노스와 가이아의 또 다른 아들인 브리아로스, 가이아의 막내아들로 킬리키아 지방의 동굴에서 살았다고 하는 백두사미의 괴물인 티톤 또는 성경에서는 고래로 표현되기도 하고(시 104 : 26) 악어로 표현되기도 하는(욥 41 : 15 ; 시 74 : 14) 거대한 해수 리워야단에다 사탄을 비유하고 있다. 엘리엇은 이 시구를 "이질적이고 혼란시키는"[68]라는 형용사로

특징지은 것은 비평적 오류가 아닌가 한다. 왜냐하면 리워야단 심볼은 유럽문학에 있어서 수백 년 동안 사탄과 밀접하게 관련되어 사용되어 오고 있기 때문이다. 이런 전통은 동물우화집이나 그 밖의 다른 곳에 널리 퍼져 있었고, 힐이 "악마는 고래였고 모든 사람은 그것을 알고 있었다"69)라고 말한 바와 같이 충분히 연구된 것이기도 했다.70)

  동물우화에 따르면, 리워야단은 뱃사람들을 유혹해서 겉보기에는 안전한 그 큰 몸집에 정박하게 하고는 그 다음엔 바다 밑으로 가라앉아 그들을 파멸시켰다고 한다. 사탄은 리워야단과 같이 이미 그의 동료천사들을 유혹해서 지옥으로 떨어뜨렸고, 현재나 미래에 있어서도 수많은 사람들을 유혹하고 속여서 멸망으로 이끄는 것이다. 성경에도 보면 사탄을 멸망으로 인도하는 자(벧전 5 : 8) 또는 죄로 이끄는 자(요 13 : 2)로 묘사되어 있다. 그 뿐 아니라 사탄은 허위의 선동자(행 5 : 3)로, 또는 살인자로 나타난다(요 13 : 27). 그러니까 리워야단 이미지는 거대하기는 해도 유혹자로 떨어진 사탄의 변신을 그려주는 적절한 비교라 할 수 있다. 이 서사시적 직유는 이 서사시의 문체가 지니고 있는 의식적 특징을 고양시켜 주고 있다. 이 직유의 원칙은 겉보기엔 전혀 유사한 점이 없는 사물 속에서 유사성을 찾아 비유하는 것이다. 이런 점에서 본다면 형이상학적 컨시트와 다를 바 없다고도 할 수 있다.

  서상한 바와 같이, 밀턴은 라틴어나 그리스어 혹은 히브리어의 양식에 따라 영어를 개조하였고, 어순도 영어의 어순보다는 라틴어의 어순을 더 많이 쓰고 있다. 그것은 그의 문장을 기이하게 만들어 주기도 하지만, 그의 길고 함축적인 문장을 구성 하는 데는 큰 도움이

---

68) T. S. Eliot, "Milton," *Proceedings of the British Academy* 33 (1947), 74-75.
69) D. M. Hill, "Satan on the Burning Lake," *N & Q* 201 (1965), 158.
70) C. S. Lewis, *The Discarded Image : An Introduction to Medieval and Renaissance Literature* (Cambridge : Cambridge UP., 1964), 150.

되기도 하였다. 고전의 전통을 모방하고 그 속에서 수많은 것을 차용하면서도 자기 나름대로 독특한 장중한 문체(grand style)를 창조하여 그 속에 숭고한 주제를 담을 수 있었다는 것은 서사 시인으로서의 그의 위대성을 입증해 주는 증표가 된다. 그러나 많은 비유의 대상을 고전작품에 착용하고 있기 때문에 우선 난삽하고 기괴해서 고전학자가 아니고서는 감히 읽어볼 엄두조차 낼 수 없다. 그러나 단색적인 성경의 주제를 고전의 깊은 맛을 가미해서 장대한 교향곡을 만들어냈다고 하는 점에서는 높이 평가하여야 한다. 이처럼 그는 인류문화의 두 원류인 헬레니즘과 헤브라이즘을 한 권의 서사시 속에 합류시켜 영롱한 빛을 발하게 하였다.

우리가 대연주회에서 어떤 교향악에 정신을 빼앗기듯이 『실낙원』을 읽을 때 우리는 그 장중한 음향적 효과와 연달은 이미지와 리듬에 휘말려 이에 끌려들게 된다. 그래서 C. S. 루이스는 밀턴의 시를 읽을 때 우리 독자들은 오르간이고 밀턴은 오르간 연주자인 듯한 느낌을 받는다고 하였다.71) 일상성과는 거리가 먼 신비롭고 장대한 이미지들이 연결되고 그 이미지들을 끌고 가는 리듬으로 말미암아 독자들은 서사시 특유의 고양된 장중한 감동을 받게 된다. 이런 특성 때문에 밀턴의 서사시는 구체성이 결여된 추상적인 '비전의 음악'이 될 수가 있다. 그것을 단점이라고 하는 평자들도 있지만 초경험 세계를 다룬 작품의 주제가 요구하는 필연적인 결과이므로 단점인 듯한 장점, 부조화 속의 조화로 이루어지는 교향곡과 같은 시라 할 수 있다.

가령 천국에서 그리스도의 군대인 선천사들과 사탄의 군대인 악천사들 간의 싸움장면이라든지, 지옥에서 마왕 사탄이 타락 천사들을 모아 놓고 천국 탈환의 모의를 하는 장면이라든지, 또는 에덴동산에서 아담과 하와가 갖는 그 지복한 환경과 거기서 이루어지는 이상적인 생활 등과 같은 세계를 어떤 방법을 구사할 때 가장 효과

---

71) 위 책, 16-17.

적으로 묘사해 낼 수가 있을까? 그것은 흔히 일반 시인들이 사용하는 그런 시각적 이미지나 구체적인 성격 및 장면묘사 같은 것만으로는 불가능하고, 관악기와 현악기와 같은 모든 악기들을 통틀어서 만들어 내는 교향곡과 같이 이질적인 여러 요소들을 다 동원해서 하나의 장중한 조음을 만들어 낼 때 비로소 가능하다고 생각한다. 밀턴이 구사한 시법이 바로 그런 방법인 것이다. 『실낙원』은 이런 우주 교향악이라 할 수 있다.

# V. 『실낙원』은 비극인가?

『실낙원』은 형식이나 장르로 보면 극작품이 아니라 서사시다. 그러나 '카테고리'(category)의 관점에서 보면 '서사적 비극'(epic tragedy)이라 할 수 있다. 그것은 서사시적 비극의 전형적인 소설이라 할 수 있는 허먼 멜빌(Herman Melville)의 『백경』(*Moby Dick*)과 토머스 하디(Thomas Hardy)의 『테스』(*Tess of the D'urberviles*)를 보면 입증이 된다. 두 작품은 장르로 보면 소설들이지만 그 속에 내재하는 '카테고리'로 보면 비극 작품이라는 것을 알 수 있다72). 만일 『실낙원』을 카테고리로 볼 때 비극작품이라고 할 수 있으려면, 우선 이 작품을 구성하는 플롯이나 중요한 인물들, 그리고 비극적 효과라고 일컫는 카타르시스 등이 비극작품의 구성요소에 부합되는지를 살펴보아야 한다. 아리스토텔레스의 『시학』 속에 개진되어 있는 비극론을 중심으로 『실낙원』의 비극 가능성 여부를 살펴보겠다.

## 1. 플롯

아리스토텔레스는 비극의 구성 요소로, 플롯(plot), 성격(character), 대사(diction), 사고(thought), 시각적 요소(spectacle), 멜로디(melody) 등을 들고 있다. 그는 비극이 완전한 하나의 장르로서 특수한 자질을 성취하기 위해서는, 이들 구성 요소를 모두 갖추고 있어야 한다고 말한다. 하지만 아리스토텔레스에 의하면, 이 가운데 가장 중요한 것은 '사건의 배열', 즉 '플롯'이다. 이 때 '플롯'은 우연

---

72) Northrop Frye, *Anatomy of Criticism : Four Essays* (Princeton : Princeton UP, 1973), 162 ; Richard Sewall, The Vision of Tragedy (New Haven : Yale UP, 1980), 85 참조바람.

에 의해 지배되는 것이어서는 안 되고, 시초와 중간과 종말이 자연스럽게 필연성에 의해 연결되는 하나의 전체적이고 완결된 행위를 취급하시 잃으면 안 된다는 것이다. 그래야만 작품은 유기적인 통일성을 지닌 생물과도 같아질 것이며, 고유한 쾌감도 산출할 수 있다고 한다.

아리스토텔레스는 이 '플롯'을 '단순 플롯'과 '복합 플롯'으로 나누어 설명한다. 그리고 이 가운데 훌륭한 비극에 적합한 것은 '단순 플롯'이 아니라, '복합 플롯'이라고 하였다. 연속적이고 통일된 행동이 '급전'(reversal)이나 '발견'(discovery) 없이 운명의 변화를 일으킬 때 이를 '단순 플롯'이라고 하지만, 그 두 가지가 함께 운명의 변화를 일으킬 때 이를 '복합 플롯'이라고 부른다.

여기서 '급전'이란 말 그대로 '상황이 갑자기 바뀌어 버리는 것'을 말하며, '발견'은 '무지의 상태에서 인식의 상태로 변화하는 것'을 가리킨다. 좀 더 구체적으로 살피면, '급전'은 연극의 행동 중에 사태가 역전되어 운명의 변화를 일으키는 것을 말한다. '단순플롯'에서는 주인공의 운명이 행복에서 불행으로 직접 바뀌거나 그 반대가 된다. '복합플롯'에서는 어떤 발견의 요소가 운명의 변화를 직접적으로 이끌게 되는 절정이나 전환점이 있는데, 그런 것을 '급전'이라 부른다. '급전'의 가장 효과적인 형태는 어떤 사실의 '발견'과 함께 정확한 우연의 일치를 이루는 것이다. '급전'은 종종 행위자 의도의 역전, 즉 주인공 행동의 결과가 그가 의도한 바와 반대되는 경우를 의미하는 것으로 해석된다. 그리고 사건을 이끌어가는 플롯은 주로 갈등과 투쟁이라는 요소로 구성되어 있다. 갈등이 없으면 얽어 짤 것이 못된다. 갈등은 적어도 두 가닥의 서로 대결하는 세력 사이에 벌어지므로 서로 주고 받는 인과관계가 있을 수 밖에 없다.

한편 플롯에는 '급전'과 '발견' 외에 '수난'이라는 세 번째 요소가 있다는 것도 알아두어야 한다. 이 때 수난의 사건은 무대 위에서의 죽음, 격심한 고통의 장면, 상해 등의 파괴적이고 고통스러운 행동에서 초래된다. 말 그대로 이것은 격정에서 비롯된 여러 가지 고난을 일컫는 것이다.

'플롯'으로 볼 때 『실낙원』에는 여러 장면에서 이런 '급전'과 '발견'이 일어나는 것을 볼 수 있다. 그 중에서도 아담과 하와의 타락하기 이전의 사랑과 타락한 이후의 사랑에 급전이 일어나는 것을 볼 수 있다. 이런 급전으로 인해서 행복의 상태에서 죄와 불행의 상태로 급락하게 된다. 한 장면만 여기서 예로 들어 보겠다. 하와가 선악을 알게 하는 과실을 따 먹은 것을 보고 사랑하는 하와 혼자 죽으면 이 황량한 세상에 홀로 남아 어찌 살 수 있겠는지 싶어 그녀와 같이 타락하기로 결심하고 선악을 알게 하는 실과를 먹는다. 그걸 먹으면 죽는다는 것을 알면서도 먹는 것은 아내에 대한 과도한 사랑이었다. 사실상 이런 결단에 대하여 그는 하와의 감사와 사랑을 기대했으나 오히려 타락하게 된 원인을 아담에게 떠넘기는 하와의 책임전가를 보면서 아담은 이렇게 말을 한다.

> 이것이 그대의 사랑이고 이것이 내 사랑에 대한
> 보답인가. 배은망덕한 하와여! 내가 아니라 그대가
> 타락했을 때 불변의 사랑을 확언했고 살아서
> 영원한 행복을 누릴 수 있으나 자진하여
> 그대와 함께 죽기로 작정한 나에게. 그런데도
> 타락의 원인이 내게 있다고 비난받아야 하다니.
> 내가 마음 약해서 엄하게 거절하지 못했다고?
> (*PL.*, 9. 1163-69)

에덴낙원에서 더없이 행복하고 사랑하던 그들이 타락을 거치면서 그 상황이 급전하여 불행과 미움으로 전락되고 서로 시비하며 헐뜯고 책임을 전가하는 갈등과 투쟁을 통하여 비극적인 상황으로 역전하게 된다. 이때부터 불행과 고통은 줄곧 이어지고 마침내 에덴낙원에서 추방당하게 되는 것이다. '급전'과 '발견' 즉 '알아차림'이라는 점에서 본다면 구원의 희망을 갖고 떠나기는 하지만 『실낙원』은 비극정신을 담고 있는 서사적 비극이라 할 수 있다.

또 발견의 경우도 여러 곳에서 찾아 볼 수 있다. 그 중에서도 진정한 발견은 아담과 하와가 타락하고 나서 도달한 인식 곧 '알아차림'이라 할 수 있다. 타락한 즉후 그들은 감각적이고 성적인 쾌락이 크게 증진되었다고 믿었으나, 그것은 잠깐 동안의 착각이었을 뿐 얻은 것은 아무것도 없으며 그들이 가지고 있던 모든 선과 의를 다 잃어버렸다는 것을 깨닫게 된다. 아담이 잘못을 뉘우치고 후회하는 장면을 제9편 끝에서 발견할 수 있다. 이것이 아담의 발견이요 인식이요 깨달음이었다.

> ··· 그대가 완전해서
> 어떤 악도 감히 유혹하지 못할 것으로
> 너무 과찬한 것이 어쩌면 나의
> 잘못이었는지 모르오. 그러나 나는
> 그 잘못을 후회하오. 그것을 내 죄라 하여
> 그대는 나를 책망하는 것이오. 대체
> 여자의 가치를 과신하여 여자의 의사에
> 권리를 맡기는 자는 이런 일 당하여
> 마땅하오. (*PL.*, 9. 1076-84)

약한 여성에 대한 과찬과 여자를 과신하여 그의 의사에 권리를 맡긴 것이 잘못이라는 것을 아담은 깨닫고 알아차린다. 이런 플롯을 놓고 볼 때 『실낙원』은 순수 비극은 아니지만 '복합플롯'으로 이루어진 '서사적 비극'이라는 데는 누구도 반대하지 않을 것이다.

## 2. 인물

인물(character)을 성격이라 할 때도 있다. 좀 더 정화하게 말하자면 인물은 외부에서의 관찰의 대상이고, 성격은 그 인물의 내적 속성이라 할 수 있다. 성격은 주로 소설이나 희곡 같은 이야기문학의 요소로 생각되지만 엄격한 의미에 있어서는 모든 문학작품에 필수불가결한 요소이다. 앞서 말한 행위와 인물은 아무런 관계가 없는 것이 아니다. 인물의 성격에서 행위가 나오고 행위는 성격을 암시한다는 의미에서 인물과 행위는 유기적으로 잘 얽어 짜질 때 좋은 작품이 되는 것이다.

위에서 언급한 플롯을 이루는 여러 가지 행동을 수행하는 자가 바로 성격 곧 인물이다. 우리는 인물하면 사람을 떠올리지만, 어떤 작품에서는 동물, 로봇, 그리고 그 밖에도 사람이 아닌 것들이 등장하기도 한다. 그리고 한 무리의 사람들이 단일인물로 행동하는 것도 가능하기 때문에 등장인물을 개인에 국한시킬 필요는 없다

어떤 인물을 설정하는가에 따라 작품 전체의 성격과 방향이 달라지므로 인물의 중요성은 아주 크다. 작중 인물이 반드시 사람이어야 할 필요는 없다고 이미 언급한 바 있다. 우화는 흔히 동물들을 빌어 인물을 설정하며, 식물이나 무생물을 의인화해서 이야기를 엮어내는 경우도 있다. 그러나 사람 아닌 존재를 등장시키더라도 그들을 통해 표현되는 것은 사람의 체험과 행동 및 의식이다. 그런 뜻에서 모든 문학 작품은 언제나 사람살이의 문제를 다룬다고 할 수 있다.

인물의 유형은 여러 가지 방식으로 분류되는 데, 우선 성격의 변화 정도에 따라 평면적 성격(flat character)과 입체적 성격(round character)으로 나눌 수 있다. 전자는 성격이 일정하게 고정되어서 사건 진행에 따른 변화가 없는 예측 가능한 유형이고, 후자는 경험의 전개와 축적에 따라 성격이 달라지는 다양한 성격을 소유한 유형이다.73) 아브람스는 여기에다 일시적 등장인물(stock character)

를 첨가하는데, 이 유형의 인물은 어떤 이야기애서 일시적인 역할을 하는 인물로 한 가지 특징만을 지니고 있다.74) 이를테면 셰익스피어의 작품에 자주 등장하는 익살꾼 같은 인물이다.

작품 안에서의 역할 비중에 따라 중심적 인물과 부차적 인물의 구별도 가능하다. 작가와 독자의 주된 관심사는 우선 중심적 인물에 기울어지지만, 부차적 인물들의 역할과 의지 또한 가벼이 여길 수는 없다. 중심적 인물의 행위, 성격, 운명은 작중의 상황과 부차적 인물들에 부딪히면서 드러나기 때문이다. 작품의 규모가 클수록, 그리고 근대로 내려올수록 이 주변 인물들의 역할적 중요성은 확대되는 경향을 보인다.

인물들을 나누는 또 하나의 기준은 보통 사람들과 견주어 볼 때 그의 지혜와 능력이 뚜렷하게 우월한가, 비슷한가, 아니면 무척 낮은가 하는 점이다. 이 순서대로 본다면 영웅적 인물, 범상한 인물, 열등한 인물이라는 세 가지 모형이 설정될 수 있다. 모든 인물들을 셋 중의 어느 하나로 명확하게 분류하기는 어렵지만, 어떤 서사 양식이나 작품이 이 가운데서 어떤 인물형을 중심인물로 삼고 있는지를 살피면 이해에 커다란 도움을 얻을 수 있다. 어떤 문학이론가들은 기본적인 인물유형이 서사 전개과정에서 변화하는가, 그렇지 않는가에 따라서 등장인물들을 정적인 유형과 역동적인 유형으로 분류하려고 한다.

여러 기준에 따라 인물의 유형을 나누지만, 아리스토텔레스 『시학』 제2편에 의하면, 예술가는 행동을 하고 있는 인간을 모방하는데, 이때 이들 인간은 고귀하거나 저속하거나 둘 중의 하나여야 한다고 한다. 그러면서 그는 인간을 규범 이하의 저속한 인물로 그리는 것이 '희극'이며, 반대로 규범 이상으로 고귀한 인물을 그리고 있

---

73) Edward Morgan Foster, *Aspects of the Novel* (New York : Harcourt, Brace, Jovanovich, 1927), 103-18.
74) Meyer Howard Abrams, *A Glossary of Literary Terms* 4th ed. (New York : Holt, Rhinehart and Winston, 1981), 45.

는 것이 '비극'이라고 정의하고 있다.

아리스토텔레스에 의하면, 가장 이상적인 비극은 앞서 살펴본 것처럼 '급전'과 '발견'이 있는 복합 플롯으로 이루어져야 한다. 또한 반드시 공포와 연민을 불러일으키는 사건의 모방이어야만 한다. 그러므로 훌륭한 비극은 한없이 착한 인간의 행운에서 불행으로 떨어지는 것을 제시해서는 안 된다. 왜냐하면 이 경우에는 연민과 공포의 감정을 자아내는 것이 아니라, 오히려 반감을 일으키기 때문이다. 또 극악한 인간이 불행에서 행운으로 옮겨 가는 것도 안 된다. 이것은 비극이라고 할 수가 없기 때문이다. 게다가 그것은 우리의 일반적인 정서에도 어긋나며 연민과 공포를 자아낼 요소를 가지고 있지도 않다. 한편 악한이 행운에서 불행에 빠지는 경우는 인정에 어긋나지는 않지만, 연민과 공포를 일으키는 않는다. 왜냐하면 연민이란 부당하게 불행해지는 사람에 의해 유발되는 것이고, 공포란 그 불행에 부딪치는 사람들이 우리 자신과 같은 사람이라는 것을 인정할 수 있을 때 환기되는 것이기 때문이다. 그렇다면 과연 어떤 인물이 비극의 주인공으로 적합한 사람일까? 아리스토텔레스는 비극에 적합한 인물로 다음과 같은 사람을 제시하고 있다.

결국 남는 것은 양극단 사이의 사람이다. 미덕이나 정의감에 있어 완벽한 사람이 아니고 악덕이나 비행 때문에 불행에 빠지는 사람도 아니다. 그것은 오히려 잘못된 판단 때문에 어쩔 수 없이 그런 운명에 빠지는 사람이다. 이러한 인물은 또한 오이디푸스처럼 왕이나 귀족 출신이어야 하고 군인으로치면 장군 정도는 되어야 한다고 한다. 비극은 행운으로부터 불행으로의 변화를 그려 내는 것이다. 그런데 이러한 변화는 인물의 악행 때문이 아니라 커다란 판단 착오 때문에 생겨나는 것이어야 한다. 이 때 판단 착오란 '비극적 결함'(tragic flaw)이라고도 말해지는데, 이 때문에 주인공이 행운에서 불행으로의 운명 변화를 겪게 되는 것이다. 그리고 이러한 과정 속에서 연민과 공포가 발생한다. 위대한 인물이 어떤 실수 때문에 비참한 운명에 떨어지기 때문이다.

　비극적 주인공 또는 영웅은 보통 사람들보다는 우월한 사람이어야 하지만 도덕적으로 완벽한 사람이 아니라 어떤 '비극적 약점'(hamartia)을 갖고 있어서 그로 인해 타락하여 불행으로 끝나게 되는 인물이 아니면 안 된다. 원래 '하마르티아'(hamartia)는 동사형 '하말타노'(hamartano)에서 온 것으로 '죄'라는 뜻이다. 그런데 이 단어는 '과녁에서 화살이 벗어났다'(to miss the target)는 뜻의 '하말타노'(hamartano)에서 온 말이다. 궁수가 과녁을 명중하지 못하면 판정관은 '하말티아!'라고 소리쳤던 것이다. 이것은 원래 세 가지 차원에 적용이 되었다. 호메로스적(군사적)인 '하말티아'는 '과녁에서 화살이 벗어났다'을 것을 뜻하고, 바울적(종교적)인 '하말티아'는 '죄'를 뜻하며, 아리스토텔레스적인 '하말티아'는 '판단의 오류', '도덕적 결함' 또는 '성격의 결점' 등을 의미했다. 또한 종교적으로는 '자유의지의 남용'(abuse of free will)도 가리킨다.

　『실낙원』을 비극으로 볼 수 있는지를 보기 위해서 성격이 비극적인 인지를 살펴봐야 한다. 우선 인물 가운데 사탄(Satan)을 보면 하나님의 피조물로서 천사지만 천사들 중에서는 제일급은 아니지만 가장 찬란한 존재였고 그를 따르는 천사가 전체 천사들 중 삼분의 일이나 되었던 것으로 봐서 대단한 지위에 있었고 하나님을 위를 넘보는 교만으로 인해 타락해서 지옥의 마왕으로 전락하게 된다. 그 운명의 변화가 급전직하다.

　또한 아담(Adam)도 하나님의 최고의 창조물인 인간들의 대표자로서 아주 고귀하고 하나님의 가장 사랑을 받는 최고의 존재였으나 교만과 자유의지 남용을 통하여 전락하게 되고 급기야 에덴동산에서 추방당해 황막한 세상을 떠돌아다니는 방랑객이 되는 것이다. 아담과 하와는 공히 고전적인 비극의 주인공들처럼 각각 '성격상의 결함'(하마르티아) 때문에 타락한다.75) 루이스에 따르면 하와는 '자만심 가득한 분별없는 행동'이 하와를 넘어뜨리는 '결함'이 되었고, 아담은 '과도한 애정'(uxoriousness)과 '자만심'(pride)이라는 결합 때문에 넘어지게 되었다고 할 수 있다.76) 이런 비극적인 인물이 또 어디 있겠는가? 이런 의미에서 사탄이나 아담은 비극적 인물이 될 수도 있다. 그러나 진정한 비극적 주인공은 하나님의 아들이 사람의 아들로 세상에 태어나서 33세에 십자가에서 죽임을 당하신 예수 그리스도(Jesus Christ)라 할 수 있다. 그러나 그가 불행하게 된 것은 어떤 '비극적 과오'나 '판단의 오류' 때문이 아니라 죽음의 자리에 놓인 인류를 구원하기 위한 '선의' 곧 '하나님의 선한 뜻'(섭리) 때문이었다. 그러므로 예수 그리스도를 '속죄양'(scapegoat)으로서 '고난당하는 인물'(suffering hero)로 볼 수는 있어도 비극적인 주인공이라 하기에는 불합리하다.

## 3. 카타르시스

아리스토텔레스에 따르면, 시인은 연민(pity)과 공포(fear)를 불러일으켜서 이 상반되는 격앙된 감정으로부터 벗어나 평정의 상태로 돌아가는 카타르시스를 줄 수 있다고 한다. 카타르시스(catharsis)는 정화(淨化)를 뜻한다. '정화'를 뜻하는 '카타르시스'는 '비극이 주는 효과'를 가리키는 용어이다. 비극의 주인공들에게 닥치는 비극적 상황이나 절망 등은 관객이 그들의 불행에 대해 '연민'하도록 만든다. 또한 그러한 불행이 관객 자신에게 닥쳐올지도 모른다는 생각을 불러일으켜 '공포감'을 자아내기도 한다. 하지만 이렇게 연민과 공포를 자아내는 비극적 상황이나 절망의 재현은 현실 상황과는 달리 관객에게 '해방감' 및 '정서의 고양감'을 갖도

---

75) John M. Steadman, *Epic and Tragic Structure in Paradise Lost* (Chicago : U of Chicago P, 1976), 94.
76) C. S. Lewis, *A Preface to Paradise Lost* (New York : Oxford UP, 1961), 125-26.

록 한다. 그러므로 궁극적으로 비극은 연민과 공포의 감정을 통해 정서를 정화시켜 주는 것이다.

 헌데 문제는 어떻게 연민과 공포를 일으킬 수 있느냐 하는 것이다. 아리스토텔레스에 따르면, 만약 적들 사이에서 그런 행동이 일어난다면 그러한 행동의 수행이나 수행의 계획에는 수난 이외에는 아무런 연민의 정도 불러일으킬 수 없다고 한다. 또한 서로 아무 관계도 없는 사람들 사이에 그런 일이 일어나는 경우에도 마찬가지라는 것이다. 하지만 끊을 수 없는 애정의 유대가 돈독한 상황에서 비극적 사건이 일어난다면, 거기에는 연민을 불러일으키는 요소가 있다고 한다. 그렇다면 연민과 공포를 일으킬 수 있는 사건은, 유명한 비극이 흔히 그런 것처럼, '가족 사이'에서 일어나는 것이다. 예를 들어, '형이 아우를, 아들이 아버지를, 어머니가 아들을, 아들이 어머니를 죽이거나 죽이려 한다거나, 그와 비슷한 끔찍한 행동을 저지르는 경우'가 여기에 해당된다고 말할 수 있다. 무서운 사건이 가장 친밀한 관계인 부모 자식 간이나 형제간에 일어난다면 그것만큼 놀라운 것은 없을 것이다. 아리스토텔레스는 위와 같은 경우의 유형으로 다음과 같은 경우를 들고 있다.

 이러한 사건들은 작중 인물에 의해 고의적으로 의식적으로 행해질 수가 있다. 예컨대 에우리피데스가 메디아로 하여금 그녀의 아이들을 죽이게 하는 대목이 그것이다. 또 소포클레스의 『오이디푸스』처럼 자기의 행위가 얼마나 무서운 행위인지 모르고 행한 뒤에 나중에 가서야 친근 관계를 발견할 수도 있다. 여기에서 사건은 플롯 밖에서 행해지는 것이다. 세 번째 유형은 상대방과 자신과의 관계를 전혀 모르고서 살인 행위를 범하려던 사람이 그 행동을 옮기기 전에 상대방과의 관계를 알게 되는 경우이다. 아리스토텔레스는 이 가운데 세 번째 경우를 가장 효과적인 것이라고 말한다. 그러면서 『클레스폰테스』에서 메로페가 자신의 아들을 죽이려는 순간, 그가 자신의 아들임을 발견하고 죽이지 않는 경우를 예로 들고 있다.

지금까지 아리스토텔레스의 관점에서 비극의 요소에 대해 살펴보았다. 『실낙원』이 비극인지 아닌지를 가늠해 보기 위해서는 이 작품 속에 이런 요소들이 들어 있느냐하는 것을 짚어보는 것이 필요하다. 다시 말해서, 『실낙원』이 비극작품이 되려면, 비극의 중요한 구성 요소들인 플롯이나 성격 또는 인물 그리고 카타르시스의 효과와 같은 비극적 기준에 부합되어야 한다는 말이다. 물론 『실낙원』의 실제 주인공은 하나님 자신이라 할 수 있지만, 초월적인 존재를 주인공으로 등장시킬 수는 없다. 그런 의미에서 『실낙원』의 주요 인물은 하나님의 피조물인 사탄과 아담이라 할 수 있다. 엄격하게 말하자면 사탄도 반 초월적인 존재이므로 주인공이 될 수 없다. 그러나 사탄은 주인공은 아니지만 『실낙원』에 있어서는 하나님과 인간 사이에 놓인 마치 악한과도 같은 그런 악의 장본인이다.

우선 사탄이 타락하고 그의 사주를 받아 하와를 통해 아담은 타락한다. 그 결과 그 자신은 물론 그의 후손들에게 죄와 죽음의 참화를 가져다준다. 타락한 후 절망하는 아담의 모습 속에서 사탄과 비슷한 비극적 참담함을 느끼게 된다.

> 아, 행복에 뒤따른 비참이여! 이것이
> 이 영광스런 신세계의 끝이며, 최근까지만 해도
> 영광 중의 영광이던 나 자신이 이제
> 축복으로부터 저주받고, 전에는 바라보는 것이
> 행복의 극치였던 그분, 하나님의 얼굴에서
> 숨게 되었는가. (*PL.*, 10. 720-25)

이렇게 저주 받아 비참하게 된 비극적 실존 상황에서 구해 내시려는 아들의 희생을 통해 베풀어 주시는 하나님의 은총으로 말미암아 아담과 하와는 회개하는 동시에 죄를 고백하고 하나님과 화해를 이룬다. 이것이 신적인 변전이라 할 수 있다. 신적인 변전에 의해 시작되는 재생과 회복은 역사를 통해 계속된다.

이런 재생과 회복은 신적인 깨달음을 동반하게 되는데, 이를 통해서 예언적인 예지의 빛으로써 사탄의 지식에 대한 거짓된 약속과 죄로 인해서 일어나는 어두워진 지성에 대해 저항할 수 있게 된다. 그러나 결국 아담과 하와가 낙원에서 쫓겨나는 것을 보면서 '연민과 공포'를 느끼게 되지만 신의 섭리에 대한 미카엘의 이야기를 들음으로써 '슬프면서도 평화롭게'(*PL.*, 11. 115) 되는 것이다. 끊을 수 없는 애정의 유대가 토대가 된 상황에서 비극적 사건이 일어난다면, 거기에는 연민을 불러일으키는 요소가 있다고 한 바와 마찬가지로 하나님과 사탄 그리고 인간의 관계는 창조자와 피조자의 관계로 끊으려고 해도 끊을 수 없는 그런 관계다. 그런 관계 사이에서 불순종을 통한 배신이 생겨 타락하게 된다. 그래서 그들은 처참하게 몰락하게 되는 것이다. 이렇게 해서 불행은 시작된다. 그러나 그리스도의 구속적인 죽음을 통해 아담과 하와는 물론 우리도 '행복한 타락'(Felix Culpa)이라는 역설적 위로와 즐거움을 누리게 되는 것이다. 이것이 카타르시스다.

『실낙원』은 서상한 바와 같이, 장르로 보면 서사시지만 카테고리로 보면 서사적 비극이라 할 수 있다. 다른 말로 말하면 그리스도의 죽음이 우리에게 구원(위로)과 정화를 자져다 준다. 그런 의미에서 『실낙원』은 비극적 비전보다는 『신곡』이 갖는 희극적 비전이 더 강한 작품이다. 엄격하게 말한다면 기독교에는 비극이 성립되질 않는다. 비극이 희극으로 종결되는 것이 기독교 문학의 세계다. 기독교 서사시는 사실 비극으로 시작해서 신적인 희극 곧 신곡으로 끝나는 작품이다. 『실낙원』이 그런 기독교 서사시의 대표적인 작품이다.

# 제2부
# 존 밀턴의 기독교적 영성 문학세계

현대인들의 영적 고갈의 근본 원인은 하나님을 상실한 데서 비롯되었다고 하는 것이 서구적인 통념이다. 특히 칼 융과 같은 정신분석학자들에 따르면, 현대인들이 하나님 없는 사회에서 무료하고, 불안하게 살게 된 이유는 기독교가 현대인들에게 '하나님의 상'을 제대로 부각시키지 못했기 때문이라고 한다. 즉 현대인들이 요구하는 영적인 욕구를 채워 줄 만한 기독교적 영성이 제시되지 못했기 때문이라는 것이다.

여기서 문제가 되는 것이 기독교적 영성이다. 그러면 도대체 기독교적 영성이란 것이 무엇인가? 이에 대한 정의는 보는 관점에 따라 다양하게 표현될 수가 있다. 어떤 신학자는 기독교의 영성이해는 기독교의 진리 안에서 살아가는 기독교인의 삶 전반을 의미하는 것으로 보고 있다. 이는 기독교 영성이란 '하나님의 형상'(imago Dei)의 동태적 현상인 자기초월의 능력을 지닌 인간이 하나님, 인간, 자연과의 여러 가지 관계들 속에서 창출해내는 생동하는 삶의 체험현상과 그 창조적 힘으로 보는 입장이라 할 수 있다.

또 어떤 신학자는 영성이란 인간이 성령의 은총 안에서 그리스도와 일치를 도모하며 성부께로 향해 나아가는 삶이라고 보는가 하면, 또 다른 신학자는 영성은 우리 속에 이루어지는 어떤 성품이라기보다는 하나님과 교제하는 삶의 과정이요, 하나님의 성령의 역사로 이루어지는 하나님의 형상이요, 예수 그리스도와 함께 자기 십자가를 지고 고난 받는 형제자매들 속에 나아가 그들의 삶에 참여하고 그들을 구원하시는 하나님의 구원에 동참하게 하는 것이라 보기도 한다.

이런 견해들을 다 종합해 보면, 결국 영성이란 하나님을 섬기는 생명의 특질이라 할 수 있는 참 영성이신 예수 그리스도를 인간들이 본받아가는 삶이며, 공동체 속에서 실천되어지는 삶의 전반을 가리킨다고 할 수 있다. 즉 삼위일체이신 하나님과의 관계 아래에서 악과 더불어 싸우며 은총을 힘입어 하나님의 형상으로 변해가는 인간의 삶 전체를 가리킨다고 할 수 있을 것이다.

이렇게 볼 때, 존 밀턴의 기독교적 영성 문학세계를 탐구한다는 것은 밀턴의 말기 작품 속에 포괄적으로 형상화 되어 있는 밀턴의 신앙체험을 바탕으로 하는 영성 곧 삼위일체 하나님, 인간, 자연의 관계 안에서 이루어지는 역동적인 삶의 체험 현상 전반을 탐구해보는 것이다. 영성탐구의 목적은 이론이나 지식을 논하고 구하는 것이 아니라 이론적으로 검증된 진리를 삶의 현실에 적용해서 생동하는 삶을 살도록 독자들에게 그 삶의 방향성을 제시해 주는데 있다.

『실낙원』의 영성세계는 하나님의 창조로부터 시작된다. 만물 창조 가운데서도 특별한 창조는 인간이 하나님의 형상대로 만들어졌다는 것이다. 단적으로 말해서 창조된 인간은 절대 독립적인 존재가 아니라 하나님과의 관계 아래 있을 때에만 온존하고 행복할 수 있는 상대적이요 조건적인 존재다. 그런 존재가 하나님께서 바른 선택을 위해 주신 존귀한 선물인 자유의지를 남용하여 하나님의 선보다 사탄의 악에 더 끌려 하나님을 거역하므로 이 세상에 죽음과 슬픔 온갖 죄들이 들어와 불행하게 되었다. 그러나 하나님께서는 은총의 법을 세우셔서 외아들 예수 그리스도를 육신을 입고 이 땅에 오게 하셔서 죽을 죄인들을 위해 대신 속죄의 죽음을 죽게 하시고 그를 믿는 사람마다 구원을 얻고 영적인 죽음을 면하게 하시며 성령의 인도를 따라서 그리스도 본받아 사는 삶을 통해 성화된 하나님의 백성이 하나님 나라로 들어가 영화로운 하나님의 질서 속에 통합되게 하신다. 이것이 하나님의 섭리다. 이와 같이 창조, 죄와 타락, 구원, 완성으로 이어지는 우주 질서 가운데 간여하시는 하나님의 사역은 영원히 옳다는 것을 밀턴은 역설하고 있다. 이렇게 진정성 있는 신앙의 작가 밀턴이 모든 지상의 꿈을 다 털고 쓴 말기의 대표작품 『실낙원』이 갖는 영성세계다. 제2부에서는 존 밀턴의 기독교적 영성 문학세계를 섭렵하고 천착해보고자 한다.

# I. 하늘나라와 하나님

시간(time)과 공간(space)은 일반적으로 외부세계의 존재를 감지하고 그 구조를 파악함에 있어서 가장 기본적인 틀이 된다. 따라서 시간과 공간의 문제는 사실상 분리하여 다룰 수 있는 것이 못된다. 왜냐하면 "시간 없이 공간이 존재할 수 없고 공간 없이 시간이 존재 할 수 없기 때문이다."77) 실제로 인간의 삶은 시간과 공간의 결합 아래서 이루어지는 것이고, 의식의 전개 과정도 이 양자를 벗어날 수 없다. 그만큼 시간과 공간은 우리의 삶과 의식을 지배하게 된다.

마찬가지로 문학작품에 있어서도 시간과 공간은 그 작품의 기본적인 구조가 된다. 따라서 그 구조를 이해하는 것은 작품 전체를 이해하는데 있어서 중요한 한 단계가 될 수 있다. 만일 그 구조가 은폐되어 있을 경우에는 그 숨겨져 있는 시공(時空)을 투시할 필요가 있을 것이다. 『실낙원』의 경우에 있어서도 이 작품의 기본적인 구조가 되는 것은 시간과 공간이라 할 수 있다. 그러나 "셰익스피어는 시간의 세계 속에 살았고, 밀턴은 공간의 세계 속에 살았다"78)라고 할 정도로, 『실낙원』은 시간보다는 공간의 지배를 더 받고 있다. 물론 시간문제가 중요치 않은 것은 아니지만 밀턴에게 있어서는 시간보다 공간이 더 중요하다.

헬렌 가드너(Helen Gardner)가 "『실낙원』의 구성은 서사시에서는 전례를 찾을 수 없는 극적인 집중을 취하면서도 또한 어느 다른 서사시보다도 광범한 시간과 공간의 범위를 갖는다"79)고 말한 바

---

77) Samuel Alexander, *Space, Time and Deity* (New York : Coller Books, 1966), 1 : 44.
78) James H. Handford, *A Milton Handbook* (New York : Appleton-Century-Crofts, 1954), 22.
79) Helen Gardner, *A Reading of Paradise Lost* (Oxford : The Clarendon Press, 1965), 35.

와 같이 『실낙원』의 공간은 광역적이다. 실제적으로 『실낙원』의 행정(行程)은 천국(Heaven), 지옥(Hell), 혼돈(Chaos), 지구(Earth)에 걸쳐 전개된다. 이린 방대한 공간 구성은 단테의 『신곡』에서나 찾을 수 있을까 다른 작품에서는 찾을 수가 없다. 그러므로 『실낙원』에서 전개되는 장면과 행동을 살피는 것은 결국 우주의 구조를 살피는 것이나 다름이 없다고 말할 수 있다.

『실낙원』의 행정은 실제적으로는 하나님의 섭리가 진행되는 과정이라 할 수 있다. 그것은 『실낙원』에 등장하는 주요 인물들의 상향(上向) 운동과 하향(下向) 운동으로 이루어진다. 사탄은 원래 찬란한 대천사 중의 하나였지만 하나님의 자리를 넘보며 반란을 획책하다가 그리스도의 군대에 의해 쫓겨나 지옥으로 하향한다. 사탄은 자기의 추종 세력들과 모의한 후 하나님께 대한 간접 복수 계획의 일환으로 인간을 넘어뜨리기로 작정하고 지구상으로 단독 올라온다(상향).

아담은 사탄의 간계에 넘어가 속아서 타락한다(하향). 인류를 사랑하시는 하나님께서 그의 섭리에 따라 그의 외아들 예수 그리스도를 세상으로 내려 보내신다(하향). 세상에 와서 인류를 구원하시기 위하여 예수 그리스도는 십자가에 달려 돌아가시고 죽어서 무덤까지 내려가신다(하향). 그러나 저를 믿는 자들을 구원하시고 다시 하나님이 계시는 하늘로 올라가 그의 우편에 앉아 계신다(상향). 타락한 인간들도 예수를 믿으면 구원을 받고 하늘나라에 올라가게 된다(상향). 그렇게 되는 것으로 하나님의 섭리의 전 도정이 완성된다.

이 모든 하나님의 섭리는 세 공간 하늘(천국), 지옥, 에덴동산에서 이루어진다. 여기에 바로 공간의 신학이 이루어진다. 해리 레빈(Harry Levin)이 "대부분의 밀턴 독자들은 알렌 테이트가 '친사적 상상력'(angelic imagination)이라고 한 것보다는 악마적 상상력에 훨씬 더 편한 마음을 갖는다"[80)라고 말한 바와 같이, 일반적으로

『실낙원』의 독자들은 하늘의 세계보다는 악마의 세계에 더 관심을 쏟는 경우가 많다.

우리는 축복을 원하면서도 그것을 저주만큼 충격적인 것으로 생각지 않는 경우도 있고, 겸손을 찬미하면서도 야망에 사로잡히는 경우도 있으며, 평온보다는 선동과 소요에 더 관심을 기울이는 경우도 있다. 소란스러운 것이 조용한 것보다는 더 극적일 수밖에 없다. 아마도 이런 극적인 상황을 더 좋아하는 일반적인 심리가 『실낙원』을 읽는 독자들의 마음에 작용하는 것일 수도 있다.

천계(天界)는 하나님과 그의 충성된 천사들이 거하며 그 본질을 표현해 주는 곳으로 평온과 평화, 사랑과 기쁨, 자유와 조화(질서) 따위가 편재해 있는 장소다. 따라서 천계는 사탄과 타락한 천사들의 본성을 표출하고 있는 무질서하고 소란스러운 지옥과는 날카롭게 대조를 이루는 것이다.

존 피터(John Peter)가 말한 바와 같이,81) 이 두 공간을 비교해 볼 때 지옥은 활기가 넘치고 있지만 천계는 다만 무기력해 보일 뿐이다. 그래서 밀턴의 하늘 묘사는 실패했다고 보는 평자들도 있다. 그러나 밀턴의 하늘은 지옥만큼 문학적인 문맥으로 보아도 효과적이었다고 평가할 수 있다.

다시 말해 밀턴은 사랑보다는 미움을 더 극적인 것으로 생각하며 평화보다는 싸움에 더 관심을 쏟는 타락한 인간의 선호를 보여주려고 하였다. 그런 점에서 밀턴의 하늘 묘사는 유효성을 확보하게 되고, 완전의 세계를 조용하지만 적절한 비유로서 깊이 있게 표출했다는 데 그의 특출한 시각적 상상력이 나타난다. 여기서는 우선 밀턴이 절충이론을 이용하여 어떻게 이런 정신적인 진리를 물리적인 이미지로 형상화했는가에 중점을 두고 살펴보겠다.

---

80) Harry Levin, *The Myths of the Golden Age in the Renaissance* (Bloomington : Indiana UP, 1969), 180.
81) John Peter, *A Critique of Paradise Lost* (New York : Columbia UP, 1960), 86.

## 1. 하늘나라

하늘(heaven)은 우주의 중요한 구성요소로, 하나님께서 해, 달, 별 등을 만들어 두신, 하나님과 그의 충성된 천사들이 거하시는 곳이며, 또한 하나님께서 이 땅을 살펴보고 계시고, 예수님께서 승천해서 가 계시는 곳이다. 더욱 이 하늘은 하나님과 그의 창조물인 천사들의 본질이 반영되어 나타나는 곳으로서, 그곳엔 평온과 평화, 사랑과 기쁨, 자유와 조화가 어디나 널려 펼쳐져 있다. 그리고 이곳은 사탄과 타락한 천사들의 본성이 표출되어 나타나는 무질서하고 소란스러운 지옥이나 혼돈세계와는 날카롭게 대조된다. 서상한 바와 같이, 하늘은 이처럼 완전한 세계요 영원불변하는 세계이고,[82] 순수한 빛의 세계이고 춤과 노래로 표상되는 질서와 조화의 세계며, 시들지 않는 아마란트나 축복의 강으로 표상되는 불멸의 영생세계다. 더구나 이 세계는 인간이 지향하여야 할 궁극적인 목적지라 할 수 있다. 요컨대 밀턴이 그리는 하늘세계는 사람의 완전함에 대한 갈망을 충족시켜줄 뿐 아니라, 그 완전함이 어떤 것인지를 보여주기도 한다. 이 하늘세계를 밀턴이 어떻게 묘사하고 있는지를 구체적으로 살펴보겠다.

### 1) 『실낙원』에 묘사된 하늘나라

밀턴이 그리는 하늘은 사람의 완전함에 대한 갈망을 충족시켜줄 뿐 아니라그 완전함이 어떤 것인지 보여준다. 밀턴은 우주의 공간을 두 개의 반구로 똑같이 나뉘어져 있는 무한한 구체로 보았다. 그 구체의 상위 부분을 정화천(淨火天)이라 했고, 그 하위 부분을 혼돈(Chaos)이라 했다. 하늘에서 모반을 일으킨 사탄 집단이 천상

---

[82] John R. Knott Jr., "Milton's Heaven," *PMLA*. Vol. 85, No 3 May (1970), 495.

에서의 싸움을 통하여 그리스도의 군대에 패한 후 하늘로부터 쫓겨나면서 혼돈계의 아래 부분에 지옥(Hell)이 생겨났다. 그 후 하나님은 혼돈계의 윗부분에 인간이 살아갈 땅(Earth) 곧 지구를 만들었던 것이다.

　천계 한가운데 하나님의 옥좌가 있고, 그 주위에는 천사들이 위계질서에 따라 나뉘어 살면서, 신을 찬미하며 그의 명령을 수행하고 있다. 하늘의 광경을 묘사하고 있는 한 예를 들어 보겠다.

　　　　불멸의 아마란트, 한때 낙원에서
　　　　생명나무 곁에서 피기 시작했으나
　　　　곧 인간의 죄로 인해 처음에 자라던
　　　　하늘로 옮겨져, 축복의 강 이 하늘의 한복판을 지나
　　　　엘리시온의 꽃들 위로 호박색의
　　　　냇물을 듣게 하는 그곳에 자라,
　　　　생명의 샘에 그늘 드리우며 높이 피는 꽃이여,
　　　　이 시든 줄 모르는 꽃으로, 선택된 천사들은
　　　　빛으로 많은 빛나는 머리채를 묶는다.
　　　　수복이 내던져 흩어진 화환 사이에
　　　　벽옥의 바다처럼 빛나는 포석은
　　　　하늘의 장미로 물들어 미소 짓는다.
　　　　그러다가는 다시 관을 쓰고 황금의 수금,
　　　　그 언제나 가락을 내는 수금을 집어 들어,
　　　　전통(箭筒)처럼 찬란하게 옆에 메고
　　　　매혹적인 화음의 아름다운 전주곡으로
　　　　성가를 인도하여 드높은 환희를 불러일으킨다.
　　　　소리 하나 빠짐없고, 고운 가락의 음부(音符)에
　　　　어울리지 않는 것 없으니, 하늘에만 이런 화음이 있으리라.
　　　　아버지여, 저들은 먼저 당신을 노래합니다.

전능하신, 불변하신, 불멸하신, 무한하신, 영원하신
왕이시라고. 당신은, 만물의 조물주(造物主),
스스로 보이지 않는 빛의 원천.
그 휘황찬란한 빛을 가리시지 않는 한,
아무도 접근할 수 없는, 그 찬란한 광휘에 둘러싸여
보좌에 앉아 계신 분을. 때로는 찬란한 성소처럼
몸에 휘감으신 구름 사이로,
너무도 찬란하여 그 옷자락 어둡게 보이지만,
그래도 하늘은 눈부셔, 가장 찬란한 스랍도
가까이 가질 못하고 두 날개로 눈을 가립니다.
(*PL.*, 3. 353-82).

    하늘나라 곧 천국은 지상낙원에서 월천, 수성천, 금성천, 태양천, 화성천, 목성천, 토성천, 항성천(황도), 원동천(原動天)을 거쳐 올라가면 가장 높은 곳에 일명 정화천(淨火天)이라고도 하는 지고천(至高天)이 있는데, 그곳이 곧 천국이다. 그 한가운데 하나님의 보좌가 있고 바로 둘레에는 어렴풋하게 번쩍이는 안개가 덮여 있으며, 그 한복판 보좌 곁으로 축복의 강이 흐르고 있다. 그 강물을 따라 시들 줄 모르는 불멸의 아마란트 꽃이 피어 있으며, 천사들은 그 꽃으로 찬란한 머리채를 묶고 황금의 수금을 집어 들어 매혹적인 화음으로 하나님을 찬미한다.
    위에서 인용한 시구들에 나타나는 묘사를 통하여 그려볼 수 있는 천국은 다음과 같다. 첫째 그곳은 빛의 세계다. 스스로 보이지 않는 하나님이 빛의 원천인 그런 세계가 곧 천국이다. 즉 하나님 자신이 가려주시지 않는 한 아무도 접근할 수 없는 그런 찬란한 빛의 세계가 곧 천국이다. 영적인 차원에 있어서 이 세계는 빛으로 표상되는 생명과 자유, 행복과 찬미(감사)가 넘치는 그런 영적인 세계다.

둘째 천국은 노래와 춤의 세계다. 이미 앞서서 간단하게 언급했지만, 천사들과 구속받은 성도들이 황금의 수금을 타며 노래하고 춤을 추는 그런 세계다. 노래는 찬미와 영광을 표상하고 춤은 조화와 질서를 상징한다. 단적으로 말해서 천국은 찬미와 영광, 그리고 질서와 조화가 넘치는 세계라 할 수 있다. 그것을 가장 잘 보여주는 묘사의 한 실례를 더 들겠다.

> 그날은 다른 축제일처럼 거룩한 산 둘레에 모여
> 노래와 춤으로 소일하였으니, 그 신기한 춤은
> 유성과 항성의 성신계(星辰界)가 일제히
> 회전하는 것과 매우 흡사한 것이어서,
> 서로 얽혀 돌다가는 흩어지고, 그리고는 다시
> 감겨들지만, 가장 불규칙하게 보일 때가
> 가장 규칙적이었도다. 실로 그들의 운동에
> 거룩한 화음이 신묘한 가락을 울리니 하나님께서도
> 즐거이 귀를 기울이셨느니라 (*PL.*, 5. 618-26)

셋째 천국은 축복의 세계다. 축복 중에서도 가장 본질적이며 큰 축복은 물질적인 것보다는 영적인 것이다. 바로 그런 축복을 누릴 수 있는 곳이 천국이다.

> 그들은 꽃에서 쉬기도 하고, 싱싱한 화관을 쓰고
> 먹고 마시며, 달콤한 교제 속에
> 영생과 환희를 즐겼도다. 충분한 양이
> 과도한 섭취를 제한하니 포식할 염려 없고,
> 그들의 기쁨을 즐기면서 풍족히 내려주시는
> 자비로운 전능왕 앞에서. (*PL.*, 5. 636-41)

이 인용문에서 보는 것처럼 자비로운 전능왕 앞에서 모든 것이 충분한 가운데 영계의 음식을 먹고 달콤한 교제를 나누며 영생과 환희를 즐길 수 있는 곳이 비로 천국이라는 것이다. 즉 천국은 죄지은 사람들이 이 세상에서 맛보고 살아가던 그런 슬픔과 죽음 같은 것은 전혀 없는 영생의 세계다.

### 2) 하늘나라의 구조

밀턴은 하늘을 막연히 '온 경내'(whole circumference, *PL.*, 2. 353)라 하고 '주위로 널리 펴져서, 모났는지 둥근지 알 길이 없다 (*PL.*, 2. 1047-48)라며 모호하게 표현하고 있다. 월터 커리는 천국의 구조를 원(circle)이라 주장하였고,83) 노트는 하늘의 형태를 사각형일 것으로 보았다.84) 상징적으로 볼 때 네모와 원은 둘 다 가장 완전한 기하학적 형태라 할 수 있는데, 그것은 원과 사각형의 결합은 영원과 순간의 결합과 동일시 되기 때문이다. 헬렌 로즈나우에 의하면 원형은 고전적 전통에서 완전을 표현하기 위해 사용되었고, 사각형은 성경적 전통에서 볼 때 완전 형태를 나타내는데 사용된다는 것이다.85) 밀턴은 고전적 전통과 성경적 전통을 모두 채용하면서 하늘의 형태를 원과 사각형의 결합체로 재현하여 서로 다른 두 개의 형체들이 시각적인 모순어법에 의해 잘 융합되어 드러나게 하고 있다. 이는 고전적이나 성경적 전통 어느 하나도 버리지 않고 완전한 하늘의 모습을 그려내려는 밀턴의 노력이라고 볼 수 있다.

---

83) Walter Clyde Curry, *Milton's Ontology, Cosmology and Physics* (Lexington : U. of Kentucky P., 1966), 156.
84) John R. Knott Jr., *Pastoral Vision : An Approach to Paradise Lost* (Chicago : The U., of Chicago P., 1971), 54.
85) Helen Rosenau, *The Ideal City in Its Archetectual Evolution* (London : Routledge, 1959), 25-26.

## (1) 황금계단

하늘에는 높은 성벽이 있고 그 성벽에 뒤지지 않는 장엄한 왕궁과 같은 건물이 있는데, 그 정면에는 지구가 연결되어 있는 정교한 황금계단(The golden stairs)이 있는 것으로 묘사돼 있다.

> ··· 멀리 그는 장엄한
> 계단을 오르며 하늘의 성벽에 뒤지지 않는
> 높은 건물을 본다. 그 꼭대기에는
> 왕궁의 문과 같은, 그러나 한층 화려한
> 건물이 나타나는데, 보니 그 정면에는
> 황금과 금강석이 장식되어 있고,
> 지상에서는 모형에 의해서도 명암을 그리는
> 화필로도 흉내 낼 수 없는, 그 문에는
> 찬란히 빛나는 보석들이 잔뜩 박혀 빛난다.
> 그 계단은 마치 야곱이 에서로부터 도망쳐
> 밧단아람으로 향할 때, 루스의 들에서
> 밤을 맞이하여 노숙하며 꿈을 꾸는 중에
> 찬란한 호위대의 일단인 천사들이
> 오르락내리락하는 것을 보고서 잠에서 깨어
> '여기가 바로 하늘 문이로구나'라고 외쳤던 그것과
> 흡사하다. 계단마다 신비로운 뜻이 있고, 또 언제나
> 거기 있는 것이 아니라 때로 하늘로 끌어 올려져
> 보이질 않는다. (*PL*., 3. 501-18)

재현예술에 있어서 이런 계단은 종종 천사들이 이용하지만, 밀턴의 천사들은 우주의 한 지점으로부터 다른 지점으로 날아다니도록 되어 있다. 그러므로 표면적으로만 보면 그 계단은 사실상 필요가

없다. 그렇다고 서사시적 전통에서 인간이 그것을 이용하는 것을 본 일도 없다. 그러나 그 계단을 목적도 없고 전혀 필요하지도 않은 하나의 부가물로 생각 할 수는 없다. 시각적 예술을 많이 접해 본 사람들이라면 신실한 영혼들이 순례의 길을 거쳐 하늘로 올라가는 데 필요한 '사닥다리'(ladder)를 쉽게 연상하게 된다. 이런 연상 아래서 본다면 하늘 문에다 황금 계단을 놓은 것은 적절한 장치가 될 수 있다.

이 사닥다리를 하늘과 땅을 연결하는 '황금 사슬'(the golden chain, PL., 2. 1005-53)과 동일시하는 학자86)도 있고, 그런 동일성을 부정하는 학자87)도 있다. 밀턴 자신이 그런 동일성을 시도했는가는 명백한 확증을 얻을 수가 없다. 그는 다만 「창세기」 28장 12절에 근거해서 하늘에 접근하는 통로인 황금 계단을 야곱의 사닥다리에다 비유하고 있다. 6세기경부터 기독교인의 생활을 인도하여 구원에 이르게 하는 안내자로 사닥다리를 우의화하면서 그 사닥다리는 매우 중요한 상징이 되었다.

하나의 상징으로서의 사닥다리는 각 개인에게 있어서 뿐 아니라 신자들 전체에게 있어서도 깊은 뜻을 갖는다. 때문에 기독교인들에게 있어서 "역사는 야곱의 사닥다리와 같다"88)고 하는 비유적인 표현을 쓰게 되었다. 다시 말해서 예수는 사닥다리 그 자체로서 구원의 계단을 오르는 믿는 사람들의 안내자가 된다는 것이다. 학자에 따라서 그것을 '사랑의 사닥다리'(ladder of love)로 보기도 하고89) '완전의 이미지'(images of perfection)로 보기도 하며,90) '미덕의

---

86) Don Cameron Allen, "Two Notes on *Paradise Lost*," *MLN* 68(1953), 360- 361.
87) Harry F. Robins, "Milton's Golden Chain," *MLN* 69(1954), 76.
88) C. A. Patrides, *Milton and the Christian Tradition* (London : Oxford UP, 1966), 227.
89) W. G. Madsen, *From Shadowy Types to Truth* (New Haven : Yale UP, 1968), 87.
90) Earl Miner, ed., *Seventeenth-Century Imagery* (Berkeley : Berkeley

계단'(stairs of virtues)과 동일 시 하기도 한다.91) 르네상스 시대의 미술 작품들을 보면, 그런 사닥다리는 장엄한 계단으로 대치되어 있다. 밀턴은 르네상스 시대의 시각적 전통에 따라 하늘 문에다 '황금 계단'을 배치한 것 같다.

계단마다 신비로운 뜻을 갖고 있는데, 전통적으로 그 계단은 겸손(humility), 분별(prudence), 절제(temperance), 견인(fortitude), 정의(justice), 지혜(wisdom), 사랑(love) 따위를 상징 해 주고 있는 것으로 본다. 이런 덕목들은 일곱 가지 죽을 죄에 대응 되는 것으로 믿는 사람들이 필연코 쌓아야 할 미덕들이다. 이런 관점에서 본다면 밀턴의 '황금 계단'은 미덕을 쌓아 올라가는 '완전의 계단'과 동일시 될 수도 있겠다. 이 사닥다리는 하늘 문에서 살아지는데, 그 지점에 그리스도가 서서 크리스천 순례자를 하늘로 영접해 드리는 것이다.

매우 의미심장한 아이러니를 다음 인용하는 시구에서 발견하게 된다.

> 여기서 사탄은 이제 황금의 층계로
> 하늘 문에 오르는 계단의 하부에 서서
> 홀연히 눈앞에 전개되는 이 세계를 곧장
> 내려다보고서 놀란다. (*PL.*, 3. 540-44)

사탄도 그리스도와 마찬가지로 층계의 하부에 서서 그리로 올라오는 자들을 유인하여 실족시키려고 하고 있다는 것이다. 엘리엇(T. S. Eliot)의 『재의 수요일』(*Ash-Wednesday*)에서도 보다시피 그런 전통은 서구에 널리 퍼져 있는 것 같다. 그러므로 그 층계는 '구원

---

UP, 1971), 6.
91) M. W. Bloomfield, *The Seven Deadly Sins* (Hawaii : East Lansing, 1952), 120.

의 계단'이 될 수도 있고 '타락의 계단'이 될 수도 있다. 구도자가 겪는 필연적인 투쟁은 계단마다 서서 유인하는 악마의 존재 때문에 연유되는 것이고, 그 싸움에 승리한 자만이 하늘나라에 들어갈 수가 있다. 그러나 두려워 말 것은 '그리스도'를 믿기만 하면 그가 구도의 안내자가 되어 하늘까지 인도해 주시기 때문이다.

### (2) 도성과 정원

밀턴에 의하면 하늘의 높은 성벽 안에는 높은 건물이 있으며, 그 문에는 찬란한 보석들이 가득 박혀 빛나고 있다고 한다. 여기 높은 건물은 하나님의 도성(City of God)을 축약적으로 표현한 것이라 할 수 있으니까, 밀턴은 천계를 하나님의 나라 곧 한 도성으로 본 것이 틀림없다. 이것은 한 고전적 원형으로써 엘러시움(Elysium)묘사에 중요한 영향을 미쳤다.[92]

이 도성(都城, City)은 천사들과 충성된 성도들이 하나님과 함께 살아가는 공동체로서, 순수한 빛의 세계요, 춤과 노래로 표상되는 질서와 조화의 세계며, 시들지 않는 아마란트나 축복의 강으로 표상되는 불멸의 영생세계라 할 수 있다. 이처럼 하늘을 하나님의 도성으로 보는 것도 밀턴의 독창이라기보다는 하나의 오래된 전통이라 할 수가 있다.

또한 밀턴은 하늘을 하나의 넓은 평야와 유쾌하고 즐거운 정원으로 묘사하고 있다.

> 불멸의 아마란트, 한때 낙원에서
> 생명나무 곁에서 피기 시작했으나
> 곧 인간의 죄로 인해 처음에 자라던

---

[92] Knott, *Milton's Pastoral Visions*, 78.

하늘로 옮겨져, 축복의 강 이 하늘의 한복판을 지나
엘리시온의 꽃들 위로 호박색의
냇물을 듣게 하는 그곳에 자라,
생명의 샘에 그늘 드리우며 높이 피는 꽃이여,
이 시들 줄 모르는 꽃으로, 선택된 천사들은
빛으로 땋은 빛나는 머리채를 묶는다. (PL., 3. 353-61)

 하늘은 흡사 에덴동산과도 같다. 거기에는 꽃과 과일과 나무들이 무성하고, 생명의 샘터와 축복의 정자도 있다. 이런 개념의 성경적 근거는 「요한계시록」에 나오는 '생명의 강'이나 「아가서」에 나오는 '봉한 사랑의 동산'(enclosed love garden)에서 찾을 수 있다. 이 동산은 인간들이 이상향으로 추구하고 있는 '천상낙원'(Heavenly paradise)으로서 지극히 아름답고 완전하며 기쁨이 넘치는 축복의 장소라 할 수 있다. '지상낙원'(Earthly paradise)은 여기서 연역된 것이고 지옥(Hell)은 그 가치가 완전히 뒤바꾸어진 곳이다. '에덴동산'의 풍경이 비록 아름답고 완전하다고는 하지만, 그것은 한낱 하늘의 언덕과 골짜기를 예표해 주는 그림자에 불과하다.[93]
 밀턴은 하늘의 풍경을 정확하고 상세하게 묘사하는 것이 아니라 일반적으로 그리고 암시적으로 묘사하고 있다. 그러나 전통적인 시각 예술의 이미지들을 참고로 해서 보게 되면 밀턴의 풍경묘사는 매우 풍부하고 '시각적 암시성'이 짙다는 것을 알 수 있다. 하늘 동산에 살고 있는 축복된 영들을 묘사할 때, 그는 "꽃에서 쉬기도 하고"(PL., 5. 635) "산과 골짜기가 미소 짓는"(PL., 6. 784) "복된 들"(PL., 1. 249) 가운데서 "싱싱한 화관을 쓰고"(PL., 5. 636) 먹기도 하는 그런 영들로 그리고 있다. 이런 묘사는 매우 인상적인 것으로 변화의 위협을 전혀 받지 않는 축복의 세계가 하늘이라는 것을 암시해 주고 있다.

---

[93] Ibid., 53.

또한 하늘의 시각적 상징으로서 건축양식이 이용되기도 한다. 이런 개념은 '새 예루살렘'(New Jerusalem)이라는 묵시적 이미저리를 근거로 해서 다양한 형태로 표현 되는 테, 경우에 따라 "천개(창공), 도시적 경관, 도시적 스카이라인"94)과 '고딕식 성소'(Gothic Tabernacle)95) 따위로 재현된다. 밀턴은 이 중에서도 성소에 해당되는 '교회의 성전'(ecclesiastical temple) 상징을 두 번 사용하고 있다.

찬미 받으며 그는(聖子)는 중공(中空)으로 당당히
수레를 몰아가, 높이 보좌에 계시는 위대한 아버지의 궁전과
성전으로 들어갔느니라. (PL., 6. 889-91)

하늘은 아직도 비록 넓지만
그 나라를 지킬 만하고 적당한 봉사와 엄숙한
의식을 드리고자 이 높은 성전을 끊임없이
찾아줄 만한 많은 자들이 많이 있도다. (PL., 7. 146-49)

밀턴의 하늘 묘사는 일반적으로 견고한 도성이라는 인상을 준다. 특히 하늘에 드높은 '성벽'(walls, PL., 2. 343), 단백석의 '탑'(battlements, PL., 2. 1047), 찬란한 청옥의 '흉벽'(watch-towers, PL., 2. 1048) 등을 배치한 것으로 보아 알 수 있다. 그러나 그 도성의 모습에 대해서는 모호한 표현을 쓰고 있다. 하늘을 막연히 '온 경내'(whole circumference, PL., 2. 353)라고 한 것이나, "주위로 널리 퍼져서, 모났는지 둥근지 알 길이 없다"(PL., 2. 1047-48)라고 한 것을 보면, 그 표현이 모호하다는 것을 알 수 있다. 그래서 학

---

94) Leland Ryken, *The Apocalyptic Vision in Paradise Lost* (Ithaca and London : Cornell UP, 1970), 120-21.
95) Emile Mile, *The Gothic Image* (New York : Coller Books, Ltd., 1958), 162-63.

자들은 "그 성은 네모가 반듯하여 장광이 같다"(계 21 : 16)거나 "그 땅은 네모반듯하며"(겔 45 : 2) 등과 같은 성경적 진술을 근거로 해서 해석하려고 한다. 따라서 대부분의 학자들은 성경적 근거에 따라 네모반듯한 하늘로 상정하고 있지만, 서상한 바와 같이, 커리는 하늘을 원형으로 볼 뿐 아니라 그것을 도형으로써 설명하고 있다.96) 그러나 밀턴은 두 모습을 다 취한 것 같다. 그리고 하늘에는 문이 있는 것으로 묘사하고 있다. 이 문은 지옥의 문과 날카로운 대조를 이룬다. 하늘의 문은 우주에 빛을 내쏟지만 지옥의 문은 연기와 불꽃을 내뿜는다(*PL.*, 7. 575 ; 2. 888-89). 하늘의 문은 에나멜드 이미저리(enameled imagery)로 찬란하게 묘사되지만, 지옥의 문은 어둡고 무시무시하다.

> 보니 그 정면에는
> 황금과 금강석이 장식되어 있고,
> · · · ·
> 찬란히 빛나는 보석들이 잔뜩 박혀 빛난다. (*PL.*, 3. 505-9)

> · · · 드디어
> 무시무시한 높은 지붕에 이르는 높은 지옥의 경계와
> 아홉 겹의 문이 나타난다. 세 겹은 황동,
> 세 겹은 쇠, 세 겹은 금강석이어서
> 꿰뚫을 수도 없고, 불로 둥글게 에워싸였으나
> 타지도 않는다. 문 앞 좌우에는
> 가공할 만한 형체의 괴물이 앉아 있다. (*PL.*, 2. 643-49)

하늘의 문이 열리면 '조화로운 소리'(harmonious sound, *PL.*, 7.

---

96) W. C. Curry, *Milton's Ontology, Cosmogony and Physics* (Lexington, 1957), 156.

205-7)가 들려오지만 지옥의 문이 열리면 '요란한 벼락소리'(*PL*., 2. 880-83)가 들린다. 그리고 하늘의 문은 항상 열려 있지만 지옥의 문은 굳게 닫혀 있다. 이러한 기하학적 대조로 볼 때 하늘에서는 인간의 영혼들이 천사들에 의해 열렬한 환영을 받지만 지옥에서는 노한 악귀들에 의해 끌려 다니며 고통 속에 휘몰리게 된다는 것을 알 수 있다. 하늘의 문도 닫히는 날이 있지만 성 베드로가 그의 열쇠를 가지고 열어 순례의 영들을 영접해 들인다.

### (3) 축복의 동산

중세시대엔 하늘을 하나의 '초장'(meadow)로 생각했다. 밀턴이 그리는 하늘 역시 축복의 정원의 모습을 가지고 있다. 하늘은 마치 '에덴동산'과도 같아서 그곳엔 꽃과 과일과 나무들이 무성하고 생명의 샘과 축복의 정자가 있다. 그러나 인간의 감각의 한계를 초월하는 하늘세계는 에덴 자체가 아니라 지상낙원의 원형이라 할 수 있다.

> 하지만 인간의 의식으로는
> 깨닫지 못할 영적인 것을 육의 형체에 비유해서
> 설명하련다. 땅은 하늘의 그림자에 불과하고 하늘과
> 땅 사이의 사물은 땅에서 생각한 것보다는
> 훨씬 서로 닮은 데가 많다고 표현한들 어떠랴.
> (*PL*., 5. 571-75)

지상낙원으로서의 에덴동산의 풍경이 아무리 완전하게 나타난다고 해도 그것은 하늘에서 볼 수 있는 풍경을 반영한 것으로서 '하늘의 그림자'에 불과하다. 이 하늘의 동산에서 빛의 자녀들이 아마란트 꽃의 그늘 밑, 생명의 강물이 흐르는 정자에서 즐거운 시간을 보내고 있다.

> 생명의 샘터 아마란트의 그늘에
> 덮인 축복의 정자, 분수와 샘, 도처에서
> 기쁨 나누며 앉아 있는 곳에서부터
> 빛의 아들들은 서둘러 높으신 부름에 응하여
> 저마다 자기들 자리로 간다. (*PL.*, 77-82)

천사들은 꽃 위에서 쉬며, 청신한 작은 꽃들을 머리에 쓴 채 진주와 금강석과 묵직한 금잔에는 흘러넘치는 하늘에서 자란 홍옥 빛 신주와 천사의 음식을 놓고 연회를 연다.

> 그들은 곧 춤으로부터 식욕을 느껴
> 즐거운 저녁 식사로 향하였고,
> 일동이 원을 그리고 둘러서자
> 식탁 위엔 당장 천사들의 음식이 쌓이고,
> 진주와 금강석과 묵직한 금잔에는
> 하늘에서 자라 감미로운 포도 연매로 만든
> 홍옥 빛의 영주(靈酒)가 넘쳐흘렀도다.
> 그들은 꽃에서 쉬기도 하고, 싱싱한 화관을 쓰고
> 먹고 마시며, 달콤한 교제 속에
> 영생과 환희를 즐겼도다. (*PL.*, 5. 629-38)

여기서 빛의 자녀들은 춤추고 먹고 마시다가 꽃에서 쉬기도 하고 달콤한 교제를 하며 영생과 환희를 즐긴다. 하늘나라는 인간들이 이상향으로 추구하는 목가적 정취의 천상낙원으로서 지극히 아름답고 완전하며 기쁨이 넘치는 축복의 동산이다. 이곳은 먹고 마시며 놀고 춤추고 쉬며 교제하는 곳이지만 빛만이 가득해서 어둠이 범접하지 못하는 아주 순결한 영생과 최상의 행복이 깃든 그런 세계의 원형이라 할 수 있다.

### (4) 빛과 찬란한 색깔의 세계

전통적인 상징주의에 있어서 하늘은 주로 보석과 같은 귀중한 금속성의 색채로 암유되기도 하고 순수한 빛을 통하여 표현되기도 한다. 밀턴은 이런 양면적인 전통을 다 따르고 있지만 그는 무엇보다 빛을 하늘의 시각적 요소로 강조하고 있다. 하늘에서 우리는 알렌(Allen)이 소위 "무한한 빛의 폭포"[97]라고 한 것에 의해 압도된다. 라이큰(Ryken)이 "하늘의 눈부신 찬란함은 그 높이와 함께 끊임없이 지적되고 있는 특징이 된다"[98]라고 평한 바와 같이 하늘의 중요한 특징은 그 찬란한 빛이다. 하나님은 빛이실 뿐 아니라 빛과 연결되는 이미지로 표현되고 천사들도 그 모습이 찬란한 "순수한 빛의 영들"(*PL.*, 6. 660)로 나타난다. 성스러운 빛의 위력은 하늘의 성벽 위에 빛을 쏟고(*PL.*, 2. 1034-40), 하늘의 계단으로는 찬란한 호위대의 일단인 천사들이 오르락내리락하며(*PL.*, 3. 510-18), 하늘의 도성에는 빛의 아들들(*PL.*, 5. 600; 11. 80)로 꽉 차 있다. 이것은 하나님(Pater luminum)과 그리스도(Lux Mundi)의 본질과 일치되는 것이다.[99] 밀턴이 사용한 빛(light)과 어둠(darkness)의 대조는 영국민의 이미저리를 바꾸어 놓을 만큼 유효한 것이었다. 그 후로부터 '밝은'(bright)과 '어두운'(dark)와 같은 대표적인 기술형용사가 '진실한' (true)과 '거짓된'(false)과 같은 대표적인 판단 형용사를 물리치고 대신 들어서게 되었다고 한다.[100]

성경시대로부터 빛은 하늘나라를 비유하는 중요한 은유 중의 하나가 되어 왔다. 미술작품에서 그 빛은 주로 15세기까지는 색채로 표현되었다. 중세교회의 창문을 보면 '희미한 빛'(dim light)으로 채

---

97) D. C. Allen, *The Harmonious Vision* (Baltimore : Peter Smith, 1970), 98.
98) Ryken, 79.
99) Allen, 162.
100) Josephine Miles, "From 'Good' to 'Bright' : A Note in Poetic History," *PMLA* 60(1945), 770.

색되어 있지만, 15세기에 와서 교회의 내부는 색채가 거의 없는 '따스한 빛'(warm light)로 넘치게 된다. 그 다음에는 이 '따스한 빛'이 '차가운 빛'(cool light)으로 바뀌었고, 1500년경부터 교회내의 빛은 '하얀'(white) 것으로 생각하게 되었다.101) 이는 '신성한 빛'(divine light)을 색채보다는 강도로서 파악하려고 한 것이라 할 수 있다. 밀턴이 묘사한 눈부시고 찬란한 하늘의 빛은 '하얀 빛'(白光, white light)으로서, 색채로서는 표현할 수 없을 만큼 강도가 높고 순수한 그런 빛이었다. 그 빛은 '천상의 지혜'(heavenly wisdom), '사랑'(love), '영광'(glory), '아름다움'(beauty) 따위를 상징하고 있다.

이런 천상의 영광과 아름다움을 나타내는 비유로서 밀턴은 '귀금속 심볼'(metallic symbol)들을 사용하고 있다. "황금의 길"(*PL.*, 1. 682), "청옥의 흉벽"(*PL.*, 2. 1049-50), "벽옥의 바다"(*PL.*, 3. 363-64) "황금의 층계"(*PL.*, 3. 541), "진주의 바다"(*PL.*, 3. 518-19), "청옥의 보좌"(*PL.*, 6. 757-59), "유리 바다"(*PL.*, 7. 619) 같은 것들이 대표적인 귀금속 심볼들이다. 금(Gold), 사파이어(sapphire), 수정(crystal), 호박(amber), 벽옥(jasper), 진주(pearl), 유리(glass), 금강석(diamond) 같은 귀금속들은, 하늘의 전체 구조를 풍요하고 아름답게 조립하려는 밀턴의 의도에 매우 적합한 상징들이었다.102) 밀턴이 이런 이미저리를 선택한 것은 빛깔의 찬란함과 재료의 단단함을 환기시키려는 데 있다. 이 두 요소는 서로 보강해 주며 서로 구별할 수 없는 것으로서 밀턴은 이런 표면의 시각적 찬란함과 구조적 단단함을 결합하여 덧없고 변하는 지상의 체험세계와 대조를 이루는 영구한 초월세계를 그려냈던 것이다.103) 이런 '에나멜드 이미저리'는 자주 "찬란한 청옥"(living sapphire, *PL.*, 2.

---

101) Patrik Reutersward, "What Color is Divine Light," in *Light in Art*, eds., Hess and Ashbery (New York : F. S. Crofts & Co., 1971), 106-108.
102) G. Stanley Koehler, "Milton's Use of Color and Light," *Milton Studies* 3(1971), 74.
103) Ryken, 86.

1049-50), "물 같은 진주"(liquid pearl, *PL*., 3. 519)와 같은 소위 '신비적 모순어법'(mystic oxymoron)과 관련 하여 표현되는 깃을 볼 수 있다. 이것은 모순어법이다. 왜냐하면 이 지상의 경험세계에 있어서 어떤 것도 본질상 동시에 유동적이고(fluid) 정적인(static) 것은 있을 수 없기 때문이다. 이런 두 모순되는 요소를 결합했기 때문에 그것을 신비적 모순어법이라고 한다. 두 경험적인 연상을 결합하는 원리가 신비적 모순어법 인데, 밀턴은 그런 표현법으로써 부분보다는 전체를 중시하는 초월적 영역을 암시하려고 했던 것이다.104)

밀턴 이전에도 귀금속과 보석들의 시각적 속성과 촉각적 특성들을 이용해서 '낙원'(Paradise)을 암시한 예는 많이 있다. 일부의 비평가들이 주장하는 바와 같이 이런 귀금속들은 색깔이 없는 것으로 생각할 수는 없다. 이런 보석류들은 매우 독특하고 매력적인 색깔의 특질을 갖고 있는 것들로서, 그것은 보다 차원 높은 인간의 초인적 상황을 표상하고 있다. 이를테면 황금(gold)은 일종의 형상화된 빛으로서 하늘의 순전하고 귀중한 생활을 시각적으로 상기시켜 주고 있다. 밀턴이 '심판의 저울'(scales of judgement), '하늘의 문들'(gates of heaven), '컴퍼스'(compasses), '왕관'(crown), '강물들'(rivers), '향로들'(censers), '왕홀들'(sceptres), '사슬들'(chains), '구름들'(clouds), '잔들'(cups), '돌쩌귀들'(hinges), '수금들'(harps), '사닥다리들'(ladders)과 관련해서 황금(gold)을 사용한 것도 이런 문맥에서 보아야 할 것이다. 이 이미지들은 '완전'(perfection)과 '권능'(power) 및 '영광'(glory)의 의미를 내포하고 있으며,105) 한편으로는 인간이 체험할 수 있는 가장 소중한 생활을 시각화해 주고 있다. 반대로 '황금'이 '섹스'(Sex)나 '죄'(sin)와 연결될 때에는 그와는 정반대적인 작용을 하게 된다.

---

104) *Ibid*., 91.
105) Koehler, 59.

또한 밀턴이 하늘의 구조와 연결하여 즐겨 사용했던 '청옥'(sapphire)이나 다채로운 '보석'들도 다양하고 성스러운 속성들을 갖고 있는 것들로서 이 지상의 영역과는 전혀 다른 보다 높은 초월적 세계를 표상하고 있으며, 하늘을 빛의 근원지로 보고 있는 상징도 된다. 『실낙원』에 있어서 이런 '에나멜드 이미저리'들은 자연을 통해 우리를 인도하며 그것을 초월한 '초자연적 비전'106)을 환기시켜 주고 있다.

### (5) 음악과 춤의 세계

하늘의 문이 열리면 '조화로운 소리'(*PL*., 7. 205-07)가 들려온다. 밀턴의 하늘에서 우리는 천사들의 환희에 찬 호산나 소리를 들을 수 있다(*PL*., 3. 345-49). 제7편에서는 황금의 하프를 타면서 하나님의 천지창조를 찬미하는 천사들의 노래소리로 가득 차 있다. 천국의 주된 분위기는 축제적인 것이다. '형용할 수 없는 축복'(*PL*., 3. 60-62)이 가득한 하늘은 '지고한 축복의 영토'107)이다. 이런 하늘에 사는 천사들의 즐거움은 바로 그 도시의 올바름을 드러내 보여주고 있다.

노래와 춤은 기쁨과 질서와 조화를 나타내고 천사들의 연회에서의 먹고 마시는 것 등은 모두 하늘의 기쁨에 참여하는 교제의 상징이다. 성스러운 빛으로 빛나는 천사들은 기쁨에 가득한 찬가를 부르고 우아한 춤을 춘다. 이러한 그들의 노래와 춤은 그들의 조화로운 본질을 밖으로 나타내는 표상인 것이다.108)

---

106) John T. Showcross, ed., *Milton 1732-1801 : The Critical Heritage* (London : Routledge & Kegan Paul, 1970), 227.
107) Irene Samuel, *Dante and Milton : The Commedia & Paradise Lost* (Ithaca : Cornell UP., 1966), 142.
108) John G. Demaray, *Milton's Theatrical Epic* (Cambridge : Havard UP., 1980), 85.

라파엘은 천사들의 노래와 춤을 묘사하면서 천사들의 운율적 동작이 유성과 항성의 회전과 흡사하다고 하며, 서로 얽혀서 돌고 기울어지고 감기고 질서가 없는 것 같지만 가장 불규칙한 것 같을 때에 규칙이 있고 조화가 있음을 아름답게 묘사하고 있다.

> 그날은 다른 축제일처럼 거룩한 산 둘레에 모여
> 노래와 춤으로 소일하였으니, 그 신기한 춤은
> 유성과 항성의 성신계(星辰界)가 일제히
> 회전하는 것과 매우 흡사한 것이어서,
> 서로 얽혀 돌다가는 흩어지고, 그리고는 다시
> 감겨들지만, 가장 불규칙하게 보일 때가
> 가장 규칙적이었도다. 실로 그들의 운동에
> 거룩한 화음이 신묘한 가락을 울리니 하나님께서도
> 즐거이 귀를 기울이셨느니라. (*PL.*, 5. 618-27)

밀턴에게 천상의 춤과 음악은 조화와 기쁨과 환희의 표현이고 조화는 다양성으로부터 나온다는 것을 강조하는 수단이 된다.

> 소리 하나 빠짐없고, 고운 가락의 음부(音部)에
> 어울리지 않는 것 없으니, 하늘에만 이런 화음 있으리라.
> (*PL.*, 3. 370-71)

이러한 하늘의 조화는 지옥과 대조가 되는데 하늘에서는 모든 천사가 노래에 참여하는 반면 지옥에서는 일부만 자신들의 무용을 노래한다(*PL.*, 2. 546-55). 지옥의 타락한 천사들은 각기 흩어져 행동한다. 즉 지옥은 개별화되고 분화된 곳이다(*PL.*, 2. 521-76). 물론 지옥에도 나름대로의 일치와 굳은 화합이 있지만(*PL.*, 2. 496-97), 하늘의 일치와 조화가 완전함과 사랑에서 나온 것인 반면 지옥의 그것은 질투와 증오에서 나온 것이다. 하늘이 평온과 조화, 완전함의 세계라는 것이 결코 무기력하거나 정적인 세계라는 것을 의미하지는 않는다. 밀턴의 하늘은 넘치는 생기와 활력으로 가득 차 있다. 하늘과 하늘에서의 생활을 표현해 주는 노래와 춤의 이미저리는 하늘에서의 삶이 강렬한 생기로 가득 차 있음을 보여주는 것이기도 하다.

밀턴은 빛의 왕국인 하늘의 풍경을 정확하고 상세하게 묘사하기보다 일반적으로, 암시적으로 그리고 제한적 묘사와 원근화법식으로 그리고 있다. 이는 한 번도 본 적이 없는 알지 못하는 것을 그려내는 어려움 때문이다. 또 제유적 또는 환유적 표현법을 쓰고 있는데, 이는 하늘을 상세히 그려내기란 타락한 인간이 구사하는 언어가 안고 있는 묘사력의 제약으로 인하여 불가능하기 때문이다. 밀턴은 '목가적 천상낙원'으로서 완전한 자연과 낙원의 즐거움을 지닌 하늘을 묘사하는 한편, "벽옥의 바다처럼 빛나는 보도는 하늘의 장미로 물들어 미소짓는다"(*PL.*, 2. 363-64)와 같이 자연적인 것과 인공적인 요소를 조화시켜 성스러운 도시의 이미지를 순화시키면서 천상낙원과 새 예루살렘을 혼합하고 있다. 이로써 밀턴의 『실낙원』에서 그리는 하늘은 '목가적인 천상낙원'인 동시에 '하나님의 성스러운 도성'이라는 이미지 둘 다를 갖게 되는 것이다.

완전의 세계인 하늘은 언제나 하나님을 찬양하는 찬가와 기쁨에 넘쳐 춤을 추는 천사들로 가득하다. 밀턴의 실낙원의 천사들은 피조물 중에서 가장 완전한 형태를 띠고 완전하게 움직이며 행동한다. 천사들은 하나님의 뜻을 전하는 전달자로서, 하늘을 지키는 군대로서 하나님을 섬기지만 천상에서의 섬김의 가장 고귀한 형태는 하나님을 찬미하는 것이다. 하늘은 천사들의 하나님을 찬미하는 합창소리로 가득하다. 성스러운 노래로써 그들은 하나님의 독생자와 사탄의 패배, 창조의 날들을 찬양한다. 어떤 경우든 이것은 기쁨의 노래이다. 밀턴은 찬양의 행위가 하늘에서는 결코 끊이지 않을 것이라는 것을 하나님을 찬미하는 천사들의 노래가 영원하리라는 것으로써 알린다.

> 말하라, 그대들 가장 잘 말할 수 있는
> 빛의 아들들이여, 천사들이여, 그대들은 그를 보았고,
> 노래와 합창의 조화로써 밤 없는 나날, 기쁘게
> 그의 성좌를 둘러싸고 있나니, 그대들 천상에서,
> 땅에서는 너희들 만물이여, 처음도 마지막도 중간도,
> 끝도 없이, 다 함께 그를 찬양하라. (PL., 5. 160-65)

가득한 기쁨은 자연스럽게 찬양으로 표현되고 그러한 찬미는 개인적이기보다는 집단적이다. 천사들은 하나님에 대한 그들의 사랑을 표현함에 있어 하나로써 행동한다. 천사들의 합창의 천상적인 조화는 밀턴의 하늘에 대한 비전의 핵심이다. 천사들의 완전함과 선함은 춤과 노래 그리고 빛을 통해 드러나고 천사들의 춤은 하늘의 완벽한 조화를 보여주는 것이다.[109]

밀턴은 사람들을 행복의 상태로 이끌기 위하여 보이지 않는 세계를 그려 보여 주려고 노력하였다. 인간을 위한 이상적인 삶을 정의하기 위해 하늘 같은 초인간적인 것에 의존한 것이다. 영원하고 변함이 없는 빛의 왕국인 하늘에선 모든 것이 올바르다. 하늘이나 하늘의 그림자인 지상낙원은 모두 우리의 삶이 어떨 수 있는가를 또 어떠하여야만 하는가를 말해주기 위해 보여준다. 밀턴의 하늘은 그가 생각하고 구상해 온 '유토피아'이다. 그가 그린 하늘은 가장 완벽하고 이상적인 삶의 모델을 제시해주고 있고 또 그러한 삶에 참여할 수 있는 길을 제시함으로써 우리들에게 희망의 영성을 보여주고 있다. 밀턴이 주는 희망은 하나님을 믿고 미덕을 쌓아 감으로써 하

---

[109] Knott, "Milton's Heaven", 495.

늘에 이르는 황금 계단을 올라가 그처럼 완전한 지복의 상태인 하늘에 이를 수 있다는 것이다.

## 2. 하나님의 본질

하나님의 존재를 부정하는 사람들이 많다. 부정하지는 않지만 니체처럼 죽었다고 생각하는 사람들도 있다. 또한 이신론자처럼 우주의 법칙을 창조하기는 했지만 이미 그 운행에 대해서는 손을 뗐다고 생각하는 사람들도 있다. 하나님이 존재하는지 안하는지 전혀 알 수 없다고 하는 불가지론자도 있다. 그리고 어떤 근거도 없이 신에 대한 적개심을 품고 하나님을 헐뜯고 야유하는 사람들도 있다. 신학자들 가운데도 신학적 태도가 모호하고 희미한 자들이 있다. 신학자들까지 이렇게 희미한 태도를 갖는다면, 이는 실로 비극적인 사태라 아니 할 수 없다. 그런데 실제적으로 그런 사람들이 있으니, 그것이 문제다.

존 밀턴은 신학자도 아니고 목회자도 아니다. 그는 이상주의적인 합리적 청교도요 문인이었음일 따름이다. 그러나 그는 『그리스도교 교리론』라고 하는 성경 조직신학 책을 낼 정도로 철저한 기독교 변증론자다. 밀턴에 따르면, 하나님은 지금도 살아 계셔서 역사를 주관하고 계신다는 것이다. 그리고 그는 창조주요 섭리주인 하나님은 다신(多神)이 아니라 삼위일체(三位一體) 신이심을 철두철미 믿었다. 이런 그의 신관을 어떻게 작품 속에 형상화 했으며 어떻게 묘사했는지를 천착해 보겠다.

### 1) 영과 인격

하나님을 논할 때 제일 먼저 갖는 의문이 '우리가 믿는 하나님은 도대체 어디에 계신가?'라는 것이다. 하나님은 하늘에 계신가, 땅에 계신가, 아니면 땅 아래 계신가? 밀턴은 「시편」 115편에 근거해서 우상은 땅에 있지만 인격적인 신은 땅에 있지 아니하고 하늘에 계신다고 했다.

> 어찌하여 뭇 나라가
> '그들의 하나님이 이제 어디 있느냐' 말하게 하리이까
> 오직 우리 하나님은 하늘에 계셔서
> 원하시는 모든 것을 행하셨나이다. (시 115 : 2-3)

이 「시편」에 나타나는 밀턴의 하나님은 땅에 있는 것이 아니라 하늘에 계신 분이시다. 사람들이 만들어 낸 땅에 있는 신은 "입이 있어도 말하지 못하며 눈이 있어도 보지 못하며 귀가 있어도 듣지 못하며 코가 있어도 냄새 맡지 못하며 손이 있어도 만지지 못하며 발이 있어도 걷지 못하며 목구멍이 있어도 작은 소리조차"(시 115 : 5-7) 내지 못하는 그런 아무것도 할 수 없는 무능한 존재이다. 그런 존재를 우리는 '우상'이라 한다. 그러나 하늘에 계신 하나님은 '여호와' 즉 모세가 들은 '나는 스스로 있는 자'(출 3 : 14)라는 말의 대유적인 표현으로, 자존자(自存者), 절대적 주권자를 뜻하는 것이다.

하늘에 계신 자존자이신 하나님은 구체적으로 어떤 분이신가? 첫째 그는 영이신 분이시다. 「요한복음」 4장 24절에 "하나님은 영이시니 예배하는 자가 진리로 예배할지니라"했다. 『실낙원』 제7편 233-242행에서도 하나님은 영이시기 때문에 영으로써 만물을 창조하시는 것을 볼 수 있다.

> 깊은 암흑은
> 심연을 덮었지만, 잔잔한 물 위에

하나님의 영은 품어 안은 따뜻한 날개를 펴시어
유동하는 덩어리에 골고루 생명의 힘과 생명의
온기를 불어넣으셨도다. 그러나 생명에 불리한 검고
차고 음침한 황천의 찌꺼기는 아래로 옮겨
놓으셨도다. 다음에는 굳히고 둥글게 뭉쳐 같은
종류끼리 합치고 나머지 것은 각기 제자리에
갈라놓고, 그 사이에 공기를 자아내니, 지구는 스스로
균형을 이루어 그 중심에 걸려 있게 되었도다.
(*PL.*, 7. 233-242)

  영적인 존재이신 하나님은 복잡하고 여러 부분으로 구성되어 있는 분이 아니시고 스스로 존재하는 순수한 영이시다. 육체가 없고 형체도 없기 때문에 모양도 없고 색깔도 없으시고 냄새도 없고 만질 수도 없으시다. 그러나 그는 어디에나 계시며(omnipresent, 시 139:7-9) 모르시는 것이 없으신(omniscient, 시 94:11), 영원하고(eternal, 시 90:2), 불변하시는(unchangeable, 말 3:6), 초월적 존재라고 성경에 기록돼 있고 밀턴도 그렇게 묘사했다.
  하나님은 무엇보다 영이신 동시에 인격적이시다. 어떤 의미에서는 아주 저급한 의인적(擬人的) 묘사에 의하여 그의 인격성은 노래된다. 즉 여호와는「시편」2편 9절에서 묘사된 것과 같은 그런 신으로 인격화된다. 뇌성은 여호와 하나님의 목소리요(시 29:3), 구름은 그의 술래고 바람은 그의 날개로 묘사된다(시 10:3). 그러나 시편에 있어서 이러한 육체적 의인법은 심리적인 것으로 대신 되고 하나님에 대한 관념은 영적으로 심화된다(시 33:15 ; 53:2-3 ; 102:17 ; 103:13). 하나님의 인격적 관념이 가장 잘 표현된 시구는 시편 94편 9-11절이다.

  귀를 지으신 이가 듣지 아니하시랴

> 눈을 만드신 이가 보지 아니하시랴
> 뭇 백성을 징벌하시는 이
> 곧 지식으로 사람을 교훈하시는 이가
> 징벌하지 아니하시랴.
> 여호와께서는 사람의 생각이
> 허무함을 아시느니라. (시 94 : 9-11)

여기서 하나님은 그가 지은 인류와 같이 자각적 존재로 묘사된다. 하나님은 영이시므로 귀와 눈이 있을 수 없다. 그러나 영이 인격화되면 귀와 눈이 있는 것처럼 듣고 보고 느끼고 지각할 수가 있다. 하나님은 인격체이시므로 사람이 가지고 있는 것과 같은 지정의(知情意)를 다 가지고 계신다. 우리는 밀턴의 『실낙원』에서 그런 이념을 쉽게 찾을 수 있다.

> 오, 내 마음의 최대 기쁨인, 아들이여,
> 내 사랑하는 아들이여, 단 하나뿐인
> 나의 말, 나의 지혜, 나의 실천의 힘이여,
> 너는 내 생각 그대로를 말했도다,
> 내가 정한 영원의 목적 그대로를,
> 인간은 다 멸망 받지 않고 원하는 자는 구원받으리라,
> 그들의 의지에 의해서가 아니라 대가 없이 베푸는
> 나의 은혜에 의해서. (*PL.*, 3. 168-175)

위의 인용문을 보아서 알 수 있듯이, 하나님께서는 사랑하는 아들을 보며 단 하나뿐인 자신의 말이요 자신의 지혜라는 것을 알(지식) 뿐 아니라 그가 최대의 기쁨이 된다고 느끼며(감정) 그를 통해서 이미 태초에 세우신 타락한 인류 구원을 함께 이루겠다는 뜻(의지)을 분명히 하고 있다. 성경에서도 하나님은 인격신이라는 것을 극명하

게 밝히고 있다. 즉 하나님은 지식(대상 28:9; 대하 16:9; 시 94:11)과 감정(창 1:31; 창 6:5-8) 및 의지(엡 1:5-10)를 소유하고 계신다는 것이다. 우상은 사람들이 아는 만큼도 알지도 못하고 느끼지도 못하며 반응도 못한다. 그러나 하나님은 전기나 바람 및 공기와 같은 감응력(感應力)도 아니고 보이지 않는 전력이나 풍력도 아니다. 하나님은 천지간의 유일하신 인격적인 신이시다.

하나님은 인격신이시기 때문에 도덕적 속성을 가지고 계신다. 그래서 성경에서는 하나님은 거룩하시고(holy, 출 15:11), 의로우시며(righteous, 시 145:17), 인자하시고(merciful, 시 103:8), 미쁘시다(faithful, 고전 1:9)고 했고 밀턴도『실낙원』에서 그렇게 묘사했다.

### 2) 유일성과 삼위성

하나님은 본체론적으로 보면 영이시나 인격을 가지신 신이라는 것을 지금까지의 논의를 통해 알게 되었다. 더욱 인격신인 하나님은 다신이 아니라 유일하신 하나님이시라는 것을 알아야겠다.「신명기」6장 4절에서 모세는 "이스라엘아 들으라 우리 하나님 여호와는 오직 유일한 여호와이시니"라 하였다. 성경을 자세히 상고해 보면 하나님은 위(person)는 셋이지만 삼신(三神)이 아니라 본체가 유일한 (only one) 분이시라는 것을 알 수 있다. 밀턴도 전능하신 창조주는 오직 한 분뿐이시라고 하였다.

아, 아담이여, 유일하신 전능자가 계셔서 그로부터
만물은 나오고, 이토록 완전하게 창조되었으니
선에서 타락하지만 않는다면 다시 그에게로
돌아가리라. (*PL.*, 5. 469-72)

「요한복음」17장 3절에 "영생은 곧 유일하신 참 하나님과 그가 보내신 자 예수 그리스도를 아는 것이니라"(롬 3:30; 롬 16:27; 고전 8:4-6; 갈 3:20)는 말씀을 보면, 하나님은 유일신인 구원의 하나님이심을 분명히 하고 있다. 이교 신들은 다수지만 기독교의 하나님은 삼위지만 다수가 아닌 오직 하나뿐인 유일신이라는 것이다.

> 나는 이제 알았나이다. 복종하는 것이 최선임을,
> 또한 두려운 마음으로 오직 한 분이신
> 하나님을 사랑하고, 그 앞에 있는 듯이 걷고,
> 그 섭리를 항상 지키고, 모든 성업에
> 자비로우신 그분에게만 의존하고 선으로써 항상
> 악을 정복하고 작은 일로써 큰일을 성취하고,
> 약하게 보이는 것으로써 세상의 강한 것을,
> 어리석은 유순으로써 세상의 슬기로운 것을
> 뒤집어놓는다는 것을, 더구나 진리를 위한
> 수난은 최고의 승리에 이르는 불굴의 정신이고,
> 믿는 자에겐 죽음이 생명의 문이라는 것을. (PL., 12. 561-71)

모든 것은 그 유일자로부터 나왔다가 그리로 돌아가는 존재다. 창조자이신 하나님과 현상계에 존재하는 피조물 사이에는 근원적인 질서가 있다. 그 질서를 유지하기 위해 각종 사물은 인간의 다스림을 받아야 하고 인간은 오직 한 분이신 하나님께 복종하며 자유의 지대로 섬기며 사는 것이었다. 그런데 아담과 하와는 에덴동산에 있을 때는 모르다가 불복종하고 거기서 세상으로 쫓겨나서야 그것을 알게 되었다. 이 복종이란 다름 아닌 두려운 마음으로 오직 한 분이신 하나님을 사랑하고, 그 앞에 있는 듯이 걷고, 그 섭리를 항상 지키며, 모든 성업에 자비로우신 그분에게만 의존하고 선으로써 항상 악을 정복하는 것이라고 밀턴은 말한다.

하나님은 유일하지만 다른 종교에서는 볼 수 없는 그런 하나님이시다. 즉 하나님은 한 분이시지만 위 또는 인격체(person)는 셋인 하나님이시라는 말이다. 하나님이 한 분이신 것은 맞지만 숫자적으로 '하나'라는 뜻은 아니다. 그런데 이 삼위 하나님에 대한 왜곡은 세 가지 형태로 나타난다.110)

첫째 왜곡된 형태는 성부 성자 성령을 서열이나 등급으로 이해하는 것이다. 세 위는 어느 '위'가 위고 어느 '위'가 아래가 없고 높음과 낮음도 없다. 그럼에도 불구하고 신자나 신학자들 사이에도 삼위 하나님 사이에는 서열이 있다고 생각하는 사람들이 많다는 것이다. 이런 사상을 '종속론'(subordinationism)이라 한다고 한다. 즉 성부 하나님은 영원한 신성이며 성자와 성령은 열등한 신성이거나 피조물이라는 것이다.

둘째 왜곡된 형태는 하나님을 숫자적으로 하나(單一神)으로 보는 시각이다. 한 분의 신성이 때로는 성부로 나타나고 때로는 성자나 성령으로 나타난다는 것이다. 삼위를 나타내는 성부, 성자, 성령은 호칭에 불과하다고 본다. 예를 들면, 구약에서는 야훼(여호와)로 나타나고, 신약시대에는 예수로 현현했고, 지금은 성령으로 나타난다는 생각이다. 이런 이해를 '양태론'(modalism)이라고 부른다.

셋째 왜곡된 형태는 성부, 성자, 성령을 개별적인 신으로 이해하는 것이다. 성부, 성자, 성령 모두를 신성으로 인정한다. 하지만 삼위는 독립적인 신이 되고, 각 위는 신으로 찬양은 받지만 삼위는 분리되어 관계성이 모호해진다. 이런 이해를 '삼신론'(tritheism)이라 부르는데, 결국 다신론의 형태를 가지게 된다.

이 삼위일체 교리에 대한 이해가 가장 어렵다. 이 교리를 잘못 이해하면 모든 것이 왜곡되고 신앙도 바를 수 없게 된다. 삼위일체 하나님을 이해하는 방법에는 크게 두 가지가 있다.111) "하나는 성부,

---

110) 김동건, "기독교의 하나님 : 삼위일체," 『국민일보』 2013년 3월 22일 32.
111) 위의 글.

성자, 성령 삼위의 내재적인 관계에 접근해서 하나님의 '존재'에 대해 기술하는 방법이다. 이렇게 이해한 삼위일체에 대한 이론을 '내재적 삼위일체론'이라 부른다. 삼위 하나님을 반드시 존재론적으로 규명해야 한다는 점에서 '내재적 삼위일체론'은 중요하다. 하지만 '내재적 삼위일체'는 삼위의 내적인 관계이며, 삼위가 존재하는 방식이기 때문에 인간으로서 인식하기 어려운 한계를 가진다. 또 '삼위일체'를 존재론적으로만 논하면 사변적이 되어 공허해진다.

다른 하나는 삼위가 역사 속에서 행하신 구체적인 '행위'를 통해 인식하는 방법이다. 성경에는 성부, 성자, 성령의 행위에 대한 풍부한 기록이 있다. 이렇게 삼위의 역사 섭리를 통해 이해하는 방법을 '경세적 삼위일체설'(經世的 三位一體說)이라 부른다. 성경은 모호하게 삼위에 대해 말하지 않고 구체적 행위에 근거해서 말한다. 하나님의 활동과 역사는 인간에게 구체적으로 경험하고 인식된다. 이 점에서 '경세적 삼위일체설'은 장점이다. 그러나 경세적 삼위일체 하나님의 '존재'에 근거하지 않으면 결국 하나님은 인간에게 경험되는 어떤 '기능'이나 '현상'으로 전락할 위험이 있다.

따라서 '삼위일체 하나님'에 접근할 때는 '경세적 삼위일체'로 시작하고, 그에 근거해서 '내재적 삼위일체'를 함께 이해하는 방법이 좋다. 하나님의 활동은 반드시 그의 존재를 전제하기 때문에 '경륜'과 '내재'는 분리되지 않는다. 이런 점에서 '경세적 삼위일체론'은 '내재적 삼위일체'에 다르지 않다."112)

삼위일체에 대한 적절한 개념은 숫자의 개념으로 보기보다는 세 위격이 함께 연합해서 가지는 공동체성을 의미한다고 보는 것이 더 합리적이고 옳다. 삼위의 일체를 숫자로 이해하면 한 분 하나님과 세 인격체(person)를 동일한 평면에서 다루면 셋이 하나가 되고 하나가 셋이 되는 모순에 빠지게 된다. 우리가 이성으로 가지고 볼 때 3=1이 될 수 없다. 이렇게 삼위의 일체를 숫자로 이해하면 삼위일

---

112) 위의 글.

체는 비합리적이고 모순적 교리가 된다. 성부, 성자, 성령을 모두 신성이라고 인정한다면 결국 삼위일체의 핵심은 '하나'를 어떻게 이해하는지가 관건이 될 것이다.

위에서 이미 언급한대로 삼위일체는 숫자가 아니라 세 위격이 분리 되지 않고 서로 내재해 있는 유기적인 연합체이며, 삼위의 의지와 구속 사업이 서로 상반되지 않고 통일을 이루는 공동체(perichoresis)를 뜻한다. 즉 성부와 성자와 성령께서는 상호통재(相互通在)를 통해서 일체가 되시는 공동체적 하나님을 형성하고 있다. 이런 유기적 통일성 때문에 성부는 성자 안에 전적으로 계시고, 성령 안에 전적으로 계신다. 성자는 성부 안에 전적으로 계시고 성령 안에 전적으로 계신다. 성령은 성부 안에 전적으로 계시고, 성자 안에 전적으로 계신다. 성부, 성자, 상령은 독립적으로 계시지 아니하시고 상호 침투해서 성부는 성자 안에, 성자는 성부 안에, 성부와 성자는 성령 안에 거하시는 유기적 공동체다.

기독교 역사를 살펴볼 때 오랫동안 성부, 성자, 성령이 가지는 고유한 속성이 있다고 생각했다. 그래서 성부를 전능, 성자를 전지, 성령을 전선이라고 표현하였다. 성부를 태초의 근원, 성자를 지혜, 성령을 덕성으로 부르는 것도 유사한 생각에서 나온 것이다. 기독교적 세계관으로 볼 때 성부는 창조로, 성자는 십자가에서 대속적 죽음을 통한 구원으로, 성령은 성화의 영으로 피조세계에 임한다고 할 때도 삼위가 고유한 속성을 가졌다고 보질 말고 창조의 주무는 성부가 하지만 그 안에서 같이 도모하고 유기적으로 협조하고, 구원의 주무는 성자가 하지만 성부의 뜻과 성령의 완성의 힘으로 함께 하며, 성화의 주무는 성령이지만 실수 없이 이루어지도록 성부와 성자는 밀고 인도하며 도모하는 유기적인 관계로 일을 완수하는 것이다. 성경에서 어떤 사건을 때로는 성부, 때로는 성자, 때로는 성령의 행위로 표현하였지만, 그 의미는 삼위가 함께 역사하신 것으로 보면 될 것이다.[113]

기독교의 하나님은 유일신이지만 인격체는 셋이다. 이미 언급한 바와 같이 삼위일체를 숫자로 보면 옳지 못하고 상호통재를 통해 일체가 되는 유기적인 공동체로 봐야 옳다는 것이다. 밀턴과 삼위일체 교리와의 관계는 구체적인 사건을 다룰 때 다시 사세하게 친착할 것이다. 여기서는 다만 밀턴이 조금은 희미하지만 삼위를 협동하고 연합하여 공동체성을 이루는 삼위가 동등한 하나님을 주장한다는 것만 지적해 두겠다.

> 너는 하나님과 동등한 지복한 자리에 앉아,
> 하나님과 같은 복락을 똑같이 누리면서도
> 세상을 피멸로부터 구하고자 일체를 버려
> 생득권 보다 오히려 그 공로 때문에
> 하나님의 아들로 인정받으리라.

『그리스도교 교리론』에서는 아주 극명하게 "아버지와 아들은 동등하지 않다"[114]라고 하였는데, 이는 종속론을 따른 견해라 할 수 있다. 그러나 위에 인용한 『실낙원』 제3편 305-309행에 따르면, 『실낙원』의 삼위일체교리는 아버지와 아들 그리고 성령이 동등한 삼위일체라는 것을 알 수 있다.

칼뱅은 히브리서 1장 3절 "이는 하나님의 영광의 광채시오 그 본체의 형상이시라 그의 능력의 말씀으로 만물을 붙드시며 죄를 정결하게 하는 일을 하시고 높은 곳에 계신 지극히 크신 이의 우편에 앉으셨느니라"을 들어서 '아버지' 하나님은 '아들' 하나님과 어떤 특수한 성질을 구별되게 하셨다할지라도 '아들'안에서 '아버지'의 총체적인 것이 표현되었으니만큼 '광채'(brightness)나 '형상'(image) 안에는 '아버지'의 본질(substance, hypostasis)이 모두 내포되어 있

---

113) 위의 글.
114) *CD*. 14 : 50, 190, 210, 310, 342; 15 : 4.

다고 보았다. 밀턴의 견해도 칼뱅과 일치한다.

> 그 오른쪽엔
> 그의 영광의 찬란한 표상(형상)인 외아들이
> 앉아 있다. (PL., 3. 62-64)

> 하나님의 아들은 비할 데 없이 영광스럽게
> 보였고, 그에게는 아버지의 모든 것이
> 실질적으로 나타나 빛났으며, 그의 얼굴엔
> 성스러운 연민, 끝없는 사랑, 헤아릴 수 없는
> 은총이 뚜렷하게 나타났다.
> 그것을 나타내며 그는 아버지에게 이렇게 말하였다.
> (PL., 3.138-43)

> 다음으로 그들은 당신을 노래합니다. 최초의 창조물,
> 태어나신 아들, 하나님의 형상 그대로라고,
> 그 시선을 끄는 모습엔 가린 것 하나 없이
> 전능하신 아버지 선명하게 나타나 빛나나이다.
> 그렇지 않으면 아무도 당신을 볼 수 없으리라.
> 당신에겐 그의 영광의 광휘 머물고
> 그의 풍부한 영이 당신에게 깃들어 있나이다. (PL., 3.383-9)

『실낙원』 제7편에서는 '아버지'와 아들이 인간을 창조하되 우리의 형상대로 같이 만들자고 서로 도모하는 것을 볼 수 있다.

> 이제 우리 모습을 닮은
> 사람을 만들자! (PL., 7. 51920)

여기서 보는 바와 같이 '삼위일체'에 대한 밀턴의 견해는 『실낙원』
에 있어서는 칼뱅과 일치하고 있다. 아버지와 아들은 영광에 있어서
는 동등하지만 그 직무에 있어서는 각각 맡은 바가 다르다는 것을
말하고 있는데, 그것도 칼뱅과 일치한다.

> 영원의 아버지시여, 임무를 명하심은 당신의 일이고,
> 지고하신 당신의 뜻을 하늘과 땅에서
> 수행하는 것은 내 일이니 당신은 사랑하는
> 아들인 내 안에 언제나 즐거이 계시나이다. (*PL.*, 10. 68-71)

그런데 다음 인용하는 구절을 놓고 아리안주의자(Arianism)로 낙
인을 찍는 일은 잘못된 처사라 할 수 있다.

> 들으라, 너희 모든 천사, 빛의 아들들아,
> 좌천사, 권천사, 위천사, 역천사,
> 능천사들아, 결코 취소할 수 없는 내 명령을 들으라.
> 오늘 나는 내 외아들이라고 선언할 자를
> 낳아 이 성스런 산 위에서 기름을 부었노니
> 지금 너희들이 보는 바와 같이 그는 내 오른편에
> 앉아 있노라. 그를 너희들의 머리로 임명하고,
> 하늘의 모든 무릎이 그 앞에 꿇고 그를 주로
> 인정하도록 내 스스로 서약했도다. (*PL.*, 5. 600-8)

여기서 보는 바와 같이, '나의 낳은 아들'(my begotten Son)이라
는 말을 들어 마치 삼위일체의 종속설이나 되는 것처럼 해석해서
밀턴을 '이단'으로 낙인을 찍는 경우가 많은데, 삼위일체에 대한 밀
턴의 견해는 결코 아리안주의가 아니다.115) 밀턴의 삼위일체 교리
는 적어도 『실낙원』에 있어서만은 니케에 회의 이전의 전통문서들

과 대부분의 장로교 교인들이 주장하는 초대교회의 언설들과 특히 성경에 부합된다. 시편 2편 6-7절 "내가 나의 왕을 내 거룩한 산 시온에 세웠다 하시리로다. 내가 여호와의 명령은 전하노라. 여호와께서 내게 이르시되 너는 내 아들이라 오늘 내가 너를 낳았도다"라는 말씀이 있다. 밀턴을 비롯해서 17세기 사상가들은 교리가 아니라 이념을 붙들고 늘어지는 경향이 많았다.

'내 외아들'을 '오늘'(this day) 낳았다고 했으나 이는 도저히 그럴 수 없는 문제로서 문자적으로 해석해서는 안 되는 구절이다. 왜냐하면 하나님의 말씀을 들으려 소집된 빛나는 천군천사들은 다 하나님의 뜻에 따라 말씀인 아들에 의해 지음 받았기 때문이다. 여기 '낳았다'는 것은 '만들어졌다'(made)는 뜻이 아니라 왕으로 기름을 부어 선택하여 오른쪽 보좌에 앉게 하신다는 뜻이다. 모든 천사들은 그의 통치를 받으며 그의 앞에 무릎을 꿇어야 한다는 것을 선포하는 날이 바로 '오늘'이라는 날이다. 이것이 어떻게 종속설이 되겠는가? 『실낙원』 제3편 184-85행에서는 '어떤 자'를 특별한 은총으로 선택하여 다른 자들보다 더 높이 세우겠다"고 말하고 있다. 여기서 특별한 은총 즉 구원의 은총으로 선택된 '어떤 자'는 곧 그리스도다. 아버지 하나님께서는 외아들 예수를 왕으로 선택해 세우시기도 하고 구원자로 택하여 세우시기도 하신다. '낳았다'는 뜻이 창조되었다는 것을 의미하는 것이 아니고 특별한 임무를 수행하도록 선택하여 세워졌다는 것이다. 그러니까 아버지와 아들은 임무는 다르지만 본질은 같은 존재라 할 수 있다.116)

아들이 아버지와 그 본질에 있어서나 능력이나 영광에 있어서 동등이라는 것과 아들도 아버지와 똑같은 신이라는 것을 성경은 가르치고 있다. 아들 자신이 말하기를 "나와 아버지는 하나이니라"(요 10 : 30)고 하였다. 또 다른 곳에서 아들에 대하여 말하기를 "태초

---

115) Hunter, Patrides, Adamson, 50.
116) *Ibid.*, 31.

에 말씀이 계시니라. 이 말씀이 하나님과 함께 계셨으니 이 말씀은 곧 하나님이시니라"(요 1 : 1)이라 하였고, 다시 "아들에 관하여는 하나님이여 주의 보좌는 영영하며 주의 나라의 규(홀, sceptre)는 공평한 규이니이다"(히 1 : 8)이라고 확언하고 있다. 이 모든 성구는 아들인 예수 그리스도가 아버지 하나님과 모든 면에 있어서 동등하며, 아들도 바로 하나님 자신임을 밝혀준다. 그리스도의 신성에 대하여 밀턴도 『실낙원』에서는 성경의 교리와 일치하고 있다고 보는 것이 옳다.

> 그 둘레에는 모든 하늘의 성자들이
> 별처럼 빽빽이 모여 섰고, 그분 모습 보며
> 말로 형언할 수 없는 축복을 누린다. 그 오른쪽엔
> 그의 영광의 찬란한 표상인 외아들이
> 앉아 있다. (*PL*., 3. 60-4)

여기서 보는 바와 같이, 외아들도 하나님의 보좌 오른쪽에 나란히 앉아 계신다. 하나님은 '아들'이 하늘과 땅에서 모든 이름을 초월하여 그의 우월함을 선언하고 모든 천사들에게 그를 예찬할 것을 명하셨다. 그들은 그 명에 따라 전 합창대가 일제히 하프에 맞추어 성가를 불러 하나님과 아들을 송축한다. 바울은 말하기를 "옛적에 선지자들을 통하여 여러 부분과 여러 모양으로 우리 조상들에게 말씀하신 하나님이 이 모든 날 마지막에는 아들을 통하여 우리에게 말씀하셨으니 이 아들을 만유의 상속자로 세우시고 또 그로 말미암아 모든 세계를 지으셨느니라. 이는 하나님의 영광의 광채시오 그 본체의 형상이시라. 그의 능력의 말씀으로 만물을 붙드시며 죄를 정결하게 하는 일을 하시고 높은 곳에 계신 지극히 크신 이의 우편에 앉으셨느니라"(히 1 : 1-3)라고 하였다. 아들 그리스도는 하나님의 영광의 광채요 그 본체의 형상이시라, 높은 곳에 계신 위엄의 우편에 앉아계신다. 이 점에 있어서 밀턴의 사상은 성경과 완전히 일치한다. 이 사실을 밀턴은 사탄의 분노를 통해서도 표현하고 있다.

> 상의하려는 것은
> 어떻게 하면 새로운 존경의 방법을
> 가장 잘 고안하여, 지금까지는 없었던 무릎을 꿇는 굴종과
> 비열한 부복례(俯伏禮)를 우리에게서 받고자 오는 그를
> 맞이하느냐는 것이다. 하나도 견디기 어려운데
> 어떻게 둘을 견디랴. 그자와 지금 피력된
> 그의 영상(映像)에게. (*PL.*, 5. 779-82)

여기서 사탄이 굴신(屈身)의 예를 아버지 하나님께만 아니라, 아들 그리스도에게도 똑같은 예를 드리게 된 것을 크게 근심하여 긴급회의까지 소집하고 있다는 것이니 똑같은 굴신의 예를 아들에게도 아버지에게와 마찬가지로 드려야 할 만큼 아들의 위엄이 아버지와 동등이라는 것을 입증하고 있다고 하지 않을 수 없다. 그러므로 밀턴은 아버지와 아들을 동등한 입장에 세워놓고 있다는 것을 『실낙원』에서는 부인하기 어렵다.

### 3) 창조와 섭리

「창세기」 1장 1-2절 "태초에 하나님이 천지를 창조하시니라. 땅이 혼돈하고 공허하며 흑암이 깊음 위에 있고 하나님의 영은 수면 위에 운행하시니라"는 말씀이 있다. 여기서 말씀하시는 바와 같이 기독교의 하나님은 창조주다.

만물은 진화된 것이 아니라 하나님에 의해 창조되었다. 모든 것은 하나님 자신의 의지와 계획에 따라 명령으로 창조되었다. 하나님은 형체 없는 것에 형체를 주고, 빈 것에 채움을 주며, 혼돈에 질서를,

흑암에 빛을 주는 전능하신 조물주다. 창조의 차서는 첫째 무생물들(inanimate life), 즉 풀들과 다른 식물들, 나무들, 그리고 과일나무(fruit tree)들을 창조되었고, 그 다음으로는 바다를 생명체로 가득 채워졌고, 공중에는 나는 것들로, 땅에는 기는 것들로 채워졌다. 그리고 창조의 맨 마지막 날 하나님의 형상대로 인간을 창조하셨다. 창조된 인간은 창조주의 명령에 수종해야만 행복한 그런 존재였다.

> 이제 우리 모습을 닮은 사람을 만들자!
> 그래서 바다의 고기와 공중의 새를,
> 들짐승과 전 지상을
> 그리고 땅에 기는 온갖 길짐승을
> 다스리게 하자 하시고, 하나님은
> 그대 아담을 만드셨도다. 아 인간이여,
> 땅의 먼지여, 그리고 생명의 입김을 그대
> 코에 불어넣으셨도다. 그 자신의 모습대로
> 정확한 그의 모습 그대로 하나님이 그대를
> 만드셨고 그대는 산영이 되었도다. (*PL.*, 7. 519-528)

하늘의 영물인 루시퍼 천사를 위시하여 그를 따르는 삼분의 일의 천사들이 모반을 일으켰다가 그리스도 군에게 쫓겨서 지옥으로 추락한다. 이렇게 해서 혼돈 속에 지옥이라는 새로운 영역이 생겨났지만 하늘에는 그 만큼 수가 줄었다. 『실낙원』 제3편 678-680에 보면 그 '손실'을 보충하기 위하여 인간이라는 새로운 종족을 창조하였다고 한다. 하나님을 더 낮게 섬기게 하면서도 그 인간에게 만물을 지배하고 다스릴 권세를 주셨다.

이와 같이, 밀턴에게 있어서 가장 위대한 주제는 만물 창조와 인간 창조 및 예술 창조 행위까지를 포함한 '창조행위'였다.117) 하나님의 우주 창조는 하나님의 고유한 필연성에 의한 것이 아니라, 하나님의 주권적 의지의 자발적인 결단에 의한 것이다. 성경에서도 창조주가 자기의 뜻과 계획에 따라 만물을 창조하셨다는 사실을 명백히 하고 있다(엡 1 : 11; 계 4 : 11). 밀턴은 무로부터(ex nihilo) 만물을 창조했다기보다는 모든 것 일체가 신으로부터(ex Deo) 나왔다고 한다.118) 정통주의자들은 신으로부터 나왔다고 하는 이 신유출설(神流出說, ex Deo theory)을 다분히 범신적이고 삼위일체교리와 상충된다고 하는 점에서 이의를 갖는다. 그러나 유출론자들은 모든 것이 하나님으로부터 시원 되지만 하나님은 신비로운 방식으로 모든 것을 초월한다고 주장한다.119)

 밀턴을 위시하여 신유출론자들은 신은 인간의 사상이나 이지로서는 이해할 수도 없고 접근할 수도 없다는 데서 출발한다. 밀턴은 『실낙원』 제3편 빛을 향한 기원에서 "하나님은 빛이시라./영원으로부터 오로지 가까이할 수 없는"(PL., 3. 4-5) 존재라고 하였다. 하나님은 가까이 할 수 없는 존재라는 것을 눈에 보이도록 형상화하기 위하여 '어둠 이미저리'(darkness imagery)를 주로 사용하였다.

  ··· 만물의 조물주(造物主)
 스스로 보이지 않는 빛의 원천.
 그 휘황찬란한 빛을 가리시지 않는 한,
 아무도 접근할 수 없는, 그 찬란한 광휘에 둘러싸여
 보좌에 앉아 계신 분을, 때로는 찬란한 성소처럼
 몸에 휘감으신 구름 사이로,
 너무도 찬란하여 그 옷자락 어둡게 보이지만,

---

117) Galbraith Miller Crump, *The Mystical Design of Paradise Lost* (Cranbury : Associated UP., 1975), 28; W. B. C. Watkins, *An Anatomy of Milton's Verse* (Hamden : Archon Books, 1965), 42.
118) Hunter, Patrides, Adamson, *Bright Essence : Studies in MIlton's Theology* (Salt Lake City : U of Utah P., 1971), 81-102 참조.
119) *Ibid.*, 87.

> 그래도 하늘은 눈부셔, 가장 찬란한 스랍도
> 가까이 가질 못하고 두 날개로 눈을 가립니다.
> (PL., 3. 374-83)

『실낙원』제7권에서는 하나님을 전능하시고 무한하신 창조주라는 개념적인 이미지로 지칭하지 않고 '무한을 채우는 자'라는 비유적인 이미지로 표현하였다.

> 무한을 채우는 자는 나이니 심연엔 한계 없고
> 내 비록 제한 받고 스스로 물러나서 나의 선을
> 나타내지는 않는다 해도 (그것을 하고 안 하고는
> 자유자만) 공간은 공허하지 않도다.
> 필연과 우연은 내게 접근하지 못하며
> 내가 뜻하는 그것이 곧 운명이니라. (PL., 7. 168-73)

하나님은 전능자이시고 어디나 있을 수 있는 초월자이면서 편재자이기 때문에 시공을 초월해서 무한한 심연을 공허하지 않게 충만케 하셨는데, 가득 채워진 만물의 실체는 동일하지만 그 형태는 다양하고 내용에는 차등이 있다고 밀턴은 창조의 다양성과 차등성을 강조하였다. 그러나 그 실체는 동일한 하나님으로부터 나왔으며 크고 작은, 우월한 것과 열등한 것은 종류가 다르지만 하나님의 창조 체계의 그물 망을 이루어 유기적으로 연결된 존재로서 살도록 했다는 것이다.

> 아, 아담이여, 유일하신 전능자가 계셔서 그로부터
> 만물은 나오고, 이토록 완전하게 창조되었으니
> 선에서 타락하지만 않는다면 다시 그에게로
> 돌아가리라. 만물은 그 원질이 하나지만,

여러 가지 형태와 여러 가지 등급의 본질로 나뉘고
살아 있는 것들에는 생명이 주어졌도다.
그러나 각기 부여된 활동의 세계에서
하나님과 가까운 자리에 있거나 또는 가까워짐에 따라
더욱 정화되고, 더욱 영화되고, 더욱 순화되어,
마침내 각 종류에 상응하는 한계 안에서
육체는 영으로 승화하리라. (*PL.*, 5. 469-79)

이와 같이, 그가 창조한 모든 것은 서로 다른 형태를 취하고 있을 뿐 아니라 등급이 다르지만, 그 본질에 있어서 하나로 통합되는 창조의 원리는 한 남자와 한 여자가 결합하여 하나로 합일되는 인류 부부의 관계에서도 찾아 볼 수 있다.

··· 남자에게서 나온
그녀 이름은 여자. 이 때문에 남자는 부모를
떠나 그의 아내와 합쳐 한 살,
한 마음, 한 영혼 되리이다. (*PL.*, 8. 496-99)

창조는 이미 앞에서도 언급한 바와 같이, 하나님 자신의 주권적 의지와 계획에 따라서 자신의 영광을 위하여 모든 보이는 것들과 보이지 않는 것들을 만들고 그 자신과 세계를 구별하면서 피조물 모두가 언제나 자기에게 속하도록 하였다는 것이다.[120] 하나님의 창조는 스스로 존재하는 자존자인 동시에 영원하고 무한하며 전지전능하시고 무소부재하시기 때문에 모든 것을 다 아시고 그 자신의 의지 속에 품고 계시던 영원한 모형과 계획에 따라 자유의지대로 무로부터 세상을 창조하셨다. 그 창조의 목적은 자신이 가지고 계신

---

[120] C. A. Patrides, *Milton and the Christian Tradition* (London : Oxford UP., 1966), 37-38.

무한한 선과 자비를 모든 것들이 같이 누리도록 하는 것이고 더나아가서는 신의 영광을 드러내게 하는 것이었다.

> 그들은 지존자에게는 영광을, 미래의 인류에게는
> 호의를, 그들의 거주지에는 평화를 노래했도다.
> 올바른 보복의 불로써 믿음 없는 역도들을 그의
> 눈 앞에서 그리고 의로운 자의 집에서 쫓아낸
> 그에게 영광을, 또한 그 지혜로써 악에서
> 선을 만들기로 정하고, 악령 대신으로
> 그 빈자리에 보다 착한 종족을 두어
> 그곳으로부터 그의 선을 천추만세에 표시고자 하는
> 그에게 영광과 찬미를 바쳐 노래했도다. (*PL*., 7. 182-91)

그 영광과 선의의 현현은 그의 피조물들의 행복과 구원을 실현시키고 그로 인해서 피조물로부터 찬양을 받음으로써 이루어지는 것이다.121) 그런데 이 창조에 있어서 아버지 하나님과 아들 하나님은 어떻게 나타나는 가를 살펴보는 것이 순서일 것 같다. 밀턴은 하나님과 아들의 일치점을 현현 안에서 찾을 수 있다고 한다.122) 아버지는 창조자(creator)로, 아들은 중재자(mediator)로, 성령은 인간의 마음에 역사하는 보혜사(comforter)로 나타난다는 것이다. 즉 삼위신의 본체는 같지만 차이는 그 기능에 있다는 말이다. 밀턴은 아담의 입을 빌어서 다음과 같이 말하고 있다. 그는 아버지를 창조주라고 부른다.

> 또한 하와의 자손들 중에서도 그들은 아직
> 새로운 이름을 얻지 못했었다. 후일 인간을

---

121) *Ibid.*, 39.
122) C. S. Lewis, *A Preface to Paradise Lost* (London : Oxford UP., 1954), 82.

시험하기 위하여 하나님의 높으신 허락 얻어
지상을 방황하며 거짓과 기만으로
거의 모든 인간을 부패시켜, 창조주 하나님을
버리게 하고, 자기들을 만드신 그분의
보이지 않는 영광을 짐승의 형상으로 바꾸어,
이를 금빛 찬란한 의식으로써 장식케 하고
또한 악귀들을 하나님으로
숭상하도록 만들 때까지는. (*PL*., 1. 364-73)

인간이 저버린 것은 창조주 되신 아버지이고, 인간이 범한 것은 창조자이신 아버지의 의지를 범했다고 한다. 그리고 사탄과 함께 타락한 악귀들이 인간들 사이에 우상으로서 새로운 이름을 얻어 대부분의 인류를 부패시켜 창조자이신 아버지 하나님을 버리게 할 것이라는 것이다.

밀턴은 심지어 사탄의 입에서도 아버지를 위대한 창조주라고 서슴지 않고 말하게 한다.

대체 만악의 원조로부터가 아니고야 어디서
그토록 깊은 악의가 나오랴, 인류를
그 근본 뿌리에서 멸망시키고, 땅과 지옥을
뒤섞여서 위대한 창조자에게 앙갚음할
그런 모든 생각이. (*PL*., 2. 380-5)

『실낙원』에서 아들이 '창조주'라고 불리는 때는 없다. 창조사역에 있어서 아들의 임무는 언제나 아버지의 작정과 계획에 순종하는 입장에 서게 된다. 아들이 창조자와 같은 인상을 주는 구절도 종속적인 의미에서 이해되어야 할 것으로 되어 있다.

> ··· 그대 말처럼 동등한 자가
> 동등한 자들 위에 군림하는 것이 부당하다고
> 해두자. 그렇다고 그대가 아무리 위대하고
> 영광스럽고 모든 천사들의 성품을 한 몸에 지녔다
> 한들 그 태어난 성자와 동등하다고 생각하는가.
> 그의 말씀으로 위대하신 아버지는 만물을,
> 심지어 그대까지도 만드시고, 또한 하늘의 영들을
> 모두 그 찬란한 계급으로 나누어 창조하시고
> 그들에게 영광의 관을 씌우시고, 그 영광에 따라
> 좌천사, 주천사, 권천사, 역천사, 능천사,
> 정수의 권세라 부르셨다. (*PL.*, 5. 831-40)

여기서 '그에 의해'(by whom)이나 '그의 말씀으로'(As by his Word)에 있어서 '의해서'(by)는 라틴어 '퍼'(per) 곧 '~을 통해'(through)이고, '애브'(ab) 곧 '~로부터'(from)가 아니다. 그러므로 아들은 창조의 주체거나 근본이 아니라 그 기관이고 매체라는 뜻이다.123) 제7편을 보면 이 점이 더 밝히 드러난다. '전능자'(Almighty)가 아래와 같이 말한다.

> 내가 낳은 아들이여, 너에 의해
> 이 일을 실행할 것이니 말하여 이루라. (*PL.*, 7. 163-4)

> 전능자께서 이렇게 말씀하시니 그 말씀하신 것을
> 그의 말씀인 성자께서 실천에 옮기도다. (*PL.*, 7. 174-5)

'전능자'가 창조사역에 있어서 말씀의 주체가 되어 성자를 기관 또는 매체역할로 사용하여 시행하신다는 것이다.

---

123) *Ibid.*, 94.

> 하늘은 영원불변의 문을 활짝 열고
> 황금 돌쩌귀를 움직여 아름다운 소리를 내며
> 힘 있는 말씀과 영으로써 새로운 세계를
> 창조하려고 오고 있는 영광의 왕을
> 통과시켰도다. (*PL*., 7. 206-9)

여기서 우리는「시편」24편 9-10절의 반향을 찾아볼 수 있다. "문들아 너희 머리를 들지어다 영원한 문들아 들릴지어다. 영광의 왕이 들어가시리로다. 영광의 왕이 누구시냐 만군의 여호와께서 곧 영광의 왕이시로다(셀라)." 여기서 말한 '영광의 왕'(King of glory)는 여호와 하나님, 즉 아버지 하나님을 가리킨다. 마찬가지로『실낙원』에서 밀턴도 '영광의 왕' 아버지 하나님께서 창조의 주동자가 되고 '그의 힘 있는 말씀'과 '영'(Spirit)은 '새로운 세계'를 창조하는데 보조역할을 하고 서로 도모해서 아버지의 뜻을 이루는 것이다.

창조주로서의 '아버지'는 필연적으로 '아들'보다 뛰어나신다. 그것은 '아들'이 피조물 가운데 속하기 때문이 아니라 다만 창조사역에 있어서 아버지 하나님의 작정과 계획을 수행하는 중개역할을 하였기 때문일 뿐이다. 이 시에 있어서 아버지 하나님의 창조사역을 극적으로 묘사하려니까 밀턴은 '아들'의 열등함을 보이는 듯한 속내를 풍기고 있고 그런 암시를 피할 수 없었다.

루이스는 창조사역에 있어서 '아들'은 '기관'(agent) 또는 매체였다고 말하면서, 그것은 성경에 근거를 둔 것이라고 변호하였다. 특히 성경「요한복음」1장 10절 "그가 세상에 계셨으며 세상은 그로 말미암아 지은 바 되었으며 세상이 그를 알지 못하였고"라는 말씀과「골로새」1장 16절 "만물이 그에게서 창조되되 하늘과 땅에서 보이는 것들과 보이지 않는 것들 ··· 이나 만물이 다 그로 말미암고 그를 위하여 창조되었고"라는 성경으로부터 밀턴은 배운 것이라고 변증한다.124) 창조사역을 시작할 즈음에 '아버지'는 '아들'에게 명령하신다.

> ··· 내가 낳은 아들이여, 너에 의해
> 이 일을 실행할 것이니 말하여 이루어라.
> 나의 만물을 덮는 영과 힘을 너에게 주어
> 보낼 것이니, 타고 나가 심연에 명하여
> 정해진 한계 안에서 하늘과 땅을 있게 하여라. (*PL.*, 7. 163-7)

'아버지'가 '아들'을 향하여 정해진 한계 안에서 천지를 있게 하였고, 전능자 곧 아버지 하나님이 아들에게 명하신 것을 아들이 실천에 옮겼다. 계획과 작정은 아버지가 하고 실행은 아들이 하므로 기능을 분담하셨다. 인간을 창조하려고 할 때 '아들'과 더불어 의논하는 분은 '영원한 전능의 아버지'(the omnipotent eternal Father, *PL.*, 7. 516-20)이시다. 아버지는 하늘에 머무르고 아들만이 나와서 새로운 우주를 창조하였다. 그러나 어디나 계시는 편재하신 아버지는 그 우주에도 있어서 아들에게 인간창조에 대한 의논을 하는데 이 경우에 있어서도 '아버지'가 창조의 주도권을 잡고 있는 것을 알 수 있다.

'아버지'는 전능의 특권을 가지고 계셨으므로 새로운 우주에 불가시적으로 갔지만, 역시 거기에 머물면서 만물창조의 주체로서 작위자로서 일을 명하셨다. 그리고 일을 마친 후에는 '아들'보다 먼저 그의 높은 자리로 돌아왔고 그 후에 '아들'이 돌아왔다. 엿새 동안의 창조사역을 마치고 지고한 하늘의 보좌로 귀환하는 순서에 있어서도 '아버지'가 먼저 돌아오고 '아들'이 나중에 돌아온다. 제칠일의 안식에 있어서도 밀턴은 주로 '아버지'에게 대하여 말하고 있다 (*PL.*, 7. 591-640).

---

124) J. H. Hanford, *A Milton Handbook* (New York : Appleton Century Crofts Pub. Co., 1961), 231-2.

천지창조에 있어서 밀턴이 주로 생각한 것은 '아들'이 아니라 '아버지'다. 천지를 창조하는데 관한 모든 것이 논리적으로 '아버지'와 연관성을 가지며, 신의 섭리와 계획과 작정에 종속하는 것으로 밀턴의 시는 구성돼 있다. 시에 있어서도 '아들'은 '아버지'보다 열등한 존재로 함의하고 있기는 하지만, 그것은 어디까지나 창조사역에 있어서 기능적인 종속이지 본질적인 것이 아님을 알아야 할 것이다.

다음으로는 창조의 목적을 달성하기 위한 하나님 자신의 영원한 계획과 지혜로써 악에서 선을 만들기로 정한 뜻 곧 섭리(providence)에 대해 살펴봐야겠다. 하나님의 섭리란 하나님이 피조물과 그 모든 행동을 가장 지혜롭고 거룩하며 유력하게 보존하고 지배하시는 일 또는 행위를 말한다. 성경은 모든 존재는 하나님으로부터 창조되었고 그에 의해서 유지되고 존속된다고 분명히 가르치고 있다.

"오직 주는 여호와시라. 하늘과 하늘들의 하늘과 일월성신과 땅과 땅위의 만물과 바다와 그 가운데 모든 것을 지으시고 다 보존하시오니 모든 천군이 주께 경배하나이다"(느 9 : 6). "우리가 그를 힘입어 살며 기동하며 있느니라"(행 17 : 28). "곧 만유의 아버지시라. 만유위에 계시고 만유를 통일하시고 만유가운데 계시도다"(엡 4 : 6). 성경 전체를 통하여 자연의 법칙과 역사와 과정과 또한 개인의 모든 운명을 하나님이 항상 섭리하고 지배하고 다스리심을 가르친다. 하늘에 있는 것이나 지상에 있는 것이나 천사들로부터 미생물에 이르기까지 하나님의 절대적인 섭리에 의하여 질서를 유지하고 있다는 말이다.

인신론자들은 하나님은 이 세상을 창조하시고 거기에 자연법칙을 부여하고 그리하여 이 세계는 자연법칙에 따라 움직이도록 내버려두고 하나님은 더 이상 이 세계에 관여하지 않는다고 주장하지만 이는 성경의 주장들과 일치하지 않는다.

하나님은 미리 세우신 목적을 달성하기 위하여 모든 존재자들, 즉 자연이나 개인 또는 국가들을 사용하시고 절대적으로 그들을 지배하신다. 하나님은 한 민족을 멸망시키시기도 하고 위대한 민족을 만들기도 하신다. 하나님은 자기의 뜻대로 평화와 풍년, 부와 행복, 전쟁과 흉년을 조장하신다. 이러한 모든 일들은 하나님의 목적을 위하여 적절하게 사용된다. 하나님은 우주에 자연법칙만 부여하시고 수수방관(袖手傍觀)만 하시는 그런 무책임한 존재는 아니시다. 참새 한 마리도 하나님의 허락 없이는 땅에 떨어지지 않는다(마 10:29). 하나님의 섭리는 그 참새 한 마리가 어느 나무 가지에 앉으며 어디서 자며 어디에 깃들이며 무엇을 먹고 살고 어디서 죽을런지를 일찍 정하셨다고 청교도들은 믿고 있었다.

우리 인간이 알아야 할 것은 하나님이 자기 창조물을 통치하고 있다는 것과 또한 하나님의 통치가 그 피조물의 성질을 무시하지 않는다는 것, 그리고 하나님의 통치는 자신의 순결함과 우월하심에 일치한다는 것이다.

하나님은 자연계와 물질세계를 지배하고 다스리신다. "하늘로서 비를 내리시며 결실기를 주시는 선한 일을 하사 음식과 기쁨으로 너희 마음에 만족케 하셨느니라"(행 14:17).[125] 하나님은 또한 동물계도 섭리하신다. "공중의 새를 보라 심지도 않고 거두지도 않고 창고에 모아들이지도 아니하되 너희 천부께서 기르시나니"(마 6:26).[126] 민족의 생활과 역사에 해애서도 하나님은 섭리하신다. "지극히 높으신 자가 인간 나라를 다스리시며, 자기의 뜻대로 그것을 누구에게든지 주시며"(단 4:17),[127] 개인의 생활도 섭리하신다. "사람이 마음으로 자기의 길을 계획할지라도 그 걸음을 인도하시는 자는 여호와시니라"(잠 16:9).[128] 인간의 자유행동에 대한 하나님의 섭리도 발견할 수 있다. "너희 안에서 행하시는 이는 하나님이시니 자기의 기쁘신 뜻을 위하여 너희로 소원을 두고 행하게 하시나

---

125) 마 5:45 ; 창 41:32 ; 암 4:7 ; 사 40:12 ; 수 10:12-13 참조.
126) 마 10:29 ; 단 6:22 ; 시 104:21 ; 욥 38:41 참조.
127) 단 2:21 ; 시 33:10 ; 삿 6:1 ; 합 1:6 참조.
128) 잠 21:1 ; 시 37:23 ; 단 3:17 ; 스 8:31 ; 느 4:15 참조.

니"(빌 2 : 13).129) 인간의 사악한 행위에 대해서도 하나님께서는 섭리하신다. "예수께서 대답하시되 위에서 주지 아니하셨더라면 나를 해할 권세가 없었으리니"(요 19 : 11).130) 인간의 요행적인 사건에 대해서도 하나님은 섭리하신다. "사람이 제비는 뽑으나 일을 작성하기는 여호와께 있느니라"(잠 16 : 33).131) 이 세상에 우연이나 요행은 전혀 없다는 것이 청교도들의 섭리관이다.

### 4) 초월과 내재

천지를 창조하신 하나님은 땅에 계신 신이 아니라 하늘에 계신 초월신이시다. 초월신이시기 때문에 어느 곳에나 편재하시어서 그 지으신 모든 것을 감찰하시고 주기도 하고 취하기도 하며 지금도 살아계셔서 역사하고 섭리하시는 존재로 보는 것이다. 이것이 철두철미 성경이 말하는 신관이다. 시편 139편에서 그 전능성을 잘 묘사해 주고 있다.

> 여호와여 주께서 나를 살펴보셨음으로 나를 아시나이다.
> 주께서 나의 앉고 일어섬을 아시고
> 멀리서도 나의 생각을 밝히 아시오며
> 나의 모든 길과 내가 눕는 것을 살펴보셨음으로
> 나의 모든 행위를 익히 아시오니
> 여호와여 내 혀의 말을 알지 못하시는 것이
> 하나도 없으시니이다.
> 주께서 나의 앞뒤를 둘러싸시고
> 내게 안수하셨나이다.

---

129) 출 12 : 36 ; 겔 36 : 27 ; 스 6 : 22 참조.
130) 행 4 : 27-29 ; 삼하 16 : 10-11 ; 출 14 : 17 참조.
131) 행 1 : 14-26 참조.

이 지식이 내게 너무 기이하니
높아서 내가 능히 미치지 못하나이다. (시 139 : 1-6)

이 구절에 나오는 동사는 하나님의 지식에 초점을 맞추고 있다. '살펴보시고 … 아시나이다', '아시며 … 밝히 아시오며', '살펴보시며 … 익히 아시오니', '알지 못하는 것이 하나도 없으시니이다', '앞뒤를 둘러싸시고' 같은 동사를 유의해 보아야 한다. 따라서 시인에게 있어서 하나님의 지식은 '기이'한 것일 수밖에 없다.

이 시의 서두에 이미 나오는 대구법을 통하여 시인은 하나님은 전지하신 분이라는 것이 강조된다. 즉 시인은 '앉고 일어섬', '나의 모든 길과 눕는 것', '앞뒤를 둘러싸시고'라는 대조적인 한 쌍의 말로써 시인은 하나님의 전지성과 편재성을 역설하고 있다.

내가 하늘에 올라갈지라도 거기 계시며
스올(음부)에 내 자리를 펼지라도 거기 계시나이다.
내가 새벽 날개를 치며
바다 끝에 가서 거주할지라도
거기서도 주의 손이 나를 인도하시며
주의 오른손이 나를 붙드시리이다.
내가 혹시 말하기를 흑암이 반드시 나를 덮고
나를 두른 빛은 밤이 되리라 할지라도
주께서는 흑암이 숨기지 못하며
밤이 낮과 같이 비추이나니
주에게는 흑암과 빛이 같음이니이다. (시 139 : 8-12)

어디를 가나 하나님은 거기 계시기 때문에 도피할 수 없다는 것이다. 초월신이시기 때문에 필연적으로 전능성과 전지성, 그리고 편재성과 연결되게 되는 것이다. 하나님이 우리와 꼭 같이 땅에 존재한다면 전지전능 무소부재가 가능할 수가 없다. 밀턴도 철저하게 하나님의 주권과 전지전능하고 어디에나 계시는 존재라는 것을 수없이 말하고 있다.

> 하나님은 다시 이르시기를, '물은 수많은 알을 갖는
> 기어 다니는 생물로 번성케 하라.
> 그리고 땅 위 하늘의 열린 창공에서 새가
> 날개를 펴고 날게 하라' 하시고는
> 커다란 고래와 각종 생물들, 즉 물에서
> 종류 따라 생산되는 수많은
> 기어 다니는 것들을 창조하셨고, 또한 종류별로
> 날개 있는 각종 새들을 창조하셨도다. (PL., 7. 387-394)

하나님의 전지전능성은 그의 창조와 창조한 것들에 대한 보존과 통치에 나타난다. 모르고서는 각종 종류대로 생물들을 창조할 수도 없고 전능하지 않고서는 무에서 유를 어떻게 창조할 수 있겠는가? 또한 모르고서는 우주 질서를 유지할 수 없으며 명령하고 만물을 지휘 지도할 수가 없다. 하나님은 시간과 공간을 초월해 계시면서 어디나 계시고 과거, 현재, 미래를 내다볼 수 있다.

> 하나님은 과거, 현재, 미래를 내다볼 수 있는
> 그 높은 전망대에서 사탄을 바라보며
> 그의 독생자를 향해 이렇게 예언의 말씀을 하신다.
> "독생자여, 그대는 보는가, 미친 듯 성이 나서
> 날뛰는 우리의 대적을. 지정된 한계도,
> 지옥의 빗장도, 그에게 씌워놓은
> 모든 사슬도, 또 널리 가로놓인
> 대심연도 그를 제어할 수 없을 만큼, 그는 그렇게

필사적인 복수를 꾀하는 모양이지만, 그것은 자신의
반역의 머리 위로 되돌아가리라." (*PL.*, 3. 77-86)

하나님은 보이는 사람의 일만 아니시는 것이 아니리 보이지 않는 천사나 사탄의 일까지 속속들이 꿰뚫어 보고 지금은 기고만장하게 복수하려고 날뛰지만 사탄이 반역했으니 재화는 사탄의 머리 위로 되돌아가게 된다고 예언하신다. 예언은 앞으로 보지 못하면 할 수가 없다. 그리고 사람이 없다고 해서 또한 잠을 잔다고 해서 하나님이 부재하는 것이 아니고 언제 어디에나 계셔서 감찰하시고 보호하신다는 것이다.

   ··· 사람이 없다고 해서
하늘 보는 자 없으며, 하나님을 찬미하는 자 없다고
생각지는 마오. 우리가 깨어 있을 때나 잠잘 때,
수천만의 영물들, 형체는 보이지 않아도 지상을
걷고 있고, 그들은 모두 밤낮을 가리지 않고 하나님의
위업을 보며 끊임없이 찬미하고 있다오. (*PL.*, 4. 676-681)

하나님은 어디에나 계시지만 볼 수도 없고 그의 소리를 들을 수도 없으며 냄새도 없고 만져볼 수도 없어서 그분이 계시다는 것을 믿으면서도 그 속마음이 공허해지기 쉽고 그래서 불만스러워 견딜 수 없게 되는 경우가 참으로 많다. 즉 우리 속에 오셔서 내주하시며 우리의 사정을 살피기도 하시고 우리의 아픔을 같이 아파하시기도 하시는 내재적인 인격신에 대한 체험을 갖지 못하면 어딘가 우주에는 어두운 그림자가 드리우기 마련이다. 그래서 시편의 시인은 이렇게 노래하게 된다.

여호와께서 높이 계셔도
낮은 자를 굽어 살피시며

멀리서도 교만한 자를 아심이니이다.
내가 환난 중에 다닐지라도 주께서 나를 살아나게 하시고
주의 손을 펴사 내 원수들의 분노를 막으시며
주의 오른손이 나를 구원하시리이다.
여호와께서 나를 위하여 보상해주시리이다.
여호와여 주의 인자하심이 영원하오니
주의 손으로 지으신 것을 버리지 마옵소서. (시 138 : 6-8)

  하나님은 높은 데 계시면서도 낮은 데 있는 인간을 내려다보며 돌보시고 손으로 지으신 모든 것을 버리지 않으시고 구원해 주시는 분으로 시인은 인식하였다. 그렇게 가깝고 친숙하고 다정하신 분으로 하나님을 인식하게 될 때, 밖으로 향하던 시선은 안으로 향하게 되고 그곳에서 우리 속에 내재하시는 하나님을 의식하게 된다.

하나님이여 주는 나의 하나님이시라
내가 간절히 주를 찾되
물이 없어 마르고 황폐한 땅에서
내 영혼이 주를 갈망하며
내 육체가 주를 앙모하나이다.
내가 주의 권능과 영광을 보기 위하여
이와 같이 성소에서 주를 바라보았나이다.
주의 인자하심이 생명보다 나으므로
내 입술이 주를 찬양할 것이라.
이러므로 나의 평생에 주를 송축하며
주의 이름으로 말미암아 나의 손을 들리이다.
골수와 기름진 것을 먹음과 같이 나의 영혼이 만족할 것이라.
나의 입이 기쁜 입술로 주를 찬송하되
내가 나의 침상에서 주를 기억하며

새벽에 주의 말씀을 작은 소리로 읊조릴 때에 하오리니
주는 나의 도움이 되셨음이라.
내가 주의 날개 그늘에서 즐겁게 부르리이다. (시 63 : 1-7)

한 밤 중에 고요히 명상할 때, 즉 일심분란(一心不亂)의 경지에 이를 때, 하나님은 그 이상 저 멀리 밖에 있는 것이 아니라 나의 마음속에 내주하게 된다. 그 영혼의 지성서(至聖所 Sanctuary, Holy of holies)에 들어와 그는 사랑의 보금자리를 꾸미고 뜨거운 밀어를 나누게 되는 것이다. 그래서 시인은 "기름지고 맛있는 것을 먹음과 같이 내 영혼이 만족할 것이라"고 하였다.

물론 우리는 어떤 곳에서도 하나님과 교통할 수 있다. 무엇을 하고 있더라도 그가 생명을 부어주고 계시다면 하나님과 교통하는 것과 다름이 없다. 농부가 단단한 땅을 호미로 팔 때, 석공이 돌을 쫄 때, 거기에도 확실히 하나님의 손길의 접촉은 있다. 그러나 밀실에 들어가 기도삼매에 이를 때 우리는 보다 가까이서 하나님의 음성을 들을 수 있다.

밀턴은 영원한 섭리를 밝히려는 이 높고 위대한 주제를 쓰려고 하면서 네 차례나 기도들 드리는데, 그 기도를 통하여 밀턴은 성령이 자기의 성전과 같은 깨끗한 마음을 찾아와 내주하시면서 어둔 것을 비춰주시고 낮은 것을 높여 떠받쳐주시라고 애원하는 기도를 드린다. 그런 기도를 통하여 영감을 받아『실낙원』을 쓸 수 있었다.

더욱이 그대, 어떤 성전보다도 바르고 깨끗한 마음을
좋아하시는 성령이시여,
나를 가르치시라, 그대 아시나니, 그대는
한 처음부터 계셨고, 그 힘센 날개를 펼쳐
비둘기처럼 대심연을 품고 앉아
이를 잉태케 하셨나니, 내 속의 어두운 것을

비추시고 낮은 것을 높여 떠받쳐주시라. (*PL.*, 1. 17-23)

하나님은 초월적인 존재이면서 동시에 우리를 찾아와 대화하시고 죄를 용서하시며 구원해 주시는 인격적인 내재신이시다. 하나님의 초월성과 내재성을 통합하는 일은 그리 쉽지만은 않지만 신아합일의 신비체험을 통하여 이루어질 수가 있다.

## 5) 예정과 자유의지

예정은 예지를 전제로 하지만 예지 그 자체가 예정은 아니다. 전지하신 하나님께서는 자유의지를 가진 인간의 행동까지도 미리 다 아시므로 예지한 대로 그렇게 예정하시는 것이다. 그래서 웨스트민스터 신앙고백서에는 "하나님은 영원 전부터 그의 거룩한 목적에 의해 앞으로 발생할 모든 사건을 불변적으로 예정 하신다"라고 기록하였다.

이렇듯 하나님의 영원한 예정에 의하여 모든 인간들의 행할 일들이 결정된다. 이런 의미에서 본다면 인류는 전부가 동일한 운명을 가지고 창조되었다고는 볼 수가 없다. 어떤 이는 영생을 얻기로 예정되고 어떤 이는 멸망되기로 예정되기도 하는 것이다. 그렇기 때문에 모든 개인의 구원 문제도 생명이 아니면 사망으로 예정되었다고 할 수 있다. 종교개혁자들은 더 나아가 우리 인간들이 외면적으로 행하는 일 뿐 아니라 내면적으로 사고하는 사상까지도 하나님의 예정 안에서 이루어진다고 믿었다.

밀턴도 하나님의 전지의 범위는 하도 넓어서 우리가 알 수 없지만 하나님은 우리 인간의 행동 뿐 아니라 사상까지도 미리 알며 그것을 감찰하고 있다고 한다. 이런 점에서는 밀턴과 종교개혁자들의 견해가 같다고 생각한다.

> 그동안 불가해한 생각까지도 분별할 수 있는
> 영원의 눈은 거룩한 산에서부터 또는 그 앞에서
> 밤마다 불타는 황금빛 등불 앞에서
> 그 불빛에 의지하지 않고
> 반역의 모의를 했다. (*PL*., 5. 711-715)

위의 인용문을 보아도 알 수 있는 바와 같이, 하나님은 기묘한 사상마저도 분별할 수 있는 영원의 눈이라는 것이다. 그의 전지와 예지는 일점의 오점이나 불합리성을 용납하지 아니하여 만사를 그의 예지예정밖에 두는 법이 없다. 그런 의미에서 쇠사슬에 묶여 불타는 호수에 뻗어 있는 사탄도 하나님의 예지예정밖에 있는 것은 아니다.

> 이렇듯 마왕은 사슬에 묶여, 불타는 호수에
> 거대한 몸을 길게 뻗고 누운 채, 거기서 영영
> 일어나지도 머리를 추켜올리지도 못했으리라,
> 만일 만물을 다스리는 하늘의 뜻과 높은 관용이
> 그로 하여금 음흉한 흉계를 자행토록 내버려두지 않았다면.
> (*PL*., 1. 209-213)

하나님은 사탄이 꾸미는 암흑의 흉계를 미리 다 알고 계셨다. 그러면서도 그 계획을 그대로 허용한 것은 역설적이지만 '하늘의 높은 뜻' 때문이다. 그 뜻이 무엇인가? 그것은 유혹당한 인간에게는 보다 무한 선과 은총과 자비를 베풀고, 흉계를 자행한 사탄에게는 그 이상의 파멸과 분노와 복수의 소나기를 쏟아주려는 것이었다. 「베드로후서」 2장 4절이나 「요한계시록」 20장 3절에서 보는 바와 같이, 사탄을 어둠의 쇠사슬로 묶어 놓은 것이나 또 거기서 그를 풀어 놓은 모두가 다 하나님의 뜻에 의한 것이었다. 이와 같이, 사탄의 어두운 도정을 일체 예지하면서도 그 악행을 방지 않고 그대로 허락해 주었다는 논리는 많은 논란과 회의를 불러일으켰다. 밀턴에 따르면, 하나님께서 이렇게 하신 것은 무력해서가 아니라, 피조자의 자유의지를 절대 존중하되 마침내는 자신의 숨은 뜻에 복종시킴으로써 최종적 목적을 달성하기 위한 것이다.

하나님의 더 뚜렷한 예지적 속성은 인간의 타락과 그의 구속에서 찾을 수 있다. 하나님은 범죄 한 인간의 대속자가 나타나기 전에 미리 은총을 약속하면서, 천계의 영물들을 향해 다음과 같은 질문을 던지지만, 그것은 다만 수사적 질문에 불과했을 뿐이다.

그대들 중에 누가 인간의 죽을 죄를 대속하기 위하여
죽음을 택하고, 불의한 자 구하기 위해 의를 택하겠느냐.
이 하늘에 이처럼 귀한 사랑이 어디에 남아 있느냐?
(*PL.*, 3. 214-216)

서상한 바와 같이, 위 질문이 수사적 질문에 불과한 것은 이미 하나님께서는 인간이 스스로 타락할 것을 예지하시고 그리스도 안에서 영원한 구원을 예정 하셨기 때문이다. 이런 섭리의 궁극적 목적은 그의 자비와 은총과 지혜의 영광을 드러내기 위한 것이다. 이로써 더 뚜렷해진 것은 하나님의 은총이란 인간의 타락에 당황한 그의 임기응변이 아니라 이미 세상의 기초가 놓이기 전에 예정한 것이고 그 예정은 그의 완전한 예지에 의해서 결정된 것이라는 것이다.

여기서 한 가지 언급해 두고 싶은 것은, '예정'을 '선택'(election)과 '유기'(reprobation)의 이원적으로 파악하려는 사람들이 있지만, 성경과는 다른 견해라는 것이다. 왜냐하면 성경에는 '유기'를 명시한 곳이 전혀 없기 때문이다. 하나님의 사랑과 은총 속에 그런 부정적인 예정이 포함되면 그건 불합리하고 이치에 맞지 않음으로 용납

할 수가 없다. 이런 이유로 해서 밀턴을 아르미니우스주의자라고 하나 그런 일면을 보일 뿐 총체적으로는 결코 아르미니우스주의자는 아니다. 또한 칼뱅주의자라고도 하지만 밀턴은 결코 칼뱅주의자도 아니다. 신학적으로 말하자면 그는 아르미니우스주의도 칼뱅주의도 아니고 전적으로 성경주의자다. 이를 확증하기 위하여 밀턴은 그의 『그리스도교 교리론』 제4권에서 「로마서」 7장 29-30절과 「고린도전서」 2장 7절을 실례로 들었다.

"하나님이 미리 아신 자들을 또한 그 아들의 형상을 본받게 하기 위하여 미리 정하셨으니 이는 그로 많은 형제 중에서 맏아들이 되게 하려 하심이니라. 또 미리 정하신 그들을 또한 부르시고 부르신 그들을 또한 의롭다하시고 의롭다 하신 그들을 또한 영화롭게 하셨느니라"(롬 7 : 29-30). "오직 은밀한 가운데 있는 하나님의 지혜를 말하는 것으로서 곧 감추어졌던 것인데 하나님이 우리의 영광을 위하여 만세 전에 미리 정하신 것이라"(고전 2 : 7). 다시 말해서 '예정'이 언급되는 곳에서는 언제나 '선택'만 암시될 뿐 결코 '유기'의 의도는 나타나지 않는다는 것이다.132) 그러니까 '예정'의 궁극적 목적은 '영원한 구원'이지 '유기'는 아니다. 혹시 '유기'처럼 보이는 상황이 실재할 수 있지만, 그것은 다만 악인의 파멸현상일 뿐이다. "나는 악인이 죽는 것을 기뻐하지 아니하고 악인이 그의 길에서 돌이켜 떠나 사는 것을 기뻐하노라"(겔 33 : 11)라고 예언자 에스겔이 말한 바와 같이, 하나님은 악인까지도 멸망하는 것을 기뻐하지 않으신다. 하나님에게 있어서 증오의 대상이라고는 하나도 없다. 때문에 피조자 중 어느 하나도 사망에 이르기를 원치 않는다. 때문에 하나님은 그리스도 안에서 모두를 구속하기로 한량없는 은총 베풀 것을 예정한 것이다.

이런 의미에서 하나님의 '예정'에서 제외되는 것이라고는 하나도

---

132) F. A. Patterson, ed., *The Student's Milton* (New York : Columbia UP., 1961), 932.

없고 또 그런 의미에서 '예정'이란 절대적인 것도 아니다. 그것은 '믿음'과 '믿지 않음', '순종'과 '불순종' 둘 중 어느 하나를 선택하느냐에 따라 구원 안에 들기도 하고 구원에서 제외되는 것일 뿐이다. 다시 말하면 우리들의 자유의지에 여하에 따라 구원 받을 수도 있고 구원에서 제외될 수도 있다는 말이다.133) 이와 같이, 예정은 절대적인 것이 아니라 조건적이라 할 수가 있다. 데니스 버든도 이 점에 동의하면서 "하나님의 예정은 조건이다"134)라 하였다. 니느웨를 멸망시키려 했으나(욘 3 : 4) 후일 그 성이 회개함으로 하나님이 그 뜻을 돌린 것은 바로 하나님의 예정이 절대적인 것이 아니라 조건적이고 상대적인 것이라는 증거라고 밀턴은『그리스도교 교리론』제14권에서 말하고 있다.

그러나 하나님의 예지가 조건적이기 때문에 모든 것이 하나님의 지혜와 능력 밖에 있다는 뜻은 아니다. 하나님께서는 원의 중심으로부터 원 둘레까지 걸친 모든 창조물들을 관찰하고 계시지만, 일체의 결정은 창조주의 독단에 의한 것이 아니라 피조자 자체의 자유의지에다 조건적으로 맡긴 것이다. 오히려 하나님의 예지가 절대적이라면 모순에 부닥치게 되고 절망만을 조장해 주는 결과를 초래하게 될 것이다. 지상에서 발생하는 모든 것은 이미 천계에서 예고된 것이지만, 그것은 지상에서 볼 때, 전혀 필연이거나 운명처럼 보이지 않는다. 가령 인간의 타락은 이미 천계에서 예고되어 있었는데,『실낙원』제10편에 가보면 마치 하나님은 인간계에 일어난 사건이 무엇인가를 알아보거나 하려는 듯 에덴동산의 아담을 방문한다. 또 제8편에서 아담의 고독을 해결해 주실 때에도 위와 같은 방법을 취하신다.

---

133) Basil Willey, *The Seventeenth Century Background* (London : Chatto and Windus, 1967), 71.
134) Dennis H. Burden, *The Logical Epic : A Study of the Argument of paradise Lost* (London : Routledge and Kegan Paul, 1867), 30.

… 나는 네가 말하기 전부터, 인간의
　　혼자 있음이 좋지 않음을 알았느니라. 또한 그때 네가
　　본 것들은 네 반려로서 만든 것 아니고, 다만 네가 어떻게
　　그것들의 적합도를 판단하는가를 보기 위해서였느니라.
　　(*PL*., 8. 444-448)

　하나님은 이와 같이, 인간을 하나의 꼭두각시로 만들지 않으려고 최선의 길을 취하시는 것이다. 때문에 지상적 곧 인간적 차원이 최대한으로 서술될 때 그것은 전혀 하나님의 예지와는 무관한 것 같은 인식을 주기도 한다. 『실낙원』 제9편에서 일체는 인간의 결의에 의해서 진행되고 타락은 곧 인간 자신의 문제로 대두되는데, 이 경우 하나님의 예지는 무력하게만 보인다. 그러나 하나님은 그것을 이미 예지하고 계신다. 다만 그 예지가 아담과 하와의 자유의지를 구속하는 강제력으로 나타나지 않았을 뿐이다. 피조물이기는 하나 아담과 하와는 그 자유의지를 남용135)하지 않는 한에 있어서는 무한히 자유롭고 책임을 져야하는 실존이었다.136) 때문에 범죄 후에도 보면 제10편에서 자신들의 의지와 결의에 따라 이미 하나님이 예고한 자손을 낳아서 그것으로써 생을 영속해 보려한다.

　　그러니 좀 안전한 결의를 찾읍시다.
　　그대의 후손이 뱀의 머리를 밟으리라는
　　선고의 일부를 주의하여 상기할 때, 그 길이
　　내게는 보이는 듯싶소. 가엾은 보상이리다,
　　만일 그것이 내가 추측하는 대로 우리의
　　대적 사탄이 뱀이 되어 우리를 속인 것이

---

135) M. M. Mahood, "Milton's Heroes," *Milton,* ed. Alan Rudrum (London : Macmillan, 1968), 237.
136) F. E. Hutchison, *Milton and the English Mind* (New York : Collier Books, 1962), 137.

아니라면. 그 머리를 부수는 것이야말로
정녕 복수가 될 것이오. 그러나 그대의 제안대로
우리가 자살하거나 또는 자식 없는 생애를
택하면 그런 것은 없어지고, 우리의 적은
정해진 형벌을 면하게 되고, 그 대신 우리
머리 위에 이중의 벌이 겹칠 것이오. (*PL.*, 10. 1028-1040)

아담이 후예를 원한 것은 순전히 그의 자유로운 의지에 의한 것이었지만 하나님은 태초부터 그 사실을 예지하고 있었다. 여기서 보는 바와 같이, 모든 자유의지가 예지 속에 있지만 예지는 결코 그것을 구속하거나 강제하지 않고 다만 허락해 주는 관계로 파악된다. 이것이 하나님의 놀라운 섭리요 은총이다.

### 6) 공의와 은총

하나님은 흠이 없고 전능하며, 거룩하고, 진실하며, 의롭고, 신실하며, 선하신 존재다. 전지전능하신 하나님께서 만물을 창조하시되 인간을 자신의 형상대로 창조하셨다. 공의로운 모든 것을 창조하신 하나님께서는 창조하신 세상과 인간을 다스리신다. 천체와 자연만물이 일정한 법칙에 따라 운행하며 관계를 맺고 작용하고 생성하고 사멸하도록 주관하신다. 인간도 마찬가지로 그 뜻과 섭리계획에 따라 운영해 가신다. 하나님의 질서 가운데 있는 모든 창조된 존재는 선하고 의롭고 아름답다. 그것이 존재의 원리이다. 그 아름다움은 존재와 선 및 의와 일치한다. 창조된 세계는 하나님 자신의 자혜와 의와 사랑 안에서 고유한 아름다움과 선을 갖게 되는데, 이 아름다움은 하나님이 창조하신 개별적 사물들이 하나님의 창조적인 선과 의와 일치하는 데서 나오는 아름다움이다.

> ··· 그러므로 그들은 정의에 속하도록
> 창조 되었으니, 그 창조주도, 그들의
> 만듦이나 운명도 비난하는 것은 정당하지 못하다,
> 마치 신이 절대적인 섭리와 높은 예지로써
> 결정하고 그들의 의지를 지배한 것처럼. (*PL*., 3. 112-115)

하나님의 창조물은 원초적으로 선하고 의롭고 아름답다. 그것은 그 속에 하나님의 선하심과 아름다움이 투영되어 있기 때문이다. 그래서 그들의 존재성이나 그들의 만듦이나 운명을 비난하는 것은 옳지 않다고 한다. 타락하기 이전의 만물에는 하나님의 흔적이 들어 있어서 서로 싸우고 해치지 않았으며 서로의 분수와 조화와 질서를 이어가며 선하게 살았다. 또한 높은 예지와 자유의지를 받은 인간들에게 모든 것들이 맡겨져 다스려지도록 되어 있었다. 그러므로 태초의 동식물이나 기는 모든 것들과 나는 모든 것들과 인간은 서로 조화를 이루며 살되 서로 질서를 넘지를 않았었다. 그러나 인간이 불순종을 선택하여 죄를 짓게 되면서 자연과 인간들은 다 같이 사악해지고 사망에 이르는 존재로 타락하게 된다.

언젠가 이야기책을 읽다가 이런 의미심장한 얘기를 읽은 일이 있다. 그 얘기에 따르면, 옛날에 사냥꾼이 있었는데, 사냥꾼이 독수리를 잡으려고 화살을 겨누면서 독수리를 응시하고 있었다. 그런데 독수리는 자신이 죽을 줄도 모르고 어딘가를 노려보고 있었다. 그래서 자세히 보았더니, 독수리는 뱀을 잡으려고 노려보고 있었다. 사냥꾼이 뱀을 쳐다보았더니 뱀도 꼼짝 않고 뭔가를 보고 있었는데, 그건 개구리를 잡으려고 노려보고 있었다. 개구리도 무당벌레를 잡아먹으려고 노려보고 있었는데, 무당벌레는 꼼짝 않고 있었다. 그건 진딧물을 잡아먹으려고 했기 때문이다. 사냥꾼은 그 먹이사슬을 보다가 슬그머니 화살을 내려놓았다. 그리고 그는 자신의 뒤를 돌아보았다. '혹시 누가 나를 잡아먹으려고 노려보는 것이 없을까?'해서다.

그 뒤에는 사냥꾼을 잡으려는 것이 있었는데, 그것은 죽음이라는 것이었다. 타락의 결과 인간은 죽음이 농락하는 존재가 되었다. 그것이 불순종의 결과로 받게 된 저주요 심판이다.

이와 같이, 인간은 하나님의 심판을 면할 수 없게 된 것이다. 하나님은 정의에 기초하여 인간을 창조했을 뿐 아니라 창조된 만물의 심판자로 모든 것을 바르게 판단하고 심판하신다.

   ··· 이는 당신에게는
   있을 수 없는 일, 정말 있을 수 없는 일이옵니다, 아버지,
   창조된 만물의 심판자, 공정하게만 판단하시는 분이시여.
   (PL., 3. 154-156)

하나님의 의가 편협과 치우침에 갇혀 있거나 폐쇄적이라면 궁극적으로 하나님은 공의롭다고 할 수가 없다. 그러나 하나님의 의는 명명백백하고 투명하며 전혀 왜곡되질 않아 바르고 순수하며 공의롭다. 그래서 하나님은 정죄할 자를 정죄하고 구원할 자를 어김없이 구원하시는 것이다. 하나님의 공의의 원칙에 따르면 죄 지은 인간은 죽음을 면할 수가 없다. 그러나 정죄의 심판 아래 있는 인간을 그가 구세주로 보내신 아들 예수 그리스도를 믿기만 하면 용서하고 그 대신 아들을 죽게 하신다는 것이다. 죄와 관련된 하나님의 의는 아들 즉 하나님의 놀라운 은총 없이는 이루어질 수가 없다.

   ··· 악의로 타락한
   그를, 자비와 은총의 아버지여, 당신은 엄하게
   벌하지 않으시고 한층 연민의 정을 기울이셨나이다.
   (PL., 3. 400-403)

밀턴이 지향하는 공의의 초점은 엄벌이나 죽음에 이르는 정죄에

있는 것이 아니라 하나님의 무한하신 자비의 은총에서 연원되는 그리스도의 대속적인 자비와 사랑에 있었다. 하나님은 불복종하고 넘어져 죄로 물든 상처를 쑤셔만 놓는 것이 아니라 외과의사가 상처를 도려내고 감싸주어 치유하듯이 그렇게 사랑으로 싸매준다는 것이다. 하나님은 불법과 불의에 대해서는 추호의 동정심을 나타내질 않는다. 불법이나 불의에 대한 동정이나 연민은 결코 인자도 아니고 사랑도 아니다. 후일에 하나님은 인간에게 사죄의 은총을 베풀지만, 이에 대해서까지도 중대한 이유를 들어 정당화할 정도로 하나님의 공의는 강렬한 것이다.

> 전자의 것(천사)들은 스스로 꾀고 스스로 부패하여
> 자신들의 생각에 의해 타락했지만, 인간은 전자의
> 기만에 의해 타락한 것이니, 인간은 은혜를
> 받을 수 있지만, 전자는 아니다. (PL., 3. 129-132)

위에서 보는 바와 같이, 인간의 범죄는 전적으로 자의에서 기인되는 것이 아니고 사탄의 유혹에서 나기 때문에, 사탄은 자비의 대상이 될 수 없어도 인간은 은총의 대상이 될 수 있다는 것이다. 아무튼 하나님에게 있어서 이 연민과 동정 곧 사랑과 은총은 단순한 감정으로 끝이는 것이 아니라 행동과 실천으로 나타난다. 이런 하나님의 긍휼히 여기심은 맨 처음 라파엘을 아담에게 보내어 사탄의 유혹에 대해 경고를 할 때 나타난다.

> 이렇게 일하는 그들을 보고
> 하늘의 높으신 왕께서 가엾이 여겨, 라파엘을 부르신다,
> 고맙게도 토비아와 함께 여행을 하여 일곱 번 결혼한
> 처녀와의 혼사를 성사시켜준 사교(社交)의 영을.
> (PL., 5. 219-222)

위험에 처한 인간을 찾아가서 경고하는 하나님의 측은히 여기는 마음은 감정 이상의 것이다. 이와 같은 시례는 도처에서 찾아볼 수 있지만 특히 인간의 나체에 가죽옷을 지어 입히시는 행동이 바로 최고의 측은지심이라 할 수 있다.

> ··· 그가
> 제자들의 발을 씻었을 때처럼, 하나님의 가족의
> 아버지로서, 그들의 알몸에 짐승의
> 가죽으로, 또는 학살된, 또는 뱀처럼 허물 벗는 가죽을
> 입히시고 적들에게 입히는 것도
> 주저하지 않으셨다. (*PL.*, 10. 211-217)

하나님의 측은이 여기서는 마음은 구속과 결부되면서 절정에 달한다. 하나님의 영원한 섭리에 따라서 지상으로 내려와 인간이 되시고 인간들의 죄를 완화시키기 위해 십자가를 지심으로써 죄를 사하시는 것으로써 예수 그리스도께서는 하나님의 정의와 자비를 충족시킬 수가 있었다.

> 나는 이 죄인들을 심판하기 위해 지상으로
> 내려가지만, 당신도 아시는 바와 같이 때가 오면
> 누가 심판받든 최악의 재난이 내 몸에
> 내려질 것입니다. 당신 앞에서 이렇게 맹세한
> 나는, 이 마음 변함없이, 내게 전가되는 그들의
> 죄를 완화하기 위해 이 임무를 수행하겠나이다.
> 그러나 정의와 자비를 잘 조절하여 양자를 아주
> 만족스럽게 나타냄으로써 당신에게 위안 드리리다.
> (*PL.*, 10. 71-79)

하나님의 의는 불복종에 대한 형벌로 사망을 정하지만, 일단 정당한 길이 마련되면 하나님의 사랑과 은총은 사망의 형벌을 영원한 구속으로, 악을 선으로 변화시킬 수가 있다. 하나님의 공의와 은총은 이원적인 것이 아니고 서로 물고 돌아가는 유기체적인 영원한 생명 리듬이라 할 수 있고 동전의 양면과 같은 것이라 할 수 있다.

### 3. 묘사를 통해 본 삼위일체 하나님

「요한복음」 17장 3절 "영생은 곧 유일하신 참 하나님과 그가 보내신 자 예수 그리스도를 아는 것이니라"는 말씀을 보면, 하나님은 유일하신 신으로서, 구원자이심을 분명히 하고 있다. 이교신들은 다수지만 기독교의 하나님은 삼위이면서도 다수가 아니라 오직 한 분이시다. 『실낙원』에서도 이를 이렇게 강조하고 있다.

> 나는 이제 알았나이다. 복종하는 것이 최선임을,
> 또한 두려운 마음으로 오직 한 분이신
> 하나님을 사랑하고, 그 앞에 있는 듯이 걷고,
> 그 섭리를 항상 지키고, 모든 성업에
> 자비로우신 그분에게만 의존하고 선으로써 항상
> 악을 정복하고 작은 일로써 큰일을 성취하고,
> 약하게 보이는 것으로써 세상의 강한 것을,
> 어리석은 유순으로써 세상의 슬기로운 것을
> 뒤집어놓는다는 것을, 더구나 진리를 위한
> 수난은 최고의 승리에 이르는 용기이고,
> 믿는 자에겐 죽음이 생명의 문이라는 것을. (*PL.*, 12. 561-71)

오직 한 분이신 하나님께 복종하는 것이 최선임을 아담과 하와는 세상으로 쫓겨나서야 알게 된다. 그리고 밀턴은 그 복종이란 다름 아닌 두려운 마음으로 오직 한 분이신 하나님을 사랑하고, 그 앞에 있는 듯이 걷고, 그 섭리를 항상 지키고, 모든 성업에 자비로우신 그분에게만 의존하고, 선으로써 항상 악을 정복하는 것이라고 한다. 하나님은 유일하시지만 다른 종교에서는 볼 수 없는 그런 하나님이시다. 즉 하나님은 한 분이시지만 위 또는 인격체(person)는 셋이시다. 하나님이 한 분이신 것은 맞지만 숫자적으로 '하나'라는 뜻은 아니다.

이미 앞에서 언급한 바와 같이, 삼위일체를 숫자로 보면 옳지 못하고 상호통제를 통해 일체가 되는 유기적인 공동체로 봐야 옳다.137) 조금은 희미하지만 밀턴도 삼위를 협동하고 연합하여 공동체성을 이루는 삼위가 동등한 하나님이심을 역설하고 있는 것을 볼 수 있다.

> 너는 하나님과 동등한 지복한 자리에 앉아,
> 하나님과 같은 복락을 똑같이 누리면서도
> 세상을 파멸로부터 구하고자 일체를 버려
> 생득권 보다 오히려 그 공로 때문에
> 하나님의 아들로 인정받으리라. (*PL.*, 3. 305-309)

『그리스도교 교리론』에서는 아주 극명하게 "아버지와 아들은 동등하지 않다."138) 이는 종속론을 따른 견해라 할 수 있다. 이런 진술과 위에 인용한 『실낙원』 제3편 305-309행을 대조해보면, 『실낙원』의 삼위일체교리는 아버지와 아들 그리고 성령이 동등한 삼위일체라는 것을 알 수 있다. 특히 아들은 아버지 하나님과 같은 복락을

---

137) 김동건, "기독교의 하나님: 삼위일체," 『국민일보』 2013년 3월 22일 32.
138) *CD.* 14 : 50, 190, 210, 310, 342 ; 15 : 4.

똑같이 누린다고 하였는데, 아들은 아버지의 영광을 반영하고 있고 (*PL.*, 5. 720 ; 10. 65), 신적인 사랑을 충분히 그 속에 갖고 있으며 (*PL.*, 3. 225), 아들은 만물 중에서는 아버지의 모습이며(*PL.*, 6. 736), 전적으로 아버지를 표현한다는 것이다(*PL.*, 6. 720).

다만 『그리스도교 교리론』에서는 이단적인 종속론을 따르고 있는데, 이는 눈먼 작가로서 가지고 있었던 독단이었다. 『그리스도교 교리론』은 『실낙원』보다 앞에 썼다는 것을 기억해주었으면 좋겠다. 『그리스도교 교리론』을 쓸 때는 종속론을 내세우는 것이 옳다고 생각했을지 모르지만 극적인 서사시 『실낙원』을 쓸 때는 예수 그리스도의 구속의 위대성을 강조하여야 하니까 종속론으로서는 감당할 수 없었다. 밀턴의 삼위일체론은 아주 유연한 전통적인 신학에 속한다. 그러나 밀턴의 하나님은 신학적인 신이라기보다는 문학적인 신이라는 것을 유의하여야 한다. 그러므로 그의 신은 신학적으로 다룰 것이 아니라 영성 문학적으로 다루어야 한다고 생각한다. 이런 삼위신이 어떻게 작품 속에 형상화 되었으며 묘사되었는지를 좀 더 자세하게 살펴보겠다.

### 1) 성부 하나님

하나님은 '빛'으로도 비유되지만 주로 하늘에 계신 우리의 아버지로 비유된다. 「요한복음」 1장 12절에서는 "영접하는 자 곧 그 이름을 믿는 자들에게는 하나님의 자녀가 되는 권세를 주셨으니"라는 말씀이 있는 데, 이는 신실한 신앙인은 하나님 아버지의 자녀가 된다는 뜻이다. 이교의 신들은 고작 공포의 대상은 될 수는 있어도 아버지가 될 수는 없다. 그러나 그리스도교의 하나님은 우리를 사랑하시는 아버지 하나님이시다. 하나님이 아버지이기 때문에 사랑하시고 생명을 주시고 우리의 기도에 응답하신다. 뿐만 아니라 하나님의 나라를 유업으로 주신다.

아버지시여, 인간은 결국 멸망해야 됩니까,
인간은 최근까지만 해도 그토록 사랑받던 당신의 창조물이었고,
당신의 막내아들이었는데, 제 스스로에게 잘못 있다 하나,
이렇게 기만당하여 타락하여야만 하나요? 이는 당신에게는
있을 수 없는 일, 정말 있을 수 없는 일이옵니다, 아버지,
창조된 만물의 심판자, 공정하게만 판단하시는 분이시여.
(*PL*., 3. 150-156)

밀턴은 신을 형언할 길 없고, 보이지 않으며 우리의 생각이 미치지 못하는 그런 존재로 보면서도(*PL*., 5. 156-58), '위하시고'(*PL*., 3. 271), '영원하시며'(*PL*., 5. 246), '무한하시고'(*PL*., 5. 596), '전능하신'(*PL*., 5. 836) 아버지로 보았다. 그래서 보이지 아니하고 우리의 생각이 미치지 못하는 하나님으로 묘사할 때에 있어서 신에 대한 밀턴의 묘사는 매우 추상적이고 감각적인 의미를 결여하고 있다.139) 그러나 아버지 하나님으로 묘사할 때는 이런 약점을 극복하기 위해서 의인화의 수법을 사용하였다.

즉 밀턴은 아버지 하나님(God the Father)을 의인화하는 기법 중의 하나인 제유(提喩, synecdoche)를 사용하였는데,140) 그 가운데서도 가장 많이 사용한 것이 '핸드 심볼'(hand symbol)이다. 그런 예를 『실낙원』에서 찾는 다면 다음과 같다.

다시 그의 붉은 오른손을 무장한다면
··· 어찌겠는가. (*PL*., 2. 174-186)

---

139) Arnold Stein, *Answerable Style : Essays on Paradise Lost* (Seatle, 1967), 128; Isabel G. MacCafery, "The Themes of *Paradise Lost*, Book Ⅲ," in *New Essays on Paradise Lost*, ed. Thomas Kranidas (California : U of California P, 1969), 71-72.
140) Leland Ryken, *The Apocalyptic Vision in Paradise Lost* (Ithaca and London : Cornell UP., 1970), 128-129.

> ··· 내 품안과 오른손에서 내놓아,
> 잠시 너를 잃음으로써 타락한 온 인류 구원코자 함을.
> (PL., 3. 279-80)

> 오늘 나는 내 외아들이라고 선언할 자를 낳아
> 이 성스러운 산 위에서 기름을 부었노니
> 지금 너희들이 보는 바와 같이 그는 내 오른 편에
> 앉아 있노라. (PL., 5. 603-606)

이 밖에 '핸드 심볼'이 나오는 구절로는 『실낙원』 6. 139, 747, 762, 807, 835, 892 ; 7. 500 ; 9. 344 ; 10. 64, 772, 1058 ; 11. 372 ; 12. 457를 들 수 있다. 이처럼 16회나 나오는 핸드 심볼 중에서도 '왼손'보다는 '오른손'(right hand)을 사용한 빈도수가 절대적이다. '왼손'이 하나님의 '보호'를 주로 표상한다면, '오른손'은 전능하신 하나님의 '권능'(power), '명령'(command), '축복'(blessing), '통제'(control) 등을 상징하고 있다.

그 다음으로 많이 사용된 것이 '아이 심볼'(eye symbol)이다. 그 실례를 들어보겠다.

> 지금 전능하신 하나님은 저 하늘 위에서,
> 모든 것보다 더 높은 보좌에 앉아계시는
> 저 정화천에서 그 눈길을 돌려
> 그 지으신 만물과 그들이 하는 일을 모두 함께 보신다.
> (PL., 3. 56-59)

여기서 '아이 심볼'은 하늘 높은 보좌에 계시며 만물과 인간의 행위를 끊임없이 감찰하시는 전능하신 하나님의 전지적 섭리를 표상해주고 있다. 이밖에 밀턴은 귀(ear), 콧구멍(nostrils), 발(feet)과 같은 제유를 사용하고 있지만 최소한도로 억제하였고, 거의 추상화 되어서141) 별반 논의될 만한 것이 없다.

제유는 위에서 살펴본 바와 같이 시각적으로 제한되어 있지만, 영원한 하나님을 에워싸고 있는 부속물(attributes)들은 시각적으로 좀 더 발전을 보이고 있다.

> 당신은, 만물의 조물주,
> 스스로 보이지 않는 빛의 원천
> 그 휘황찬란한 빛들 가리시지 않는 한,
> 아무도 접근할 수 없는, 그 찬란한 광휘에 둘러싸여
> 보좌에 앉아 계신 분을, 때로는 찬란한 성소처럼
> 몸에 휘감으신 구름 사이로,
> 너무도 찬란하여 그 옷자락 어둡게 보이지만,
> 그래도 하늘은 눈부셔, 가장 찬란한 스랍도
> 가까이 가질 못하고 두 날개로 눈을 가립니다. (*PL.*, 3. 374-82)

밀턴은 찬란한 구름과 눈부신 옷자락의 속성을 일종의 비유적 틀로 받아들였지만, "황금빛 구름"(*PL.*, 6. 28) 또는 "향기로운 구름"(*PL.*, 7. 599)과 같이 거기에다 냄새와 색깔을 부가하여 일상적으로 대하는 것들보다는 훨씬 더 활기와 역동성을 갖게 하고 있다. 이런 비유로써 그는 만물의 조물주를 생명력이 넘치고 활동력이 강한 인간의 모습으로 그릴 수가 있었다.

그리고 하나님을 둘러싸고 있는 구름은 전통적으로 빛과 연결되어 있다. 구름과 빛의 연결은 하나의 역설이지만, 그런 역설 속에서 하나님 자신의 계시성이 나타난다. 밀턴은 영원하신 왕으로서의 하나님을 '빛의 원천'(*PL.*, 3. 375-77)과 너무나 눈부셔 정상이 보이지 않는 '불타는 산'(*PL.*, 5. 598-99) 가운데 계신 분으로 묘사하고

---

141) *Ibid.*, 130-31.

있는데, 이것은 영원하신 하나님의 왕권과 그의 계시를 시각화한 것이라 할 수 있다.

밀턴이 『실낙원』에 끌어들인 또 하나의 부속물은 '황금 저울' (golden scale)이다. '황금 저울'의 이미지는 널리 성경이나 고전문학 또는 역사에서 빌려온 원유다.

> ··· 만일 영원자가
> 즉시 이 무서운 싸움 막기 위해
> 황금 저울을 하늘에 내걸지 않았더라면. (PL., 4. 996-97)

'황금 저울'은 「이사야」 40장 12절이나 「다니엘」 5장 27절 또는 『일리아스』 8. 69-72 ; 22. 209 ; 7. 725-27에서도 발견할 수 있다. 하나님의 손에 들린 '황금 저울'은 창조의 능력과 질서 유지 및 파괴의 방지를 표상하는 도구가 되어 있다.

밀턴은 하나님을 묘사함에 있어서 대체로 전통적인 수법을 따르고 있지만, 서술적인 특징을 도입했다는 점에서 독자성을 보인다. 아버지 하나님은 성자가 하게 될 구원의 사역을 예견하시며 미소를 짓는가 하면(PL., 3. 257), 그의 후계자가 되어 영광을 드러내 줄 아들에게 웃으시며 말씀하신다(PL., 5. 718). 하나님의 웃음은 첫째로 그리스도의 구원의 사역과 관계되는 것을 알 수 있다. 다음으로 하나님은 악마들의 음모와 헛된 모사와 실없는 소요를 보며 웃으신다(PL., 5. 737). 또한 그는 악마들의 기묘하고 빗나간 의견이 가소로워 웃으신다(PL., 8. 78). 뿐만 아니라, 죽음과 사탄의 운명을 보고 비웃는가 하면(PL., 8. 731), 바벨탑을 쌓는 소동을 바라보며 웃으신다(PL., 12. 59). 그러니까 하나님의 미소는 구원의 기쁨을 나타내는 웃음이요, 어리석은 적들을 경멸하는 웃음이다. 신을 웃음 짓는 하나님으로 묘사한 것은 다른 작품에서는 찾아볼 수 없는 것으로 매우 깊은 의미를 갖는다.[142]

## 2) 성령 하나님

밀턴의 서사시에 있어서 성령 하나님(The Holy Spirit)을 묘사하는 가장 친숙한 표상은 '비둘기'(dove)라 할 수 있다.

> ··· 그대(성령)는
> 한 처음부터 계셨고, 그 힘센 날개를 펼쳐
> 비둘기처럼 대 심연을 품고 앉아
> 이를 잉태케 하셨나니, 나의 어두운 것을
> 비추고 낮은 것을 높여 떠받쳐 주시라. (*PL.*, 1. 19-24)

성령은 '한 처음부터' 즉 태초부터 계셨던 삼위일체 하나님 가운데서 다른 두 위와 동등한 한 위 곧 인격체다. 여기서 '태초'는 만물의 시초 이전에도 존재한, 즉 '시간적 차원을 초월한 영원'을 가리킨다. 다시 말하자면, 창조주 하나님은 세상 창조 이전부터 선재하셨다는 것이다. 이렇게 태초부터 선재하신 하나님께서 모든 질서의 근원이고 사랑의 표상인 성령으로 하여금 그 날개를 펴서 아직까지는 생명체가 살 수 있을 정도로 완전히 정돈되지 않은 '대심연'을 비둘기처럼 품고 앉아 알을 부화시키듯이 창조한 것이라고 표현한다. 동시에 밀턴은 눈멀어 어둡고 영적으로는 죄로 인해서 어두워진 낮고 연약한 자기 자신을 사랑과 지혜로 품어서 영적인 새로운 존재로 재창조하여 영계를 노래하는 시인으로 일으켜 세워달라고 기도드리는 것으로 결미 짓는다. 이 장면에 대해 밀턴은 뒤에 가서는 달리 기술하고 있다.

> 암흑은 심연을 덮었지만, 잔잔한 물 위에

---

142) Wayne Shumaker, *Unpremeditated Verse : Feeling and Perception in Paradise Lost* (Princeton : Princeton UP, 1967), 20.

하나님의 영은 품어 안은 따뜻한 날개를 펴시어
유동하는 덩어리에 골고루 생명의 힘과
생명의 온기를 불어넣으셨도다. (*PL.*, 7. 233-37)

이 시구에서도 밀턴은 비둘기의 표상을 떠올리고 있지만, 이때의 비둘기는 앞에서 묘사한 것보다는 좀 더 힘차고 구체적으로 묘사되었다. 전체적으로 종합해 볼 때, 생명과 질서의 근원되신 성령께서는 비둘기가 알을 품어 돌보며 생명을 키우듯이 깊은 수렁과도 같고 생명이 없는 공허한 수면 위를 감싸 안고 운행하며 새로운 생명의 요소인 힘과 온기 즉 기운을 불어넣어주셨다는 것이다. 여기서 강조한 것은 생명의 근원이신 하나님의 신 성령이 창조사역을 감당하면서 나타내는 장중한 운동력과 강력한 침투력이다. 그렇게 해서 그는 이 시에다 창세기적 전통 이상의 힘과 중량감을 줄 수가 있었다.

### 3) 성자 하나님

밀턴은 우선 성자 하나님(God the Son) 그리스도를 아버지 하나님의 찬란한 영광의 표상(*PL.*, 3. 63)으로 묘사하고 있다. 볼 수 없고 형언할 수 없는 아버지 하나님을 아들의 모습을 통해 완전히 볼 수 있게 묘사하였다.

그 시선을 끄는 모습엔 가린 것 하나 없이
전능하신 아버지 선명하게 나타나 빛나나이다,
그렇지 않으면 아무도 당신을 볼 수 없으리라.
당신에겐 그의 영광의 광채 새겨져 있고
그의 풍부한 영이 당신에게 스며있나이다. (*PL.*, 3. 385-89)

> 내 영광의 빛인 사랑하는 아들아,
> 보이지 않는 신으로서의 나의 존재가
> 그 얼굴에 뚜렷이 보이고. (*PL.*, 6. 680-83)

> ··· 성자는 온 몸에
> 성부의 모든 것을 찬란하게 드러내며. (*PL.*, 10. 65-67)

세 곳에서 인용한 시구들에서 보듯이, 성자는 아버지를 보여주는 선명하고 찬란한 표상이라는 것을 알 수 있다. 그렇지만 밀턴은 아들의 실제적인 모습을 면밀하게 기술하는 것을 꺼려했던 것이다.

> 하나님의 아들은 비할 데 없이 영광스럽게
> 보였고, 그에게는 아버지의 모든 것이
> 실질적으로 나타나 빛났으며, 그의 얼굴엔
> 성스러운 연민, 끝없는 사랑, 헤아릴 수 없는
> 은총이 뚜렷하게 나타났다. (*PL.*, 3. 138-42)

밀턴이 우리에게 보여 주려고 한 것은 아들의 신체적인 특성이 아니라 심리적이고 도덕적인 것이었다. 이런 점에서 본다면 아들을 아버지 하나님보다 더 시각적인 언어로 묘사할 수는 없었을 것이다.
그러나 아버지와 아들 사이에는 뚜렷한 차이가 있다. 아버지 하나님이 행동하는 것은 볼 수 없지만, 『실낙원』에 있어서 아들 그리스도는 극적이라고 할 수 있으리 만큼 웅대한 행동을 한다. 이런 행동에 의해 그는 천상에서 있었던 싸움의 승리자로, 우주와 인간의 창조자로, 또는 아담과 하와의 친구인 동시에 심판자로 묘사된다.

> 나의 전차를 올라타고 하늘의 주추를 흔드는
> 빠른 바퀴를 몰아라. 나의 모든 무기

활과 우레를 꺼내고 내 전능의
무기인 칼을 네 힘센 허리에 차라.
그리고 암흑의 아들들을 온 하늘의 경계 밖,
심연으로 몰아내라. (*PL*., 6. 711-16)

『실낙원』 제6편 646행 이후를 보면 그리스도는 전능자의 전차를 타고 달려 나가 그의 오른손에 든 우레와 화살을 가지고 반역 천사들을 하늘의 경계 밖으로 몰아낸다. 중세 영문학에 나오는 어떤 전설 중에서도 메시야의 전투 개입만한 것은 찾아보기 드물다고 할 정도로,143) 『실낙원』에 있어서 그리스도는 전쟁의 영웅으로 또는 승리자로 묘사되고 있다.

밀턴은 그리스도로 하여금 전차를 타게 했을 뿐 아니라 그 전차 안에 있는 보좌(throne)144)에 앉게 했다. 이런 보좌와 그리스도가 왕위에 오르는 장면이 『실낙원』의 전편을 통해 맨 한가운데 나온 것은 서사시의 실제적 구조가 그리스도 중심이라는 것을 시사해 주고 있다.145) 밀턴이 이처럼 『실낙원』의 중심부에서 끌어 들인 보좌는 단순한 위엄(dignity)의 상징이 아니라 매우 특수한 표상적인 의미를 갖는 것이다. 더욱 그 보좌가 무지개 색깔을 새겨 넣은 청옥의 보좌(*PL*., 6. 759)라는 데 깊은 의미론적인 신호가 들어 있다. 즉, 무지개 색깔의 보좌에 그리스도를 앉게 한 것은 그를 '전능의 통치자'(All-Ruler) 또는 '최후 심판의 대심판관'(Supreme Judge in the Last Judgment)로 동일시한 것이라 할 수 있다. 「요한계시록」 4장 3절에 "앉으신 이의 모양이 백옥과 홍보석 같고 또 무지개가 있어 보좌에 둘렸는데 그 모양이 녹보석 같더라"에서 끌어온 인유

---

143) P. E. Dustdoor, "Legends of Lucifer in Early English and in Milton," *Anglia* 54(1930), 248.
144) John G. Demaray, "The Thrones of Satan and God : Backgrounds to Divine Opposition in *Paradise Lost*," *HLQ* 31(1967), 21-33.
145) Gunnar Qvarnstrom, The Enchanted Palace : Some Structural Aspects of *Paradise Lost* (Stockholm, 1967), 64.

라 할 수 있다. 그리스도는 이 무지개 색깔의 보좌에 앉아서 어둠의 세력을 물리치고 역사의 지배자가 되고 최후 심판 때에는 대심판관으로 오신다는 것이다.

밀턴은 그리스도를 '만물의 통치자'로 묘사할 뿐 아니라 '창조자'로 부각시키고 있다.

> 이윽고 불타는 차량들은 서고, 그는 하나님의
> 영원한 창고에 비치되어 있는 황금 컴퍼스를
> 그 손에 들고 이 우주와 모든 피조물의
> 한계를 정하시려 했도다. 그는 컴퍼스의
> 한쪽 다리를 중심에 놓고, 다른 쪽을 암담한
> 대심연 속으로 돌리면서 이렇게 말씀하셨도다
> '여기까지 벌려라, 너의 경계는 여기,
> 너의 정당한 경계는 이것이로다. 아, 세계여!' (*PL.*, 7. 224-31)

「잠언」 8장 27절에도 컴퍼스가 나오거니와 여기서도 이들은 황금 컴퍼스의 한쪽 다리를 중심에 놓고 다른 쪽 다리를 대심연속으로 돌려 우주의 바른 경계를 정하신다. 전통적으로 컴퍼스는 창조의 심벌로 사용되었다. 밀턴은 분명 신학자들과 성경 주석가들의 의견에서 크게 벗어나지 않는다. 기독교적인 견해에 따르면, '말씀'(요 1 : 1)으로서의 로고스, 성자 그리스도는 단독으로 만물을 만든 창조자는 아니지만, 삼위일체 하나님의 한 위격(person)으로서 창조에 참여해서 아버지 하나님과 같이 도모 협력하여 만물을 만드신 창조자(creative agent)다. 특히 동물 창조에 대한 묘사(*PL.*, 7. 453-70)를 보면, 성경에서 묘사된 것보다는 화가 라파엘(Raphael)의 그림에서 보듯이 훨씬 더 생생한 모습으로 시각화되어 있다.

밀턴은 아들의 역할을 '승리자'(victor), '창조자'(creator), '아담과 하와의 친구요 심판자'(friend and judge of Adam and Eve)로

볼 뿐 아니라 '최후의 대심판자'(last supreme judge)로 묘사하고 있다.

> 너 영광스럽게 하늘에서 시중을 받으며
> 공중에 나타나 소환하는 역할을 담당한 대천사들을
> 내보내 무서운 심판을 선언하면,
> 곧 사방에서 살아 있는 자들과 지난 세대에
> 부름을 받은 모든 죽은 자들이
> 최후의 심판대 앞으로 달려갈 것이고,
> 이 나팔소리는 그들의 잠을 깨우리라.
> 그리하여 모든 성도들이 모인 가운데, 너는
> 악인과 천사들을 심판할 것이고, 그들은 판결을 받고
> 너의 선고를 따를 것이니, 지옥은 온통 그들로 가득 차서
> 그 후로 영원히 닫히리라. (PL., 3. 323-33)

여기서는 최후 심판 때 축복받은 성도들이 누릴 기쁨에 중점을 두고 있지만, 다음 인용하는 곳에서는 악인에 대한 심판과 악의 처리에 중점을 두고 있다.

> ··· 만족스런 아들이여,
> 너의 전승의 팔을 한 번만 휘두르면 죄도 죽음도
> 입 벌리는 무덤도 결국은 혼돈 속으로 떨어져
> 영원히 지옥의 입을 틀어막고 그 게걸거리는
> 턱을 봉해 버리리라. (PL., 10. 633-37)

그러나 최후 심판에 대한 전체적인 묘사를 볼 때, 밀턴은 하나님의 분노나 보복 또는 징벌에 초점을 두지 않고 구원과 낙원회복에다 중점을 두고 있다는 것을 알 수 있다.

··· 그러는 동안,
세상은 불타고 그 잿더미에서 새 하늘과 새 땅이
솟아날 것이고, 거기서는 의로운 자들이 살며,
가지가지 오랜 고난 끝에
황금의 행위 열매 맺는 황금의 시대 볼 것이요,
기쁨과 사랑과 아름다운 진리로써 승리하리라. (*PL.*, 3. 333-38)

그리고서는 영광 속에 드셔서
하나님의 오른편 자기 자리로 돌아가,
하늘의 모든 이름 위에 높이
들리시리라. 그리고 이 세계의 파멸이
성숙되면, 영광과 권력을 가지고 하늘에서
내려와 산 자와 죽은 자를 심판하시리라.
또한 믿음 없이 죽은 자를 심판하시고, 믿음 있는
자에겐 보답을 주어, 하늘에서건 땅에서건,
그들은 축복을 받으리라. 그 때 지상은
온통 낙원이 되고, 에덴보다 훨씬 행복한 장소,
보다 행복한 날들이 되리라. (*PL.*, 12. 455-65)

믿음 없는 자에 대한 심판은 잠깐 언급될 뿐이고 나머지는 새로운 낙원(new paradise)이 올 것을 강조하고 있다. 예수가 마지막 나타날 때를 묘사하는 장면에서도 동일한 개념을 강조하고 있다.

마지막에는 하나님의 영광을 옷 입듯 입고
하늘로부터 구름을 타고 나타나,
그가 사탄을 그 그릇된 세계와 함께
멸망시키면, 불타는 덩어리로부터
새 하늘과 새 땅이 솟아나고,

정의와 평화와 사랑에 뿌리박은 무한한 날의 세상이
돌아와, 영원한 환희와 축복의 열매 맺히리라.
(*PL.*, 12. 545-51)

밀턴은 이처럼 세부적인 시각적 묘사를 통하여 기쁨과 사랑과 아름다운 진리가 승리하는 황금의 시대, 새로운 낙원이 회복될 것을 강조하고 있다. 그리스도를 중심으로 서사시는 전개되면서 심오한 우주적 낙관주의를 펼쳐 보여 준다. 밀턴은 그의 시각적 묘사를 도구로 해서 이런 낙관주의를 전달하고 있다.

지금까지 천사들을 빼놓고 하늘의 구조와 삼위일체 신에 대한 시각적 묘사를 중심으로 살펴보았다. 일부 의견을 달리하는 학자들도 있지만, 대부분 밀턴 비평가들은 밀턴의 묘사가 놀라울 정도로 회화적(pictorial)이라는데 의견을 같이 하고 있다.146) 일부 반대하는 비평가들도 밀턴의 천국 묘사에 대한 회화성 자체를 부정하는 것이 아니라, 초자연적인 장면을 너무 지나칠 정도로 구체적으로 그리고 감각적으로 시각화하고 있어서 나쁜 영향을 줄 수도 있다고 해서 못마땅한 태도를 취하는 것이다.

"밀턴은 나쁜 영향을 줄 수 있을 정도로 천국의 이념을 감각화한 것으로 보인다"147)라고 한 어느 평자의 논평이 그런 반대적 입장을 대변해 주고 있다. 볼테르(Voltaire)가 밀턴을 비난하는 것도 '나쁜 신학'(bad theology)때문이 아니라 서상한 바와 같은 '나쁜 취미'(bad taste) 때문이었다. 더욱 밀턴은 그런 감각적 묘사로써 하나님의 말씀을 농락하고 있으며 기독교적 신앙에다 신화적 색채를 가미하는 과오를 범했다고 하여 비난한다.148) 그러나 이런 부정적 비평은 종교적 전제 위에서 이루어진 것이므로, 심미적 차원에서 볼

---

146) Jeffry B. Spencer, *Heroic Nature* (Evanston, 1973), 12.
147) John T. Showcross, ed., *Milton : The Critical Heritage* (London : Routledge & Kegan Paul, 1970), 101-102.
148) *Ibid.*, 117, 263.

때에는 전적으로 받아들일 수가 없다.

　콜리지(Coleridge)[149]나 엘리엇(T. S. Eliot)[150]은 밀턴의 실명을 이유로 『실낙원』에 나타나는 감각적 묘사의 빈약성을 역설하지만, 밀턴은 청력이 발달된 음악적 시인(musical poet)도 되지만, 훌륭한 '화가의 눈'(painter's eye)[151]도 나타내 보여 주고 있다. 그의 '회화주의'(pictorialism)에 기술적인 제약이 있었던 것은 사실이지만, 밀턴의 뛰어난 시각적 상상력과 전형적인 감각적 묘사에 의문을 품는다는 것은 이상한 일이다.[152] 밀턴은 비록 시력을 잃기는 했지만, 매우 강력한 시각적 감각을 가졌던 시인이다.[153] 특히 지옥과 악마의 세계를 그릴 때 그의 그런 감각이 잘 드러났지만, 에덴동산이나 하늘의 세계를 묘사할 때도 그의 시각적 상상력은 떨어지지 않았다고 본다. 정신적 진리를 이처럼 그림을 보듯 그려낼 수 있는 기량은 높이 살만하다. 부분적으로 추상화되거나 기술적 약점을 보인 것은 아쉬운 감이 없지는 않다.

---

149) Joseph Anthony, *The Romantics on Milton : Formal Essays and Critical Asides* (Cleveland, 1970), 245, 382.
150) T. S. Eliot, *On Poetry and Poets* (London : Faber and Faber, 1961), 162.
151) Laurence Binyon, "A Note on Milton's Imagery and Rhythm," *Seventeenth Century Studies presented to Sir Herbert Grierson* (Oxford : Oxford UP, 1938), 187.
152) Louis L. Martz, *The Paradise Within : Studies in Vaughan, Traherne, and Milton* (New Haven : Yale UP, 1964), 129.
153) D. Cameron Allen, *The Harmonious Vision : Studies in Milton's Poetry* (Baltimore : John Hopkins UP., 1954), 95ff.

## II. 에덴동산과 인간

### 1. 에덴동산

 영국의 진보적인 역사가 힐(Hill) 교수가 "대부분의 종교와 대부분의 사람들은 저마다 자신만의 에덴동산, 아르카디아, 황금시대의 전설과 유사한 전설을 가지고 있다"154)라고 말하기 이전에도, 일찍이 실러(Schiller)는 "역사를 지닌 모든 백성들은 낙원이나 … 황금시대를 가지고 있으며", 더욱이 누구나 할 것 없이 "각 개인은 저마다 낙원, 자신만의 황금시대를 가지고 있다"155)라고 선언한 바 있었다. 완전한 상태의 안식과 영생에 대한 인간의 동경은 고대 이래 인간의 끊임없는 꿈이 되어왔고156) 인간의 상상력을 끊임없이 키워 왔다.
 그 옛날 수메리아의 시인은 『딜문』(Dilmun)이라는 시에서, "뱀도, 전갈도, 하이에나도, 사나운 개도, 이리도, 두려움이나 공포도, 인간의 어떠한 적수도 없었던 시대"157)의 '딜문의 땅'(the land of Dilmun)을 노래한 일이 있다. 그 땅은 태양의 정원 안에 있으며 그리스인들이 동경했던 '낙원' 또는 '이상향'(the Elysian Fields)과 동일시된다. 그리스 사람들에게 있어서 그것은 '행운의 섬', '축복받은 사람들의 섬', '헤스페리데스의 정원'(the Garden of Hesperides)으로 알려져 있었다. 이 시기는 크로노스(Cronos, 로마 신화에는 사타르누스)가 다스렸고 세계는 젊은 황금 시대였다. 또한 그리스

---

154) 임철규, 『왜 유토피아인가』 (서울 : 민음사, 1994), 241.
155) 위 책, 241에서 재인용.
156) A. Bartlett Giamatti, *The Earthly Paradise and the Renaissance Epic* (Princeton : Princeton UP, 1966), 3.
157) 임철규, 243.

시인 헤시오도스(Hesiodos)는 그의 시 『일과 나날』(*Works and Day*)에서, 베르길리우스는 『아이네이스』에서 황금 시대에 대해 그리고 있다. 그곳은 육안으로는 볼 수 없고 오로지 마음의 눈으로만 볼 수 있는 그런 것이었다. 그래서 다른 고전 작가들은 정신적 안정과 육체의 안식을 위한 곳으로 그렸고 그런 상태는 그늘과 노래와 사랑의 장면으로 밖에는 나타낼 수가 없었다.158)

밀턴은 헤시오도스나 베르길리우스가 그린 황금시대와 거의 동일한 낙원을 에덴 동산으로 설정한다. 『실낙원』에서 그는 에덴을 하나님이 만든 장소로서 아담과 하와가 살아가는 일터요 안식처로 그리고 있다. 이 글에서 필자는 인간의 최초의 활동 무대였던 이 낙원에 대해 우선 여러 묘사와 그곳에 서식하고 있는 식물과 동물들을 통하여 살펴보면서 그 낙원의 원초적인 상태와 그 상실 뒤의 인간의 삶에 어떤 변화가 오는지를 고찰해보고자 한다.

### 1) 낙원의 의미

원래 '낙원'을 의미하는 '파라다이스'(paradise)라는 말은 '파이리'(pairi=around)와 '디즈'(diz=to mould, to form)라는 두 낱말로 형성된 고대 페르샤어 '파이리다에자'(pairidaeza)에서 유래된 말이다. 어원으로 미루어 보아 알 수 있듯이, '낙원' 즉 '파라다이스'는 페르시아 왕의 '과수원', '봉(封)한 동산', 또는 '왕실 공원' 같은 특수 성격을 띤 '완전한 휴식처'를 의미하는 말이었다.

그 뒤 그것은 '기쁨'(joy) 또는 '쾌적함'(deliciousness)의 의미를 가지고 있는159) 히브리어의 '파르데스'(pardes)로 전수되는데, 일단은 페르샤어 '파이리다에자'의 원뜻인 '정원', '숲', '공원'을 지칭

---

158) Giamatti, 3.
159) David Masson, ed., *The Poetical Works of John Milton* (London : Macmillan, 1893), 351.

하는 말로 사용되었다. '파라데스'라는 말이 구약에 세 번 사용되는데, 그것이 「전도서」 2장 5절, 「아가서」 4장 12절, 「느헤미야」 2장 8절이다. 「전도서」 2장 5절에서는 '동산', '과원'을 지칭하고 있고, 「아가서」 4장 12절에서는 '잠근 농산'을 지칭하였고, 「느헤미야」 2장 8절에서는 '삼림'을 지칭하였다. 이때까지는 '파라데스'라는 말이 「창세기」 2장 8절에서 볼 수 있는 '지상 낙원' 즉 '에덴의 동산'과는 전연 무관하게 사용되었던 것을 알 수 있다. 그러던 것이 지상 낙원 즉 에덴의 동산을 나타내는 말로 쓰이기 시작한 것은 히브리어와는 전혀 다른 어족인 그리스어의 '파라데이소스'(paradeisos)에서 비롯된 것이라 할 수 있다.

그리스어로 기록된 신약성서를 찾아보면 여러 곳에 '파라데이소스'라는 말이 나오는데, 그 말들을 살펴보면 '동산' 또는 '삼림' 같은 의미 이외에 두 가지 의미가 더 부가되어 있음을 알 수 있다. 가령 예를 들면, 「요한계시록」 2장 7절 "귀 있는 자는 성령이 교회들에게 하시는 말씀을 들을지어다. 이기는 그에게는 내가 하나님의 낙원에 있는 생명나무의 과실을 주어 먹게 하리라"에서 '파라데이소스'는 '지상 낙원'을 지칭한다. 「누가복음」 23장 43절 "예수께서 이르시되 내가 진실로 네게 이르노니 오늘 네가 나와 함께 낙원에 있으리라 하시니라"에서 '파라데이소스'는 천상의 낙원, 즉 축복받은 죽은 자의 거처인 천국을 의미했다.

그리스어로부터 라틴어 '파라디수스'(paradisus)가 차용되었다. 이 말은 처음에는 야생 동물들이 서식하는 '자연의 경내'(natural enclosure)를 의미하는 말로 쓰였다. 그 뒤 그리스어 신약성경을 라틴어로 번역하면서 '파라디수스'는 '에덴의 동산'과 '천상의 낙원'을 뜻하는 말로 사용되었다. 그것이 어떤 의미로 사용되었든 낙원 '파라다이스'라는 말에는 '육신의 안식'과 '심적 조화'를 희구하는 고대 바빌론이나 또는 그리스인들의 사상이 반영되어 있다. 그것이 후대 기독교 작가들을 통하여 좀 더 정신적이며 심미적인 방향으로 발전되었던 것이다. 즉 한때 우리 인간이 소유했다가 잃어버린 육체와 영혼의 이상적인 상태를 회복하고자 하는 희망의 대상이 곧 낙원의 사상으로 발전했다는 말이다.

여기서 거론하려고 하는 낙원은 『실낙원』에서 볼 수 있는 지상 낙원, 즉 에덴동산이다. 이 지상 낙원은 상기한 세 형태의 낙원 중에서도 가장 중요한 낙원이다.160) 왜냐하면 그곳은 인간의 행복한 생활을 제공해 주었던 곳이었을 뿐 아니라, 인간의 완전했던 모습을 반영해 주는 곳이었기 때문이다. 인간의 가장 원초적인 완전 상태를 반영해 주고 있는 이상향 완전한 안식처인 에덴동산을 어떻게 밀턴은 묘사하고 있는가를 먼저 살펴보겠다.

## 2) 묘사를 통해 본 에덴의 세계

### (1) '장엄한 숲의 극장' : 완전하고 풍요로운 세계

『실낙원』에서 가장 자극적이고 선명한 장면 중의 하나는 "오디세우스의 항해와 모험"161)에 비유되는 사탄의 단독 항해 장면일 것이다. 천신만고 끝에 혼돈의 세계를 빠져나와 에덴의 경계선에 도착한 사탄의 눈에 비친 에덴동산의 모습은 대강 이러했다.

    이렇게 사탄이 전진하여 에덴의 경계에
    이르니, 이제 더욱 가까워진 매우 즐거운
    낙원은 시골집의 토담처럼
    푸른 울타리가 황막한 산의 평평한 봉우리에

---

160) Giamatti, 13 ; Sister Mary Irma Corcoran, *Milton's Paradise with Reference to the Hexameral Background* (Washington : Catholic U of America P, 1945), 17.
161) Herbert Grierson, *Cross Currents in English Literature of the Seventeenth Century* (Harmondsworth : Penguin, 1958), 249.

썩워졌고, 덤불이 뒤덮인 우거진
산비탈은 기괴하고 거칠어서
가까이 갈 수가 없다. 그리고 머리 위에는
삼나무, 소나무, 전나무, 가지 뻗은 종려 등
지극히 높은 수목들이 하늘 닿는 높이로 자라
삼림의 장면을 이루며, 숲 위에 숲으로 층층이
올라갔으니 아주 장엄한 숲의 극장이다.
수목들의 꼭대기보다 훨씬 높게
낙원의 푸른 담장은 솟아 있다.
여기서 우리들의 조상은 그 근처 사방
아래 세상을 널리 둘러본다.
이 담장보다 높이 둥글게 열을 진,
아름다운 열매 가득하고 금빛 꽃도 피고
열매도 맺는 훌륭한 나무들은
화려하고 찬란한 갖가지 빛깔에 물든 듯하였다.
그 위에 태양은 아름다운 저녁 구름보다도,
또는 하나님이 대지에 소나기를 내리실 때의
무지개보다도 더 찬란하게 빛을 쏟는다. 그 경치
그렇게 아름다웠다. (*PL.*, 4. 131-153)

에덴동산은 녹음이 우거진 자연의 향기 속에 둘러 싸여있는 장엄한 숲의 극장과 같다. 햇빛은 늘 아름답고 저녁노을은 하늘을 수놓고 맑은 공기에 봄바람이 항상 불어오는 이곳이 바로 지상 낙원이다.

밀턴이 설정한 에덴동산의 위치는 그가 에덴을 아시리아의 정원(Assyrian garden)이라 한 것을 보면 대개 메소포타미아에서 시리아에까지 이른다고 보았던 것 같고, 그 면적은 대략 동서 450 마일 정도였다고 본다.[162] 고전 서사시에 나오는 낙원처럼[163] 또는 로맨스에 나오는 동산처럼[164] 『실낙원』의 에덴동산도 높은 산위에 위치해 있지만 사실상 성서적 근거는 없다. 동쪽 문은 구름까지 쌓아 올린 석고의 암석이고, 높은 입구에는 멀리서도 뚜렷하고 꾸불꾸불한 길 하나가 있다. 그 밖에는 모두 기암절벽, 정상에 가까워질수록 험준하여 오르기 어렵다(*PL.*, 4. 545-48).덤불이 뒤덮인 우거진 산비탈은 기괴하고 험해서 가까이 하기에 어렵지만 그 꼭대기는 평평한 메사(Mesa)이다.

   ··· 그 높은 정상은
   평평하고, 둘레는 넓고 아름다운 나무로
   둘러싸였으며 길도 있고 정자도 있어, 그 이전에
   땅에서 보았던 모든 것이 시시하게 생각되더이다.
   (*PL.*, 8. 303-306)

   메사 옆으로는 큰 강이 무성한 산을 통해 밑으로 잠기며 흘러간다. 이 급류 위에 내던져서 이루어진 낙원이 에덴동산이다. 그 급류는 지맥을 통해 끌려나와 맑은 샘으로 솟아올라 네 갈래로 갈라져 흐르며 농산을 적신다. 네 갈래의 강 중 일명 힛데겔(Hiddekel)이라고도 하는 티그리스 (Tigris) 강과 유프라테스(Euphrates) 강은 오늘날까지 그 이름이 전해지고 있지만 비손(Pison) 강과 기혼(Gihon) 강은 오늘날 어느 곳을 말하는지 정확히 확인되지 않고 있다. 경작에 알맞은 동산안의 지역은 아담에 의해 경작되었다(창 2 : 15-16)고 한다.
   숲의 극장 둘레에는 숲이 우거지고 특히 삼나무, 소나무, 전나무, 종려나무 등이 무성하게 자라고 있다. 이 나무 위로 시골집 토담모

---

162) Masson, 352.
163) John E. Seaman, *The Moral Paradox of Paradise Lost* (The Hague : Mouton, 1971), 115.
164) Hellen Gardner, *A Reading Of Paradise Lost* (Oxford : Clarendon, 1965), 78.

양의 푸른 울이 있고,165) 그 위에 낙원 속의 아름다운 과일 나무가 우뚝 솟아 있다. 사철 많은 과일들이 맺혀(*PL.*, 4. 148) 여분의 물건을 저축해 둘 필요가 없는 매우 풍요로운 곳이다. 우리가 『실낙원』 제4편에서 자주 만나는 금빛 과일의 이미지들은 이 에덴의 낙원의 풍요로움과 찬란한 아름다움을 단적으로 보여주고 있다.

> 그 한 복판에 생명나무가 서 있다.
> 우뚝 키가 크고, 식물성 황금의 맛좋은
> 열매 주렁주렁 열리는. (*PL.*, 4. 218-20)

> 향액과 향유가 분비되는 무성한 나무들의
> 숲이 있고, 과실들이 황금 껍질로 빛나며
> 아름답게 · · ·
> · · · 단맛 풍기며 매달려 있다.
> 숲 사이에는 풀밭과 평평한 언덕 · · · . (*PL.*, 4. 248-52)

> 저 청옥의 샘에서 잔물결 이는 시내가
> 어떻게 찬란한 진주와 황금의 모래 위를 굴러,
> 드리워진 그늘 아래를 빙빙 돌아다니며, 감로수가
> 되어 흐르면서, 나무들을 하나하나 찾아가 낙원에
> 어울리는 꽃들을 키우게 하는가이다. (*PL.*, 4. 237-40)

위의 인용문에서 보듯이 밀턴은 "우리가 알고 있는 자연의 세계를 능가하는 시각적인 찬란함"166)을 묘사하기 위하여 많은 황금빛의 이미지 즉 '에너멜드 이미지'(enameld image)를 사용하였다. 리

---

165) Harry Blamires, *Milton's Creation* (London : Methuen, 1971), 96.
166) Leland Ryken, *The Apocalyptic Vision in Paradise Lost* (Ithaca : Cornell UP, 1972), 82.

비스는 이런 이미지를 통해 밀턴은 감각적인 것은 아니지만 모호한 의미의 풍요로움을 전달하고 있다고 하였고,167) 더글러스 부시는 "그는 인습적인 상징들을 통하여 고전 시인들이 상상했던 것보다 훨씬 더 완전한 황금시대를 암시하고 있다"168)고 했다.

세 비평가가 지적한 바와 같이, 밀턴은 '에너멜드 이미지'를 자주 사용해서 고전 시인들이 상상했던 황금시대의 낙원보다도 훨씬 완전하고 풍요롭고 행복한 전원지대 낙원을 묘사하려 하였던 것을 알 수 있다. 에덴동산, 이 지상 낙원에는 그렇게도 금빛 찬란한 꽃들이 피고 청옥의 샘에서 흘러나온 시냇물이 금빛 모래위로 굴러가고 있다. 비할데 없이 찬란하고 아름다우며 풍요로운 곳이 에덴동산이라 할 수 있다.

### (2) '가시 없는 장미의 보고': 현실과는 색다른 세계

에덴동산에는 전혀 불필요하거나 유독한 식물들이 없으며 장미에는 가시가 없고(*PL.*, 4. 256) 꽃들은 사철 시드는 법이 없다. '장미에 가시'가 없다는 심벌은 타락 이전의 에덴의 무해(無害)함과 완전성을 상징해 주는 것이라 할 수 있다.169) 장미에 가시가 없다는 상징이나 '에너멜드 이미지'로 표현하는 세계는 현실과는 완전히 색다른 세계를 보여주는 것이다. 그래서 라이켄(Ryken)은 "시의 비시각적 이미저리의 본보기들은 우리 주변에 있는 세계를 초월하는 어떤 것으로 천계의 실재를 묘사하려는 밀턴의 시도의 또 다른 증거인 것이다"170)라고 하였다. 우리는 『실낙원』에서 많은 '후각적 이미지'

---

167) F. R. Leavis, *Revaluation* (Harmondsworth : Penguin, 1967), 48.
168) Douglas Bush, *Paradise Lost in Our Time* (Cloucester : Peter Smith, 1957), 96.
169) Grant McClley, *Paradise Lost : An Acount of Its Growth and Major Origins* (Chicago : Packard, 1940), 147.
170) Ryken, 219.

(olfactory image)들을 볼 수 있는데, 그것들은 단적으로 이국적인 색다른 세계를 보여주려는 의도의 표현이라고 할 수 있다.

··· 때마침 부드러운 바람이
향기를 풍기는 날개를 부채질하며, 그곳 특유의
방향을 뿌리고, 어디서 이런 보물을
훔쳐 왔는가를 속삭인다. (*PL*., 4. 156-59)

이 묘사 바로 뒤에서 밀턴은 '시바의 훈향'(Sabean odours, *PL*., 4. 162), '향긋한 해안'(spicy shore, *PL*., 4. 162), '상쾌한 향기' (grateful smell, *PL*., 4. 165) 등을 찾아서 항해하고 다니는 향료상인(香料商人)에 대한 확대된 서사시적 직유를 계속 쓰고 있다.

이외에도 에덴동산의 향기를 상기시켜 주는 대목들은 수없이 많다. 밀턴은 에덴의 숲을 묘사하면서 '무성한 나무들이 향액(香液)과 향유(香油)를 쏟는다'(*PL*., 4. 248)고 했고, '봄바람은 들과 숲의 향기 풍기며 흔들리는 나뭇잎에 가락 맞추며'(*PL*., 4. 265-66) 어루만진다고 하였다. 하와는 소나기 나린 뒤의 풍요한 대지를 노래하여 '향기롭다'(*PL*., 4. 645)고 하였고, 아담과 하와의 침실은 '향기롭고 단단한 잎이 붙은 나무들로 짜서 만들었다'(*PL*., 4. 695)고 하였다. 그리고 하와의 신혼의 방은 각종 달콤한 향기 풍기는 관목들로 장식하였다고 한다.

아담은 곤히 잠들어 누워있는 하와를 깨우며 빛나는 아침의 신선한 들과 거기서 자라나는 초목들을 놓치지 말고 보자고 한다.

이 새벽을 놓치지 말고 보자, 우리가 가꾼 초목
어떻게 자라고, 시트런의 숲 어떻게 꽃 피고,
몰약(沒藥)이나 향목(香木)에선
어떻게 수액이 흐르고, 자연은 어떤 빛깔로 물들며,

벌은 어떻게 단물을 빨며 꽃 위에 앉아 있는지를.
(PL., 4. 22-25)

그리고 아담은 하와에게 어서 일어나 숲과 샘과 꽃들이 지금 향기를 뿜고 있는 일터로 가자고 재촉한다.

··· 자, 우리 일어나 상쾌한 일터로
나갑시다. 숲과 샘과 꽃들이 밤사이 모아서
그대 위해 저장해 놓은 그 훌륭한 비장의
향기를 지금 뿜고 있는 그곳으로. (PL., 5. 125-28)

라파엘(Raphael)이 하늘로부터 에덴으로 내려올 때, 우리는 더욱 강렬한 향기의 냄새를 맡게 된다.

··· 이제 [찬란한 대천사] 그는
몰약의 숲과 계피, 감송, 향유 같은
향기 그윽한 꽃나무와 방향의 황야를 거쳐
축복의 들로 들어선다. (PL., 5. 291-94)

라파엘은 '향기로운 숲'(PL., 5. 298)을 지나 아담과 하와에게로 다가오는 것을 볼 수 있다. 하와는 라파엘을 맞이하기 위하여 여주인답게 땅에다 '장미와 절로 풍기는 잔풀의 향기'(PL., 5. 348-49)를 뿌린다. 라파엘을 맞은 아담은 그와 함께 '작은 꽃들과 달콤한 향기'(PL., 5. 379)로 장식된 숲속의 정자로 간다. 창조 이후의 대지에는 가지각색의 꽃들이 피고 '좋은 냄새'(PL., 7. 319)로 대지의 가슴을 즐겁게 했으며, 에덴의 꽃들은 '아침 향기'(PL., 9. 194)를 발하며 창조주를 향해 말 없는 찬미를 올린다고 묘사하였다.
이렇게 밀턴이 비시각적 이미저리를 많이 사용한 것은 결국 그의 실명(失明)의 결과라고 말하지만,171) 라이켄은 불가시적인 실재를 묘사하기 위한 시도의 일환이라고 한다. 즉 "인간의 이해는 가능하지만 현실 세계와는 동떨어진 일상적 경험을 묘사하기 위해서"172) 밀턴은 많은 비시각적 이미지를 썼다는 것이다. 밀턴은 향기의 이미지를 통하여 에덴동산이 현실의 세계와는 거리가 먼 색다른 세계를 그리려 하였다.

### (3) '한 새로운 행복의 복음자리': 행복, 기쁨, 축복이 넘치는 안식처

『실낙원』에 나오는 여러 '개념적인 이미지'(conceptional image)173)들을 살펴보면 에덴동산은 한 새로운 행복의 복음자리였음을 알 수 있다. 타락 천사들의 회의석상에서 장중한 태도로 한 바알세불 Beelzebub의 말에 의하면 에덴은 '인간이라고 불리는 어떤 새로운 종족의 복된 복음자리, 별세계'(PL., 2. 347-48)였고, 사탄은 결국 '인간의 복된 자리'(PL., 3. 632)인 에덴동산에 살고 있는 인간을 유혹하여 신에 대한 복수하려고 천신만고 혈혈단신으로 그 낙원을 향해 비행하는 것이다. 또한 아담은 하와에게 '이 넓은 세계 … 이 모든 행복 가운데'(PL., 4. 413, 417) 자신들을 살게 해주신 하나님의 선의(善意)를 말하는가 하면, 그들은 아침마다 그들의 몸을 굽혀 하나님을 찬미한다. 그뿐인가. 밀턴은 에덴동산을 '각양각색의 경치 좋은 행복한 전원지대'(PL., 4. 247)니, '이 복된 곳'(PL., 4. 562 ; 11. 303)이니, '이 행복한 길과 그늘'(PL., 11. 270)이니, '그들의 행복

---

171) T. S Eliot, *On Poetry and Poets* (London : Faber and Faber, 1961), 139 ; T. H. Banks, *Milton's Imagery* (New York : Holt, Rinehart and Winston, 1950), 137.
172) Ryken, 220 ; Donald Davie, "Syntax and Music in *Paradise Lost*," *The Living Milton*, ed. Frank Kermode (London : Routledge and Kegan Paul, 1960), 71.
173) Ryken, 169.

한 처소'(*PL.*, 12. 642) 등등의 말로 묘사하고 있다. 실로 이런 개념적인 이미지들로 미루어 에덴동산은 참으로 행복이 넘치는 전원지대였음을 알 수 있다.174)

에덴은 행복이 넘치는 곳이었을 뿐 아니라 기쁨이 넘치는 낙원(樂園)이었다. 사탄이 처음 에덴동산에 접근해서 시기와 질투를 느낀 것은 아담과 하와가 누리는 '봄날의 환희와 희열'(*PL.*, 4. 155) 때문이었다. 그래서 마왕 사탄은 억지로 '온갖 기쁨을'(*PL.*, 4. 285-86) 기쁨없이 보려고 하였다. 우리는 다시 사탄이 아담과 하와의 타락을 예견하면서 낙원의 생활을 즐거움과 기쁨과 동일시하는 것을 볼 수 있다.

> 아, 다정한 한 쌍이여, 그대들은 생각지 못하리,
> 그대들의 변화가 얼마나 가까이 다가와, 이
> 모든 기쁨 사라지고 고난에 넘겨지게 될 그 날을.
> 지금 맛보는 기쁨이 크면 그만큼 슬픔도 크리라.
> (*PL.*, 4. 366-69)

또한 아담도 에덴동산을 '기쁨을 수없이 택할 수 있는'(*PL.*, 4. 435) 곳이니 또는 '즐거운 땅'(*PL.*, 4. 652)이니 하는 말로 묘사하고 있다. 요컨대 에덴동산은 한 마디로 말해서 기쁨이 넘치는 낙원이라는 것을 알 수 있다.

에덴을 묘사하는 또 다른 유형의 '개념적 이미지'는 축복의 개념이다. 시인은 에덴을 하나님이 만드신 '축복의 동산'(*PL.*, 4. 208-209)이라 하였고, 아담과 하와는 그 동산에서 '축복 위에 축복을 마음껏 즐기고'(*PL.*, 4. 507-508) 있다고 하였다. 또한 가브리엘은 "하나님께서 축복으로 에기에 마련한(*PL.*, 4. 884) 거처에서 사

---

174) Corcoran, 121 ; Grierson, 246 ; Elmer E. Stoll, *Poets and Playwright* (Minnesota : U of Minnesota P, 1966), 206.

는 두 사람의 단잠을 침해하려는 사탄을 비난한다. 그리고 밀턴은 에덴동산을 '새로운 빛과 축복의 세계'(*PL.*, 2. 867), '축복의 장소' (*PL.*, 2. 832), '복된 낙원의 자리'(*PL.*, 3. 527), '축복의 자리'(*PL.*, 4. 359)로 묘사하였다.

이런 개념적인 이미지들을 개관해 볼 때, 에덴동산은 일차적으로는 감각적인 대상물들, 즉 나무와 열매와 시내 및 별들 같은 것들이 가득 찬 아름답고 찬란한 곳이지만, 또한 그 곳은 행복, 기쁨, 축복과 같은 분명 감지할 수 없는 그런 것들이 넘치는 세계이기도 하다.175)

### 3) 에덴동산의 식물과 동물

『실낙원』에 있어서 식물과 동물의 세계 묘사는 매우 풍부하다. 거기에 나오는 수많은 식물들과 동물들을 살펴보면서 그것들과 인간의 원초적인 관계를 고찰해 보려고 한다.

### (1) 에덴의 식물들

우선 에덴동산의 식물들을 예로 들면 월계수, 도금냥, 아칸서스, 붓꽃, 장미, 재스민, 제비꽃, 크로커스, 히아신스 등의 각종 꽃들과 삼나무, 종려나무, 전나무, 소나무, 호박, 벵골 보리수, 포동덩굴, 느티나무, 질경이, 레몬, 몰약, 계피, 감송 같은 것들이 있다.

특별히 이 동산에서 두 개의 과일 나무는 매우 깊은 의미를 지니고 있었다. 하나는 영생을 주는 생명나무이고 다른 하나는 선과 악을 알 수 있게 하는 지식의 나무였다(창 2:9). 아담은 이미 옳은 것과 그른 것을 구별할 능력을 지니고 있었으므로, 하나님은 어느 한

---

175) Ryken, 201.

나무를 지정하여 그들의 윤리를 시험하고자 하셨던 것이다. 아담은 순종하느냐 불순종하느냐에 따라서 선을 행하고 악을 행하는 데 대한 경험적인 지식을 얻을 수 있었던 것이다. 그 시험의 나무가 선악을 알게하는 나무였다.

이 특별한 두 과일 나무 말고도 이미 위에서 든 것 이외에 각종 열매 맺는 나무들이 있었다. 에덴의 식물의 세계는 한 마디로 말해서 매우 다채롭고 풍요로웠다고 말할 수 있다.

> 그늘 짙게 뒤덮인 지붕은
> 월계수, 도금양, 그것들보다 한층 높이 자라서
> 향기롭고 단단한 잎이 붙은 나무들로
> 짜서 만들었고, 그 양쪽에는 아칸서스와
> 향기 좋고 무성한 각종 관목들이
> 푸른 담장 둘러쳤고, 여러 가지 색의 붓꽃,
> 장미, 재스민 등 아름다운 꽃들이 그 사이에서
> 제각기 화사한 머리를 치켜드니
> 모자이크 같고, 발아래선 제비꽃,
> 크로커스, 히아신스 등이 화려한 꽃무늬로
> 대지를 수놓으니, 아주 값진 보석의 무늬보다
> 더 다채롭다. (*PL.*, 4. 693-74)

에덴의 꽃들과 식물들의 특징은 모두가 "아주 값진 보석의 무늬보다 더 다채롭고", "화려하며", "영롱하고"(*PL.*, 5. 212), 향기롭고 무성하다(*PL.*, 5. 295-97)는 것이다. 에덴의 식물 세계가 무성하고 풍부하다는 것은 보기 아름답고 냄새 좋은 감각적 대상들이 번성하고 있다는 뜻도 되지만, 아담과 하와의 감각적 생활의 풍요로움을 누릴 수 있는 가능성을 단적으로 보여주는 것이기도 하다. 보는 것, 듣는 것, 냄새 맡는 것, 모두가 너무 풍요롭기 때문에 그것에 취해 나태해지기 쉽고 절제하지 않으면 그것에 현혹되어 타락해서 죄를 범하기 쉬운 그런 환경이었다. 그래서 바바라 르왈스키(Lewalski)는 "아담과 하와는 그들이 마음의 낙원을 갈고 그 질을 높이는 만큼만 외적인 낙원을 확보할 수 있다"176)고 하였다.

꿈 속에 두꺼비로 변신한 사탄의 유혹의 소리를 들은 하와는 '여신'이 될 수 있다는 불붙는 욕망과 호기심에 들떠서 아담에게 서로 갈라져서 일을 하자고 제의하면서 이렇게 말을 한다.

> 아담이여, 우리가 언제까지나 이 동산을 가꾸고,
> 풀과 나무와 꽃을 돌보며, 우리의 유쾌한
> 일을 즐기는 것도 좋지만, 돕는 이가 없는 한은
> 아무리 부지런히 노력해도 일은 늘어나고
> 재배를 할수록 더욱 번성할 뿐이니이다. 우리가
> 낮에 베고 깎고 묶은 것이 뻗어나서
> 하루 이틀 사이에 비웃듯이 제멋대로
> 자라, 야생이 될 지경. 그러니 생각해 보시거나
> 아니면 우선 내 마음에 생각나는 것을
> 들어 보소서. 우리 일을 갈라서 합시다. … 그대는
> 그대 좋은 곳 또는 가장 필요한 곳에서
> 이 정자에 인동덩굴을 감아올리거나 또는
> 휘감기는 담쟁이에 올라갈 길을 마련해 주고,
> 나는 저기 도금양과 뒤섞인 장미 숲에서
> 점심때까지 손질할 것이 있나 보겠나이다.
> 우리가 하루 종일 함께 한곳에서 일하는 한
> 서로 얼굴을 처다보고 웃음 나누게 되고,

---

176) Barbara Lewalski, "Innocence and Experience in Milton's Eden," *New Essays on Paradise Lost,* ed. Thomas Kranidas (California : U of California P, 1971), 96.

> 또 새로운 사건이 불시의 잡담을 낳아
> 하루 일을 방해하니, 일을 일찍
> 시작해도 별 효과 없으며 저녁때는
> 맨손으로 공로 없이 돌아오리이다. (PL., 9. 205-225)

'제멋대로 자라, 야생이 될 지경으로' 번성한다는 말은 아놀드 스타인(Stein)이 지적한대로 "누구나가 다 인정하는 과잉(過剩)"177)의 상태였다고 할 수 있다. 이런 지나친 '과잉'은 쓸데없이 자라나는 것을 막기 위한 아담과 하와의 베고 가꾸는 노력을 요하는 부분이었다. 아담과 하와는 정원사 또는 동산지기로서 정원의 풀과 꽃을 가꾸고 베고 깎아 단정하게 유지하는 것이 그들의 임무다. 아담이 하와에게 하는 다음 말 속에서도 그런 의무를 느낄 수 있다.

> 내일은 상쾌한 아침이 동녘을 솟아오르는
> 첫 햇살로 물들기 전에, 우리는 일어나
> 즐겁게 일하여 저쪽 꽃밭을,
> 또한 한낮이면 우리가 거니는 저 푸른 오솔길을
> 손질합시다, 그 길에는 가지들이 우거져
> 우리의 부족한 손길을 비웃고 있으니.
> 제멋대로 자란 나뭇가지들을 치는 데는 더 많은 손이
> 필요하오. 또한 저 꽃들과 흘러내리는 나무진도
> 보기 싫게 걸리적거리게 흩어져 있으니,
> 평안히 걸어 볼 생각 있다면 제거할 필요가 있소.
> (PL., 4. 624-33)

꽃밭을 손질하고 나뭇가지들을 치는 일은 실제적인 원예(園藝)

---

177) Arnold Stein, *Answerable Style : Essays on Paradise Lost* (Connecticut: Fawcett, 1953), 63.

작업을 말하지만, 여기서는 좀 더 도덕적인 상징성을 갖는다. 즉 아담과 하와가 푸른 오솔길을 손질하고 제멋대로 자란 나뭇가지들을 치고 보기 싫게 흩어져 있는 꽃들과 흘러내리는 나무진을 제거하여야 그들은 그것들을 누리며 살아가는 쾌적한 공간을 유지할 수 있었다. 마찬가지로 그들은 제멋대로 가려고 하는 악을 제거하고 미덕을 잘 지키고 가꾸어야만 또한 그들의 영혼을 질서 정연하게 보존하고 내면의 아름다움을 지키면서 살아갈 수 있었던 것이다.178) 이런 노동을 통하여 자연을 보존, 유지, 경작하여 더 높은 단계로 끌어 올리는 일은 하나님의 창조에 비할 수 있 일인 동시에 신의 명령을 수행하는 일이기도 하다. 그 일은 인간의 '창조적 충동'179)을 만족시켜 주기 때문에 그들의 삶에 활력과 큰 기쁨을 주는 일이었다. 뿐만 아니라 에덴에서의 노동은 늘 정신적 성장의 비유로 활용되어지는 것이 보통이다.

또한 아담과 하와가 그들의 부부 관계를 바로 유지할 때 비로소 가정의 행복과 안전을 지켜나갈 수 있었다. 그 바른 부부의 관계를 두 쌍의 식물에다 비유하고 있는 것도 그런 활용 중의 하나다. 그 두 쌍의 식물 중의 첫째는 담쟁이와 신랑의 표상인 느티나무이고, 다른 하나는 신부의 표상인 포도 덩굴과 신랑의 표상인 느티나무 (*PL.*, 5. 215-19)이다. 담쟁이는 결혼한 느티나무로만 올라가도록 감시되고 관리되어야만 하고, 포도 덩굴은 그 덩굴을 가지고 연인이 팔로 휘감고 감싸듯이 느티나무를 감싸는 관계로 있을 때에만 안전하고 정상적인 행복의 열매를 맺을 수 있고 그 관계의 온전함을 유지할 수가 있다. 아담과 하와의 정상적인 부부의 관계도 그와 마찬가지라는 것이다. 그런데 위에서 든 인용문을 보면 하와는 '도금양과 뒤섞인 장미 숲'에서 독자적으로 손질할 것을 찾겠다고 한다. '도

---

178) J. M. Evans, *Paradise Lost and the Genesis Tradition* (London : Oxford UP, 1968), 250.
179) Irene Samuel, *Dante and Milton* (Ithaca: Cornell UP, 1966), 152.

금양은 지나친 과잉의 '욕망'을 상징하고 '장미'는 세속적인 행복의 '무상함'을 뜻한다. 이처럼 세속적인 욕망과 무상한 세상의 행복이 뒤섞인 유혹의 장소인 숲에서 손질할 것을 찾겠다고 하는 절제되지 않은 그릇된 욕망이 그녀를 넘어뜨리고 부부의 관계에 금이 가게 하는 것이다. 이것은 일단은 '바른 부부의 관계'에서 이탈한 것으로 볼 수 있다. '느티나무'로만 올라가도록 되어 있는 '인동 덩굴'이 다른 나무로 올라가는 것과 같고, '느티나무'만을 감싸 안아야 할 '포도 덩굴'이 '장미 숲'을 껴안는 것과 같다.

범죄하기 전에는 알몸이었으나 순수하고 아름답고 당당했지만, 범죄 이후에는 옷으로 가리지만 죄과를 입은 부끄러움과 정욕의 불길이 옷 밖으로 드러나게 된다. 그것은 베일처럼 그들을 덮어 악을 모르게 하던 순진은 사라지고 올바른 신뢰와 타고난 정의와 염치심은 그들에게서 떠났기 때문이다. 다시 말하면 그들은 모든 덕의 옷을 잃고 알몸이 되었기 때문이다. 그래서 아담은 하와에게 무화가 나뭇잎으로 옷을 만들어 입혀준다(*PL.*, 9. 1100-1115). 그러나 최초의 알몸으로 있을 때의 영광과는 너무나 다르다. 아담이 무화가 나뭇잎으로 하와의 수치스러운 부분을 가리워 주었다고 하는 것은 단순히 수치스러움을 가리려 한 것이라기 보다는 범죄하기 이전의 순수했던 부부의 관계가 뒤틀려진 것을 의미한다. 이런 뒤틀린 부부의 관계는 이미 하와가 선악을 알게 하는 나무의 과일을 따먹었을 때 일어난다. 하와를 위하여 짜서 만든 화관은 아담의 힘없는 손에서 떨어지고 장미는 시들어 꽃잎은 떨어졌다. "꽃 가운데서 가장 아름다운 꽃인"(*PL.*, 9. 430-33) 하와는 더 이상 남편의 떠받침을 받지 못하고 시들어 떨어지고 마는 것이다.

위에서 일일이 설명은 안했지만 에덴의 식물들은 매우 다양하고 풍부하다는 것은 누구나 다 인정하는 바다. 그것들은 무성하게 자랄 뿐 아니라 아름답고 향기가 짙은 것들이 대부분이다. 그러므로 적기에 손을 쓰지 않으면 지나칠 정도로 제멋대로 자라 아담과 하와의 삶의 누림을 침해할 수도 있었다. 그것은 곧 에덴에서의 아담과 하와의 여건은 매우 좋았지만 너무 차고 넘쳐서 그들이 부지런히 협력해서 손을 쓰지 않으면 무질서해 질 수도 있다는 것을 보여준다.

### (2) 에덴의 동물들

다음은 에덴 동산의 동물들의 세계를 살펴 보겠다. 에덴 동산의 동물들로는 사자(PL., 4. 343), '새끼 양, 곰, 호랑이, 삵괭이, 표범'(PL., 4. 344), '몸이 무거운 코끼리'(PL., 4. 345), '뱀'(PL., 4. 347), '두더지'(PL., 4. 467), '재빠른 숫사슴'(PL., 7. 469)등이 있었다. 「창세기」에 보면 하나님은 아담에게 모든 다른 피조물에 대한 지배권을 주었다. 그렇지만 동물들을 길들일 필요가 없었다. 왜냐하면 에덴 동산의 동물들은 한결같이 온순하고 그 행동이 착하기만 하였기 때문이다. 그리고 그 동물들의 이름을 아담이 붙혀주었기 때문이다(PL., 6. 73-76).

> ··· 그 주위에는 타락 이후
> 야생화(野生化)한 지상의 모든 짐승,
> 산이나 들, 또는 숲이나 동굴에서 사냥거리 되는 온갖
> 짐승들이 뛰논다. 사자는 장난에 취해 뒷발로 서서
> 앞발로 새끼양을 어른다. 곰, 호랑이, 삵괭이, 표범은
> 그들 앞에서 뛰놀고, 몸집이 큰 코끼리는
> 그들을 즐겁게 하려고 온 힘을 다하고, 유연한
> 그 코를 감는다. (PL., 4. 340-47)

이 대목은 곧 「이사야」 11장 6-9절에서 그리고 있는 이상적 낙원 세계를 연상시킨다.

"그 때에 이리가 어린양과 함께 거하며 표범이 어린 염소와 함께 누우며 송아지와 어린 사자와 살진 짐승이 함께 있어 어린 아이에게 끌리며 암소와 곰이 함께 먹으며 그것들의 새끼가 함께 엎드리며 사자가 소처럼 풀을 먹을 것이며 젖 먹는 아이가 독사의 구멍에서 장난하며 젖 뗀 어린아이가 독사의 굴에 손을 넣을 것이라. 나의 거룩한 산 모든 곳에서 해(害)됨도 없고 상(傷)함도 없을 것이니 이는 물이 바다를 덮음같이 여호와를 아는 지식이 세상에 충만할 것임이니라."

이상적 낙원의 세계는 해됨도 없고 상함도 없이 어린 양과 표범이 송아지와 사자가 어린 아이와 독사가 어울려서 살아가는 조화의 세계다. 아담과 친숙한 동물들은 모두가 육지 동물들이었다. 아담의 생활이 육지에서만 이루어졌으니까 자연 바다 동물들과는 사귐이 없었을 것이다.[180] 그러나 바다에도 하나님의 놀라운 능력이 나타나지 않았던 것은 아니다. 『실낙원』 제7편에 보면 심해(深海)의 동물들을 지으신 신의 능력이 아주 인상적으로 묘사되어 있다.

> 하나님은 커다란 고래와 각종 생물들을
> 창조하셨다. ······
> ··· 잔잔한 바다에서는 물개와
> 등 굽은 돌고래가 노닐고, 무거운 몸 둔하게
> 움직이며 걸음걸이 거창하게 대양을 어지럽히는
> 것들도 있었도다. 생물 중 가장 큰 리워야단은
> 바다 위에 곶처럼 뻗어 잠을 자기도 하고
> 헤엄도 치니, 움직이는 육지같이 보이고,
> 아가미로 바다 하나를 들이마시고 코로 뿜어 냈도다.

---

180) Dennis H. Burden, *The Logical Epic* (London : Routledge and Kegan Paul, 1967), 50.

(*PL.*, 7. 391-416)

바다의 곶과도 같고 부동하는 육지와도 같이 보이는 리워야단! 그 크고 육중한 몸집만 보면 신의 섭리에 어긋나는 듯한 인상을 주시만, 이 동물 역시 목적없이 생겨난 우연의 선물은 아닌 것이다. 그들이 대양을 어지럽히는 것이나 폭풍을 일으키는 것을 보면서 느낄 수 있는 것은 압도해 오는 초자연적 능력 같은 것이다. 그들의 생활은 아담의 생활권과는 완전히 분리된 것이었기 때문에 아담을 해칠 수도 없고 그럴 필요도 없었다. 이러한 육중한 바다 동물과 비교되는 육지의 동물은 코끼리다. 몸집이 큰 코끼리는 아담과 하와를 전력으로 돕고 그들을 즐겁게 하려고 온 힘을 다하고 유연한 그 코를 감는다(*PL.*, 4. 346-47). 심지어 뱀까지도 에덴 동산에 있어서는 해로운 동물이 아니었다.

> 들판에 사는 아주 교활한 짐승으로
> 노란 눈과 무서운 갈기머리를 갖고 있으며
> 때로는 몸집이 거대한 뱀도 있다는 것 그대
> 알고 있으나, 그대에게는 아무런 해도 주지
> 않으며 그대의 명령에 따를 뿐이니라. (*PL.*, 7. 494-98)

라파엘이 강조한 바와 같이, "노란 눈과 무서운 갈기머리를 갖고" 있는 뱀이 들에서는 가장 교활한 짐승이기는 했지만, 인간에게 유해한 동물은 아니었다. 오히려 그들은 인간에게 순종하고 또 그들의 지배를 받고 있었다. 그러나 라파엘은 뱀의 종류를 두 가지로 구분하였다. 즉 무서움을 주는 뱀과 놀라움과 즐거움을 주는 뱀이 있다는 것이다.

> 땅벌레 가운데서도 어떤 뱀 종류의

것은 괴이하게도 길고 굵으며 뱀처럼 몸을
서리기도 했고 게다가 날개까지 있었도다. (*PL.*, 7. 482-84)

물론 하와를 유혹한 것은 두 번째 종류의 뱀이었다. "그 형체가 보기좋고, 아름다우며 그후 뱀 종류로서 이 보다 아름다운 것은 없었다"(*PL.*, 9. 503-505)고 하는 말이 이를 증명해 주는 충분한 증거가 된다181) 라파엘의 그런 구별은 육지뱀과 바다뱀을 나눈 것이고,182) 결국 후자는 사탄과 관련이 있는 용 dragon을 가리키는 것이다. "내가 보니 바다에서는 한 짐승이 나오는데 뿔이 열이요 머리가 일곱이라. 그 뿔에는 열 면류관이 있고 그 머리들에는 참람된 이름들이 있더라"(계 13 : 1). 사도 요한이 보았던 바다용 river-dragon(*PL.*, 12. 191), 그것이 사탄이며 여기서는 "자기의 강들 중에 누운 큰 악어(큰 용)"(겔 29 : 3)라고한 이집트의 왕 파라오 Pharaoh를 뜻한다. 리비아단과 같이 바다용은 바다에 사는 동물이므로 무서운 역할을 할 수 있지만, 육지뱀은 인간에게 순종하는 무해한 동물이었다. 리비아단, 고래, 악어, 바다용 등은 해상동물로서 모두 죄악의 예표적인 존재들이다.183)

뱀은 교활하게 보인다는 것이(*PL.*, 4. 347-50) 조금은 하나님의 의도를 의심케 하기는 하지만, 그것도 밖으로 드러나도록 뚜렷하게 묘사해 주고 있어서 그런 의심과 위험성 마저도 가질 필요가 없다. 타락 이후에 배로 기어다니도록 저주를 받았으니까184) 그 이전에는 꼿꼿이 세우고 다닐 수 있었던 것 같다. 그러나 전신(全身)을 꼿꼿이 세우고 다닐 수 있는 동물은 아니었다. 왜냐하면 전신을 꼿꼿

---

181) C. A. Patrides, *Milton and Christian Tradition* (London: Osford UP, 1966), 107.
182) Dennis H. Burden, 53.
183) Alastair Fowler ed., *Milton: Paradise Lost* (London: Longman, 1968), 619.
184) C. A. Patrides, 107.

이 세우고 바른 자세로 다닐 수 있는 것은 인간밖에 없었기 때문이다.

> ··· 다른 생물처럼 엎드리지도
> 어리석지도 않고, 성스러운
> 이성 부여되어 온몸을 곧게 펴고
> 서서 단정히 맑은 얼굴로
> 다른 것을 다스릴 수 있으며. (PL., 7. 506-10)

타락 이전의 뱀은 상체를 세우고 기어다니는 길짐승 중의 하나였다. 밀턴의 다음 묘사는 이런 두 특징을 조화시켜 보려고 하는 의도에 의한 것이라 할 수 있다.

> 그 후처럼 땅에 엎드려 꾸불꾸불 물결치며
> 땅 위를 기는 것이 아니라, 기다란 몸을 서려
> 테에 테를 겹쳐서 쌓아올린 미로(迷路)의
> 둥근 기반 이루는 꼬리로 간다. 볏달린 머리
> 높이 쳐들고 홍옥 같은 눈을 반짝이며.
> 푸른빛에 황금빛 번들거리는 목은 풀 위에
> 물결치는 빙빙 도는 소용돌이 속에 곧게
> 솟아 있다. (PL., 9. 496-503)

제7편에서는 "무서운 갈기머리"(PL., 7. 497)를 가진 뱀으로 그려 있지만, 제9권을 보면 "푸른 빛에 황금빛 번들거리는 목"(PL., 9. 501)과 "에나멜처럼 반들반들 윤나는 목"(PL., 9. 525)을 가진 뱀으로는 묘사되어 있어도 그 무서운 갈기머리는 찾아볼 수가 없다. 또한 제9편에서는 뱀에게 '날개'가 있는 것으로 묘사되질 않는다. 뱀에게 '갈기머리'와 '날개'가 있다는 것은 창조 당시의 뱀은 신화적

영기 (mythological aura)가 있었다는 것을 단적으로 표현한 것이다. 이처럼 뭍뱀은 자연의 일부이면서도 영기가 서려있는 동물이었음을 알 수 있다. 그러나 "물결치는 미로"라던가 "볏달린 머리 높이 쳐들고"와 같은 말들은 그 속에 숨겨져 있던 사악한 '미로와 같은 과오'(mazy error) 에너지가 사탄과 연합되면서 드러나게 될 것을 암시해 주고 있다. 인간이 타락한 이후 뱀은 인간과 원수가 된다. 그래서 패트리즈(Patrides)는 이렇게 말하였다.

"타락하기 전 모든 뱀들과 짐승들은 온화하고, 온순하며 인간의 명령과 다스림에 순종적이었다. 따라서 그들이 인간을 해칠만한 어떤 힘도 없었기 때문에 어떤 점으로나 무섭게 보이지를 않았다."185)

타락하기 이전의 에덴동산의 동물들은 전혀 사납지 않고 인간을 해치지 않고 인간과 더불어 어울려 살아가는 세계였다. 심지어 뱀까지도 뭍에 사는 것들은 인간을 해치지 않았다. 그들도 온순하고 온화해서 아담과 하와의 명령에 순종하며 살아갔던 것을 알 수 있다. 그러나 타락이후 동물들의 세계는 크게 변한다.

### 4) 에덴동산을 잃어버린 삶

#### (1) 떠돌이(遊浪者)로서의 삶

아담과 하와는 범죄의 결과 결국 에덴 동산을 잃어버렸다. 에덴동산을 잃었다는 것은 그들이 몸담고 살아가며 일하던 터전을 잃어버렸다는 것이다. 그의 고향인 낙원에서 쫓겨나 살게 된 들판은 모든 피조물이 함께 탄식하며 고통하는 세계이다(롬 8:19-22). 대지

---

185) Patrides, 107.

는 일체를 상실했다는 비애의 표지를 드러내고(*PL.*, 9. 782-4), 신음하고, 하늘은 찌푸리고 뇌성을 발하며 비애의 물방울을 내며 우는 (*PL.*, 9. 1000-1004) 그런 세상이었다. 또한 짐승은 짐승끼리 새는 새끼리 고기는 고기끼리 서로 싸우고(*PL.*, 10. 710-11), 질서가 깨지고 모두가 혼란스러운 그런 세상이었다. 이런 세상을 떠돌며 살아가는 사람에게 안정과 교제의 기쁨이 있을리 없다. 에덴에서 쫓겨나 거주하게 된 새로운 인간의 거주지는 죽음과 슬픔과 악이 가득찬 그런 곳이었다. 그것은 모든 생명과 기쁨과 축복의 근원이던 하나님과 분리되었기 때문에 발생한 불행인 것이다.

아담이 미카엘로부터 낙원을 떠날 것을 명령 받았을 때 그에게 있어서 제일 고통스러운 것은 항상 눈과 귀로 보고 들어오던 신의 음성과 그 모습을 들을 수도 없고 볼 수도 없게 되었다고 하는 것이었다. 낙원은 인간이 하나님이나 주의 사자인 천사들의 시선을 피하지 아니하고 그 앞에서 단독으로 설 수 있는 그런 곳이었다.

> 그들은 벌거벗은 채 지나간다, 하나님이나 천사의
> 눈을 피하지도 않고, 악은 생각조차 하지 않았기에.
> (*PL.*, 4. 319-20)

전혀 죄의식이 없었으므로 벌거벗었지만 당당하게 하나님 앞에 나가 그와 직접적으로 접촉할 수가 있었다. 요컨대 에덴동산은 어떤 중개자 없이도 하나님의 존재를 늘 보고 느낄 수 있는 그런 세계였다. 하나님과의 관계가 끊어졌다고 하는 것은 소외 현상의 시발이 되며 영적인 죽음이 세상 즉 인간에게 들어오게 되었음을 의미한다. 결국 영적인 죽음의 결과 의와 모든 기쁨을 잃게 되는 것이다.

아담이 더러워지고 불순해진 자신의 내적인 상태를 발견했을 때, 맨 처음 그의 마음 속에 떠오른 것은 하나님에 대한 두려움이었다. 그는 그 찬란한 신의 순결한 빛을 차마 견딜 수가 없어서 자신의 몸을 숨길 그늘을 찾으며 이렇게 말했던 것이다.

　　··· 이후 하나님이나 천사의 얼굴— 전에는
　　환희와 황홀로 그토록 자주 우러러보던
　　그 얼굴을 어떻게 보랴. 그 하늘의 모습들이
　　이 지상의 것을 견딜 수 없이 찬란한 빛으로
　　눈부시게 하리라. 아, 어두운 숲속의 빈터, 별도
　　햇빛도 들지 않고 높은 숲이 저녁처럼 어둡게
　　넓은 그늘을 펼치는 그런 곳에서 호젓이
　　야인(野人)으로 살았으면. 나를 덮어라, 소나무여!
　　삼나무여! 수없는 가지로 다시는 그들이
　　보이지 않는 곳에 나를 숨겨라. (*PL.*, 9. 1080-90)

　　하나님과 인간 사이에 영적인 교제의 단절이 일어나자, 그렇게도 사랑하고 의지하던 부부 사이에도 불화가 생기고, 인간과 자연 사이에도 깊은 소외의 골이 패인다. 이전에는 기쁨과 행복이 넘치는 낙원(樂園)이요 마음의 안식처였으며 서로 어울려 조화를 이루며 화평하게 살던 삶의 공동체였지만, 이제는 전혀 그런 공동체를 기대할 수 없게 된 것이다. 타락 이후 아담과 하와는 집을 잃은 떠돌이가 되어 세상을 두로 다니며 고독을 씹으며 살아가는 실존으로서, 낙원을 되찾을 때까지 평생을 눈물의 골짜기를 통과하지 않으면 안 된다.

### (2) 악의 종으로서의 삶

　　타락 이후의 삶은 인간은 악의 종이 되어 자유를 잃게 된다. 아담과 하와는 불순종으로 인해서 정신적인 자유를 잃었고 그 뒤로 그들을 사로잡은 것은 정욕이었다.

··· 그러나 그 허위의 열매는
우선 다른 작용을 드러내서 육욕을
충동한다. 그는 음란한 시선을
하와에게 던지기 시작했고, 그녀도 그에게
음탕하게 보답을 하니 둘은 다 같이
음욕에 불탔다. ···
··· 애정에 넘치는 마음으로
추파 던지며 희롱하니, 하와도 그것을
알아차리고 그 눈에서 정욕의 불을 쏟는다.
그가 그녀의 손을 잡고 머리 위로 푸른 지붕이
뒤덮인 그늘진 둑으로 이끌어가는 싫어하는 일
전혀 없다. (*PL.*, 9. 1010-39)

그 허위의 열매를 따 먹자마자 육욕이 충동되고, 아담과 하와는 서로 음욕에 사로잡혀 희롱하며 그늘진 곳을 찾는다. 그 이후 인간은 그 정욕의 불길에 휩싸여 살아가게 된다. 낙원은 인간이 전혀 어떤 불순함과 악을 현실로서 느껴볼 수 없었던 곳이었다. 즉 하나님께 대한 완전한 순종 때문에 악을 알지 못하는(*PL.*, 12. 88-89) 순결한 세계였다. 그러나 그들이 사탄에게 속아 넘어가 타락한 이후 그들은 그의 종이 되어 자유도 순결도 다 짓밟고 만다. 순결한 세계를 잃어버린 뒤의 삶은 정욕의 노예로서 그의 명령에 복종하며 살아갈 수밖에 없다. 죄의 종노릇하며 살아갈 수밖에 없는 실존이 되는 것이다.

### (3) 싸우는 전사(戰士)로서의 삶

에덴을 쫓겨나서 인간이 거주하게 된 이 세상은 황막한 광야요, 선악의 전투장(*PL.*, 5. 565-66) 이었다. 에덴 낙원과는 달리 이 세상은 비애와 슬픔으로 가득찼고(*PL.*, 8. 332-33), "폭풍이 일고 있는 변화무쌍한 죽음의 음침한 골짜기"186)일 뿐 아니라 선의 단련장이었다. 그러므로 광야에 낙원이 세워지는 일은 이러한 시련의 전투장을 거치지 않고서는 불가능한 일이었다. 그러므로 에덴 낙원에서 쫓겨난 인간은 그리스도가 광야에서 사탄과 더불어 싸운 것처럼 악의 유혹이 많은 이 세상에서 용과 더불어 싸워야만 하고187) 그리스도가 싸움을 통하여 믿음(*PR.*, 1편)을 더하고, 절제(*PR.*, 2편)를 더하고, 인내(*PR.*, 3편)를 더하고, 마침내는 지혜(*PR.*, 4편)를 나타내 보인 것처럼 아담도 고독한 정신적인 투쟁을 통하여 덕과 인내와 절제 및 사랑(*PL.*, 12. 584-85)을 더해가는 바른 삶을 살아가야만 비로소 최후의 승리와 진리에 이를 수 있다.

 밀턴은 이러한 전무적인 삶을 가리켜 "진리를 위한 수난"(*PL.*, 12. 569)이라 하였고, "영웅적인 순교"(*PL.*, 9. 32)라 하였다. 진리를 위해 수난을 다하는 것이 영광으로 이끄는 최고의 용기이며 영웅적 순교정신을 가지고 끝까지 참고 겸손히 복종하는 자188)만이 잃어버렸던 낙원을 회복할 수 있다는 것이다. 그러나 이사야 선지자가 "대저 나 여호와가 시온을 위로하되 그 모든 황폐한 곳을 위로하여 그 광야로 에덴 같고 그 사막으로 여호와의 동산 같게 하였나니 그 가운데 기뻐함과 즐거움과 감사함과 창화(唱和)하는 소리가 있으리라"(사 51 : 3)라고 말한 대로 광야를 에덴처럼 만드는 것도 여호와 하나님이시오 싸움에 이기게 하는 것도 하나님이시라는 것을 먼저 믿고 그의 뜻에 순종하며 진리를 위해 수난을 당할지라도 끝까지 선전할 때 하나님은 그런 자의 마음속에 잃어버린 낙원보다 더 행복한 낙원을 준다는 것이다(*PL.*, 12. 585-87).

---

186) Anne Davidson Ferry, *Milton's Epic Voice* (Cambridge : Harvard UP, 1967), 44.
187) Northrop Frye, "The Garden Within," in *On Milton's Poetry*, ed. Arnold Stein (Connecticut : Fawcett, 1970), 232.
188) John Reesing, *Milton's Epic Art* (Cambridge : Harvard Up, 1968), 78.

이것이 낙원을 잃어버린 인간에게 새로이 준 생활원리이다. 그것은 죽음의 형벌로써 준 무서운 율법이 아니라 예수 그리스도의 구속 속에 시현된 하나님의 사랑에 기쁘게 응답하는 것을 의미하는 것이다.

에덴동산은 하나님이 천국 즉 천상의 낙원을 본 따서 만든 아주 살기 좋은 인간의 거주지였다. 『실낙원』에 나오는 자연 묘사를 통하여 에덴을 살펴 볼 때 그곳은 완전하고 풍요로우며 현실 세계와는 색다른 행복과 기쁨 및 축복이 넘치는 안식처였다는 것을 알 수 있다. 계절은 늘 따뜻한 봄과 같고, 인간과 자연은 하나였으며, 인간들은 인간들끼리 동물들은 동물들끼리 사이좋게 지낼 뿐만 아니라 인간들은 동물들과 더불어 조화롭게 살았다. 에덴의 세계는 고전 작품에 나오는 황금 시대와 유사했다. 이곳에서의 아담과 하와의 삶은 행복했고 자연적인 풍요를 마음껏 누릴 수가 있었다.

지금까지 살펴본 바와 같이, 에덴동산은 하나님이 천국 즉 천상 낙원을 본 따서 만든 아주 살기 좋은 인간의 거주지요 삶의 터전이었다. 『실낙원』에 나오는 자연 묘사를 통하여 에덴을 살펴 볼 때 그곳은 완전하고 풍요로우며 현실 세계와는 색다른 행복과 기쁨 및 축복이 넘치는 안식처였다는 것을 알 수 있다. 계절은 늘 따뜻한 봄과 같고, 인간과 자연은 하나였으며, 인간들은 인간들끼리, 동물들은 동물들끼리 사이좋게 지낼 뿐만 아니라 인간들은 동물들과 더불어 조화롭게 살았다. 에덴의 세계는 고전 작품에 나오는 황금시대와 유사했다. 이곳에서의 아담과 하와의 삶은 행복했고 자연적인 풍요를 마음껏 누릴 수가 있었다.

에덴동산에 대한 자연 묘사는 단순히 그 자체를 위해 존재하는 독자적인 구성단위는 아닌 것이다. 그 풍경 묘사들은 서사시의 사건 진전을 위한 무대를 제공해 줄 뿐 아니라 전개될 주인공들의 내면 세계를 보여주며 그에 대한 반응을 갖게 해준다.189) 밀턴의 풍경 및 자연 묘사는 그 자체를 목적으로 보이기 위한 것이 아니고 거기서 살아가며 일하고 있는 아담과 하와의 삶의 분위기와 의식 상태를 재현해주거나 객관화해 주는 한 장치가 된다.190)

이런 뜻에서 풍요로운 자연의 세계 특히 식물의 세계는 쾌적하고 살기 좋은 환경을 제공해 주지만, 또한 아담과 하와가 게으르고 협조하지 않으면, 그래서 부부의 사이에 금이 가게 되면 일시에 황폐시킬 수도 있고 파멸시킬 수도 있는 사악한 에너지를 내포하고 있는 그런 환경이었다. 지식의 나무를 택하여 윤리적인 시험을 하시는 하나님의 시험에 아담과 하와는 통과하지 못했고, 그래서 인동 덩굴과 느티나무의 바른 관계를 이어갈 수가 없었다.

그렇게 해서 아담과 하와는 넘어지는 것이다. 그 묘사는 에덴의 보다 높은 진리와 뛰어난 찬란함을 그려주는 효과적인 장치가 된다. 그러나 그것은 또한 허위와 치욕의 배경이 되기도 하지만, 행복하게 살던 아담과 하와가 허위와 치욕의 덫에 걸려 넘어지는 곳이기도 하다. 이 허위와 치욕의 덫을 놓은 자는 사탄이다. 사탄의 마수에 걸려 넘어지게 되는 것이다. 그 결과 그들은 에덴 낙원으로부터 쫓겨나게 된다.

낙원에서의 쫓겨남은 한 마디로 말해서 불행한 일이다. 그들은 하나님과의 영적인 교제가 단절된 채 외롭게 떠돌아다니는 신세가 되어 악과 더불어 싸우지 않으면 안 되는 신세가 되는 것이다. 그러나 그들이 예수를 믿고 크리스천 전사로 악과 더불어 싸우며 덕과 인내와 절제와 사랑을 쌓으면 잃어버린 낙원보다 더 행복한 마음의 낙원을 이룰 수가 있는 것이다. 그러므로 아담과 하와의 타락은 행복한 것이라 할 수 있다(Felix culpa). 시련의 과정을 거쳐 들에 세

---

189) Jackson I. Cope, *Metaphoric Structure of Paradise Lost* (Baltimore : The Johns Hopkins P, 1962), 76 ; John R. Knott, *Milton's Pastoral Vision : An Approach to Paradise Lost* (Chicago : Packard, 1971), 36-37.

190) Jeffry B. Spencer, *Heroic Nature : Ideal Landscape in English Poetry from Marvell to Thompson* (London : Chatto & Windus, 1973), 104.

워지는 낙원은 황금시대와 같은 그런 비전의 세계이다.『실낙원』은 아담과 하와의 타락 이야기를 에덴동산을 배경으로 해서 여러 고전적인 인유를 가지고 전개한 작품으로서 성경과 고전의 통합된 낙원의 비전을 보여주는 일종의 낙원 문학이다.

## 2. 인간

『실낙원』에는 하나님, 예수 그리스도, 사탄, 천사도 등장하지만 우리의 주요 관심사는 인간이라 할 수 있다. 왜냐하면 우리도 인간이기 때문이다. 그러나 밀턴이 그리고 있는 인간은 인간의 현상만을 다루는 일반적 인간학의 입장에서만 취급할 수는 없다. 그것은 인간의 창조와 타락과 구속 모든 것이 신의 영원한 섭리와 분리해서 생각할 수 없기 때문이다. 그러므로 밀턴이 그리고 있는 인간을 논하려면 자연히 삼위일체이신 하나님과의 관계 아래서 보아야만 한다. 칼 발트는 이런 인간학을 "신학적 인간학"[191]이라 하였다. 신학적 인간학의 입장에서 인간을 다룰 때 제일 먼저 논의 되어야 할 것이 인간의 본질 문제이다. 그 다음에 다루어야 할 것은 그 인간이 왜 넘어졌으며 그 결과 어떻게 되었는가 하는 것이다. 맨 마지막의 관심사는 넘어진 인간은 영원히 다시 설 수 없는가 하는 것이다. 이 세 물음을 풀어가는 것이 신학적 인간학의 과제일 것이다. 이 문제를『실낙원』을 중심으로 해서 탐구해 보겠다.

### 1) 하나님의 형상으로서의 인간

#### (1) 존엄한 존재

---

191) Karl Barth, *Church Dogmatics* (New York, 1957) III. 2. 25.

밀턴의 인간학에 있어서 가장 본질적인 문제는 인간은 존엄한 존재라는 것이다. 그러면 그 존엄성의 근거는 무엇인가? 밀턴에 의하면 그것은 두 가지, 즉 인간이 하나님의 모습대로 창조되었다는 것과 하나님의 은총을 힘입어 잃어버렸던 모습을 되찾게 되었을 뿐 아니라 그의 양자가 되어 그와 더불어 새로운 형태의 교제를 할 수 있도록 되었다는 사실에 있다.

지음 받은 존재로서의 인간은 피조물이기 때문에 어디까지나 그 지으신 창조주 하나님에게 전적으로 의존하지 않으면 안 되는 그런 존재다. 이런 점에서 보면 인간이 다른 지음 받은 피조물들과 하등의 다를 것이 없다. 그러나 인간만이 하나님의 형상대로 창조되었다는 점에서 다른 피조물들과 구별되며 그것이 또한 존엄성의 근거가 된다.

> 이제 우리 모습을 닮은 사람을 만들자!
> 그래서 바다의 고기와 공중의 새를,
> 들짐승과 전 지상을
> 그리고 땅에 기는 온갖 길짐승을
> 다스리게 하자 하시고, 하나님은
> 그대 아담을 만드셨도다. (*PL.*, 7. 519-524)

이 시구는 「창세기」 1장 26절을 인유한 것으로서 인간 창조 때에만 '이제 우리 모습을 닮은 사람을 만들자'고 하는 신적인 도모가 있었음을 보여주고 있다. 이렇게 하나님의 구별된 은총을 입어 창조된 인간만이 하나님의 말씀과 사랑에 응답할 수 있고 그의 섭리에 참여하여 만물을 지배하고 다스릴 수가 있다. 실로 인간의 창조야말로 하나님의 창조 역사 중 가장 위대하고 지대하다 할 수 있을 것이다.192) 인간이 이처럼 존엄한 존재라면, 그리고 그 존엄성의 근거가 하나님의 형상대로 지음 받은 것이라면 하나님의 모습이 들어 있는 자른 어디일 것인가 하는 것이 우리의 관심의 초점이 된다. 그것은 인간의 내면에도 나타나고 동시에 외면에도 나타난다고 밀턴은 보았다. 인간의 외면에 나타나는 존엄성은 그 태도의 엄위함과 그 용모의 엄숙함과 아름다움, 그리고 언어 사용 능력과 직립의 자세 및 모든 다른 피조물에 대한 지배권 같은 것이라 할 수 있다. 모든 것을 다스리는 능력을 주었다고 하는 것은 이미 인용한 『실낙원』 제7편 제519-524행에 잘 나타나 있다. 그 나머지 외면에 보이는 하나님의 모습은 다음 인용하는 두 곳에서 찾아 볼 수 있다.

> 그대의 입술 역시 우아하고, 인간의 조상이여,
> 혀도 유창하도다. 이는 하나님께서 아름다운
> 자기 모습대로 그대를 만들고 몸 안에도
> 몸 밖에도 풍족히 그의 은총을 쏟아주셨기
> 때문이니라. 말을 하거나 않거나 모든 아름다움과
> 우아함이 그대를 따르며 언행 하나하나를
> 꾸미도다. (*PL.*, 8. 218-223)

> 그 중 지극히 고상한 두 모습, 몸이 곧고 키가 큰,
> 마치 하나님처럼 곧은데다 나치지만 그 본유의
> 존귀함이 입혀져 만물의 주 같고
> 또한 그만한 가치 있어 보인다. 그 거룩한 얼굴엔
> 영광스런 창조주의 모습, 진리와 지혜와
> 엄격하고 순결한 신성이 빛났고,
> 엄하지만 아들로서의 참된 자유가 있었는데,
> 인간의 참된 권위가 거기서 비롯된다. (*PL.*, 4. 288-295)

---

192) Arthur Sewell, *A Study in Milton's Christian Doctrine* (London : Oxford UP., 1939), 134.

하나님의 아름다운 형상대로 창조된 최초의 시조 아담과 하와의 모습은 '하나님처럼 곧고'(Godlike erect) 키가 크고 고상하다. '하나님처럼 곧고 키가 크다'는 것은 외면적으로는 문자 그대로 키가 크고 곧은 직립의 자세를 지시하는 것이다. 그러나 이는 문자 이상의 또 다른 의미를 내포하고 있는데, 그것은 다른 피조물들과 대조해서 특별히 인간의 원초적인 의와 청렴 강직함을 함의하는 말이다. 즉 인간은 만물의 주(Lord of all) 같은 존재라는 것이다. 그리고 '나체지만 위엄이 있다'는 것은 그들에게 나타나는 하나님의 순결함을 함의하는 것이고, 무엇보다 그들에겐 '아들로서의 참된 자유'가 있었다. 그들은 하나님의 아들이 되는 자유를 누릴 수 있는 하나님의 자녀들이라는 것이다. 아들은 아버지의 상속인이다. 상속인으로서의 아들은 아버지 하나님으로부터 참된 권위와 존엄성과 아름다움을 물려받았다.

시인은 아담과 하와의 외모에 나타나는 아르다움과 특성을 여러 곳에서 묘사하고 있다. 아담에 대한 묘사부터 살펴보겠다.

> 그의 아름답고 넓은 이마와 숭고한 눈은
> 절대권을 나타내고, 히아신스 같은 머리채는
> 숱이 많은 가른 앞머리에서 탐스럽게 늘어져
> 넓은 어깨 밑까지는 미치지 않는다. (*PL.*, 4. 300-303)

그의 넓은 이마와 숭고한 눈에는 '절대권'이 주어졌고, 히아신스의 꽃처럼 흐르는 듯한 '머리채'는 그의 초인적인 신성한 미를 암시하고 있다.

> 정녕 아름답고 키가 큰. (*PL.*, 4. 477)

> 사내다운 품위와 지혜가 아름다움보다 뛰어나고

그것만이 참된 아름다움이라는 것을 깨달았나이다.
(*PL.*, 4. 490-491)

그녀의 아름다움과 순종의 매력을 기뻐하며
그는 뛰어난 사랑으로 미소 짓는다, 마치
주피터가 오월의 꽃 피우는 구름 잉태케 하고서
주노에게 미소 짓듯이. (*PL.*, 4. 498-501)

··· 아담이여,
하나님의 영 받은 대지의 성스러운 인간이여.
(*PL.*, 5. 321-322)

··· 그 자신의 모습대로
정확한 그의 모습 그대로 하나님이 그대를
만드셨고 그대는 산영이 되었도다. (*PL.*, 7. 526-528)

··· 그의 뛰어난 지혜, 도도한 용기,
흙으로 만들어졌으나 당당한 체구의
힘을 나는 더욱 피하리라. (*PL.*, 9. 483-485)

  아담을 묘사한 경우를 좀 더 세부적으로 보면 그의 남성다운 면모는 '남성답다'던가, '키가 크고 영웅 같은 체구'라던가, 또는 '그의 넓은 어깨'와 같은 표현 속에 묘사되어 있다. 하와를 묘사할 때 보다는 상대적으로 아름답다는 말을 많이 사용하지를 않은 반면, 그의 '신성함'과 그의 '내면적 덕성'을 표현하는 말들이 더 많이 사용되었다. 즉 하나님의 아름다운 모습대로 지음 받은 존재로서의 '지혜'와 '용기'와 '힘'이 그의 특성으로서 주어졌다는 것이다. 이런 묘사로 봐서 하나님의 모습은 아담의 외모에도 나타나지만, 보다 뚜렷하게 나타나는 자리는 그의 내면이라는 것을 알 수 있다. 또한 외면적인 아름다움은 내면적인 특성의 도움 없이는 존재할 수 없다는 것도 알 수가 있다. 이런 논리는 하와에게 있어서도 마찬가지로 적용될 수가 있다.

하와의 '아름다움'을 표현하는 말의 빈도수를 보면, '예쁜'(fair)에 속하는 것이 16번(*PL.,* 4. 324, 481, 610, 742 ; 5. 18, 74, 129 ; 8. 172, 568, 396 ; 9. 452, 489, 538, 608-609), '아름다운' (beautiful)에 속하는 것이 7번(*PL.,* 4. 490, 498, 634, 713 ; 5. 14, 47 ; 9. 607), '사랑스러운'(lovely)에 속하는 것이 2번(*PL.,* 8. 471, 558)으로 나타난다. 또한 그녀의 미를 강조하기 위하여 신화나 전설중의 여신이나 여성과 자주 비교되는 것도 볼 수 있다. 즉 '주노'(Juno, *PL.,* 4. 500), '판도라'(Pandora, *PL.,* 4. 713-714), '숲 속의 요정'(Wood-Nymph, *PL.,* 5. 380-382), '오레아드' (Oread), '드리아드'(Dryad), '델리아'(Delia, *PL.,* 9. 386-387), '팔레스'(Pales), '포모나'(Pomona), '케레스'(Ceres, *PL.,* 9. 393-395) 같은 것에 비유하여 마치 여신과도 같은 아름다움을 강조하려고 하였다. 이처럼 그녀의 미를 추상적인 말로서 표현한 곳은 많아도 구체적인 외모의 미적 표현은 그리 많지가 않다.

> 그녀의 꾸밈없는 금발은 마치 베일처럼
> 가느다란 허리까지 내려 흐트러져,
> 포도덩굴의 수염이 꼬부라지듯이
> 제멋대로 곱슬곱슬 굽이친다. (*PL.,* 4. 304-307)

> 그녀의 부푼 젖가슴이
> 흐르는 듯이 드리워진 묶지 않은 금빛 머리채 밑에
> 가려져 반쯤 드러난 채로 그의 가슴에 닿는다.
> (*PL.,* 4. 495-497)

이러한 경향은 단순히 밀턴의 묘사력의 문제는 아니다. 그것은 오히려 다음에 인용하는 사항들과 비교해 볼 때 그의 의도가 잘 드러날 것이다. 다시 말하면 『실낙원』의 신학적 주제를 끓어가기 위한 서사시적인 구성상의 필요에 의한 것이라는 말이다. 즉 하와의 외적인 미가 그녀의 내면적인 미와 직결될 때 의미가 있다는 뜻이다. 다음에 인용하는 정신적인 특성이 그 사실을 시사해 주고 있다.

> 이는(금발) 복종을 의미하지만,
> 관대한 주권의 요구를 받아
> 그녀 스스로 응하는 것, 수줍으면서도 공손하게,
> 겸손하면서도 떳떳하게, 우아하면서도 마지못한 듯
> 망설이며 정답게 응하면, 그는 이를 극진하게
> 받아들인다. (*PL.*, 4. 307-312)

> 미덕에 싸였으니 가릴 것이 필요 없고,
> 약한 생각에 얼굴을 붉히지도 않는다. (*PL.*, 5. 383-384)

> 아, 낙원에 어울리는
> 순진함이여! (*PL.*, 5. 445-446)

> 근처에 물러나 앉아 있던 하와는 이것을 보고,
> 그 자리에서 기품 있는 겸손과 보는 자가
> 반해서 더 머물러 있고 싶도록
> 만드는 우아한 모습으로 일어나, 열매와 꽃들
> 사이로 나가, 손수 봉오리나 꽃들이
> 얼마나 무성해졌는가를 살펴본다. (*PL.*, 8. 42-47)

그 걸음에는 우아함이, 그 눈에는 천국이,
그 몸가짐에는 위엄과 사랑이 담겨 있어, 너무도
기쁜 나머지 나는 큰 소리로 외쳤나이다. (*PL.*, 8. 488-490)

하나님의 인도받아 거기 왔으나 그래도
순진한 처녀의 수줍음, 그 덕성과 가치의 자각,
그것은 구애할 만하고 구애 없이는 얻을 수
없는 것, 나서지 않고 주제넘지 않고 겸양하니
더욱 좋았나이다. (*PL.*, 8. 501-505)

내가 그녀를 따라가니, 그녀는
명예라는 것을 알고 위엄 있는 순종으로
나의 청하는 이유를 인정하였나이다. (*PL.*, 8. 508-510)

순결하고 위엄 있는 하와. (*PL.*, 9. 270)

하나님과 인간의 딸, 불멸의 하와여. (*PL.*, 9. 291)

그대 타고난 순결을 갖고 가라. (*PL.*, 9. 373)

··· 천사 같지만
보다 부드럽고 여성적인 그녀의 거룩한 모습.
(*PL.*, 9. 457-458)

이 아름다운 세계의 여왕, 빛나는 하와여! (*PL.*, 9. 568)

그대의 아름답고 빛나는 광채 속에 결합되어
있는 것을 보았나이다. 어떠한 아름다움도

그대와 동등하거나 버금가지도
못했나이다. (*PL.*, 9. 606- 609)

··· 비길 데 없이 훌륭하고
적합하고 만족스럽고 거룩하고 완전한 선물로서
주어진 것. (*PL.*, 10. 139-141)

위에서 장황하게 인용한 여러 곳을 살펴보면 밀턴이 타락하기 이전의 하와의 특성을 어떻게 그리려고 했는가를 알 수 있다. 위에서 인용한 것 가운데서 형용사와 명사에 의해서 그 성격을 나타내는 것을 분류하면 다음과 같다.

신성을 나타내는 것으로는 '신성한'(2번), '하나님과 인간의 딸'(2번), '거룩한', '천사와 같은', '불멸의', '빛나는' 같은 말들이 사용되었다. 덕성을 나타내는 것으로는 '순진한'(4번), '미덕'(2번), '우아한', '완전한', '자랑스러운' 같은 말들이 사용되었다. 권위를 나타내는 것으로는 '위엄 있는'(2번), '가치' 같은 말이 사용되었으며, 공손함을 나타내는 것으로는 '순종', '순종하는', '겸손한', '부드러운', '나서지 않고', '겸양', '망설이며' 같은 말이 사용되었다. 그리고 여성적인 것을 나타내는 것으로는 '처녀', '여자', '우아한', '아름다운', '사랑' 같은 말이 사용되었다.

상술한 바와 같이 이러한 성격이 하와의 외모와 일체가 되어 그녀의 미의 실체를 형성한다. 아담에게 있어서는 특히 덕성으로서 지혜와 용기 및 힘이 강조되었지만 하와의 경우에 있어서는 공손과 겸손 및 복종의 덕이 강조되고 있다.

사탄이 처음 그들을 보고 놀라는 그의 독백에 의하면 "영체는 아니지만, 빛나는 하늘의 천사에 못지않으니"(*PL.*, 4. 361-62)고 하였고, 또한 그들을 애모할 정도로 "그들에겐 하나님의 모습이 생생하게 빛나는"(*PL.*, 4. 363-64)이라고 하였다. 여기서 특별히 우리가 유의하여야할 점은 그들의 얼굴에 "하나님의 모습이 빛난다"고 한 대목이다. 왜냐하면 밀턴은 사실상 천상에 속한 것의 상징으로서 '빛난다'고 하는 표현을 사용하였기 때문이다. 그러므로 원초적 인간은 천사처럼 찬란한 존재였는데 타락함으로서 그 찬란함을 상실하게 된 것이다. 이처럼 찬란한 그들의 모습 속에 영광스러운 창조주의 모습이 반영되어 있다.

그러나 육체에도 하나님의 모습이 나타난다고 한 것은 인간의 모습이 다른 동물들의 모습과 다르다는 것을 의미했을 뿐193) 결코 육체를 영혼과 구별되는 별개의 것으로 본 것은 아니다. 물론 플라톤과 같은 이원론자는 육체와 영혼의 독립성을 주장한다. 그에 의하면 육체와 영혼의 복합적 존재가 인간이다. 영혼은 높고 신성하며 이성적이며 높은 영역에 속하지만 육체는 낮고 사멸하는 영역에 속한다는 것이다.

"영혼은 신성하고 불멸하는 그리고 지적이고 한결같이 변하지 않는 모습을 입고 있지만, 육체는 인간적이고 사멸하는 그리고 비지성적이고 다양한 용해 변화하는 모습을 입고 있다."194)

이것은 영혼은 신적 형상과 흡사한 것으로 높고 거룩하지만, 육체는 모든 부패와 악의 근원으로 조금도 존엄한 것이라고는 없다는 이원론적인 논리이다. 다음과 같은 말에서 우리는 풀라톤이 얼마나 육을 증오하고 그것에 대해 적개심마저 품고 있었는가를 알 수 있다.

"우리가 육체를 입고 있고 영혼이 그 육체의 모든 악에 물들

---

193) John Calvin, *Institute of the Christian Religion* I. XV. 3. trans. Herny Beveridge (London : James Clarke & Co., 1957), 162.
194) Plato, "Phaedo," *Dialogues of Plato*, ed., Justin D. Kaplan (New York : Washington Square Press, 1950), 103.

어 있는 한, 우리의 진리에 대한 욕망은 충족될 수 없을 것이다. 왜냐하면 육체는 끝없는 고통과 질병, 정욕과 공포, 투쟁과 분쟁의 근원이기 때문이다. 우리의 경험에 비추어 볼 때 우리가 어떠한 순수한 지식을 소유하려면 육체를 저버려야 한다는 것이 확실하다. 그때 비로소 우리는 우리가 바라는 지혜에 이를 수 있을 것이다."195)

이 인용문에서도 보듯이, 육체는 영혼과 전혀 조화를 이룰 수 없는 요소로서 다만 비극적 원천이 될 뿐이라는 것이다. 따라서 영혼이 순수이성의 세계로 돌아가려면 육체를 부정 폐기하여야만 한다. 그러자면 철학적인 훈련을 통해서 부단히 영혼을 정화하여야 한다고 한다. 그는 『공화국』에서 이런 극단적인 이원론적 태도를 다소 수정하기는 했지만, 인간의 영원성과 존엄성은 합리적인 부분에만 주어진다는 태도에는 변함이 없다. 플라톤에 비하면 데카르트는 훨씬 극단적이지만, 육체는 사멸하는 것이고 영혼은 불멸하는 것이라고 하는 점에서는 일치한다.

그러나 밀턴은 육체와 영혼의 통일성을 믿었다. 그 근거는 선하고 완전한 실체에 의해 창조된 모든 것은 선하고 완전하다는 것이다. 그러므로 육체와 영혼은 분리할 수 없다고 한다.

> 아, 아담이여, 유일한 전능자가 계셔서 그로부터
> 만물은 나오고, 이토록 완전하게 창조되었으니
> 선에서 타락하지만 하지 않는다면 다시 그에게로
> 돌아가리라. 만물은 그 원질이 하나이지만,
> 여러 가지 형태와 여러 가지 등급의 본질과
> 살아 있는 것에는 생명이 주어졌도다.

---

195) Plato, 78-81.

> 그러나 각기 배정된 활동의 세계에서
> 하나님과 가까운 자리에 있거나 또는 가까워짐에 따라
> 더욱 정화되고, 더욱 영화되고, 더욱 순화되어,
> 마침내는 각 종류에 상응하는 한계 안에서
> 육체는 영으로 승화하리라. (*PL.*, 5. 469-79)

육체와 영혼은 그 형태와 본질은 다르지만 결코 각기 독립된 것은 아니라는 것이다. 이처럼 밀턴은 인간을 육체와 영혼의 유기적 통일체로 보았다. 이런 점에서 그는 이원론자가 아니라 존재론적 일원론자라 할 수 있다.196) 인간의 본성을 정신적인 것과 물질적인 것으로 획연히 구별하지 아니하고 그 두 요소로 구성된 단일적 인격체로 보는 것은 무엇보다 성경의 정신에 따른 것이다. 장 칼뱅도 "이 두 다른 본성이 한 인간을 구성한다"197) 라고 하여 인간을 유기적 통일체로 보았다. 이처럼 인간을 유기적인 단일체로 보기 때문에 육체만의 사멸 또는 영혼만의 불멸을 시인하지 않을 뿐 아니라, 플라톤처럼 육체를 저주스러운 죽음의 대상으로 부정하기도 않는다. 육체를 부정하지 않는 입장이기 때문에 육체에도 하나님의 모습이 나타난다고 한 것은 너무도 당연한 것이라 할 수 있다.

밀턴은 "육체 없이 영혼은 존재할 수 없다"198)고 하였다. 그러나 그 실체는 역시 영혼이고 육체는 그것의 속성이라고 보았다.199) 이와 같이 영혼을 실체로 보고 육체를 그것의 속성으로 본 것은 인간의 정신적인 면에 역점을 둔 것이며 영혼을 제일의적인 것으로 보는 견해라 할 수 있다. 이런 점에서 하나님의 모습이 들어 있는 자리는 주로 영혼이라 할 수 있다. 가령 밀턴이 "아담이 하나님의 형상대로

---

196) Leland Ryken, *The Apocalyptic Vision in Paradise Lost* (Ithaca and London : Cornell UP, 1970), 33-34.
197) Calvin, Vol 1. 416.
198) Frank A. Patterson ed., *The Works of John Milton* (New York, 1931-38), ⅩⅤ. 51.
199) *Ibid.*, 41.

지음을 받았다고 하는 것은 주로 영혼과 관계가 된 것이다"200)라고 했을 때, 그 영혼은 육체와 독립된 그 어떤 것을 의미한 것이 아니라 육체와 유기적 통일성을 이루고 있는 영혼 즉 '살아 있는 인간'(living man)을 의미한 것이다. 장 칼뱅이 "하나님의 형상을 영혼과 관련해서 불러야 한다고 주장하는 것은 불합리한 것은 아니다"201)라고 한 것도 같은 맥락에서 보아야할 것 같다. 즉 살아 있는 인간의 단일체 속에 하나님의 모습은 나타나는 것이고 그것이 인간의 존엄성의 근거가 된다. 인간을 존엄하다고 했을 때 그것은 육체만을 지시하는 것도 아니고 영혼만을 지시하는 것도 아니다.

결국 인간의 본성의 긴장이라고 하는 것은 육체와 영혼의 이원론에서 시원된 것이 아니고 죄에서 연유되는 것이다. 그러므로 죄에 대해서 육체와 영혼은 동일한 책임을 갖는다. 이렇게 볼 때 인간의 존엄성은 육체로부터 영혼을 분리시키는 것으로 유지되는 것이 아니고 죄악의 생활을 멀리 할 때 이룩되는 것이라 할 수 있다. 죄를 짓지 않고 살아가려고 애쓰는 노력 속에서 참다운 하나님의 모습을 찾을 수 있고, 그런 인간을 존엄한 존재라고 우리는 부르게 되는 것이다.

### (2) 원초적으로 완전한 존재

대부분의 신학자들은 인간의 정신적 기능 일체를 신의 형상과 그 품성의 일부로 본다. 그 중에서도 특히 종교개혁자들은 신의 형상이 미덕(virtue)과 거룩함(holiness)과 지혜(wisdom)속에 반영된다고 보았다. 종교개혁의 거성 장 칼뱅에 의하면 신위 형상은 "지성의 빛과 마음의 정직성과 모든 부분의 진지성"202)에 나타난다고 한다.

---

200) *Ibid.*, 45.
201) Calvin. Vol. l. 163-64.
202) *Ibid.*, 164.

또한 인간이 비록 그 모습을 잃었다 할지라도 하나님의 완전한 형상인 그리스도로 말미암아 새로운 삶을 가지게 되면 지성과 순결과 거룩함 속에서 신의 형상을 되찾게 된다고 했다.203)

신학자들 뿐 아니라 일반 문학 비평가들도 원초적으로 인간은 높은 지각적이고 논리적인 지력을 선물로 받았다고 판단하고 있다. 더구나 신은 그 인간에게 풍성한 내재적인 지식(innate knowledge)204)과 낙원에서 행복하고 유덕하게 살아가는데 필요한 모든 지식을 주었다고 한다.205) 최초의 인류의 시조 아담은 물리적 세계─식물군과 동물군과 별들과 그들의 천체에 대해 알고 있었다. 밀턴은 『그리스도교 교리론』에서 이렇게 말하고 있다. "그가 의지하고 살아가지 않으면 안되는 도덕법이 그에게 충분히 부여되었고 그에게 내재해 있기 때문에 자연의 법 즉 본질적으로 선한 것이면 무엇이나 지키도록 강요하는 어떤 교훈(법)도 필요 없다."206)

아담은 신에 대한 내재적 지식을 갖고 있었다. 『실낙원』에서 그가 창조의 잠에서 깨어났을 때 그는 자기가 누구며 어디서 어떤 원인에서 왔는지 잘은 몰랐지만, 적어도 그는 자기가 "어떤 내창조자"(*PL.*, 8. 270-79)의 피조물이라는 것은 알고 있었다. 또한 그는 듣지는 않았지만 하나님은 무한하고 절대적인 분이라는 것을 알고 있었다(*PL.*, 8. 420-21). 그리고 그는 이미 그 자신의 주된 의무가 순종이라는 것과 불순종하면 형벌을 받는다는 것을 알았다.

밀턴은 『회현금』(*Tetrachordon*)에서 인간의 원초적인 완전성을 다음과 같이 말하고 있다. "인간이 지음 받은 그 신의 형상이란 지혜, 순결, 정의, 그리고 모든 피조물에 대한 지배력을 의미하는 것이

---

203) *Ibid.*, 165.
204) Harris Fletcher, *Milton's Rabbinical Readings* (Urbana, 1930), 187-205 ; Arnold Williams, *The Common Expositor* (Chapel Hill, 1948), 81-84.
205) Lawrence Babb, *The Moral Cosmos of Paradise Lost* (Michigan State UP, 1970), 3.
206) Patterson ed., 115-17.

분명하다."207) 또한 『그리스도교 교리론』이라는 저서에서도 동일한 견해를 개진했다. "인간이 신의 형상대로 창조되었을 때, 필연적인 결과로 받은 것은 타고난 지혜와 거룩함과 의로움이었다."208) 그리고 『실낙원』에서도 아담의 거룩한 얼굴에 빛나는 창조주의 형상은 지혜와 거룩함과 의라 했다.

    그 거룩한 얼굴엔
    영광스런 창조주의 모습, 의로움과 지혜와
    엄하고 순결한 거룩함이 빛났고,
    엄하지만 아들로서의 참된 자유가 있었는데,
    인간의 참된 권위가 거기서 비롯된다. (*PL*., 4. 291-5)

일반적으로 이런 지혜와 거룩함과 의를 가리켜 신학적인 용어로 원초적인 의(original righteousness)라 한다. 그것은 인간의 원시 상태가 지극히 거룩하고 의롭고 지혜로웠다는, 즉 '완전'했다는 사실을 말해 주는 것이다.

과연 타락 이전의 사람의 상태는 완전했을까? 만일 그랬다면 어떻게 타락할 수 있었을까하는 것이 관심의 초점이 된다. 아서 시웰이 "그들은 순결하고 죄나 수치의 경험은 없었다. 그들은 착한 어린 아이들과 같았다. 그러나 밀턴은 분명 그들의 신분이 높고 정신적 재능이 당양한 것처럼 말하고 있다"209)라고 했을 때, 그것은 아담과 하와의 순결하고 무죄한 상태를 대변한 것이라 할 수 있다. 루이스도 그들은 "지혜와 거룩함으로써 그들의 영광스러운 창조주를 드러내고 있는 만물의 주"210) 라 하였다.

---

207) John Milton, "Tetrachordon", *Milton's Prose Writings*, ed. K. M. Burton (London, 1958), 333.
208) Patterson ed., 53.
209) Arthur Sewell, *A Study in Milton's Christian Doctrine* (London : Oxford UP., 1939), 143.

그러나 존 피터는 당시 아담과 하와의 나이가 젊었을 것이므로 그들의 순결성과 애정에는 어딘가 약점이 있을 것이라고 한다. "그들은 젊었으므로 어느 정도 방비력이 없고 또한 경험이 없었다. 그들의 순결과 서로의 애정에도 무엇인가 약한 데가 있었다."211) 또 틸야드나 밀리센트 벨에 의하면 금단의 과일을 먹기 이전에 이미 그들은 타락했음이 틀림없다고 한다.212) 그 근거로서 틸야드는 하와의 꿈 이야기(5편)와 하와에 대한 아담의 열렬한 사랑의 고백(8편) 및 아담과 하와가 서로 떨어져 정원 일을 한 일(9편) 등을 들었다.213) 이런 몇 가지 실례들을 종합해 볼 때 그들이 겉으로 보기에는 완전했을지 모르지만 실제에 있어서는 불완전했다는 것이다.214) 과연 그랬을 것인가? 이에 대한 여러 학자들의 반론에 따르면, 그들이 불완전했을런지는 모르지만, 결코 선악과를 먹기전에 타락했던 것은 아니라고 한다.215)

밀턴이 여러 곳에서 그들을 가리켜 죄없고(PL., 6. 61 ; 9. 659), 순진하고(PL., 4. 11, 313, 320 ; 5. 209, 384, 445-6 ; 9. 373, 411, 450), 바르고(PL., 5. 524), 순결하다(PL., 5. 109 ; 8. 506,

---

210) C. S. Lewis, *A Preface to Paradise Lost* (London : Oxford UP., 1960), 113.
211) John Peter, *A Critique of Paradise Lost* (New York : Columbia UP., 1968), 91.
212) E. M. W. Tillyard, *Studies in Milton* (London : Chatto and Windus, 1951), 10-13 ; Millicent Bell, "The Fallacy of the Fall in *Paradise Lost*," PMLA, LXVIII (1953), 863-83 ; A. J. A. Waldock, *Paradise Lost and Its Critics* (London : Cambridge UP., 1947), 61.
213) Ryken, 73.
214) Tillyard, *Studies in Milron*, 10.
215) H. V. S. Ogden, "The Crisis of *Paradise Lost* Reconsidered," *Milton : Modern Essays in Criticisim*, ed. Arthur E. Barker (London : Oxford University Press, 1970), 308 ; Wayne Shumaker, "The Fallacy of the Fall in *Paradise Lost*," PMLA, L x x (1958), 1185-87, 1197-1202 ; B. A. Wright, *Milton's Paradise Lost* (New York, 1962), 159ff. ; A. S. P. Woodhouse, *The Poet and His Faith* (Chicago, 1965), 113-14 ; Dennis H. Burden, *The Logical Epic* (London : Routledge and Kegan Paul, 1967), 132.

623)고 한 것을 보면, 그들의 원초적 상태는 완전했던 것이 틀림없다. 그러나 그들의 완전성은 절대적인 것은 아니었다.

> 하나님은 그대를 완전하게 만드셨으되 불변한 것으로
> 만드시지는 않았나이다. 그대를 선하게 만드셨으나
> 참고 견디는 것은 그대의 힘에 맡기셨으니. (*PL.*, 5. 524-6)

다시 말하면 인간의 완전성은 하나님의 완전성과는 달리 상대적이요 조건적이라는 것이다. 밀턴은 『그리스도교 교리론』에서도 "신은 천사나 인간 또는 창조의 다른 부분을 보존하되 절대적으로가 아니라 그의 섭리의 조건과 관련지어 하신다"216)라 하여, 인간의 원초적인 완전성은 절대적인 것이 아니라 상대적이요 조건적이라는 것을 분명히 했다. 바꾸어 말하면 창조함을 받은 인간에게는 '타락의 가능성'(liability to fall)이 있었다는 것이다. 이런 가능성이 있었다고 해서 불완전했다고 할 수는 없다. 왜냐하면 창조자가 세운 계약의 조건만을 지키면 영원히 그 완전성을 지킬 수가 있었기 때문이다. 그 계약을 지키고 안 지키고 하는 것은 인간의 자유의지에 맡기셨던 것이다.

### (3) 이성적 존재

하나님의 형상대로 지음 받은 인간은 이성적 존재였다. 밀턴은 『아레오파지티카』에서 이성을 신의형상으로 보았다. "인간을 죽이는 자는 신의 형상인 이성적 존재를 죽이는 것이다"217) 라고 한 것이나 "지혜의 하나님은 인간과 천사들을 이성적 존재로 창조하기로 결정했다. 그러므로 인간과 천사는 자유로운 행위자들이다"218)라

---

216) Patterson ed., 39.
217) Burton ed., 150.

한 것이 이를 입증해 준다.

학자들 가운데는 이성을 신적인 빛(divine spark)으로 보는 자도 있지만, 밀턴은 아리스토텔레스적인 선택의 관념과 관련지어 이성을 설명하고 있다. 그러나 악 대신 미덕을, 또는 무지 대신 지식을 선택하는 것 같은 윤리적인 의미로 해석한 것은 아니다. 이런 의미에서 밀턴의 이성관은 아리스토텔레스의 그것과는 다르다. 다시 말해서 그는 합리적인 선택의 힘을 믿음, 순종, 사랑과 직접 연결시키고 있다는 말이다. 그러니까 이성적 존재란 신에 대한 순종과 믿음과 사랑을 선택하도록 만들어진 존재라는 뜻이다.

"아담이 범죄 하도록 한 신의 섭리를 불평하는 사람들이 많이 있지만 어리석은 소리다. 신이 인간에게 이성을 주었을 때 그는 선택의 자유도 주었다. 왜냐하면 이성은 다름 아닌 선택하는 것이기 때문이다. … 우리는 강제적인 순종이나 사랑 또는 은사를 존중하지 않는다."219)

동물과 인간의 차이는 무엇인가? 그것은 인간에겐 선택의 자유가 있지만 동물에겐 그것이 없다는 것이다. 허친슨은 밀턴은 자유의지의 철저한 신봉자였다고 한다. "여러 번 그는 『실낙원』에서 신이 인간에게 준 선택의 자유와 그의 행동에 대한 독자적인 책임을 강조하고 있다."220) 허친슨이 주장한 바를 『실낙원』의 여러 곳에서 확인할 수 있다.

일어선 자도 제 자유로 섰고,
넘어진 자도 제 자유로 넘어졌도다. 자유가 없다면

---

218) Patterson ed., 82.
219) Burton ed., 163.
220) F. E. Hutchinson, *Milton and English Mind* (New York : The Crowell-Collier Publishing Company, 1962), 137 ; Basil Willey, *The Seventeenth Century Background* (London : Chatto and Windus, 1967), 71 ; M. M. Mahood, "Milton's Heroes," *Milton*, ed. Alan Rudrum (London : Macmillan, 1968), 237.

그들이 원하는 것은 나타나지 않고 필연적으로 하여야 할
것들만 나타날 것이니, 참된 충성과 변함없는 신의나
사랑의 실증을 어떻게 보여줄 수 있겠는가?
이런 순종이라면 그들은 무슨 찬양 받고, 그로부터
나는 무슨 기쁨을 얻겠는가, 의지와 이성이 (이성도
선택이니까) 다 자유를 빼앗겨, 쓸데없고 헛된 것이
되고 둘 다 수동적인 것이 되어, 나 아닌 필연을
섬긴다면? (*PL.*, 3. 102-11)

그들은 판단하는 데 있어서나 또는 선택하는 모든
일에 있어서 모두 자신이 주동이 되어 범죄 한다. 그렇게
그들을 자유롭게 만들었으니, 스스로 노예 될 때까진
자유롭게 지내리라. 아니면 그들의 본성을 바꾸고
그들의 자유를 정해준 영원불변의
높은 섭리도 폐지하여야 하리라. (*PL.*, 3. 122-127)

아리스토텔레스도 그의 윤리학에서 이성과 자유 또는 자유로운 합리성을 동일시했다. 그러나 밀턴에게 있어서 양자의 동일성은 순전히 신학적인 문맥에서 파악된 것이라는 것을 알아야 한다. 이성과 자유는 인간 속에 나타나는 신의 형상의 두 양상이지만, 인간의 존재 구성의 원리로 볼 때 그것은 동일한 것이다. 이성과 자유는 인간이 신의 모습대로 지음 받았다고 하는 두 표현이지만, 인간의 실존적 상황에 있어서 절대적 요소가 되는 것은 믿음, 사랑, 순종이라는 것을 강조하는 문맥에서 이해하여야 할 것이다. 밀턴은 그의 『그리스도교 교리론』에서도 "하나님은 인간과 천사들에게 자유의지의 은사를 주어 서거나 또는 그 자신의 통제력이 없는 선택으로 넘어지게 했다."[221]라고 하였다.

그러나 인간의 자유란 신의 자유와 같이 절대적인 것이 아니라,

자기가 한 선택에 대해서는 책임을 져야하는 그런 한계적인 자유인 것이다. 한계 없는 자유란 사실상 방종이다. 그러므로 순종 없이 자유를 생각할 수 없다. 아담과 하와가 오직 하나의 계율인 그 나무 열매를 따 먹고 난 뒤, 추방 당하기 앞서 천사장 미카엘이 장차 인류에게 일어날 일들을 설명하는 자리에서 장차 오실 메시야의 할 일을 이렇게 말하고 있다.

> 그대의 구주로 오시는 이가 이것을 낫게 하시리라,
> 사탄을 멸함으로써가 아니라 그대와 그대의 씨에서
> 그가 한 일을 멸함으로써, 그것은 다름 아니라 그대가
> 이행치 못한 것, 즉 죽음의 벌로서 가해진
> 하나님의 율법에 순종함으로써, 그리고 그대의 죄와
> 거기에서 나오는 그들의 죄에 적합한 형벌인
> 죽음의 고통을 받음으로써만 완수되느니라.
> 그럼으로써만 높은 정의는 충족되리라.
> 사랑만으로 율법을 완성할 수 있지만, 그는
> 순종과 사랑으로 하나님의 율법을 완성하리라.
> (*PL.*, 12. 393-403)

자유란 오직 순종에서만 얻을 수 있다. 문제는 무엇에 순종하느냐는 것이다. 만일 사탄이나 정욕을 섬긴다면, 그것은 악이 되고 굴종이 되지만, 신이나 이성이 명하는 바를 따르는 것은 참 자유에 이르는 옳은 길이 된다. 그래서 밀턴은 "이성에 복종하는 것이 자유"[222]라고 하였다. 왜냐하면 "진정한 자유는 항상 바른 이성과 더불어 살며 갈라져서는 존재할 수 없기" 때문이다. 대천사 미카엘의 마지막 권고에서 보다 충실한 설명을 들을 수 있다.

---

221) Patterson ed., 81.
222) *Ibid.*, 351-52.

> 그러나 그대의 원죄 이후
> 참된 자유가 상실되었음을 또한 알라.
> 그것은 항상 바른 이성과 붙어
> 살며 갈라져서는 존재치 않느니라.
> 인간의 이성이 어둡거나 또는 복종치 않으면
> 즉시 터무니없는 욕망과 갑자기 높아진
> 감정이 이성으로부터 주권을 빼앗고, 지금까지
> 자유롭던 인간을 노예로 만드느니라. (*PL.*, 12. 82-90)

요컨대 순종은 이성적 선택에 의해서만 가능한 것이고 그것이 올바로 이루어질 때 참 자유는 주어지는 것이다. 신이 인간에게 이성을 주었을 때 그것으로 의지에 바른 명령을 할 수 있게 했다.

> 하나님께서 의지를 자유케 하셨으니, 이성을
> 따르는 자는 자유로우리라. 그는 이성을
> 바르게 만들어 항시 경계하고 주의하도록
> 하셨으니, 그렇지 않으면 외형이 아름다운 것에
> 유혹받아 하나님이 분명히 금지한 바를
> 행하도록 의지에 그릇 명령하고 그릇 전하리라.
> (*PL.*, 9. 351-56)

그래서 참된 의지의 자유는 이성이 영혼을 관리하고 있을 때 비로소 이루어지는 것이다. 신에 의해 창조된 영혼에는 위계질서가 있다. 이런 위계질서에 따르면 이성은 영혼을 관리하는 요소고 의지는 이성의 결정을 수행하는 요소다. 그렇기 때문에 의지는 이성의 관리자인 이성의 자유로운 선택에 참가할 수 있을 때 비로소 진정한 자유를 누릴 수 있다는 것이다. 만일 이성이 의지에 대한 통제 능력을 잃으면 의지는 정욕의 지배를 받아 악에 굴종하게 된다. 그러므로 이성적 선택에 의한 순종을 통하여 얻어지는 자유가 아니고 어떤 강제나 필연에 의해서 결정되는 자유라면 그것은 참된 자유라 할 수 없다. 그래서 밀턴은 "인간의 자유는 필연과는 완전히 독립해서 생각하여야 한다"223)고 했다. 사실상 어떤 강제에 의해서 오는 복종은 굴종에 불과하고 심리적으로나 윤리적으로나 마음에서 떠난 허식이요 노예적인 행동이라 아니 할 수 없다. 즉 인간의 의식적인 의지에서 나오는 행동이 아니면 그것은 자유행동이라 할 수 없고 의미 있는 행동이라고도 할 수 없다는 것이다.224)

자유가 선택의 자유라면, 필연적으로 그 속에는 악에 대한 선택의 가능성도 내포될 수밖에 없다. 이를테면 인간은 하나님의 법도를 따를 수도 있고, 또한 자유로이 선을 거역할 수도 있다는 것이다. 그러니까 아담과 하와의 타락은 자유로운 그들의 의사에 따라 잘못 선택했기 때문에 이루어진 것이다. 그러므로 죄는 합리성이 결여된 자유라 할 수 있다. 인간 속에 반영된 합리성이란 신의 사랑으로 향하는 인간의 선택적 능력을 뜻한다. 자유의 형이상학을 전개하고 있는 『실낙원』에 있어서 신이 예정하신 운명이나 필연의 예정이 아니고 자유의 예정인 것이다. 즉 인간은 이성적 존재로서 자유로운 결정을 할 수 있도록 예정되었다는 말이다.

이러한 자유를 예정한 하나님의 높은 섭리는 불변하는 것이요 영원한 것이다. 결코 신의 에지예정은 인간의 자유를 구속하는 방향으로 강제적으로 행사되지는 않는다. 우리는 자유로이 하나님을 사랑하기 때문에 자유로이 그를 섬기는 것이지 필연이나 강제에 의해서 봉사하는 것이 아니다.

사랑하는 것도 사랑하지 않는 것도 우리의 의사에 달린 것인즉

---

223) *Ibid.*, 77.
224) Hutchinson, 139 ; Dennis, 21.

자유로이 사랑하기 때문에 자유로이 섬긴다. (*PL.*, 5. 538-40)

이성에서 말한 바와 같이 신의 모습대로 지음 받은 인간은 이성적 존재로 자유로운 선택이 가능한 존재였다. 그러나 인간은 타락으로 인하여 그 자유를 상실한 것이다.

### (4) 사랑의 존재

하나님의 형상대로 지음 받은 인간은 하나님을 사랑하고 이웃을 제 몸처럼 사랑하며 모든 자연의 세계와도 적대감을 갖지 않고 그들을 돌보며 사이좋게 지내야만 하는 것이다. 인간을 하나님께서 자신의 형상대로 만들 때 그에게 존엄성과 완전성과 합리성을 주었다. 다만 한 가지 계약을 맺을 때 제시한 조건은 창조자를 전적으로 신뢰하고 의지하며 그에게 순종해야 한다는 것이었다.

> 그는 단 하나, 갖가지 맛있는
> 열매 맺는 낙원의 여러 나무들 가운데
> 생명나무 곁에 심어진 지식의 나무만은
> 맛보지 말라는 그 지키기 쉬운 명령을 지키는
> 것 외에 다른 아무런 봉사도 바라지 않으십니다.
> (*PL.*, 4. 420-24)

여기서 지식의 나무는 '창조자에 대한 순종의 표지'로 또는 그것을 지키지 않으면 죽으리라는 '하나님의 명령의 표'로 묘사되고 있다.

밀턴은 성경을 인유하여 생명의 나무는 '영생의 거룩한 열매'를 맺는 생명의 상징으로 묘사하고 지식의 나무는 죽음의 상징으로 묘사하였다.

> ··· 이 즐거운 땅에
> 하나님은 한층 더 즐거운 동산을 정하였다.
> 그리고 이 풍요한 땅에서 보기 좋고, 향기롭고, 맛좋은
> 온갖 고귀한 종류의 나무들을 자라게 하셨다.
> 그 모든 한복판에 생명나무가 서 있다,
> 우뚝 키가 크고, 식물성 황금의 맛좋은
> 열매 주렁주렁 열리는. 생명나무 다음에는
> 우리의 죽음인 지식의 나무 가까이 자라고 있다,
> 선의 지식은 악을 앎으로써 비싸게 사게 되는 것.
> (*PL.*, 4. 214-22)

다음에 인용하는 부분에서는 지식의 나무를 '창조자에 대한 순종과 믿음의 표지'로 또는 그의 '의무의 상징'으로 묘사하고 있다.

> 이 낙원을 너에게 주노니, 이것을
> 네 것으로 삼아 갈고 지키고 과실을 먹으라.
> 낙원 안에 자라는 모든 나무의 과실은 기쁜
> 마음으로 마음껏 따 먹어라. 아무리 먹어도
> 여기서는 모자라는 법 없으니 염려 말라.
> 그러나 선악의 지식을 가져다 주는 나무,
> 너의 순종과 믿음의 보증으로서 낙원 가운데
> 생명나무 옆에 내가 심은 그 나무에
> 대해서는 내 경고하노니, 결코 잊지 말라. 맛보는 것을
> 피할지어다. 그리하여 그 쓴 결과를 피하도록 하라.
> 네가 그것을 맛보는 날엔 나의 유일한 명령을
> 범하는 것이니, 너는 반드시 죽을 것이고,
> 그날부터 필멸의 몸이 되어 이 낙원의
> 행복함을 잃어버린 채 괴로움과 슬픔의

세계로 쫓겨 나리라. (*PL.*, 8. 319-33)

『그리스도교 교리론』에서는 지식의 나무를 '그의 순종의 시금석'이요 '충성의 시금석'225)으로 표현하였다. 이 지식의 나무 열매만은 먹지 말라고 하는 것이 인간에게 내린 유일한 행위의 금령이었다. 그 명령은 지키기 매우 어려운 것이 아니라 손쉬운 명령이었다. 신은 인간에게 모든 것을 지배하고 통치할 수 있는 권한을 준 반면에 한 가지 손 쉬운 충성 곧 순종을 요구했던 것이다. 그것은 창조주의 존재와 그 위대한 주권을 인식시키려는 데 목적이 있었다. 인간이 모든 것의 주인이기는 했지만 이 금령을 지킴으로써 비로소 자신도 하나님의 피조물이라고 하는 피조물의식을 갖게 하고 동시에 하나님의 영광과 선을 선포케 하려 했던 것이다.226)

그러니까 순종은 하나님께 대한 자유로운 경배로서 일종의 사랑의 표현이라 할 수 있다. 그런 의미에서 램지는 "순종은 사랑에 불과하며, 사랑은 모든 합법적인 순종을 성취한다"227)고 했다. 왜냐하면 사랑에는 순종의 의지가 내포되어 있기 때문이다. 「요한복음」 14장 23절에도 보면, "사람이 나를 사랑하면 나의 계명을 지키라"고 하였다. 진실로 사랑하는 자라면 사랑하는 자의 말에 순종하지 않을 수 없다. 사랑한다고 하면서 사랑하는 자의 요청을 거절하는 것은 진정한 사랑이라 할 수 없으니 오로지 순종은 사랑의 발로일 뿐이다. 밀턴은 순종하면 행복할 것이라고 하면서 이렇게 말했다.

나와 만군의 천사들은 우리들의 순종이
지속되는 한 그대처럼
행복한 상태를 유지하리라. (*PL.*, 5. 535-37)

---

225) Patterson, ed., 113.
226) *Ibid.*, 5.
227) C. A. Patrides, "Because We Freely Love," *On Milton's Poetry*, ed. Arnold Stein (Connecticut : Fawcet Publications, Int., 1970), 114.

그래서 스탠리 피시도 "순종은 행복이다"228)라고 했다. 그래서 라파엘도 아담과 하와에게 하나님을 사랑하고 그 명령에 순종하라고 권고 한다.

> 굳세고 행복하고 사랑하라! 무엇보다
> 그분을 사랑하는 것은 순종이니 그분의
> 명령을 지키라. 정욕에 판단이 흔들려
> 자유의지가 허용치 않는 것을
> 행하지 않도록 유의하라. (PL., 8. 633-37)

순종 그것은 인간의 유일한 의무인 동시에 최고의 지혜라 할 수 있다. 왜냐하면 우리의 완전한 신앙과 하나님에 대한 바른 인식도 따지고 보면 순종에서 시작되기 때문이다. 그러므로 순종과 사랑과 믿음은 거의 동의적인 것이다. 그러나 믿고 순종하고 사랑하는 것은 인간의 자유의사에 맡기셨다(PL., 3. 98-102). 인간은 넘어지지 않고 충분히 설 수 있도록 옳고 바르게 창조된 존재였다. 이것은 하나님의 족한 은혜로 된 것이었다. 그러나 그 은혜는 절대적인 것이 아니었다. 그것은 자발적인 사랑과 순종을 조건으로 한 것이었다. 그러므로 하나님을 사랑하고 그의 명령에 순종하면 그분과의 관계는 영원할 것이며 언제나 인간은 행복을 보존할 수가 있었을 것이다. 피조물로서의 인간은 창조자를 사랑하고 그를 절대적으로 의존하여야만 하는 존재였다.

다음으로는 아담과 하와의 관계를 살펴보아야겠다. 에덴동산이라고 하는 작은 이상국에서 아담과 하와는 마치 왕과 왕비와도 같았다. 아담은 "무상의 영광의 관에 둘려/이 신세계의 신처럼 홀로 다스리는 그곳에서 내려다보는"(PL., 4. 32-34) 태양과 같았고, 하와

---

228) Stanley E. Fish, *Surprised by Sin* (London : U. of California P., 1971), 332.

는 여왕의 위풍을 가지고 낙원으로 떠오르는 달과도 같았다.

> ··· 달은 구름에
> 그 위풍을 감싸고 솟아올라 마침내
> 누가 보아도 뚜렷한 여왕으로서 견줄 바 없는 빛을
> 발하며, 어둠 위에 은빛 외투를 던진다. (*PL.*, 4. 606-609)

태양이 빛을 주면 달은 그 빛을 받아 빛나듯이 아담이 사랑의 빛을 주면 하와는 그것을 받아 순종의 빛으로 반응했던 것이다. 이처럼 아담의 사랑과 하와의 순종이 어울려 아름다운 조화를 이루고 그들을 행복의 세계로 이끌었던 것이다.

> 아, 그대, 그대를 위해
> 그대 살 중의 살로 그대에게서 만들어진
> 이 몸, 그대 없으면 무슨 보람으로 살리까. 나의 안내자,
> 나의 머리여, 그대의 말씀 옳고 또 옳습니다. (*PL.*, 4. 440-43)

하와는 아담의 살로 만들어졌으므로 아담은 하와의 창시자라 할 수 있다. 그는 그녀의 완전한 안내자요 머리이기 때문에 그의 말은 옳고 또 옳았다. 하와는 그러므로 아담에게 복종하지 않을 수 없었다. 하나님의 모습대로 지음 받은 인간이 하나님의 완전한 사랑에 반응해서 자유로운 순종을 하여야하듯이 하와는 아담에게 그러했다. 그것이 하나님의 법이요 그녀의 가장 행복한 지식이라고 그녀는 인식하고 있다.

> 나를 만들고 나를 다스리는 자여,
> 그대 명령이라면 무엇이든 이의 없이 따르겠습니다. 하나님이
> 그렇게 정하셨으니. 하나님은 그대의 율법, 그대는 나의 율법

그 이상은 모르는 것이 여자의 가장 행복한
지식이며 영예. (*PL.*, 4. 635-38)

하와의 완전한 순종의 표현은 그녀의 모든 행복의 근원으로서의 사랑을 절묘하게 고백한 것이라 할 수 있다.229) 그런 행복을 하와는 다음과 같이 노래하고 있다.

그대와 함께 있으면, 시간도 계절도
그 변화도 잊게 되고, 모두가 한결같이 기쁠 뿐입니다.
신선하다 아침의 숨결, 상쾌하구나, 이른 새의
노래 소리 따라 밝아 오는 아침이여. 기쁘도다 태양이여,
맨 먼저 그 찬란한 빛을 즐거운 이 땅에
이슬 맺혀 반짝이는 풀과 나무와 과실과 꽃에
퍼뜨릴 때. 향기롭도다 보슬비 내린 뒤의 풍요한
대지여. 아름답구나. 다가오는
상냥하고 온화한 저녁, 그리고 고요한 밤,
이 밤에 노래하는 장엄한 새와 아름다운 달,
이 하늘의 보석들과 별들의 행렬.
그러나 이른 새소리 따라 동터오는
아침의 바람도, 이 즐거운 땅에 솟아오르는
태양도, 이슬에 반짝이는 풀과 과일과 꽃도,
비 걷힌 뒤의 훈향도, 상냥하고 온화한 저녁도,
고요한 밤도, 이 밤에 노래하는 장엄한 새도
달빛 아래의 산책도, 반짝이는 별빛도,
그대 없으면 아름답지 못하리라. (*PL.*, 4. 639-56)

하와의 사랑의 고백은 하나님께 대한 그들의 진정한 복종에 바탕

---

229) B. A. Wright, *Milton's Paradise Lost* (London : Methuen, 1968), 157.

을 둔 부부지애(夫婦之愛)의 표현인 것이다. 창조자인 하나님에게 피조물로서의 인간이 절대 복종할 때 행복하듯이 하와가 아담에게 자유로운 순종을 할 때 행복하고 창조의 질서가 유지될 수 있었다. 뿐만 아니라 이 질서는 그들의 주변에 있는 다른 피조물들과 조화를 이루고 순응할 때, 또한 유지될 수 있었다. 이와 같이, 타라하기 이전의 낙원은 평화와 기쁨, 질서와 조화만 가득 찬 그런 곳이었다. 거기서 인간은 모든 자연과 동식물들을 다스리는 하나님의 대리인이었고, 동물들은 행복한 그의 이상적 공동체의 일원으로서 그들을 위해 존재했다.

> ··· 그 주위에서는 그 이후
> 들짐승이 된 지상의 모든 짐승들,
> 산이나 들, 또는 숲이나 동굴에서 사냥거리 되는 온갖
> 짐승들이 뛰논다. 사자는 장난에 취해 뒷발로 서서
> 앞발로 새끼 양을 어룬다. 곰. 호랑이. 삵괭이, 표범은
> 그들 앞에서 뛰놀고, 몸집이 큰 코끼리는
> 그들을 즐겁게 하려고 온 힘을 다하고, 유연한
> 그 코를 감는다. (*PL.*, 4. 340-47)

이처럼 인간과 짐승들이, 그리고 짐승과 짐승끼리, 서로 어울려 살며 조화와 기쁨을 연출하며 질서를 유지하고 있었다. 하나님의 모습 중의 하나는 바로 이런 사랑과 순종이라는 사회적인 관계 원리를 가지고 창조의 질서를 지켜가는 것이었다. 그 질서를 지키고 안 지키고는 인간의 자유의지, 곧 인간의 자유로운 선택에 맡기셨던 것이다.

밀턴이 『실낙원』에서 그리고 있는 인간은 기독교적 인간관과 한 치의 오차도 없다. 그러나 칼뱅이 주장하는 절대예정을 받아드리지는 않았다. 칼뱅은 『기독교강요』에서 "모든 것이 동등한 조건으로

창조된 것은 아니다. 어떤 자는 영원한 생명으로 예정되었고 다른 자는 영원한 저주로 운명되었다"230)고 하였다. 다시 말하면 칼뱅에 따르면 모든 인간은 하나님의 절대예정에 의해, 어떤 사람은 영원한 행복을 누리도록, 또 어떤 사람은 영원한 저주와 불행을 맛보도록 운명되어졌다는 것이다. 그러나 화란의 신학자 아르미니우스(Jacobus Arminius)는 이런 칼뱅의 엄격한 이중예정교리에 반대했다.

좀 더 정확히 말하면, 아르미니우스는 칼뱅의 결정론과 인간의 공로와 절대적인 자유의지를 주장하는 펠라기우스주의와의 중도를 취한 셈이다. 그는 예정이란 믿는 자에게만 적용되는 것으로 신은 그리스도를 믿는 모든 신앙인을 구원받도록 예정했다고 한다. 밀턴이 그의 예정교리를『그리스도교 교리론』제1권 제4장에서 다음처럼 정의한 것으로 미루어 볼 때, 그는 칼뱅보다는 아르미니우스에 더 가깝다는 것을 알 수 있다.

"인간과 관련된 하나님의 중요한 특수섭리를 예정이라고 한다. 하나님은 그 예정에 의해서 세계의 기초를 놓기 전에 비록 스스로 넘어질 수 있기는 하나, 인류에게 자비를 베풀어 주셨고, 그의 사비와 은혜와 지혜를 나타내 보이기 위하여 그리스도 안에서 그의 목적과 계획에 따라 장차 그리스도를 믿고 그 믿음을 지속할 수 있는 자들을 영원히 구원하기로 예정하였다."

그러나 아르미니우스와도 다른 점이 있는데, 그것은 아르미니우스는 지극히 변형된 형태이기는 하지만 칼뱅의 이중교리를 고수하고 있는데 반하여, 밀턴은 예정이라는 용어는 선택에만 적용되고 일반적 섭리의 경우이던 개인적 섭리의 경우이던 '버림', 곧 '유기'(遺棄)의 예정은 비성경적이라고 주장한다. 그것이 정통 신학자들의 입장과는 다르지만, 나름대로 성경적 입장을 철저히 지킨 것이었고, 그 이념을『실낙원』이라는 시의 형태로 형상화했던 것이다.

---

230) Beveridge, II. 206.

## 2) 낙원을 잃어버린 인간

다음으로는 하나님의 모습대로 지음 받았던 거룩하고 바르고 지혜롭고 진실하던 인간이 왜 그 본래의 모습을 잃게 되었으며 그 결과는 어떠한 지에 대해 천착해 보겠다. 현존의 인간의 상태는 대단히 비참하고 추한 모습인데, 왜 그렇게 되었으며 그 결과는 어떻게 되었는지를 탐색해 보고자 한다.

창조된 피조물로서의 인간은 존엄하고, 비록 상대적이요 조건적이었지만 완전하며, 이성적이고 서로 사랑의 사이를 맺고 살아가야 하는 그런 존재였는데, 현존의 인간을 보면 그런 원초적인 존엄성이나 완전성, 및 합리성이나 애정의 관계를 주축으로 하는 사회성을 대부분 상실한 것을 볼 수 있다. 한 마디로 말해서 인간은 본래의 자리에서 전락해서 참담한 모습으로 살아가고 있다. 원래의 선하고 아름답고 빛나던 모습은 찾아볼 수 없고, 악하고 추하고 어두운 모습만 보게 된다. 하나님의 고상하고 지고한 모습을 잃고 야비하고 추한 짐승의 모습으로 전락했다는 말이다. 왜 이토록 인간은 타락하게 되었는가? 먼저 그 원인을 규명해 보는 일 부터 시작하여야겠다.

### (1) 왜 타락하게 되었는가?

챔버즈가 "성경에 있어서와 마찬가지로『실낙원』에 있어서도 아담과 하와의 타락은 자세히 연구해 보면 한 사건이 아니라 두 사건이라는 것이 분명해진다. 서로 다른 환경과 시간에 신의 명령을 어긴 두 사건인 것이다"[231)]라고 말한 바와 같이, 밀턴 비평가들은 대체로 타락의 사건을 따로 분리해서 생각하는 것이 보통이다. 월독이

---

231) A. B. Chambers, "The Falls of Adam and Eve in *Paradise Lost*," *New Essays on Paradise Lost*, ed. Thomas Kranidas (Berkley : U. of California P., 1971), 118.

라는 유명한 밀턴 비평가도 "두 타락이 각기 다르다는 것은 명백한 사실이다"232)라고 하였다. 아담과 하와의 타락이 한 사건이 아니라 두 사건인가 하는 문제는 차치하고서라도, 본론 전개의 편의성을 위해서라도 따로 분리해서 다루는 것이 좋겠다.

바울이 「디모데전서」 2장 14절에서 말한대로 하와는 사탄의 꾀임에 빠져 넘어졌던 것이다. 밀턴 자신도 "누가 먼저 그들을 그 더러운 반역으로 유혹하였던가?"(*PL.*, 1 : 33)라는 물음을 던진 후, 곧바로 "지옥의 뱀, 바로 그였다"(*PL.*, 1 : 34)라는 단정적인 대답으로 미루어 볼 때, 하와는 사탄에게 속아 넘어졌음을 말하고 있다. 하와는 아담보다 덜 이성적이며 불완전한 존재였으므로,233) 사탄의 '꾐'에 넘어가기 쉬웠다.234) 그런 의미에서, 디크호프가 "타락 이전에 있어서도 하와는 약한 그릇(벧전 3 : 7 참조)이고, 이런 점에서 그녀는 여성의 대표라 할 수 있다. 그녀의 상대적 약함은 여성의 바로 그 모습에 있다"235)라고 한 말은 정당하다. 그래서 뱀으로 위장한 사탄은 유인의 대상으로 아담을 택하지 아니하고 하와를 택했던 것이다. 일단 유인의 대상을 하와로 선정한 사탄은 지체 없이 잠들어 누어있는 그녀의 귓전에 두꺼비처럼 바싹 달라붙어서 유혹의 손길을 펴기 시작한다. 밀턴은 그 의도를 다음과 같이 설명하고 있다.

그는 악마다운 술책을 써서
그녀의 상상의 기관에 접근하여, 그것으로써

---

232) A. J. A. Waldock, *Paradise Lost and its Critics* (New York : Cambridge UP., 1964), 31.
233) John E. Seaman, *The Moral Paradox of Paradise Lost* (The Hague : Mouton, 1971), 120.
234) C. A. Patrides, *Milton and the Christian Tradition* (London : Oxford UP., 1966), 105-106 ; Helen Gardner, A Reading of Paradise Lost (Oxford : The Clarenden Press, 1965), 81-84.
235) John S. Diekhoff, *Milton's Paradise Lost* (New York : The Humanities Press, Inc., 1958), 54.

> 환영과 환상과 꿈을 제멋대로 꾸며 내거나,
> 또는 독기를 불어 넣어, 맑은 강물에서
> 연한 수증기가 떠오르듯 맑은 피에서 솟아나는
> 혈기를 더럽히고, 그것으로써 적어도
> 불만스러운 병적인 생각, 헛된 희망과
> 헛된 목적, 그리고 교만을 낳는 자부심으로
> 부풀어 오른 과도한 욕망 등을 일으키고자 한다.
> (PL., 4. 801-809).

이처럼 사탄은 하와의 상상의 기관에다 환상과 꿈을 불어 넣고 헛된 희망과 목적 및 교만을 낳는 과욕을 불러 일으켜 그녀의 약한 이성을 혼란시키려고 했다. 이것은 상투적인 사탄의 수단으로, 현실에 대한 불만과 미래로 향한 헛된 야욕을 유발시켜 궁극적으로는 인간의 마음속에 교만심을 불러일으키자는 것이다.

우리의 영혼 속에는 많은 저급한 정신 능력들이 있는데, 그 중의 하나가 환상(fancy)이다(PL., 5. 100-102). 이 저급한 정신 능력인 환상은 언제나 보다 고급한 정신 능력인 이성(reason)의 억제 아래 있어야만 한다.236) 그러나 꿈속에서 이성은 잠들어 버리고 속이는 거짓된 환상이 발동한다. 그러한 경우

> 악이란 신이나 인간의 마음에 드나들지만,
> 그처럼 쉽게 인정하지 않으면, 오점이나 가책을
> 남기지 않는다오. (PL., 5. 117-119).

꿈은 유혹과 타락의 시초가 되는 것이다. 즉 꿈속에서 하와의 이성은 잠들어 버리고 사탄이 부풀리는 대로 헛된 야욕에 사로잡혀

---

236) Ibid., 55.

교만을 낳는 자부심에 사로잡히게 되는 것이다. 교만(pride)이란 모든 죄의 근원으로, 피조물로서의 자기 위치와 한계를 망각하고 그 자신을 신격화하려는 심리를 일컫는다. 상대적인 존재가 즉 지음 받은 존재가 절대적인 창조자보다 더 높은 위치에 올라가 절대적인 존경을 받으려고 하는 것은 지극히 위험하고 헛된 과욕으로서 그 자체가 형이상학적인 교만이 되는 것이다.237) 루이스나 라이트도 타락의 원인을 불순종으로 보면서 그 동기는 교만에서 난 것이라고 한다.238) 사탄은 하와의 교만을 자극하기 위하여 "최고의 여왕"(sovran Mistress, *PL.*, 9. 532), 또는 이 아름다운 세계의 "여왕"(Empress, *PL.*, 9. 568), "이 우주의 여왕"(Queen of this universe, *PL.*, 9. 684)이라고 극구 칭찬하여 금단의 열매를 먹으면 그녀 자신이 여신이 될 수 있다고 부추긴다.

이러한 간교한 부추김에 하와는 그만 분별력을 잃고,239) "오랜 복종의 시련 속에서"(*PL.*, 7. 159) 신의 뜻에 따르면서 쓰러지지 않고 제 자리를 지키면서 인내하는 삶(즉 '서 있음'(standing)의 삶)을 살아가는 동안 인간은 차츰 위로 올라가도록(ascend) 되어 있는데 (*PL.*, 5. 493-500 ; 7. 157-159), 그 과정을 무시하고 재빨리 솟아오르려는(soaring) 자기 분수에 넘는 야욕에 사로잡혀 급기야 하와는 넘어지게(fall) 되는 것이다.

이런 교만심에 사로잡히게 되면서, 하와는 우선 부부가 지켜야할 그들 자신의 삶의 자리 즉 가정의 위계질서에 불만을 품게 되었고, 그 불만이 그녀의 분별력과 이성을 흐리게 하면서 자신의 홀로서기,

---

237) John Ressing, *Milton's Poetic Art* (Cambridge : Havard University Press, 1968), 78.
238) C. S. Lewis, *A Preface to Paradise Lost* (London : Oxford UP., 1942), 69 ; B. A. Wright, *Milton's Paradise Lost* (London : Methuen, 1968), 53.
239) John R. Knott, Jr., *Milton's Pastoral Vision* (Chicago : U. of Chicago P., 1971), 119 ; E. M. W. Tillyard, *Milton* (Harmondsworth : Penguin Books, 1968), 220. Tillyard는 "indescrition"(무분별)이라는 말 대신 "triviality"(신중치 못함, 가벼움)이라는 말을 사용했다.

즉 독자성과 독립성을 주장하게 되었던 것이다. 그래서 하와는 사소하고 하찮은 일로 말다툼을 벌이며 남편의 협조자로서의 자기의 입장을 떠나 따로 따로 떨어져서 독자적으로 일을 하자고 제의하게 된다. 여성으로서 혼자 있는 것은 위험하다고 권유하는 아담에게 하와는 이렇게 대답한다.

> 남의 도움 없이 혼자서 시련을 뚫고 나가서
> 못한다면, 신의니, 사랑이니, 덕이 무엇이리요?
> 그러니 슬기로운 창조주께서 혼자나 둘로는
> 안전을 유지하지 못할 만큼 우리의 행복된
> 상대를 불완전하게 해 놓았다고 생각지 마소서.
> (PL., 9. 335-339).

이 말은 부지불식간에 무의식적으로 한 것이지만, 이미 그 속에 무서운 유혹의 씨앗이 들어 있었던 것이다. 그러면 여기서 그녀가 범한 과오는 무엇인가?

그것은 단적으로 말해서 부부의 관계를 바로 인식하지 못한 것이라 할 수 있다. 이런 점에서 본다면 하와는 '무지' 때문에 타락했다고도 볼 수 있다. 그러나 이보다 더 중요한 것은 그런 심리적인 사실들이 아니라 하나님의 모습대로 창조된 피조물로서의 '인간의 본질'을 '망각'했다는 것이다. 하나님의 모습은 우리 속에 여러 가지로 나타나지만 그 중의 잊지말아야할 것이 우리 인간은 '너와 나'라는 사랑의 관계 아래 있어야만 하는 존재라는 것이다. 이런 관계로 볼 때, 남자가 할 일이 있고 여자의 할 일이 따로 있으며, 남자와 여자가 서로 사랑하는 부부의 관계로 결합될 때 비로소 완전해질 수 있다는 것을 알 수 있다.

라드지노뷕스가 "남자는 신을 인식하고 사랑하며, 동료인간을 사랑하고 돕고, 배우고 진실 되게 일하며, 인생의 어떠한 상태에 처한다 할지라도 그의 의무를 다하도록 만들어졌다. 여자는 이런 일을 하는 남자의 적당한 반려자로 창조되었다"240)라고 말한 바와 같이, 여자는 남편을 통하여 하나님을 사랑하고 남편의 반려자로서 그의 업무를 충실히 돕는 것이 천부적인 입장이다. 그래서 밀턴도 하와는 아내로서 "나를 만들고 나를 다스리는 자"(*PL*., 4. 635)인 남편에게 절대적으로 순종하고 그만을 돕는 것이 지상의 의무로 되어 있었다고 한다. 하와의 편에서 보면, 아담은 그녀의 율법이었고, 그것만을 아는 것이 여자의 가장 행복한 지식이요 명예였다(*PL*., 4. 637-638). 그런데도 하와는 자신의 정당한 의무를 망각하고 남편 없이도 독자적으로 완전해질 수 있다고 생각했던 것이다. 이런 상태에 하와가 빠지기를 바란 것이 바로 사탄의 흉계에 찬 기대였던 것이다.241)

과연 남편 없이도 완전해질 수가 있었을까? 그것이 그녀의 최대의 희망이었던 것으로 여겨지지만, 실제에 있어서 하와는 남편 없이 완전할 수가 없었다. 그러나 이 말은 그녀가 외부의 도움을 필요로 할 만큼 불완전하게 창조되었다는 뜻은 아니다. 다만 그것은 인간이 하나님께 복종할 때 그들의 완전성을 보존할 수 있었던 것과 마찬가지로, 하와는 남편에게 순종할 때 그 완전성을 보존할 수 있었다는 것을 뜻한다. 하와에게 있어서 남편에게 순종한다고 하는 것은 그를 사랑하는 것이 되고, 더 나아가서는 헬렌 가드너의 말대로 창조주에 대한 사랑의 표지가 되는 것이다.242) 그런데도 하와는 자신의 위치와 한계를 넘어서 주제넘게도 독자적인 활동을 하겠다고 주장했다. 그녀가 독립성을 주장한 것은 어떤 악의에서 나온 것은 아니었는지 모른다. 아니 그것은 존 피터의 말 그대로 그녀의 건전한

---

240) Mary Ann Nevins, "Eve and Dalila : Renovation and the Hardening of the Heart," *Reason and the Imagination*, ed. J. K. Mazzeo (New York : Columbia UP., 1962), 163.
241) Diekhoff, 70.
242) Gardner, 84.

'양식'243)의 소리였다고 할 수 있다. 그러나 남편으로부터 소외되는 것은 부부의 질서를 깨는 행위요 창조의 원리를 파괴하는 불행한 과오가 되는 것이다. 특히 남편의 간곡한 만류에도 불구하고 끝까지 자기의 의견을 주장한 그녀의 고집은 사탄의 도구가 되기에 꼭 알맞는 요소였다고 말하지 않을 수 없다.244)

아담은 이런 아내의 변덕스러운 욕망245) 즉 그녀의 '불행한 과오'246)를 막아 보려고 애를 썼지만, 결국은 모든 것을 아내의 자유의사에 맡기고 만다(PL., 9. 370-372). 아담의 이런 '자유방임'을 정당한 처사로 보는 학자도 있다. 왜냐하면 그것은 하와의 의지를 구속하지 않고 자유롭게 해준 처사이기 때문이다.247) 물론 이것은 하나님이 인간의 의사를 구속하지 않는 것과도 비교할 수 있지만, 근본적으로 많은 차이가 있다. 하나님은 '구속'이라는 보다 큰 '섭리' 속에서 일시 버려두는 것이지만, 아담의 그런 처사는 자신의 '임무'를 저버린 치명적인 과오가 되는 것이다.

엠푸슨 같은 학자는 아담의 이런 처사를 비난하는 것은 '부도덕적 도덕'248)을 가르치는 결과라고까지 말하였지만, 의지의 자유란 이성의 바른 선택에 의해서만 이루어지는 것이니까, 이성의 대표자인 아담이 아내의 강력한 주장에 굴복하여 마침내 그녀의 독자적 행동을 허락한 것은 결과적으로 보아서 '의지의 자유'를 준 것이라 할 수 없다. 어쨌든 하와의 이런 자의적 선택에 의해 독자적 행동을 하지 않았더라면, 신의 금령을 범하지는 않았을 것이라고 하는 것이

---

243) John Peter, *A Critique of Paradise Lost* (New York : Columbia University Press, 1968), 119.
244) C. M. Bowra, *From Virgil to Milton* (London : Macmillan & Co., Ltd., 1965), 205.
245) Waldock, 31.
246) Dennis H. Burden, *The Logical Epic : A Study of the Argument of Paradise Lost* (London : Routledge and Kegan Paul, 1967), 81.
247) Northrop Frye, *Five Essays on Milton's Epics* (London : Routledge & Kegan Paul, 1965), 66.
248) William Empson, Milton's God (London : Chatto & Windus, 1965), 151.

아우구스티누스의 견해이다.249) 결국 하와가 독자적인 삶을 추구한 것은 자기 능력의 '과신'이요 '주제넘은 교만'의 소치라 아니 할 수 없다. 하와는 '교만' 때문에 타락했다고 보아도 무방하다.

하와의 이런 '교만심'을 간파한 사탄은 홀로 정원을 돌보고 있는 하와에게 접근해서 그녀의 미모를 찬미하며 아첨을 떤다. "수많은 천사들과 그 시종들에게/날마다 찬미와 섬김을 받아야 할 몸이니"(PL., 9. 547-548)라고 추켜세우는 사탄의 감언이설이 그녀의 가슴으로 스며들어 그 교만스러운 마음을 한껏 부풀게 했다. 다음으로 사탄은 하나님에게 복종하여야 한다는 사실에 대하여 직접적인 반감과 불쾌감을 갖도록 사주했다.

> 그런데 왜 금했을까? 그의 숭배자인
> 그대들을 다만 위협으로 낮고 우매하게
> 두어두고자 한 것일까? 하나님은 아시리라,
> 그대들이 그것을 먹는 날, 밝게 보면서 실은
> 어두운 그대들의 눈이 완전히 열리고 밝아져
> 신들같이 되고 신들처럼 알게 되리라는 것을.
> (PL., 9. 703-709).

하와는 사탄의 이 말을 믿고, 또 그 말이 "이성과 진리가 아울러 내포된 듯 생각되어서"(PL., 9. 738) 간절한 욕망에 사로잡혀 이성이 그만 굴복당하고 만다.250) 그래서 그녀는 경솔하게 손을 뻗어 금단의 열매를 따 먹었던 것이다.

불순종의 시금석이 되어 있는 선악과는 "그것을 먹는 자에게 새로운 종류의 지식을 제공해 주는 마력적 과실"251)이라고 믿는 사람

---

249) Augustine, *The City of God*, trans. Marcus Dods (New York : Rondom House, Inc., 1950), 460-461.
250) Tillyard, 221 ; Wright, 172.
251) Millicent Bell, "The Fallacy of the Fall in *Paradise Lost*," PMLA,

들이 있지만, 밀턴 자신이 "그것은 사건 때문에 선악을 알게 하는 나무라고 불리게 되었다"252)라고 한 것을 보면, 그 나무의 성스러운 이미나 고유한 힘을 부정했던 것이 틀림없다. 선악과 그 자체는 악한 것도 아니고 해로운 것도 아니다. 그것이 무슨 마력을 지녔기 때문에 먹으면 죄가 되는 것이 아니라, 하나님이 금한 것이기 때문에 먹으면 불순종의 죄가 되는 것이다. 따라서 범죄 한 부부 사이에 일기 시작한 육체적 욕망은 사실상 금단의 과실 속에 들어 있는 '마력적인 힘'의 소이라 할 수 없고, 오히려 그것은 불순종 그 자체의 결과라고 봄이 옳을 것이다. 다시 말해서 그들의 육욕은 범죄의 가증스러운 증표로서, 그들 자신의 죄의식에 의하여 생긴 것이다.

밀턴이 언론과 출판의 자유를 표방한 『아레오파지티카』에서 말한 바와 같이,253) 아담과 하와가 선을 행하기 위해서도 선도 알고 악도 알아야만 했을 것이다. 그러나 그들에게는 이미 선악에 대한 판별의 기준이 주어졌었다. 즉 금령에 복종하는 것이 선이고 그것에 불복종하는 것이 악이라는 것을 그들은 알고 있었던 것이다. 왜냐하면 『실낙원』에 있어서, 바른 이성은 언제나 선악의 식별력이 되기 때문이다. 이런 의미에서 그들은 선악에 대한 무지의 그늘 아래 있었던 것은 아니다(PL., 9. 774). 그러므로 아담이 금령을 범했을 때, 그는 그 자신의 선한 지식을 어기고(PL., 9. 998) 금단의 과실을 먹었다고 했던 것이다. 결국 금단의 과실을 먹은 후 얻은 지식이란 선을 잃고 악을 얻었다는 것이다. 그래서 아담은 우리는 "선과 악은 알게 되었소만, 잃은 것은 선이고/얻은 것은 악일 뿐이오"(PL., 9. 1070-1071)라고 고백했던 것이다. 다시 말해서 금단의 과실을 먹은 후 얻은 것이 있다면, 그것은 악에 대한 체험이었다. 단순히 하

---

LXVIII (1953), 875.
252) Frank A. Patterson ed., *The Works of John Milton* (New York, 1931-38), XV, 11.
253) Merrit Y. Hughes, ed., *John Milton : Prose Selection* (New York : The Odyssey Press, 1943), 223.

나의 가능성으로서가 아니라 엄연한 현실로서 인간의 비애와 고통을 체험하게 되었던 것이다. 이렇게 볼 때 지식의 나무는 그 이름이 보여주는 바와 같은 그런 도덕적 선택에 필요한 지식을 주었던 것은 아니라고 생각한다. 그러므로 밀턴은 그것을 가리켜 "허위의 열매"(*PL.*, 9. 1011) 또는 "허망한 열매"(*PL.*, 9. 1046)라 했다. 이런 사실로 미루어 보면, 신이 금한 것은 도덕적 선택의 수단이 되는 선악이 아니라, 악을 행하고 그로 인해 저주와 슬픔을 맛보게 될 그런 현실적 체험이었던 것이다. 요컨대 하나님은 그들에게 불순종 그 자체를 금했던 것이다.

  지식의 나무는, 이상에서 말한 바와 같이, 하나님의 명령에 대한 그들 자신들의 자발적인 복종을 증명해 보일 수 있었던 '복종에 대한 시금석'254) 이었다. 그래서 밀턴은 그 과실을 유일한 "순종의 증표"(*PL.*, 4. 428)라고 하였다. 그러니까 그들에게 있어서 무엇보다 중요한 것은 하나님에게 순종하는 것이었고 또한 하나님도 그것을 원하였다.

  창조 때 아담과 하와는 두 명령 즉 부정적 명령과 긍정적 명령을 받았다. 부정적 명령은 선악을 알게 하는 나무의 열매만은 먹지 말라는 것이었고, 긍정적 명령은 "풍성하라, 번성하라, 지상에 충만하라./땅을 정복시켜 … (모든 것)을 다스리라"(*PL.*, 7. 531-532)는 것이었다. 이처럼 타락 이전의 순종은 절제와 적극적인 개입을 내포하고 있었다.255) 부정적 명령은 아담과 하와의 믿음과 순종을 시험하기 위한 선택의 유혹이라면 긍정적 명령은 그것을 성취하는데 직접 개입해서 수행하라는 것이었다. 인간은 이 명령에 따르면 자신들의 최선의 절제와 노력에 의해 하늘을 얻을 수 있고 단계적으로 창

---

254) John Calvin, *Institute of the Christian Religion,* trans. Herny Beveridge 2 vlols. (James Clarke & Co., 1957), ll. l. 4, Vol l, 212 ; Alan Rudrum, Milton : *Paradise Lost* (London : Macmillan, 1966), 52.
255) John Spencer Hill, *John Milton : Poet, Priest and Prophet* (London : The Macmillan Press, 1979), 130.

조의 의지에 순종하게 되면 절대적인 완전에 오를 수가 있었다.

순종은 행복의 조건이므로256) 하나님의 의지가 아무리 "독단적인 것 같이 보일지라도"257) "감사하는 마음으로 기꺼이"258) 순종하여야만 한다. 왜냐하면 하나님은 절대주권자이기는 하지만 결코 인간을 전단적으로 취급하는 것이 아니라 바른 이성에 근거해서 통치하기 때문이다.259) 이와 같이 이성적으로 통치하는 신의 안목으로 볼 때, 순종은 지극히 어려운 것이 아니라 지극히 손쉬운 것이라고 생각하였기 때문에260) 그들에게 순종을 요구했다.

그런데도 사탄의 사주를 받은 하와는 금령 자체에 대해 의심을 품게 되었고 선악과를 따먹어도 해가 되지 않으리라는 생각을 갖게 되었다. 사실상 사탄의 발언은 모두가 허위요 위선이었지만, 하와에게 있어서 그것은 진실인 것 같이 보였다. 그래서 하와는 신의 금령보다는 사탄의 말을 더 믿게 되었다. 이런 하와에게 있어서 선악의 지식을 추구하고자 하는 지적 호기심은 당연한 것 같이 보였고, 신이 지혜를 숨긴 것은 사탄의 말대로 인간이 신과 같이 될까봐 두려워하는 신의 질투심 때문이라고 생각되었다. 뱀도 금단의 열매를 먹고 죽지 않았다면 결국 금령이란 우리를 구속할 힘이 없는 것이 아닌가 하는 의문도 갖게 되었다. 이와 같이 그녀의 이성은 "신이 분명히 금한 것을 행하도록… 그릇 가르치고 그릇 명령하게"(PL., 9. 355-356) 되었다. 아서 시월은 "하와는 지적 호기심 때문에 타락하였다"261)고 했지만, 지적 호기심 그 자체가 악이 되는 것이 아니

---

256) Murray W. Bundy, "Milton's Prelapsarian Adam," Milton, ed. Alan Rudrum, 158.
257) Herbert J. C. Grierson, Milton and Wordsworth (London : Chatto & Windus, 1963), 117.
258) Bowra, 201.
259) Douglas Bush, "Paradise Lost in Our Time : Religious and Ethical Principles", Milton : Modern Essays in Criticism, ed. Arthur E. Barker (London : Oxford University Press, 1070), 164.
260) Augustine, The City of God, trans. Marcus Dods (New York : Random House, Inc., 1950), 263

다. 그 이유를 럿셀 스미스는 이렇게 설명했다.

"물론 안다는 것은 그 자체가 나쁜 것은 아니다. 하나님의 지선과 능력을 명상하는 것은 인간의 가장 큰 기쁨이 되기 때문에, 아담이 신에 대해 알면 알수록 더 행복해질 수 있다. 알고자 하는 건전한 욕망과 불건전한 욕망 사이의 차이는 그 욕망의 근원에 달려 있다. 그 호기심은 찬양할 만하다. 그러나 그 자신을 높이고자 하는 수단으로 지식을 바란다면, 그 욕망은 그릇된 것이다."262)

즉 그 지식이 신의 영광을 위한 것이라면 찬양할 만하지만, 인간 자신의 욕망을 충족시키기 위한 것이라면 악이 된다는 것이다. 그런데 하와의 지적 호기심은 후자와 같은 불건전한 욕망에서 기인된 것이었다. 그렇기 때문에 그것이 악이 되는 것이다. 다시 말하면, 그녀는 일체의 가치를 신 중심에 두지 아니하고 자기중심에 두었으며, 하나님의 복종의 문제를 자기 욕망을 충족시키기 위한 지식의 문제로 바꾸어 버린데 잘못이 있는 것이다. 이것은 순전히 사탄에 대한 신뢰와 그가 불러일으킨 이성의 혼란에서 비롯된 것이다.

밀턴은 하와의 타락과정을 바른 이성의 문제와 관련지어 다루려고 하였다는 것을 알 수 있다. 바른 이성이란 하나의 천부적인 것으로 진리와 행동의 지침이 되는 것이다. 이 사실을 다글라스 부쉬는 이렇게 말하였다.

"바른 이성이란 우리가 흔히 사용하는 말뜻 그대로의 단순한 이성은 아니다. 그것은 건조한 빛도 아니고 비도덕적인 탐구의

---

261) Arthur Sewell, *A Study in Milton's Christian Doctrine* (London : Oxford UP., 1935), 146.
262) Rusell E. Smith, "Adam's Fall," *Critical Essays on Milton from ELH* (Baltimore & London : The Johns Hopkins Press, 1969), 184.

도구도 아니다. 또한 그것은 단순한 종교적 양심만도 아니다. 그것은 사람과 짐승을 구별하게 만들고 인간과 인간, 그리고 인간과 신을 연결해 주는 일종의 합리적이며 철학적인 양심이다. 이 능력은 기독교인이나 비기독교인에게 공히 진리와 행동의 지침으로서 신이 주신 것이다."263)

그러니까 신에게 순종한다고 하는 것은 곧 바른 이성의 명령에 순종하는 것을 의미한다. 그러나 이성은 결코 절대적인 것이 아니며 불변의 것도 아니다. 그것은 항상 오도의 가능성을 내포하고 있다. 왜냐하면 의지와 마찬가지로 "이성도 선택하는 것이기"(*PL.*, 9. 108) 때문이다. 서로 분립해서 독자적인 일을 하고자 하는 하와의 제의를 받았을 때, 아담은 바로 이성에 근거해서 그 위험성을 다음과 같이 경고했다.

> 우리가 확고하게 서 있어도 흔들릴 가능성은
> 있으리라. 무릇 이성도 적에 매수당한 외양만
> 반반한 것을 만나서 주의 받은 대로
> 엄중한 경계를 하지 않고 저도 모르게 기만에
> 빠질 수도 없지 않기 때문이다. 유혹을 구하지 말라.
> (*PL.*, 9. 359-363)

이러한 아담의 엄중한 경고에도 불구하고 이미 사탄의 유혹에 끌려 혼란해지기 시작한 하와의 이성은 그것을 따를 수 있을 만큼 그녀의 의지에 바른 명령을 할 수가 없었다. 그래서 하와는 선악과를 따먹으면 죽으리라는 신의 명령을 거역하고 어두워진 자신의 의지에 따라 선악과를 따 먹었던 것이다. 이렇게 볼 때 하와는 최종적으로는 '이성의 약점'(weakness of reason)264) 때문에 타락했다고

---

263) Bush, 161.

말 할 수 있다.

그러면 아담의 타락의 원인은 무엇인가? 한포드는 '사악한 욕정'265) 때문에 타락했다고 했지만, 타락의 근본적인 원인은 부시의 말대로 '의지의 약점' 때문이라고 생각된다. 아담은 그 자신의 반려자인 하와가 불순종으로 말미암아 죽음을 면할 수 없게 되었음을 알았을 때, 그는 곧 그녀와 더불어 죽을 결심을 한다.

그대와 같이 죽으려는 것이 나의 확실한 결심이니,
그대 없는 이 세상 나 혼자 어찌 살리요? (*PL.*, 9. 907-908)

아담의 이런 '순진한 결심'266)은 비극적인 선택이기는 했지만, '고귀한 사랑의 행위'267)였다고 할 수 있다. 그러나 그 결심은 아내의 설득과 유혹에 이끌려 작정한 것은 아니었다. 다음과 같은 말을 볼 때 그의 결심이 자의적이었다는 것을 알 수 있다.

그대와의 달콤한 교제와 이토록 깊이 맺어진
사랑을 버리고 이 황량한 숲 속에 남아
어떻게 다시 살리요?
하나님이 제이의 하와를 창조하고 내가
또 하나의 갈빗대를 내놓는다 해도 그대의 죽음은
내 마음에서 사라지지 않으리라. 아니 자연의
사슬이 나를 끄는 것을 느끼노라. 그대는 나의
살 중의 살, 뼈 중의 뼈, 그러니 축복이든

---

264) *Ibid.,* 168.
265) John H. Hanford, *A Milton Handbook* (New York : F. S. Crofts & Co., 1954), 213.
266) Seaman, 121.
267) Kenneth Muir, *John Milton* (New York, 1955), 156 ; Waldock, 52 ; Peter, 130-131 ; William Empson, *Milton's God* (London : Chatto & Windus, 1965), 188.

화든 그대 몸에서 떨어질 수 없도다. (*PL*., 9. 908-916).

아담은 하와가 그의 일부이기 때문에 조금도 떨어져 살 수 없다고 생각했다. 이 말 중에는 그의 고독의 두려움 같은 감정이 암시되어 있다. 그래서 틸야드는 아담의 타락, "그것은 확실히 관능 때문이 아니다. 아담의 욕정은 결코 일어나지 않았다. 그는 단순히 동류와 교제 관계를 갖고자 하는 자연스러운 인간의 충동을 표현한 것 뿐이다"268)라 하였다. 그러나 그것은 이 말이 함축하고 있는 감정 중의 일부분에 지나지 않는다. 이 말 속에 내포된 아담의 감정을 가장 적절하게 표현해 줄 수 있는 말이 있다면 그것은 '사랑'이라는 말일 것이다.

"우리는 하나,/한 살, 그대를 잃음은 나 자신을 잃는 것"(*PL*., 9. 958-959)라고 하는 그의 말 속에 이러한 '낭만적인 사랑'269)의 감정이 잘 나타나 있다. 실로 그들의 부부애는 그들의 행복의 절정이요 낙원 그 자체나 다름이 없었다. 아담에게 있어서 하와가 없는 에덴은 낙원이 아니라 '황량한 숲'에 불과 했다. 그러나 이것은 진정한 사랑이 아니었다. 밀턴 자신이 아담에게 진정한 사랑은 고귀한 것임을 이렇게 말하고 있다.

    그녀와의 사귐에서
    그대가 발견하는 더욱 높고 매력적인 것,
    인간답고 도리에 어긋나지 않는 것을 항상
    사랑하라. 사랑하는 것은 좋지만, 정욕은
    안 되나니, 참다운 사랑이 거기엔 없느니라.
    사랑은 생각을 깨끗하게 하고 마음을 넓게 하고,
    이성에 바탕을 두어 지혜로우니

---

268) Tillyard, 262.
269) Grierson, 248.

그대가 육신의 쾌락에 빠지지 않고 하늘의
사랑에까지 오를 수 있는 사다리가 되느니라.
그러므로 그대의 배우자는 짐승들 속엔 없도다."
(*PL*., 8. 586-594).

참다운 사랑은 인간답고 도리에 어긋나지 않는 것을 항상 사랑하는 것이요, 이성에 바탕을 둔 것이기 때문에 언제나 지혜로운 것이라고 한다. 이런 진정한 사랑은 "노예로 만드는 것이 아니라 품위를 더해준다. 그것은 육체로부터 정신으로, 속된 것으로 부터 성스러운 것으로 이끌어간다."270)

이 사랑은 생각을 깨끗하게 하고 마음을 넓게 하지 결코 욕정에 사로잡히게 하거나 고독의 감정에 사로잡히게 하질 않는다. 그러나 아담은 홀로 살아가는 것이 무엇보다 두려웠던 것 같다. 이런 의미에서 본다면 아담의 타락은 '군거본능'(gregariousness)271) 때문이었다고 할 수 있을 것이다. 그러나 아담의 타락은 단순히 군거본능 때문에 타락한 것이 아니라, 여성의 매력 때문에 타락했다고 보는 것이 더 옳다.

밀턴의 말대로 "속은 것은 아니나 어리석게도 여인의 매력에 넘어가"(*PL*., 9. 998-999) 금단의 과실을 주저 없이 먹었던 것이다. 이 '여인의 매력'이란 하와의 매혹적인 미모만을 가리키는 것이 아니라, 부부애의 매력까지도 포함하는 것이다. 그러니까 아담은 '사랑의 매력'에 압도되어 그 바른 '이성의 소리'를 거역하고 여인과 그의 운명을 같이 하기로 결심했던 것이다. 그러므로 그로 하여금 금령에 불순종하게 만든 최초의 '비극적인 결함'272)은 '지나친 아내 사랑'(uxoriousness)273)이라 할 수 있다. 루이스도 "아담은 지나친

---

270) Hill, 135.
271) Waldock, 52.
272) Seaman, 120 ; Bodney Delasanta, *The Epic Voice* (The Hague : Mouton & Co., 1967), 100.

아내 사랑으로 인해 타락했다"274)라 하였다.

그러나 사람들에 따라서는 하와에 대한 아담의 태도를 군거감정이나 '지나친 아내 사랑'의 표현으로 보지 않고 순수한 사랑의 표현으로 보기도 한다. 그러므로 월독은 아담은 지나친 아내 사랑이나 군거감정 때문에 타락한 것이 아니라, 진정한 사랑 즉 "그대가 하늘의 사랑에 까지 오를 수 있는 사다리"(PL., 8. 591)라 말한 그런 종류의 사랑 때문에 타락하게 된 것이다"275)라고 하였다. 이렇게 아담은 순수한 사랑에 이끌리어 타락했기 때문에 그의 태도를 비난할 수 없다고 보는 비평가들도 있다. 그러나 그것은 '근본적인 오해'276)라고 생각한다. 물론 상부상조하고 삶의 위안을 줄 수 있는 그런 사랑이 결여된 결혼이라면 그것을 참다운 결혼이라 할 수 없을 것이다.277) 만일 아담에게 아내에 대한 사랑이 없었다면, 그들의 결혼생활은 원만할 수가 없었을 것이다. 아담이 아내를 사랑한다고 하는 것은 지극히 당연한 일이다. 그러나 그 사랑은 바른 이성에 근거를 두었을 때 비로소 진정한 사랑이 될 수 있다. 사랑이 이성에 근거한 것이 아니면 단순히 동물적인 정욕으로 전락하게 되기 때문이다.

실상 아담의 결혼생활과 이성생활에 결정적인 영향을 미친 것은 하와의 미모였다. 『실낙원』 제8편에서 아담이 천사에게 하는 말을 들어보면 알 수 있다.

    여기에 비로소 나는 정욕과 야릇한
    자극을 느꼈고, 다른 쾌락에서는
    초연히 동하지 않았던 것이 여기서만은 강력한

---

273) Tillyard, 223.
274) Lewis, 126.
275) Waldock, 83.
276) Rudrum, 56.
277) Radzinowicz, 160.

아름다운 시선의 매력에 힘을 쓸 수 없었나이다.
(*PL.*, 8. 530-533)

특별히 그의 이성을 혼란케 한 요소는 '강력한 아름다운 시선'이었다. 지성과 내면적 능력에 있어선 그녀가 열등하고 외면으로는 두 사람을 만든 하나님의 모습을 덜 닮았다는 것을 인정하면서도, 그는 '그녀의 아름다운 이미지'에 도취해서 다음과 같은 고백을 했다.

그러나 가까이 다가가 그 아름다움을 보면,
그녀는 완전하고 그 안에 흠이 없고
자신에 대해서도 잘 아는 듯하여 그녀가
행하고 말하려 하는 것이 아주 슬기롭고
바르고 신중하고 착해 보였나이다. (*PL.*, 8. 546-550)

하와는 완전하고 결함이 없이 보일 뿐 아니라 그녀의 의지로 말하면 하나님의 의지보다도 더 훌륭하여 지선이라는 것이다. 더욱 다음과 같은 그의 말은 비이성적이다.

높은 지식도 모두 그 앞에서는 품위가
떨어지고, 지혜도 그녀와 이야기하면 면목을 잃고
부끄러워하니 매우 어리석게 보였나이다.
권위와 이성은 후에 우연히 조작된 것이
아니라 처음부터 마련된 것처럼 그녀를
떠받치고 있었나이다. 요컨대 마음의 위대함과
고상함은 더없이 어여쁘게 그녀 속에
자리 잡고, 그 몸 주위에는 수호천사가
놓여 있는 것처럼 존엄성을 자아내더이다. (*PL.*, 8. 551-561)

아담의 이 말은 지극히 비이성적인 것으로, 하와는 모든 창조의 극치이기 때문에 권위나 지혜는 다만 이 여신의 시녀에 지나지 않는다는 것이다. 그러니 라파엘의 엄격한 경고에서도 보듯이, 하와의 외양은 확실히 아름답고 사랑할 만한 가치가 있었지만, 복종할 것은 아니었다(*PL.*, 8. 568-570). 그런데도 아담은 그 매력에 끌려 그것에 굴복해 버렸고 미와 지혜의 역할을 혼동했던 것이다. 그래서 마침내는 이성의 판단보다는 정욕의 판단에 이끌려서 지혜를 인간의 특권으로 인정할 수 없게 되었다. 밀턴에게 있어서 "지혜는 감각적 미보다 언제나 우월한 것이었다."278) 그런데 아담은 그 가치를 전도해 버렸다. 그래서 지혜는 감각적 미의 시녀가 되어버린 것이다.

인간의 영혼 속에는 이성 이외에도 감각, 정욕 같은 요소들이 있다. 그러나 그것들은 열등한 힘들이기 때문에 항상 "이성을 어른으로"(*PL.*, 5. 103) 섬기지 않으면 안 된다. 때문에 우리는 언제나 정욕이 우리의 판단을 흔들어 놓지 못하도록 주의하여야 한다. 그것은 또한 라파엘 천사가 위기에 처한 아담에게 주의시킨 내용이기도 하다.

> 정욕에 판단이 흔들려
> 자유의지가 허용하지 않는 것을
> 행하지 않도록 유의하라. (*PL.*, 8. 635-637).

결국 인간의 행복이란 인간이 그 자신을 이성이나 또는 우월한 자의 지배 아래 둘 때 얻어지는 것인데,279) 아담은 여성의 매력에 끌려 이성의 소리를 물리치고 정욕의 판단에 따르게 되었으며, 모든 힘의 원천인 하나님을 거부하고 하와를 자기의 생명선으로 선택했

---

278) Cleanth Brooks, "Eve's Awakening," *Milton*, ed. Alan Rudrum, 116.
279) Don M. Wolfe, *Milton in the Puritan Revolution* (London : Cohen & West, 1963), 346.

던 것이다. 사랑도 좋지만, 그것 때문에 정욕에 굴복하는 것은 악이 아닐 수 없다.

밀턴이 아담의 타락을 해설하면서 특별히 강조한 것은 자유의지였다. 즉 아담은 속은 것이 아니라 그 자신의 자유로운 선택에 의해서 신의 금령을 범했다는 것이다. 선악과를 먹기로 결심을 한 후 그는 다음과 같은 말을 하는데, 이 말을 보더라도 아담의 이성이 바른 판단을 할 수 없을 정도로 혼란되어 있지는 않았다는 것을 알 수 있다.

> 그러나 어쩌면 그대는 죽지 않으리라. 어쩌면
> 일이 이제는 그렇게 불리하지 않을지도.
> 시식 끝난 열매는 우리가 맛보기 전에 먼저
> 뱀에 의해 더럽혀져 속되고 부정해졌으니.
> 그대 말대로 살아서 인간처럼 고급의 생명을
> 누리고 있으니, 이것은 우리도 그같이 맛보고
> 그에 상당한 향상을 하도록 이끄는 강한
> 유혹이 되도다. 향상된다면 신이 되거나,
> 천사 아니면 반신이 되리라. (*PL.*, 9. 928-937)

여기서 우리는 그 흉악한 범죄를 정당화 하려는 필사적인 그의 시도, 다시 말하면 자신의 양심에 대하여 어떤 구실을 꾸며 보려고 하는 그의 뻔뻔스런 시도를 엿볼 수가 있다. 그는 이성의 힘을 잃어버린 것은 아니지만, 이 순간에는 정욕을 따라서 자유로이 불순종을 택한 것이다. 의지는 이성의 동인(agent of reason)도 될 수도 있고 정욕의 동인(agent of passion)도 될 수 있다.[280] 의지가 이성의 동인이 될 때, 바른 선택이 가능하게 되고, 바른 선택을 할 수 있을 때, 의지는 자유롭고 건전한 작용을 할 수 있다. 그러나 의지가 정

---

280) Frye, 73.

욕의 동인이 될 때, 인간의 의지는 바른 결정을 할 수 있는 본유적 힘을 잃게 된다.

아담은 하나님의 명령보다는 여인의 매력에 끌려 이성의 소리에 따르지 않고 정욕을 따르게 되는 것이다. 이런 의미에서 본다면 아담은 더글러스 부시가 말한 그대로 '의지의 약점'281) 때문에 타락했다고 할 수 있다. 다시 말해서 불순종하는 것이 죄가 된다는 것을 알면서도 결국은 여성의 매력에 끌려 정욕의 판단을 물리치지 못하고 타락하고 마는 것이다. 그래서 페리는 아담을 가리켜 '고의적인 죄인'282)이라 하였고, 또 엘머 스톨은 "아담은 타락했을 때 속은 것이 아니라 의식적으로 범죄 했다"283)고 했다.

이처럼 아담의 타락은 자의식적이었고 그 직접적인 원인은 여인의 매력 즉 사랑이었다. 사랑은 고귀한 것이지만 하나님의 형상대로 지음을 받은 피조물로서 창조주보다 피조물을 더 사랑하는 것은 이성에 근거한 사랑이라 할 수 없고 그것은 정욕적인 사랑이라 할 수밖에 없다. 아담은 그것을 알면서도 아내 사랑을 택했던 것이다. 이로써 하나님과 인간의 사랑의 관계는 끊어지고 불화의 장벽이 생겼던 것이다. 학자에 따라서 의견이 다르지만,『실낙원』에 나타난 타락의 과정을 살펴본 결과 하와는 속아서 타락했고, 아담은 속지는 않았지만 여인의 매력에 끌려 타락했다는 것을 알 수 있게 되었다. 여인은 '이성의 약점' 때문에 남성은 '의지의 약점' 때문에 넘어진 것이다. 이것을 하나님의 형상으로서의 관계와 연결 짓는다면 하와는 '자기 사랑' 때문에 아담은 '아내 사랑' 때문에 타락했다고 할 수 있다. 결국 인간중심적인 신념이나 행위 그것이 곧 불순종, 불신앙의 직접적인 원인이 되는 것이다.

인간은 원초적으로 완전한 존재였지만, 그들의 자유의지를 인간

---

281) Bush, 168.
282) Ferry, 64.
283) Elmer E. Stoll, *Poets and Playwrights* (Minnesota : U. of Minnesota P., 1967), 240.

중심적으로 행사하므로 결국은 순종과 사랑을 요구하는 신의 명령을 깨고 원죄를 저질렀다. 그러나 그것은 어떤 절대적이며 불가항력적인 필연이나 힘에 의해서 이루언진 것이 아니고 어디까지나 자유의사에 의해 이루어진 것이다. 그러므로 그들은 죄에 대하여 변명할 만한 구실을 갖지 못한다. 그것은 스스로의 선택에 의해 범한 죄이기 때문에 스스로 책임을 지는 것이 마땅하다. 무섭고 두려운 타락의 결과는 인간 스스로가 초래한 것이다.

### (2) 넘어진 결과는 무엇인가?

밀턴은 타락의 원인을 규명하는 대신 타락한 인간의 상태를 설명하는 일에 더 관심을 가졌다.[284] 사실상 타락의 중요성은 그 원인보다 결과에 있다.[285] 왜냐하면 그 결과가 우리에 있어서는 더 직접적이고 더 절실한 문제가 되는 때문이다.

### 가) 죽음

인간 타락의 가장 비참한 결과는 '죽음'[286]이었다. 기독교적 전통에 따르면 인간은 불멸의 존재로 창조되었다고 한다. 만일 인간이 범죄 하지 않았더라면 죽음이나 슬픔을 체험하지 않고 초자연적인 하늘의 축복을 누릴 수가 있었을 것이다(*PL*., 5. 493-500). 그러나 타락으로 인하여 인간은 그런 영생의 축복을 향유할 수 없게 되었고 세상엔 죄와 죽음이 들어오게 되었다.『실낙원』의 다음 귀절들을 읽으면 그것이 뚜렷해진다.

---

284) Bell, 365.
285) Sewell, 147.
286) Patterson, ed., *X*V. 203.

죽음에 이르는
금단의 나무 열매를 맛봄으로써
죽음과 온갖 슬픔이 세상에 들어왔고. (*PL.*, 1. 1-3)

나의 유일한 명령을
범하는 것이니, 너는 반드시 죽을 것이고,
그날로부터 죽음의 몸이 되어 이 낙원의
행복함을 잃어버린 채 괴로움과 슬픔의
세계로 쫓겨나리라. (*PL.*, 8. 329-333)

  이밖에도 『실낙원』 제10편 49-53, 251, 407, 1077-80행 등에서도 타락의 비참한 결과가 죽음이라는 것을 시사하고 있다.
  첫째의 죽음은 도덕적 죽음이다. 인간의 타락과 동시에 제일 먼저 들어온 것은 죄악이다. 죄악은 부분적인 죽음의 일부로서 죽음의 도입부라고 할 수 있다. 「레위기」 5장 2절에 "부정한 곤충의 사체를 만졌으면 부지중이라고 할지라도 그 몸이 더러워져서 허물이 있을 것이요"라고 한 바와 같이, 아담과 하와는 먹어서는 안 될 선악과를 먹음으로써 죄악을 맛보게 되었고 그들은 그 이후 죄의식을 느끼기 시작하였다.

죽음, 그리고 죽음의 선구인 고통이
이 세상에 들어왔으니. (*PL.*, 9. 12-13)

아마존족의 방패만큼 넓은 그 잎을 그들은
따 모아 재간 껏 엮어 짜서 허리에 두르나,
그들의 죄와 무서운 수치를 가리기에는
빈약한 가리개다. (*PL.*, 9. 1111-1114)

하나님에게도, 두 사람에게도, 그 표정엔
사랑의 빛 없다. 다만 나타나는 것은 죄와 수치,
동요와 실망, 분노와 완미, 그리고 증오와 허위일 뿐.
(*PL.*, 10. 111-113)

타락 이후 그들은 죄의식을 갖게 되면서 고통과 수치감(롬 6 : 21), 동요와 실망, 분노와 완미, 증오와 허위의식을 갖게 되는 것이다. 이런 의식 뒤에는 양심의 공포가 따르기 마련이다. 그래서 「창세기」 3장 8절에서도 그들은 하나님의 소리를 듣고 몸을 숨겼으며 두렵다고 그는 하였다. 하나님의 음성을 듣고 마음에 찔림을 받아 두려워 숨어야하는 존재가 된 것이다.

동산에서 들었아오나 벌거벗은 알몸이라,
그 목소리 두려워 숨었나이다. (*PL.*, 10. 116-117)

이, 양심이여, 어떤 공포와 전율의 심연으로
나를 몰아넣는 것이냐. (*PL.*, 10. 842-843)

이 어둠은 죄를 질책하는 그의 마음(양심)에
이중의 공포로써 만물을 나타낸다. (*PL.*, 10. 849-850)

그들은 "무서워하는 종(노예)의 영"(롬 8 : 15)에 사로잡혔고, "오직 무서운 마음으로 심판을 기다리게"(히 10 : 27) 되었다. 양심의 공포와 동시에 아담과 하와는 신의 보호와 은총을 실제적으로 상실하게 되고, 그 결과 그들의 얼굴에서는 존엄성이 사라졌고 정신적 타락의 현상이 나타났다.

우리의 얼굴에는 부정한

음욕의 표징이 뚜렷해졌소. (*PL.*, 9. 1077-1078)

그러나 그 허위의 열매는
우선 다른 작용을 드러내어 육욕을 충동한다.
그는 음란한 시선을 하와에게
던지기 시작했고, 그녀도 그에게 음탕하게
보답을 하니 둘은 다 같이 음욕에 불탔다.
(*PL.*, 9. 1011-1115)

타락 이후 아담은 더욱 마음속으로는 불행을 느끼고 격정의 바다에 흔들린다(*PL.*, 10. 717-718). 아담이 정욕의 추파를 던지니 하와도 그것을 알아차리고 그 눈에서 정욕의 불을 쏟는다(*PL.*, 9. 1035-1036). 축복된 부부의 사랑은 "두 사람의 죄의 표지"인 "사랑의 유희"(*PL.*, 9. 1043-1044)로 변했고, "한 때는 평화가 가득하고 고요한 경지였던"(*PL.*, 9. 1125-1126) 그들의 심중에는 분노와 증오, 불신과 혐의 및 불화 같은 격정들이 맹렬히 불타오르기 시작했다. 타락 이전에는 아담은 하와를 "모든 생물보다 월등하고 비길 데 없이 사랑스러운, 둘도 없는 하와, 둘도 없는 벗이여"(*PL.*, 9. 227-228)라고 부르던가 혹은 "하나님과 인간의 딸, 불멸의 하와여, 그대는 죄와 가책이 없는 몸이니"(*PL.*, 9. 291-292)라고 하였었다. 그러나 타락 이후 아담은 그녀를 "악녀"(bad woman)(*PL.*, 10. 837)라고 하거나 혹은 "너 뱀이여, 내 앞에서 물러나라! 그 거짓되고/미운 너, 그와 짜고 나를 속였으니 그 이름/네게 적합하다." (*PL.*, 10. 867-869)라고 저주하고 그녀를 미워하며 그의 곁에서 떠나기를 바란다.

타락 이전에는 나체였지만 그대로 위엄이 있고 순결했으나 이제는 그 위엄과 영광은 찾아 볼 수 없게 되고 수치와 치욕만을 의식하는 가장 비참한 존재가 된 것이다.

헛되이 옷을 찾는 그들의 수치도
그는 보았다. (*PL.*, 10. 336-337)


어떤 나무의 넓고 만질만질한
잎을 엮어 허리에 둘러 중앙 부분을
덮으면 새로 찾아올 손님인 수치도
거기에 앉아 우리의 부정을
더럽다고 꾸짖지는 않으리라. (*PL.*, 9. 1095-1098)


거기에는 재난이 말려 나오고, 재난의 으뜸인
수치까지도 쏟아져 나오도다. (*PL.*, 9. 1078-1079)

인격 전체가 죄로 오염되므로(롬 6 : 21) 거기서 나오는 것은 수치와 치욕 뿐이다.

그들은 곧 그들의 눈이 어떻게
열리고 마음이 흐르는가를 안다. 베일처럼
그들을 덮어 악을 모르게 하던 순진은 사라지고
올바른 신뢰와 타고난 정의와 염치심은
그들에게서 떠나 그들은 알몸으로
죄스러운 부끄러움에 머무를 뿐이다.
몸은 가렸어도 그 옷은 더욱 드러낸다. (*PL.*, 9. 1054-1059)

악 중에서도 가장 악질적인 악이 치욕이요 수치심이다. 수치심은 제일 단계의 죽음인 것이다. 이런 죽음은 아담과 하와에게만 국한되는 것이 아니고 전 인류에게 유전되었으므로,[287] 오늘날도 죄를 지

---

287) Patterson, ed., XV. 203.

으면 누구나 죄의식을 갖게 되고, 양심의 가책과 죄의 공포와 치욕과 수치심을 갖게 되는 것이다. 이런 죄의식과 양심의 공포, 존엄성의 상실과 수치감 등이 타락 바로 뒤에 세상에 들어온 최초의 '죽음'인 것이다.

두 번째의 죽음은 소위 영적인 죽음이라는 것으로, 인간이 원초적으로 받았던 신의 은총과 본유적인 의로움을 상실하게 되는 것을 의미한다. 「에베소서」 4장 18절에서 언급하고 있는 "저희 총명이 어두워지고 저희 가운데 있는 무지함과 저희 마음이 굳어짐으로 말미암아 하나님의 생명에서 떠난" 상태를 말한다.[288]

이 죽음의 첫째 단계는 선을 식별할 수 있는 능력인 바른 이성의 상실을 뜻한다. 창조 때부터 인간은 신의 은총 가운데서 살았고 신의 형상으로 지음 받을 때 존귀한 선물로 받은 이성을 기초로 해서 최고의 선을 식별하고 이해할 수 있었는데, 결국 타락으로 인해서 이 값없이 주신 선물을 잃어버리게 된 것이다. 그래서 『실낙원』에서 이렇게 노래하고 있다.

> 이성은 다스리지 못하고 의지는
> 그 명령을 듣지 않고, 둘이 다
> 육욕에 굴하니, 육욕은 아래로부터
> 지위를 빼앗아 지존한 이성 위에
> 군림하고 주권의 우위를 주장했다. (*PL.*, 9. 1127-1131)

둘째로 영적인 죽음은 선을 행할 수 있는 원초적 정의와 선을 행할 수 있는 자유를 빼앗기고 죄와 악마에게 노예처럼 굴종하는 것이니 이것은 곧 의지의 죽음을 뜻한다.[289] 위의 인용문에서도 이성

---

[288] 「요한복음」 1:5 ; 「예레미야서」 6:10 ; 「요한복음」 8:43 ; 「고린도전서」 2:14 ; 「고린도후서」 3:5 ; 「골로새서」 1:13 참조.
[289] 「요한복음」 8:34 ; 「로마서」 7:4, 8:3, 8:7, 6:16-17 ; 「빌립보서」 3:19 ; 「사도행전」 26:18 ; 「디모데후서」 2:26 ; 「에베소서」 2:2 참조.

과 의지의 죽음이 확인되지만, 다음 인용문을 보면 더욱 뚜렷해진다.

> 그대의 원죄 이후 참된 자유가 상실되었음을
> 또한 알라. 그것은 항상 바른 이성과
> 붙어살며 갈라져서는 존재치 않느니라.
> 인간의 이성이 어둡거나 또는 복종치 않으면
> 즉시 터무니없는 욕망과 갑자기 높아진
> 감정이 이성을로부터 주권을 빼앗고, 지금까지
> 자유롭던 인간을 노예로 만드느니라. (*PL.*, 12. 83-90)

밀턴이 "모든 인류는 아담 안에서 죄를 범했다. 그러므로 모든 인간은 죄의 종으로 태어난다"290)라고 말한 바와 같이, 이런 영적 죽음은 아담 한 개인에게만 국한되는 것이 아니고 전 인류에게로 확대되었다는 것이다. 장 칼뱅도 아담의 모든 후손은 모태에서부터 오염되어 죄 가운데서 출생한다고 했다. "그러므로 더러운 씨에서 나오는 모든 우리는 죄에 전염되어 세상에 태어난다. 아니, 우리가 햇빛을 보기 전에 우리는 하나님 앞에서 더러워졌고 오염되었다. 욥기는 말하기를, '누가 더러운 것으로부터 깨끗한 것을 이끌어낼 수 있겠는가'라고 했다(욥 14 : 4).291)

밀턴은 이런 기독교적 전통을 따라 『실낙원』에서 같은 입장을 취하고 있다.

> 아, 어째서 온 인류가 한 사람의 과오로
> 죄 없이 죄 받아야 하는가, 죄가 없다면,
> 그러나 내게서 나가는 자들은, 마음도 의지도
> 모두 부패하여 나와 같은 행위를 할 뿐 아니라

---

290) Patterson, ed., XV. 207.
291) Calvin, II. I. 5. Vol. I, 214-215.

하고자 하는 자들이 아니고 무엇이랴. (*PL.*, 10. 822-827)

한 사람 아담의 범죄로 인하여 전 인류가 죄인이 되었으며, 아담의 후예들은 모두 마음도 의지도 부패하여 아담과 같은 범죄성향을 가졌을 뿐 아니라 의식적으로 범죄행위를 시도하는 자들이 되었다는 것이다. 그래서 아담은 죄로 인해 불행하게 된 인간을 바라보며 이렇게 슬퍼했다.

> 만일 우리가 자손을 염려하여 마음이 괴로우면,
> 고난을 받으며 태어나 결국은 죽음의 먹이가 될
> 그들을 (비참 하도다, 제가 낳는 자가
> 불행의 원인이 되고 이 저주의 세계에
> 제 허리에서 고난의 족속을 낳아, 비참한 생애
> 끝난 뒤에 악한 괴물의 밥이 되게 하다니)
> 수태하기 전에, 아직 생기지 않은 불행한
> 그 족속을 낳지 않게 함은 당신의 힘으로 가능하리라.
> (*PL.*, 10. 979-988)

이처럼 영적 죽음은 예외 없이 그 후손에게 전가되었고 그것은 인간의 이성과 의지의 상실을 초래했다. 여기서 한 가지 문제가 제기된다. 만일 영적 죽음으로 인간의 본질 속에 주어졌던 신의 모습인 이성과 의지를 잃게 되었다면, 그것은 전적인 것인가 아니면 부분적인 것인가? 이에 대해서는 칼뱅은 타락의 상태는 부분적이 현상이 아니라 전적인 것이라고 한다. "우리의 전 본질이 저주받았다"[292]라고 한 말에서도 확인된다. 또한 칼뱅은 인간의 전적 타락을 원죄와 결부시키면서 이렇게 말했다.

---

292) Calvin, Vol. 1, 219.

"사람안의 신의 모습이 말살된 후, 그는 아름답게 걸치고 있던 장식들, 즉 지혜와 미덕, 정의와 진리 및 거룩함을 빼앗기는 대신 무서운 질병과 무지, 노쇠와 허영, 불결과 불의를 걸치게 되는 형벌을 받았을 뿐 아니라, 그의 후손을 끌어들였고 그들을 꼭 같은 비참 속에 빠뜨렸다. 이것은 초기 기독교 필자들이 원죄라는 이름을 붙인 유전적인 타락으로, 그 이전에는 선하고 순결하던 본성을 잃어버리게 되었음을 의미한다."[293]

이처럼 칼뱅은 인간의 전적부패를 주장했지만, 밀턴은 영적 죽음으로 말미암아 사람 안의 거룩한 신의 모습이 어느 정도 소멸된 것이 사실이기는 하나 완전히 파손된 것은 아니고, 그 어느 부분은 여전히 인간의 본질 가운데 남아 있다고 주장했다. "그러나 신의 모습의 어떤 자취는 여전히 우리 속에 존재하므로, 이런 영적 죽음으로 인해서 완전히 소멸되었다고 말할 수는 없다."[294]

칼뱅의 전적 타락설과 밀턴의 부분적 타락설은 얼핏 보면 날카롭게 대립되는 것 같이 보이기 때문에 밀턴의 주장을 이단적 교리로 밀어붙이는 학자들도 있지만, 실상은 주관적 오류를 범하고 있다고 할 수 있다. 왜냐하면 칼뱅도 비록 의와 성결과 선은 없어지고 자유는 상실되었지만, 인간이 짐승보다도 우월하다고 하는 증거, 즉 그런 우월성을 가능케 하는 은사는 여전히 남아있다고 믿었기 때문이다. 그러나 칼뱅은 신의 모습의 전적인 상실과 잔존을 동일한 평면에서 말하지는 않는다. 그는 이런 역설적인 상태를 자연적 은사와 영적 은사로 구분함으로써 설명상의 혼란을 방지하였다. 자연적 은사는 죄로 크게 손상되고 부패되었지만, 신은 그의 창조 작업을 전적으로 버린 것이 아니고 사람에게 적지 않은 우월성과 위엄성을 남겨 두었을 뿐 아니라 처음 창조할 때 작정해 둔 그 목적을 계속적

---

293) Calvin, Vol. 1, 214.
294) Patterson, ed., XV, 209.

으로 수행하고 있다는 것이다. 칼뱅은 이 사실을 다음과 같이 설명하고 있다.

"그러므로 인간이 선과 악을 식별하고 이해하고 판단하는 능력인 이성은 자연적 은사이기 때문에 그것이 전적으로 파손되었다고는 할 수 없다. 그러나 그것은 부분적으로 약화되고 부분적으로 부패되었으므로, 고작 남아있는 것이라고 하는 것은 볼품없는 잔상뿐이다. 이런 의미에서 '빛이 어둠 속에 비추되 어둠이 그것을 깨닫지 못 한다'(요 1 : 5)라고 하였다."295)

즉 인간에게는, 부분적으로 약화되고 부패되었지만, 신의 자연적 은사인 이성과 의지는 여전히 남아있다는 것이다. 그러나 초자연적 은사 즉 믿음과 의는 사라졌으며 영생의 길은 끊어졌다고 한다. 그러므로 그것은 오로지 그리스도의 은총을 가지고서만 회복할 수 있다는 것이다.

밀턴은 칼뱅과 같이 신의 모습의 상실과 잔존을 자연적 은사와 초자연적 은사로 나누어 설명한 일은 없지만, 타락 이후 인간은 초자연적 은총과 원초적 의를 잃게 되었다고 말한 점으로 보나 또는 신의 형상의 자취가 주로 이성과 의지 속에 남아있다고 말한 점을 보아서, 그의 견해가 칼빈의 그것과 크게 상충되지 않는다는 것을 알 수 있다.

"원초적인 우월성의 흔적은 우선 이성 속에 나타나 보인다. ··· 또한 의지의 자유도 전적으로 파괴된 것은 아니다. 그러나 그 능력이 하도 작고 보잘 것이 없어서 어떤 행동도 할 수 없을 정도다."296)

---

295) Calvin, Vol l, 233.
296) Patterson, ed., XV, 209-211.

위의 인용문에서 보듯이, 타락 이후에도 인간의 본질 가운데는 신의 모습의 어느 부분이 남아있다는 것인데, 그것은 이방인의 언행 속에 나타나는 지혜나 거룩함을 보아 확실하다는 것이다. 그러나 이성과 의지의 잔존을 말하는 끝에다 "그 능력이 하도 작고 보잘 것이 없어" 어떤 선행도 할 수 없을 정도라 한 것을 보면, 밀턴도 초자연적 은총 없이는 구원에 이를 수 없다고 본 것이 분명하다. 인간이 "어떤 흉악한 범죄로부터 돌아서서 그것을 피할 수는 있지만"[297] 그것으로 구원을 받을 수 있는 것은 아니라는 것이다. 두번 째 영적인 죽음은 믿음과 원초적 의를 잃어버리게 된 것을 말한다.

세 번째 죽음은 육체적 죽음이다. 육체적 죽음은 온 생명의 상실 또는 소멸을 의미한다. 흔히 육체의 죽음을 영육의 분리로 정의하지만 밀턴에 따르면 그런 정의는 만족할 수 없다고 한다. 육체 그 자체는 생명이 없는 것이기 때문에 육체가 죽는다 할 수 없고, 죄짓는 부분은 주로 영혼이기 때문에 영혼이 형벌을 면한다는 것은 불합리하다고 한다. 그러므로 육만 죽는 것도 아니고 영만 죽는 것이 아니라 인간 전체가 죽는다고 하는 것이 옳다고 할 수 있다. 『실낙원』에서는 그 의문에 대해 다음과 같이 설명하고 있다.

> 그러나 하나의 의문이
> 나를 따른다. 나는 완전히 죽지 않고,
> 저 맑은 생명의 입김, 하나님께서 불어넣은
> 인간의 영이 이 몸인 흙과 더불어
> 멸망치 않을 것이라니 이해할 수 없다. 그러면
> 무덤이나 또는 다른 음산한 곳에서 산 죽음을
> 할지 누가 알랴? 아, 사실이라면 무서운
> 일이다! 그러면 왜? 죄를 범한 것은 생명의
> 숨결뿐이랴. 생명과 죄 있는 자가 아니고

---

297) *Ibid.*, 213.

죽을 자가 어디 있겠는가, 육체에는 본래
그 어느 것도 없다. 그러니 나의 모든 것
죽으리라. 그 이상의 것은 인간으로서는
알 수 없는 것이니 이것으로 의심을 풀어라.
(PL., 10. 782-293)

 신은 범죄 한 인간의 어느 부분만 죽도록 선고한 것이 아니라 인간 전체가 죽도록 되어 있다는 것이다.
 네 번째 마지막 죽음은 영원한 죽음이다. 이것은 최후의 심판을 거쳐서 확정되는 죽음이다. 악한 사람은 영원한 죽음의 형벌을 받아 지옥에서 육체적 정신적 고통을 겪게 되지만 선한 사람은 그 몸이 정화되어 천국에 들어가게 된다. 이것이 네 번째 죽음인데, 저주 받은 자들의 형벌을 뜻한다. 타락의 결과 인간이 제일 먼저 맛보게 된 것은 죽음과 슬픔인 것이다. 다음으로는 자연 속에 죄와 죽음이 움직이는 현상이 일어나게 된다.

### 나) 자연의 반응

 타락의 최악의 결과를 영적인 죽음이라고 하였거니와 이 보다 직접적인 결과는 '자연의 반응'298) 현상이라 할 수 있다. 즉 인간의 타락으로 말미암아 창조함을 받은 만물이 탄식하며 괴로움을 받게 되었다는 것이다. 인간이 당한 형벌의 일부를 자연이 걸머지게 된 것이다. 왜냐하면 만물은 인간을 위해 창조된 것이기 때문이다. 그것이 칼뱅의 생각이었고299) 『실낙원』에 나타난 사상 중의 일면이었다.
 타락하기 이전 인간은 그의 행복을 위해 창조된 자연과 완전한 조화를 이루면서 살았다. 그러나 이 조화는 인간의 타락으로 파괴되

---

298) Patrides, 109.
299) Calvin, Vol. l, 214.

는 것이다. 하와가 금단의 과일을 따 먹었을 때 자연은 신음하며 탄식한다. 이 탄식은 그 이후 계속되고 있다.

> 대지는 상처를 느끼고 자연은 제자리에서
> 만물을 통하여 탄식하며 모든 것이 상실됐다고
> 고애의 징표를 드러낸다. (*PL.*, 9. 782-784)

여기서 시인은 모든 것을 상실한 인간의 상실감과 탄식 같은 감정을 확대하기 위하여 자연을 의인화하는 것을 볼 수 있다. 아담이 하와의 범죄에 가담했을 때 자연의 반응은 더욱 심했다.

> 대지는 다시 고통에 몸부림치듯 내장에서부터
> 흔들리고 자연도 다시 한 번 신음한다.
> 하늘은 흐리고 뇌성은 나직이 울며 치명적인
> 원죄가 이루어짐을 보고 슬픔의 눈물을 흘린다.
> (*PL.*, 9. 1000-1004)

죄와 죽음이 에덴 낙원으로 들어와 자연의 세계를 추하고 비참한 상태로 변화시켰다. 그 결과 자연의 저주 현상이 태양과 달과 바람 같은데도 나타나게 된다.

> 태양은 견딜 수 없는 추위와 더위로써 땅을
> 지배하고, 북에서는 노쇠한 겨울을
> 불러내고, 남에서는 하지의 더위를 가져오도록
> 움직이고 그렇게 비추라는 지시를 비로소
> 받았다. 창백한 달에게는 그 직분을
> 정하고, 그 밖의 다섯 별에게는
> 그 유성으로서의 운동과 위치, 즉 십이궁의

육분의 일, 사분의 일, 삼분의 일, 그리고
       유독의 효험을 지닌 대좌와 또 불길한 접촉의
       위치에 언제 합할 것인가를 정했다. 항성에 일러
       언제 그 나쁜 힘을 쏟아낼 것인가, 어느 것이
       태양과 함께 오르고 내리고 하며
       난폭한 행위를 시작할 것인가를 가르쳤다.
       바람에 대하여 정한 것은 그 방향에 따라
       언제 폭풍을 일으켜 바다와 곤충, 육지를
       뒤흔들 것인가 하는 것. (*PL*., 10. 651-665)

  에덴의 북쪽과 남쪽 지역에 있어서 태양의 진로는 낮았고 햇빛은 덜 찬란했다. 극권의 근처에서 태양은 언제나 지는 일없이 지평선 바로 위의 하늘 주위를 돌았다(*PL*., 10. 681-684). 적도에서 멀리 떨어짐에 따라 공기는 차가웠지만 북쪽의 에스토티란드와 마젤란 해협의 남단 사이에는 결코 눈이 없었다(*PL*., 10. 685-687). 지구는 거의 온화하고 쾌적해서 살기 좋은 곳이었다. 그러나 원죄로 인해서 그런 지구의 온화함과 쾌적함은 파괴되고 만다. 하나님의 명령에 따라 지구의 축을 또는 천체의 축을 기울게 했다고 한다.

       어떤 자의 말에 의하면 하나님이 천사들에게
       지구의 지극을 태양축에서 이십도 가량
       기울어지게 할 것을 명령하자, 그들은 힘을
       다하여 중심구를 비스듬히 밀었다고 한다.
       또 어떤 자들은 말하기를, 태양은 그와 같은
       폭을 황도에서 방향 바꾸도록 명령을 받아 · · · · .
       (*PL*., 10. 668-673)

  어떤 경우든 적도는 에덴의 남쪽으로 23.2/1도 기울어져 있어서 계절의 변화가 생겼다. 여름의 태양은 겨울의 태양보다 높고 밤과 낮의 길이도 달라지고 지역에 따라 기후의 변화가 생기고 바다와 육지에도 변화가 생겼다.

또한 동물들도 서로 사나와져 서로 잡아먹는 육식적인 본능을 드러냈고 인간의 공포와 적의를 자아냈다.

> 이제 짐승은 짐승끼리, 새는 새끼리, 물고기는 물고기끼리,
> 싸운다. 모두 풀을 뜯어먹는 것을 그만두고
> 서로 잡아먹었다. 인간을 크게 두려워하지 않고
> 그들을 피해 숨어서 무서운 눈으로
> 그들이 지나가는 것을 노려보았다. (PL., 10. 710-714)

한 마디로 말해서 인간의 타락으로 인해서, 자연계의 부조화, 인간과 자연 사이의 부조화, 인간과 인간 사이의 갈등과 상충, 그리고 인간과 하나님 사이의 괴리와 소통단절 등이 초래되었다.

**다) 낙원의 상실**

아담과 하와는 타락의 결과로서 제일차적으로는 낙원의 감각적 대상을 잃었고, 다음으로는 행복, 환희, 축복, 자유, 참 사랑과 같은 가치를 잃게 되었다. 세속적인 말로 한다면, 상실이라기보다는 추방당했다고 보는 것이 더 적절한 표현일 것이다. 그러나 강제 추방이 아니라 천사의 인도를 받아 들판으로 이끌려 나온 것이다.

> 선두에 높이 쳐들려
> 휘둘리는 하나님의 칼이 그들 앞에서
> 혜성처럼 강하게 빛났다. 그것이 타는
> 열과 리비아의 불타는 대기와도 같은 증기로써

그 온화한 풍토를 찌기 시작했다. 갈 길
서두르는 천사는 망설이는 우리의 양친을
두 손으로 붙잡고 동쪽 문으로 곤장 이끌어,
빨리 벼랑 밑 들판에 내려
놓고는 사라졌다. (PL., 12. 632-640)

　왜 강제가 아닌가 하는 것은 '선두에 높이 쳐들려 휘둘리는 하나님의 칼이 사용되자 않았을 뿐 아니라 혜성처럼 강하게 빛났다'는 말을 볼 때, 그 칼은 무력의 상징이 아니라 빛으로 인도하시는 하나님의 권능의 상징으로 사용되었음을 알 수 있다. 또한 천사를 보내어 '두 손을 붙잡고' 이끌었다는 것을 보아도 강제가 아닌 인도와 보호 아래 들판으로 나가도록 하신 것이라는 것을 알 수 있다. 여기서 '손으로 잡고'란 곧 정의와 자비의 결합을 의미하기도 하고, 인간과 하나님의 잠정적 합일을 뜻하기도 한다. 정의 실현으로서 하나님은 동산 밖으로 아담과 하와를 내보낼 수밖에 없었지만, 언젠가는 다시 돌아올 수 있으리라는 희망과 용서와 화해의 표징으로써 '손을 잡은 것'이다.
　마침내 그들은 "손을 마주잡고 방랑의 걸음 무겁게/에덴을 통과하여 그 쓸쓸한 길을 간다"(PL., 12. 646-649). 이렇게 보면 타락으로 인하여 서로 '손을 놓았던' 인간들이 '손을 마주잡고' 방랑의 길로 나선 것은 옛 관계가 회복될 것을 예형적으로 보여준 것이라 할 수 있다. 그러나 낙원의 회복은 일정 기간 시련을 거쳐 이루어지는 것이므로, 이 들판 곧 세상으로 쫓겨났다고 하는 것은 '방랑자'(wayfarer)가 되었다는 것이고, 쓸쓸한 길을 따라 가며 온갖 악들과 싸워야 하는 '전투자'(warfarer)가 되었다는 것이다. 이 싸움에서 이길 때 기독교적 영웅이 될 수 있고, 그 이기는 자가 천성을 차지할 수 있는 것이다.
　『실낙원』에 있어서 타락의 문제만큼 많은 비평적 논쟁의 대상이 된 사건은 없다. 『실낙원』의 모든 사건들이 집중되고 또 거기서 발단된다고 하는 점에서 타락 사건은 이 시의 '위기'라고 할 수 있다. 물론 인간의 회개 같은 다른 사건이 더 도덕적인 의미를 가질 수도 있다. 틸야드 같은 밀턴 학자는 회개가 『실낙원』의 '위기'를 구성한다고 주장하기도 한다.300) 그러나 회개는 '위기'의 '해결점'이지 결코 '위기' 그 자체는 될 수 없다는 점에서 틸야드의 견해는 받아들일 수 없다. 그러므로 『실낙원』에 있어서 가장 중요한 사건은 타락 사건이라 할 수 있다.

인류역사에 기초해서 볼 때, 타락은 비극적이고 치명적인 과오로 볼 수 있지만, 종말론적으로 볼 때, 그것은 인간에 대한 신의 점진적인 계시에 있어서 필연적인 단계로 볼 수 있다. 이 경우 타락은 하나의 역설로서, 악행이긴 하지만 필연적인 것이라는 것이다. 인간 편으로 볼 때, 그것은 고의적이고 자의적인 자기애와 자기 충족성에 근거한 불순종이지만, 하나님의 계시구조와 일치되는 것이다. 그것은 최초로 인간이 고통을 받게 되는 원인이 되지만, 그것 없이 인간의 궁극적인 환희도 성취될 수가 없다. 따라서 인간의 타락은 '행복한 것'(Felix Culpa)이라는 역설이 성립되는 것이다. 아서 러브조이(Arthur Lovejoy)의 '행복한 타락'이라는 역설적인 논리는 이런 종말론적인 구조 속에서 이해되어야 한다. 『실낙원』 제12편은 부분적이긴 하지만 러브조이의 이런 입장을 떠받쳐 주고 있다. 제12편에 따르면 아담은 모든 악을 선으로 바꾸는 무한한 하나님의 선의를 보고 놀란다.

아담이 본대로는 어둠 속에서 빛을 창조해 낸 최초의 창조행위보다도 악을 선으로 재창조하는 행위가 더 놀랍고 경이로웠다. 이런 의미에서 『실낙원』은 인간비극으로 볼 것이 아니라, 『신곡』(*Divine Comedy*)으로 보아야할 것이다. 물론 타락 이후 무거운 재앙이 주

---

300) E. M. W. Tillyard, *Studies in Milton* (London : Chatto & Windus, 1951), 8-52.

어졌다고 하는 의미에서 비극적인 반응을 보이지 않을 수 없다. 그러나 인간의 타락을 인간의 심리와 연결 지어보지 말고 전체적인 설화의 구조 속에서 볼 때 그것은 희곡이 되는 것이다.

### 3) 구원받을 수 있는 인간

드라이든이 그의 평론 『풍자론』(*Essay on Satire*)에서 『실낙원』의 주제는 "우리들의 행복의 상실"(the losing of our happiness)라고 했지만, 실상 밀턴은 인간의 '낙원 상실'이라고 하는 비극적인 주제만을 다루려 했던 것은 아니다. 만일 그가 드라이든의 말대로 행복을 잃게 된 아담과 하와의 불행만을 그리려 했다면, 절망의 상태로 낙원을 떠나는 그들의 광경만을 취급하는 것으로 충분했을 것이다.

그러나 밀턴은 『실낙원』을 그런 불행한 결말로 끝내지를 않고 있다. 그런 끝맺음만을 보아도 그의 궁극적 의도는 단순히 비극적인 주제를 다루려 한 것이 아니라 그것을 극복한 행복한 결말을 맺어 주려했다는 것을 알 수 있다. 다시 말하면 하나님과 인간의 화해, 그리고 그것으로 인한 새로운 낙원의 회복과 죽음에서 생명으로 옮겨지는 구원, 즉 보다 행복한 인간의 장래를 그려 보여 주려고 했다는 것이다.

밀턴이 『그리스도교 교리론』과 『실낙원』에서 시사한 바와 같이, 이런 인간의 회복 문제에는 인간의 '구원'과 '신생'이 포함된다. 밀턴은 『그리스도교 교리론』에서 "인간의 회복은 아버지 하나님께서 예수 그리스도를 통하여 인간을 죄와 죽음으로부터 구원해서 그가 타락하기 이전 상태보다도 훨씬 더 뛰어난 은총과 영광의 상태로 들어 올리는 행위이다"[301]라 했고, 『실낙원』에서는 이 교리를 다음과 같이 시적으로 형상화해서 표현했다.

---

[301] Don M. Wolfe, ed., *Complete Prose Works of John Milton* (New haven : Yale UP., 1973), vol. 6, 415.

이윽고 한 위대한 분이 우리를
회복시켜 복된 자리를 도로 얻게 하셨으니. (*PL*., 1. 4-5)

그러나 그가 타락했으니 이제는
그의 죄의 죽음의 선고 내릴 수밖에 없다.
그날 죽음은 경고 되었지만, 그는 벌써 그것을 부질없고
공허한 것으로 생각하고 있다, 그가
예기한 대로 즉각적인 타락에도 아직은 벌을 받지
않았기 때문에. 그러나 해지기 전에 당장 알 것이다,
관용이 면죄가 아니라는 것을. 정의는 은혜처럼
경멸하고 돌아가지 않으리라. 그들의 죄를 심판하기
위하여 내 대리자인 아들 너 아니고 누구를 보내랴.
하늘과 땅, 지옥 등 일체의 심판을 너에게
맡기리라. 인간의 친구이며 그 중재자인, 타락한
인간을 심판하려고 스스로 인간이 된 너, 자비와
정의를 짝짓게 하려는 뜻에서 너를
보냄은 쉽게 이해할 수 있으리라. (*PL*., 10. 47-62)

다음에는 인류의 회복자로 정해진
성자를 찬미한다, '당신으로 인하여
새 하늘과 새 땅이 대대로 일어나고
또 하늘로부터 내려질 것이다'고. (*PL*., 10. 646-48)

위에서 인용한 교리적인 산문과 시적인 표현을 종합해 보면 인간 회복은 그리스도를 통하여 인간을 타락전보다도 더 뛰어난 은총과 영광의 상태로 들어 올려지는 신생의 문제로 압축되어 제시되어 있다는 것을 알 수 있다. 이는 그리스도와 구원의 문제와 연계됨으로 장을 달리하여 후에 좀 더 자세하게 살펴볼 것이다.

# III. 지옥과 사탄

시간(time)과 공간(space)은 일반적으로 외부세계의 존재를 감지하고 그 구조를 파악함에 있어서 가장 기본적인 틀이 된다. 따라서 시간과 공간의 문제는 사실상 분리하여 거론할 수 있는 것이 못된다. 왜냐하면 "시간 없이 공간이 존재할 수 없고 공간 없이 시간이 존재할 수 없기 때문이다"302) 실제로 인간의 삶은 시간과 공간의 결합 아래 이루어지는 것이고, 의식의 전개 과정도 이 양자를 벗어날 수가 없다. 그만큼 시간과 공간은 우리의 삶과 의식을 지배하게 된다.

마찬가지로 문학작품에 있어서도 시간과 공간은 그 작품의 기본적인 구조가 된다. 따라서 그 구조를 이해하는 것은 작품 전체를 이해하는 데 있어서 중요한 한 단계가 될 수 있다. 만일 그 구조가 은폐되어 있을 경우에는 그 숨겨 있는 시공(時空)을 투시할 필요가 있을 것이다.『실낙원』의 경우에 있어서도 이 작품의 기본적인 구조가 되는 것은 시간과 공간이라 할 수 있다. 그러나 "셰익스피어는 시간의 세계 속에 살았고, 밀턴은 공간의 세계 속에 살았다"303)라고 할 정도로,『실낙원』은 시간보다는 공간의 지배를 더 받고 있다. 물론 시간문제가 중요치 않은 것은 아니지만 본론에서는 공간 문제에만 국한시켜 논의를 전개하겠다.

헬렌 가드너가『실낙원』의 구성은 서사시에서는 전례를 찾을 수 없는 극적인 집중을 취하면서도 또한 어느 다른 서사시보다도 광범한 시간과 공간의 범위를 갖는다"304)고 말한 바와 같이『실낙원』의 공

---

302) Samuel Alexander, *Space, Time and Deity* (New York : The Odyssey Press, 1966) 1 : 44.
303) James H. Hanford, *A Milton Handbook* (New York : Appletpn-Century-Crofts, 1954), 22.
304) Helen Gardner, *A Reading of Paradise Lost* (London : Oxford UP, 1965), 35.

간은 광역적이다. 실제적으로 『실낙원』의 행정(行程)은 '하늘'(Heaven), '지옥'(Hell), '혼돈'(Chaos), '지상'(Earth)에 걸쳐 전개된다. 이런 방대한 공간 구성은 단테의 『신곡』에서나 찾을 수 있을까 다른 작품에서는 찾을 수가 없다. 그러므로 『실낙원』에서 전개되는 장면과 행동을 살피는 것은 결국 우주의 구조를 살피는 것이나 다름이 없다고 할 수 있다. 여기서는 '지옥'과 '혼돈'계에 대해서만 논의해 보겠다.

## 1. 지옥과 혼돈

### 1) 지옥

인류는 대체적으로 사후 세계를 믿는다. 또 육체의 기능이 멈춘 뒤에도 의식이 있는 인격체가 존재한다고 믿고 있다. 영혼 또는 지속되는 인격이 사후에 머무르는 장소로서 기독교가 인정하는 두 가지 장소는 '천국'과 '지옥'이다. 천국에 대해서는 이미 앞에서 술회했으므로 여기서는 '지옥'에 대해서만 살펴보겠다. 세상의 다른 종교들에도 나름대로의 지옥이 있는데, 그러한 지옥을 묘사한 장면들은 놀라울 정도로 유사한 점이 많다. 힌두교에는 수백만 가지나 되는 지옥이 있고, 불교에는 여덟 개의 아주 큰 지옥에서부터 수천 개에 이르는 지옥이 존재한다. 그러나 어떤 종교도 기독교만큼 지옥을 중시하지는 않는다. 청교도 시인 밀턴도 다른 기독교 작가 못지않게 지옥에 대해 엄격한 자세를 가지고 있었다. 물론 논란의 여지는 있으나, 밀턴은 청교도 시인이면서도 칼뱅주의적인 입장을 따르지 않고 독자적인 종교 노선을 걸으며 독창적으로 '지옥'을 묘사하였다. 그런 밀턴이 묘사한 지옥은 어떠한지를 살펴보겠다.

## (1) 외재적 지옥

사탄과 그를 추종하는 타락친시들이 하늘에서 치명적인 반란을 도모하기 전 무한한 공간은 두 부분, 즉 상부의 하늘(淨火天)과 하부의 혼돈으로 구분되어 있었다. 이 혼돈의 공간 맨 밑바닥에다 하나님은 하늘로부터 추방당한 삼분의 일에 해당되는 타락천사들을 수용할 장소로서 지옥을 있게 했고, 그 다음에는 인간이 살아갈 세상 곧 보이는 우주를 혼돈의 상부에다 두었다. 그러니까 원래 지옥은 인간을 위해 만든 것은 아니었다.305) 그러나 인간이 하나님께 불복종하고 사탄의 반역행위에 동조하게 되면 인간에게 확대될 수도 있는 그 지옥에 수용될 수밖에 없게 된다는 것이다.

성경에 의하면, 이 지옥은 지표 위 어디엔가 존재하는 것으로 되어 있다.306) 그런가 하면, 지옥 밑307)이나 또는 우주의 극단308)에 위치하는 것으로 보기도 한다. 지옥의 위치를 명확히 규정하기는 어렵지만, 서상한 바와 같이, 밀턴은 혼돈계의 하부의 맨 끝부분에 마련된 것으로 보았다. 밀턴은 이처럼 지옥을 실재적인 공간으로 묘사하고 있기는 하지만 단테와 같이 특수한 형벌과 그에 따르는 고통을 범주화 하려고 하지는 않았다. 때문에 브로드벤트는 "밀턴의 지옥은 특수한 형벌을 의지할 곳 없는 희생자들에게 할당해 놓은 고통의 장소가 아니라 구제받을 수 없도록 저주받은 자들의 유형적인 거주지다"309)라 하였다. 그래서 산저도 밀턴은 타락한 천사들의 정신적인 상태에 대한 지리적인 조절로 지옥을 취급하고 있을 뿐이라고 했고,310) 프라이는 밀턴의 지옥에서는 저주의 흔적이라고는 찾

---

305) *Matthew* 25 : 41.
306) *Isaiah* 5 : 14 ; *Proverb* 27 : 20.
307) *Isaiah* 30 : 33 ; *Ephesians* 2 : 2, 6 : 12.
308) *Matthew* 8 : 28-32 ; *Luke* 8 : 30-33 ; *Romans* 10 : 7 ; *Revelation* 13 : 1 ; *Psalms* 71 : 20 ; *Isaiah* 30 : 33.
309) John B. Broadbent, "Milton's Hell," *ELH* 21 (1054), 165.
310) Ernest Schanzer, "Milton's Hell Revisited," *UTQ* 24 (1955), 136-45.

아볼 수가 없다고 했다.311) 그렇다고 밀턴의 지옥이 명목적이라고 가정할 수는 없다. 밀턴은 단테처럼 죄악의 경중 또는 그에 따르는 준엄한 상벌의 원칙에 따라 지옥을 세분화하거나 특수화하지는 않았지만, 악마들이 순응했던 심리적인 실재들을 객관화하기 위해312) 최소한 세 개의 성질이 다른 장소를 설정하여 묘사한 것으로 볼 수 있다.

### 가) 암흑의 장소

천국과 낙원도 그러하여야 하겠지만, 지옥도 우리가 일상적으로 경험하는 세계와는 다른 세계가 아니면 안 된다. 이런 지옥의 상이성을 표현하기 위해 밀턴이 사용한 시법이 모순어법(oxymoron)이다. 그가 이런 모순어법을 자주 사용한 것은 단순히 수사적인 장식이라고 하는 효과만을 확보하려고 하는데 있었던 것이 아니라 하나의 '정신적인 풍경'을 표현하려는 데 있었던 것이다.

『실낙원』의 서두에서 독자는 사탄과 그 무리들이 지옥의 불바다에 떨어져 표류하고 있는 것을 보게 된다. 그러나 얼마 후 사탄은 잃었던 의식을 되찾아 자신들을 둘러싸고 있는 '황량한 풍경'을 바라본다. 사탄의 눈에 비친 그 장소를 밀턴은 다음과 같이 묘사하고 있다.

> 끔찍한 지하감옥이라고나 할까, 크디큰 용광로처럼
> 사면에 불길이 솟고 있다. 그러나 이 화염에는
> 빛이 없고, 다만 눈에 보일 정도의 암광(暗光)에
> 드러나 보이는 것은 다만 처절한 광경뿐이다.

---

311) Northrop Frye, *The Return of Eden* (Toronto : Toronto UP, 1965), 82.
312) Arnold Stein, *Answerable Style* (New York : Haskell House Publishers, 1967), 11.

슬픔의 지역, 비탄의 그림자, 평화와
안식은 없고, 사람이면 모두가 갖는
희망마서 없고, 다만 끝없는 고통과 꺼질 줄 모르고
영원히 타오르는 유황에 붙은
불 홍수에 언제까지나 휘몰려지는 곳이다.
영원한 정의의 하나님이 이러한 곳을 마련했으리라,
배신의 무리를 위해. (*PL.*, 1. 61-72)

이 묘사는 일상적인 감각으로는 이해할 수 없는 점을 내포하고 있다. 그것은 첫째 지옥에 불길이 솟고 있다는 것인데, 그 불은 열을 발하기는 하지만 빛을 내지는 못한다는 것이다. 이런 불(fire)에 대한 기술은, 리비스가 밀턴은 자연스럽고 일관되게 인식된 지옥을 보여주는 데 실패했다고 말할 정도로,313) 모순과 당착을 포함한 표현으로 부자연스럽기는 하나, 사실은 '지옥 불'에 대한 전통적 개념을 전수한 것에 지나지 않는다.314) 창조와 창조된 것의 '부정적 측면'을 물리적으로 객관화한 것이 지옥이라고 볼 때, 그 지옥은 모순과 역설 및 아이러니로 표현될 수밖에 없고, 따라서 그것은 우스꽝스러울 수밖에 없다. 그러므로 이런 모순어법에 의한 표현이나 불일치는 어떤 다른 방법으로는 성취할 수 없는 악몽 같은 지옥의 특질을 보여줄 수가 있다.315)

위에서 언급한 바와 같이, '지옥의 불'이 빛을 내지 못한다면, 지옥은 전적으로 어두운 곳이라 할 수 있다. 사실 제72행에 나오는 '완전한 어둠'(utterdarkness)은 「욥기」 10장 22절과 「마태복음」 8장 12절의 기술과 일치하는 것이다. 또한 이는 성경에 나오는 '바깥

---

313) F. R. Leavis, *The Common Pursuit* (New York : Washington Square Press, 1952), 20.
314) George W. Whiting, "Tormenting Tophet," *N&Q* 192 (1974), 230.
315) Kenneth Muir, *John Milton* (London : Oxford UP, 12960), 147.

어둠'(outer darkness)316)에 대응되는 표현이기도 하다. 어원적으로 보면 '완전한'(utter)이라는 말과 '바깥'(outer)이라는 말은 동일한 뜻으로 해석 할 수 있는 것이므로, '바깥 어둠'이라는 표현은 결코 '완전한 어둠'이라는 의미를 배제하고 있지는 않다. 그러나 제63행에 '눈에 보일 정도와 어둠'(darkness visible)이라는 기술이 있어서, 그것이 독자들을 혼란시키고 있다.

이 기술은 엘리엇이 상상하기 곤란한 구절이라고 평하면서부터 중심적인 비평의 문제로 부각되었다. 이런 밀턴의 개념은 흔히 볼 수 있는 문학적 통념이면서도 쉽사리 상상할 수 있는 것은 아니기 때문에, 평자들은 엘리엇의 기본적인 반대에 반응할 수가 없었던 것이다.317) 알렌은 '빛과 어둠의 신학'(theology of light and darkness)이라고 하는 역사적 문맥에서 그것을 풀려고 했고, 코프는 '하늘의 보이지 않는 찬란함'(PL., 5. 598-99)에 대한 대칭적 구조로서 '보이는 어둠'을 놓았다고 했다.318) 이런 학자들의 끊임없는 탐구적 노력에도 불구하고, '눈에 보일 정도의 어둠'이라고 하는 기술이 갖는 난점은 완전히 풀리지 않고 있다.

그러나 이 표현은 '완전한 어둠'에 합치 하도록 해석할 수도 있다. 예를 들어 『옥스퍼드 영어사전』(OED)의 '보이는'(visible)이라고 하는 항목을 보면, 그것은 '볼 수가 있는', '시각의 대상이 되는 성질의', '시각에 의해 감지되는' 따위의 뜻으로 설명되고 있다. 이런 의미를 문자 그대로 취한다면, '눈에 보일 정도의 어둠'(darkness visible)은 어둠이 너무 짙기 때문에, 어둠 자체가 응고되어 하나의 물체와 같이 '눈에 보이는 어둠'이라고 할 수 있다. 그렇다면 그것은

---

316) *Matthew* 8 : 12, 22 : 13.
317) Robert West, *Milton and Angels* (Athens : University of Georgia Press, 1955), 205 n. 18 ; Watson Kirkconnell, *The Celestial Cycle* (Toronto : Toronto UP, 1952), 601 ; Ann Gossman, "Two Milton Notes," *N&Q* 206 (1961), 182-83.
318) Don Cameron Allen, *The Harmonious Vision : Studies in Milton's Poetry* (Baltimore : The John Hopkins Press, 1954), 103.

'완전한 어둠'과 일치될 수 있다. 그러나 다음 구절을 보면 그곳에 희미한 미광이 존재한다는 것을 부정할 수는 없다.

> 그대는 보는가. 저기 쓸쓸하고 거친 황량한 들판,
> 이 납빛 불꽃이 던지는 창백하고 처참한 미광 이외엔,
> 아무런 빛 하나 보이지 않는
> 저 폐허의 땅을? (*PL.*, 1. 180-83)

이 표현만을 보아서는 그 속에서 움직이는 물체를 희미하게나마 볼 수 있는 그런 정도의 '어둠'이었다고 해석하여야 할 것이다. 그렇다고 해도 밀턴이 기술하고 있는 '지옥의 어둠'은 하나의 정의로서는 논리적으로 해명할 수 없는 모순당착의 성질을 내포하고 있다고 보는 것이 옳을 것 같다. 이와 같이 밀턴의 지옥은 '모순의 공간'으로서 황량하고 거칠며 평화와 안식과 희망이라고는 전혀 없는 '음침한 음지'라 할 수 있다. 밀턴이 지옥을 묘사할 때 사용한 '모순어법'은 매우 사실적이어서 미지의 것에 대한 두려움을 환기시켜 주는데 유효하다.[319]

밀턴의 지옥은 '어두운 음지'면서도 '불길'이 항상 치솟으며 타고 있다. 그 불이 넓게 펼쳐져 타고 있는 상태를 밀턴은 '불의 바다'(fiery gulf, *PL.*, I. 52), '불의 홍수'(fiery deluge, *PL.*, I. 68), '불의 물결'(fiery waves, *PL.*, I. 184) 등으로 표현하고 있다. 이런 표현은 엉뚱하고 아주 생뚱맞은 비유로서 충분히 이해될 수 있는 표현이기는 하지만, '불'과 '물'을 결합한 것은 일종의 모순어법이라 할 수 있다. '불의 홍수', '불의 폭포'(*PL.*, ll. 176)를 만들어 내는 재료는 유황으로서, 끊임없이 타고 있지만 소멸되는 일은 없다. 그러

---

[319] Ants Oras, "Darkness Visible—Notes on Milton's Descriptive Procedures in *Paradise Lost*," *All These to Teach : Essays in Honor of C. A. Robertson,* ed. Robert A Bryan (Gainesville, Fla., 1965), 133, 137.

면서도 그 불은 태우는 열은 내지만 빛을 방출하지는 않는다. 이로서 우리는 가책과 고통과 절망이 뒤섞여 있는 지옥의 '정신적 풍경'을 투시할 수 있다.

'불의 홍수' 가운데서 육지 비슷한 것을 발견한 사탄은 그 곳으로 이동한다.

> 이윽고 마른 육지에 내린다, 그것을 육지라 할 수
> 있다면, 흐르는 불로 이뤄진 호수처럼, 단단한 불이
> 노상 불타고 있는 그런 것을. 또한 그 빛은 말하자면,
> 또 땅 밑의 억센 바람에 펠로루스가 갈라져
> 그 봉우리 하나가 옮겨질 때와도 같고,
> 혹은 연료 가득하고 타기 쉬운 내장에 불이 붙어
> 광물성의 맹렬한 화염으로 치솟으며 바람 일으켜
> 온통 악취와 연기에 싸인
> 불탄 밑바닥만을 남기며 뇌성 치는 에트나 산의
> 부서진 작은 조각 하나가 떨어져 나갈 때와도 같은 빛깔로
> 보이는 그런 것을 육지라 할 수 있다면, 이런 안식처에
> 저주받은 발이 내린다. (*PL.*, 1. 227-38)

이 시구의 후반은 지상의 화산을 비유로 하여 지옥을 묘사한 것이라 할 수 있지만,320) 지옥이 화산과 동일한 것은 아니다. 더 더구나 '액체의 불' 또는 '고체의 불' 따위는 우리의 감각으로서는 파악하기가 어렵다. 그러나 화산지대나 불타는 땅을 연상할 때 '지옥의 풍경'은 '매우 두렵고 슬프고 절통하고 처참한 곳'이라는 것을 알 수 있다. 하나님으로부터 소외된 상태가 바로 이런 것이라고 볼 때, 밀턴의 '지옥 묘사'는 적절한 심리적인 리얼리티를 표출 해주고 있다 하겠다.

---

320) M. H. Nicolson, *A Reader's Guide to John Milton* (London : Lowe & Brydone, 1965), 194-95.

## 나) 악마들의 궁전

사탄의 호령을 듣고 '불의 홍수' 가운데서 깨어난 악마들은 미래의 일을 의논하기 위해 회의를 열기로 하고, 그 회의를 위해 맘몬의 지휘아래 일명 '복마전' 또는 '만마전'(萬魔殿, Pandemonium)이라고 하는 '악마들의 궁전'을 건축하였다. 이 만마전은 일종의 지옥의 수도로 '악마들의 장소'(a place of all devils or demons)를 의미한다. 밀턴은 그 모습을 다음과 같이 묘사하고 있다.

그러자 곧 땅 속으로부터 거대한 건물 하나가
안개 피어오르듯 솟아난다. 미묘하게 조화된
음향과 달콤한 목소리에 따라
신전처럼 세워져, 사방으로 벽주와
도리스 식 기둥이 늘어서고, 그 위로는
황금의 처마가 덮인다. 또 거기엔 돌기장식으로
부조된 돌림띠와 조각대가 있고, 지붕은
황금빛 만자 무늬로 꾸며져 있다. 바빌론도
대 알카로이도 이러한 장엄함엔 못 미쳤으리라.
한창 영화를 누리던 시절,
그들의 신 벨루스와 세라피스를 모시거나
이집트가 아시리아와 부와 사치를 겨루던 시절, 그들의
왕을 섬기는 것이 아무리 장려했다 해도. 그 솟아오르던
대 건물은 장엄한 높이에서 멎고, 곧 모든 문의
청동의 문짝 열리니, 그 안쪽으로 바닥이 판판하고
반질거리는 아주 넓은 공간이
드러난다. 아치형의 지붕에는
신묘한 마술로 매어 단 수많은
별 같은 등불과 활활 타오르는 횃불이 겹겹이 줄을

지어, 석뇌유(石腦油)와 역청유에 불붙어 하늘에서
내리는 것처럼 빛을 발사한다. (*PL.*, 1. 710-30)

이 건물 묘사의 소재에 관해서는 몇 가지 생각해 볼 것이 있다. 첫째는 음악의 힘에 의해 건물이 나타난 것으로 되어 있는데, 그것은 그리스의 신화를 따른 것이다. 그리스의 신화에 따르면 음악의 힘에 의해 테베나 트로이의 성벽이 축성 되었다. 다른 일면으로는 하나의 건축물을 이루는 여러 부분 사이의 비례와 음악에 나타나는 음의 조화 사이를 통일하는 원리가 있는 것으로 보는 르네상스 시대의 사상가나 건축가의 사상을 따른 것으로 볼 수도 있다. 아무튼 그 사고는 예술의 조화적인 또는 건설적인 힘을 표현한 것인 등시에 허구적인 힘을 지칭하는 것이기도 하다. 예술에 마력적인 면이 있으면서도 허구적인 면이 있는 것과 마찬가지로, 음악의 힘에 의해 세워지는 만마전도 아름답고 장엄하지만, 사실은 허위적이고 환각적이라는 것을 보여주고 있다.321)

또한 지히로부터 모습을 드러낸 건물은 거대하고 장려한 것이기는 하지만 한편으로는 증기와 비슷하다. 이 표현은 그 건물이 건물로서 당연히 지녀야 할 견고성을 갖지 못한 것과 존재감이 희박한 것을 보여주고 있다. 따라서 지옥에 출현한 건물은 조화미보다는 불쾌감과 불신감을 준다. 이런 식으로 모습을 드러낸 '악마들의 궁전'인 이 만마전에 대한 밀턴의 묘사는 로마의 성 베드로 성당의 모습과 흡사하다고들 한다.

스미스라는 학자는 밀턴은 '악마들의 궁전'을 그릴 때 그가 로마에 가서 본 성 베드로 대성당과 그 주변을 연상하면서 묘사했을 것이라 했고,322) 니콜슨 여사도 마찬가지로 만마전의 세부적 내용은

---

321) Robert Crosman, *Reading Paradise Lost* (BLoomington : Indiana UP, 1980), 51.
322) Rebeca W. Smith, "The Source of Milton's Pandemonium," *MP* 29 (1931), 157-98.

성 베드로 대성당의 그것과 같다고 했다.323) 특히 만마전과 성 베드로 대성당 사이의 같은 점으로, 니콜슨은 두 건물에 공히 벽주(pilaster), 놀림띠(architrave), 조각띠(cornice), 조각, 기둥, 별 같은 촛대, 활활 타오르는 등불 같은 것이 있다는 것을 들었다. 또한 두 건물의 문이 거대하다는 인상을 준다는 것과 '악마들의 궁전'에 붙은 다른 건물에 사탄과 그 주모자들이 모여 회의를 하는 것과 같이 성 베드로 대성당 바로 붙은 곳에 법왕청이 있다는 것과도 같다고 한다. 뿐만 아니라 '악마들의 궁전'에 운집한 타락 철사들을 '벌들'(bees, PL., I. 768-75)이라 한 점을 주목하면서, 니콜슨은 법왕 우르바노(Urban) 8세의 문장이 '벌'이오, 법왕의 제자들도 '벌'이라 불리는 것을 볼 때, '악마들의 궁전'의 사탄의 무리들은 법왕의 제자들을 연상시킨다고 했다. 따라서 밀턴의 '악마들의 궁전'인 '만마전'에 대한 묘사는 로마 가톨릭교회를 풍자한 것이라고 결론짓는다.

　니콜슨이 주장한 바와 같이, 악마들의 궁전과 성 베드로 대성당 사이에는 같은 점도 있지만 서로 다른 점도 있다. 그 일예로 만마전의 기둥은 도리스식인 데 반해 성 베드로 대성당의 기둥은 고린도식이라는 것을 들 수 있다. 이런 차이는 매우 사소한 것 같지만, 밀턴 시대에 있어서 그 차이는 중요한 의미를 갖고 있었기 때문에 양자를 혼동한다고 하는 일은 있을 수 없었을 것이다. 더욱 '악마들의 궁전'의 돌림띠와 지붕은 황금으로 되어있다고 했지만, 성 베드로 대성당의 그 부분은 금은커녕 청동을 사용한 일조차 없다고 한다. 또한 '악마들의 궁전'의 천정은 아치형인 데 반해 성 베드로 대성당의 그것은 격자(格子) 칸이 있는 원통형의 둥근 천정이라고 한다. '악마들의 궁전'에는 여러 개의 복도가 있지만 성 베드로 대성당에 이에 상당하는 베르니니 주랑(Bernini Colonnade)이 완성된 것은 밀턴이 이곳을 방문한 때로부터 여러 해가 지난 뒤였다. 뿐만 아니

---

323) Nicolson, 196-98.

라 '악마들의 궁전'에는 청동의 문짝들이 활짝 열려 있다고 했지만 성 베드로 대성당에는 단 하나의 큰 문짝이 있을 뿐이다. 마지막으로 특기할 것은 성 베드로 대성당은 둥근 지붕(dome)으로 되어 있지만 '악마들의 궁전'에는 둥근 지붕이 있다는 언급은 전혀 없다.

　이런 상위 점을 들어 프라이는 '악마들의 궁전'의 묘사는 성 베드로 대성당을 모형으로 한 것이 아니라고 한다.324) 다시 말해서 밀턴은 '악마들의 궁전'의 묘사로써 로마 가톨릭교회를 풍자하려고 하지 않았다는 것이다. 만일 로마 가톨릭교회를 풍자하지 않았다면 무엇을 목표로 한 것일까? 우리는 여기서 '악마들의 궁전'이 양식적 통일이 전혀 없는 잡다한 요소를 혼합해서 만든 건축물이라는 것을 유의할 필요가 있다. 도리스식의 기둥과 돌림띠는 고대 건축의 요소이고 아치형의 천정은 고딕 건축의 특색이며, 넓은 주랑은 르네상스 건축에서 볼 수 있는 것이다. 밀턴은 의식적으로 이런 잡다한 요소를 끌어들여 거대하지만 추악하고 기괴한 건물을 그려 보이려고 했던 것이다. 그래서 브로드벤트는 이 건물을 "지나치게 장식된 원시적이고 비속한 궁전이오 잔악한 이교적 독재자의 본거지"325)라 하였다. '만마전'은 '지옥의 수도'로서 '악마들의 궁전'이었다고 하는 것은 거기에 왕좌가 있는 것만을 보아도 알 수 있다.

　　　오루무스와 인도의 부보다 찬란하고,
　　　이국의 진주와 황금을
　　　아낌없이 그 왕에게 뿌려 주는
　　　화려한 동방의 부보다 더 찬란한,
　　　그 위광 넘치는 권좌에 높이, 사탄은 의기양양하게
　　　앉아 있다. 여러 공적으로 이렇게 악의 자리에

---

324) Roland Mushat Frye, *Imagery and the Visual Arts* (New Jersey : Princeton UP, 1978), 134-35.
325) John B. Broadbent, "Milton's Hell," *ELH* 21 (1854), 178.

올리어져서. 하지만 절망으로부터 이런 바랄 수 없는
높은 자리에 오르고서도, 더욱 높은 자리에
오르려는 욕망으로, 하늘과의 부질없는 싸움을
꿈꾸며 애태운다. 겪고도 모르는지
그는 그의 오만한 생각을 이렇게 늘어놓는다. (*PL.*, 2. 1-10)

이 '악마들의 궁전'에는 인도나 동방나라의 부귀가 무색할 정도로 찬란하고 위광이 넘치는 왕좌가 있는 데, 사탄은 그 왕좌에 의기양양하게 앉아 있다. 그러나 그 머리에는 왕관이 없다. 밀턴은 사탄을 화려한 왕좌에 높이 올려 앉혔지만, 그에게 왕관을 씌우지는 않았는데, 그것은 일종의 '미화된 아이러니'(beautified irony)로서 스스로 높은 자리에 오르고자 하는 사탄의 '오만한 의도'와 '왕위의 허구성'을 조롱한 것이라 할 수 있다. 또한 건축 상의 여러 요소가 혼합되어 있는 것으로 보아서 '악마들의 궁전'인 '만마전'은 화려하기는 하지만 비속하고 웅장하기는 하지만 질서가 없으며, 물질적인 아름다운 장식은 많지만 추악한 곳이라는 것을 알 수 있다. 이런 모순된 세계가 바로 '지옥의 풍토'인 것이다.

사탄은 그 부하들과 함께 이 건물에 들어가 미래의 방침을 논의하기 위해 회의를 개최한다. 이 회의 중에서 제기하는 발언을 살펴보면 '악마들의 궁전'이라는 공간을 그들이 어떻게 생각하고 있는가를 알 수 있다. 이 회의의 첫 발언자는 '몰록'(Moloch)이다. 그는 주전론자로서 하나님과 직접 싸울 것을 맹렬히 주장한다. 그의 발언 중에 암시한 지옥은,

이 어둡고 상스러운 치욕의 구렁텅이
우리가 꾸물거리는 바람에 군림하게 된
저 폭군의 감옥. (*PL.*, 2. 58-60)

이다. 지옥이 사탄과 그 부하들에게 있어서 '감옥'(prison)이 된다고 하는 것은 자연스러운 일이라 할 수 있겠다. 그러나 지옥을 '구렁텅이' 곧 '동굴'(den)이라 한 것은 좀 기이한 감이 든다. 그러나 '구렁텅이'는 '야수가 사는 굴'도 된다고 볼 때, 천사들이 본래의 모습을 잃고 야수처럼 떨어져 굴속에서 우글거리고 있는 그 정체를 역설적으로 보여주고 있는 것이라 할 수 있다. 이로써 우리는 '악마들의 궁정'인 '만마전'의 실체를 보다 명확하게 파악하게 된다.

두 번째 발언자는 '벨리알'(Belial)인데, 그는 지옥을 '부상당한 몸의 피난처'(*PL.*, 2. 167-68)로 보고 있다. 그의 발언에 따르면 지옥은 천국으로부터 '멀리 떨어져 있기 때문에'(*PL.*, 2. 211) 하나님도 타락천사들의 일을 잊고 큰 재화를 자초하지 않는다고만 하면 형벌을 중단하리라는 것이다. 벨리알은 한편으로는 하나님의 전지전능을 강조하면서도(*PL.*, 2. 189-94) 실제적으로는 그것을 잘 이해하지 못하고 있다. 왜냐하면 하나님의 능력은 물리적인 거리와는 관계가 없기 때문이다. 지옥을 '피난처' 또는 '하나님으로부터 숨어서 살 수 있는 곳'으로 본 것은 타락한 자의 눈이 먼 '어리석음'을 나타낸 것이다.

세 번째 발언자 '맘몬'(Mammon)은 지옥을 개조하자고 제의한다. 그는 천상에서 하나님께 복종하며 사는 것보다는 지옥을 그들의 기술에 의해 보다 살기 좋은 곳으로 만드는 것이 더 낫다는 것이다. 이런 생각을 하는 맘몬에게 있어서 지옥은 '광대한 은신처'(vast recess)로 보였다. '은신처'(recess)는 '은거지', '후미긴 곳', '사람이 알 수 없는 비밀장소' 같은 뜻을 갖고 있다. 결국 맘몬은 '악마들의 궁정'인 '만마전'을 자기들의 뛰어난 기술을 발휘하여 만든 미지의 장소로 보고 있지만, 전능자의 시선을 벗어날 수 있는 것은 하나도 없으므로 사실상은 환상에 불과하다

'악마들의 궁전'에 모인 사탄의 부하들은 대부분 벨리알과 맘몬의 발언에 찬성하는 편이었지만, 바알세불(Beelzebub)은 그들의 오류

와 환상을 바로 인식했기 해문에 이렇게 말했다.

> 하늘의 왕은 이곳을 그의 능력의 팔이
> 미치지 못하는 안전한 우리의 피신처가 아니라
> 우리의 감옥으로 정하였소. (*PL.*, 2. 316-18)

이처럼 바알세불은 '악마들의 궁전'인 '만마전'을 지하 감옥(dungeon)으로 이해했다. 뿐만 아니라 사탄도 '악마들의 궁전'을 '불행한 저택'(unhappy mansion, *PL.*, 1. 268) 또는 '지옥의 굴'(infernal pit, *PL.*, 1. 91-92, 657-59)로 보았다. '굴'(pit)이라고 하는 말은 근본적으로는 '땅굴'을 의미하지만, 때로 그것은 '지하 감옥'(dungeon)을 의미하기도 한다. 그러므로 '굴'(pit), '지하 감옥'(dungeon), '심연'(the deep, *PL.*, 1. 177), '이 깊은 구렁'(this gulf, *PL.*, 1. 329) 등은 뉴앙스는 조금씩 달러도 본질적으로는 동의어로 사용될 수가 있다. 또한 '굴'은 '야수나 적을 잡기 위해 파놓은 굴'이나 '사체를 매장하는 굴'을 뜻하기도 한다. 이런 뜻으로 볼 때 사탄과 그 일당은 굴속에 떨어진 야수요 영원의 생명을 잃은 사체라 할 수 있고, '악마들의 궁전'인 '만마전'은 바로 그런 자들을 수용하고 있는 '땅굴'이라 할 수 있다.

'악마들의 궁전'을 땅굴 또는 지하 감옥으로 볼 때 그것은 엄연히 폐쇄된 공간일 수밖에 없다. 사탄 자신 지옥을 폐쇄된 공간으로 의식하고 있다.

> 우리의 감옥은 튼튼하고 이 거대한 불의 도가니는
> 잡아 삼킬 듯이 맹렬하게 아홉 겹으로
> 우리를 에워싸고, 불타는 금강(金剛)의 문들은
> 위로 닫혀 있어 빠져나갈 길조차 찾을 길 없다.
> (*PL.*, 2. 434-37)

'지하 감옥'은 파괴할 수 없을 정도로 튼튼하고 불의 도가니가 아홉 겹으로 에워싸고 있으며 불타는 금강의 문들이 위로 닫혀있어 빠져나갈 수가 없는 폐쇄된 공간이라는 것이다. 밀턴은 '악마들의 궁전'을 표면적으로는 미화했지만 그것은 일종의 아이러니일 뿐 실상은 허구적인 세계로 야수와 같은 악마들이 갇혀 있는 '땅굴'인 것이다.

### 다) 양극화의 장소

지금까지 논의된 두 지옥은 서로 다르지만, 두 공간이 다 제한된 지역을 점유하고 있다는 점에서는 같다고 할 수 있다. 그러나 세 번째 지옥은 그 크기에 있어서 앞서 말한 두 지옥과는 다르다. '악마들의 궁전'인 '만마전'에서 연 회의가 끝나자, 사탄의 일당들은 사방으로 흩어져 어떤 자들은 올림픽 경기와 같은 축하놀이를 벌였고, 또 어떤 자들은 바위와 산을 발기발기 찢고 회오리바람을 일으키면서 힘자랑을 하였으니, 어떤 자들은 노래를 부르는가 하면 철학을 논하며 사색을 즐기기도 하였다. 이것은 일시적이지만 그들의 고통과 오뇌를 환상적인 마법으로 풀어보고자 하는 시도였다. 이런 시도와 달리 다른 한패는 대오를 짜서 밀집대형을 이루고 그들의 새로운 영토를 탐색하러 나섰다. 그들이 발견한 지옥은 어느 제한된 한 부분이 아니라 우리 인간의 세계와 흡사한 그런 영역이었다.

지옥의 불바다로는 네 개의 강, 곧 증오와 혐오가 넘치는 스틱스(styx), 비애와 눈물의 강 아케론(Acheron), 통곡의 강 코키투스(Cocytus), 불의 강 플레게톤(Phlegethon)이 유입되고 있었고(*PL.*, 2. 575-81), 이 강들로부터 멀리 떨어진 곳에는 망각의 강 레테가 굽이쳐 흐르고 있었다(*PL.*, 2. 583). 그리고 산과 골짜기가 있고 사탄의 전군이 빠져 몰살될 만한 '깊은 심연'(gulf profound)이 있었다. 이 강들 너머 저쪽에는 '불의 지옥'과는 정반대의 '얼음의 지옥'(*PL.*, 2. 587)이 있었는데, 어둡고 황량하며 거센 회오리바람과 무서운 우박의 폭풍이 끊임없이 일고 있고 우박이 녹지 않고 산처럼 쌓여 있었다. 밀턴은 폐허와 같은 이 깊은 심연의 세계를 이렇게 묘사하고 있다.

> 바싹 마른 공기는
> 얼어 불타고, 추위는 불의 작용을 한다. (*PL.*, 2. 594-95)

이런 묘사로 볼 때 제3의 지옥 역시 모순당착의 세계라는 것을 알 수 있다. '바싹 마른'(parching)이라고 하는 형용사는 통상 염서(炎暑)로 초목을 바싹 마르게 할 때 사용되는데, 여기서는 냉기가 어떤 열을 갖는 것처럼 사용되고 있다. 더욱 '얼어 불탄다'(Burns froze)던가 '추위는 불의 구실을 한다'(cold performs th' effect of fire)든가 하는 말은 명백한 모순어법이라 할 수 있다. 사탄의 일당들이 발견한 지옥은 이처럼 기괴한 풍경을326) 나타내 보여주고 있다.

> 수많은 어둡고 황량한
> 골짜기와 수많은 슬픔의 지역을 그들은 지나간다.
> 수많은 불과 얼음의 알프 같은 산들, 바위, 동굴
> 호수, 늪, 습지, 굴, 그리고 죽음의 그늘들을 넘어서.
> 이 죽음의 영역, 이는 하나님이 저주로,
> 오직 악에만 적합하게 만든 사악한 곳.
> 여기서는 모든 삶은 죽고 죽음만이 살며, 사악해진
> 자연은 온통 기괴하고 유별난 것들,
> 징글맞고, 형언할 수 없는, 옛 이야기에 나오는

---

326) Lawrence Babb, *The Moral Cosmos Of Paradise Lost* (Michigan : Michigan State UP., 1970), 111.

것들보다 더 해롭고 공포 자아내는 고르곤, 히드라
키메라보다도 더 무시무시한 것들을 길러낸다.
(*PL.*, 2. 618-28)

    이 일절도 역설과 모순을 표현해 주는 수단이 되고 있다. 이곳은 '악'에만 적합한곳이오 모든 삶은 죽고 죽음만 사는 역설적인 공간이다. 이곳은 냉기와 열기가 공존하는 양극의 세계로서 극심한 혼란을 갖게 한다. 이런 '정신적 혼란'에 대응하는 공간을 감각적 언어로 창조해낸 것이 밀턴의 지옥이다. 밀턴의 지옥묘사에 나타나는 모순과 역설은 이런 정신적 혼란에 대응하는 것으로 우리는 이 모순과 역설을 통해 사탄의 내면세계를 체험하게 된다. 그러니까 밀턴의 지옥은 객관적으로 존재하는 공간을 언어로 재현한 것이라기보다는 사탄과 그 일당의 정신에 대응하는 공간을 언어로 창조해낸 것으로 볼 수 있겠다.

### (2) 내재적 지옥

    『실낙원』에 있어서의 공간문제는 여러 각도에서 생각할 수 있겠다. 지금까지는 주로 외면화된 공간 즉 물리적인 지옥을 살피면서 그것이 내포하고 있는 상징성을 고찰해 보았다. 그러나 시를 좀 더 심층적으로 분석해 볼 때 『실낙원』에는 분명 내면화된 공간이라고 하는 또 다른 하나의 공간이 있음을 알 수 있다. 로렌스 밥이 "외면적 낙원과 마찬가지로 내면적 지옥이 분명 있다"[327]라고 한 것이나, 웨버가 지옥을 "고통을 당하고 있는 정신에 대한 심리적인 묘사"[328]라고 한 것은 그런 내면적인 공간을 긍정한 것이라 할 수

---

327) *Ibid.*, 111.
328) John Marlory, *Milton and his Epic Tradition* (Washington : U of Washington P., 1979), 113.

있다.

이 내면화된 공간은 사탄에 대한 묘사 속에 가장 잘 나타난다. 사탄은 지옥에 떨어져 불의 홍수에 침몰된다. 지옥이니 불의 홍수니 하는 것은 외면화된 공간으로 묘사된 것이다. 그러나 사탄은 이 외재하는 공간 속에 있으면서도 그 자신의 정신은 시간이나 공간에 의해 지배되지 않고 그 정신이 공간을 만든다고 주장한다.

오라, 공포여! 환영한다,
음부여! 너 깊고 깊은 지옥이여,
맞아라, 너의 새 주인을, 언제 어디서나
변치 않는 마음 가진 우리를.
마음은 마음이 제 집이라, 스스로 지옥을 천국으로,
천국을 지옥으로 만들 수 있으리라. (PL., 1. 250-55)

사탄에게 있어서 중요한 것은 외재하는 공간이 아니라 내재하는 공간 곧 정신이라는 것이다. 그러나 사탄은 이런 호언을 하기는 하지만 정신으로써 지옥을 천국으로 바꿀 수는 없다. 따라서 내적 지옥은 언제 어디서나 집요하게 그 속에 내재하게 된다. 외재적 지옥을 벗어나 지상에 도달한 사탄의 모습을 밀턴은 다음과 같이 묘사하고 있다.

공포와 의혹이
그의 어수선한 생각을 산란케 하고, 마음속의 지옥을
밑바닥으로부터 뒤흔든다. 이는 지옥을
마음이나 몸 둘레에 지니고 있어, 장소 바뀌어도
자신을 피할 수 없는 것처럼 단 한 발짝도
지옥에서 떠날 수가 없기 때문이다. (PL., 4. 18-23)

또 사탄은 다음과 같이 독백을 하고 있다.

> 가엾은 건 나로다. 어디로 피하여야 하나,
> 무한한 분노와 무한한 절망에서?
> 어느 쪽으로 피하던 지옥, 내 자신이 지옥이니.
> (*PL.*, 4. 73-75)

모든 고통 중에서 가장 큰 고통은 하나님으로부터 추방되었다고 하는 의식 곧 정신적인 고통인 것이다. 사탄은 버림받았다고 하는 사실을 확인하는 동시에 극도의 절망과 비통 속에 깊이 빠져들게 된다. 따라서 그 완악한 마음은 더욱 완악해지고 더욱 더 어두워진 눈은 어두워져 악으로 굴러 떨어진다(*PL.*, 2. 200-01). 최선을 상실하고 영원한 고통을 당하고 있는 상태 곧 의식의 형벌세계가 내재적인 지옥인 것이다.

외면화된 공간은 사탄의 내면에 존재하는 공간을 대치한 것에 불과하다. 사탄은 이런 외재적인 공간을 벗어날 수 있을지는 몰라도 그의 야심과 오만이 존재하는 한 강렬한 자의식의 세계에서 도피할 수는 없다. 그러므로 사탄 자신이 지옥이라 할 수 있다.

### 2) 혼돈

이미 앞에서 언급한 바와 같이 사탄과 타락한 천사들이 천상의 전쟁을 버리기 전 무한한 공간은 두 영역으로 구분하였는데, 그 상부가 하늘 곧 '정화천'이고 그 하부가 혼돈이었다. 이 혼돈의 영역을 밀턴은 어떻게 묘사하고 있는지를 살펴보겠다.

### (1) 거대한 해원

'혼돈'(Chaos)은 그리스어나 라틴어로 '심연'(abyss) 또는 '깊은 구렁'(gulf)를 의미한다. 그리스어로 기록된 신약성경에서는 '혼돈'을 '큰 구렁'(great gulf—*Luke* 16 : 26), '바깥 어두운데'(other darkness—*Matthew* 8 : 12), '성 밖'(outside the city—Revelation 22 : 15)라 했고, 구약성경에서는 '혼돈하고 공허한 깊음'(the deep without form and void—*Genesis* 1:1-2)라 했다. 이런 전통에 따라 밀턴도 혼돈의 영역을 하나의 거칠고 광활한 해원(海原) 또는 대심연으로 묘사하고 있다.

> 그들 눈앞에 갑자기 나타난 것은 잿빛 심연의
> 신비경(神秘境), 끝도 없고
> 크기도 알 수 없는 문한대의 시커먼 망망대해(茫茫大海),
> 거기엔 길이도 폭도 높이도 없고,
> 시간도 장소도 없다. 또한 거기에선 가장 오랜 밤과
> 혼돈이라는 자연의 조상이 끝 없는
> 전쟁의 소요 속에서 영원한 무질서를
> 간직하고, 혼란에 의해서 고수한다.
> 열기와 한기, 습기와 건조, 네 사나운 용사가
> 여기서 주권을 다투며, 그 기본 원자들을
> 싸움에 끌어들인다. 그들은 각기 자기 분파의
> 깃발을 중심으로 모여, 각기 패거리 별로 경무장 아니면
> 중무장하고, 날카롭게 또는 부드럽게, 급하게 또는 느리게,
> 떼를 지어 수없이 모여드니, 마치 그것은 바르카나
> 키레네의 바싹 마른 땅의 모래가 바람에 날려
> 가벼운 쪽의 바람 날개에 무게를 더해 주며
> 그 바람들의 싸움에 편들어주는 것과 같다.

이 원자들 많이 가담하는 쪽이 잠시 위세 떨친다.
　혼돈은 심판관으로 앉아 판결에 의해 혼란을 한층
　더하고 그로써 다스린다. 그 다음 높은 결재권자인
　우연이 모든 것을 다스린다. 이 황막한 심연,
　자연의 자궁이면서 어쩌면 바다도, 육지도, 공기도,
　불도 아닌, 생산원자 속에 어지럽게 뒤섞여 있는
　이 모든 것들의 무덤 속을, 만일 전능하긴 조물자가
　더 많은 세계를 창조하기 위하여 그것들을
　그의 어두운 재료로 정하지 않았으면,
　언제까지나 이처럼 싸우고 있을,
　그 황막한 심연 속을 조심성 있는 마왕은
　지옥의 가장자리에 서서 잠시 들여다보며,
　자기 행로를 곰곰 생각한다. (*PL.*, 2. 890-919)

　이 인용문에서 보는 바와 같이, 혼돈의 세계는 천상계와 지옥계 사이에 있는 광대한 공간이다. 밀턴은 이 무한하고 광대한 공간을 묘사할 명확한 용어를 찾아낼 수 없기 때문에 부정적인 측면에서 기술하고 있다.329) 그래서 이 공간에는 '길이, 폭, 높이, 그리고 시간과 공간이 없다'라고 했다. 즉 이 공간에는 한계도 없고 그것을 측량할 척도도 없다는 것이다. 그러나 이 묘사는 이미지에 의한 묘사라기보다는 오히려 관념에 의한 묘사라고 하는 것이 좋겠다. 여기서 밀턴은 관념적 이미지로써 관념을 설명하고 있다. 이러한 추상적인 설명은 혼돈의 정의로는 정확하다고 할 수 있지만, 독자들에게 혼돈을 경험케 할 만한 힘을 갖고 있지는 못하다. 그러나 알레고리로서 감각적 이미지가 묘사에 나타나게 되면 혼돈은 그 이상 혼돈이 되지 않고 '심연' 또는 '거대한 해원' 같은 공간으로 변질될 수가

---

329) Nicolson, 219.

있다. 밀턴은 이와 같이 관념을 위해 감각적인 이미지를 선택하고 그것을 조합하여 미지의 알레고리적 공간을 창조하였다.

창조 이전의 혼돈계는 '하늘 밖의 어둠'(a place utter darkness, *PL.*, 1. 71) 또는 "바다처럼 어둡고 적막하고 황량하고 광란하고 사나운 광대무변한 심연"(the vast immeasurable abyss, outrageous as a sea, dark, wasteful, wild, *PL.*, 7. 210-11)으로 영원한 '무질서'와 '혼란'이 지배하고 '우연'(chance)이 다스리고 있었다. 이로 볼 때 혼돈계는 하나님의 지배력이 유보되어있는 창조 이전의 세계이다.330) 로렌스 밥이 "어두운 혼돈계의 원료는 창조의 손길을 기다린다"331)라고 말한 바와 같이, 혼돈의 세계는 창조된 자연의 세계라기보다는 창조를 기다리고 있는 재료라는 것을 알 수 있다. 밀턴이 혼돈을 '자연의 조상'(ancestors of nature, *PL.*, 2. 895) 또는 '자연의 자궁'(the womb of nature, *PL.*, 2. 911)이라 한 것도 그 때문이다. 혼돈의 세계는 이와 같이 창조를 기다리는 재료이기는 하지만 어떤 형체도 질서도 갖추고 있지 아니하므로 무(공허)의 세계라 할 수 있다.

창조 이전의 혼돈계는 '어두운 재료의 덩어리'(mass of dark materials, *PL.*, 2. 916)로 '기본원소'(embryon atoms) 또는 '생산원자'(pregnant causes)들이 아직은 '지수화풍'(地水火風)의 사대원소를 형성하지 못한 채 원자결합 전쟁을 벌이는 전 투장이 되어 있다. 즉 사대원소의 속성이라 할 수 있는 '열기'(hot)와 '한기'(cold), '습기'(moist)와 '건조'(dry)가 미완성의 원자를 서로 자기편에 끌어 들이려고 싸움을 벌이고 있는 것이다. 이 미완성의 4대 속성들이 배합되어 사대원소를 이루는데, '열기'와 '건조'가 배합되면 화(불, fire), '열기'와 '건조'가 배합되면 풍(공기, air), '한기'와 '습기'가 배합되

---

330) D. R. Danielson, *Milton's Good God* (Cambridge : Cambridge UP, 1982), 47, 53.
331) Babb, 115.

면 수(물, water), '한기'와 '건조'가 배합되면 지(땅, earth)가 된다. 그러나 혼돈의 세계는 질서를 부여받지 못했기 때문에 어떤 영속적인 특질을 가질 수가 없었다. 그러므로 미완성의 원자들은 서로 혼합된 채 배합전쟁을 벌이고 있었다. 이렇게 미완성의 원자들이 뒤엉켜 싸우고 있다고 하는 이미지에 이르게 되면 혼돈계는 더욱 알레고리적 공간으로 부각된다. 단적으로 말해서 혼돈의 세계는 알레고리적 공간으로서 혼란과 소요로 가득 찬 곳이라 할 수 있다. 다시 말하자면 어떤 형체도 질서도 갖추고 있지 않는 혼돈의 상태가 혼돈계다. 이런 어지러운 뒤죽박죽의 암흑세계에 '형체'와 '질서'와 '빛'을 주는 것이 곧 무(無)에서 유(有)를 창조한 것이라 할 수 있다.

### (2) 사탄의 여행

사탄은 새로 창조된 인간을 유혹하여 넘어뜨릴 목적으로 지구를 향해 혼돈계를 뚫고 여행을 단행한다. 이 혼돈계에는 이미 말한 바와 같이 '실체'(existence)는 없지만 '속성'(quality)은 있기 때문에 물체의 운동을 저지할 수 있는 저항력이 있었다(PL., 2. 948). 실체가 없으므로 공허하고 형체가 없으며 무한하다고 할 수 있지만(PL., 2. 829, 3. 12, 7. 233, 10. 471), 그곳에는 저항력이 있으므로 사탄의 여행은 그리 용이한 것이 아니었다.

사탄의 어려움은 지옥문을 지키는 알레고리적인 인물들 '죄'(sin)와 '죽음'(Death)을 만나면서부터 시작된다. 사탄같이 대담하고 용감한 기질을 가진 자라 할지라도 순간적으로 간담이 서늘해졌을 것이라고 한다.332) 그러나 그는 용기를 다해 '혼란'과 '소요'(PL., 2. 898-910) 그리고 '아우성 소리'(PL., 2. 920)가 진동하는 혼돈계를 헤치면서 여행을 계속한다. 그 모습을 밀턴은 다음과 같이 묘사하고 있다.

---

332) Nicolson, 218.

이윽고 그는 날기 위해
돛폭만한 넓은 날개를 펴서, 물결처럼 넘실대는
연기 속으로 몸을 끌어올리며 땅을 찬다. 그로부터
수백 리, 구름 의자에 앉은 듯, 거침없이
오르지만, 그 앉은 자리는 곧 무너지고
광막한 허공에 마주친다. 아주 뜻밖이라,
날개 쳐 오르려 하나 그도 부질없어 곤추 떨어지기
수만 길, 그러니 이 시간까지도
떨어지고 있으리라, 만일 악운으로 인해서
불과 질산이 가득 찬 소란한 구름의
강한 저지로 그가 떨어졌던 것만큼 수마일 높이
되돌려 보내지지 않았더라면. 이제 그 광란도 멎고
그는 바다도 아니고 좋은 육지도 아닌
마치 늪과도 같은 유사(流沙)에 빠져 거의
가라앉은 채 거친 진흙 땅 밟으며 반은 걷고
반은 날아서 간다. 이제는 그에게 노와 돛이 필요하다.
마치 그리폰이 밤새워 지키던 황금을
남몰래 훔쳐 간 아리마스피인을 쫓아
산을 넘고 황야의 골짜기를 넘어
황무지를 쏜살같이 날아가던
그때처럼, 그렇게 마왕은 열심히
늪과 절벽을 넘고, 좁고 거칠고. 짙거나 엉성한 곳을 지나,
머리로 손으로, 날개로 발로 길을 더듬어 가는가 하면,
헤엄치고, 가라앉고, 건너고, 기고, 난다. (*PL.*, 2. 927-50)

여기서 밀턴은 사탄이 비행하는 공간을 가능한 한 알레고리의 논리에 합치하도록 묘사하고 있다. 즉 밀턴은 사탄이 비행하는 공간이 지수화풍의 요소는 없고 그 성질만이 혼재해 있는 곳이라는 것을

나타내 보여주고 있다.

사탄의 날개를 '돛폭만한 넓은 날개'(sail-broad vans)라 했는데, 그것은 날개가 크다는 비유도 되지만 사탄이 진행하는 공간의 성질을 나타내는 비유도 된다. 즉 그 공간은 날개를 사용할 수 있는 '하늘'(風)도, 돛을 사용할 수 있는 '바다'(水)도 아니라, 그 두 요소가 혼재해 있는 공간이라는 것이다. 날 개를 펼쳐 날아오르는 것을 보면 하늘(風)의 세계를 여행하는 것 같지만, 거기에는 '물결처럼 넘실대는 연기' 즉 파도(水)와 연기(火)가 혼재해 있다.

사탄이 구름 의자에 앉아 오르는 것은 '하늘'(風)을 두고 한 말이지만, 그 앉은 자리가 무너져 광막한 허공으로 떨어져 내리는 것은 '바다' 속으로 침몰하는 것을 두고 한 말이라 할 수 있다. 그 다음에 나오는 '곧추 떨어지기 수 만길'이라는 표현을 보면 '바다' 속으로 떨어지는 이미지라는 것을 확실히 알 수 있다. 이렇게 떨어지는 사탄을 되 올려 준 것은 불과 질소에 의해 폭발되는 '구름'이다. '물'밑에 '불'이 있기 때문이다. 그리하여 그는 바다(水)도 육지(地)도 아닌 늪과 같은 '유사'에 빠져 가라앉은 체 다져지지 않은 진흙을 밟으며 반은 걷고 반은 날아서 간다. 이와 같이 사탄이 진행하는 공간은 지수화풍이 혼란된 공간이기 때문에, 그는 '지'(地)에 대해서는 걷고, '풍'(風)에 대해서는 날고, '수'(水)에 대해서는 노를 저어가는 것이다. 밀턴은 혼돈의 세계를 이처럼 알레고리의 논리에 맞도록 표현하고 있다. 그러나 이 공간을 힘겹게 뚫고 나가는 사탄의 모습은 강한 인상을 준다. 혼돈의 세계는 실재적 공간이라기보다는 관념에 의해 창조된 공간이라 할 수 있다. 밀턴은 그 관념적 공간을 알레고리를 사용하여 표현한 것이다.

하늘 공간에서 사탄은 반역을 도모하였기 때문에 지옥으로 추방당하게 되었다. 밀턴의 묘사로 볼 때 지옥은 죄과에 대한 형벌의 지역으로 설정된 외재적인 공간도 되지만, 그보다는 하나님으로부터 소외된 결과 체험하게 되는 사탄의 정신적 혼란과 고통 및 절망을 내면화한 것이라 할 수도 있다. 지옥을 서로 다른 세 개의 지역으로 나누어 묘사하고 있기는 하지만, 모순과 역설로 가득 찬 세계요, '만마전'과 같이 안락하고 화려한 지역도 있는 것으로 수식하고 있지만 사실상은 미화된 아이러니 일뿐 허구적이고 환상적일 따름이다. 이런 허구적인 공간에서 사탄의 일당은 지옥회의를 열고 사탄의 일당들이 보기에는 정치적 독재자처럼 부각된 하나님께 대한 간접적인 복수의 일환으로 지상의 인간을 침략하여 넘어뜨리기로 결의한다.

이 임무를 단독으로 떠맡은 사탄은 지옥문을 지키는 '죄'의 도움을 받아 굳게 폐쇄된 지옥문을 열고 지옥과 에덴동산 사이에 있는 혼돈의 공간에다 길을 쌓아 악의 통로를 만든다. 이렇게 해서 악의 통로는 열리게 되는 것이다. 사대원소의 속성들이 혼재해 있는 혼란의 공간에 열린 통로를 따라 지상에 착륙한 사탄은 부정적인 인력에 작용해서 인간을 타락시키는데 성공한다. 그 결과 인간은 지옥과 다를 바 없는 광야로 추방되고 사탄은 다시 하강하여 지옥으로 돌아오게 된다. 그러나 이미 악의 통로가 뚫렸기 때문에 타락의 길은 널리 퍼질 수밖에 없다. 이런 변질은 예수가 광야에다 낙원을 회복하는 날까지 계속될 것이다.

## 2. 천사

인간 창조가 이루어지기 전에 먼저 영물들이 창조되었다. 이 영물들은 지상에 살도록 창조된 것이 아니고 '하늘'에 거하도록 창조된 존재들이다. 천사라는 말은 맨 처음 「창세기」 16장 7절에 나온다. 하늘의 보좌를 둘러서 있는 하늘의 존재들 곧 천사들은 '만만'(萬萬)(단 7 : 10)이나 된다고 한다. 그리스도가 탄생 하시던 때에 '허다한' 무리의 천군들이 나타나서 하나님을 찬양했다. 이 큰 무리는 천군의 무리였다. "만군의 여호와"(시 46 : 7, 11)이라는 칭호는 하나님께서 천사들로 조직된 군대인 천군의 머리이심을 가리킨다. 그리스도가 고난당하실 때에 그는 하나님께 12 군단(legions)이 되는 천사들을 요청할 수 있었다고 하였다(마 26 : 53). 카이자 아우구스투스 시대에 한 군단의 수는 6,000명가량이었으며, 보통 이 정도의 후방 부대가 후원해 주었다. 만약 이 군대의 수와 천사의 수가 비슷하다면 그리스도는 72,000명 내지 훨씬 더 많은 수인 144,000명의 천사를 부르실 수 있었다. 실제적으로 그는 필요하다면 하늘의 모든 군대 곧 만군(萬軍)이라도 부르실 수 있었다.333)

천사들을 별들과 연결하여 말하는 경우가 허다함으로 그 수도 별들의 수와 비교해 볼 수 있을 것이다. 만약 그렇다면 천사들의 수는 사람들의 육안으로 1년에 볼 수 있는 6,000개 보다 초과할 수 있을 것이다. 어떤 과학자들은 은하수 안에 달리는 모든 별들의 숫자는 10억 개로 추산한다. 그러나 그 정확한 수는 알 수 없다.334)「요한계시록」 5장 11절에서는 "많은(만만의) 천사"라 했고,「히브리서」 12장 22절에서는 "천만 천사"라 했다. 이 말들은 우리가 이해할 수 없는 많은 수를 가리키는 말이지 정확한 수의 표현은 아닌 것이다. 이러한 광대한 수는 하나님의 능력과 크심과 지혜를 반영하고 있다. 하늘과 천군들이 다 같이 하나님의 영광을 선포한다. 그러면 이 천사들은 어떤 존재들인가?

## 1) 천사의 존재

### (1) 창조된 거룩한 존재

하나님의 창조는 물질계나 지구상에서 시작된 것이 아니라 천상

---

333) C. F. 디카슨 지음,『천사 사탄과 귀신론』, 김달생 옮김 (서울 : 성광문화사, 1982), 114-115.
334) 위 책, 115.

계에서 시작되었다고 한다. 하나님의 말씀으로 수많은 천사들이 창조되었다. 사도 바울은 「골로새서」 1장 16절에서 "만물이 그에게 창조되되 하늘과 땅에서 보이는 것들과 보이지 않는 것들과 혹은 왕권들이나 주권자들이나 통치자들이나 권세들이나 만물이 다 그로 말미암아 그를 위하여 창조되었고"라고 말한다. 바울은 창조의 사역에 대해 말하면서 창조를 두 개의 분명한 영역으로 나눈다. 보이지 않는 것들이 존재하는 하늘의 영역과 보이는 것들이 존재하는 땅의 영역이 있다. 보이지 않는 존재라고 해서 실재하지 않는 것은 아니다.

천사는 세상의 창조 이전에(욥 38 : 6-7) 신성한 상태로(유 1 : 6) 하나님에 의하여 창조되었다. 모든 천사는 하나님께서 그의 모든 창조물을 향해 좋았다고 말씀하신 것처럼 본래 거룩하고 선하게 창조되었다(창 1 : 31, 2 : 3). 특별히 하나님의 천사들의 성품을 나타낼 때 '거룩'이라는 말을 사용하였다(막 8 : 38). 천사는 본래 거룩할 뿐 아니라 모든 선한 것으로 둘러싸여 있고 모든 거룩한 것들의 영향을 받고 있다. 그러나 천사는 피조물이므로 거룩한 창조주 하나님과는 다르다.

하나님에 의해 창조된 천사와 모든 피조물들은 하나님을 섬기도록 창조되었다. 천사는 하나님과의 거룩한 관계 속에서 그를 경배하고(시 148 : 1-2), 그의 명령에 따라 그 앞에 모이기도 하며(욥 1 : 6, 2 : 1), 하나님을 바람처럼 민첩하고 불처럼 열정적으로 섬길 수 있는 특권을 부여 받았다. 그러나 그들에게는 제한이 따르고, 그들의 거룩성도 절대적인 것이 못된다. 천사도 타락하면 죄 아래로 떨어져 그것에 묶이게 된다(사 14 : 12, 계 12 : 3-4). 또한 천사는 피조물로서 창조주께 늘 대답하여야 하는 책임적 존재로서, 도덕적 법칙에 지배를 받게 된다.

### (2) 영적인 존재

천사는 비물질적으로 창조된 영적인 존재다(히 1 : 12). 따라서 우리 인간처럼 몸이 있는 것이 아니다. 그러므로 보이지가 않고 성(性)도 없으며, 또한 몸을 가진 인간처럼 결혼을 하지 않고(마 22 : 30), 따라서 종족 번식의 능력도 없다(마 22 : 30 ; 막 12 : 25 ; 눅 20 : 35-36). 그렇다고 실재하지 않는 것은 아니다. 천사는 비물질적인 실유(實有)다. 분명히 인간들처럼 육체적이며 물체적인 몸을 갖고 있지는 않다. 그래서 천사를 가리켜 '섬기는 영'(히 1 : 14)이라 한다. 영은 시간과 공간을 초월하기 마련이지만 천사는 공간과 시간의 제한을 받고 있으며(단 9 : 21-23), 결코 하나님처럼 무소부재(無所不在)할 수 없고, 또한 편재(遍在)할 수도 없다.

천사는 인간의 몸과 같은 몸도 없고 성(sex)도 없지만 때로는 사람의 모습으로(창 18 : 1-8, 18 : 22, 19 : 1-8), 그것도 대부분은 남성의 모습으로 나타난다(창 18 : 1-2, 막 16 : 5, 눅 24 : 4). 때로 땅 위에 나타난 환상 가운데서는 천사를 평범치 않은 사람의 모습으로 묘사하고 있다(단 10 : 5-6, 마 28 : 3, 눅 24 : 4, 계 4 : 6-8).

천사는 영적인 존재지만 날개를 가진 존재로 묘사한다(겔 1 : 5-8, 13-14, 24, 단 9 : 21, 눅 1 : 19, 계 14 : 6, 12 : 7). 모든 천사가 다 날개를 가지고 있는가? 그렇다고 말할 수는 없을 것 같다. 날개를 가진 천사는 그룹들이라 할 수 있는데, 그것도 상징성이 더 크다고 할 것이다. 천사의 날개는 천사들의 완전하고 신속한 순종과 봉사를 묘사하는 것이라 할 수 있다.

### (3) 인격적 존재

천사를 인격적 존재로 생각하는 근거는 우리의 인격성의 정의에 준거한다. 천사의 인격성은 기본적으로 세 가지 기능 즉 지・정・의

이다. 지・정・의를 갖춘 피조물을 인격적 존재로 우리는 부른다.

첫째로 천사는 '지성'을 갖고 있음을 알 수 있다. 그 증거로 천사는 우리의 그리스도 안에서의 큰 구원을 알기 열망하고(벧전 1 : 12), 그들은 하나님의 계시를 통해서 인간의 장래 사건을 알며(눅 1 : 13-16), 세상에 대한 하나님의 계획을 안다(계 10 : 5-6, 17 : 1-18). 하나님의 천사들은 그들의 지혜롭고 큰 임무를 수행할 만큼 충분히 지적이다(막 13 : 27, 히 1 : 7, 14). 그들은 이따금 사람들의 목적들을 통찰한다(마 28 : 5). 그러나 그들의 지성에도 한계는 있다. 특히 그들은 그리스도의 구원 사역에 대해서는 알 수가 없고(벧전 1 : 11-12), 주님의 재림의 시기도 알지 못한다(마 24 : 36).

둘째로 천사는 '감정'을 가지고 있음을 알 수 있다. 하나님의 능력과 지혜가 나타날 때 그들이 놀라운 창조에 대해 즐거움으로 반응하는 것을 보면 알 수 있다(욥 38 : 7). 스랍들은 또한 하나님을 경외하여 "거룩하다, 거룩하다, 거룩하다"(사 6 : 3)는 반응을 보인다. 천사는 그리스도의 신성과 구속 사역을 인정하고 하나님과 더불어 어린양 그리스도를 경배하며 찬송과 존귀와 영광과 능력을 세세토록 돌리며 노래하고 있다(계 5 : 11-14). 또한 천사들은 회개한 죄인에게 주어진 구원에 대해 그들 자신 즐거워하거나 구원의 즐거움을 이해하면서 주시한다(눅 5 : 10).

셋째로 천사는 '의지'를 갖고 있음을 알 수 있다. 그들은 하나님의 뜻 안에서 그들에게 주어진 일을 행하도록 선택되어진 존재지만 그들 자신이 그들의 행동에 대한 다양한 과정과 방법을 선택할 수는 있었다. 그러나 사탄은 하나님의 뜻을 따라 행한 것이 아니고 믿지 않는 자들 안에서 자기의 뜻을 따라 행한다(엡 2 : 1-2).

### (4) 능력 있는 존재

시편 103편 20절에서 "능력이 있어 여호와의 말씀을 행하며 그의 말씀의 소리를 듣는 여호와의 천사들이여 송축하라"라고 한대로 천사는 능력이 있는 존재다. 그 힘을 가지고 어느 날 밤 앗수르 군 185,000을 살해했고(왕하 19 : 35), 다윗의 죄로 인하여 이스라엘 사람 70,000을 온역(瘟疫)으로 죽였고(삼하 19 : 35), 큰 지진을 일으키며 하늘로부터 내려와 예수를 장사지낸 무덤의 돌을 굴려냈으며(마 28 : 2), 마침내는 귀신들을 잡아 천년동안 감금하여 둘만큼 능력을 갖고 있다.

### (5) 불멸의 존재

천사들은 피조물이지만 타락한 인간처럼 죽지는 않는다(눅 20 : 30, 35, 36). 우리 주님께서 이 지상에 거하시는 동안 주님의 적들이 찾아와서 부활에 관한 가르침에 도전했을 때, 주님께서는 「마태복음」 22장 28-30절에서 부활 때에는 사람들이 천사들과 같이 되어 장가가지도 않고 시집가지도 않는다고 말씀하셨다. 주님께서 이 말씀 속에서 지시하신 것은 천사란 죽어서 없어지는 존재가 아니라는 것이다. 그렇기 때문에 천사의 수를 유지하기 위하여 재생산할 필요가 없다. 옛날에 창조된 모든 천사들이 지금도 여전히 살아있는 것이다.

## 2) 천사의 칭호

천사들의 이름들은 그들이 특수한 속성을 갖춘 인격이며 하나님과 인간과의 특별한 관계를 갖고 있음에 대한 확실한 증거가 된다.

### (1) 천사의 사역을 나타내는 이름들

#### 가) 하나님의 사자

천사라는 헬라어 앙젤로스(angelos)와 히브리어 말락(malak)은 "소식을 전하는 자"(messenger)라는 뜻이다. 이 이름은 소식을 전하는 사람에게 사용되었으며(사 44:26; 마 11:10; 약 2:25), 또한 초자연적이고 영적이며 하늘의 하나님 앞에 사는 존재로서 그의 목적을 알게 해주고(눅 1:11) 그의 뜻을 행하는(시 104:4; 마 4:6; 계 16:1) 그의 '사자'(messenger)에게 사용되었다.

나) 하나님의 일꾼

하나님 앞에서 영적인 봉사를 하는 천사에게 하나님의 '일꾼'(minister)이라는 이름이 사용되었다(시 104:4).

다) 천군

하나님의 뜻을 성취하고 그의 전쟁을 수행하는 '천군' 또는 '군대'(heavenly army)로 지칭된다(시 103:21, 148:2). 하나님의 천군과 군대의 일부분임을 가리킬 때 병거(chariot, 시 68:12, 14; 왕하 6:16-17)라는 이미지가 사용된다.

라) 순찰자 또는 파수꾼

천사는 잠을 자지 않고(겔 1:18) 늘 돌보며 감시하며(히 13:17) 많은 임박한 위험을 경고하며 지켜주는(시 91:11) '파수꾼'(watcher)으로 지칭된다(단 4:13, 17).

## (2) 천사의 속성을 나타내는 이름들

가) 권능자의 아들들

천사는 위대하고 막강한 힘을 가진 권능자의 아들들로 지칭된다(시 29:1, 103:20).

나) 거룩한 자들

천사는 하나님 편에 서 있는 거룩한 특성과 행동을 가진 자들로 지칭된다(시 89:7; 욥 5:1; 단 8:13; 슥 14:5).

다) 별들

천사는 하늘에 속한 특성과 그곳에 거주한다는 것을 지시하기 위해 별들이라고 지칭한다(욥 38 : 7 ; 신 4 : 19 ; 느 9 : 6). 특히 '새벽별'에 천사가 비유되는 것은 천사는 미(美)와 광채와 영광으로 가득찬 존재요, 별들이 선원들의 안내자가 되듯이 성도들을 인도하고 그들의 길을 형통케 하는 존재(창 24 : 40)라는 것을 지칭하는 것이다.

### 라) 하나님의 아들들

천사는 권력과 능력을 가진 하나님에게 속한 하나님의 아들들로 지칭된다(욥 1 : 6, 2 : 1, 38 : 7). 욥기에서 천사들을 '하나님의 아들들'이라고 한 것은 그들이 땅에 속한 존재들이 아니라 하늘에 속한 존재라는 것을 보여준다. 천사는 하나님의 자손들이므로 그의 아들들이라고 한다. 아들은 아버지의 극진한 사랑을 받으며 그를 섬긴다. 아들들은 아버지와 가까이 있으면 가정에서 큰 능력과 권세를 갖는다는 것을 가르쳐 주고 있다.

## 3) 천사의 등급

보통 천사들의 계급과 서열을 아홉 등급으로 나누어 설명하고 있지만 상당히 그 등급이 많은 것 같다.[335]

**(1) 천사장(Archangel) – 미카엘** : 하나님의 법과 심판을 전하는 전령이다. 이러한 자격을 갖추고 있는 미카엘은 거대한 용 사탄과 그 무리들과 전쟁을 벌이는 군대의 지휘관으로서 등장한다(계 12 : 7-12). 이런 의미에서 천사장은 악한 영계의 권세에 대항하여 싸우는 천사들의 지휘관이라 할 수 있다(유 1 : 9 ; 계 12 : 7 ; 단 10 : 13, 21). 그 미카엘의 뜻은 '누가 하나님 같으시냐?'인데, 그것은 하나님과 비교될 수 없는 겸손한 자세를 그려보게 한다. 그리고

---

[335] 벤쟈민 키춰 지음, 『성경 은유 영해』, 김경선 옮김 제2권 (서울 : 여운사, 1987), 358.

타락하기 이전의 루시퍼(Lucifer)도 미카엘과 동등하거나 더 우월한 천사장이었던 것 같다.

  (2) **그룹(Chrubim)** — 그룹은 이루 표현할 수 없는 능력과 아름다움으로 창조된 최고 계층의 천사들로 보인다. 그룹들의 모양은 경우에 따라 다르게 나타났다. 「창세기」 3장 24절에 맨 처음으로 그룹이 나오는데, 여기서 그들은 인간이 추방된 후 에덴동산의 문을 지키고 있다. 그들은 화염검을 갖고 생명나무의 길을 지켜 죄를 범한 인간은 하나님의 존전에 접근하지 못하게 하며 또한 생명나무의 열매를 먹지 못하도록 한다. 그들은 죄와 낙원이 양립할 수 없음을 가르쳐 준다. 다음으로 그룹은 성소 안에 둔 언약궤 뚜껑 시은좌(속죄소, the mercy seat) 위에 금으로 조각된 모습으로 나타난다(출 25 : 17-22). 이와 관련된 그룹은 '영광의 그룹'(히 9 : 5)으로 지시되는데, 아마도 하나님의 영광과 관련된 듯하다. 에스겔이 바벨론 포로가 되어 있을 때 그는 하나님의 영광에 대한 환상을 보았는데 그 안에 '네 생물'(겔 1 : 5)이 있었다. 뒤에 가서 이 생물들은 그룹들임을 말해주고 있다(겔 10 : 4, 18-22). 에스겔의 환상 중에 나타난 그룹들은 매우 복잡한 생물들이었다. 그들은 각각 네 얼굴과 네 날개를 가져 그 전체의 모양은 사람의 모양과 같았다(겔 1 : 5-6). 그들은 날개 아래 사람의 손을 가졌다(겔 10 : 8). 이 그룹은 하나님의 계시와 지시를 인간에게 전해 주는 사자가 아니라 하나님의 영광스러운 존전을 지키고 그 주권과 거룩하심을 선포하고 수호하는 것이 그들의 임무였다(창 3 : 24 ; 삼하 22 : 11 ; 시 80 : 1).

  (3) **스랍(Seraphim)** — 천사들의 또 하나의 특별한 등급은 스랍들이다. 그들도 역시 그룹들 같이 하나님의 영광에 깊이 연결되어 있으며 아마도 등급에 있어서 그룹들과 매우 깊은 연관이 있는 것 같다. 히브리어 세라핌은 "불타는 자들"을 뜻한다. 이 뜻은 아마도 그들의 외부에서의 사역보나 하나님께 대한 그들의 내저인 불타는

듯한 헌신을 말하는 것 같다. 인간을 하나님께 접근시키며 예배를 수종드는 천사들이다(사 6 : 2, 6). 그들은 하나님의 완전한 거룩함을 찬양하며 선포한다(사 6 : 3).

(4) 보좌들(Thrones) — 왕이나 군주들의 보좌 위에서 통치하도록 창조된 천사들이다(골 1 : 16).

(5) 주관들(Dominions or Lordships) — 하나님 밑에서 법을 집행하는 천사들이다(골 1 : 16).

(6) 정사들(Principalities) — 하나님을 대신해서 치리하는 천사들이다(골 1 : 16).

(7) 권세들(Powers) — 어떤 특정한 권세를 행사하는 천사들이다(엡 1 : 21, 3 : 10 ; 골 1 : 16, 2 : 10 ; 벧전 3 : 22).

(8) 능력들(Virtures) — 세력 또는 능력을 드러내는 천사들이라 할 수 있다(벧전 3 : 22).

(9) 천사들(Angels) — 서상한 바와 같이, 원래 천사라는 헬라어 안젤로스(angelos)와 히브리어 말락(malak)의 뜻은 '소식을 전하는 자'(messenger)이다. 가브리엘은 원어의 뜻 그대로 주로 하나님의 자비와 약속을 전하는 하나님의 사자로 나온다. 하나님의 부리는 영들이다(히 1 : 14). 하나님의 일꾼 노릇을 하는 천사들로서 주로 성도들과 어린 아이를 보호하는 일을 한다(마 18 : 10). 하나님의 '섬기는 영'들이다. 이들은 하나님의 일꾼 노릇을 하는 천사들로서 주로 성도들과 어린 아이를 보호하는 일을 한다(히 1 : 14 ; 마 18 : 10).

이렇게 천사들을 아홉 등급으로 나누어 놓고 볼 때 적어도 천사들의 능력이 서로 다르며, 어떤 천사들에게는 다른 천사들이 갖지 못한 지위가 있다는 것을 확실하게 알 수 있다.

### 4) 천사의 책임

천사들, 그들에게 맡겨진 책임은 아주 막중하다. 천사들은 크고 작은 중요한 일 때문에 동원된다. 그들은 하나님을 위하여 그리고 교회와 그 백성을 위하여 크고 작은 일들을 한다. 하늘의 별처럼 셀 수 없이 많은 천사들은 하나님의 신하들로서 그의 영광을 위하여 쉬지 않고 수종을 들며 그의 위엄을 높이 드러낸다(왕상 22 : 19). 또한 그들은 천사 합창단으로서 하나님을 계속하여 찬양하고 경배하며(사 6 : 1-3 ; 계 7 : 11-12), 천군으로서 그를 옹위하여 섬기며(히 1 : 7) 지키고(겔 28 : 14), 그의 마음과 뜻을 인간들에게 선포하는 일을 한다(창 16 : 7, 19 : 12 ; 눅 1 : 26 ; 행 1 : 10, 8 : 26, 10 : 3, 27 : 23; 계 1 : 1). 뿐만 아니라 하나님을 대리해서 다스리는 역할을 하며(계 7 : 1, 16 : 3 ; 단 10 : 13, 21), 정기적인 회의를 통해 그들이 행한 일을 보고하고 하나님의 명령, 곧 자비의 명령(왕하 6 : 17)과 심판의 명령(삼하 24 : 17)을 받아 집행하는 일을 한다.

그리스도와 관련해서 그의 탄생을 예언(눅 1 : 26-33)하고 알리며(눅 2 : 13), 아기 예수를 보호하고(마 2 : 13), 그리스도가 시험 받으신 후 그를 강하게 했으며(마 26 : 53), 겟세마네 동산에서 그에게 힘을 주었고(눅 22 : 43), 예수가 묻혔던 무덤의 돌을 굴려냈고(마 28 : 2), 부활의 소식을 전했다(마 28 : 6).

그리고 천사들은 섬기는 영(히 1 : 14)으로서 우리 성도들을 찾아와 섬기며 하나님의 종들을 지켜주고(왕하 6 : 14-17), 경건한 성도들을 다치지 않게 떠받들어 주고 지켜주며(시 91 : 12), 경건한 성도들이 필요로 하는 것을 마련해 준다(왕상 19 : 4-8). 또한 천사들은 의사로서 경건한 성도들의 병을 낫게 해주고(요 5 : 4), 고통 중에 위로자가 되며(창 21 : 16-19 ; 사 6 : 6-7 ; 눅 22 : 43), 군사로서 하나님의 교회와 그 백성들을 지켜준다(시 34 : 7 ; 왕하 6

: 17). 성도들이 그들의 사명을 다할 때 용기를 북돋아주는 일을 하고(왕하 1:15), 경건한 성도들을 위험 중에서 보호하고 구출해 주며(창 19 : 16, 단 6 : 22, 행 5 : 19), 선지자요 교사로서 성도들을 가르친다(단 8 : 16, 19, 9:22). 천사들은 이와 같이 아주 막중한 일들을 하고 있다.

천사들은 죄인들이 회개하면 거룩한 성도들과 함께 기뻐하고(눅 15 : 10), 성도가 죽으면 그들이 영혼을 어둠의 왕이 다스리는 공중을 무사히 빠져나가 안전하게 하늘에 다다르게 호송하는 책임을 맡고 있다(눅 16 : 22). 마지막 날 하나님의 심판을 수행하며(마 13 : 49-50 ; 계 6 : 1, 8 : 1-6, 12 : 7-9, 14 : 17-18, 15 : 1, 16 : 1-21), 임박한 심판을 불신자에게 알려주고(창 19 : 13 ; 계 14 : 6-7), 불신자에게 벌을 내린다(행 12 : 23).

민족에 관한 책임으로서, 하나님의 섭리를 대행하고(단 10 : 21), 하나님의 심판하는 일에 수종 들며(마 13 : 41-42), 민족을 보호하기도 한다(단 10 : 21).

### 5) 천사의 반역

『실낙원』제5편을 보면, 사탄이 낙원에 잠입해 들어와 아담과 하와를 유혹하려는 장면이 나온다. 이를 지켜보던 하나님께서는 그들에게 조심할 것을 경고하기 위하여 라파엘 천사를 내려 보내신다. 정자 문간에 앉아 있던 아담은 멀리서 라파엘이 내려오는 것을 보고 나아가 그를 맞이하여 숙소로 모셔 들이고, 하와가 따서 모은, 낙원에서도 가장 맛좋은 과일로써 그를 대접하며, 식탁에서 대화를 나눈다. 라파엘이 아담에게 들려준 첫 번째 이야기는 전능하신 하나님의 창조에 관해서다.

"아, 아담이여, 유일하신 전능자가 계셔서 그로부터

만물은 나오고, 이토록 완전하게 창조되었으니
선에서 타락하지만 않는다면 다시 그에게로
돌아가리라. 만물은 그 원질이 하나이지만,
여러 가지 형태와 여러 가지 등급의 본질과
살아 있는 것들에는 생명이 주어졌도다.
그러나 각기 부여된 활동의 세계에서
하나님과 가까운 자리에 있거나 또는 가까워짐에 따라
더욱 정화되고, 더욱 영화되고, 더욱 순화되어,
마침내는 각 종류에 상응하는 한계 안에서
육체는 영으로 승화하리라. 이리하여 뿌리에서는
가벼운 푸른 줄기가 나오고 거기서 보다 가벼운
잎이 돋아 마침내는 빛나는 완전한 꽃이 피고
향기로운 영기를 풍기게 되도다. 꽃과 인간의
자양분이 되는 과일은 사닥다리를 올라가듯
점차 승화하여 동물에게도, 인간에게도 활력을 높여 주어,
양자에게는 생명과 감각, 상상과 오성이
주어지게 되느니라. 영혼은 거기서
이성을 받나니, 이성은 추리적이건 직관적이건
영혼 그 자체이다. 추리는 대체로
그대들의 것이고 직관은 주로 우리들의 것이지만,
정도의 차이가 있을 뿐 종류는 같도다.
그러나 하나님이 그대들에게 좋다고 본 것을
내가 거절치 않고 그대들처럼 내 본질로
변화시킨다고 해도 이상히 여기지 말라. 때가 오면
인간이 천사와 함께 식사하면서도 그 음식을
부적합하거나 가볍다고 생각지는 않으리라.
아마도 이런 자양분에 의해 그대들의 육체는
시간의 경과에 따라 변하여 마침내 영질(靈質)이 되고,

> 우리들처럼 날개 돋쳐 하늘로
> 올라가게 되며 마음대로 이 낙원이나
> 하늘의 낙원에서 살게 되리라,
> 만일 그대들이 순종하고, 그대들을 낳은
> 하나님의 온전한 사랑을 변함없이
> 굳게 유지한다면. (*PL*., 5. 469-503)

라파엘의 말 속에서 한 가지 뚜렷해진 것은 천사는 물론, 인간을 비롯한 모든 것들이 여러 다른 형태와 등급으로, 그리고 각 종류대로 예외 없이 전능하신 하나님에 의해 창조되었고 종국에 가서는 모두가 다 그에게로 돌아가게 된다는 것이다. 밀턴에 의하면 만물은 모두 하나님의 창조물로 영혼이든 물체이든 간에 무에서 만들어진 것이 아니라 한 가지 원질(原質)로 이루어져 있는데, 이 한 가지 원질은 영원 무한한 영의 본질에서 직접 발로된 것이라 한다. 이 영에서 흘러나온 최초의 물질이 점차 여러 가지 종류로 변화했지만, 그 근원은 하나이고, 그 분화의 형식은 지극히 낮은 무기물로부터 식물・동물・인간・천사 등의 상진적 단계(上進的 段階)로 이루어진다는 것이다. 따라서 상진적 단계로 올라갈수록 성질상 하나님과 사장 가깝다. 이렇게 한 원시물질(원질)을 중심으로 자연 만물이 상진적으로 분화하므로, 이런 만물 진화의 법칙에 따라서 만물을 관조하면 그 관계를 충분히 더듬어 올라갈 수 있을 것이라 한다. 이와 같이, '자연의 단계'(the scale of nature)를 통해 한 걸음 한 걸음 정관하면서 밟아 올라가게 되면 자연 하나님에게로 이르게 되는데, 이는 만물의 위계질서를 보여주는 비유가 된다는 것이다. 이 '자연의 단계'는 '사닥다리의 계단'이 아니라 '원의 디딤대'(the step of circle)를 가리킨다. 밀턴에 따르면 하나님은 원의 중심부로서 거기서 모든 것이 나온다는 것이다.

천사도 인간도 하나님의 창조물이지만 그들에게는 선과 악을, 신과 불신을, 지혜와 어리석음을 선택할 수 있는 자유의지를 주었다. 하나님이 창조한 천사와 인간은 다 같이 완전한 존재이지만, 그 완전성은 상대적이고 조건적이나. 즉, 순종하면 그 완전성을 유지할 수 있고, 불순종하면 그것을 상실하게 되는 그런 완전성이다. 그러나 그 순종은 불가항력적 필연에 의해 강요되는 것이 아니고 어디까지나 그들의 자유의사에 달려 있다. 그러므로 천사도 인간도 운명에 의해 좌우 되는 꼭두각시 같은 그런 인형이 아니라 순종과 불순종을 마음대로 택할 수 있는 선택적 존재다. 여기서 순종은 자발적인 사랑의 표현이고 행복의 유일한 조건이 된다. 그런데 하늘에 거주하며 절대자인 하나님을 자유로이 섬기도록 창조된 천사들이 하나님께 대한 순종을 거부하고 반역을 도모함으로써 지옥으로 추락하게 되는 것이다.

사탄 혹은 악마는 한때 '아침의 아들 루시퍼'라 불리던 천사장 미카엘과 거의 맞먹는 아주 찬란한 그룹 천사였다. 수를 헤아릴 수 없을 정도로 많은 무리의 천사들 중 삼분의 일을 충동해서 반역을 도모한다. 천사들이 반역을 일으키는 계기가 무엇인가? 첫째 그것은 교만 때문이다. 루시퍼는 그의 마음속의 교만 때문에 하나님께 반역했다(겔 28 : 17). 그는 자신의 아름다움을 보고 교만하여졌고, 자신의 영화로움을 바라보았으며, 이 영화로움 때문에 그는 하나님이 주신 지혜로 죄를 범하고 불의한 행동을 하는 일에 사용하게 된다.

> 그것은 지옥의 뱀, 그놈이 교만하여
> 그의 모든 반역 천사의 무리들과 함께
> 하늘에서 쫓겨났을 때, 질투와 복수심에 불타,
> 인류의 어머니를 속인 것이다. 그는
> 천사들의 도움 받아
> 반역하기만 하면, 동료들 이상의 영광을 얻을 수 있고,
> 지고하신 분과 동등해지리라고

> 믿고서, 대망을 품고
> 하나님의 보좌와 그 주권에 맞서
> 불경스런 전쟁, 오만불손한 싸움을 하늘에서
> 헛되이 일으켰더니라. (*PL.*, 1. 34-44)

> 일찍이 천국에서 교만과 보다 악한 야심 가지고
> 하늘의 비길 데 없는 왕과 싸우다 떨어져 내릴 때까지
> 그대 영토 위에서 내 얼마나 영광스러웠던가를
> 생각나게 한다. (*PL.*, 4. 39-42)

 루시퍼는 제일의 천사는 아니었지만 수석에 속하고 권력이 막대하고 은총을 크게 입은 뛰어난 존재였다. 밀턴이 '그날'이라고 한 가장 '하나님의 적절한 시간'에 하나님께서 그의 아들에게 기름부음을 받는 예우를 갖추어 메시야 왕으로 세우셨다. 이 성사를 목격한 루시퍼는 성자에 대한 질투로 오만한 나머지 견디지 못하고 열등하게 되었다고 생각한 나머지 반역을 도모하는 것이다.

> 그는 제일의 대천사는
> 아닐지라도, 수석에 속하고, 권력이 막대하고
> 은총을 크게 받은 뛰어난 자였지만, 그날 위대한
> 아버지로부터 예우를 받고 기름부음을 받아,
> 메시야 왕으로 불리게 된 성자에 대한 질투심에
> 사로잡혀 오만한 나머지, 그 광경을 차마 견디지
> 못하고 스스로 열등하게 되었다고 생각했느니라.
> 그때부터 깊은 악의와 멸시감을 품고, 밤이 깊어
> 잠과 정적에 알맞은 어스름한 시간이 되자,
> 즉시 그는 전군을 거느리고 그곳을 떠나, 지고하고도
> 거만한 보좌에 절도 하지 않고 복종치도 않기로

결심하였느니라. (*PL.*, 5. 660-71)

하나님 한 분 섬기는 것도 어려운데 그의 아들 그리스도까지 부복례로서 섬기는 것은 견딜 수 없는 치욕이라고 루시퍼 일당은 생각한다. 하나님께서는 사탄 자신을 찬란하고 탁월한 존재로 창조하시고 은혜를 줄 뿐 책망은 하지도 않았는데 교만하여 섬기기를 거역하고 반역을 도모했다는 것이다.

오늘 나는 내 외아들이라고 선언할 자를
낳아 이 성스런 산 위에서 기름을 부었노니
지금 너희들이 보는 바와 같이 그는 내 오른편에
앉아 있노라. 그를 너희들의 머리로 임명하고,
하늘의 모든 무릎이 그 앞에 꿇고 그를 주로
인정하도록 내 스스로 서약했도다. (*PL.*, 5. 603-608)

지금까지는 없었던 무릎을 꿇는 굴종과
비열한 부복례(俯伏禮)를 우리로부터 받고자 오는 그를
맞이하느냐는 것이다. 하나도 견디기 어려운데
어떻게 둘을 견디랴. (*PL.*, 5. 781-84)

하나님 한 분 앞에 무릎을 꿇는 것도 못 마땅한데, 그 아들까지 왕으로 세우면서 대대로 섬기라고 하는 것은 참을 수 없는 사탄에게 있어서는 모역이었다. 그리스도가 밉고 싫어서 반역을 도모하는 것이다.

사탄의 반역의 목적은 자신을 높여서 하나님과 동등해지려는 것이었다. 「이사야서」 14장 13절과 14절에서는 사탄이 다섯 번씩이나 '내가 ~ 하리라'고 말한 것을 발견할 수 있다. "내가 하늘에 올라, 내가 나의 보좌를 높이리라. 내가 북극 집회의 산 위에 좌정하

리라. 내가 가장 높은 구름에 올라 (내가) 지극히 높은 이와 비기리
라." 사탄은 하나님과 동등해지기를 원했었다. 그것이 그가 하나님
을 반역한 목적이었다.

> 그는 천사들의 도움 받아
> 반역하기만 하면, 동료들 이상의 영광을 얻을 수 있고,
> 지고하신 분과 동등해지리라고
> 믿고서, 대망을 품고
> 하나님의 보좌와 그 주권에 맞서
> 불경스런 전쟁, 오만불손한 싸움을 하늘에서
> 헛되이 일으켰더니라. (PL., 1. 38-44)

천사들의 도움을 받아 반역의 깃발을 들기만 하면 영광의 자리에
오를 수 있고 지고하신 하나님과 동등하게 되리라는 야망 때문에
하나님의 보좌와 주권에 불경스런 전쟁, 오만불손한 도전을 하는 것
이다. 평화와 화목을 갈구한다는 명분을 내세우며 하늘의 도움을 요
청하고 명령을 받고 일어선 자들을 힘써 격려한다.

> '선봉대여, 좌우로 정면을 열어라.
> 우리를 미워하는 무리들에게 우리가 얼마나
> 평화와 화목을 갈구하고, 또 넓은 도량으로
> 그들을 받아들이기 위해 일어섰음을 보여줘야겠다,
> 그들이 우리의 제안에 호의를 갖고 악하게 등을 돌리지
> 않는다면. 하지만 그것은 의심스러운 일. 어쨌든 하늘이여,
> 살피시라, 우리들이 자유로이 우리의 직분을
> 다하는 동안, 하늘이여 곧 살피시라. 그대 명령을
> 받고 일어선 자여, 그 책임을 다하고 우리가 제안한
> 것에 가볍게 손을 대되, 모두들 듣도록 크게 하라.'

(*PL.*, 6. 558-67)

포문이 열리면서 치열한 전투가 시작되는 순간 하늘은 온통 불길에 싸이고 찬 물과 우박이 무섭게 쏟아졌다. 실로 엄청난 우주 전쟁이었다. 타락한 천사군이 미카엘이 지휘하는 그리스도의 군대에게 패하여 몰리는 장면이 속출한다.

그 순간 온 하늘은 당장
불길에 싸인 듯했으나, 곧 목구멍 깊은 기관에서
뿜어내는 연기로 흐려지고, 우르릉대는 소리는
노호하여 대기의 창자를 후벼내고,
그 내장을 남김없이 찢어, 그 안에 가득 찬 마물,
사슬처럼 이어진 뇌전과 철환(鐵丸)의
우박이 무섭게 쏟아졌도다. 그것이 전승군을
겨냥해서 맹렬하게 휘몰아치니, 여기에 맞는 자,
반석처럼 제 발로 서 있어도 제 발로
서 있지 못하고 쓰러져
넘어지는 자가 수천이요, 천사는 그 무장 때문에
더 빨리 대천사 위에 굴러 떨어졌도다. 천사는 영질이니
무장을 하지 않았더라면 재빨리 수축하거나
물러나서 재빨리 피할 수 있었으리라. 그러나
참혹한 궤란과 부득이한 패주 계속되어,
밀집한 대열을 풀었으나 아무 소용없었도다.
어떻게 해야 할 것인가? 만일 돌진하면, 다시
격퇴당하고 수치스런 패배 거듭되어,
한층 더 멸시받고 적의 웃음거리밖에
안 될 것이다, 왜냐하면 제2의 포열을
발사하고자 스랍 천사의 별대(別隊)가 태세 갖추고

눈앞에 줄지어 서 있었으니까. 그렇다고
패하여 물러서는 것은 죽기보다
싫어했으니. (*PL.*, 6. 584-607)

불타오르는 전차가 동원되니 부동의 정화천은 하나님의 보좌 말고는 일체가 흔들린다. 우레를 타락한 천사들의 영혼 속에 괴질을 퍼붓듯 방사하니 실신하여 저항할 용기를 잃고 패퇴한다.

그는 불경한 적을 향하여 밤처럼 어둡게 곧장
돌진하니, 그 불타오르는 전차 바퀴 밑
부동의 정화천은, 하나님의 보좌 말고는
일체가 흔들렸느니라. 당장 그는 오른손에
일만 우레를 움켜쥐고 그들 사이에
이르러, 그것을 방사하니, 마치 그들의 영혼 속에
괴질을 퍼붓듯 하였도다. 그들은 실신하여
모든 저항과 용기를 잃고, 무용지물이 된
무기를 떨어뜨렸도다. 그가 방패와 투구,
쓰러져 엎드린 고위천사와 힘센
스랍천사들의 투구 쓴 머리를 타고 넘으니,
그들은 산들이 다시 저희들에게 던져져서
그의 분노를 피하는 그늘이 되기를 원했도다. (*PL.*, 6. 831-43)

사탄은 하나님의 권위를 전복하려는 악한 의도로 하나님께 반역을 시작했다(겔 28 : 15-18 ; 사 4 : 13-14). 그가 반역했을 뿐만 아니라 그의 휘하에 있었던 천사의 많은 무리가 함께 반역했다. 「요한계시록」 12장 4절과 9절에서 우리는 하늘의 별들의 삼분의 일, 즉 천사들의 삼분의 일이 그를 따랐음을 보게 된다. 사탄의 반역은 하나님의 심판을 가져왔다. 하나님은 자신의 피조물 가운데 어떠한 반역도 용납하실 수 없었다. 사탄이 반역한 뒤 즉시 하나님은 그에 대한 심판을 선포하고 그들을 쫓아냈다.

> 그러니 명심하라. 루시퍼가 하늘에서 쫓겨나
> (일찌기 천사의 무리 중에서 다른 별들보다
> 더 찬란했으므로 그를 그렇게 부르지만)
> 불을 뿜는 그의 부하 천사들과 함께 심연을
> 지나 그의 형장으로 떨어지고, 위대한 성자가
> 성도들을 거느리고 개선하여 돌아온 후, 전능하신
> 영원의 아버지는 그의 보좌에서 그 무리들을
> 보시고 성자에게 이렇게 말씀하셨다.
> … "하늘의 천사가 모두 자기들처럼 반역할 줄로
> 생각했던 질투심 많은 적은 마침내 패했도다.
> 그들은 합세하여 우리를 쫓아내고, 감히 다가서지
> 못할 높은 세력, 신의 자리를 빼앗을 것으로
> 믿었지만, 이제는 이곳이 알지 못하는 그 다수의
> 무리들을 죄에 끌어넣었느니라. (*PL*., 7. 131-43)

하나님께서 사탄과 그 아래 있던 우주를 심판하셨을 때, 그를 따랐던 천사들과 그 당시에 사탄의 반역에 가담했던 땅 위의 생물들을 모두 심판하셨음에 틀림없다. 심판을 받은 후, 반역한 천사들은 공중의 악한 영의 세력이 되었고(엡 6 : 12), 생물들은 형체 없는 영들, 즉 귀신들이 되어 심판받아 지옥으로 떨어져 무시무시한 불 속에서 살게 되었다. 비록 사탄과 반역한 천사들과 귀신들이 모두 하나님의 심판을 받았지만 그 심판이 아직 최종적으로는 집행되지 않았기 때문에 그들은 오늘날 여전히 활동하며 일하고 있다. 오늘날 사탄은 하나님의 백성들을 참소하기 위하여 여전히 하나님 앞에 갈 수 있다(욥 1 : 6-12 ; 2 : 1-7 ; 계 12 : 10). 그는 여전히 땅 위를

"두루 다니며" "삼킬 자를 찾고 있으며"(벧전 5 : 8), 여전히 사람들의 생각을 혼미하게 하는 일을 하며(고후 4:4), 자신을 광명의 천사로 가장하여 사람들을 속인다(고후 11 : 14).

## 3. 사탄

『실낙원』의 작품세계는 엄격하게 말하자면 세 질서가 지배하는 세계이다. 그 중 하나는 하나님의 창조적 질서요, 다른 하나는 사탄의 파괴적인 질서이며, 또 다른 하나는 신의 질서와 사탄의 질서 사이를 방황하는 인간의 질서이다. 물론 엄격하게 말하면 사탄의 질서와 인간의 질서는 완전히 독립된 질서라고 말할 수는 없다. 창조적 질서는 우주 만물을 창출하는 역사일 뿐 아니라 그들을 통치(관리)하고 보존하며 섭리하시는 규율이기 때문에 여타의 두 질서를 자체 속에 포섭하고 통합할 수가 있다. 하나님은 인간에게 자유의지를 부여하고, 선악을 판단하는 기준의 한 방편으로서 사탄의 존재까지도 일시적으로 허용하신다. 다시 말하면 인간은 자유의지를 가지고 자신의 편의에 따라 사탄의 질서와 하나님의 질서 중에서 하나를 선택하도록 되어 있다. 질서는 유기체의 생존적 자율이라 할 수 있으므로 유기체의 존재 목적이 그 질서 내부에 담겨져 있다 해도 틀림은 없다. 하나님께서는 창조적 질서로서 변함없이 선하게 창조하신 것들을 관리하고 보존하며 빛과 충만의 질서를 유지하여 가신다. 「창세기」 1장 2절을 보면 "땅이 혼돈하고 공허하며 흑암이 깊음 위에 있고 하나님의 신은 수면에 운행하시니라" 하였다. 창조 이전의 상태는 혼돈, 공허, 흑암뿐이었다. 하나님의 신이 수면에 운행하면서 창조를 마무리 짓고 나니 혼돈은 질서로, 공허는 충만으로, 흑암은 빛으로 나타났다. 이것이 창조의 질서다. 타락한 그룹 천사 사탄의 존재 목적은 끊임없이 악을 조장하여 창조적 질서에 반항하고 생명을 파괴하는 것이다. 그 사탄이 파괴하는 것은 질서와 생명과 선의 충만, 그리고 빛의 세계다.

현대는 하나님의 일시적 허용 아래 사탄이 세상 임금 노릇을 하고 있기 때문에, 온통 이 세상은 혼돈과 공허, 그리고 흑암으로 가득 들어 차있다. 사탄은 아담과 하와를 유혹하여 인류를 전락시켰고, 그 이래로 자신의 사자 귀신들을 동원하여 조직적으로 또는 비밀리에 불의를 일삼고 가까운 사람들의 틈새와 약점을 비집고 들어와 미혹하여 넘어뜨린다. 사탄의 세력은 너무 두려워할 필요도 없지만 너무 얕잡아 보아도 낭패할 수가 있다. 사탄의 세력은 막강한 군대 조직을 갖고 있으며 온갖 전술전략을 치밀하게 짜서 움직이고 있기 때문에 깨어 각성하고 대적하지 않으면 믿는 자라도 넘어질 수밖에 없다.

현대는 마귀 사탄이 들끓는 때다. 생명과 선과 질서를 파괴하는 사탄의 전술도 지금은 많이 바뀌었다. 과거에 사탄은 공포를 조장하는 것으로써 우리를 공격하였다. 그러나 지금은 무서운 위력과 함께 달콤한 미끼를 던지는 양면 작전을 쓰고 있다. 귀신은 이제 더 이상 무서운 존재가 아니라 아주 인간과 가깝고 친근한 존재로서 다가와서 일시적인 즐거움을 조금 주고 나서 소리 없이 인간의 영혼을 파괴해 가고 있다. 이런 사탄의 감미로운 작전에 휘말려 인간들은 대적할 만한 힘을 잃고 점차 무감각해 져가고 있으며 무력화되어 가고 있다. 현대에 있어서 필요한 그리스도인은 마귀와 대적하여 싸우는 전투적인 크리스천(Warfaring Christian)이 되어야 한다. 그러기 위해서는 먼저 그리스도의 원수인 사탄의 정체부터 인식하지 않으면 안 된다.

### 1) 성경에 나타난 사탄의 이름들

사탄을 가리키는 각기 다른 명칭이 40가지나 된다고 한다.[336] 그 중에서 그의 위치와 성격 및 활동을 나타내는 이름만 골라 생각해 보겠다.

### (1) 위치를 나타내는 이름

가) **기름 부음을 받고 지키는 그룹**(겔 28 : 14). 사탄의 영광스러운 신분과 높은 위치를 묘사해 주는 이름이다.

나) **이 세상의 임금**(요 12 : 31, 14 : 30, 16 : 11). 하나님과 분리되어 본성적으로 원수가 된 이 세상의 통치자가 되었음을 보여주는 명칭이다.

다) **공중의 권세 잡은 자**(엡 2 : 2). 이 칭호는 사탄의 지위와 활동을 지구의 대기 안에 자리잡은 왕국을 다스리는 통치자로 그린 것이다.

라) **이 시대의 신**(고후 4:4). 이 명칭은 이 악한 세대를 통치하는 신이라는 것을 지시해 주고 있다.

마) **귀신의 왕**(마 12 : 24 ; 눅 11 : 15). 사탄은 "귀신의 왕 바알세불"(눅 11 : 15)이라 하는데, 바알세불이라는 히브리어의 원뜻은 '파리 떼의 주' 또는 '주민들의 주'라는 것이다. 이것은 불레셋 나라의 한 신에게 붙여진 칭호였는데 이 이름이 사탄이란 이름으로 성경 속에 유입되었다.

바) **하늘에 있는 악령들의 (머리)**(엡 8 : 12). 수많은 귀신들을 지배하며 그들 가운데 통치하는 자라는 의미의 이름이다.

### (2) 성격을 나타내는 이름들

가) **계명성**(Lucifer 사 14 : 12). '아침의 아들'과 동일시 한 것으

---

336) 디카슨, 160.

로 보아서 천사들 중에서도 가장 찬란한 존재였다는 걸 묘사해 주는 이름이다.

나) **사탄**(슥 3 : 1 ; 계 12 : 9). 하나님의 왕국에 적대가 되는 왕국을 세우고자 하는 목적을 갖고 움직이는 존재로 묘사하는 이름이다.

다) **마귀**(눅 4 : 2, 13 ; 요 8 : 44 ; 계 12 : 9). 마귀는 '중상자' 혹은 '책 잡는자'라는 뜻으로 악하게 거짓된 보고를 하여 다른 사람의 명예에 타격을 주는 존재를 지시하는 이름이다.

라) **옛 뱀**(계 12 : 9, 20 : 2). 여기서 '옛'이란 말은 오래전부터 있었고 잘 알려진 자로서 꾀고 미혹하는 존재를 지시하는 이름이다.

마) **큰 용**(계 12 : 3, 7, 9). 두렵고 파괴적인 일을 하는 성격의 존재라는 것을 나타내 주는 이름이다.

바) **악한 자**(요일 5 : 18). 자신의 부패된 상태로 만족치 않고 다른 자를 부패시키기 위하여 찾는 악한 자를 가리키는 이름이다.

### (3) 활동을 나타내는 이름들

가) **미혹하는 영**(거짓말쟁이 또는 꾀는 자)(요 8 : 44 ; 딤전 4 : 1-8 ; 계 12 : 9). 온 땅을 거짓말로 꾀여서 진리에 눈이 흐리게 만드는 존재라는 의미다.

나) **불법한 자**(살후 2 : 8). 자신만 법을 어기는 것이 아니라 다른 사람들을 불법으로 떨어지게 만드는 존재라는 의미다.

다) **시험하는 자**(마 4 : 3 ; 눅 4 : 13 ; 딤전 3 : 5 ; 고후 4 : 4). 사탄은 시험하는 자로서 인간에게 하여금 도덕적인 시련을 주어 악으로 미혹하게 하는 존재라는 의미다.

라) **참소자**(계 12 : 10). 사탄은 하나님 존전에 기회 있을 때마다 접근해서 믿는 사람들을 참소하는 존재라는 의미다.

마) **지금 불순종의 아들들 가운데서 역사하는 영**(엡 2 : 2). 이 이

름은 '공중의 권세 잡은 자'라는 이름과 병해어구가 되는 이름이다. 다시 말하면 지금 불순종의 아들들 가운데서 역사하는 영의 지배자를 가리키는 이름이다.

## 2) 사탄의 특성

사탄은 하나님과 인간의 적대자로서 매우 복잡하고 다양한 성격을 소유한 존재다. 사탄의 이런 품성 때문에 『실낙원』의 해석자들 중에서 사탄을 격찬하는 사람도 있지만, 그것은 사탄의 이중적 품성에 대해 잘못 이해한데서 기인되는 것이라 생각한다. 이런 잘못된 인식을 불식하기 위해서라도 사탄의 영성적 특성 뿐 아니라 인성적 특성가지도 포괄적으로 살펴보아야 한다.

### (1) 영성적 특성

영성체로서의 사탄이 갖는 첫 번째 특성은 자기 모순적 성격이라 할 수 있다. 이 문제점을 명확히 하기 위해서 두 곳에서 실례를 들겠다.

> (그는) 찬란하고 탁월한 존재로
> 나를 창조하였다. (*PL*., 4. 43-44)

> (나) 스스로의 활력에 의해
> 스스로 태어나 스스로 컸으니. (*PL*., 5. 860-61)

첫째 실례에서는 사탄 자신 창조함을 받은 피조물(creature)임을 고백했고, 둘째 실례에서는 스스로 태어나 스스로 성장한 자생적 존재(God)임을 주장하고 있다. 이런 모순된 주장 속에 악이 내재되어 있음을 알 수 있고, 따라서 사탄은 자기 모순적 성격을 갖고 있는 존재라 할 수 있다.

둘째로 사탄의 사시모순과 밀접힌 관련성을 갖는 특성으로 오만(pride)을 들 수 있다. 사탄이 반역을 도모한 직접적인 동기는 하나님의 독생자인 메시야를 그의 '머리'로 임명한데 대한(PL., 5. 600-15) 질투라고 할 수 있지만, 유의하여야 할 점은 이미 하나님께 반역하려는 교만한 의도가 그 속에 있었다는 것이다. 그러니까 그는 메시야 때문에 반역한 것이 아니라 하나님보다 우위에 있으려는 권력욕 즉 자만 때문에 타락하게 되었던 것이다.

> 우리의 힘은 우리의 것, 우리의 오른 손은
> 누가 우리의 동배인가를 실증하기 위해
> 최고의 과업을 우리에게 가르칠 것이다. (PL., 5. 864-66)

『실낙원』 제6편 130-36행에서도 오만무례한 사탄의 성격을 아브디엘이 꾸짖고 있거니와 C. S. 루이스도 사탄의 반역은 그의 자만심의 결과라고 역설하고 있다.

"아무도 사탄에게 사실상 해를 끼친 일이 없다. 그는 굶주린 일도, 혹사당한 일도, 그 지위를 빼앗긴 일도, 기피당한 일도, 미움 받은 일도 없었다. 그는 다만 스스로 손상 받았다고 생각했던 것이다. 빛과 사랑, 노래와 향연과 춤의 세계 한가운데서, 그는 그 자신의 위신 이상 그 어떤 흥미로운 것을 더 이상 생각할 수 없었다. 그 자신의 위신 때문에, 그가 메시야의 우월한 특권을 인정하지 못하게 된 데에는 그 이상의 어떤 근거도 없다는 것을 주목해야 한다."[337]

---

337) C. S. Lewis, *A Preface to Paradise Lost* (London : Oxford UP., 1960), 96.

실로 사탄은 '외아들'을 '메시야'로 부르는 그 자체가 자신의 자만심을 손상시키는 것이라고 생각하여 반역을 도모했던 것이다. 후커가 "천사들의 타락은 자만심 때문이었다"338)라고 단언한 바와 같이, 사탄은 천성적으로 자만했다. 또한 사탄의 성품 속에는 자신의 우월성에 자만한 나머지 하나님의 고귀한 은총인 자유선택권을 잘못 휘둘러 악으로 넘어갈 수 있는 악성(惡性)이 잠재되어 있었다. "모든 선은 내게서 가 버렸다. 악이여 너 나의 선이 되라"(*PL*., 4. 110)고 한 사탄 자신의 발언만을 미루어 보아도 그의 성격 속에 어떤 다른 천사들보다도 악으로 기울어질 성향이 내재해 있었다는 것을 알 수 있다. 따라서 그이 반역은 이런 악한 의도의 자만심 때문에 발생한 것이라 단정지울 수 있다. 사탄이 인간을 넘어뜨리기로 결정한 것도 결국은 그런 자존적인 자만심과 질투심에서 연유된 것이었고, 인간정복의 그 어려운 임무를 스스로 떠맡은 것도 그 자신의 우위성을 과시하려는 자존적 자만심의 소치였다고 할 수 있다 (*PL*., 2. 445- 50).

세 번째로 들 수 있는 사탄의 특성은 기만과 사기, 허위와 허언이라 할 수 있다. 하늘에서 반역을 도모할 때도 거짓말로 꾸며서 천사의 삼분의 일을 자기편에 가담시켰고(*PL*., 5. 709-10), 하와를 유혹할 때도 아첨과 거짓말로서 속여 넘어뜨렸다. 다음과 같은 라파엘의 경고만으로도 명백해진다.

폭력으로인가, 아니다, 그것이라면 막을 수 있을 텐데,
속임과 거짓말로다. (*PL*., 5. 242-43)

폭력이나 무력으로 공격하는 것이라면 겉으로 획연하게 드러나는 것이어서 무장만 갖추면 막아낼 수도 있지만, 기만과 아첨, 허위와

---

338) Richard Hooker, *Of the Laws of Ecclesiastical Policy* (London : Oxford UP., 2013), 1, IV. 3.

거짓말로써 다가오는 것은 헷갈려서 참으로 혜안과 분별력을 갖추고 있지 않으면 막아내기가 어렵다. 사탄은 원래 '사기꾼', '거짓말쟁이'라는 뜻이다.

 네 번째 사탄의 특성은 창조주를 꺾고 넘어보려는 불굴의 도전정신과 반항심이라 할 수 있다. 인간을 유혹해서 타락시키고자 한 중대한 이유도 이런 복수심과 질투심 때문이었다.

> 사탄은 지금도 그대의 행복한 상태를 시기하고,
> 어떻게 하면 그대를 순종에서 유혹해 낼까 하고
> 음모를 꾸미고 있느니라. 그것은 그대도
> 행복을 빼앗겨 영원의 재앙이라는
> 형벌을 함께 받게 하려 함이로다. (*PL.*, 6. 900-4)

이렇듯 사탄의 내면에 불타듯 치솟는 이기적인 기질은 결국 그의 존재를 파멸로 이끌 뿐 아니라 그의 내면에 다소라도 잠재해 있는 선한 의도마저 송두리째 없애버리고 마는 것이다.

 다섯 번째로는 '뉘우침'(회개)이 없다는 것이다. 사탄의 입장에서 볼 때 하나님의 은총을 구한다고 하는 것은 자신을 비하시키는 일이요(*PL.*, 1. 159-68) 영화로운 노예상태와도 같은 것이다. 그래서 그는 순간순간 부닥치는 연민의 감정도 통회와 순종의 마음도 하나님에게로 귀의하려는 충동도 저버리는 것이다. 사탄은 이런 타고난 운명과 자존적인 자만심 때문에 마음의 고뇌를 느끼기까지 한다.

> 아, 그렇다면 결국 항복인가, 회개할 여지는
> 전혀 없으며, 또 사면의 여지도 전혀 없는가?
> 복종밖에 다른 길 없다. 그러나 그 말은,
> 모욕 때문에, 그리고 하계천사들에 대한
> 치욕이 두려워서 못한다.  굴복은커녕

다른 약속과 큰 소리치며 그들을 유혹했었다,
전능자를 굴복시킬 수 있다고 뽐내면서며. (*PL.*, 4. 79-86)

그래서 사탄은 마침내 모욕적이요 수치스러운 회개와 영벌하고 마는 것이다(*PL.*, 4. 109).

여섯 번째로는 사탄의 불요불굴의 정신과 허황된 영웅주의를 들 수 있다. 결국 사탄의 불요불굴의 정신과 반항심도 따지고 보면 그의 허황된 영웅주의의 소치라 할 수 있다. 그래서 틸야드는 흡사 맥베스와 같이 일방적인 영웅주의에 사로잡혀서 무의미한 결과를 초래하는 독재자의 전형으로 보았다. "맥베스는 위대한 극작품의 주인공이다. 사탄은 영원한 독재자형의 고전적 화신이다. 맥베스도 선의 힘 앞에서 굴복하고 사탄도 또한 그렇다. 그러나 그는 앞으로도 줄곧 나타나 꼭같은 가망성이 없는 악의의 싸움을 싸우게 될 것이다."339)

따라서 사탄에게는 어떤 창조적인 불굴의 용기나 저항정신 또는 반역의 정당성을 찾을 수가 없다. 그래도 맥베스는 던칸 왕을 죽이고 왕관을 써보는 감격적 흥분이라도 맛보았지만, 사탄은 그런 흥분마저 느껴보지 못한 채 모반을 일으키던 날 깊은 심연으로 굴러 떨어지고 말았다(*PL.*, 5. 612-15). "사탄의 그 자신과 그 자신의 가상적 권리와 비행에 대한 편집광적 관심은 사탄의 자멸을 초래하는 필연적 결과가 된다. 분명 그에게는 어떤 선택권도 없다. 그는 어떤 다른 선택의 기회를 갖지 않기를 결심했다. 그는 그 자신 안에 그 자신을 위하여 그 자신대로 존재하기를 원했고 그 소원은 허용되었다"340)라고 루이스가 말한 바와 같이, 그의 영웅주의적 편집성은 다른 해결책이 없을 정도로 대단한 것이었다.

---

339) E. M. W. Tillyard, *Studies in Milton* (London : Chatto & Windus, 1951), 57.
340) Lewis, 102.

사탄이 천상의 싸움 도중, 미카엘의 검에 찔려 영성체로서는 최초의 고통을 경험하면서도 추방을 당할 때까지 굴복하지 않고 전투를 이끌어 나갔다는 점만으로도 그의 영웅주의적 편집성이 어느 정도였는가를 알 수 있다. 또한 추방을 당한 뒤에도, 하늘에서 섬기느니보다는 지옥에서 평안히 다스리는 것이 소원이라고(PL., 1. 261-63) 말할 정도로 그는 영웅주의적 야망에 사로잡혀 있었다. 그러나 그것은 한낱 만용에 지나지 않았고 무모하고 허황된 짓에 불과했다. 따라서 그가 지옥에서,

마음은 마음이 제 집이라, 스스로 지옥을 천국으로,
천국을 지옥으로 만들 수 있으리라.
··· 적어도 여기에는
자유가 있겠지. (PL., 1. 254-59)

라고 자유를 부르짖긴 했지만, 그것은 참된 자유가 아니라 타락한 천사들의 사기를 돋구어 주기 위한 한낱 허언에 지나지 않는다. 이렇듯 사탄은 그의 자유의지를 제멋대로 사용하면서 연유된 교활과 간교함을 특징으로 하는 존재라 할 수 있다.

또 한 가지 그의 영성적 특성 중에서 빼놓을 수 없는 것은 이미 여러 차례 언급한 바 대로 그가 지성적 존재로서 자유의지를 부여 받았다는 것이다.

그들은 판단하는 데 있어서나 또는 선택하는
모든 일에 있어서 모두 자신이 주동이 되어 범죄 한다.
그렇게 그들을 자유롭게 만들었으니, 스스로 노예가
될 때까진 자유롭게 지내리라. (PL., 3. 122-25)

곧 사탄의 판단이나 선택, 또는 타락까지도 모두 다 그의 자유의지

에 맡겼다는 말이다. 사탄은 본래 지성적 존재로 자유선택이 주어진 존재였다. 그러나 그 자유의지를 자기 중심적으로 사용했기 때문에 그는 타락할 수밖에 없었다. 그러므로 그 책임도 자신이 짊어져야 하는 것이다.

### (2) 인성적 특성

영성체로서의 사탄은 자기중심적으로 움직이고 판단하고 행하는 교만한 자의 전형이요, 허황된 영웅주의에 사로잡혀 전능자에게 무모하게 대적하다가 마침내는 파멸하고 마는 어리석은 바보 같기도 하고 미쳐 날뛰는 '멍청한 괴물' 같기도 하다.341) 그러나 시각을 달리해서 보면 『실낙원』에서 생동하는 유일한 인물은 사탄인 것 같다. 일부의 평자들이 격찬하는 대로 사탄의 언행 중에는 실로 용감하고 영웅적인 면모가 없지 않다. "밀턴은 천사와 하나님을 묘사할 때는 쇠고랑과 족쇄에 잠겨 있었지만, 사탄과 지옥을 그릴 때는 자유로웠다. 그 까닭은 그가 참 시인이었기 때문이다"라고 한 윌리엄 블레이크의 말대로, 밀턴 자신 인간 속에 깊이 뿌리박고 있는 악마적 요소를 여러 모로 체험한 시인이었기에, 그가 그린 사탄은 살아 움직이듯 우리에게 육박하는 것이 있다.

영성체로서의 사탄의 행동은 어디까지나 이성을 잃은 용기에 불과했으나, 그러면서도 어디엔가 독자로 하여금 사탄의 불굴의 투쟁 정신에 매력을 느끼게 하는 것은, 사탄 속에 밀턴 자신의 강직한 의지와 자유정신에 투철한 불굴의 용기가 암암리에 암시되어 있기 때문이라고 본다. 이 점이 바로 사탄의 인성적 특성에 속하는 문제라 할 수 있다. 밤과 낮 아흐레를 하늘에서 굴러 떨어져 넋 잃고 나자빠져 있다가 깨어나 하는 말이나(*PL*., 1. 105-16), 지옥의 사슬에서 풀려나와 기운을 회복한 사탄이 내뱉는 말(*PL*., 1. 242-70)을

---

341) Tillyard, 57.

들어보면, 전능자에게 맹목적으로 반항하려는 단말마적인 광기를 느끼게 된다. 그러면서도 어디인가 그런 반항정신에 감동을 느끼게 되는 것은 어떤 역경 속에서도 좌절하지 않던 밀턴 자신의 투쟁정신이 이 사탄의 본성 속에 투영되었기 때문이다.

영문학자 롱은 위에 인용한 제1편 242-79행을 가리켜 밀턴은 무의식중에 퓨리터니즘을 불멸화시켰다고 평했고,342) 실란도 밀턴의 성격을 논하면서, 밀턴은 자신의 처지와 동일시하였고 그에겐 다소 사탄적인 기질이 잠재되어 있었다고 했다. "무의식적으로 시인은 그 자신을 사탄과 동일시했고 무의식적으로 그는 그의 하나님께 반항했다. 그는 그 자신이 중심이 되는 우주를 재창조하였다. 그는 자존적이고 민감하고 용기 있는 인물이었고, 그의 전 생애에는 『실낙원』 전체에 완전히 나타나는 특질의 표현이었다."343)

작품 속에 나타난 사탄의 성격이 밀턴의 성격과 매우 흡사하다는 말이다. 밀턴은 패기만만하고 절대적인 옹고집과 자존심을 가진 성격의 소유자로서 비단 『실낙원』에서 뿐아니라 산문에 있어서까지도 자신을 투영시킨 아이디얼리스트라고 에밀 루기는 말하고 있다.

"더욱 밀턴은 끊임없이 그의 산문에서 자기 자신을 표현하고 있다. 우리는 직접적이며 현실적인 종교나 공화국을 경멸하는 한편, 모든 인간이 자기 자신의 자로 재서 만든 그 자신처럼 되었을 때나 존재할 수 있는 종교와 공화국을 세우려는 격렬한 이상주의를 보게 된다. 그는 분명 퓨리턴이었지만, 그의 견해는 매우 개인적이어서 때때로 어떤 집단의 의견을 표출하질 못하고 자기 자신을 표현하는 수가 많다."344)

---

342) W. S. Long, *English Literature* (London : Chatto & Windus, 1947), 217.
343) D. Schillan & O. S. Dloyfair, *Paradise Lost Book I-III* (Macmillan & Co. Ltd., 1964), 23.
344) Emile Legouis, *History of English Literature* (London : J. M. Dent &

자유의 투사로서의 밀턴은 종교적 자유, 가정적 자유, 정치적 자유, 언론출판의 자유 등을 제창하는 산문들을 썼는데, 거기에는 자유를 수호하려는 투사로서의 면모가 잘 드러나 있다. 밀턴은 왕정복구 사회에서 고립되어 신변의 위협을 받으면서도 인간의 자유에 대한 그의 지조를 굽히지 않았다. 그의 타고난 기질인 자존심과 용기 및 자기중심적인 성격은 소멸되지 않고 왕정에 대한 불타오르는 반항정신으로 변하였다. 이런 반항정신은 곧 사탄의 불굴의 용기와도 일맥상통하는 것이다.

　정치적으로는 왕정에, 종교적으로는 국교에 대립하였던 밀턴이고 보니, 왕당파들에겐 밀턴이야말로 정말 사탄적인 존재였는지도 모른다. 또 밀턴으로 말하면 이런 질식할 상태로부터 되도록 멀리 떨어진 자유로운 도피처를 찾았을 것은 당연한 일이다. "그로부터 멀수록 좋다"라고 사탄이 한 말은 밀턴 자신의 당시 심정을 대변해 주는 것인 듯 하다. 국왕에게 굴종하여 이성의 노예가 되느니 차라리 그로부터 멀리 떨어져 이성이 이끄는 대로의 자유를 누리는 것이 상책이라고 생각했을 것이다.

　밀턴은 은연중 이런 불요불굴의 자유정신을 사탄을 통하여 인간화시켰다고 생각한다.

　　상의하려는 것은
　　어떻게 하면 가장 잘 새로운 존경의 방법을
　　고안하여, 지금까지는 없었던 무릎을 꿇는 굴신과
　　비열한 부복례를 받고자 오는 그를
　　맞이하느냐 하는 것이다. 하나도 견디기 어려운데
　　어떻게 둘을 견디랴. 그 자와 지금 피력된
　　그의 영상에게. 그러니 보다 나은 계획이 있어

---

　Sons, 1954), 53.

우리들의 마음을 격려하고 이 굴레를 벗어던질 수
있는 길을 가르쳐준다면 어떨까. 그대들은 머리를
숙이고 굴복의 무릎을 꿇으려 하는가. 안 될 일.
(*PL*., 5. 779-88)

밀턴은 이와 같은 사탄의 불요불굴의 정신 속에다 폭군과 대항해 싸우는 자기 자신의 자유정신을 투영했던 것이다. 일단 사탄을 인간화시킨 인성적인 차원에서 본다면 『실낙원』의 사탄은 악이 선을 대항하는 존재가 아니라 불굴의 자유정신을 가지고 폭군과 사회악에 맞서는 투쟁적 인간상으로 볼 수 있다. 이렇듯 밀턴은 전능자에게 맹목적으로 항거하는 영성체로서의 사탄의 우둔성과 정치적·사회적 폭력과 압제에 불복하는 인간의 자유정신을 사탄의 이중적 성격을 통하여 그려내려고 했던 것이다.

### 3) 부정한 삼위일체 : 사탄의 본질

『실낙원』은 확실히 딱딱한 고전적인 문체와 청교도적인 완고성과 사탄 또는 인류의 원죄 같은 신학이론을 끈질기게 강요하고 있기 때문에, 일반 독자들이 흥미를 갖고 끝까지 읽어내려 가기에는 어려운 점이 많이 있다. 그래서 존슨 박사(Dr. Johnson)는 그의 『영국시인전』에서 『실낙원』은 재미거리로 보다는 강한 의무감을 갖고 읽지 않으면 안 된다고 했다. 신학비평을 중시하는 엘리엇(T. S. Eliot)마저도 밀턴을 위대한 시인으로 인정하여야 한다면, 그의 위대성이 어디에 있는가를 결정짓기란 어려운 문제라고 하였다. 밀턴의 『실낙원』이 이렇듯 불리한 논평을 받게 된 데에는 몇 가지 이유가 있다.

첫째 지나치게 자기중심적인 강렬한 개성으로 인하여, 심미적 감각이나 극적 감정 또는 인간미가 결여되었다는 것, 둘째 지속적인 성경해석과 신학적 이론으로써 시종일관 자기 독단을 일삼고 있다는 것, 셋째 시적 상상력을 주로 청각적 상상에 의존하게 됨으로 해서 어떤 특정된 시간과 공간 안에서 느낄 수 있는 특정감을 주지 못했다는 것, 넷째 인위적이며 인습적인 시어를 끝내 특수한 의미로 발전시키지 못했다는 것 등이다.

일부 이런 부정적인 논평이 있기는 하지만, 『실낙원』은 시대와 공간을 넘어 지속적으로 읽히고 있는 불후의 대작이다. 다시 말하면 『실낙원』은 하나님의 영원한 섭리의 무오성을 정당화하고 인간을 향한 하나님의 도리를 밝히 보여준 고전 중의 고전이라 할 수 있다. 이 작품의 중심적 무대는 우주이고, 그 주제는 하나님과 그의 피조물인 인간과의 기본적인 관계다. 그 관계를 이어주는 기본법이 사랑이라 할 수 있는데, 사탄이 그 사이에 파괴적인 요소로 등장해서 일시적이지만 그것을 끊어놓는 것이다. 그러나 그것은 오히려 아담으로 하여금 보다 나은 낙원을 회복하게 하고, 더 나아가서는 하나님의 원초적인 질서를 다시 튼튼히 세워주는 촉매제가 된다. 이런 주장은 분명히 역설적이라 할 수 있지만, 이 역설 속에 진리가 담겨있다. 오늘날까지도 그 진리는 찬란하게 빛나고 있는 것이다. 더욱 사탄이란 한낱 허망한 신화적인 허구적 존재가 아니라 인류 역사의 현실 속에 내재해 있는 실존적인 존재라는 점에서, 사탄의 본질을 규명하는 작업은 현대에 있어서도 상당한 의의를 갖게 된다.

『실낙원』에 등장하는 마왕 사탄에 대해서는, 주인공설,345) 바보설,346) 아이러니설,347) 프로메테우스설,348) 밀턴의 자아설 등 그 이론이 구구하다. 이 논문에서는 할 수 있는 한, 이런 여러 논설에

---

345) W. P. Ker, ed., *Essays of John Dryden* (London : Oxford UP, 1926), vol. 3, 165.
346) C. S. Lewis, *A Preface to Paradise Lost* (London : Oxford UP, 1960), 93.
347) E. M. W. Tilyard, *Milton* (Harmondsworth : Penguin Books, 1968), 24.
348) R. J. Zwi Werblowsky, *Lucifer and Prometheus* (London : Routledge & Kegan Paul, 1952).

관심을 두지 않고, 작품 속에 그려져 있는 사탄의 면모를 가감 없이 살펴보겠다. 파괴적인 요소인 사탄의 정체를 분명하게 인식하면 그의 악한 파괴적인 작용에 대비할 수가 있고, 또한 슬기롭게 미혹의 길을 피해 갈 수가 있다. 그런 점에서 본 연구는 현대적인 의의와 높은 신학적 평가를 받을 수 있을 것이다.

『실낙원』에 있어서 사탄은 세 중요한 사건, 곧 하늘에서 일어난 모반과 지옥에서 열린 보복모의를 위한 회의 및 에덴동산에서 인간을 타락시키는 일에 참여한다. 이 세 사건은 각기 사탄의 다른 본질과 역할을 시사해 준다. 그 각기 성격과 형태를 달리하는 역할은 세 다른 세계, 하늘과 지옥과 땅에서 전개된다. 따라서 악의 총화체인 사탄은 일종의 부정한 삼위일체(Unholy Trinity), 즉 성삼위일체(Holy Trinity) 하나님의 한 적대자이면서도 세 위(位)를 가진 하늘의 대천사로, 지옥의 군주로, 또는 지상의 유혹자로 나타나는 존재라 할 수 있다. 이 문제를 소상하게 다루어 보겠다.

### (1) 하늘의 대천사 : 루시퍼

밀턴의 사탄은 원래 루시퍼(Lucifer)라고 불리는 대천사였다. 중세의 전설에 따르면, 천사의 등급은 크게 셋으로 구분되지만, 그것은 또한 세 서열(order)로 나눠진다. 대체적으로 천사는 아홉 등급으로 구분된다. 그것은 성경에서도 마찬가지이다. 보통은 아홉 등급으로 구분하지만, 사실상 그 등급은 그 이상인 것 같다.349) 천사의 서열 중에서 대천사가 차지하고 있는 위치를 알아보기 위해서는 천사들의 등급을 알아두는 것이 좋겠다. 성경에서 나눈 천사들의 아홉 등급에 대해서는 이미 앞에서 서술하였으므로 여기서는 되풀이하여 서술하지 않겠고 다만 중세 전설에 나오는 천사들의 서열에 대해서

---

349) 벤쟈민 키쳐 지음, 『성경 은유 영해 2권』, 김경선 옮김 (서울 : 여운사, 1987), 358.

만 서술하겠다.

중세의 전설에 나타나는 천사들의 서열은 성경에 나타나는 등급하고는 조금 다르다. 먼저 중세 전설에 나오는 서열을 열거하고 나서 그 다음에 『실낙원』에 나오는 천사들이 소속되는 서열의 위치와 그 천사들이 등장하는 편수와 행수를 괄호 안에 삽입해 넣겠다. 아홉 서열 천사들의 한글 명칭은 필자 자신이 독자적으로 번역해서 부친 것이다.

1) **치품천사**(熾品天使 Seraphim) : 우리엘(Uriel : *PL*., 3. 667), 라파엘(Raphael : *PL*., 5. 277), 아브디엘(Abdiel : *PL*., 5. 875, 896).

2) **지품천사**(智品天使 Cherubim) : 바알세불(Beelzebub : *PL*., 1. 157), 아자젤(Azazel : *PL*., 1. 534), 제폰(Zephon : *PL*., 4. 844), 조피엘(Zophiel : *PL*., 6. 535), 가브리엘(Gabriel : *PL*., 4. 971).

3) **좌품천사**(座品天使 Thrones) : 반역 좌품천사들(the rebel Thrones : *PL*., 6. 199).

4) **주품천사**(主品天使 Dominations or Dominions) : 야심 있는 주천사들(the aspiring Dominations : *PL*., 3. 392).

5) **역품천사**(力品天使 Virtues) : 하늘의 역품천사들(Celestial Virtues : *PL*., 2. 15), 천상의 역품천사들(Ethereal Virtues : *PL*., 2. 311).

6) **능품천사**(能品天使 Powers) : 능품천사들(Powers : *PL*., 2. 11), 위풍당당한 능천품사들(Imperial Powers : *PL*., 2. 310).

7) **권품천사**(權品天使 Pricipalities or Princedoms) : 니스록(Nisroc : *PL*., 6. 447), 타락한 권품천사들(Spoiled Principalities : *PL*., 10. 186).

8) **대천사**(大天使 Archangel) : 사탄(Satan : *PL*., 1. 243, 600),

우리엘(Uriel : *PL.*, 3. 648), 미카엘(Michael : *PL.*, 6. 250), 라파엘(Raphael : *PL.*, 7. 41).
9) **천사들**(Angels) : 반역천사들(rebcl angels : *Pl..*, 1. 38) 천사들(angels : *PL.*, 1. 620, 734).

천사들의 서열은 탁월성의 정도 차이를 뜻하거나 임무와 직책의 차이를 뜻한다. 어떤 식으로 작성한 것이든 등급에 따른 천사들의 목록은 틀릴 수 있다. 그러나 적어도 천사들의 능력이 서로 다르며, 어떤 천사들에게는 다른 천사들이 갖지 못한 권위가 있다는 것만은 알 수 있다.350)

성경에 '천사장들'이라는 복수명사가 한 번도 사용되지 않고 단수 명사만 사용된 것을 볼 때, 천사장은 미카엘 하나뿐이었던 것 같다. 다만 타락 이전에는 루시퍼도 미카엘과 거의 동등한 천사장급이 아니었나 한다.351) 적어도 사탄은 그룹 천사에 속하였던 것이 틀림없다. 중세 전설에 따르면 대천사의 서열은 아홉 계급 중에서 여덟 번째 들어 있지만, 『실낙원』에서는 그렇게 낮은 서열로 배치돼 있지 않다. 밀턴이 미카엘과 루시퍼를 거의 동등한 천사장급으로 놓은 것을 보면 중세 전설보다는 성경의 천사 서열을 더 따른 것이 확실하다. · · ·

「에스겔」 28장 14절에서는 사탄을 '기름 부음을 받은 덮는 그룹'이라 하였다. 이로써 우리는 타락하기 이전의 사탄은 기름 부음을 받은 거룩한 그룹 천사로서, 하늘에서는 '아침의 아들 루시퍼'라고 불렸던 것이 틀림없다는 것을 알 수 있다.352) 프로테스탄트 학자들 중의 일부는 「이사야」 14장 12절에 나오는 '계명성'(bright morning star)을 바벨론 왕에 대한 대명사로 보지만, 대개는 타락한 천사들

---

350) Graham, 63.
351) *Ibid.,* 63.
352) *Ibid.,* 73.

의 우두머리 곧 '루시퍼'로 본다.353) 루시퍼는 '빛을 짊어지고 다니는 자'(light-bearer)라는 뜻이다. 그 뜻대로 루시퍼는 실로 수많은 천사들을 통솔하는 별 들 중에서도 가장 찬란한 별 즉 계명성이었다(PL., 8. 132-33). 성군을 이끄는 새벽별354) 같은 그의 용모는 (PL., 5. 708-709) 마치 태양과도 같았다. 또한 그는 하늘에서 바르고 깨끗하게 서 있었고(PL., 4. 837), '그렇게도 영광스럽고 완전한'(PL., 5. 567-68) 존재였다.

『실낙원』의 다음과 같은 시구만 보아도 루시퍼가 하늘에서 차지하는 지위가 매우 높고 그 모습은 장엄하였다는 것을 알 수 있다.

그는 제일의 대천사는 아닐지라도
수석에 속하고, 군력이 막대하고
은총을 크게 받은 뛰어난 자였지만. (PL., 5. 659-61)

실로 그의 이름은 위대했고,
하늘에서 그의 위치는 높았으니. (PL., 5. 706-707)

이처럼 하늘에서 루시퍼의 위치는 매우 높고 은총을 크게 받은 대천사급이었다. 그의 체력은 물론 의지력과 지력이 모두 출중했고 (겔 28:12-18), 부하를 사랑하며 아름다움을 추구하는 마음까지도 갖고 있었다. 그가 모반을 일으켰을 때 천사의 무리 가운데서 삼분

---

353) Robert H. West, *Milton and the Angels* (Athens : U of Georgia P, 1955), 49.
354) 새벽별은 흔히 행성인 금성을 묘사하는 데 쓰이는 이름이다. 금성은 매년 일정 기간 태양이 뜨기 전에 동쪽 하늘에 떠오른다. 금성은 매우 밝은 행성이기 때문에 새벽 시간까지 보이는 상태로 남아 있으며, 비록 진짜 항성이 아니지만 효성(曉星)으로 불린다. 새벽에 뜨는 기간 외에 금성은 저녁별이 된다. 이때부터 일몰 후 서쪽 하늘에 나타나는 것이다. 저녁에 보이든 새벽에 보이든 금성은 지구 안쪽 궤도에 있는 행성이므로 태양으로부터 아주 먼 거리로 선회하지는 않는다. 수성 또한 새벽별과 저녁별로 불리지만 눈으로 보기는 매우 어렵다.

의 일이나 가담했다는 사실만을 미루어 보아도 천상에서 그가 차지하고 있던 위치를 능히 짐작할 수가 있다. 그처럼 찬란한 존재였던 그가 왜 하늘에서 떨어지게 되었는가? 한 마디로 말해서 그것은 '교만'(pride) 때문이었다.

> 그놈이 교만하여 그의 모든
> 반역천사들과 함께 하늘에서
> 쫓겨났을 때. (*PL.*, 1. 36-38)

> 일찍이 천국에서 교만과 보다 악한 야심 가지고
> 하늘의 비길 데 없는 왕과 싸우다가 떨어져 내릴 때까지
> (*PL.*, 4. 40-41)

> 그날 위대한 아버지로부터
> 예우를 받고 기름부음을 받아, 메시야 왕으로 불리게 된
> 성자에 대한 질투심에 사로잡혀 오만한 나머지, 그 광경을
> 차마 견디지 못하고 스스로 열등하게 되었다고 생각했느니라.
> (*PL.*, 5. 662-65)

미카엘과 더불어 루시퍼는 하나님 다음가는 높은 위치를 차지하고 있었는데, 그 위치를 하나님의 아들에 의해 빼앗겼다고 생각하여 질투심에 사로잡혀 모반을 일으켰던 것이다. 히브리 원어로 사탄은 '원수'(enemy) 또는 '적대자'(adversary)라는 뜻인데, 질투심에 불타 모반을 일으킨 순간부터 그는 은총을 크게 입은 하나님의 총애를 받는 자가 아니라 하나님의 적대자로 전락하게 된다.

사탄은 하늘에서의 싸움에 패하기는 했지만 여전히 거신과 같은 크기와 모습을 갖고 있다.

> 그의 묵직한 방패,
> 육중하고, 크고 둥근 하늘의 연장을
> 뒤로 걸머쥐고서. 그 넓은 원주는
> 달처럼 어깨에 걸쳐 있다. 토스카나의 명장이
> 저녁에 망원경으로 페솔레의 산정이나 발다르노에서
> 반점이 있는 구체안의 새로운 땅이나
> 강이나 산들을 찾아내려고
> 바라본 그 달처럼.
> 그의 창, 이에 비하면 거대한 군함의 돛대로 쓰기 위해
> 노르웨이의 산에서 베어낸 키 큰 소나무도
> 지팡이 정도 밖에 안 되는
> 그런 창을 짚고서 불타는 진흙탕 위를 걷는다. (*PL.*, 1. 284-94)

사탄은 무기로서 보호력과 대량 파괴력을 표상하는 방패와 창을 들고 있었는데, 그 크기를 보면, 방패는 갈릴레오의 망원경을 통해 나타나는 달에다 비유되었고, 창은 군함의 돛대로 쓰기 위해 베어낸 키 큰 소나무도 지팡이 정도로 보이게 할 정도로 크다고 했다. 이런 비유를 통해서 보더라도 파괴자로서의 사탄의 모습은 거신족과 비슷하다.

사탄의 이런 위용은 지옥으로 떨어진 이후에도 여전히 남아 있었다.

> 그는 형체와
> 거동이 남들보다 자랑스럽게 뛰어나
> 탑처럼 서 있다. (*PL.*, 1. 589-91)

보통 '탑'은 '범접하기 어려운 상태' 또는 '얕보기 어려운 위상' 같은 것을 상징한다. 사탄은 지옥으로 떨어지기는 했지만 아직은 그

형상과 거동이 위엄이 있고 얕볼 수 없는 범상한 자태를 가지고 있었다. 특히 타락한 천사들에게 그러했다. 지옥의 회의를 마치고 당당한 지옥의 타락천사들 앞으로 걸어 나오는 모습은 강대한 군주, 무서운 제왕 또는 신처럼 꾸민 위엄으로 가득 찬 모습으로 그리고 있다(PL., 2. 508-11).

그러나 점차 그의 영광은 희미해지고 안개 낀 하늘에 그 햇살을 빼앗긴 태양이나 월식 때에 박명을 던져주는 달과도 같다고 시인은 묘사하고 있다. 더욱 『실낙원』 제5편에서는 고작 부패한 직업적 정치인 정도로 묘사하였고, 제6편에서는 제이급의 장군 정도로 묘사하였다. 사탄은 하나님의 위치까지 올라가고자 하는 악한 야심 때문에 모반을 꾀하지만, 하나님의 적대자가 되면서부터 실상 그의 모습은 점차로 비열하고 빛을 잃어가는 존재가 되는 것이다.

이를테면 대천사 루시퍼는 '성자에 대한 질투'(PL., 5. 662)로 멸시감을 갖는가 하면 '오만'과 '깊은 악의'(PL., 5. 665-66)를 품고 진실인 듯 꾸며낸 교묘한 방법으로써 동료 천사들의 허탈한 가슴속에 악한 심기를 불어넣는 것이다(PL., 5. 654-55). 이런 제1급 천사로서의 그 당당함과 찬란함은 상당 부분 살아지고 점점 교묘한 권모술수만을 일삼는 추잡한 정치인처럼 되어 간다.

제6편에서는 가끔 명장으로 부상되기도 하지만, 대체적으로는 흉계와 악의 기관(PL., 6. 553, 555)을 의지함으로써 타락하고 마는 것을 볼 수 있다. 이로 보아 타락한 대천사는 제이급의 장군 이상으로 평가될 수는 없을 것 같다. 『실낙원』 전체를 통하여 '루시퍼'라는 호칭은 3회, '지휘천사'(Leading angel)라는 호칭은 단 1회 사용된 데 비해, '사탄'이라는 호칭은 71회, '원수'(enemy) 4회, '인류의 원수'(Enemy of mankind) 1회, '대적'(Arch-Enemy) 1회, '적'(Foe) 24회, '적대자'(Antagonist) 2회, '대악한'(Arch-felon) 1회, '반역천사'(Traitor Angel) 1회 정도로 사용되었다. 밀턴의 이런 호칭 사용의 통계만을 가지고서도 능히 그의 의도를 알 수 있다. 다시 말해

서 그는 타락하기 이전의 대천사의 장엄한 빛을 묘사하려고 했다기보다는 타락하여 잔인하고 추잡한 하나님과 인간의 적대자 악마를 그리려 했다는 것을 알 수 있다.

### (2) 지옥의 군주 : 사탄

성경에서는 반역천사의 우두머리 마귀를 이 '세상의 임금'(요 12 : 31) 또는 '세상 사람들을 혼미케 하는 이 세상의 신'(고후 4 : 4)이라 하였다. 이처럼 하늘의 대천사였던 루시퍼는 반역을 꾀하였다가 지옥으로 떨어진 후 '지옥의 군주'(The Prince of Hell, PL., 10. 621)가 되고, 이때부터 '사탄'(Satan)이라는 고유명사로 불리게 된다. 이와 동일한 의미를 갖는 호칭으로 '수장'(Chief) 8회, '지휘관'(Commander) 2회, '황제'(Emperor) 3회, '장군'(General) 1회, '왕'(King) 1회, '지도자'(Leader) 4회, '대군주'(Paramount) 1회, '군주'(Prince) 6회, '술탄'(Sultan) 11회 정도 사용되어 있다. 이런 호칭에서도 볼 수 있듯이, 회교국의 군주인 '술탄'처럼, '지옥의 군주'가 된 사탄은 무엇보다 지옥의 군대를 통솔하는 장군355)으로서 활약하는가 하면, 부하 수령들을 모아놓고 개최한 보복모의를 위한 지옥회의를 주재하는 영도자의 역할을 한다.

우선 군대 지휘관으로 묘사되고 있는 장면을 예로 들어 보겠다.

일찍이 인간이 창조된 이래
이에 비하면, 어떠한 군사의 집단도
두루미 떼에 습격당한 소인국의 보병대보다
나을 것이 없다. 플레그라의 모든 거인족들이
테베와 일리움에서 싸운 영웅들의 무리들과

---

355) James A. Freeman, *Milton and European Traditions of War* (New Jersey : Princeton UP., 1980), 129.

합치고, 또 그 양편에 원군의 신들이
가담한다 해도. (*PL*., 1. 573-77)

그 군대의 깃발, 창검, 투구, 방패에 대한 묘사를 보아 그 위용을 짐작할 수 있다.

일순간에 어둠 속으로
보인다, 일만의 깃발이 하늘로 높이 치솟아
색깔도 찬란하게 나부끼는 것이.
그와 더불어 치솟은 것은 창검의
거대한 숲, 그리고 떼로 나타난 투구.
실로 틈 없이 줄지어 늘어선 방패는
그 길이를 헤아릴 수조차 없다. (*PL*., 1. 545-53)

사탄은 지옥의 군주로서 그의 반역도당들을 지휘하는 수령이 되었는데, 그의 휘하에는 이름난 간부급의 부장들이 있었다. 간단히 이런 간부급의 부장들을 열거하면, '바알세불'(Beelzebub), '몰록'(Moloch), '그모스'(Chemos), '발림'(Baalim), '아스타로스'(Astharoth), '탐무즈'(Thammuz), '아도니스'(Adonis), '다곤'(Dagon), '림몬'(Rimmon), '오시리스'(Osiris), '이시스'(Isis), '오루스'(Orus), '벨리알'(Belial), '티탄'(Titan), '조브'(Jove), '아자젤'(Azazel), '맘몬'(Mammon), '니스로크'(Nisroch) 등이 있다. 후일 이교신의 이름으로 널리 알려져 있는 이런 쟁쟁한 간부들 밑에는 이루 헤아릴 수 없는 군졸들이 있었다(*PL*., 1. 301, 632). 이것은 곧 사탄의 위용과 강력한 군력(軍力)을 말해주는 것이라 할 수 있다.

또한 사탄의 무리는 '군단'(legion)을 형성하고 있었고, 밀턴은 그들을 '대열'(files, ranks, *PL*., 1. 567, 616)로 배치하고 있다. 또 다른 곳을 보면 '반역천사군'(Host, *PL*., 1. 37), '군사들'(Legions,

*PL.*, 1. 301), '대열을 지은 군사들'(powers, *PL.*, 2. 522), '대군단'(Brigade, *PL.*, 1. 675) 같은 말을 썼고, 사탄은 이 충성스런 일단의 불의 스랍들(*PL.*, 2. 512)에게 둘러 싸여 있다. 그리고 그들은 완전한 '밀집대형'(perfect phalanx)으로 도리스풍의 피리와 부드러운 퉁소에 맞춰 움직이고 있다(*PL.*, 1. 550-51).

> 각 군단과 각 연대에서 지위 높고 선택된
> 가장 우수한 자들을 불러들이니,
> 그들은 곧 수백 수천의 부하들을
> 거느리고 몰려왔다. (*PL.*, 1. 758-61)

이로 보아 사탄군은 하부조직으로 '조'(분대, 중대)와 대대를 갖고 있었고, 각 조는 수백의 병졸, 각 대대는 수천의 병졸로 구성돼 있었던 것 같다. 조마다 조장이 있고 대대마다 대대장이 있으며 사탄은 이들을 지휘하는 총사령관이었다. 이만큼 사탄의 군대는 막강한 전투조직을 갖고 일사분란하게 움직이고 있는 것이다.

이 병졸들 중의 어떤 자는 '깃발'(*PL.*, 1. 533)을 드는 자로, 어떤 자는 '전령자'(*PL.*, 1. 752)로, 또 어떤 자는 맘몬의 '공병대'(*PL.*, 1. 675)로 활약을 하고 있다. 밀턴은 사탄의 군대를 참호를 파고 도시의 보루를 쌓는 기술과 재능을 갖고 있는 '공병'과 동일시하고 있다.356) 또한 밀턴은 사탄의 군대를 '광부'나 '건축가'로 비교하기도 하였다.357) 아무튼 사탄은 이런 반역군의 '총사령관'으로 그 위용을 떨치고 있으며, 그의 휘하 군사들은 고대와 현대의 군부대 조직과 장비들을 갖추고 있어서 최대의 군사적 위력과 기세를 들어내 주고 있다.358)

---

356) William Bourne, *Inventions* (London : Longman Group Ltd., 1978), 56.
357) George Coffin Taylor, "Milton and Mining," *MLN* 45 (1930), 24-27.
358) Freeman, 70-71.

다음으로는 지옥회의를 주재하는 영도자로서의 모습을 볼 수 있다.

> 그의 보좌를 뒤흔들었던 것. 패전인들 어떠랴?
> 패한다고 모든 것 다 잃는 것은 아니다. 불굴의 투지,
> 불타는 복수심, 불멸의 증오심.
> 굴할 줄 모르는 항복도 모르는 그 용기,
> 이 밖에 정복될 수 없는 것이 또 무엇이겠는가?
> (PL., 1. 105-109)

전투에는 패했을지라도 그렇다고 모든 것을 다 잃은 것은 아니라는 것이다. 그밖에 불굴의 투지와 용기, 불타는 증오심과 복수심 같은 것은 더 강해졌고 반역의 무리들끼리는 더욱 굳게 뭉치게 되었다는 것이다. 그러면서 하나님께 대한 복수심을 불태운다.

> 그곳, 복된 들이여! 오라, 공포여! 환영한다,
> 음부여! 너 깊고 깊은 지옥이여,
> 맞아라, 너의 새 주인을, 언제 어디서나
> 변치 않는 마음 가진 우리를.
> 마음은 마음이 제 집이라. 스스로 지옥을 천국으로,
> 천국을 지옥으로 만들 수 있으리라. (PL., 1. 249-55)

이와 같이 열화 같은 불멸의 연설로 패군을 격려하는 장면을 보면, 굽힘 없는 용기와 뛰어난 대담성을 지닌 지도자 같이 보이지만, 실상 그가 부리는 것은 허세일 뿐이다. 밀턴은 지옥으로 떨어진 사탄을, 좀 빛을 잃기는 했지만, 마치 그리스 신화에 나오는 땅이 낳은 거신들이나 괴신 티폰에 비교되는 군주로 묘사하고 있다.

그 몸뚱이는 더구나 물결 위에 길고 넓게
퍼진 채 둥둥 떠 있는데,
그 넓이는 수천 평에 이르고, 그 몸의 크기는
마치 옛 전설 속에 나오는 괴상망측하게 크다고 하는
조브와 싸운, 땅이 낳은 거신들, 티탄들과도 같고
백수신 브리아로스나 혹은 그 옛날
다소 근처 동굴 속에 산 백두신 티폰과도 같으며.
(PL., 1. 195-201)

밀턴은 '그 넓이는 수천 평'이라고 묘사하여 사탄을 거대한 괴물로 그리고 있다. 다시 말하면 옛 전설에 나오는 우라노스(하늘)와 가이아(땅) 사이에 태어난 거신들인 티탄, 우라노스와 가이아의 또 다른 아들인 브리아로스, 가이아의 막내아들로 길리기아 지방의 동굴에서 살았다고 하는 백두사미(白頭蛇尾)의 괴물인 티폰에 비교하고 있다.

실로 지옥의 군주는 그 크기가 괴력, 아외의 투쟁 등으로 보아서 서사적인 적대자가 될 만하다. 또한 그는 악의 주동자로서의 역할을 한다. 이 때의 지옥의 군주는 종종 마왕이라고 불리고 있다. 마왕과 같은 의미의 호칭으로는 '악의 장본인'(Author of Evil) 1회, '악한자'(Evil one) 1회, '마귀'(Devil) 5회, '악마'(Fiend) 23회 사용되고 있다. 이런 호칭으로 미루어 보아 그의 목적과 유일한 즐거움은 하나님의 높은 뜻을 거스르면서 악을 행하고 선에서 악의 수단을 찾아내는 것이다(PL., 1. 160-65). 그룹 천사 중의 하나인 제폰은 에덴동산을 침입하려는 사탄을 일컬어 악의 주동자라고 경멸한다.

생각지 말라, 반역천사여,
네 모습이 옛날과 다를 바 없고 광채도 여전하여,
하늘에 섰을 때처럼 바르고 깨끗하게 인정되리라고는.

그 영광은 그때, 네가 선에서 떠났을 때 이미
네게서 떠난 것이다. 너는 지금 네 죄와
흡사하고, 어둡고 더러운 형장과 같구나. (*PL*., 4. 835-40)

지옥의 군주는 거대하고 강력한 군대조직을 갖고 있지만, 그 특징은 완고한 고집과 끊임없는 증오, 잔인성과 복수심, 그리고 분노와 결합된 영웅적 행위 등이라 할 수 있다. 실로 그는 하나님의 적대자로서 늘 악만을 도모하는 악의 주동자라 할 수 있다.

지옥의 호수 위에 빽빽이 흩어져 쓰러져 있는 타락한 사탄의 무리들을 시각적으로 묘사하고 있는 직유도 아주 중요한 이미저리 중의 하나다.

실신한 채 나자빠진 천사들의 모양은 마치
에트루리아의 숲이 아치형으로 높이 그늘 드리우는
발롬부로사의 냇물에 흩어진 가을 낙엽과도
같고, 부시리스와 그의 멤피스의 기병들이
신의 없는 증오심 품고 고센의 나그네들을
쫓다가 파도에 뒤삼켜, 시체는 떠돌고
전차는 부서져, 안전한 기슭에 이른
그 나그네들의 구경거리가 되었다고 하는
홍해의 연안을, 무장한 오리온이 사나운 바람으로
휘몰아쳤을 때 흩어져 떠돌던
해초와도 같다. 그만큼이나 빽빽하게 흩어져
처참하게 넋 잃은 모습으로 누워 있었다. (*PL*., 1. 301-13)

지하세계의 망령들을 낙엽에 비교하는 아주 오래된 전통이고,[359]

---

359) Cecil N. Bowra, *From Virgil to Milton* (London : Macmillan & Co., 1965), 240-41.

이 비유만큼 아름답고 매력적인 것도 『실낙원』에서 보기 쉽지 않다.360) 많은 다른 비평가들과 마찬가지로, 마리오 프라즈도 이 시구는 밀턴의 개인적 체험을 되새기게 한다고 술회하였다. "의심할 여지없이 밀턴은 발롬부로사의 숲을 거닐며 즐긴 일이 있다. 그러나 그 심상이 그의 마음에 되살아났을 때 그것은 고전적 직유의 성격을 띠게 되었다."361)

이 고전적 직유는 분명 마리오 프라즈의 말대로 밀턴의 개인적 체험을 비유로 담아내는 틀이 되었음에 틀림없다. 문제는 밀턴 시대 발롬부로사의 나무들 중에 낙엽지는 것들이 전혀 없었다는 것이다. 그 증거로서 흔히 1637년에 그린 델라 벨라(Della Bella)의 발롬부로사 판화를 들고 있는데,362) 그 판화를 보면 발롬부로사에는 상록수 이외의 다른 나무가 없다고 한다. 그래서 발롬부로사의 강물에 뿌려진 것은 침엽수이었을 것이라고 말하고 있으나 사실상 밀턴의 낙엽은 정확지가 않다. 뱅스도 "발롬부로사에 있는 강물은 낙엽으로 빽빽이 덮일 수가 없다. 왜냐하면 높게 아치를 이루고 있는 나무들은 거의 완전히 상록수들이기 때문이다"363)라 했다. 여기서 중요한 것은 발롬부로사의 지역의 식물에 대해 충실했느냐 안 했느냐는 것이 아니라 그의 서사시적 감각에 적합한 효과적인 시각적 이미지를 끌어냈느냐 하는 것이다.

타락한 사탄의 무리들을 가을의 낙엽과 흩어진 해초에다 비교한 것은 크게 감탄할만한 일이고, 그것은 무엇보다 수량감(sense of numbers)과 추락감(sense of fall)과 황폐감(sense of waste)을 갖게 한다. 그러나 보다 예술적인 의미를 갖게 하는 홍해에서 이집트

---

360) John Peter, *A Critique of Paradise Lost* (New York : Columbia UP., 1968), 12.
361) Mario Pratz, *On Neoclassicism* (Evanston, 1965), 30.
362) Don M. Wolfe, *Milton and his England* (New Jersey : Princeton UP., 1971) 삽화 37.
363) Theodore H. Banks, *Milton's Imagery* (New York : W. W. Norton & Company, 1950), 100.

의 기병을 전복시킨 사실을 비유로 제시한 것이라 할 수 있다. 이런 서사적 직유를 사용한 데에는 몇 가지 목적이 있다. 여기서 타락한 천사들을 파리오의 군대들과 비교한 것은 서사시적인 품격을 높여주는 것으로, 결국은 멸시당하는 절망적인 폭군과 사탄을 동일시 한 것이라 할 수 있다. 더욱 이 사건을 기독교적인 해석방법에 따라 분석해 보면 한층 더 깊은 의미를 갖는다. 그러면 이 상징은 무엇을 연상시켜주는 것일까? 그것은 다름 아닌 폭군으로 비유되는 사탄의 압제로부터 그 백성을 하나님께서는 구원하시므로써 궁극적인 승리을 거두시게 된다고 하는 것을 연상시키고 있다.

요컨대 시각적 심상의 기능으로 볼 때, 이 비유들은 발로부로사의 가을 낙엽처럼 겹겹이 뒤덮여 있는 무수한 타락천사들의 황막한 자태들을 상상시켜 주고 있다. 그리고 다른 측면으로 본다면, 출애굽기 14장 23-31절에 나오는 이집트 기병대의 익사이야기와 연결시키면서, 죽어가는 타락천사들의 무리가 무수하게 우굴거리고 있음을 보여주고 있다. 사탄의 세력도 무시할 수 없을 정도로 수적으로 강대하고 폭군처럼 포악하지만 결국은 낙엽처럼 떨어져 죽거나 홍해에서 익사한 파라오의 기병대처럼 멸살될 수밖에 없다는 것을 극명하게 보여주는 비유다.

또 다른 하나의 서사적 직유는 악마들을 곤충에다 비교한 것이다.

그들은 지금 자신들이 처한
참상을 보고서
심한 고통을 못 느낀 바 아니나
즉시 대왕의 명령에 따른다,
엄청나게 많은 수의 그들은 마치 이집트에 재앙이 내리던 날,
아므람의 아들이 그 능력의 지팡이를 주위로 흔들면,
동풍에 메뚜기 떼가 먹구름장처럼
일어나, 밤같이 믿음 없는 파라오의 영토를

뒤덮고 나일의 전역을
어둡게 하던 때와도 같다.
그처럼 수많은 타락천사들이 날개를 펼치고
지옥의 둥근 천장 밑을 떠도는 것이 보였다. (*PL*., 1. 335-45)

이 비유는 사탄이 타락한 동료 천사들을 불러일으키는 장면을 식각화한 것이다.「출애굽기」10장 12-15절에 나오는 이집트를 습격했던 메뚜기 떼에 비교한 것이고 또한「요한계시록」9장 1-11절과도 연결된다. 이 비유는 타락한 악천사들의 강력한 수적인 세력과 재앙의 장본인들임을 시사하고 있다. 그리고『복낙원』제4편 15-17행에서는 이들을 '벌 떼'에다 비교하여 타락한 악천사들의 세력과 협동적인 활동을 암시하고 있다. 더욱 파리 떼에다 비유하므로써 '혐오감'을 불러일으키기도 한다.

### (3) 지상의 유혹자 : 뱀

일반적으로 유혹자는 인간보다 작은 모습으로 묘사된다. 그 특색은 '교활'(guile), '기만'(fraud), '허위'(falsefood), '거짓말'(lies), '간계'(wiles), 이른 바 가장 비천한 것들(*PL*., 9. 71)로 이루어져 있다. 밀턴에게 있어서 유혹자는 무엇보다 싫고 더러운 파멸적인 존재로 표현된다. 따라서 밀턴은 유혹자로서의 사탄을 성경에서는 고래로 표현되기도 하고(시 104 : 26) 악어로 표현되기도 하는(욥 41 : 15 ; 시 74 : 14) 거대한 해수 리워야단에 비유하고 있다.

저 바다의 짐승, 해류를 헤엄치는, 만물 중에서
가장 크게 하나님이 창조한 리워야단과도 같다.
이 짐승이 어쩌다 노르웨이의 거품 이는 바다에
잠들 양이면, 해가 저 뱃길 잃은 어느 조각배의 사공이

웬 섬인 줄 알고 -뱃사람들이 말하듯-
가끔 비늘 돋친 가죽에 닻을 내리고
바람을 피하여 쉬었다고 한다, 어두움이
바다를 덮고 기다리는 아침이 더디 오는 동안.
이렇듯 마왕은 사슬에 묶여, 불타는 호수에
거대한 몸을 길게 뻗고 누운 채, ‥‥ (*PL*., 1. 202-210)

엘리엇은 이 사구를 읽고 나서 빈정대는 어조로, "그렇게도 많은 이질적인 소재의 교묘한 도입과 실제적인 주재로부터 딴 곳으로 주의를 돌리게 하기 쉬운 이미저리를 끌어들임으로써 한 기간을 연장시키는 기술"364)을 발휘했다고 찬사 아닌 찬사를 한 일이 있다. 엘리엇이 이 시구를 '이질적이고 혼란시키는' 구절이고 비평했지만, 이 시구에 이질적인 요소와 소재들을 많이 끌어들인 것은 맞지만 혼란시키는 이미저리를 써서 주의를 딴 곳으로 돌리게 하고 있다는 지적은 잘못 된 것이라고 생각한다. 왜냐하면 이질적인 것들 중에서도 '리워야단' 심벌은 유럽 문학에 있어서 수 백 년 동안 사탄과 밀접한 관련성을 가져왔으며 동물우화집(Bestiary)이나 그 밖의 다른 곳에도 널리 퍼져 있는 비유였기 때문이다.365)

유럽의 동물우화집에 따르면, '리워야단'은 뱃사람들을 유혹해서 겉보기에는 안전한 그 큰 몸집에 정박하게 하고는, 그 다음엔 바다 밑으로 가라앉아 그들을 파멸시켰다고 한다. 사탄은 이와 같이 이미 그의 동료 천사들을 유혹해서 지옥으로 떨어뜨렸고, 현재나 미래에 있어서도 수많은 사람들을 유혹하고 속여서 멸망으로 이끄는 것이다. 「베드로전서」 5장 8절이나 「에베소」 6장 11절에도 사탄은 멸망

---

364) T. S. Eliot, "Milton," *Proceedings of the British Academy* 33 (1947), 74-75.
365) James Whaler, "Animal Simile in *Paradise Lost.*" *PMLA* 47(1932), 536 ; C. S. Lewis, *The Discarded Image : An Introduction to Medieval and Reniassance Literature* (London : Cambridge UP., 1967), 150.

으로 인도하는 자로 돼 있고, 「요한복음」 13장 2절에서는 죄로 이
끄는 자로 묘사되어 있다. 「사도행전」 5장 3절이나 「요한계시록」
12장 9절에서는 허위의 선동자로, 「요한복음」 13장 27절에서는 살
인자로 선동자로 나타난다.366) 그러니까 '리워야단 이미지'는 거대
하기는 해도 유혹자로 떨어진 사탄의 변신을 그려주는 적절한 비교
라 할 수 있다. 사탄은 사람을 유혹하기 위해 다양한 '위장'과 '변신'
을 꾀한다. 이에 대해 좀 더 자세하게 구체적으로 살펴보겠다.

## 4) 사탄의 위장과 변신

### (1) 사탄의 원초적 모습

타락 이전의 사탄의 원상(原象)은 서상한 바와 같이, "최고의 높
은 자리에 앉고자 신과 싸웠던"(*PL.*, 9. 164) 그룹에 속하는 지상
(至上)의 존재(*PL.*, 6. 115)인 대천사였다. 사탄의 위용은 천상의
싸움에서 패하여 지옥으로 떨어진 이후에도 '남들보다 그 형체와 언
동이 탑처럼 뛰어난 자랑스러운 존재였다(*PL.*, 1. 589-91). 지옥회
의가 끝난 후 지옥의 귀족들과 함께 나오는 당당한 모습은 '강대한
군주' 또는 '무서운 제왕'처럼 묘사가 된다(*PL.*, 2. 508-11). 사탄의
외모는 타락 이전이나 이후 별 차이가 없다. 예를 들면 제1편
589-91처럼 자랑스럽게 묘사 된다.

타락하여 지옥으로 떨어진 후에도 사탄의 모습에서는 넘치는 영
광은 이제 희미해졌지만 본연의 광채는 여전히 남아 있었고 찬란하
기도 여전하였다(*PL.*, 10. 451-52). 밀턴은 지옥의 호수에 둥둥 떠
서 누워있는 사탄을 이렇게 묘사하고 있다.

   그 몸뚱이는 더구나 물결 위에 길고 넓게

---

366) Rosemond Tuve, *Allegorical Imagery : Some Medieval Books and Their Posterity* (Princeton : Princeton UP., 1966), 35-36.

퍼진 채 둥둥 떠 있는데,
그 넓이는 수천 평에 이르고, 그 몸의 크기는
마치 옛 전설 속에 나오는 괴상망측하게 크다고 하는
조부와 싸운, 땅이 낳은 거신들, 티탄들과도 같고
백수신(百手神) 브리아로스나 혹은 그 옛날
다소 근처 동굴 속에 산 백두신 티폰과도 같다.
(PL., 1. 195-201)

사탄의 거대한 모습을 묘사하기 위하여 밀턴은 넓이가 수 천 평에 달하는 거대한 괴물에다 비교한다. 옛 전설 즉 그리스와 로마 신화와 전설에 나오는 괴물들 중의 한 괴물과도 같은 거신들 티탄들과 사탄을 비교한다. 티탄은 하늘(우라노스)과 땅(가이아) 사이에 난 거신들이다. 그들은 아버지 우라노스를 폐했으나 조브(제우스)를 공격한 일로 올림포스에서 쫓겨났다. 하나님과 맞서 싸우다가 하늘에서 쫓겨난 타락한 사탄의 무리들을 조브에게 맞서다가 올림포스에서 쫓겨난 티탄들에게 비교한 것은 아주 적절하다. 브리아로스와 비교한 것도 티탄과의 비교와 비슷하다. 왜냐하면 브리아로스도 우라노스와 가이아의 또 다른 아들로, 머리가 오십 개, 손이 백 개 달린 괴물로서 티탄 족과 한 패거리이기 때문이다. 또한 소아시아의 동남쪽에 있었던 길리기아의 옛 도시, 보통은 타르소스라고 하는 다소의 동쪽에서 살았다고 전해지는 티폰에다 사탄을 비교한 것도 같은 맥락에서일 것이다. 왜냐하면 티폰은 가이아의 막내아들로서 백두사미(白頭蛇尾)의 괴물이기 때문이다.

여전히 '아름다운 천사'(faire angel, PL., 3. 694)였던 대천사 루시퍼가 지옥을 점령, 지배자가 되면서 광채가 가시어 희미해지고 지옥의 군주 사탄이 된다(PL., 4. 869-871). 사탄의 에덴동산의 침입이 이루저면서 그의 용모는 변용되기 시작한다.

에덴의 북쪽 산에 처음 내려서자, 그의 용모가

하늘 천사와는 판이하게 달라져
추악한 욕정으로 흐려지는 것을 곧 알아차렸소.
(PL., 4. 569-71)

에덴낙원의 파수병들의 대장 가브리엘 천사 자신도 그 후 사탄의 모습을 보고 그의 파수병들에게 이렇게 말하였다.

그들과 함께 오는 또 다른 한 자는 왕자의 풍채인데
광채가 시들어 희미하고, 걷는 폼이나
사나운 거동으로 보아 지옥의 왕인 듯,
싸우지 않고서는 여길 떠날 것 같지가 않소. (PL., 4. 869-72)

에덴동산을 침입하는 사탄은 추악하고 교활한 유혹자가 되어 악마로 변모하게 된다. 이렇게 변모하면서 그의 모습에서는 점점 그 당당함과 찬란함이 사리지고 왜소함과 추악한 허위와 기만만이 남는다. 낙원이 수호를 담당하는 천사늘이 샤므엘, 미카엘, 제폰, 조티엘, 요히엘, 가브리엘 등인데, 이 중에서 제폰은 경멸하는 사탄에게 경멸로 대하며 오히려 역으로 애소를 띠우며 이렇게 말한다.

생각지 말라, 반역천사여,
네 모습이 옛날과 다를 바 없고 광채도 여전하여,
하늘에 섰을 때처럼 바르고 깨끗하게 인정되리라고는.
그 영광은 그때, 네가 선에서 떠났을 때 이미
네게서 떠난 것이다. 너는 지금 네 죄와
흡사하고, 어둡고 더러운 형장(刑場)과 같구나.
(PL., 4. 835-40)

반역천사의 우두머리인 사탄에게 제폰은 너 옛날과 다를 바 없이 광채도 나고 영광도 그대로라고 생각할지 모르지만 선에서 떠나는 순간부터 죄와 흡사하고 어둡고 더러운 형장과 같아졌다는 것이다. 지옥으로 떨어진 디락천사들의 모습은 원상을 알아볼 수 없을 정도로 변하여 있었다.

> 만일 그대가 그라면, 아, 너무나 타락했도다!
> 이렇게 변할 수가 있으랴! 행복한 빛의 나라에서
> 더없는 광휘에 싸여 찬란한 뭇 별들보다도
> 찬란하게 빛났었는데. (*PL.*, 1. 84-89)

사탄에게서는 그 찬란함도 행복의 빛도 사라지기 시작했다. 이렇게 변모가 일어나다가 마침내 그는 뱀으로 변신하여 하와를 유혹한다.

### (2) 사탄의 변신

사탄은 마침내 뱀으로 변신하여 사탄은 하와를 유혹한다. 밀턴은 이 뱀을 세 가지 점에서 기술하고 있다. 제7편에서는 창조 당시의 뱀을, 제9편에서는 하와를 유혹하기 위해 위장한 뱀을, 제10편에서는 지옥으로 돌아와 변신된 뱀을 그리고 있다는 것이다. 그러면 우선 제7편과 제9편에서 묘사하고 있는 대목부터 인용해 보겠다.

> 들판에 사는 아주 교활한 짐승으로
> 노란 눈과 무서운 갈기 머리를 갖고 있으며
> 때로는 몸집이 거대한 뱀도 있다는 것 그대
> 알고 있으나, 그대에게는 아무런 해도 주지
> 않으며 그대의 명령에 따를 뿐이니라. (*PL.*, 7. 495-99)

> 그 후처럼 땅에 엎드려 꾸불꾸불 물결치며

> 땅위를 기는 것이 아니라, 기다란 몸을 서려
> 테에 테를 겹쳐서 쌓아올린 미로의
> 높이 쳐들고 홍옥 같은 눈을 반짝이며,
> 푸른빛에 황금빛 번들거리는 목은 풀 위에
> 물결치는 빙빙 도는 소용돌이 속에 곧게
> 솟아 있다. 그 모습은 재미있고 보기 좋다. (*PL*., 9. 495-503)

이 두 인용문에서 보는 바와 같이, 제7편과 제9편에 나타나는 뱀의 외연적인 차이점은 최소한 두 가지라 할 수 있다. 제7편에서는 '무서운 갈기 머리'(hairy mane terrible, *PL*., 7. 497)를 가진 뱀으로 그렸지만, 제9편을 보면 '푸른빛에 황금빛 번들거리는 목'(burnished neck of verdant gold, *PL*., 9. 501)과 '에나멜처럼 반들반들 윤나는 목'(sleek enamelled neck, *PL*., 9. 525)을 가진 뱀으로는 묘사되어 있어도 그 '무서운 갈기 머리'는 찾아볼 수가 없다. 또한 제9권에서는 전혀 뱀이 '날개'를 가진 것으로는 묘사되어 있지 않다. 이런 '갈기 머리'와 '날개'[367]는 자연 속에서 흔히 볼 수 있는 다른 어떤 동물과는 확연히 다른 신화적 영기(mythological aura)가 창조 당시의 뱀에게 부여되어 있었다는 것을 시각적으로 보여준 것이라 할 수 있다.

이런 비자연적인 특징에 어울리는 뱀의 운동을 밀턴은 다음과 같이 그리고 있다.

> 땅벌레는 기다란 몸을 선처럼 끌며
> 구불구불한 자국을 땅위에 남겼다. (*PL*., 7. 480-81)

땅위를 기어 다니는 뱀의 특징을 이루는 '느리게 가기'도 하고 '빨

---

[367] Virgil, *Aeneid*, 2. 203-207.

리 돌진하기'도 하는 운동을 두 시행의 대조적 속도를 통해 잘 전달해 주고 있다. 곧 뱀은 천천히 꼬리를 끌며 선처럼 기어가기도 하고, 빨리 그 머리와 앞부분을 앞으로 밀어내며 꾸불꾸불 자국을 땅위에 남기며 진행하기도 한다는 것이다. 이와 같은 느리게 갈 수도 있고 빠르게 진행할 수도 있는 운동을 볼 때, 뱀은 분명 '자연'의 일부이면서도 어딘가 '신화적 영기'가 서려있는 동물이라는 것을 알 수 있다. 그러나 그 뱀은 물뱀하고는 구별되는 것으로 인간에게는 전혀 해롭지 않은 동물이었다고 밀턴은 보고 있다.

그 다음 제9편에서는 '유혹자로서의 뱀'(tempter-serpent)을 그리고 있다. 시각적 전통에 따르면 '유혹자'는 흔히 '스핑크스', '낙타', '도롱용' 등으로 형상화되었다고 하며, 비잔틴 예술에서는 보통 사람의 얼굴을 가진 도롱용으로 묘사되었다고 한다.368) 그러나 『실낙원』에서는 그런 유혹자로서의 모습을 찾을 수가 없다.

밀턴 시대에는 흔히 낙원의 '유혹자'를 '사람의 머리나 허리'를 가진 그런 '혼성의 뱀'(hybrid serpent)으로 재현하였다. 이런 전통에 따라 밀턴이 가령 '사람'과 '뱀'을 혼성한 그런 모습으로 유혹자를 그렸다고 하더라도 두 가지 가능성을 가정해 볼 수 있을 것이다. 첫째 가능성은 '남자의 머리와 허리통'을 가진 뱀을 선택할 수 있었을 것이라는 것이다. 만일 밀턴이 그런 뱀을 선택했다면 사탄을 좀 더 미화시킬 수 있었을지는 모르지만, 반면 그는 타락의 성적 해석의 길을 터놓는 결과를 초래했을 것이다. 그러나 밀턴은 하와의 타락이 성욕에 기인된다고 보지는 않기 때문에, 사탄을 남성적으로 미화시키지는 않았다.

둘째 가능성은 '허리까지는 여자인 그런 아름다운 뱀'을 선택할 수도 있었을 것이라는 것이다. 만일 그렇게 했다면, 좀 더 다른 바람직하지 않은 결과를 초래할 수도 있다. 밀턴은 반여권주의자는 아

---

368) J. B. Trapp, "The Iconography of the Fall of Man," *Approaches to Paradise Lost,* ed. C. A. Patrides (London : Oxford UP, 1968), 267.

니었지만, 아내는 남편에게 복종하여야 한다고 하는 믿음을 가지고 있었다. 따라서 밀턴은 '악마'와 '여성'을 동일시하고 싶지 않았던 것 같다.

또한 악마 뱀을 하와의 얼굴과 실제로 똑같은 얼굴을 가진 그런 모습으로 표현했다 하더라도 또 다른 오해를 불러 일으켰을 것이다. 만일 밀턴이 그렇게 했다고 가정한다면, 하와는 그 자신의 사랑 곧 나르시시즘에 빠져 타락했다는 암시를 받게 된다.369) 밀턴이 '혼성의 여자-뱀'이라고 하는 전통적 심상에 영향을 받은 것은 틀림없지만, 그는 그 이미지와 '죄'(Sin)라고 하는 의인적 인물의 신체와 연결시켰을 뿐이고 인간의 타락 설화와는 연결시키지 않고 있다.370)

밀턴은 유혹자를 짐승모양의 뱀의 테두리에서 그리려고 하면서도, 구성적으로는 다소 곧게 서서 하와 옆으로 움직이는 뱀으로 묘사했다. 더욱 그는 나무줄기를 휘감고 있는 뱀으로 묘사한 경우가 많다.

> 곧 나는 이끼 낀 나무줄기에 몸을
> 감았나이다. 가지가 높이 뻗어 있어
> 그대나 아담도 손을 뻗쳐야 닿을
> 정도였기에, 나무 둘레에는 온갖 다른
> 짐승들이 그것을 보고, 같은 욕망을 품고
> 동경하고 선망하여 서 있었지만, 손이
> 닿지는 않았나이다. (*PL*., 9. 589-95)

유혹자 뱀이 나무줄기에 몸을 감은 것은 하와에게 과일을 따주기

---

369) John B. Broadbent, Some Grave Subject : *An Essay on Paradise Lost* (New York : Harper & Row, 1960), 246.
370) John M. Steadman, "Sin and The Serpent of Genesis 3." *MP* 54 (1967), 219.

위한 것으로, 그것은 곧 그 나무 열매가 높이 손을 뻗쳐야 닿을 수 있는 곳에 있었다는 것을 의미한다.

타락 때 유혹자 뱀은 "옛날에는 웅변이/성했던 아테네나 자유 로마의 유명한/변사"(PL., 9. 670-72)처럼 위엄 있게 서 있다. 이런 서사시적 직유를 통해서 밀턴은 유혹자 뱀에게다 위엄과 심도를 부여하려 했던 것이다. 동시에 밀턴은 "유유히 일어섰을 때,/먼저 그 모습이나 동작이나 몸가짐으로 청중을/매혹시키고, 정의의 열정 때문에 서로 끄는 것을/참을 수 없어 말을 시작하듯이"(PL., 9. 670-78)라고 말함으로써 우리 앞에서 열변자를 눈앞에 보듯 말을 가지고 하와를 설복하여 유혹시키려고 하는 유혹자의 시각적 인상을 깊게 남겨 주고 있다. 또한 '홍옥 같은 눈'(PL., 9. 500)을 가진 뱀으로 묘사한 것을 보면, 밀턴은 분명 돌같이 단단한 사탄의 '완고함'과 '무자비한 속성'을 재현하려고 했던 것이 틀림없다.

제10편에서도 밀턴은 사탄을 뱀과 연결시키고 있지만 '위장'은 전혀 없고 '계시'만 있다. 승리한 사탄이 왕좌에 오르기 위해 지옥으로 돌아왔을 때, 그의 '승리'는 곧 '공포'로 변하고 그 '갈채'는 곧 불쾌한 '야유'로 변한다. 동시에 사탄과 그의 부하들은 징그러운 뱀으로 변모한다. 지금껏 숨겼던 정체는 드러나 동물화 되고 마는 것이다. 밀턴은 서사시적 필요에 따라 할 수 있는 한 사탄을 미화하려고 했지만, 마침내는 추악한 뱀으로 변모시켰다. 다시 말하면 끔찍스런 동물적 악마로 변신되고 마는 것이다.

　　그는 제 얼굴이 오그라져
　　야위고 모가 나고, 팔은 늑골에 달라붙고
　　다리는 서로 비꼬이고, 드디어는 엎어진 채
　　쓰러져 배로 깔고 기는 기괴한 뱀이 됨을
　　느끼고, 반항했지만 헛된 일이었다. (PL., 10. 511-15)

얼굴은 오그라들고 팔은 늑골에 달라붙었으며 다리는 서로 비꼬여 배를 깔고 기는 야위고 기괴한 뱀으로 변하고 만다. 위장을 일삼다가 보면 그 자체가 실재화 된다는 것을 보여주는 듯하다.

천상에서 반역을 도모하다가 지옥으로 떨어진 마왕 루시퍼는 그의 도당들에게 흉계와 기만과 복수심을 불어넣어 인간을 넘어뜨리기로 결의한다. 그것이 전능하신 하나님께 대한 보복이라고 생각하였기 때문이다. 홀로 에덴의 동산(땅)으로 올라온 사탄은 그럴듯한 진리를 가장하기도 하고 탐욕의 동물이나 새로 변장하기도 하여 하와를 유혹한다. 이 유혹자는 몰래 숨어서 속이고 자기를 변장하여 정체를 감추면서 점차 어두워지고 비열해진다. 마침내는 신격에 가장 가까웠던 대천사가 일개 뱀으로 전락하고 마는 것이다. 이것은 신분의 격하이며 모든 고귀한 품격과 심성의 격하를 뜻한다.

### (3) 사탄의 위장

사탄의 위장을 살펴보기 전에 먼저 거신적인 크기와 모습을 몇 개의 비유를 통해 고찰해 보는 것이 좋을 것 같다.

> 그의 묵직한 방패,
> 육중하고, 크고 둥근 하늘의 연장을
> 뒤로 걸머지고서. 그 넓은 원주(圓周)는
> 달처럼 어깨에 걸쳐 있다, 토스카나의 명장(名匠)이
> 저녁에 망원경으로 페솔레의 산정이나 발다르노에서
> 얼룩진 구체(球體) 안의 새로운 땅이나
> 강이나 산들을 찾아내려고
> 바라본 그 달처럼.
> 그의 창, 이에 비하면 거대한 군함의 돛대로 쓰기 위해
> 노르웨이의 산에서 베어낸 키 큰 소나무도

지팡이 정도밖에 안 되는
그런 창을 짚고서 불타는 진흙탕 위를 걷는다.
(*PL*., 1. 284-94)

여기서 사탄의 무기로 방패와 창을 들었는데, 이것들은 그 자체의 보호력과 대량 파괴력을 표상하고 있다. 그런데 그 크기를 보면, 방패는 갈릴레오의 망원경을 통해 나타나는 달에 비유되었고, 창은 군함의 돛대로 쓰기 위해 베어낸 키 큰 소나무도 지팡이 정도로 보이게 할 정도로 크다고 했다. 이런 비유를 통해서 보더라도 파괴자로서의 사탄의 모습은 거신족과 비슷하다. 『실낙원』 제1편 591행에서는 그 모습과 거동을 자랑스러운 탑에다 비교하고 있다. 또 다른 곳에서는 사탄을 태양과 달에다 비교한 일이 있다.

마치 솟아오르는 태양이
안개 낀 지평선의 하늘에 그 햇살을 빼앗긴 채
얼굴 내밀 때 같고, 또는 어두운 월식 때에
달 뒤에서 지구의 반쪽 세계의 백성들에게
불길한 어스름 빛을 던져 변괴에 대한 두려움으로
제왕들을 당황케 할 때와도 같다. (*PL*., 1. 594-99)

여기서 사탄은 해와 달에 비교되지만 아침 안개를 뚫고 떠오르는 태양과 같고 월식 때의 달과 같다. 이로써 유혹자로 등장하는 사탄은 점점 그 원초적인 광휘와 거신적인 모습을 잃어가고 있다는 것을 알 수 있다. 에덴동산을 향해 항해하는 모습을 "풍우에 시달린 배"(*PL*., 2. 1043-44)에다 비유한 것만 봐도 그 장대한 모습은 사라져 가고 있다는 것을 알 수가 있다.

에덴동산에 도착한 '사탄'은 우선 '어린 천사의 모습'으로 위장하고 우리엘을 속인다. 그리고는 계속 먹이를 찾아 헤매는 '늑대'(*PL*.,

4. 184), 부유한 시민의 돈을 훔쳐 내려고 마음먹은 '도둑'(*PL.*, 4. 188-89)으로, 멀리서 보면 장려하고 멋지지만 실재에 있어서는 탐욕으로 가득 찬 새 '가마우지'(*PL.*, 4. 196)로, 쇠 재갈을 깨물며 고삐에 끌려가는 사나운 '말'(*PL.*, 4. 857-59)로, 두 사람 주위를 눈을 번득이며 활보하는 '사자'(*PL.*, 4. 401-402)로, 숲가에서 두 마리 새끼 사슴을 보고 몸을 굽혔다가 일어서며 돌진하기 위하여 웅크린 '호랑이'(*PL.*, 4. 403-408)로 위장해 가지고 에덴동산을 탐험한다.

아담과 하와를 노리는 사탄을 무엇보다 '사자'나 '호랑이'에다 비교한 것은 매우 적절한 비유인 것 같다. 워딩턴이 이런 위장은 사탄의 본성을 현명한 독자에게 보다 효과적으로 나타내준 적절한 비유다371)라고 말한 바와 같이, 사탄의 '위장된 모습은 그 하나하나가 그의 본성을 제시해 주고 있다. 사실상 성경에서도 사탄을 '늑대'나 '사자' 또는 '호랑이'에 비유한 구절은 많이 있다. 모두 이 동물들은 '악'의 상징이기 때문이다. 또한 '가마우지'도 탐욕과 연관되는 악의 표상이니까(시 7:2; 벧전 5.8), 사탄을 '가마우지'로 위장시킨 것도 동일한 아이러니를 이용한 것이라 할 수 있다.

사탄의 외형적 모습이 변함에 따라 그의 도덕적 성품이나 내면적인 가치도 변질되는 것을 볼 수 있다. 즉 빛은 어둠으로, 선은 악으로, 온유와 겸손은 교만으로, 영광은 치욕으로, 장엄함은 흉함으로, 질서는 혼돈으로 바뀌는 것이다.

    우선 두 사람의 주위를
    그는 사자가 되어 불같은 눈을 번쩍이며 활보한다.
    다음에는 범이 되어, 숲가에서 두 마리의 연약한
    사슴 새끼들이 노는 것을 우연히 보고, 곧 가까이

---

371) Raymond B. Waddington, "Appearance and Reality in Satan's Disguises," *TSLL* 4 (1962), 398.

다가가 몸을 웅크리고 앉았다가 일어서며, 마치
돌진하여 두 앞발에 각각 하나씩 꼭 움켜쥘 수 있는
지점을 택하려는 것처럼, 그의 감시의 자세를
가끔 바꾼다. (*PL.*, 4. 401-408)

아담과 하와를 노리는 사탄을 사자나 호랑이에다 비교한 것은 매우 적절한 것 같다. 왜냐하면 잔악한 맹수 앞에 노출된 두 마리의 연약한 사슴새끼들처럼 사탄의 유혹의 덫엔 걸린 아담과 하와도 그처럼 연약하고 무력하기 때문이다.

마침내 사탄은 '두꺼비'로 위장하고 하와의 귓가에 웅크리고 앉아 그녀를 미혹한다.

거기서 그들은 바싹 하와의 귓전에 두꺼비처럼 웅크리고
앉아 있는 그를 발견한다. (*PL.*, 4. 800-801)

중세 예술에 있어서 '악마'는 자주 '두꺼비'의 형태로 인간 속에 들어오는 경우가 많다. 대개는 '두꺼비'를 여자의 '성기'에 붙여 놓는 경우가 많지만, 밀턴은 '두꺼비'를 하와의 귓전에 배치했다. 사탄은 하와의 공상에다 악의를 불어넣으려고 하니까, 두꺼비를 귓전에다 배치한 것은 매우 적절한 조치라고 생각한다. 이런 배치는 하와의 타락이 성적인 타락이 아니라 마음에 품은 욕망에서 기인한다는 것을 보여준다. 동시에 이는 라파엘이 마리아의 귀를 통하여 수태고지를 해주듯이 사탄도 하와의 귀를 통하여 헛된 환상과 꿈을 불어넣어준다. 이는 하와의 귓전에 웅크리고 앉아 속삭이고 있는 두꺼비를 그리스도의 잉태를 마리아의 귀에다 알리는 비둘기와 대응하는 관계가 있다고 본 것이다.372) 대체적으로 기독교 신학자들은 성육

---

372) A. B. Chambers, "Three Notes on Eve's Dream in Paradise Lost," *PQ* 46 (1967), 191-93.

한 말씀은 처녀 마리아의 자궁을 통해 들어온 것이 아니라 귀를 통해 들어왔다고 믿는다. 이것은 하늘로부터 빛을 타고 마리아의 귀로 내려오는 비둘기 같은 성령을 보여주는 시각적 심상이라 할 수 있다. 하나님이 구원의 말씀을 동정녀의 귀에 보내는 것 같이, 사탄은 하와의 귀에다 저주의 말을 전하는 것이다. 결국 두꺼비로 위장한 사탄은 하와의 공상에다 악의를 불어넣으려고 하니까, 두꺼비를 귓전에다 배치한 것은 매우 적절한 일로 생각된다.

사탄이 하와의 귓전에 '두꺼비'처럼 웅크리고 앉아 있었을 때, 하와는 그를 아름다운 '천사' 방문객으로 생각했다. 중세의 기적극(mystery play) 같은 곳에서도 사탄은 아름다운 '천사'로 위장하고 나타나 하와를 유혹하는 것을 볼 수 있다. 『실낙원』에 있어서 사탄은 이미 지상으로 오는 도중 우리엘 천사에게 다가갈 때 '아름다운 천사'(PL., 3. 691, 694)로 위장한 일이 있다. 실로 이 경우에 있어서 사탄의 위장은 완벽한 것이었다.

> 그래서 이제 그는 젊은 그룹천사로 나타나,
> 한창때의 모습은 아니지만, 그 얼굴엔 거룩한
> 청춘의 미소 어리고, 손발에 어울리는
> 우아함이 넘치도록 아주 그럴싸하게 가장한다.
> 관 밑에는 흐르는 듯이 드리워진 머리가
> 곱슬곱슬 양 뺨에 너울거리고, 몸에는
> 황금 뿌려진 각 색의 깃 달린 날개를 달았으니
> 날기에 알맞은 간편한 옷차림이다.
> 그 점잖은 발걸음 앞에는 은 지팡이 짚고서. (PL., 3. 636-44)

신학적으로는 천사들의 나이 차이를 인정하지 않는 것이 보통이다. 제임슨이 "늙은 천사 같은 것은 없으므로, 아기 천사 같은 것도 있을 수 없다"[373]라고 말하였을 때, 그는 전통적인 신학적 입장을 대변하였던 것이다. 웨스트는 이런 원리를 밀턴에게 적용하면서 "밀턴이 이에 대한 어떤 근거를 가졌다면, 늙지 않는 천사를 어린아이나 젊은이처럼 나타내 보이려는 예술가의 자유를 종종 불변하는 천사학으로부터가 아니라 예술로부터 얻은 것이 틀림없다"374)라고 하였다. 실제적으로 신학자들은 다른 천사보다 특별히 더 젊은 천사란 있을 수 없을 뿐 아니라 천사들이란 늙는 일이 없다는데 의견을 같이하고 있다. 그러나 밀턴은 『실낙원』에서 이런 신학적 전통을 따르지 않고 시각적 예술 전통에 따라서 천사들의 나이 차이가 있는 것처럼 그렸다.

> 그의 말 끝나자 곧 다가왔다. 하늘의
> 모습으로가 아니라 사람을 만나려는 사람처럼
> 옷을 입고, 빛나는 무장 위에는 자주 빛 갑옷을 걸쳤는데,
> 옛날 휴전 때 왕자나 영웅이 입던
> 멜리베아나 사라의 자주 빛보다도 더 선명했다.
> 그 옷감을 물들인 것은 이리스.
> 별빛처럼 빛나는 투구를 벗으니
> 그는 청춘이 지난 인생의 한창때.
> 그 허리에는 빛나는 황도 한가운데
> 있는 것처럼, 사탄이 몹시 두려워했던
> 그 칼이 걸려 있고, 그 손에는 창이 있다. (*PL.*, 11. 238-48)

이것은 대천사 미카엘의 모습을 묘사한 것인데, 여기서 보면 그를 청춘이 지나 인생의 한창때로 접어든 나이로 그렸다. 그리고 우리엘에게 접근할 때 사탄이 위장한 것은 '젊은 천사'였다. 이로 보아도

---

373) Jameson, *Sacred and Legendary Art*, 2 vols (New York : Holt, Rinehart & Windus, 1970), 51.
374) Robert H. West, *Milton and the Angels* (Athens : U. of Georgia P., 1955), 104.

밀턴은 천사들 간에 나이 차이가 있다고 본 것이 틀림없다. 초기 기독교 예술이나 비잔틴 예술에서는 '아기 천사'를 찾을 수 없지만, 12세기말 프랑스 예술이나 15세기의 이탈리아 예술에서는 흔히 볼 수 있다. 그 나이 차이도 각기 달라서 '어린 아이'로부터 '장년'에 이르기까지 각양각색이다. 밀턴은 이런 예술적 전통을 받아들여 천사들 간에 나이 차이를 두었던 것 같다.

앞에서 인용한 시구에서 본 바와 같이, 사탄이 위장한 젊은 천사의 모습을 보면, 그 얼굴에는 거룩한 청춘의 미소가 어려 있고 그 손발에는 우아함이 넘치고 있다. 그 머리에는 관을 쓰고 있고 그 밑으로는 미끈하게 처진 머리가 너울거리고 있다. 이런 모습은 미술 작품에서 흔히 볼 수 있는 것이어서, 젊다고 하는 점만을 제외하면 특기할만한 것은 없다. 그러나 밀턴은 이런 비개성적인 모습에다 두 가지 속성, 즉 '은지팡이'와 빠른 속력을 내는데 알맞은 '간편한 옷차림'을 끌어들였다.375)

이런 '은지팡이'가 미술 작품 속에 안 나오는 것은 아니지만, 천사들의 보편적 속성이라고는 할 수가 없다. 그것은 '날아가는 천사'에게보다는 '서 있거나 걸어가는 천사'에게 더 적합한 것으로, 순례의 길을 떠나는 인간을 보호해 주는 '수호천사'(guardian angel)가 흔히 가지고 다녔다. '간편한 옷차림'이라는 것도 빠른 속력을 내는데 거추장스럽지 않도록 띠로 졸라맨 옷차림으로 '수호천사'에게 적합한 복장이다. 웨스트의 말에 따르면, 라파엘과 무장하지 않은 수호천사들은 이런 두 가지 속성을 갖추고 나타난다고 한다.376) 이처럼 사탄은 인간 영혼의 보호자요 안내자인 수호천사와 연결된 모습으로 가장하고 나타났던 것이다. 이런 사탄의 가장은 교묘해서 인간의 눈을 속이기에 아주 적합한 것이었다. 그렇기 때문에 대체적으로는 그의 '속임수'에 '속기' 마련이었다.

---

375) *Ibid.*, 50.
376) *Ibid.*, 50.

## 5) 사탄의 술책과 전략

세상의 모든 악과 유혹의 배후에는 반드시 사탄의 흉계가 도사리고 있다. 그러므로 오늘의 그리스도인들은 "너희가 주 안에서와 그 힘의 능력으로 강건하여지고 마귀의 간계를 능히 대적하기 위하여 하나님의 전신갑주를 입으라"(엡 6 : 10-11)는 말씀대로 전신갑주로 무장하여야 한다. 마르틴 로이드 존스라고 하는 유명한 설교가는 "사탄의 교활한 간계 가운데 하나는 성도들이 자신을 존재하지 않는다고 믿도록 하는 것이다"라고 했다고 한다.377) 우리가 사탄을 지나치게 무서워해서도 안 되지만, 그렇다고 아주 무시해서도 안 된다. 다만 성경에 있는 그대로 정확하게 사탄의 존재를 인식하고 하나님의 거룩한 빛 안에서 자신의 모습을 보며 자신의 신분을 올바로 정비하는 것으로써 사탄의 권세를 제압하여야 한다.

사탄은 하나님의 뜻을 훼방하고 자기의 권세를 확장하기 위하여 자기의 군대인 귀신들을 동원해서 온갖 궤계 즉 전략을 세워 그대로 추진해 간다. 그것을 크게 삼단계로 나누어 생각해 볼 수 있다.

### (1) 첫 번째 전략 : 속임

거짓의 아비 사탄은 속임(창 3 : 4)을 통하여 먼저 우리의 생각(mind)을 사로잡아 거짓된 생각을 우리 인간의 속사람이라고 할 수 있는 마음(heart)에 심으려는 것이 최초의 전략이다. 왜냐하면 생각은 우리 인격의 가장 중심이 되는 것이기 때문이다. 바울은 고린도 교회 교인들의 "마음이 그리스도를 향하는 진실함과 깨끗함에서 떠나 부패할까 두려워했다"(고후 11 : 3). 사탄은 속임수와 위장술이 아주 뛰어난 존재로서, 때로는 "광명의 천사"(고후 11 : 14)로 가장

---

377) 옥한흠 지음, 『나의 고통, 누구의 탓인가?』(서울 : 아가페출판사, 1985), 31에서 재인용.

하기도 한다. 이미 앞에서 언급한 바와 같이, 밀턴도 사탄의 특징을 기만 허위 간계 속임으로 보고 있다.

> 이렇듯 빈틈없이 찾아 헤매며
> 모든 것들 중에서 어떤 것이
> 자기의 간계에 가장 알맞게 도움이 될까 하고
> 세밀히 살펴보다가, 들짐승 가운데서
> 가장 교활한 뱀을 발견했다. 이리저리
> 생각하였으나 결정짓지 못하고 오래 망설인
> 끝에, 마침내 그는 뱀 속으로 들어가 그 음흉한
> 유혹을 가장 날카로운 시선에 드러나지 않도록
> 숨길 수 있는 적절한 도구, 속임수를 쓰는 데
> 가장 적합한 소악마로서 뱀을 선택하기로
> 결정했다. (*PL.*, 9. 82-91)

사탄은 교활하고 간계한 뱀 속에 날카로운 시선에 드러나지 않도록 그의 술책을 숨기고 속여 하와를 유혹하는 것이다. 이런 사탄의 속임으로부터 자유하기 위해서는 우리의 생각을 날마다 하나님의 말씀과 성령의 다스림을 받게 하여야 한다(딤후 3 : 13-14). 그러할 때 '마음(mind)을 새롭게 함으로 변화를 받는다'는 의미를 알게 된다. 우리의 생각이 하나님의 생각으로 다스림을 받기 시작하면 곧 우리의 속사람인 '마음'(heart)에 변화가 일어나기 시작한다. 그때 비로소 우리는 "하나님의 선하시고 기뻐하시고 온전하신 뜻이 무엇인지 분별"(롬 12 : 2)할 수 있게 된다. 그러나 반대로 사탄의 '속임수'와 '위장술'을 통하여 미혹되면 우리의 '생각'들이 흐려지게 되고 우리의 '마음'(heart) 속에 '어두운 생각'(마 5 : 28)이 자리를 잡기 시작한다.

### (2) 두 번째 전략 : 유혹과 시험

우리의 '마음'(heart)이 사탄의 '속임수'를 받아들이면, 그것은 그 후 계속해서 우리의 '인격'(soul)을 향하여 '유혹'하고 '시험'하기 시작한다. 우리의 '마음'을 일반적으로 '속사람'(inner person)이라고 한다. 「예레미야」 17장 9절에 보면 "만물보다 거짓되고 심히 부패한 것은 마음이라 누가 능히 이를 알리요"라는 말이 나오는데, 여기서 '마음'은 '속사람'을 뜻한다. 「창세기」 3장 4절에서 사탄의 속임은 곧 이어서 5절의 '유혹'을 통하여 하와의 '인격'(soul)속으로 파고들어간다. 우선 사탄은 아첨과 찬미를 통하여 하와에게 접근한다.

> 놀라지 마소서, 여왕이여, 오직 하나의 경이로운
> 그대 혹시 놀라셨다면. 더구나 하늘과 같이 온유한
> 그 얼굴에 멸시의 표정 띠지 마시며,
> 이렇게 접근하여 싫증을 느끼지 않고 그대를
> 바라보고, 이렇게 혼자 있어 더욱 위엄한
> 그대의 이마를 두려워하지
> 않다고 불쾌히 여기지 마소서. 아름다운 조물주와
> 흡사한 어여쁜 자여, 모든 생물들,
> 그대에게 내려준 모든 것들이 그대를 바라보며,
> 황홀한 눈으로 그 하늘의 아름다움을 찬미하나이다.
> (*PL.*, 9. 532-42)

하와를 '여왕' 또는 '아름다운 조물주와 흡사한 어여쁜 이'라고 추켜세우며 간계와 아첨으로 접근한 다음 사탄은 그럴 사하게 진리를 가장한 말로써 하와를 유혹하고 시험한다.

> 아, 거룩하고, 슬기롭고, 지혜 주는 나무여,

지식의 어머니여! 만물의 근원을 알아낼
뿐 아니라 아무리 슬기롭게 보일지라도
그 지고한 자의 행적마저 더듬어 찾을 수 있는
그대의 힘이 지금 내 마음속에 명백히
느껴지도다. 이 우주의 여왕이여! 그 엄한
죽음의 위협 믿지 마소서. 그대 죽지 않으리니.
열매를 맛본다고 죽음을 얻다니, 어찌 그러리요?
그것은 지혜뿐 아니라 생명도 주리이다.
위협하는 자 때문에 꺼리시나이까? 나를 보소서.
(PL., 9. 679-88)

선악을 알게 하는 나무의 열매를 먹어도 죽지 않을 뿐 아니라 지혜와 생명까지도 얻을 것이라는 감언이설에 하와는 혹하고 말았다. 그런 감언이설을 받아들이는 순간 그 열매를 향한 하와의 시각은 달라져 버렸다.「창세기」3장 6절에 "여자가 그 나무를 본즉 먹음 직도 하고 보암직도 하고 지혜롭게 할 만큼 탐스럽기도 한 나무인지라 여자가 그 실과를 따먹고 자기와 함께한 남편에게도 주매 그도 먹은지라"라고 기록되어 있다. 아마도 상상 하건대 유혹이 있기 전에는 아담과 하와가 동산 중앙에 있는 선악을 알게 하는 열매를 볼 때마다 하나님을 경외하며 찬양하였을 것이다. 그러나 거짓에 근거한 유혹에 넘어가고 나니 그 가치관이 싹 바뀌고 말았다. 소유하고자 하는 '탐욕'이 그녀의 눈을 가려 '분별력'을 잃고 만다.

성경은 '유혹'과 '시험'을 받는 것 그 자체는 죄가 아니라고 하지만(히 4:15), 이 단계에 있어서 우리는 그것은 죄가 아니라고 합리화할 것이 아니라 하나님의 시각에서 자신을 '살피며 '생각'(mind)과 '마음'(heart)을 올바르게 관리하여야 한다.

### (3) 세 번째 전략 : 인격 파괴

사탄은 결정적으로 우리를 범죄에 빠뜨리기 위해 우리의 인격 곧 지·정·의에 강하게 영향력을 미치기 시작한다. 밀턴은 사탄의 유혹을 받아 넘어진 이후 아담과 하와의 인격이 파괴되어 가는 것을 이렇게 형상화 하였다.

> 결국 나도 맛보고
> 그 효험이 말과 조금도 다름이 없다는 것을 알았나이다.
> 전에 어두웠던 내 눈은 열리고
> 정신은 퍼지고, 마음은 넓어져 신성에
> 가까워졌나이다. ···
> 아담은 하와가 저지른 죽음의 죄를
> 듣자마자, 곧 놀라고 당황하여 얼빠진 채
> 서 있었다. 차디찬 전율이 혈관에 흐르고
> 마디는 모두 풀렸다. ···
> 그대와 같이 죽으려는 것이 나의 확실한
> 결심이니, 그대 없는 이 세상 나 혼자
> 어찌 살리요? 그대와의 달콤한 교제와
> 이토록 깊이 맺어진 사랑을 버리고 이 황량한
> 숲 속에 남아 어떻게 다시 살리요? (*PL.*, 9. 873-910)

하와는 선악을 알게 하는 나무의 열매를 먹은 후부터 그 효험을 알게 되었고 정신이 퍼지고 세상을 향한 눈은 열리기 시작한다. 이것은 곧 세상적인 지력이 열리고 넓어진 것, 곧 악에 대한 지식은 더 많아졌으나 선은 잃어버리는 결과를 초래한다. 아담은 하와의 범죄 사실을 안 후 놀라고 당황하고 전율이 혈관으로 흐르게 된다. 이는 정적인 무너짐이라 할 수 있다. 그리고 선악을 알게 하는 나무의 열매를 먹으면 죽는다는 것을 알면서도 아내 없이는 살 수 없어서 하와 같이 죽겠다고 하는 것은 의지의 약함이라 할 수 있다. 지·정·의가 범죄 후 다 무너지고 마는 것이다.

이렇게 그 악한 영향력이 우리의 지식과 감정과 의지를 지배하게 되어 행동으로 드러나면 구체적인 온갖 죄를 다 범하게 된다. 바로 이때 사탄은 죄지은 우리를 정죄하고 참소하기 시작하는 것이다. 사탄은 하나님이 사랑하시고 기뻐하시는 자를 삼키기 위하여 우는 사자 같이 두루 찾아 다닌다. 사탄은 온갖 술책을 동원해서 훼방하고 참소하고 결국은 하나님을 사랑하는 사람들을 넘어뜨린다. 그때부터 사탄의 참소는 시작되고, 그 이후 사탄의 참소는 끊임없이 계속된다.

보들레르가 『내면일기』에서 "모든 인간의 내부에는 매 순간, 동시에 존재하는 두 가지 경향이 있다. 하나는 신을 향하는 것이고 나머지 하나는 사탄을 향하는 것이다. 신을 향한 기원, 혹은 정신성은 계단을 밟아 올라가려는 욕망이다. 사탄을 따르는 것, 혹은 수성(獸性)은 하강하는 기쁨이다"[378]라고 말한 바와 같이, 우리는 하나님과 사탄 사이에서 늘 갈등하며 선택을 요청받고 있다. '시련'은 일반적으로 밖으로부터 주어지는 것이지만 '유혹'은 우리 안에서부터 일어나는 것이다. 넘어질 수 있는 성향과 연약함을 원죄로 물려받은 보통사람의 '심리'는 때로는 '선'보다는 '악'에 대해 더 매력을 느낄 때가 많다. 그러나 결국은 이 사탄의 미혹을 이기지 못하면 승리의 면류관을 받아쓸 수가 없다.

### 6) 지옥의 악당 삼인방 : 사탄·죄·죽음

사탄이 지고하신 하나님의 자리를 대신 차지하려고 했을 때, 그의 교만한 마음속에 '죄'(Sin)는 잉태되었고, 때가 이르자 사탄의 모습

---

378) 조르주 바타이유 지음, 『문학과 악』, 최은경 옮김 (서울 : 민음사, 1995), 59.

을 닮은 그의 완전한 모습을 하고 그 머리(head)에서 튀어나왔던 것이다(*PL.*, 2. 747-63). 이 아름다운 미녀는 죄악들을 표상한다기 보다는 모든 '죄들의 어머니'로서 신성을 찬탈하고자 하는 '교만'을 표상하고 있다. 죄는 어떤 의미에 있어서나 창조의 일부가 아니라 지음 받은 피조물이 그 질서를 깨고 하나님과 같이 교만한 생각을 품었을 때 기인되는 '선의 부재' 현상이라 할 수 있다.

사탄의 그녀에 대한 사랑이나 성적 교접은 자기 자신을 신성시하려고 하는 '자기'(self)와의 결합이었다. 이런 사탄과 죄의 근친상간적인 결합에 의해서 태어난 것이 모든 생명의 적이 되는 '죽음'(Death)인 것이다. 또한 죄와 죽음이 제이차적 근친상간적인 결합에 의해 태어나는 것이 흉측스런 '지옥의 개들'(Hell Hounds)이다. 이는 정욕과 증오로 특징을 이루는 결합의 산물, 지옥의 울부짖는 괴물들은 우주에 탄생시킨 헤아릴 수 없이 많은 죄악들을 표상한다.

볼테르(Voltaire)는 이런 사건들이야말로 너무 역겨워서 "독자에게 고상한 맛을 줄래야 줄 수가 없다"[379)]고 했지만, 실상 그는 알레고리의 참다운 의미 즉 근친성교의 의미를 이해하지 못했던 것 같다. 밀턴은 이런 알레고리를 통하여 악의 유혹적인 '매력'과 그 매력에서 초래되는 '타락'과 그 '추악성'을 통합하려 했던 것이다. 노트가 지적한 바와 같이, "밀턴은 알레고리에 의존하지 않고서는 악의 그 흉측함을 좀처럼 암시할 수 없었을 것이다. 왜냐하면 그는 사탄에게 중세적 악마의 속성을 부여하는 방식으로 그의 위엄을 절충하고 싶은 생각은 없었기 때문이다."[380)] 그러면 '사탄'과 '죄'와 '죽음'의 관계 및 그 특성을 좀 더 구체적으로 살펴보겠다.

---

379) John T. Shawcross, ed., *Milton : The Critical Heritage* (London : Routledge & Kegan Paul, 1970), 254.
380) John R. Knott, *Milton's Pastoral Vision* : *An Approach to Paradise Lost* (Chicago : The U. of Chicago P., 1971), 131.

## (1) 죄

우선 지옥문에 앉아 있는 '죄'에 대한 묘사부터 보기로 하겠다.

> 하나는 허리까지는 여인 같고 아름다운데,
> 그 아래는 흉측하고도 많은 비늘로 덮여
> 둘둘 말려 있는, 죽음의 독침으로 무장된
> 거대한 뱀이다. (*PL*., 3. 650-53)

    여기 보면 두 개의 시각적 요소가 결합돼 있다. 허리까지는 여인 같은 아름다운 모습이고, 그 아래는 뱀 같은 비늘로 덮인 둘둘 말려 있는 모습이다. 우리는 이 '사녀'(蛇女, serpent-woman)의 모습에 주목하여야 한다.
    '죄'의 문학적 계통에 대해서는 충분한 탐구가 이루어져 왔고, 최근에는 시각적 유사물에 대해 점점 흥미를 갖는 경향이 있다.[381] 1917년 초까지는 밀턴의 '죄'와 시각적 전통 사이에 어떤 연관성이 있을 것이라는 사실을 의심했던 것 같다. 그러나 보넬은 "밀턴은 유혹자가 반은 여자 반은 뱀의 형태를 취하는 기독교적 예술의 수많은 실례들을 다소 희미하게나마 회상했을지 모른다"[382]라 하여, 밀턴의 '죄'와 시각적 전통 사이의 관련성을 모호하게나마 암시를 했다. 1956년에 처음으로 스테드먼은 밀턴의 '죄'를 에덴동산에 나오는 '뱀·여자'의 회화적 묘사와 명확하게 연관시켰다.[383] 같은 해에

---

[381] Ann Gossman, "Milton, Prudentius and the Brood of Sin," *N&Q* 202 (1957), 439-440 ; John Illo, "Animal Sources for Milton's Sin and Death," *N&Q* 205 (1960), 425-26 ; Robert C. Fox, "Milton's Sin : Addenda," *PQ* 42 (1963), 120-21 ; Timothy J. O'Keefe, "An Analogue to Milton's Sin and More on the Tradition," Milton Quarterly 5 (1971), 74-77 ; Lynete R. Muir, "A Detail in Milton's Description of Sin," *N&Q* 201 (1956), 100-101.

[382] John H. Bonnell, "The Serpent with the Human Head in Art and in Mystery Play," *American Journal of Archaeology* 21 (1917), 275.

고스만도 동일한 가능성을 인정했다.384)

밀턴은 악마적인 '뱀-여자'의 본질적 특성을 관찰하고, 그녀를 선악을 알게 하는 나무로부터 지옥의 문으로 옮겨놓음으로써, 다만 문학적 전통을 통해서 얻을 수 있는 것보다는 훨씬 더 많은 확실성을 '죄'라고 하는 끔찍스런 괴물에게 줄 수가 있었다. 사탄이 인간을 유혹하기 위해, '질병도 없고 늙음도 없으며 언제나 풍성하게 열매가 맺히고, 언제나 꽃들이 만발한 영원한 봄만 있는 즐겁고 복된 축복의 동산'385) 에덴동산으로 가는 도중 지옥문에서 '죄'를 만났을 때, 그 '죄'의 모습은 아름다우면서도 추하게 보였다. 이것은 역설적 표현이지만, '죄'의 현상과 실재를 잘 드러내 주고 있다고 하겠다. '죄'는 표면적으로만 아름다울 뿐 실제적으로는 괴상망측하고 추악하다는 알레고리다. 또한 이 알레고리는 죄의 두 속성을 나타내주는 것이라 할 수 있는데, '아름답다'는 것은 죄의 유혹적 속성을, 그리고 '추하다'는 것은 죄의 반발적 속성을 암유하고 있다. 이런 야누스적 현상은 죄악적인 체험의 양면성을 보여주는 것이다. 다시 말해서 겉보기에는 죄는 아름답고 매혹적인 모습으로 눈길을 끌어 유혹하는 성격을 가지고 있는 반면, 저지르고 나면 취하고 나면 추하고 악취가 나는 실상으로 드러나 모두에게 반감과 불쾌감을 갖게 하는 성격을 갖고 있다는 것이다. 결국 사탄은 이런 아름답고 추한 자신의 딸인 뱀-여자에 이끌려 근친성교를 갖게 되고, 그 결과 '죽음'이 태어나게 되는 것이다. 또 다시 이 '죽음'은 '어미'가 되는 '죄'와 상간해서 지옥의 울부짖는 괴물들 즉 수없이 많은 죄악들을 표상하는 '지옥의 개들'(dogs of hell)을 낳게 된다. 그러므로 사탄·죄·죽음은 끼리끼리 붙어서 해먹는 악당의 삼인조라 할 수 있다.

---

383) John M. Steadman, "Sin and the Serpent of Genisis 3 : *Paradise Lost* II, 650-53," *MP* 54 (1957), 217-20.
384) Ann Gossman, "Milton, Prudentius, and the Brood of Sin," *N&Q* 202 (1957), 440.
385) Knott, 35-37.

## (2) 죽음

밀턴 이전 수백 년 동안은 마치 잠들어 편히 누워있는 듯한 죽은 사람의 모습으로 무덤을 장식해 왔다고 한다. 그러나 14세기에 흑사병이 유럽을 휩쓸고 지나간 이후로 이런 평화롭고 위안을 주는 죽음의 모습은 무섭고 떨리는 이미지로 완전히 탈바꿈하게 되었던 것이다. 따라서 뱀이나 두꺼비가 파먹은 썩은 시체로 나타났으며, 15세기에는 '죽음의 무도'(Dance of Death)를 시각화하게 되었다. 그 후로 이런 전통은 더욱 확대되어 무시무시한 내용의 조각들이 수적으로 증가하기에 이르렀다. 이와 같은 죽음을 표현하는 잔악한 사실적 묘사는 이탈리아의 르네상스 기간 중에 잠간 중단되었으나 16세기 반종교개혁과 더불어 새로운 잔악성이 다시 등장하게 되었고 17세기에 와서 그것은 절정에 이르게 되었다.

17세기 합리적 청교도 시인 존 밀턴은 심리적 공포에 중점을 두었기 때문에 유형적인 두려움을 축소시켰고 심지어는 그런 요소의 가장 기본이 되는 것까지도 제거하였다. 브로드벤트가 밀턴의 '죽음'을 홀바인(Holbein)이 그린 목판화 "죽음의 무도"와 관련시킨 것이나 초라한 누더기 옷을 걸친 해골로 표상시키고 있는 우의도와 관련시킨 것은 잘 못된 것이다.386) 밀턴은 전연 그런 묘사를 하고 있지 않으며, 그 죽음은 결코 누더기 옷을 걸친 해골도 아니다. 밀턴은 '죽음'을 다음과 같이 묘사하고 있다.

다른 한 형체,
만일 눈코, 마디 또는 사지도 구별할 수 없는,
그런 형체를 형체라 부를 수 있다면,
또 어느 것으로도 보이기에, 그림자로 보이는 것을

---

386) John B. Broadbent, *Some Grave Subject* (London : Chatto & Windus, 1960), 131.

> 물체라 부를 수 있다면, 그것이 밤처럼
> 시꺼멓게, 열 명의 복수처럼 사납게,
> 지옥처럼 무섭게 서서, 가공할 창을 휘두른다,
> 머리로 보이는 것 그 위에 왕관 비슷한 것을 쓰고서.
> (PL., 2. 666-73)

위의 인용문에서 보다시피 밀턴은 '죽음'을 눈, 코, 마디 또는 사지를 가진 그런 뚜렷한 형체로 그리지 않고 다만 전통적으로 죽음과 연관되는 속성만을 부여했다. 첫째 밀턴은 전통에 따라 '죽음'의 색깔로 '검은 빛'을 택하였다. 『실낙원』 제2편 제670행에서는 '밤처럼 시꺼먼 죽음'이라 했고, 제7편 제547행에서는 '죄와 그 검은 시종인 죽음'이라 했다. 생명과 창조의 색채의 이미지는 늘 낮과 태양으로 표상되는 밝고 찬란한 빛이지만 죄의 시종인 죽음의 색채는 늘 밤으로 표상되는 검은 색깔이다. 밀턴은 이런 색채의 이미지로 죽음의 속성을 부각시키고 있다.

둘째로 밀턴은 '죽음'의 무기로 가공할 '창'(PL., 2. 672 ; 11. 491)을 택했다. '낫'은 대량파괴에 적합한 도구이고 '창'은 개인을 표적으로 해서 사용하는데 적합한 병기이다. '죽음'은 이 병기를 들고 맨 처음 인간을 위협하는 것이 아니라 자기 아버지 사탄을 위협했고, 세상 끝 날에도 '죽음'은 '창'을 들고 사탄에게 궁극적인 위협을 가하게 된다(PL., 12. 432). 이것은 곧 죄와 사탄의 자체 파괴적이고 자멸적인 성질을 함축적으로 표현한 것이라 할 수 있다.

밀턴이 '죽음'에게 제공한 또 하나의 전통적인 속성은 '왕관 비슷한 것'(PL., 2. 673)이다. 이 이미지는 흔히 볼 수 있는 것이지만 밀턴은 그것을 비범하게 다루면서 그것에 부대적인 의미를 주었다. 특별히 지옥에 있어서 '왕관'은 '죽음'의 왕관 그하나 뿐이기 때문에 더욱 돋보인다. 밀턴은 눈이 부실 정도로 요란한 장식을 한 '왕좌'를 사탄에게 제공하지만, 타락한 사탄에게 '왕관'을 씌워 줄만큼 위엄 있는 존재로 보질 않는다. 이런 점에서 밀턴은 사탄에게 종종 왕관을 부여하는 시각적 전통의 일반적 경향과 상충된다.387) 사탄은 '하늘에서 섬기느니보다 지옥에서 다스리는 것이 더 낫다'(*PL*., 1. 236)라고 천명하기는 하지만, 지옥에 있어서까지도 사탄은 최고의 존재가 아니다. 왜냐하면 그 자신의 허세에서 태어난 아들이 그보다 높은 위치에 있는 자로서 '왕관'을 쓰고 그마저도 마침내는 파멸당할 것이기 때문이다. "죽음'이 지옥에서는 '내가 왕이다, 화가 날 테지만/너의 왕이요 주인이다"(*PL*., 2. 698-99)라고 사탄에게 선언한 말 속에서도 우리는 '죽음'이 '사탄의 왕'이라는 사실을 확인하게 된다.

궁극적으로는 그리스도의 발꿈치가 '죽음'을 깨뜨려 그 머리를 상해하고 그 힘을 분쇄할 것이다(*PL*., 12. 432). 그러나 그때까지 사탄과 그 일당들은 혐오와 공포의 대리인으로서 극적인 역할을 하게 될 것이다. 또한 그들은 하나님의 계획안에서 폐물처리의 용도로 쓰이게 된다. 즉 오점 찍힌 찌꺼기와 오물을 핥게 하고 연후에 먹고 마신 썩은 고기로 거의 터질 정도로 배를 채우게 한다(*PL*., 10. 630-33). 이런 하나님의 섭리에 따라 사탄은 죄와 죽음에게 약속하기를 그대들은 끝없이 먹고 배부를 것이며, 만물이 온통 그대들의 밥이 되리라(*PL*., 2. 843-44)고 한다. 결국 '죽음'은 근본적이고도 무한한 폐물 청소부요 그의 '식욕'은 '게걸스럽다' 아니 할 수 없다. 비유적으로 말해서, 그 '죽음'은 수없는 먹이인 시체에서 풍기는 냄새에 끌리고, 그곳에 살아 있는 모든 것에서 '죽음'의 냄새를 맡는

---

387) Joseph H. Summers, *The Muse's Method : An Introduction to Paradise Lost* (Boston : Harvard UP., 1962), 47-55 ; Frederick Burgess, *English Churchyard Memorials* (London : Cohn & West, 1963), 220 ; Frank Kendon, *Mural Paintings in English churches during the Middle Ages : An Introductory Essay on the Folk Influence in Religious Art* (London : Lowe & Brydone Ltd., 1923), 195 ; F. Douce, *Holbein's Dance of Death* (London : Routledge & Kegan Paul, 1958), pls 13-15.

(PL., 10. 267-69) 독수리와도 같다. 끝없는 굶주림으로 애태우며, '죽음'은 이렇게 선언한다.

> 영원한 기아로 고통을 받는 나에게는 낙원이나
> 천국이나 지옥과 마찬가지. 먹이 많은 곳이
> 제일 좋은 곳. 여기에 먹을 것이 풍족하더라도,
> 이 밥통과 이 가죽 늘어진 거구를
> 채우기에는 아주 적은 셈이다. (PL., 10. 597-601)

시각적으로 말해서 사탄은 죄인들을 게걸스럽게 먹으려고 하는 탐식가로 특징지울 수 있다. 사탄을 인간성을 탐내는 탐욕가로 시각화하는 것은 신학적으로 보아도 적당하다고 생각한다. 그러나 밀턴은 그의 서사시의 사탄 속에다 이런 이미지를 짜 넣을 수가 없었다. 그래서 그는 전통적으로 사탄과 죽음에 연결되는 그들의 시각적 역할을 뒤집어 놓았던 것이다. 따라서 밀턴은 사탄에게는 일면 매력적인 특성을 주었고, 그 아들 '죽음'에 대해서는 인간의 육체를 탐내는 '탐식가'로 묘사했던 것이다.

### (3) 사탄·죄·죽음

'죄'는 사탄의 갈라진 머리에서 튀어나왔는데, 도대체 그 의미는 무엇일까? 그것은 머리는 창조의 중심 곧 생명의 근원이기 때문이다. 죄의 출생도 출생이니만큼 머리에서 나올 수밖에 없다. 죄는 여성의 자궁에서 태어나는 것이 아니고 욕심을 마음에 품으면 때가 차면 머리를 가르고 튀어나오는 것이다. 그리고 이런 이념은 '뱀'의 머리가 여자의 후손인 그리스도에게 밟히리라(PL., 10. 181)고 하는 선언과도 연관된다. 사탄의 머리가 '밟힌다'고 하는 것은 생명의 근원 곧 창조적 생명력을 빼앗기게 된다는 것이다. 또한 죄가 태어나는 과정도 매우 흥미롭다. 죄가 태어날 때, 사탄의 눈은 어두워졌고 현기증과 고통을 체험하게 되었다(*PL.*, 752-55)고 한다. 창조의 양식 자체가 부정한 것이므로 하나님의 작용 또는 대리행위 같은 것은 전연 개재되질 않는다. 따라서 '어둠침침함', '현기증', '고통' 같은 하나님의 생명 창조때와는 전혀 정반대의 경험을 갖게 된다. 이와 같은 불유쾌한 경험은 하와의 창조에서는 결코 찾아 볼 수가 없다(*PL.*, 8. 452-77).

사탄의 머리에서 튀어나온 '죄'는 그녀의 창조자요 아버지인 사탄을 유혹해서 근친상간의 관계를 맺는다. 사탄은 자기의 딸인 '죄' 속에서 자신의 완전한 모습을 보고 나르시시즘적인 사랑에 빠져 자기 딸과 성적인 교접을 갖게 된다. 이처럼 하나님을 배신하고 반역한 사탄과 결합한 나르시시즘은 그 자신의 모습 곧 '죄'를 태어나게 하고, 마침내는 그 자신에 매혹되어 근친상간을 그 자신과 하게 된다. 이런 도착된 성관계의 결과는 결국 파멸과 죽음으로 귀결되고 만다.

'사탄'과 '죄'의 교접은 도착된 성행위로서 '자만'에 대응되는 나르시시즘과 근친상간이 혼합된 추잡한 관계를 보여주는 단적인 증거다. 이런 교접은 아담과 하와의 성적 관계를 흉내 낸 것이긴 하지만 가장 저급하고 가장 이기적인 것이다. 하와는 아담을 통해 궁극적으로 하나님과 결합하게 되지만 그 자신의 투사체인 '죄'를 만들어낸 사탄은 그것을 통해 결코 하나님과 결합되질 못하고 결국은 자기 자신에게로 돌아가고 만다. 아담은 자손을 통해 하나님의 형상을 널리 펼치기 위해 하와와 결합하고자 하는 것이므로 그가 그의 반신을 요구하는 것은 선하고 건전하다. 그러나 사탄이 자신의 투사체인 '죄'를 찾는 것은 선하지도 않고 건전하지도 못하다. 왜냐하면 그가 찾는 것은 그 자신의 일부로 하나님의 형상을 널리 펴려는데 목적이 있지 않기 때문이다. 사탄과 죄의 자손들은 불순종의 산물일 뿐 아니라 자기애의 부산물이어서 흉측하기 이루 말할 수 없다.

> 드디어 당신이 보는 바 이 흉측한 자식,
> 당신의 소생이 난폭하게 빠져나오느라고
> 내 내장을 찢어 헤쳐 놓았지요. 그 때문에
> 두려움과 아픔에 뒤틀려
> 내 하체는 모두 이렇게 변형된 것입니다. (*PL.*, 2. 781-85)

흉측한 자식 그것은 우리의 적이 되는 '죽음'이고, 이 죽음의 탄생은 이 세상에 기쁨과 절제보다는 두려움과 방종을 가져왔고, 여자의 자궁은 오욕과 공포의 장소가 되고 마는 것이다. 이 무서운 결과는 결국 사탄의 자기도취적인 불순종에서 얻어진 것이다.

밀턴은 고전적 서사시와 같은 서사시를 쓰는 것이 최대의 소망이었다. 이런 고전적 서사시는 건국의 영웅상을 그리는 것을 하나의 전통으로 전수했다. 밀턴은 이와 같은 서사적 전통에 따라 한 나라의 건국이 아니라 인간의 건국, 그 초기에 일어난 영원한 부조리 곧 원죄(original sin)를 선택했던 것이다. 이 일을 꾸미는 악의 장본인은 사탄이지만 마침내 하나님의 자비의 화신인 예수 그리스도가 나타나 유혹을 극복함으로 인류의 마음속에 다시 낙원을 회복하게 되는 것이다.

사탄은 어떤 방법으로도 예수까지도 허무로 돌아가게 만들고 우주에 반질서를 펼쳐보려고 혼신의 노력을 다했다. 따라서 사탄은 영원한 하나님의 적대자로 막강한 권력을 갖고 있는 존재로 부각되지만, 결코 하나님 자체를 무화시킬 수 있는 힘이 될 수는 없었다. 그런 의미에서 사탄은 하나님의 허락 아래서만 움직일 수밖에 없는 신의성취(神意成就)의 한 도구에 불과하다. 사탄이 한 권력이긴 하지만 미카엘이나 가브리엘 천사와 같은 긍정적인 힘이 아니라 하나님의 질서를 파괴하고 그 존재를 부정적으로 부각시키는 한 힘일 뿐이다. 이런 부정적인 힘과 질서가 맹렬하고 선명하면 할수록 긍정적인 힘과 질서의 우위성은 더욱 뚜렷하게 나타나게 되고, 결국 부정으로부터 긍정이, 악으로부터 선이, 어둠으로부터 빛이, 반질서로부터 질서가 재창조되는 것이다. 그것이 인간의 타락으로 인해서 잃었던 낙원이 되찾아지는 회복으로 이행하는 과정이고, 인류의 역사는 하나님의 섭리 안에서 그 과정을 반복하게 된다. 따라서 사탄은 타락한 인간의 비참한 상태를 설명하는 프로테스탄트적인 표현, 즉 인간의 부조리를 조리에 맞게 이해하려는 관점을 제시해 준다고 할 수 있다.

## Ⅳ. 그리스도와 구원

존 드라이든(John Dryden)이 그의 평론 『풍자론』(*Essay on Satire*) 에서 『실낙원』의 주제는 "우리들의 행복의 상실"(the losing of our happiness)이라고 했지만, 실상 밀턴은 인간의 낙원 상실이라고 하는 비극적인 주제만을 다루려 했던 것은 아니다. 만일 그가 드라이든의 말대로 행복을 잃게 된 아담과 하와의 불행만을 그리려 했다면, 절망의 상태로 낙원을 떠나는 그들의 광경만을 취급하는 것으로 충분했을 것이다.

그러나 밀턴은 『실낙원』을 그런 불행한 결말로 끝내질 않고 있다. 그런 끝맺음만을 보아도 그의 궁극적 의도는 단순히 비극적인 주제를 다루려 한 것이 아니라 그것을 넘어서는 행복한 결말을 맺어 주려했다는 것을 알 수 있다. 다시 말하면 하나님과 인간의 화해, 그리고 그것으로 인한 새로운 낙원의 회복, 즉 보다 행복한 인간의 장래를 그려 보여 주려고 했다는 것이다.

밀턴이 『그리스도교 교리론』과 『실낙원』에서 시사한 바와 같이, 이런 인간의 회복 문제에는 인간의 구원과 신생이 포함된다. 밀턴은 『그리스도교 교리론』에서 "인간의 회복은 아버지 하나님께서 예수 그리스도를 통하여 인간을 죄와 죽음으로부터 구원해서 그가 타락하기 전 상태보다도 훨씬 더 뛰어난 은총과 영광의 상태로 들어 올리는 행위이다"[388]라 했고, 『실낙원』에서는 이 교리를 다음과 같이 시적으로 형상화해서 표현했다.

　　이윽고 한 위대한 분이 우리를
　　회복시켜 복된 자리를 도로 얻게 하셨으니. (*PL.*, 1. 4-5)

---

[388] Don M. Wolfe, ed., *Complete Prose Works of John Milton* (New haven : Yale UP, 1973), vol. 6, 415. 이후 *Christian Doctrine*에서의 인용은 Yale edition에 의거하며 YP로 약기하겠다.

> 다음에는 인류의 회복자로 정해진
> 성자를 찬미한다, '당신으로 인하여
> 새 하늘과 새 땅이 대대로 일어나고,
> 또 하늘로부터 내려질 것이다' 고. (*PL*., 10. 646-48)

위에서 인용한 교리적인 산문과 시적인 표현을 종합해 보면 인간 회복은 그리스도를 통하여 인간을 타락전보다도 더 뛰어난 은총과 영광의 상태로 들리는 신생의 문제로 압축되어 제시되어 있다는 것을 알 수 있다. 여기서는 이 두 국면에 초점을 맞추어 그리스도의 사역과 인간의 미래적인 모습 및 구원의 문제를 을 그려보고자 한다.

## 1. 그리스도

그리스도는 '기름 부음을 받은 자'라는 뜻이 그리스어 '그리스트'에서 유래된 말로 히브리어로는 '메시야'라 한다. 일반적으로 그리스도는 나사렛 예수와 동의어로 간주된다. 나사렛의 예수를 목수의 아들로 아는 사람은 많으나 하나님의 아들로 아는 사람은 많지가 않다. 예수를 우리의 구주로 알거나 기다리던 메시야로 아는 사람도 또한 많지 않다. 예수는 나사렛 목수였던 요셉의 아들 곧 사람의 아들인 동시에 하나님의 외아들 독생자(獨生者)요, 우리의 구주요, 또 기다리고 바라던 메시야다. 우리 신자들은 모두 다 그렇게 믿고 있다. 다시 말하면 예수는 말씀이 육신이 되어 우리 가운데 오신 분이시라는 뜻이다. 그리고 그의 영광은 이 세상의 영광이 아니라 하늘에 계신 우리 아버지 하나님의 영광이시다(요 1 : 14). 우리 인간을 구원하시려고 오신 하나님의 외아들, 그분이 곧 예수 그리스도이시다. 예수는 하나님의 외아들이시지만 하나님과의 관계에 있어서는 언제나 동등한, 그러나 사람과의 관계에서는 하나님의 자녀 중에서 특수한 아들 되시는 분이시다. 예수님 자신도 그 자신을 하나님의 아들이라 불렀고(막 13 : 32), 성삼위의 한 분이라고 말씀하셨다(마 28 : 19). 예수 그리스노는 사람의 아들로 세상에 오셨지만 우리와 같지 아니하고 우리의 구주가 되시는 분이시다. 사람의 아들로서의 예수보다는 여기서는 중보자 되시는 그리스도에 대해 초점을 두고 천착해 보겠다.

## 1) 중보자 그리스도

밀턴은 칼뱅의 이중예정을 받아들이지 않았지만, 그리스도를 중보자(Mediator) 즉 구원자로 보는 데 있어서는 추호의 차이도 없다. 밀턴은 인류의 구주는 그리스도 밖에 없다는 사실을 천명하기 위하여 천사장 미카엘의 입을 통하여 먼저 율법의 의미부터 해설해 준다.

> 미카엘은 그에게 말한다. "그들 사이에서 죄가
> 득세할 것은 분명 하도다, 그대의 아들들이니.
> 그래서 율법을 내리시는 것이니라,
> 죄를 자극하여 율법과 싸우게 함으로써
> 그들의 타고난 사악함을 드러내 보이기 위해서.
> 즉, 율법은 죄를 드러내지만 약한 속죄의
> 표징인 소와 양의 피에 의하지 않고는 죄를
> 제거할 수 없음을 깨달을 때, 보다 고귀한 피,
> 정의가 불의를 위해 바쳐져야 한다는 결론을
> 그들은 얻게 되리라. 이로써 그들은 믿음으로 말미암아
> 그들에게 귀속되는 의로써 하나님께
> 의롭다 함을 얻고 양심의 평화도 누릴 수 있게
> 되느니라. 율법은 의식에 의해 양심을 달래지
> 못하고, 또한 사람은 그 도덕의 임무를

완수할 수 없고, 이를 완수하지 못하면
살 수도 없도다. 그러므로 율법은 불완전하게 보이고,
다만 때가 오면 보다 나은 계약으로
그들을 내주기 위해서만 주어지는 것이니라.
그때까지는 피상적 형식으로부터 진리로,
육에서 영으로, 엄격한 율법의 부과로부터
풍성한 은혜의 자유로운 향수로, 노예의
공포로부터 아들로, 율법의 과업으로부터
신앙에 이르는 수련을 쌓아야 하리라.
그런 까닭에, 모세는 하나님의 지극한 사랑을 받지만
다만 율법의 사역자에 불과하니, 그의
백성을 가나안으로 인도할 수 없고, 이방인들이
예수라 부르는 여호수아만이 그 이름과 임무를
맡으리라. 그는 원수인 뱀을 죽이고, 이 세계의
광야를 거쳐 오랫동안 방황하던 인간을 영원한
안식의 낙원으로 편안히 데리고 가리라. (*PL.*, 12. 285-314)

아담은 하나님께 불순종하여 타락하게 되었다. 타락의 결과 이 세상엔 죄와 죽음과 불행이 들어오게 되고 그 자손들 사이에는 죄가 성하여 득세하게 되리라는 것이다. 그래서 하나님께서는 행위언약으로서 율법을 주시고 죄를 자극하여 율법과 싸우게 하고 그 싸움을 통하여 율법의 힘이 약하다는 것을 깨닫게 하고 인간의 사악한 본성의 부패성을 밝히 깨닫게 한다는 것이다. 「로마서」 7장 7-9절에서는 이렇게 말하고 있다.

"그런즉 우리가 무슨 말을 하리요. 율법이 죄냐 그럴 수 없느니라. 율법으로 말미암지 않고는 내가 죄를 알지 못하였으니 곧 율법이 탐내지 말라 하지 아니하였더라면 내가 탐심을 알지 못하였으리라. 그러나 죄가 기회를 타서 계명으로 말미암아 내 속에서 온갖 탐심을 이루었나니 이는 율법이 없으면 죄가 죽은 것임이라. 전에 율법을 깨닫지 못했을 때에는 내가 살았더니 계명이 이르매 죄는 살아나고 나는 죽었도다."

밀턴이 말하는 '타고난 사악함'(natural pravity)는 아담의 범죄 이후의 인간의 생래적인 상태가 죄로 물들어 악하게 되었다는 것을 의미한다. 범죄 이전 낙원에 있을 때의 인간은 무죄였으나 타락한 이후 낙원에서 추방당한 이후에는 인간의 본성이 자연적으로 사악하게 되었다. 그래서 율법이 주어진 것은 틀림없지만 그 이전에는 율법이 없었던 것은 아니다. 인간이 죄 아래 있지 않을 때 받은 "선악을 알게 하는 나무 열매를 따먹지 말라"는 신명이 있었다. 그 하나님의 명령을 지키는 한 안전과 행복이 보장되었지만 그것을 위반하게 되어 낙원을 잃게 되고 죄와 죽음과 불행이 이 세상에 들어오게 되는 것이다. 낙원에 주신 '선악을 알게 하는 나무 열매를 따먹지 말라'는 하나님의 명령이 바로 그 때의 율법이었던 것이다. 밀턴은 타락 이전에는 율법이 없었다고 생각하질 않았다. 오히려 그렇게 생각하는 것이 잘못된 생각인 것이다.

범죄로 인하여 모든 아담의 후손들은 예외 없이 '성선'(natural good)은 없어지고 '성악'(natural evil)만이 있게 되어 하나님 앞에 조금도 선을 행할 능력을 갖지 못하게 된 것이다. 이러한 절망적 인간에게 광명과 자유를 던져주려고 『실낙원』을 계획하게 되었다고 한다.[389] 천사 가브리엘이 동정녀 마리아에게 아들을 낳으리니 그 이름을 예수(여호수아)라 하라고 했을 때 이제 그리스도의 탄생으로 율법의 통치는 끝나고 약속의 땅에는 신앙의 법에 의하여 들어가게 될 것이다. 모세가 약속의 땅까지만 갔지만 들어가지 못한 것은 율법의 무능무력을 나타내는 동시에 구속자에 의한 인류구원이 있어야 할 것을 보여 주었다. 그리스도는 율법의 완성인 동시에 신앙에 의한 구원의 길을 열어준 새로운 종교의 시원이 되는 것이다.

---

389) E. M. W. Tillyard, *Milton* (London : Cox & Wyman Ltd., 1966), 231.

『실낙원』에서 말하는 한 '위대한 인간'은 그리스도다. 그리스도는 율법처럼 정죄(定罪)하기 위해서 사람의 몸을 입고 오신 것이 아니라, 인간이 잃어버린 하나님의 모습을 회복시키려고 오셨다. 옛 아담은 하나님의 법을 위반하였고 모세가 시내 산에서 받은 율법도 지키는데 실패하고 말았다. 그래서 하나님과 사이에 틈이 생기게 되었고 그로부터 소외되면서 그의 모습을 잃게 되었으며 이윽고 죽음에 이르게 되었다. 하나님은 이런 아담과 하와를 정죄하고 심판하신다. 그러나 하나님이 심판은 저주로만 끝나는 것이 아니라 그리스도의 중보적(中保的) 기능 즉 대가없는 사랑과 은총의 베풂도 예시한다. 하나님은 인간을 심판하기 전에 인간에 의해 고발된 뱀을 지체 없이 심판한다.

> 네가 이런 짓을 했으니
> 온갖 집짐승과 들짐승 가운데서 너는 저주를 받아,
> 죽기까지 너는 배로 기어 다니며
> 흙을 먹어야 하리라. 너와 여자 사이에,
> 그리고 네 후손과 여자의 후손 사이에
> 원수가 되게 하리라. 너는 그 발꿈치를 물려고 하다가
> 도리어 여자의 후손에게 네 머리를 밟히리라.
> (*PL.*, 10. 175-81)

이 단계에서 아담은 그것이 무엇을 의미하는지를 몰랐다. 그러나 미카엘이 그리스도의 탄생을 말했을 때 아담은 그리스도가 예언된 '여인의 씨(후손)'(seed of woman)라는 것을 이해하게 된다. 그럼에도 불구하고 아담은 그리스도와 사탄의 싸움을 육체적인 의미로 보려는 경향이 있었다. 그래서 미카엘은 예언의 정신적 의미를 밝혀줄 필요를 느끼게 된다.

두 번째는 아들이 죄인에게 옷을 입혀준다고 하는 예언 속에 그

리스도의 중보적 기능이 예시된다.

> 이윽고 그는 변하지 않을 수 없는
> 공기 속에서 알몸으로 서 있는
> 두 사람을 가엾이 여기사 스스로 마다 않고
> 그 후 종의 신분을 취하기 시작한다. 그가
> 제자들의 발을 씻었을 때처럼, 하나님의 가족의
> 아버지로서, 그들의 알몸에 짐승의
> 가죽으로, 또는 피살되거나 뱀처럼 허물 벗는 가죽을
> 입히시고 적들에게 입히는 것도
> 주저하지 않으셨다. 짐승의 가죽으로
> 그들의 외부를 가렸을 뿐 아니라, 그것보다
> 훨씬 더 추한 내부의 알몸까지도 그는
> 정의의 옷으로 치장하여 하늘
> 아버지 눈에 띄지 않게 하셨다. (PL., 10. 211-23)

이 사건의 경우에도 아담과 하와는 그리스도가 실제적인 의미에서 그들의 몸에 옷을 입혀주는 것으로 알았다. 이런 점에서, 그들은 그들의 행위의 정신적 의미를 이해하지 못했던 것 같다. 왜냐하면 은총의 계약이 아직은 그들에게 계시되지 않았기 때문이다. 미카엘이 믿음으로 말미암아 의롭다함을 얻게 된다는 교리를 설명했을 때 (PL., 12. 402-35) 비로소 아담은 중보자로서의 그리스도가 인간의 내면적 헐벗음을 입혀주시고 그의 정신적 누추함을 정의의 옷으로 가려주어 죄인을 아버지 앞에 나가게 하며 그의 영접을 받게 한다는 것을 알게 된다. 여기서 우리는 구원자로서의 그리스도와 관련해서 두 가지 점을 생각해 보아야 하겠다. 그 하나는 그의 본성이고 다른 하나는 그의 기능이다.

## 2) 그리스도의 본성

인류 역사상 예수 그리스도처럼 독특한 인격을 가지신 분이 없다. 많은 학자들이 예수를 하나님의 아들로 믿지 않는다. 그러나 성경의 증거대로 예수 그리스도는 하나님이신 동시에 인간이시다. 한 인격 속에 양성을 가지신 독특한 분이시다. 이 양성의 신비는 성육신 사건으로 구체화 된다. 밀턴도 다른 정통적인 조직신학자들과 마찬가지로 그리스도의 신성과 인성을 굳게 믿었다.

여기에 너는 성육한 채로 앉아, 하나님이며
사람이요, 또 하나님의 아들이며 사람의 아들로서,
또한 기름부음을 받은 만물의 왕으로 다스리리라.
(*PL.*, 3. 315-17)

한 인격 속에 양성이 들어 있으나 혹자들이 주장하는 것처럼 이 양성은 나뉠 수 있는 것이 온전하게 유기적으로 연합되어 공존하는 1인격 2성(一人格二性)을 지니신 독특한 존재이시다.

신과 인간이 연합하니, 뱀은 이제 치명적인
고통으로 그 머리에 상처 입을 각오를 해야 하리라.
(*PL.*, 12. 383-84)

신성과 인성을 동시에 지니신 그리스도의 본성을 인간의 이성으로 규명하기는 힘들다. 그러나 한 인격 속에 양성이 가지신 분으로 믿지 않으면 인간의 구속의 신비가 풀리질 않는다. 우선 예수가 인간이라는 것은 그가 육체와 영혼을 가졌다는 사실로 분명히 알 수가 있다.

비록 지금은 죽음에 굴복하여 죽을 수 있는
저의 모든 것이 그의 소유가 된다 할지라도, 그 빚
갚으면 당신은 저를 그 역겨운 무덤에 그의 밥으로
버려두지 않을 것이고, 저의 티 없는 영혼을
거기서 영원히 부패하여 살게 하지는 않으시리이다.
(*PL*., 3. 245-49)

그리스도가 인간이 되어야 하는 이유를 성경은 이렇게 말하고 있다. "사망이 한 사람으로 말미암았으니 죽은 자의 부활도 한 사람으로 말미암는도다. 아담 안에서 모든 사람이 죽은 것 같이 그리스도 안에서 모든 사람이 삶을 얻으리라"(고전 15 : 21-22). '죄를 지으면 죽으리라'는 하나님께서 선포하신 명령 곧 법이 있었다. 그런데 그 법을 어기고 아담이 죄를 짓게 되었다. 그로 말미암아 모든 사람이 다 죽게 되었다. 이미 선포하신 신령을 거두어 드릴 수도 없지만 그 인간을 다 죽이는 것을 그의 무한하신 자비와 사랑이 용인하질 않았다. 하나님께서는 그의 정의와 사랑을 모두 충족시킬 수 있는 방법으로 자신이 대신 죽는 길을 택하셨다. 그런 그의 뜻 안에서 자신의 한 위이신 성자를 몸을 입은 인간으로 태어나게 하시어 적당한 때에 대속제물이 되게 하셨다. 이것이 바로 하나님의 외아들 그리스도가 인간이 될 수밖에 없는 이유다. 밀턴은 이 사실을 『실낙원』에서 이렇게 노래하고 있다.

그렇게 인자는 가장 바르게,
인간의 속죄제물이 되고, 심판받아 죽고,
죽었다 다시 살아나 그 귀한 생명을 값으로 주고
산 형제들을 함께 일으켜야 하리라. (*PL*., 3. 294-97)

율법은 죄를 드러내지만 약한 속죄의

표징인 소와 양의 피에 의하지 않고는 죄를
제거할 수 없음을 깨달을 때, 보다 고귀한 피,
정의가 불의를 위해 바쳐야 한다는 결론을
그들은 얻게 되리라. (*PL*., 12. 289-94)

그리스도는 죄인을 대표하기 위하여 필연적으로 인간이어야 했으며, 구속자가 되기 위하여서는 반드시 하나님이어야 한다. 참 신성과 참 인성을 동시에 지닌 그리스도는 완전한 인간이며 하나님이었으나 통일된 인격을 가지셨다. 양성을 갖춘 분이 아니면 하나님의 정의와 사랑, 율법과 은총을 공히 성취할 수가 없다. 그리스도가 하나님이면서 동시에 인간이시기 때문에 구속의 사역을 감당하시고 하나님의 뜻을 성취해 드릴 수가 있었다.

### 3) 그리스도의 직분

그리스도의 직분은 크게 세 가지로 구분되는데, 그것은 선지자직, 제사장직, 왕직이다. 이 삼중직은 그리스도께서 중보자적 사역을 감당하는데 기능적인 역할을 한다. 밀턴도 그리스도의 직분을 세 가지로 보고 있다.

### (1) 선지자로서의 그리스도

선지자란 백성 앞에서 하나님의 대리인이자 하나님으로부터 명령을 받고 심부름하는 사자로서 하나님의 말씀을 백성에게 선포하고, 그 뜻을 전달하는 역할을 한다. 선지자는 꿈이나 환상 또는 언어 전달을 통해 하나님의 과거, 현재 미래의 계시 역사를 백성들에게 알려줌으로서 백성에게 경고와 위로와 축복을 주는 자다. 또한 선지자는 하늘의 진리로서 교회를 가르치고 아버지의 뜻을 선포한다.

"오, 내 마음의 최대 기쁨인, 아들이여,
내 사랑하는 아들이여, 단 하나뿐인
나의 말, 나의 지혜, 나의 실천의 힘이여,
너는 내 생각 그대로를 말했도다.
내가 정한 영원의 목적 그대로를,
인간은 다 멸망 받지 않고 원하는 자는 구원받으리라,
그들의 의지에 의해서가 아니라 대가 없이 베푸는
나의 은혜에 의해서, 다시 한 번 나는 그의
잃었던 힘을 회복시키리라, 죄로 인해서
상실되고 과도한 더러운 욕망에 사로잡혀 있을지라도.
나의 힘을 의지해서 다시 한 번 그는
그 죽음의 적과 대등한 지위에 서게 되리라. (*PL.*, 3. 168-79)

위에서 보는 바와 같이 하나님의 대언자로서 그의 말씀을 받아 교회와 백성들에게 선포하고 그의 뜻을 전달하는 역할을 그리스도께서 하신다.

### (2) 제사장으로서의 그리스도

제사장은 하나님 앞에서 인간을 대표하여 하나님께 인간의 죄를 속하기 위해서 희생 제사를 드리고, 하나님의 백성들을 위하여 중보 기도를 드리고, 그들을 하나님의 이름으로 축복한다. 그리스도는 대제사장으로서 한 때 죄인들의 속죄 제물로 아버지 하나님께 그 자신을 드렸고, 늘 우리를 위하여 중보의 역할을 하고 있다.

"아버지시여, 당신이 인류에게 심으신 은총이

지상에서 열매 맺은 이 첫 이삭, 이 탄식과 기도를
보소서. 그것을 이 황금 향로에 넣고 향을
섞어 당신의 사제인 내가 당신에게
바치나이다. 회개로써 마음에 심은 당신의
씨앗에서 나온 열매이니, 상쾌한 그 향기는
오히려 순결함으로부터 타락하기 전, 인간의 손으로
가꾸어 낙원의 모든 나무에서 자라게 한 과실보다
낫나이다. 그러니 이 애원에 귀 기울이시고, 그 소리
없는 한숨을 들으소서. 기도하는 말이 능숙하지
못 하오면, 내가 그대의 대변자 또는 화해자로서
그를 대신하여 해명하겠나이다. (PL., 11. 22-33)

여기서 보면 그리스도는 하나님 앞에서 인간들을 위해 중보하고 변론해주고 대신 기도해주시는 역할을 하고 있다. 예수 그리스도는 우리의 대제사장으로서 하나님과 인간 사이의 평화의 중재자가 되셨다.

### (3) 왕으로서의 그리스도

그리스도는 하나님의 모든 권세를 받아 세상을 통치하신다. 특히 그리스도는 주로 영적인 힘을 가지시고 그 자신을 드려 사신 교회를 통치하고 보존하며 그 원수를 정복하신다.

내 너에게 모든 권한을 주노니, 영원히 다스리며
너의 공덕을 이루라. 최상(最上)의 머리로서, 너의 밑에
좌품천사(座品天使) · 권천사(權天使) · 능천사(能天使)
주천사(主天使)를 굴복시키면, 하늘이나 땅에, 또는
땅 밑(混沌)과 지옥에 사는 모든 자들 너에게 무릎 꿇리라.

(*PL.*, 3. 318-22)

　그리스도께서는 당신의 피 값으로 사신 교회의 유익과 그의 백성들의 구원을 위하여 개인과 민족들과 우주를 다스리신다. 그리스도께서는 구속하신 백성들의 영적인 성장과 점진적 성화 및 궁극적인 구원의 완성을 향하여 우주를 다스리신다. 그리스도는 자기 백성들을 세상의 온갖 위험으로부터 보호하시며 모든 대적들을 굴복시키시고 멸하심으로 이 세상을 다스리신다.

　구속자인 그리스도는 이와 같이 삼중의 직분을 갖고 한상 믿는 자들을 하늘의 진리를 가지고 가르치며 아버지의 뜻을 그들에게 선포하고, 그들의 중보자가 되어 늘 화해시키며, 그들을 통치하고 그들의 원수들을 정복해서 마침내 영원한 구원에 이르게 한다. 그리스도의 중보와 구원의 사역은 그의 '굴욕'(humiliation)과 '높이우심'(exaltation)에 의해 완수된다. 그리스도의 구원 사역은 인류를 대신해서 신의 정의를 충족시키는 것이 선행적 단계다. 신의 높은 정의는 서상한 바와 같이 사랑으로 율법을 완성하고 인류의 죄 값인 죽음의 고통을 받음으로써 충족된다는 것이다.

　　그대의 구주로 오시는 이가 이것을 낫게 하시리라,
　　사탄을 멸함으로써가 아니라 그대와 그대의 씨에서
　　그가 한 일을 멸함으로써, 그것은 다름 아니라 그대가
　　이행치 못한 것, 즉 죽음의 벌로서 가해진
　　하나님의 율법에 순종함으로써, 그리고 그대의 죄와
　　거기에서 나오는 그들의 죄에 적합한 형벌인
　　죽음의 고통을 받음으로써만 완수되느니라.
　　그럼으로써만 높은 정의는 충족되리라.
　　사랑만으로 율법을 완성할 수 있지만, 그는
　　순종과 사랑으로 하나님의 율법을 완성하리라.

그분은 육신으로 오셔서 치욕적인 삶과
저주의 죽음으로 그대의 형벌을 대신 받으시고
그의 속죄를 믿는 모든 자에게 영생을 선포하리라.
(*PL*., 12. 395-407)

인류의 구원을 성취하는데 필요한 모든 일을 감당할 목적으로 그리스도는 자진해서 굴욕적인 삶과 죽음으로써 신의 높은 정의에 굴복했는데, 이런 상태를 일컬어 그리스도의 굴욕이라고 한다. 이런 굴욕 당하심 없이는 그의 '높은 들림'도 없었을 것이다.

그분의 구원은
그들 자신의 행위(비록 법적으로는 옳아도)가
아니라, 그분의 공덕이니라. 따라서 그는
미움과 모독을 받으며 살고, 강제로 잡혀서
심판받아, 수치스럽고 저주스런 죽음의
선고받고, 자신의 백성에 의해 십자가에
못 박혀, 영생을 가져오기 위해 죽임을 당하시리라.
(*PL*., 12. 409-15)

그리스도는 인류에게 영생을 가져다 주기 위해 온갖 굴욕을 다 당하시고 마침내 자기 백성들의 손에 잡혀 십자가의 죽음을 당하시리라는 것이다. 그러나 그리스도는 한편으로는 그 자신의 공로에 의해, 또 한편으로는 아버지 하나님의 은총에 의해, 영원한 불멸과 높은 영광의 상태로 높이 들리게 된다.

너는 하나님과 동등한 지복한 자리에 앉아,
하나님과 같은 복락을 똑같이 누리면서도,
세상을 필멸로부터 구하고자 일체를 버려, 생득권보다

오히려 그 공로 때문에 하나님의 아들로 인정받으리라.
(*PL.*, 3. 305-309)

이런 '그리스도의 높이우심'은 세 단계, 즉 '부활'(*PL.*, 12. 419-23)과 '승천'(*PL.*, 12. 451-53)과 '하나님의 우편에 앉으심'(*PL.*, 12. 456-59)으로 이루어진다.

그리스도의 인성(人性)은 '높이 들리심'의 영광의 상태에 이르게 되고, 그의 신성은 회복되어 '왕'으로 영원히 다스리게 된다(*PL.*, 3. 313-16). 이와 같이 그리스도의 구원의 사역은 그의 '굴욕'과 '높이우심'에 의해 성취된다. 그러므로 그리스도의 치욕적인 삶과 수치스러운 죽음 없이는, 그리고 그의 영광스러운 부활과 승천과 왕권의 회복 없이는 인류의 구원은 기대할 수 없다. 이것이 하나님의 영원한 섭리요 그의 놀라운 은총인 것이다. 밀턴은 아르미니우스처럼 인간이 믿을 것을 예지하고 그것을 조건으로 그리스도를 통하여 구원하기로 예정했다고 한다.

## 2. 구원

인간은 원초적으로 찬란하고 영광스러운 존재로 지음 받았으나 사탄의 미혹과 궤휼에 넘어가 하나님께 불복종함으로써 그 의롭고 거룩하고 옳고 바른 지혜로운 모습을 잃게 되었다. 이와 같은 죄의 죽음 아래서 구원을 받고 타락하기 이전보다도 훨씬 영광스러운 상태로 올라가 살게 되는 것을 재생의 은총이라 한다. 그 과정은 두 가지 즉 구원과 재생으로 나누어 설명할 수 있다고 생각한다.

"구원은 때가 차서 보내어진 그리스도가 아버지 하나님의 영
원한 계획과 은총에 따라 자연적인 행동에 의해서 그 자신의 피

를 대가로 지불하고 모든 믿는 사람들을 구원하는 행위다."390)

밀턴 자신은 명확하게 『그리스도교 교리론』에서 이렇게 구원에 대해서 정의하였을 뿐 아니라 그 이념을 『실낙원』의 가장 기본이 되는 의미의 틀로 삼아서 시를 짰다.

> 그대의 구주로 오시는 이가 낫게 하시리라,
> 사탄을 멸함으로써가 아니라 그대와 그대의 씨에서
> 그 작용을 멸함으로써, 그것은 다름 아니라 그대가
> 이행치 못한 것, 즉 죽음의 벌로서 가해진
> 하나님의 율법에 순종함으로써, 그리고 그대의 죄와
> 거기에서 나오는 그들의 죄에 적합한 형벌인
> 죽음의 고통을 받음으로써만 완수되느니라.
> 그럼으로써만 높은 정의는 충족되리라.
> 사랑만으로 율법을 완성할 수 있지만, 그는
> 순종과 사랑으로 하나님의 율법을 완성하리라.
> 그분은 육신으로 오셔서 치욕적인 삶과
> 저주의 죽음으로 그대의 형벌을 대신 받으시고
> 그의 속죄를 믿는 모든 자에게 영생을 선포하리라.
> (PL., 12. 395-408)

인간의 구원은 그리스도의 보혈(寶血)의 공로로 성취되지만, 그것은 성부(聖父)이신 하나님의 영원한 계획과 은총에 순응한 순종적인 행위라는 것이다. 다시 말하면 인간의 구원은 하나님의 영원한 예정 섭리에 의한 것이고 그리스도는 그 뜻에 자의적으로 순종해서 이루어진 것이라는 것이다. 따라서 예정 섭리와 구원의 문제를 관련시켜 생각해 보는 것이 옳을 것 같다.

---

390) YP. vol. 6, 415.

## 1) 예지 예정

   교리 상 매우 논란이 많은 문제를 비신학도로서 제한된 지식을 가지고 다루는 것은 아주 조심스러운 일이고 천박한 무지의 오류를 범할 수도 있겠지만, 밀턴의 입장을 밝히기 위해서는 이 문제를 회피할 수가 없을 것 같다. 밀턴의 교리적 입장을 보기 위해서는 먼저 이 예지 예정(foreknowledge and predestination)의 교리적 배경을 먼저 고찰하는 것이 좋겠다.

   밀턴은 『그리스도교 교리론』에서 예지(豫知)와 자유의지(free will)의 교리를 취급하고 있다. "하나님은 그의 지혜에 의거해서 천사와 인간이라는 창조물을 이성이 부여된 따라서 자유의지를 가진 존재들로 정하였다. 동시에 그는 그들이 절대적으로 손상되지 않은 이 자유를 사용할 때 그들이 향할 방향을 예지하였다."[391]

   그러면 예지가 어떤 사건 발생에 필연적인 강요를 가하는가? 밀턴은 단연 그렇지 않다고 잘라 말한다. 그 이유가 무엇인가? 그 이유로서 그는 만일 그렇게 된다면 하나님 자신이 악의 장본인이 될 뿐 아니라 타락의 동인(動因)이 되기 때문이라고 한다. 한 사건에 대한 하나님의 예지와 사건 그 자체 사이의 연계성은 필연적이지만 불가피한 것은 아닌 것이다. 동일한 입장이 『실낙원』에도 나타난다.

     그러므로 그들은 정의에 속하도록
     창조되었으니, 그 창조주도, 그들의
     만듦이나 운명도 비난하는 것은 정당하지 못하다,
     마치 하나님이 절대적인 섭리와 높은 예지로써
     결정하고 그들의 의지를 지배한 것처럼.
     그들의 반역을 정한 것은 그들 자신이지

---

[391] *YP,* 6, 164.

내가 아니다. 만일 내가 예지했다 해도
그 예지가 그들의 죄에 어떤 영향을 미칠 수는 없다,
예지 못했다 해도 그들은 틀림없이 죄를 지었을 테니까.
그러니 운명의 사소한 자극이나 비호도 전혀 없이,
나의 불면하는 예지에 어떤 영향도 받지 않고,
그들은 판단하는 데 있어서나 또는 선택하는 모든
일에 있어서 모두 자신이 주동되어 범죄 한다. 그렇게
자유롭게 만들었으니, 스스로 노예가 될 때까진
자유롭게 지내리라. (*PL.*, 3. 111-25)

하나님은 그의 놀라운 지혜로써 미리 천사와 인간의 타락을 예지했지만 그렇다고 타락되지 않도록 강제하지는 않는다는 것이다. 그렇게 되면 그들을 자유롭게 창조한 그의 창조의 의도에도 어긋나는 것일 뿐 아니라 강요당하여 순종하는 것이라면 그들의 진정한 사랑과 충성도 알 수 없다고 한다. 하나님은 그의 예지에 의해서 모든 것을 예정하지만 모든 것에 구속을 가하지는 않는다는 것이 밀턴의 주장이다. 인간에게는 이성을 주었고 그 이성으로 순종과 불순종을, 그리고 신앙과 불신앙을 선택할 수 있는 자유의지도 갖게 되었다고 본다.

5세기 초, 원죄의 유전성(遺傳性)을 부정하고 인간의 자유의지만을 강조하는 펠라기우스(Pelagius, 405-418)주의에 반기를 든, 아우구스티누스(Augustinus)는 타락과 원죄와 예정의 교리를 주장하였다. 논쟁이 더욱 심각해짐에 따라, 아우구스티누스의 입장은 거의 융통성이 없을 정도로 단호해졌다. 그에 따르면 타락 이후의 인간은 아담의 범죄적 성향을 유전 받았고 초자연적 은사인 자유의지는 죄를 통하여 완전히 상실되었다고 한다. 그러나 하나님은 그의 불가해한 지혜 속에서 영원한 섭리에 따라 죄인을 부분적으로 선택해서 구원하기로 예정 하였다. 그것은 순전히 하나님의 불가항력적인 은총에 의한 것이다.

이런 아우구스티누스의 예정교리는 후에 와서 장 칼뱅(Jean Calvin)에 의해 채용되었다. 칼뱅은 그리스도의 속죄의 은총은 모든 사람에게 다 적용되는 것이 아니라 무조건적으로 선택된 자들에게만 적용된다고 주장했다. 그러나 칼뱅은 아우구스티누스보다 한 걸음 더 나아가 이중적 예정교리(double predestination) 즉 선택(election)과 유기(遺棄 reprobation)의 교리를 체계화했다.

"예정이란 하나님의 영원한 섭리를 의미하는데, 하나님은 그것에 의해서 모든 사람에게 일어났으면 하는 것을 모두 스스로 결정했다. 모든 사람은 동등한 조건으로 창조된 것이 아니고, 어떤 사람은 영생으로, 어떤 사람은 영원한 저주로(영벌)로 예정되었다. 따라서 각자 이런 목적 중의 어느 한 목적을 위해 창조되었기 때문에 생명과 죽음으로 예정되었다고 말하는 것이다."392)

우리는 칼뱅보다도 그의 후계자라 할 수 있는 베자(Theodore Beza)의 글에서 더 엄격한 예정론을 발견한다.

"구원과 저주의 모든 원인보다 순서적으로 앞서는 하나님의 영원하고 불변하는 작정, 그것에 의해서 하나님은, 어떤 사람은 은혜로 그리스도 안에서 구원하고 어떤 사람은 합당한 정의를 통하여 아담과 그들 자신 안에서 저주함으로써, 영광을 받기로 결정했다. 성경의 관례에 따라서 우리는 전자를 영광의 사람 또는 선택된 사람이라 부르고, 즉 태초 이전부터 자비를 통하여 구원에 이르도록 작정된 사람이라 부르고, 후자를 우리는

---

392) John Calvin, *Institute of the Christian Religion*, trans. Herny Beveridge 2 vols (James Clarke & Co., 1957), 21. 5.

버림받은 사람 또는 진노 받은 사람, 즉 영원부터 합당한 저주를 받도록 작정된 사람이라고 부른다. 신은 그 둘을 다 처음이 없는 때부터 각각 아셨다."393)

베자의 선타락(先墮落) 예정교리는 파생적 칼뱅주의로, 엄격한 결정주의라 할 수 있는데, 그것이 후일 영국으로 건너와서 청교도 신학자 윌리엄 퍼킨즈(William Perkins)에게로 이어졌다. 칼뱅 자신은 하나님의 예정을 불가해한 신비로 보고 전체적 주제를 애써서 완성하려고 하지 않았다. 그러나 그의 후계자들은 대담하게도 그런 교리를 선타락 예정으로 주장했다.

칼뱅의 예정교리의 두드러진 특징을 요약하면 다음과 같다. 첫째 칼뱅의 예정교리에 따르면, 모든 다른 섭리보다도 선택과 버림의 섭리는 최우선되는 것으로 아담의 타락 이전에 결정된 것이기 때문에 그의 범죄하고는 전연 무관하다. 둘째 모든 죄인의 선택과 버림(유기)은 무상적(無償的)인 것으로 인간의 노력이나 공로와는 관계가 없다. 셋째 은총과 믿음은 선택자에게만 주어진다. 다시 말하면 그리스도의 속죄의 은총은 영원부터 신의 구원을 위해 선택된 자에게만 적용된다는 것이다. 넷째 그 은총은 불가항력적인 것으로, 선택을 받은 자는 누구든 그 선택과 구원을 거역할 수 없다. 다섯째 그 은총은 정확무오(正確無誤)한 것으로 인간의 자유의지를 일체 배제한다.

그러나 화란의 신학자 아르미니우스(Jacobus Arminius)는 이런 칼뱅의 엄격한 이중예정교리에 반대했다. 좀 더 정확히 말하면 아르미니우스는 칼뱅의 결정론과 인간의 공로와 절대적인 자유의지를 주장하는 펠라기우스주의와의 중도를 취한 것이다. 아르미니우스는 베자 밑에서 신학을 연구한 후, 1587년에 그의 고향인 화란으로 돌

---

393) Carl Bangs, *Arminius : A Study in the Dutch Reformation* (New York, 1971), 66-7.

아가 암스테르담에서 목회를 하였다. 1590년대 초에 로마서 7장과 9장을 자세히 연구하면서 그는 칼뱅의 결정론에 의심을 품게 되었다. 예정은 믿는 자에게만 적용되는 것으로, 신은 그리스도를 믿는 모든 신앙인을 구원하도록 예정하였다고 생각했던 것이다. 그러나 그 구원은 은혜에 의해서만 이루어지는 것이고 인간의 업적이나 공로는 결코 구원의 원인이 될 수 없다고 믿었다.

　아르미니우스는 아르미니안주의의 기본문서라 할 수 있는『퍼킨즈의 소논설연구』(*Examination of Perkin's Pamphlet*)를 썼는데, 거기서 그는 은혜란 잠재적 자유의지를 현실적 자유의지로 변화시키는 힘이라고 했다. 다시 말하면 하나님의 은사는 악을 선택하기 위한 타락 이후의 인간의 의지를 회복시켜 자유로이 선악을 선택할 수 있는 의지로 되돌려 놓았다는 것이다. 보다 원대한 은총 행위에 의해서 신은 그리스도 안에서 구원받도록 작정한 그 약속을 믿는 자에게 자비로 베풀어 주기로 섭리하였다는 것이다. 그러니까 회복된 자유의지에 적합한 선택은 신앙과 불신앙 사이의 선택이라고 한다. 그러나 의지는 자유로운 것이기 때문에 은총은 불가항력적인 것이 아니라 상대적인 것이다. 다시 말하면 그리스도 안에서 구원의 은사는 누구에게나 보편적으로 주어지지만, 각 개인은 그의 자유의지를 이용해서 주어진 은사를 수용할 수도 있고 거절할 수도 있다고 한다. 칼 뱅즈(Carl Bangs)는 은총과 자유의지에 관한 아르미니우스의 견해를 이렇게 요약하고 있다.

"인간이 구원과 관련해서 행사할 수 있는 부분이 있다면 그것은 믿음뿐이다. 복음적 신앙이란 주어진 은총을 받아들이는 자유선택이고, 그 은총은 자유선택을 가능하게 한다. 이 모든 일에 있어서 인간은 은총 없이는 아무것도 할 수 없다. 인간은 아무 것도 배울 수도 없고, 기여할 수도 없다. 그러나 그는 자유로이 선택하게 되고, 그것을 또 거역할 수도 없다. 왜냐하면 은총이란 불가항력적인 힘이 아니기 때문이다."394)

　의지의 자유와 은총의 상대성을 주장함에 있어서 아르미니우스는 근본적으로 그는 베자 밑에서 배운 칼뱅의 교리를 저버렸다. 동시에 그는 퍼킨즈의 예정론에서 새로운 암시를 발견했다. 그러나 인간의 선행이나 공로의 효율성을 부정하고 구원을 은총의 작용으로만 돌림으로써 그는 펠라기우스의 입장도 부정했다. 아르미니우스의 주장을 정확히 이해하려면 퍼킨즈의 예정교리를 알아야 할 것이다. 우선 퍼킨즈는 예정섭리가 다른 섭리보다도 우선한다고 생각하는 칼뱅의 교리를 거절한다. 오히려 그는 예정섭리는 그리스도를 중재자로 지정한 그 섭리에 종속된다고 주장한다.
　이런 섭리의 종속성이 무엇보다 근본적인 중요성을 갖는다고 한다. 복음적 은총은 죄인으로서의 인간에게 확대되고, 믿는 자는 그리스도 안에서 예정된 것이기 때문에 그리스도를 중보자로 세운 그 은총이 죄인을 그리스도 안에서 선택하기로 작정한 섭리보다 논리적으로 앞선다는 것이다. 둘째 족한 은혜(sufficient grace)는 보편적이지만 구원의 은혜는 믿는 자에게만 주어진다고 한다. 즉 모든 사람은 신이 주는 믿음의 은사를 부여받았지만, 구원의 전제가 되는 부수적 은혜(subsequent grace)는 사실상 그런 하나님의 선택적 행위에 적극적으로 반응하는 동시에 그런 결단을 지속적으로 보존하는 자들에게만 제한된다는 것이다. 마지막으로 그는 절대적 예정(absolute predestination)과 부수적 예정(contingent predestination)을 구별한다. 예지와는 관계가 없는 절대적 예정에 의해서 신은 믿는 자는 구원하고, 믿지 않는 자는 멸망하도록 섭리했다는 것이다. 그리고 부수적 예정에 의해서 신은 믿을 것으로 예견되는 자를 구원하고 불순종할 것으로 예견되는 자를 저주받도록 작정했다고 한다. 한 마디로 말해서 아르미니우스에 따르면 믿음은 보편적인

---
394) Bangs, 216.

은사로, 누구나 믿으면 구원을 받고 믿지 않으면 버림을 받는다는 것이다. 그런데 그 믿음은 인간의 자유의지에 따라 수용할 수도 있고 거부할 수도 있다고 한다.

밀턴은 『그리스도교 교리론』의 제1권 제4장을 예정교리를 다루는데 할애하면서 다음과 같이 그것을 정의하고 있다.

"인간과 관련된 하나님의 중요한 특수섭리를 예정이라고 한다. 하나님은 그 예정에 의해서 세계의 기초를 놓기 전에 비록 스스로 넘어질 수 있기는 하나, 인류에게 자비를 베풀어 주었고, 그의 자비와 은혜와 지혜를 나타내 보이기 위하여 그리스도 안에서 그의 목적과 계획에 따라 장차 그리스도를 믿고 그 믿음을 지속할 수 있는 자들을 영원히 구원하기로 예정하였다"395)

이 정의만을 보아도 아르미니우스의 영향이 크다는 것을 알 수 있다. 그러나 아르미니우스와 밀턴의 입장에는 한 가지 현저한 차이점이 있다. 아르미니안주의는 지극히 변형된 형태이기는 하지만, 칼뱅의 이중예정교리를 고수하고 있는데 반하여, 밀턴은 예정이라는 용어는 선택에만 적용되고 일반적 섭리의 경우든 개인적 섭리의 경우든 유기예정은 비성서적이라고 주장한다. 물론 유기는 불유쾌한 교리이기는 하지만 논리적으로 보거나 성경적으로 볼 때(롬 8 : 29-30) 정당하다. 왜냐하면 어떤 사람들을 선택해 낼 때에 나머지 사람들이 버림을 당하는 것은 자연스러운 일이기 때문이다. 그럼에도 불구하고 밀턴은 인류를 향한 '하나님의 대가 없는 은총' 즉 '무한량한 하나님의 사랑'을 강조하고 싶었다. 그러다 보니 유기예정은 부당한 것처럼 보였던 것이다. 그래서 그는 "예정은 언제나 선택과 관련해서 사용되어야 한다"고 한 후 이런 결론을 내렸다.

---

395) *YP.*, vol. 6, 168.

"유기란 … 하나님의 예정의 일부분이 아니다. 하나님이 영원부터 믿고 그 믿음을 지키는 모든 자들을 예정한 것은 너무나 명확하다. 그러므로 믿지 않거나 그 믿음을 지키지 않는 자를 제외하고는 버림을 받을 자는 없다. 그리고 그것은 결과의 문제이지 하나님의 직접적인 섭리는 아니다. 이와 같이 영원부터 특수한 인간을 버리기로 작정한 섭리는 없다. 왜냐하면 하나님은 모든 인간에게 적용되는 한 가지 조건을 기준으로 해서 자유의지를 행사하는 모든 자를 구원하기로 예정했기 때문이다. 인간 자신들의 허물로 인하지 않고 멸망 받도록 예정된 자는 하나도 없다"396)

여기서 주장하는 바와 같이 밀턴은 유기적 예정은 하나님의 직접적인 섭리가 아니라 '믿느냐 안 믿느냐'하는 신(信)·불신(不信)의 문제로 본다. 곧 멸망은 조건적 예정을 고의적으로 거역한 결과이지 결코 하나님의 절대적 예정은 아니라는 것이다. 아우구스티누스적인 전통에서 악을 틀 때 그것이 어떤 긍정적인 것이라기보다는 선의 결여로 해석하듯이, 밀턴에게 있어서 버림을 받는 것은 선택의 오류에서 기인되는 것이라고 해석되었다. 밀턴은 결국 하나님의 정의를 희생하면서까지 그 자비를 강조한 셈이고 동시에 인간의 자유의지를 강조한 것이다. 다시 말해서 밀턴은 예정설이란 구원받은 자에 대한 절대적 결정이 아니라 신앙심이 있고, 그것이 끝까지 지속되면 구원이 결정되는 조건적 예정이라 한다. 이런 교리가 옳은가 그렇지 않은가 하는 문제는 신학적인 논제이므로 더 이상 여기서는 거론하지 않겠다. 아무튼 이런 신학적 교리가 『실낙원』에서는 이렇게 시적으로 전개된다.

일어서는 자도 제 자유로 섰고,

---

396) *YP.*, vol. 6, 170.

넘어진 자도 제 자유로 넘어졌도다. 자유가 없다면
그들이 원하는 것은 나타나지 않고 필연적으로 하여야 할
것들만 나타날 것이니, 참된 충성과 변힘없는 신의나
사랑의 실증을 어떻게 신실하게 보여줄 수 있겠는가?
이런 순종이라면 그들은 어떤 찬양을 받고, 그로부터
나는 무슨 기쁨을 얻겠는가, 의지와 이성이 (이성도
선택이니까) 다 자유를 빼앗겨, 쓸데없고 헛된 것이
되고, 둘 다 수동적인 것이 되어, 나 아닌 필연을
섬긴다면? 그러므로 그들은 정의에 속하도록
창조되었으니, 그 창조주도, 그들의
만듦이나 운명도 비난하는 것은 정당하지 못하다,
마치 신이 절대적인 섭리와 높은 예지로써
결정하고 그들의 의지를 지배한 것처럼. (*PL.*, 3. 103-116)

인간의 일어섬과 넘어짐이 그 자신의 이성에 근거를 둔 선택의 자유에 달려 있다는 것이다. 인간이 넘어지는 것은 자유지만 넘어지면 그 책임을 져야 한다. 그 책임은 곧 죽음과 고통을 걸머지는 것이다. 그러나 믿는 사람은 누구나 그리스도 안에서 구원하기로 작정되었다고 한다. 밀턴의 예정교리는 하나님의 구원에 초점이 맞추어져 있다. 위대한 창조주 하나님이 그의 아들 예수 그리스도에게 '인간의 구원' 곧 '대가 없는 사랑의 베풂'이 그의 영원한 목적임을 밝히고 있다.

인간은 다 멸망 받지 않고 원하는 자는 구원받으리라,
그들의 의지에 의해서가 아니라 대가 없이 베푸는
나의 은혜에 의해서, 다시 한 번 나는 그의
잃었던 힘을 회복시키리라, 죄로 인해서
상실되고 과도한 더러운 욕망에 사로잡혀 있을지라도.

> 나의 힘을 의지해서 다시 한 번 그는
> 그 죽음의 적과 대등한 지위에 서게 되리라.
> 내가 그를 돌보는 것은, 그의 타락의 상태가
> 얼마나 덧없는 것이며, 구원은 나에게만,
> 오직 나에게만 힘입게 되는 것을 알게 하려 함이라.
> 어떤 자는 특별한 은총으로 선택해서 다른 자들보다
> 더 높이 세우리라, 이것이 나의 뜻이니. (*PL.*, 3. 173-83)

인간은 믿으면 누구나 다 구원을 얻도록 예정되었다는 것이다. 나는 개인적으로 예정이 '선택'과 '유기'로 파악하는 것이 가장 타당하다고 생각하지만, 밀턴처럼 나도 하나님의 절대 결정으로써 인간의 자유의지를 억제한다고는 생각지 않는다. 그래서 나는 한 인간의 자유의지에 의한 선택을 하나님께서 예견하고서 그 선택한 데에 해당되는 운명을 결정한다는 밀턴의 견해에 동감한다. 이런 견해가 정통 신학자들의 입장과는 다를지 모르지만, 구원은 인간 자신의 의지에 의해서가 아니라 하나님의 특별은총에 의해서만 가능하다는 주장이 정통교리에 어긋나는 것 같지는 않다.

## 2) 회복 : 구원의 서정

인간의 회복(renovation)이란 하나님의 진노 아래 있던 인간이 영광의 상태로 변화하는 것을 말한다.[397] 이 회복의 양식은 두 가지로 나타난다. 그 하나는 자연적인 것이고 다른 하나는 초자연적인 것이다.

### (1) 자연적 회복

자연적 회복(natural renovation)에는 부르심(召命 vocation)과

---

[397] *YP.*, vol. 6, 453.

그 소명을 따르는 사람의 성품의 변화가 포함된다.398) 신은 선행적(先行的) 은총(prevenient grace)으로 자연인을 불러 중요한 변화를 입게 한다. 부분적이기는 하지만 신직인 충동에 의해 인간의 타고난 심성과 의지가 새로워지고, 그 결과 하나님을 아는 지식을 추구하며 얼마동안은 보다 나은 생활을 하게 된다.

> 다른 자들은 내게로 불러 가끔 그들의 죄상에 대한
> 경고를 듣고, 아직 주시는 은총이 있는 동안에
> 진노의 하나님과 유화하도록 충고하리라.
> 이것은 그들의 어두운 의식을 만족스러울 만큼
> 깨끗하게 하고, 돌과 같은 마음을 부드럽게 해서
> 기도하고, 회개하고, 바른 순종의 길 가게 하려 함이라.
> 기도와 회개와 바른 순종에 대해서는, 비록
> 그것이 신실한 의도에서 나오는 노력에 불과할지라도,
> 나의 귀가 둔할 리 없고 나의 눈이 감길 리 없다.
> 나는 그들의 마음속에 나의 심판자인 양심을
> 안내자로 놓아두리라. 그들이 그 소리를 들으면,
> 광명을 선용하여 계속 광명으로 나아갈 것이고
> 끝까지 견뎌 나가면 안전하게 그 목적을 이루리라.
> (*PL.*, 3. 185-97)

그러나 인간이 재생되지 않는 한 이런 변화만으로 구원이 보장되지는 않는다. 또한 인간은 자유의지를 가진 존재이기 때문에 그 부르심에 대해 긍정적으로 반응할 수도 있고 부정적으로 반응할 수도 있다. 처음에는 긍정적인 반응을 보이다가 뒤에는 부정적으로 되는 경우도 있다. 그러므로 자연적 회복은 하나님의 부르심에 대한 자연인의 반응에 좌우된다. 따라서 회개와 믿음은 하나님의 선행적인 은

---

398) *YP.*, vol. 6, 457.

총에 의한 것이지만, 인간의 긍정적인 반응의 결과로 나타나는 것이라 할 수 있다.

　인간이 아무리 부르심에 대해 긍정적인 반응을 보인다 해도 그 자신의 재생이 이루어질 수 없다. 왜냐하면 원죄(original sin)와 그 뒤에 따르는 스스로 짓는 죄 때문에 정신적으로 무력하게 되었기 때문이다. 인간은 회개와 믿음으로 부르심을 받아들임으로서 재생에 대한 욕망을 나타낼 수 있다. 그러나 그것을 독자적인 힘(자력)으로서는 성취할 수 없다. 옛 아담을 새로운 아담의 모습으로 변화시키는 일은 하나님이 초자연적 회복의 수단을 통하여 타락한 인간의 이성의 능력과 자유의지를 회복하고, 이에 대해 강한 반응을 보이는 인간에게는 전보다 더 완전한 능력을 줄 때 비로소 가능해진다.

### (2) 초자연적 회복

　초자연적 회복(supernatural renovation)이란 전보다 더 완전하게 바른 판단을 하고 자유의지를 행사할 수 있는 능력을 인간에게 회복시켜 주는 것이다. 말씀(Word)과 성령(Holy Spirit)의 작용을 통하여 옛사람은 죽어버리고 속사람이 하나님의 형상을 좇아 거듭나게 되고, 그래서 영과 육은 하나님께 봉사할 수 있도록 성결해지는 것이다. 이런 변화를 중생이라 한다. 중생이란 하나님께서 인간 속에 새로운 영적인 생명을 불어 넣어주어 전보다 더 완전하게 바른 판단을 하고 자유의지를 행사할 수 있는 능력을 갖게 해주는 것이라 할 수 있다. 이런 중생의 결과로 생기는 것이 회개와 믿음이다.

### 가) 회개

　밀턴에 따르면 "회개(repentance)란 하나님의 은사인데, 그로 인해 거듭난 사람은 그 자신 신께 범죄 했음을 슬픈 마음으로 인식하고, 그것을 미워하며 회피하고, 겸손하게 신의 자비심을 느껴 그에게 돌아서며 중심으로 의를 좇고자 노력하는 것이다"399) 그는 이렇게 정의한 후 회개를 다섯 가지의 단계, 즉 '죄에 대한 인식'(recognition of sin), '뉘우침'(contrition), '고백'(confession), '악으로부터의 떠남'(abandonment of evil), '선으로의 돌아섬'(conversion to good)으로 나누었다.400)

아담의 회개는『실낙원』제10편에 나오는 그의 극적인 독백 속에 점진적으로 잘 그려져 있다. 우선 우리는 타락 이후 비참한 자기 신세를 한탄하며 창조주를 원망하는 아담의 모습을 보게 된다.

> 아 흘러간 낙원의 기쁨이여,
> 영원의 고애로 값비싸게 사들였던 그 기쁨이여!
> 창조주여, 흙으로 나를 인간으로 만들어 달라고
> 내가 간청하더이까? 어둠에서 나를 일으켜
> 이 즐거운 낙원에 놓으라고 내가 원하더이까?
> 내 뜻이 내 존재에 맞지 않으니 나를 본래의
> 흙으로 돌려보냄이 옳고 당연하리다. (*PL.*, 10. 741-48)

자신을 흙으로 만들어준 것만도 원망스러운데, 한없는 고뇌의 의식을 더해 주는 것은 너무나도 가혹한 형벌이라는 것이다. 그래서 그는 하나님을 원망하였다. 그러나 아담은 곧 하나님께 항변하는 것은 "오만한 변명"(*PL.*, 10. 764)에 불과하다는 것을 깨닫고, 자신의 모든 고통을 정당한 하나님의 형벌로 받아들인다. 그리고 그는 모든 책임을 자신이 짊어질 수밖에 없다고 생각하면서 이렇게 독백한다.

> 나의 헛된 회피와

---

399) *YP.*, vol. 6, 466.
400) *Ibid.*, 468.

> 이론은 우여곡절을 거쳐 결국은
> 자신의 죄를 믿게 할 뿐이다. 모든
> 형벌이 나에게만, 전적으로 모든 부패의
> 근원이며 원천인 나에게만 내림은 지당하다.
> 하나님의 노여움도 그러하리라. (*PL*., 10. 829-34)

이처럼 자기 자신을 모든 부패의 원천으로 인식하게 되면서, 아담은 비로소 하나님의 정의가 정당함을 인정한다. 이런 아담의 인식은 그의 영적 성장의 예비적 단계가 되는 것이다. 그러나 아담의 보다 완전한 신앙은 하나님의 정의를 시인할 뿐 아니라 하나님의 자비를 인식하는 데서 비롯되었다. 왜냐하면 하나님의 자비를 인식할 때 참다운 회개의 길이 열리기 때문이다.401) 하나님은 심판하면서도 불쌍히 여기는 분(*PL*., 10. 1059)이기 때문에, 자비를 구하기만 하면 "가혹한 계절, 비, 얼음, 우박, 눈을 피할 수 있는"(*PL*., 10. 1062-1063), 즉 이생을 편안히 보내고 드디어는 최후의 안식처인 흙으로 돌아갈 수 있는 길을 가르쳐 줄 것이라고 믿었던 것이다. 그러나 무엇보다 중요한 것은 겸손이라고 하와에게 말한다.

> 하나님이 우리를 심판할 곳으로 돌아가,
> 그 앞에 공손히 무릎 꿇고 엎드려
> 겸허하게 우리의 죄를 참회하며 용서를
> 받고, 거짓 없는 슬픔과 온유한 겸손의 표상으로,
> 뉘우치는 마음에서 우러나오는 눈물로 땅을
> 적시고 한숨으로 하늘을 메우는 도리밖에
> 무슨 더 나은 길이 있으리오?
> 그리하면 하나님은 틀림없이
> 노여움을 푸시고 상한 기분을

---

401) *Ibid.*, 467.

> 돌리시리라. 그 평온한 얼굴에
> 노여움이 가득 차 아주 엄하게
> 보이실 때도, 빛나는 것은 은총과 축복과
> 자비 이외에 또 무엇이 있으리오? (PL., 10. 1086-96)

이러한 아담의 말을 듣고 하와는 곧 자신의 잘못을 뉘우친다. 그래서 그들은 하나님 앞에 엎디어 함께 그들의 죄를 고백하고 용서를 빌며, "거짓 없는 슬픔과 온유한 겸손의 표상으로, 뉘우치는 ··· 눈물"(PL., 10. 1102-1103)로 땅을 적시고 한숨으로 하늘을 메운다. 이렇게 참회하는 아담과 하와의 행위를 『실낙원』제11편에서 다시 언급하면서 하나님의 은총을 강조하는 것을 볼 수 있다.

> 이렇게 그들은 겸손히 엎드려 회개하며 계속
> 기도를 드렸다. 높은 자비의 자리에서
> 회개에 앞서는 선행적 은혜가 내려 그들의
> 마음에서 돌을 제거하고, 새로운 재생의 살을
> 자라게 하니, 기도의 영이 불어넣는 한숨은
> 이제 말로 다 할 수 없는 탄식을 토해 내며
> 소리 높은 응변보다도 더 빠르게 하늘을 향해
> 날아오른다. (PL., 11. 1-8)

『실낙원』의 제10편은 말들로우가 『밀턴과 영혼의 드라마』에서 지적한대로, "아담과 하와, 그리고 그들과 하나님 사이의 화해 장면을 아름답게 극화해 준 것이다."[402] 또한 틸야드나 밀리센트 벨에 따르면, 이 장면은 하나님의 은총의 회복을 추구하는 것이라 할 수 있고,[403] 인간의 "영혼을 위로 향하게"[404] 만들어 잃어버린 낙원

---

[402] George M. Muldrow, *Milton and the Drama of the Soul* (Mouton, 1970), 73.

을 회상하게 해 주는 장면이라 할 수 있다. 무엇보다 아담과 하와 사이에 그리고 그들과 하나님 사이에 화해를 회복시킨 것은 겸손한 참회와 하나님의 자비를 비는 기도의 힘이었다.405) 그러나 이 단계의 참회만으로는 궁극적인 구원을 성취할 수 없다. 따라서 루이스 마츠가 "시에 성취감과 달성감을 준다"406)고 한 것은 전적으로 옳다고 할 수는 없다. 왜냐하면 참된 회개는 죄로부터 떠나 악을 거절하고 적극적으로는 선을 행함으로써 달성될 수 있기 때문이다. 그러나 제10편에서 보는 아담과 하와의 회개에는 이 마지막 단계가 결여되어 있다. 이 두 단계의 과정을 좀 더 자세히 살펴보려면 『실낙원』의 제11편을 분석해 보아야 한다.

제11편을 보면 천사장 미카엘은 그 자신의 임무에 따라 아담을 높은 언덕으로 데리고 가서, 아서 러브조이가 "밀턴과 행복한 타락의 역설"이라는 논문에서 "비극의 역사가 아니라 신곡의 역사"407)라 한 미래의 역사를 계시해 준다. 미카엘이 계시해 준 환상의 요점은 인간의 악과 그를 구속하고자 하는 하나님의 능력을 해설해 주려는 데 있었다. 처음의 세 환상은 타락에 따르는 인간의 내면적 부패상을 보여주는 것이고 다음의 두 환상은 하나님의 구원의 은총을 계시해주는 것이다.

미카엘이 계시해 준 처음의 세 환상을 통하여 각종 질병과 살인 및 온갖 죄악상 등을 보고 아담은 자신의 죄과가 얼마나 비참한가

---

403) E. M. W. Tillyard, *Studies in Milton* (London : Chatto & Windus, 1956), 10 ; Millicent Bell, "The Fallacy of the Fall in *Paradise Lost*," *PMLA*, 84, 1969, 863-83.
404) Isabel MacCaffrey, *Paradise Lost as "Myth"* (Cambridge : Harvard UP, 1959), 24.
405) Louis L. Martz, *The Paradise Within* (New haven : Yale UP, 1964), 140.
406) *Ibid.,* 140.
407) Arthur O. Lovejoy, "Milton and the Paradox of the Fortunate Fall," *Critical Essays on Milton from ELH* (Baltimore & London : The Johne Hopkins Press, 1969), 165.

를 인식할 수 있었다. 그래서 그는 깊이 탄식하며, 죄를 증오하며 그것을 거절하는 것이다. 동시에 그는 악에 굴하지 않고 오직 의롭게 살려고 한 그 시대의 두 의인, 에녹(Enoch)과 노아(Noah)처럼 선을 추구하기로 결심했던 것이다. 더 나아가 그는 소극적인 형태의 감정만을 보인 것이 아니라 좀 더 적극적이고 구체적인 형태로 악을 거절하는 것이다. 즉 그는 "사탄의 인간적 유형"408)이라고들 규정짓는 폭군 니므롯(Nimrod)의 반역적인 행위를 저주하며 그것을 거절하는 것이다. 니므롯은 교만의 표상일 뿐 아니라 야심만만한 반역자요 폭군이요 그 자신을 신격화하려고 하는 점에서 '사탄의 인간의 유형'인 파괴자요 적그리스도다.

『실낙원』제12편 24-27행을 보면, 니므롯은 사탄과 마찬가지로 교만과 야심 때문에 하나님의 바른 길을 거역하고 인간생활의 지침이 되는 자연법칙을 파괴하였다. 뿐만 아니라 그는 그의 포악한 주권에 대항하는 자들을 전쟁으로 점령했고 바벨탑을 쌓아서 하나님과 동등한 지위를 얻으려 했던 것이다.

어째서 인간은 이런 폭군의 지배를 받게 되며 부자유하게 되는가? 그것은 하나님의 최대 은사인 인간의 이성이 어두워지거나 그 소리에 인간이 복종하지 않으므로 발생하는 것이다(PL., 12. 90-96). 외부적 자유의 상실 곧 폭군은 악에 대한 정의의 심판인 동시에 형벌이라 할 수 있다. 그러니까 폭력과 독재는 사탄의 지배를 받고 있는 인류의 역사를 특징지어 주는 상황인 것이다.

폭군 니므롯에 대한 미카엘의 설명을 듣고 아담이 보인 반응은 단순한 슬픔 이상의 것이었으며, 그것은 폭력에 대한 강력한 저주로 나타났다.

아 저주스런 아들이여,

---

408) Joseph H. Summers, "The Final Vision," *Milton : Paradise Lost,* ed. Louis L. Martz (New Jersey : Prentice-Hall, Inc., 1966), 194.

> 하나님으로부터 받지 않은 권위를 찬탈하여
> 젠 체하고 동포 위에 군림하려 하다니,
> 그 분이 우리에게 내리신 절대 주권은 짐승,
> 물고기, 새 등에 대한 것 뿐이로다. 은사로써
> 우리는 그 주권을 보유하지만, 사람 위에
> 사람을 주인으로 두시지는 않으셨도다.
> 그런 이름은 자신이 보유하시고 인간은 인간으로서
> 자유로이 살도록 하셨도다. 그런데도 이 찬탈자는
> 인간에 대하여 그 오만한 침해행위를 그치지 않고
> 그 탑은 하나님께 도전하듯 그분을
> 둘러쌌도다. 가엾은 인간! 식량을 거기 실어 올려
> 자신과 그 지각없는 군사들을 부양코자
> 함인가. 구름 위의 희박한 공기는 거친 내장을
> 괴롭히고, 빵이 아니라 호흡에 굶주림을 주리라.
> (PL., 12. 64-78)

여기서 아담이 증오하는 죄는 자연법칙에 대한 역행, 그것이었다. 자연의 법칙에 따르면 인간은 결코 하나님이 될 수 없다. 인간은 어디까지나 하나님의 피조물이기 때문에 그에게 절대 복종하여야 하고 그에게만 경배하여야 하는 것이다. 그런데도 니므롯은 자연의 법칙에 순응하지 아니하고 자신의 교만을 좇아 자기 스스로를 신격화하려고 하였다. 그렇기 때문에 아담은 니므롯이 보인 가장 근본적인 악을 거절하는 것이다. 그러므로 니므롯에 대한 미카엘의 계시는 아담의 영적 성장에 강력한 조력자적 기능을 해 주었다. 아담은 니므롯으로 대표되는 인간의 가장 근본적인 악을 미워하고 그것을 떠나 바른 생활을 하려고 했으므로 그에게는 구원의 문이 열렸던 것이다. 구원을 문을 여는 첫째 번 열쇠는 참다운 회개이다. 그러나 그것으로 구원이 성취되는 것은 아니다.

## 나) 믿음

회개가 구원의 소극적 조건이라면 구원의 적극적 조건은 믿음(faith)으로 거듭나는 것이다. 밀턴은 믿음을 크게 두 가지 즉 제일차적 믿음과 제이차적 믿음으로 나누었다. 그는 제일차적 믿음을 구원의 믿음(saving faith)이라 하였고, 제이차적인 믿음을 세 가지 종류로 구분해서 설명했다.

제이차적 믿음 중의 첫째는 역사적 신앙인데, 이것은 성경의 역사나 건전한 교리를 수긍하는 정도로 그치는 믿음이다. 둘째는 일시적 신앙인데, 이것은 어느 정도 성경 말씀을 믿고 하나님을 의지하지만, 언제나 소극적이고 일시적인 믿음이다. 셋째는 기적 신앙인데, 이것은 하나님의 이름으로 기적을 행할 수 있다고 믿고 언제나 기적만을 추구하는 믿음이다. 이러한 제이차적 종류의 믿음이 구원에 전혀 필요 없는 것은 아니지만 그 자체만으로는 구원에 이를 수 없다고 밀턴은 보았다. 그러면 구원에 이르는 믿음은 어떤 것인가? 밀턴은 그 신앙을 이렇게 정의하고 있다.

> "구원에 이르는 믿음은 하나님의 은사를 통하여 우리 속에 작용하는 완전한 확신이다. 그로해서 우리들은, 약속 그 자체의 유일한 권위에 의거해서, 그가 그리스도 안에서 무엇을 약속하셨든, 그것을 우리의 것이라고 믿게 되며, 특별히 영생의 은총이 우리의 것이라고 믿게 된다."[409]

『실낙원』에서도 "죽음의 고비가 가시고 우리는 살게 될 것이라는 확신"을 갖는 것이 믿음이라고 노래하고 있다.

하나님께서 너그럽고 온유하게 귀 기울이심을

---

[409] *YP.*, vol. 6, 471.

>  본 듯하고, 호의로써 들어주신다는 신념이
>  내게 생겼고, 내 가슴에는 평화가 되찾아들고,
>  그대의 씨가 우리의 적을 부수리라는 성약이
>  내 기억에 돌아왔기 때문이오. 앞서는 놀라서
>  생각나지 않았으나 이제는 죽음의 고통
>  가시고 우리는 살게 될 것이라는 확신을
>  갖게 되었소. (PL., 11. 152-58)

이 노래에서 보듯이 구원에 이르는 믿음이란 무엇보다 그리스도의 속죄와 그를 통해 이루어 주기로 약속된 영생의 은총을 확실히 믿고 그만을 의존하고 살아가는 신앙을 말한다. 그리스도의 속죄를 믿는 자들은 더 이상 해를 받지 않는다는 것이다.

>  그 자신의 속죄를 옳게
>  믿는 자를 다시는 해치지 못하도록. (PL., 12. 418-19)

이런 구원에 이르는 믿음은 하나님의 초자연적 은사지만, 적어도 그것은 하나님에 의해 제시된 진리에 대해 소극적으로 순응하는 것만으로 충분하지 않다고 밀턴은 믿었다. 즉 인간이 의롭다함을 받는 것은 오직 믿음에 의한 것이지만, 적극적인 이성적 수긍에 의한 신앙이 필요하다는 것이다.

『실낙원』을 보면 미카엘이 이런 믿음의 소유자를 아담에게 보여주었는데, 그가 바로 아브라함이다. 아브라함은 원래 우상을 숭배하는 자였지만, 하나님은 한 새로운 믿음의 종족을 형성하기 위하여 그를 선택해서 불러냈다. 고향을 떠나라는 명령을 받고 그는 어디로 가야할지를 몰랐지만, 오로지 그 명령에 순종하고 그의 고향을 떠났던 것이다. 이런 아브라함에게 준 하나님의 약속은 그의 혈통을 통하여 모든 민족을 축복해 줄 사람 곧 인류의 구속자를 일으키시겠다는 것이다. 그리고 미카엘은 인류의 구세주 예수 그리스도를 모세라는 인물을 통해서 예시해 주었다. 모세는 몇 가지 점에서 그리스도를 예시해 주는 중보자의 모형이라 할 수 있다.

모세는 이집트의 포로생활에서 유대 민족을 해방시킨 자로서, 곧 인류를 죄의 속박 속에서 해방시킬 그리스도의 모형이 된다. 또한 그는 시내 산에서 민사와 종교 의례에 관계되는 율법을 받았는데, 그가 받은 종교의식 중의 희생제물은 곧 인류의 죄를 위해 위대한 희생제물이 될 구속자가 도래할 것을 예시해 주고 있다. 동일한 예형론(豫型論)의 입장에서 볼 때, 이삭의 희생도 십자가에 달려 속죄제물(贖罪祭物)이 될 어린 양 그리스도의 수난을 예표 한다. 그 중에서도 모세는 대표적인 중보자의 예형이 된다.

> 그들의 모세가 거룩한 뜻을 그들에게 전하여
> 공포를 멈춰 주기를 바라도다. 중재자 없이는
> 하나님에게 접근할 수 없음을 알고 있기에,
> 모세는 그들의 소원을 받아들여, 그 높은 임무를
> 상징적으로 위하리라. 그것은 보다 위대한
> 자를 소개하고자 함이니, 그는 그 전성의 날을
> 예언할 것이고, 예언자들도 모두
> 저희 시대에 위대한 메시야의 때를 노래하리라.
> (*PL.*, 12. 235-44)

모세가 그리스도의 예형이 되고, 그가 받은 율법이 죄를 자각시켜 줄 수 있지만, 복음 없이는 인류의 구원은 불가능하다. 오로지 인간은 하나님이 주시기로 약속한 구세주를 믿음으로써만 의롭다함을 얻을 수 있다. 따라서 율법은 구원의 은총이 될 수 없기 때문에 불완전한 것이며 중간 단계적인 것에 불과하다. 이런 율법의 불완전성은 모세라고 하는 인물 속에서도 발견할 수 있다.

그런 까닭에, 모세는 하나님의 지극한 사랑을 받지만
다만 율법의 사역자에 불과하니, 그의
백성을 가나안으로 인도할 수 없고, 이방인들이
예수라 부르는 여호수아만이 그 이름과 임무를
맡으리라. 그는 원수인 뱀을 죽이고, 이 세계의
광야를 거쳐 오랫동안 방황하던 인간을 영원한
안식의 낙원으로 편안히 데리고 가리라. (PL., 12. 307-14)

율법의 유형인 모세는 인간을 죄에서 해방시켜 줄 수 없고, 다윗의 혈통에서 태어날(PL., 12. 327-30) 그리스도만이 이런 불완전한 율법을 완성하고 인류를 죄에서 구원할 수 있다는 것이다.

사랑만으로 율법을 완성할 수 있지만, 그는
순종과 사랑으로 하나님의 율법을 완성하리라.
그분은 육신으로 오셔서 치욕적인 삶과
저주의 죽음으로 그대의 형벌을 대신 받으시고
그의 속죄를 믿는 모든 자에게 영생을
선포하리라. 그분의 순종은 신앙으로 바뀌어
그들의 것이 되지만, 그분의 구원은
그들 자신의 행위(비록 법적으로는 옳아도)가
아니라 그분의 공덕이니라. (PL., 12. 402-10)

『그리스도교 교리론』에서도 밀턴은 그리스도를 율법의 완성자 곧 인류의 구속주라고 하였다.410) 율법으로서는 하나님의 정의를 충족시킬 수 없지만, 그리스도만은 그것을 충족시킬 수 있다는 것이다. 왜냐하면 그는 십자가에 달려 우리의 속죄제물이 될 수 있기 때문이다. 하나님의 정의가 충족되려면 필연코 불순종은 형벌되어야만 한다.

---

410) YP., vol 6., 430-37.

불순종에 대한 형벌 없이 하나님의 정의는 충족될 수 없다. 인간의 불순종에 대한 형벌은 곧 죽음이고, 만일 아담과 그의 후손이 죽어버린다면 낙원을 회복할 수 없다는 딜렘마에 빠지게 된다. 아담과 그의 후손이 순종할 수 있다면 영생을 누릴 수 있으련만 그들은 불순종으로 인해서 순종할 수 있는 힘을 잃어버렸다. 따라서 그들 자신의 힘으로는 하나님의 높은 정의를 충족시킬 수 없게 되었다. 그러기에 그리스도가 그들을 대신해서 십자가에서 죽으신 것은 곧 불순종에 대한 형벌이며 이 형벌에 의해서만 하나님의 정의는 충족된다. 하나님은 그리스도의 순종을 기쁘게 받아들이고 그의 죽음으로 인간의 죄를 대속하는 것이다. 결국 인간의 불의는 그리스도에게로 귀속되고 그리스도의 순종은 인간에게로 귀속된다. 따라서 그리스도를 믿기만 하면 인간은 구원받을 수 있다.

하나님은 정의의 신인 동시에 자비의 신이기도 하다. 그러므로 그는 독생 성자이신 그리스도의 희생을 기꺼이 받고 타락한 인간에게 자비를 베풀어 주시는 것이다. 이렇게 볼 때 결국 선은 악에서 나온다 할 수 있다. 미카엘의 예언을 통하여 그리스도의 속죄의 은총을 깨닫게 된 아담은 다음과 같은 랩소디(rhapsody)를 말하는데, 그것은 바로 그런 역설적인 진리를 나타내 준다.

아, 무한한 선, 끝없는 선이여!
이 모든 선을 악에서 나오게 하고, 악을
선으로 바꾸시다니 — 창조에 의해 비로소
어둠에서 빛을 가져 오게 했던 것보다
더 신기하도다! 이제 나는 어찌할까, 내가 범하고
내가 초래한 죄를 회개할 것인가, 혹은 거기서
더욱 많은 선이 솟아남을 기뻐할 것인가.
하나님께서는 더 많은 영광이, 인간에게는
하나님의 더 많은 은혜가, 그리고 노여움 위엔

자비가 충만하리라. (*PL.*, 12. 469-78)

　인간은 일시 타락했지만 그리스도의 대속의 은총을 믿기만 하면 구원을 얻고 잃었던 낙원보다 더 좋은 낙원을 회복할 수 있다는 것이다. 그러나 그러한 구원의 완전한 성취는 그리스도가 다시 오시는 날 이루어질 것이라고 한다. 그리스도가 재림하는 목적은 불신자를 심판하고 신자에게는 더 좋은 낙원을 보상해 주기 위한 것이다.

> 그리고 이 세계의 파멸이 성숙되면,
> 영광과 권력을 가지고 하늘에서 내려와
> 산 자와 죽은 자를 심판하시리라.
> 또한 믿음 없이 죽은 자를 심판하고, 믿음 있는
> 자에겐 보답을 주어, 하늘에서건 땅에서건,
> 그들은 축복을 받으리라. 그때 지상은
> 온통 낙원이 되고, 에덴보다 훨씬 행복한 장소,
> 보다 행복한 날들이 되리라. (*PL.*, 12. 458-65)

　그리스도의 속죄와 부활 및 최후의 심판을 믿는 믿음만이 구원에 이르는 영생복락의 신앙이다.

### 다) 그리스도와의 연합

　회개와 믿음 다음에 따르는 것은 그리스도에게 연합되는 것이다. 믿음으로 인간이 그리스도의 일부가 되고 그와 하나가 되는 상태를 그리스도와의 연합이라 한다. 이 연합은 중생과 결합해서 삶의 새로움과 성장을 가져다준다. 『실낙원』에서는 이 상태를 이렇게 노래하고 있다.

> 그로 인하여 온 인류가 멸망하듯이, 너로 인하여

> 제2의 뿌리에서 회복될 수 있는 한 많은 자가
> 회복되리라. 너 없으면 누가 이 일을 하겠는가.
> 그의 죄는 그의 온 자손을 죄인 되게 하고, 나의 공덕은
> 그들에게 미쳐 그들을 죄에서 구원하리니,
> 그들은 그들의 선행이나 악행을 모두 버리고
> 네 속에 옮겨 살며 너에게서 새 생명을 받으리라.
> (PL., 3. 287-94)

믿음으로 우리는 그리스도에게로 옮겨져 살며 새 생명을 얻게 되는데 그것을 자기부정이라고 한다. 이런 삶의 새로움 속에서 우리는 영적인 것을 깨달아 알게 되고 성결함을 추구하며 그것을 사랑하게 된다. 또한 영적인 것을 깨달아 알게 되면서 믿는 자의 무지는 제거되고 하늘의 것을 인식할 수 있게 된다. 그러므로 우리는 결국 그리스도와 연합된 후 하나님의 가르침을 받아 구원과 참된 행복에 필요한 것이 무엇인가를 알 수 있게 된다. 그러나 새 생명을 얻었다고 해서 영적인 것을 완전히 수행할 수는 없다.

성령이 마음속에 작용하므로 사랑이 샘솟듯 솟구쳐 나오게 되고, 이런 성령이 충만한 사람들만이 죄에 대하여 죽고 하나님 안에서 살게 되는데, 그것을 성결 또는 정화(purification)라고 한다.

> 그러나 그는 하늘에서 그 백성들에게 아버지의
> 약속이신 위안자를 보내시리라. 그는
> 아버지의 영으로서 그들 사이에 살고,
> 사랑을 통해 역사하는 신앙의 율법을
> 그들의 마음에 새겨 넣고 그들을 온갖
> 진리의 길로 인도하며, 영의 갑옷으로 무장시켜
> 사탄의 공격을 물리치고 그의 불화살을 끄게 하시리라.
> (PL., 12. 487-93)

우리 인간에게 위로자가 되고 진리로 인도하는 성령이 우리 마음 속에서 역사하지 않는 한 사탄과 맞서 싸울 수도 없고 자유로이 선행도 행할 수가 없는 것이다. 이렇게 무엇에도 구속을 받지 않고 자유로이 선행을 행할 수 있을 때 그것을 거룩함을 입었다고 할 수 있는 데, 그것도 성령이 역사해 주는 것이다. 앞의 인용문에서 영의 갑옷을 입혀주었다는 것이 바로 그 뜻이다.

새로 난 사람의 성장이 이루어지는 것은 두 가지인데, 하나는 절대적인 것이고 다른 하나는 상대적인 것이다. 절대적인 성장은 그리스도에게 연합된 사람이 받는 여러 가지 은사를 말하고, 상대적인 성장은 외적인 결실을 말한다. 우리가 현실 생활 속에서는 완전해질 수 없지만 생의 목표로서 그것을 추구하여야 하고, 그리스도 안에서 완전을 추구하는 자들을, 비록 불완전하지만, 성경에서는 종종 죄 없다고 하는 것이다. 왜냐하면 그런 자는 죄 가운데 살고 있기는 하지만, 죄가 그들을 다스리지 않고 있기 때문이다.

### 리) 칭의와 양자

중생을 받고 그리스도에게 접붙임을 받은 사람은 그리스도의 대속적인 은혜로 인하여 죄와 사망의 매임에서 풀림을 받고 율법의 행위자로서가 아니라 믿음으로 하나님 앞에서 의롭다함을 받게 된다. 그것을 '칭의'(稱義 justification)이라 한다.

> ··· 이로써 그들은 믿음으로 말미암아
> 그들에게 귀속되는 의로써 하나님께
> 의롭다함을 얻고 양심의 평화도 누릴 수 있게 되느니라.
> (*PL.*, 12. 294-96)

의인은 곧 그리스도와 연합해서 사는 믿는 자들에게 베푸시는 하나님의 선의다. 그러므로 이런 하나님의 선의로 말미암아 우리의 죄는 그리스도에게로 옮겨가고 그리스도의 공로와 의는 우리에게로 옮겨지는 것이다.

> ··· 너의 공덕은
> 그들에게 미쳐 그들을 죄에서 구원하리니,
> 그들은 그들의 선행이나 악행을 모두 버리고
> 네 속에 옮겨져 살며 너에게서 새 생명을 받으리라.
> (PL., 3. 290-93)

그러나 의롭다함을 받는 것은 율법의 행위로가 아니라 믿음에 의해서다. 그러므로 그리스도의 속죄를 믿는 신앙 없이는 구원을 받을 수 없다.

> 그의 속죄를 믿는 모든 자에게 영생을 선포하리라.
> 그분의 순종은 신앙으로 바뀌어 그들의 것이 되지만,
> 그분의 구원은 그들 자신의 행위(비록
> 법적으로는 옳아도)가 아니라 그분의 공덕이니라.
> (PL., 12. 407-10)

바로 이런 믿음으로 말미암아 의롭다함을 받았다고 하는 의식에서 저절로 나오는 것이 마음의 평화와 평온함이다. 궁극적인 평화와 평정은 죄 사함을 받았다고 하는 확신 없이는 얻어질 수 없는 것이다. (PL., 12. 295-97)

이렇게 믿음으로 의롭다함을 얻은 자들을 하나님은 그의 자녀로 받아드리는 것이다. 곧 하나님의 양자(adopted son)가 되는 것이다. 믿는 자는 본질상 하나님의 자녀라 할 수 있다. 왜냐하면 하나님은 우리 인간을 창조하신 아버지이기 때문이다. 그러나 여기서 말하는

자녀란 양자를 뜻한다. 우리는 이런 양자 입적(立籍)으로 인해서 새로운 성품을 받게 되고 그의 영광을 같이 누리게 되는 것이다.

### 마) 성화와 성도의 견인

성화(sanctification)는 인간이 내부에서 인격이 성결해지는 것이라 할 수 있다. 성화는 하나님께서 대가 없이 주시는 은사인데 이로 인하여 하나님의 형상을 좇아 새로워지고 점점 죄에 대하여 죽고 의에 대해서는 능히 살게 되는 것이다. 성화는 의롭다함을 입은 사람들을 죄의 더러움에서 구출하고 죄인의 전 성질을 하나님의 형상으로 새롭게 하시며 죄인으로 하여금 선한 일을 행하게 하시는 은혜롭고 계속적인 초자연적 공작이라 할 수 있다. 성화된 자들을 은혜의 상태로부터 완전히 타락하게 할 수가 없고 끝내는 구원을 얻을 수 있게 하는 성령의 계속적인 공작을 성도의 견인이라고 한다.411)

> 이와 같은 하나님의 행위는 그대의 운명,
> 즉 영원히 생을 잃고 죄에서 죽어야 하는
> 그 죽음을 취소하리라. 이 행위가
> 사탄의 두 개의 주 무기인 죄와 죽음을 깨뜨려,
> 그 머리를 상해하고 그 힘을 부수리라.
> 그리고 일시의 죽음이 승리자나 그가 속죄하는
> 자의 발꿈치에 주는 상처보다 훨씬 더 깊이
> 그 머리에 가시를 꽂으리니, 그것은 잠 같은 죽음,
> 영생으로 옮겨가는 고요한 이동이니라.
> . . . . . . . .

---

411) 박인성 편저, 『칼빈주의 예정론』(전주 : 전주대학교출판부, 1998), 145-69.

이는 죄책감을 씻어
순결한 생활로 이끌고 또 그런 일 있으면
속죄자의 죽음과 같은 죽음을 가질 마음의
준비를 갖추게 하는 표시니라. (PL., 12. 428-36, 443-46)

이와 같이, 하나님의 대가 없는 은총을 힘입어 죄의 더러움에서 구출되면 초자연적인 계속적인 공작에 의하여 선하고 순결한 생활로 이끌어지게 되고 의롭게 살게 된다는 것이다.

### 바) 영화

영화는 구원의 최종 단계로서 그리스도의 구속행위의 완성이라 할 수 있다. 궁극적으로 하나님이 주시기로 약속하시고 예비하신 하나님이 누리시는 영광의 세계에서 우리 성도들이 누리게 되는 영원한 삶을 말한다. 하나님의 선택예정에서부터 시작된 구원의 서정이 여기에서 비로소 종결을 맺게 된다. 이 모든 일은 하나님의 은사로 이루어지는 것이고, 이에 사람 편에서는 구원을 확신하는 믿음을 갖고 그를 사랑하여야 한다.

··· 특히 그녀의 신앙에 관계되는
지식, 즉 앞으로 나올 (여자의 씨로 말미암은
것이기에) 그녀의 씨에 의해 온 인류에게
부여되는 위대한 구원을. 그리하여 그대들
많은 세월을 똑같은 한 신앙 안에서
살도록 하라. 지나간 죄과는
슬픈 일이나 행복한 종말을
생각하고 한층 더 기뻐하라. (PL., 12. 599-604)

우리는 이처럼 그의 아들 그리스도를 믿기만 하면 그와 연합하게 되고 그와 더불어 교제하게 된다. 그리고 이런 교제 속에서 그리스도의 몸의 지체가 형성되고, 그것을 보이지 않는 교회(invisible church)라고 한다. 이 보이지 않는 교회의 머리는 그리스도이고, 신자는 그의 지체(支體)인 것이다. 이것은 전적인 하나님의 은총으로 이루어지는 것으로 매우 영광스러운 것이다. 이런 영광 속에서 우리는 그의 은혜를 의식하며 감사하고, 이미 축복의 상태에 있다고 느끼면서 미래의 영광을 기다리게 된다.

이 모든 구원의 서정(序程)이 곧 하나님의 영원한 섭리 속에 다 포함되어 있는 것이다. 이 섭리 속에서 인간은 살아가게 된다. 때로는 인간은 신의 섭리를 불합리하게 생각하게 되는 경우도 있지만 결국은 밀턴처럼 그의 섭리는 영원하고 온전하다는 것을 인식하게 된다. 신의 섭리는 영원하기 때문에 "바른 상태에 있는(즉 타락 이전의) 인간과도 관계가 있고 타락 이후의 인간과도 관계가 있다."[412] 이와 같이 신의 섭리는 창조와 타락 및 구원의 역사와 일관되게 관련되어 이어지고 있음을 보게 된다.

이 섭리 속에서도 가장 중요한 것은 그리스도를 통한 인간의 구원과 낙원의 회복이지만, 그에 못지않게 밀턴에게 있어서 중요한 것은 그 되찾은 자유와 최종적인 구원의 성취를 위하여 인간은 부단히 투쟁하여야 한다는 것이다. 에덴을 떠나는 아담과 하와에게 주어진 하나의 생활 원리는 "순종이 최선이라"는 인식 곧 지혜였다(*PL.*, 12. 575-76). 그 지혜 위에다 그것에 부합되는 행위 즉 덕, 인내, 절제, 사랑(*PL.*, 12. 584-85)을 쌓는 생활이 필요하다고 한다. 그렇게 살 때 잃어버린 낙원보다 더 좋은 낙원인 "마음속의 낙원"이 이루어지게 된다.

---

412) Douglas Bush, "*Paradise Lost* : Religious and Ethical Principles," *Milton : Essays in Criticism,* ed. Arthur E. Barker (London : Oxford UP, 1970), 168.

# V. 시간 · 역사 · 자연

## 1. 시간

시간문제에 대한 연구는 그 역사가 우리가 상상할 수 없을 만큼 길다. 그것이 그렇게 길다고 하는 것은 그만큼 시간문제가 고대인에게도 중요했다는 뜻이다. 칸트가 『순수이성비판』에서 "모든 현상, 즉 감각기관의 모든 대상은 시간 중에 있고, 필연적으로 시간 관계 중에 있다.... 따라서 시간은 우리가 직관하는 주관적 조건이 된다"고 말한 대로, 시간은 우리의 경험양식(經驗樣式), 토머스 칼라일(Thomas Carlyle)이 이른 바 사상형식(思想形式)413)이 될 뿐 아니라 모든 유기체적 생명은 시간 안에서만 존재할 수 있다는 점에서 그것은 인간의 존재양식이기도 하다. 이와 같이 시간은 물리적 이론에서는 물론 칸트적 인식론이나 유기체적 존재 이론에서도 중요시되고 있다.

그러나 현대 사회가 물질적으로 급격하게 변화됨에 따라, 시간은 물리적 시간과 감각적 경험의 단위로서 뿐만 아니라 생산과 소비의 단위로서도 의미를 갖게 되었다.414) 말하자면 시간의 사회적 효용성을 인정받게 된 셈이다. 현대 있어서 시간 그 자체는 값비싼 상품이며 돈이다.415) 왜냐하면 시간에 따라 생산된 상품이 돈이기 때문이다. 그러므로 이런 시간의 측정은 물리적 시간의 양적 단위와 일치하게 된다. 이런 시간을 물량적 측면에서 평가하는 사상은 급기야

---

413) Thomas Carlyle, *Sartor Resartus* (London : J. M. Dent & Sons Ltd., 1956), Bk. 3. Chap. 8.
414) Ernst Cassirer, *An Essay on Man* (New York : Doubleday, 1953), 27.
415) Hans Meyerhoff, *Time in Literature* (Berkeley and Los Angeles : U of California Press, 1968), 108.

인간의 가치관의 변화를 가져왔다. 다시 말하면 인간의 가치 역시 시간에 따라 쌓아 올린 행적에 의해 평가받게 되었다는 말이다. 이것이 인간의 도구화요 평가 저락 현상이라 할 수 있다. 이런 점에서 시간문제는 현대 사회학이나 경제학에서도 심각하게 다루어야 할 것 같다.

시간에 대한 관심은 아리스토텔레스 이후 많은 현대 철학자들이나 심리학자들이 표시해 오고 있다. 그러나 이런 문제들은 그 분야의 전문가들에게 맡기고 여기서는 문학에 있어서의 시간문제만을 개략적으로 다루어 보겠다. 문학작품 중에서도 시간성을 가장 중시하는 것은 시나 드라마보다도, "가장 독자적이고, 가장 탄력적이며, 가장 거대한 형식"416)을 구사하는 소설이 아닌가 한다.

스펜더가 『서적과 제2차 대전』이라는 글에서 "덜 정치적이고 덜 철학적인 이념에 대해서는 하등의 관심도 없는 자들까지도 시간에 대해서는 관심을 갖는다"417)라고 말한 대로, 덜 정치적이며 덜 철학적인, 심지어는 사상이나 이념에 대해서는 전혀 무관심한 소설가라 할지라도 시간 문제에 있어서 만은 관심을 두는 것을 보면, 소설에 있어서 시간성은 무엇보다 중요한 것 같다.

일종의 소설이라고 할 수 있는 서사시 『실낙원』을 읽을 때 우리에게 강한 인상을 주는 것은 하나님의 질서에 따르는 세계에 있어서 이루어지는 만물의 정연한 운동의 감각인 동시에 이에 수반되는 시간의 감각이라 할 수 있다. 여기서는 이 시에 있어서의 시간의 문제를 아담의 시간의식의 변화를 중심으로 해서 생각해 보겠다.

### 1) 문학적 시간

흔히 시간을 세 개의 범주 - '물리적 시간', '말의 시간', '심리적

---

416) A. A. Mendilow, *Time and Novel* (New York : Humanities Press, 1965), 12.
417) *Ibid.*, 14.

시간'으로 나누어 설명하는 것이 통례다. '물리적 시간'은 달리는 '자연적 시간'(time in nature), '객관적 시간'(objective time), 또는 '개념적 시간'(conceptional time)이라 불리어지기도 한다. 이는 사회적 생활의 편의를 위해 만들어진 일종의 공적인 시간으로 물리학자들은 이를 'T'라는 심볼로 표현한다. 'T'라는 심볼로 표현되는 이 시간은 시계나 달력에 의해 그 동시성이 확보되며, 시간. 날. 달. 년과 같은 시간 단위로 고정된다. 모든 기간의 길이는 일정하고 시간적 단위는 불변한다. 만일 그렇지 않고 시간의 단위가 끊임없이 변한다면, 우리 인간은 걷잡을 수 없는 시간 속에 빠져 인간의 정신세계 자체가 혼돈 상태를 면할 수 없게 될 것이다.

또한 개개인이 자기 멋대로 시계적 시간의 축을 옮긴다면 인간의 합리적 언어 활동의 바탕이 사라지고 말 것이다. 이런 점에서 시계적 시간은 우리 인간의 사회생활에서 절대적으로 필요한 것이지만, 문학적 시간으로서는 별반 의미가 없다. '말의 시간'을 흔히 '문법적 시간'이라고도 한다. 문법에 있어서 '시제'(tense)란 곧 시간 관계를 문법적 대비로 나타낸 것이라 할 수 있다. 이런 시간 관계가 처음 문법에 들어온 것은 그리스어나 라틴어를 분석하는 과정에서 비롯되었다. 전통적 문법에 따르면, 말의 술어적 시간 관계는 과거, 현재, 미래로 구분할 수 있고, 그 축의 중심은 '성대를 통하여 직접 말을 하는 순간'을 현재라 할 수 있다. 오토 예스퍼슨은 이 축을 기점으로 해서 일곱 개의 시제 체계를 정립하였으나,418) 사실상 언어에는 하나의 시간 표현 곧 현재라는 것이 있을 뿐이다. 이 현재라는 축을 중심으로 앞으로 바라다보는 순간을 미래라 하고 이미 지나가 버린 순간을 과거라 하며, 다시 시간의 멀고 가까움을 따라 오토 예스퍼슨과 같이 일곱 개의 시제 체계를 세울 수도 있다.

그러나 과거나 미래는 사건과 말의 일치라는 원칙으로 다루어지

---

418) Otter Jesperson, *The Philosophy of Grammar* (London : Longman, 1924), 256-57.

는 것이 아니라, 현재를 기점으로 하여 앞에 있느냐 뒤에 있느냐는 것으로 결정되는 것이다. 그러니까 문법적 시간에 있어서 언제나 그 축은 말을 하는 그 순간이며 이 축은 과거나 미래로 옮길 수가 없다. 이것이 언어의 기본적 성질이다. 이런 성질은 언어에 멋대로 나타나지만 그 성질이 가장 잘 나타나는 것은 특히 동사에서다. 그러므로 말의 시간이란 곧 동사 속에 나타나는 시간 관계를 말하는 것이라 해도 가히 틀림은 없다.

위에서 든 두 개의 시간 개념이 문학 속에 포섭되지 않는다고 말할 수는 없으나, 주로 문학에서 취급되는 시간은 소위 '인간적 시간'(human time)이라고 불리어지는 '체험적 시간'(time in experience)이다. 마이어호프는 이 시간을 '주관적 또는 심리적 시간'(subjective or psychological time)419)이라 했고, 칼 피어슨은 '지각적 시간'(perceptional time)420)이라 했다.

인간은 자연적 시간의 부단한 규칙적 흐름 속에 존재하고 또 그 속에서 사회생활을 영위해 가는 시간적 존재이긴 하지만, 미래를 계획하고 과거를 보존한다고 하는 점에서, 인간은 시계적 시간 안에서 살아가는 존재라기보다는 시간을 주관적으로 계산하는 체험적인 존재인 것이다. 이런 인간의 체험은 시간과 공간이 주어질 때 비로소 가능해진다. 이런 의미에서 그 체험은 성격상 시간적일 수밖에 없다. 그러나 인간의 시간적 체험은 시계적 시간과 일치할 수 없고 사람마다 각기 다르다. 이것은 문학에서 다루는 체험적인 시간이란 극히 사적이고 주관적 상대성의 양상을 띠고 있다는 근거가 된다.

### 2) 순환적 시간

인간은 시간적 존재만, 신은 시간을 초월한 존재이므로 과거, 현

---

419) Meyerhoff, 4.
420) Mendilow, 118.

재, 미래를 동시에 볼 수 있다.(*PL.*, 3. 77-78)421) 그래서 그의 눈은 잠자지 않는 눈이요(*PL.*, 5, 647) 그의 의지는 운동보다도 훨씬 빠르나(*PL.*, 7. 176-177)고 묘사된다. 그리스도도 삼위일체의 한 위를 차지하고 있는 성자니까 그의 행위도 시간을 초월해 있다고 할 수 있다.(*PL.*, 10. 90-91). 그러면 천상에는 시간의 질서는 없는 것인가? 물론 시간을 초월해 있는 신에게는 시간의 질서 같은 것은 필요 없을는지 모른다. 그러나 천사 라파엘이

시간은 영원 속에 있으나 운동에 적용되어
현재, 과거, 미래에 의해 지속되는 사물을
측정하는 것이니 (*PL.*, 5. 580-82)

라 한 것을 보면, 영원의 세계에도 시간의 순서는 있는 모양이다.422) 여기 '운동의 척도로 적용되어'라는 말은 '우리는 시간으로써 운동을 측정할 뿐 아니라 운동으로써 시간을 측정한다'는 아리스토텔레스의 말을 연상시켜 주지만, 시간이 '운동의 척도'가 될 수 없다는 것은 두 말할 나위가 없다. 왜냐하면 그때까지는 시간의 측정 대상이 되는 천체가 창조되지 않았기 때문이다.423) 아무튼 천상에는 지상에서 보는 것 같은 그런 형태의 낮과 밤의 교체는 없었지만, 빛과 그늘이 교대로 그 모습을 드러내며 일정한 변화를 주고 있었던(*PL.*, 5. 628-629, 624-657, 6. 4-15) 것만은 틀림없다.

이런 정연한 시간과 운동의 감각은 아담이 거주한 세계, 즉 하나님이 창조한 거대한 구형의 우주에서는 한층 뚜렷한 형태로 느낄

---

421) Rosalie L. Colie, "Time and Eternity : Paradox and Structure in *Paradise Lost*," *Milton*, ed. Alan Rudrum (London : Macmillan, 1968), 191.
422) Laurence Stapleton, "Perspective of Time in *Paradise Lost*," *PQ* 65 (1966) 735 참조.
423) *Ibid.*, 735.

수 있다. 이 우주에 빛과 어두움, 낮과 밤의 교체를 정한 것은 하나
님의 최초의 창조행위였다(*PL.*, 7. 249-253). 사실상 시간은 천지
창조와 함께 시작된다.424) 그러면 그전에는 시간은 없었는가? 물론
천지창조 전에도 시간은 있었다. 그러나 그것은 인간적 시간(human
time)이 아니라 신적인 시간(divine time) 즉 영원이었다.425) 아무
튼 낙원의 시간은 천상의 시간 보다는 정확하게, 또한 동적으로 표
현된다. 사탄이 지구에 진입한 것은 정오(*PL.*, 4. 30)이지만,426) 그
날 오후 6시 태양의 위치와 운동은 이렇게 묘사된다.

> 마침 하늘과 땅이 대양에서
> 맞닿는 곳으로 지는 해는
> 서서히 내려가더니, 낙원의
> 동쪽 문 바로 정면을 향하여
> 석양의 햇살을 겨누어 쏜다. (*PL.*, 4. 539-43)

태양은 서쪽 끝으로 서서히 가라앉고 있었다. 그러나 그 광선은
마치 시계의 침처럼 정확하게 낙원의 문을 비추고 있었던 것이다.
다음은 저녁 9시의 밤하늘을 묘사한 대목을 인용해 보자.

> 밤은 이미 원추형의 그림자 거느리고, 이 거대한
> 달 밑 하늘 언덕길 중턱에 이르렀다. (*PL.*, 4. 776-77)

여기서 말하고 있는 '원추형의 그늘'은, 태양 광선에 의해 우주공

---

424) Albert R. Cirillo, "Noon-midnight and the Temporal Structure of *Paradise Lost*," *Critical Essays on Milton from ELH* (Baltimore & London : The John Hopkins Press, 1969), 211.
425) Valerie Carnes, "Time and Language in Milton's Paradise Lost," *ELH* 37 (1970), 518.
426) Cirillo, "Noon-midnight and Temporal Structure of *Paradise Lost*" 참 조바람.

간에 투영되는 지구의 그림자다. 다시 아침의 해 뜨는 모습을 묘사한 대목을 보자.

>  태양은 솟지 않은 채
>  바퀴 끌고 대양의 변두리를 배회하며,
>  이슬 비추는 햇살을 대지에 수평으로 쏟아서
>  낙원의 동쪽과 에덴의 행복한 벌판을
>  환히 보이도록 드러내니,
>  그들은 허리 굽혀 절을 하고 찬양하며
>  아침마다 때맞추어 다른 양식으로 드리는
>  기도를 시작한다. (*PL*., 5. 139-46)

여기서 태양은 황금 마차를 몰고 달려오는 태양신에 비유되었지만, 이런 신화적 이미지에 동적인 성격을 부여하는 것은 '배회하며'라는 동사다. 이런 신화적 이미지나 운동 동사가 우리에게 주는 느낌은 태양은 마치 가볍게 비행기가 떠가듯 또는 새가 날아가듯 회전하고 있다는 것이다.

위의 시에서 보는바와 같이 낙원에 있어서의 시간의 흐름은 '강물의 흐름'으로 비유되지 않고 쉴 사이 없이 움직이고 있는 '천체의 운동'에 의해 표현되고 있다. 아담이 '천체의 운동'에 대해 비상한 관심을 가진 것도 그 때문일 것이다. 어떤 때는 하와와의 대화 속에서(*PL*., 4. 661-673), 어떤 때는 하나님에게 기도하는 속에서(*PL*., 5. 166~179), 또 어떤 때는 천사 라파엘에게 질문하는 말 속에서(*PL*., 8. 15-38), 그는 천체운행에 관한 관심을 표명했다. 아담의 주위에는 구형의 우주가 있고, 그 우주에서는 무한한 천체가 밤낮으로 쉴 새 없이 정연하게 원운동을 계속했다. 우주에 있어서의 시간의 질서는 그 바깥쪽의 혼돈의 세계에서 볼 수 있는 시간의 혼란과는 대조를 이룬다. 혼돈의 세계는 '시간과 장소를 잃은'(*PL*., 2.

894)세계요, '혼돈'과 함께 그곳을 지배하는 것은 '우연'(*PL.*, 2. 910)이다.427)

천체가 회전한다고 하는(*PL.*, 8. 31-32) 인식으로부터 생기는 시간의 의식은 당연 순환하는 시간 즉 불변하는 시간이라 할 수 있다. 밀턴은 낙원의 풍경을 묘사해서,

··· 이때 만물의 판은
'우미'와 '계절'과 춤을 추며 결합하여
영원한 봄을 끌어들인다. (*PL.*, 4. 266-68)

라 했다. 계절의 여신들이 춤을 춘다고 한 것은 시간의 주기적 진행을 암시한 것이다. 그러므로 그 시간의 추이는 사계의 변화를 갖지 않고, 다만 영원의 봄 즉 일정불변의 상태를 보존하고 있다. 천사 라파엘도 또한 낙원의 계절에 대해서 '여기서는 봄과 가을이 손을 맞잡고/춤을 추고 있다'(*PL.*, 5. 394-395)라 했다.

이상의 실례들은 단적으로 표현하면 시간을 순화하는 것 즉 원적으로 본 것이다. 이런 순환적 해석을 사람에 따라 불교적인 해석이라 하기도 하고 신화적 해석이라고도 한다. 불교에서 말하는 윤회적 해석은 두 가지로 구분할 수 있는데, 하나는 종교적 동양적 해석이고, 다른 하나는 철학적 해석이다. 종교적 동양적 해석이라는 것은 원시종교나 혹은 동양 종교인 불교나 인도교가 가지는 시간관을 말한다. 그들에 의하면 시간이라는 것은 시작도 없고 종말도 없이 무한한 유전을 계속한다는 것이다. 이 시간성에 기복하는 역사적 사건은 무한한 변화와 반복을 거듭하며 언제든지 인과응보의 법칙에 따른다. 여기에는 인간의 의지와 자유로 인한 혁신이나 발전이나 직선적인 전진은 없고 단지 모든 것은 영원한 반복과 순환적으로 회귀

---

427) Stapleton, 739.

하는 변화와 유전뿐이다.

그러나 이와 같은 변화는 우연적으로 일어나는 것이 아니라 숙명적으로 과거의 원인에 의해 결정되는 것이다. 이 숙명에서의 해방은 불가능하므로 자유를 욕구하기보다 그것을 견디고 체관하는 것을 습득하여야 한다. 이러한 체관(諦觀)을 토대로 해서 무한의 반복과 유전과 변화의 세계가 즉 영원이라는 직관의 경지에까지 들어가게 된다. 그러므로 이와 같은 순환적·윤회적 시간관은 처음도 없고 끝도 없는 영원한 원적 반복에 지나지 않는다.

순환적·윤회적 시간에 대한 철학적 해석에 따르면 시간은 왔다가 그저 사라지고 마는 시간이다. 왔다가 사라지는 이 시간은 언제나 계속되어 중단되는 일이 없다.428) 아리스토텔레스는 "시간 자체는 일종의 원(circle)인 것 같다. … 인간의 사건은 원을 형성한다. 원적인 시간이 있으며 이것은 시간이 원적 운동으로 인해서 측량된다는 것과 마찬가지다"429)라 했다. 이런 사상은 근대에 와서 니체와 키엘케고르에 의해서 더욱 강조되었다. 특히 키엘케고르는 "그리스인에게 상기(想起)가 매우 중요했듯이 현대 철학에 있어서는 반복이 결정적 표현이다. 그리고 현대 철학은 반복이 전생활이라는 것을 가르칠 것이다"430)라 하여, 시간을 원적으로 이해하려 했다.

쿨만이『그리스도와 시간』에서 기독교적 시간은 '직선적'431)이라고 말한 바와 같이, 적어도 순환적·윤회적 시간개념은 종교성을 띠우고 있긴 하나 기독교적 시간관이라 할 수는 없다. 밀턴이 낙원의 시간을 원적인 시간으로 파악한 것은 얼핏 보면 불교적 해석에 가까운 듯하나 실은 아리스토텔레스 식으로 이해한 것이라 할 수 있다.

아담이 시간을 순환적·윤회적인 반복적 흐름으로 인식한 것이 사

---

428) R. Niebuhr, Faith and History (London : Metheun & Co., 1951), 38.
429) Aristotle, *Physics* (New York : Bandom House, Inc., 1946), 4 : 14.
430) S. Kierkegaard, *Repetition* (New Jersey : Princeton UP., 1945), 3.
431) O. Cullmann, *Christ and Time* (London : SCM Press, 1951), 51.

실이지만, 다른 각도에서 보면 직선적 흐름도 가능하다고 보았다. 물론 하나님에 대한 순종을 전제로 한 직선적 흐름이다.

  ··· 때가 오면
 인간이 천사와 함께 식사하면서도 그 음식을
 부적합하거나 가볍다고 생각지는 않으리라.
 아마도 이런 자양분에 의해 그대들의 육체는
 시간의 경과에 따라 변하여 마침내 영질(靈質)이 되고,
 우리들처럼 날개 돋쳐 하늘로
 올라가게 되며 마음대로 이 낙원이나
 하늘의 낙원에서 살게 되리라. (PL., 5. 493-500)

 '때가 오면 인간이 천사와 함께 ··· 하늘의 낙원에 살게 되리라'는 말은 바로 그럴 가능성을 시사한 것이다. 키엘케고르는 반복과 상기를 대조해서 "반복과 상기는 같은 운동이나 정반대로 가는 운동이다. 지나간 것을 상기하는 것은 뒤를 향한 반복이요 정확하게 반복이라고 불리는 것은 앞을 향한 반복이다"[432]라 했다. 키엘케고르의 반복사상은 불교나 인도교의 윤회사상과는 다르다. 역사가 어느 방향으로 움직이고 있는 것은 사실이다. 이와 같은 현실을 일부의 종교나 철학자들은 윤회 혹은 반복이라는 사상으로 표현했다. 그러나 그 반복은 동일성의 반복은 아니라는 것이다. 만약 동일성의 반복일 것 같으면 전진이나 진보는 불가능 하다. 이 점에 있어 키엘케고르의 사상은 의의를 갖는다.
 현대의 가장 위대한 역사가 토인비는 『시련기의 문명』에서 과거 생멸한 이십 일 개의 문명은 반복의 역사라고 한다. 전시대의 문명은 그 다음 시대에 이르러 시대와 장소는 다를지언정 유사한 문명을 형성한다. 그 성격과 유형과 목적은 동일한 것이다. 그러나 언제

---

432) Kierkegaard, 45.

든지 전진한다. 문명이 생성하고 몰락하고 또 몰락하여 다른 문명을 발생케 하는 동안에 어떤 유목적인 전의 것보다도 더 고상한 전진이 이루어지게 된다. 그리고 신의 경륜 내에서 문명의 실패로서 경험한 희생을 통하여 오는 교훈이 진보의 절대적인 방법이 되는 것이다.433) 역사는 반복된다. 그러나 동일한 바퀴 위를 달려가는 비창조적이고 무전진적인 반복이 아니라 항상 발전이 있고 전진하는 반복이라는 말이다.

키엘케고르나 토인비의 반복사상에 비추어 볼 때, 밀턴의 시간관도 그와 흡사한 것이 아닌가 한다. 즉 그에게 있어서도 시간은 반복하는 것이지만 전진이 없는 반복이 아니다. 언제나 전진하고 발전하는 반복이다. 만일 그렇지 않다면 시간적인 유한한 존재가 영적인 존재로 변화할 수 없을 것이다. 이런 의미에서 밀턴의 시간관은 불교적 윤회적 시간관과 표면적인 직선적 시간관을 종합 지양한 일종의 나선적인 기독교적 시간과 같다 할 것이다. 그러나 아담은 그것을 충분히 인식하지 못했다. 다만 그는 우주의 리듬에 자신의 생활을 조화시키려 했고, 그것이 또 그 생활을 행복하게 만들었다. 그러므로 낙원의 시간은 순환적·윤회적인 반복으로만 보일 뿐이다. 그러나 직선적 흐름의 가능성을 무시해 버리면 밀턴의 시간관은 바로 이해할 수 없을 것이다.

### 3) 동력적 시간

시간의 순환은 사람의 체험 여하에 따라 행복한 상태가 될 수도 있고 불행한 상태가 될 수도 있다. 즉 시간의 반복을 기계적으로 체험하면 끝없이 따분하고 불행할 테지만, 그것을 생명적 자연의 리듬으로 체험할 것 같으면 한없이 즐겁고 행복할 것이다. 이것은 체험적 시간이란 극히 사적이고 주관적이라는 말과 같다. 사람에 따라

---
433) Arnold Toynbee, *Civilization and Trial* (London : Oxford UP., 1943), 15.

시간은 천천히 걸어가는 것 같기도 하고, 질주하는 것 같기도 하고, 가만히 서있는 것 같기도 하다.434) 또한 길다고 생각할 때 그 시간은 길고, 짧다고 생각할 때 그 시간은 짧다. 그러나 그것이 현실적으로 얼마나 길고 얼마나 짧은지는 누구도 말할 수 없다. 그것은 체험 속에 지각되는 시간은 사적이고 주관적이기 때문이다.

그래서 드.퀸시는 "때로는 하루 밤에 칠십 년 또는 백년을 산 것 같이 생각될 때가 있다"435)라고 했을 것이고, 버지니아 울프는 "한 시간은 시계적 시간의 오십 배, 백배로 늘어날 수도 있다"436)고 했을 것이다. 러치터어는 이런 시간을 동력적 시간 즉 정서적 시간이라 했다.437)

낙원의 시간은 춤의 이미지로 표현되고 음악과 함께 흐른다. 따라서 아담의 시간체험은 즐겁고 상쾌하고 행복하다. 그것은 그 체험이 기계적이 아니고 동력적이고 정서적이기 때문이다. 그래서 밀턴은 낙원의 시간적 추이를 '즐거운 변화'(*PL.*, 5. 629) 또는 '상쾌한 변화'(*PL.*, 6. 8)라 했다. 그래서 또한 밀턴은 시간이 고귀한 음악의 선율과 함께 움직이며 반복된다고 했을 것이다.

> 조화된 곡조로 엮는 천상의 묘음(妙音) 울리는 악기소리에
> 맞추어 부르는 그들의 노랫소리는 야경 교대시간을 알리고,
> 또 우리의 생각을 천상에까지 끌어올려 준다오.
> (*PL.*, 4. 686-88)

---

434) William Shakespeare, *As You Like it* (London : J. M. Dent & Sons, Ltd., 1958), III. 2.
435) De Quincey, *The Opium-Eater* (London : James Clarke & Co., 1948), 188.
436) Virginia Wolf, *Orlando* (New York : Random House, Inc., 1960), 91-92.
437) Harvena Richter, *Virginia Wolf : The Inward Voyage* (New Jersey : Princeton UP., 1970), 150.

이런 시간의 추이는 천상적 시간의 추이와 동일한 성질을 갖지만,438) 타락 이전의 아담 자신 어느 정도까지 그런 시간의식을 갖고 있었는지는 알 수 없다. 그러나 애초부터 그는 전체의 운동 또는 음악의 리듬과 밀접하게 결부된 시간감각을 소유했던 것 같다.

이런 아담의 시간감각은 그의 노동관과 밀착되어 나타난다. 아담과 하와는 낙원에 살긴 했지만, 무위도식하며 시간을 소비하도록 예정된 것이 아니고 낙원의 초목을 가꾸고 정원 일을 하며 살도록 돼 있었다. 그러나 그들의 일은 자연적 리듬과 조화를 이루어야만 했다. 자연적 리듬과 조화를 이룬 그들의 노동은 괴롭고 불쾌한 것이라기보다 즐겁고 유쾌한 것이었다. 다음의 아담의 말이 그것을 입증하고 있다.

> 아름다운 반려자여,
> 때는 밤, 만물은 이제 물러가
> 쉬는 모양이니, 우리도 또한 쉬도록 합시다,
> 하나님은 인간에게 일과 휴식을 밤과 낮처럼 잇달아
> 있게 하셨으니. 때맞춰 찾아드는 잠의 이슬은
> 이제 졸음의 무게 가지고 살며시
> 내려와 우리의 눈을 감기게 하오.
> 다른 생물들은 하루 종일 하는 일 없이
> 왔다 갔다 하니 많은 휴식 필요치 않을 것이오.
> 인간에게는 날마다 해야 하는 몸과 마음의 일
> 정해져 있어, 거기에 그 위엄 나타나고,
> 그의 모든 일에 대한 하나님의 관심 나타난다오.
> (*PL*., 4. 61-22)

---

438) Richard J. Quinones, *The Renaissance Discovery of Time* (Boston : Havard UP., 1972), 454-65.

노동은 하나님이 인간에게 준 신성하고 존엄한 것이지만, 그 노동은 일정한 리듬에 따라 즉 노동과 휴식을 밤과 낮의 리듬에 맞추어 수행하도록 돼 있다. 아담은 이렇게 생명적 리듬에 그 생활을 맞추었고 그것이 그를 행복케 했다.

이런 아담의 시간과 가장 날카로운 대조를 이루는 것이 사탄의 시간이다. 아담은 순환적 시간과 조화된 생활을 했지만, 사탄은 미래를 계획하고 그것을 위해 자연의 리듬을 깨뜨린다. 그는 이래서 부지런을 떨고 밤에도 쉬질 않는다. 천상에서 그가 반란을 결의한 것은 하나님이 그 아들을 천상의 주인으로 세운 날이었다. 한밤중에 그는 자고 있는 바알세불을 깨워 반란을 계획한다(*PL.*, 5. 666-672). 그는 하나님의 명령에 분격을 참을 수 없어 잠을 이룰 수 없다(*PL.*, 5. 673-676). 그래서 그는 한밤중에 급거 반란군을 북쪽에 집결시킨다(*PL.*, 5. 686-689). 그는 이 행동을 '한밤중의 진군, 황급한 집회'(*PL.*, 5. 777-778)라 한다. 다음 날 그는 하나님의 군대에 도전했다가 패하지만, 그날 밤 천군은 휴식을 취하나, 사탄은 휴식도 없이(*PL.*, 6. 415) 회의를 개최한다. 이 회의에서 사탄이 대포를 만들자고 제의하자, 그 부하들은 '즉시 산회해서 그 일로 급거한다'(*PL.*, 6. 507). 결국 사탄은 천상의 싸움에서 패하고, 그 부하들과 함께 아홉 날 아홉 밤 동안, 지옥으로 떨어져, 불바다에서 의식을 잃는다. 그러나 사탄은 의식을 회복하자, 바알세불을 불러 하나님에게 저항할 계획을 세운다. 그는 '기회를 놓치지 않으려고' (*PL.*, 1. 178) 자고 있는 부하들을 일깨워 회의를 소집하고, 자기 혼자 낙원에 원정할 것을 승인받은 뒤 곧 낙원을 향해 출발한다. 사탄은 일각도 지치지 않고 혼돈 속으로 전진한다. 우주의 외곽에 도착한 사탄은 우주를 바라다보며 잠시 그 아름다움에 질투를 느끼지만, '그 이상은 쉬지 않고'(*PL.*, 3. 561) 다음 행동을 취한다. 사탄은 낙원을 순시하고 있는 천사에게 발각되어 일시 추방되지만, 한밤을 타서 8일째 되던 날 낙원으로 진입한다. 그 이튿날 그는 하와가 혼자 서 있는 것을 발견하고, '기회를 놓치지 말아야겠다'(PL., 9. 479-80)고 결심한 후 그에게 접근하여 이윽고 타락시키고 만다.

이렇게 사탄은 계획(미래적 시간)을 위해 쉴 때 쉬지도 않고 밤낮 구별 없이 투쟁하고 행동한다. 어떤 의미에서 사탄은 인간보다 더 근면하고 전투적이다. 그것이 악마의 본성일는지 모른다. 그러나 사탄의 그런 본성은 한 순간도 현재와 화해할 수 없었다. 그러므로 그는 항상 현실이 불만스러웠다. 이런 불만을 해소하기 위해 그는 야심만만한 계획을 세우고 그것을 추진했다. 그것은 바꾸어 말하면 미래를 추구하는 것이니까 그의 현재는 미래의 희생물이 된 셈이다. 그러나 그는 최후적 승리는 거둘 수 없었다. 그때 그는 자기의 실패를 개탄하며 후회한다. 후회는 시간적인 개념으로 표현하면 과거가 현재를 지배하는 것이라 할 수 있다.

시간을 습관적으로 표현해서 과거·현재·미래라 한다. '과거'라는 것은 벌써 없어진 시간이요 '미래'는 아직도 당도치 않은 시간이다. 이와 같은 시간을 우리는 경험할 수 없다. 존재한다고 생각은 할 수는 있으나 경험할 수는 없다. 그러므로 우리의 실존에 가장 중요하고 결정적인 역할을 하는 것은 '현재'라 할 수 있다. 우리는 현재에 살고 현재를 경험하고 현재의 실존이 우리의 운명을 지배한다. 이런 의미에서 '현재'만이 참다운 시간이라 할 수 있다.

그러나 한편 이와 같은 현재는 본질상 과거와 미래에서 독립적이거나 고립된 순간으로서 존재하는 것은 아니다. 시간은 그 자체가 공간과의 관계를 떠나서는 무의미한 것이다. 현재가 현재로서의 본의를 가지는데 는 그의 전후와의 관계를 잃어서는 안 될 것이다. 아우구스티누스의 말대로 '과거'는 '현재에 기억'으로써 '미래'는 '현재에 기대'로써 살아있어야 한다. 이와 같이 과거와 미래가 현재를 중심으로 해서 정당한 관계를 가지지 않을 때 현재는 현재로서의 본질을 잃어버리게 된다.

그런데 사탄에게는 이런 '절대적인 현재'가 없었다. 그에게는 다만 '과거'와 '미래'가 있었을 뿐이다. 만일 이런 과거와 미래가 현재를 중심으로 해서 정당한 관계를 가졌더라면, 사탄의 현재는 그 본질을 잃지 않았을 것이다. 그러나 그것은 가정에 불과하고 사탄에게 있어서 현재는 과거와 미래에 희생이 되었다. 그러니까 그에게는 참다운 시간이 없었던 셈이다. 따라서 그는 언제나 불만스럽고 불행했다.

물론 아담에게도 과거나 미래는 있었다. 그러나 『실낙원』 제4편 449행이나 제8편 250행을 보면 그 과거는 현재와 대립되는 엘리엇이 말한 '삶 속의 죽음'(Death in Life)같은 과거가 아니라 현재와 항상 정당한 관계를 맺고 있는 행복한 과거였다. 또한 미래는 전진하고 발전해서 영적인 존재가 되리라는 기대로써 현재에 살아 있었다. 그러니까 사탄에게는 참다운 시간이 없었지만 아담에게는 그것이 있었다. 이런 날카로운 차이는 시간을 동력적으로 체험하느냐 아니면 기계적으로 체험하느냐에 따라 결정되는 것이 아닌가 한다. 아담의 시간은 살아있는 동력적인 시간이지만, 사탄은 '삶 속의 죽음'같은 역설로 표현될 수 있는 죽은 기계적인 시간이었다.

어떤 시간의식을 갖느냐 하는 것은 매우 중요하다. 왜냐하면 그것이 그의 생활을 지배하기 때문이다. 아담같이 생명적 리듬에 따라 살면 현재와 화해할 수 있어서 행복하고 유쾌하게 될 수 있지만, 사탄과 같이 그 리듬을 깨면 현재와 불화하게 되므로 불행하게 될 것이다.

### 4) 분열된 시간

인간의 타락은 그 시간의식을 변질시켰다. 죄를 범하던 아침, 하와는 '둘이 따로 일하자'(*PL*., 9. 214)고 독자적인 행동을 제의한다.

우리가 하루 종일 함께 한곳에서 일하는 한

> 서로 얼굴을 쳐다보고 웃음 나누게 되고,
> 또 새로운 일이 생기면 그때그때마다 얘기를
> 하게 될 것이니, 그 때문에 일이 방해되어,
> 일을 일찍 시작해도 별 효과 없이 저녁때는
> 맨손으로 돌아오게 될 것입니다. (*PL*., 9. 220-25)

여기서는 두 사람의 기쁨보다도 노동의 효율성을 중시하고 있다.[439] 아담은 이런 하와의 제의에 이의를 제기한다.

> 우리가 휴식을 원할 때, 그것이 먹을 것이든,
> 마음의 양식인 대화든, 얼굴을 서로
> 쳐다보며 달콤한 웃음을 교환하는 것이든,
> 그것을 방해하실 만큼 그렇게 엄격히 노동을
> 강요하지는 않으시리라. 웃음은 이성에서
> 흘러나오는 것으로 짐승에게는 주어지지 않는
> 사랑의 양식이로다, 사랑이야말로 인생의
> 가장 낮은 목적이 아니니까. (*PL*., 9. 235-43)

인간의 궁극적 목적은 노동이나 노동의 결과가 아니라, 사랑이나 이성과 결합된 쾌락이라는 것이다. 노동에만 몰두하는 것, 그것이 하나님께서 원하는 것이 아니라는 말이다. 오히려 휴식이 없는 노동은 지루함과 소외감만을 준다는 것이다.

그러나 결국 하와는 자신의 주장을 굽히지 않고 혼자 일을 하다 사탄의 유혹을 받고 타락한다. 결과적으로 아담도 하와와 같은 죄를 짓게 된다. 이렇게 타락한 아담과 하와에게 있어서 가장 큰 문제는 죽음의 문제였다. 하나님은 아담에게 '너는 흙이니 흙으로 돌아가리라'(*PL*., 10. 208)라고 죽음을 선언하였다. 낙원에는 '죄'와 '죽음'이

---

[439] Quinones, 454-65 참조.

들어오고, '죽음'은 '시간의 낫이 베는 것'(*PL.*, 10. 605-606)을 먹게 된다. 즉 시간은 낫을 든 자의 모습에 비유되고, 죽음과 밀접한 관련성을 갖게 된다. 시간을 낫에 비유란 것은 밀턴만은 아니었다. 어떤 의미에서 그것은 르네상스시대의 전통이었던 것 같다. 셰익스피어도 종종 시간을 낫에 비유한 일이 있다.

> 그때 나는 그대의 미에 대하여 생각하노라,
> 그대도 시간의 흐름 속에 가야 한다고
> 고은 것도 아름다운 것도 제 모습을 버리고,
> 다른 것들이 자라나는 것과 같이 빨리 없어지기에,
> 세월이 낫으로 그대를 베어 갈 때 막아낼 길은 없느니,
> 만일 자식을 낳을 것이 없다면.440)

> 세월은 청춘에게 주었던 꽃을 변모 시키고,
> 그 아름다운 이마에 주름을 그어 놓고,
> 자연의 진리를 이룬 진품을 먹이로 하도다.
> 그의 낫 끝이 베려는 곳에 견디는 것 없어라.
> 그러나 내 시는 시간의 잔인을 물리치고,
> 그대를 찬양하려 길이 남으리라.441)

이렇게 낫으로 비유되는 시간이 죽음과 밀접한 관련성을 갖지만, 아담은 그 죽음이 어떤 형태로 찾아오는지를 몰랐다. 또한 그는 자신이 희망하는 시간의 추이와 신의 계획사이에 결정적인 괴리가 생긴 것을 인식하지 못했다.

> 나는 흙이니 흙으로 돌아가라는

---

440) William Burto, ed., *William shakespeare : The Sonnets* (New York ; New American Library, 1963), 52.
441) *Ibid.*, 100.

> 그의 선고는 정당하다. 아, 언제든지 올 테면 오라,
> 그 시간이여! 그 명령이 정한 것을 오늘로
> 집행하지 않고, 어째서 그 손은 망설이는
> 것일까. 나는 왜 살아남아, 죽음의 조롱받으며
> 죽음 없는 고통의 길로 목숨을 이어가는가.
> 나는 참으로 기꺼이 내게 선고된 죽음을
> 맞아들여 무심한 흙이 되련다. 어머니의 무릎을
> 베고 눕듯 기꺼이 몸을 눕히련다. 거기서
> 편히 쉬고 편히 잠자련다. (PL., 10. 769-78)

이때 아담의 시간은 너무나 늦게 흐른다고 느껴진다. 죽음은 일격에 사람을 쳐 넘어뜨리는 것이 아니라, '끝없는 비극'(PL., 10. 810)으로 연속되고, 죽음은 불러도 오지 않는다.

> 죽음은 불러도오지 않고, 하나님의 의는 기도를 올리고
> 울부짖어도 더딘 걸음을 서둘지 않는다. (PL., 10. 858-59)

아담의 시간은 이와 같이 하나님의 계획과 자신의 희망으로 분열된다. 이런 비극적인 사태에서 최초로 구원의 손길을 펴는 것은 하와다.

> 우리가 살아가는 동안 짧은 한때라 해도
> 우리 둘 사이에 평화를 있게 하소서. (PL., 10. 923-24)

이것은 새로운 시간 의식이라 할 수 있다. 즉 죽음으로 향하고 있는 존재의 순간의 의의를 발견한 것이다. 이러한 시사는 현재와의 새로운 화해 가능성을 보여준 것이기도 하다. 일단 절망으로부터 탈출할 길을 발견한 아담은 하나님의 '시기적절한 배려'(PL., 10. 1057)를 통찰할 수 있게 된다.

한편으로는 하나님의 계획을 의식하고, 다른 한편으로는 죽음을 향한 자신의 삶을 의식할 때, 이 두 분열된 시간의식을 화해시켜 주는 것은 기도와 은총이다. 아담은 기도 속에서 하나님과의 화해를 느끼게 되고, 하나님은 그 경지에 이른 아담에게 '미래에 생길 일'을 보여준다. 그것이 제11편으로부터 제12편까지에서 볼 수 있는 예언의 환상이고, 그것에 의해 아담은 하나님의 계획과 인간역사의 관련성을 알게 된다. 미카엘이 최후심판의 예언을 끝내자 아담은 이렇게 말한다.

> 축복받은 예언자여, 당신의 예언은
> 이 변천하는 세계와 시간의 노정을, 시간이
> 멈출 때까지 순식간에 측정하였나이다. 그 너머는
> 온통 심연이요 영원이니, 그 끝을 볼 수 있는
> 눈은 없나이다. (*PL.*, 12. 553-56)

이로써 그리스도적 시간관에 대한 아담의 인식은 완성된다. 그 인식의 표현은, 한편으로는 이 세상 끝에 도래할 영원세계에 대한 희망으로 가득 차 있고 다른 한편으로는 인간 존재의 무력과 비소함으로 가득 차 있다. 이 세계는 흘러가는 '시간의 도정'이고, 영원은 사람의 인식을 초월한 심연이다.

> 교묘한 청춘의 도적 시간은 이다지도 빨리
> 날개 돋친 듯 나의 이십 삼년을 앗아 갔구나.
> — 스물세 살에 이르러

이 소네트에서처럼 아담은 시간의 무상함을 의식했던 것이다. 이런 시간의 무상성은 곧 닥쳐 올 죽음을 인식케 했고 그것은 그를 불안케 했다. 타락 이전의 아담에게는 이런 허무적인 그림자가 전혀 없었다. 그러나 타락 이후의 아담은, 비록 미카엘로부터 역사의 의미를 배우기는 했지만, 그래도 미래의 삶이 불안하기만 했고, 영원은 심연으로만 보였던 것이다. 그들은 역사의 '정해진 시간'(*PL.*, 7. 589-590)을 의식하며 쓸쓸하게 낙원을 떠나는 것이다.

이제 아담과 하와의 행위는 타락전과 같이 자연의 생명적 리듬과 합치할 수 없었고, 하나님의 의지와도 합치할 수가 없었다. 따라서 그들의 발걸음은 무겁고 쓸쓸했다. 그러나 그들에겐 새로운 시간(영원)이 약속되었다.

### 5) 역설적 시간

원시 종교에서는 시간의 최종점에 영원이 시작된다고 한다. 그러나 기독교의 시간관은 그 성격이 다르다. 시간과 영원의 질적 차이를 인정할 수밖에 없으나 양자의 끊을 수 없는 관계성을 인정치 않을 수 없다는 것이다. 영원(그리스도)이 시간으로 내입되면 시간은 질적으로 변화를 받아 구속적 역사로 변할 것이다. 그리고 결정적인 순간이 역사 내에 발생할 것 같으면 시간과 영원 사이에는 공간적 거리는 없어지게 된다. 즉 관계적 거리는 있을 테지만 '절대적 언덕' 같은 것은 없어지게 된다. 만일 시간에 대한 영원의 돌입이 없었던들 여전히 시간은 무의미하고 끝없는 반복과 따분한 순환으로 버려졌을 것이다. 영원자가 시간 속에 돌입하여 시간적인 것을 일신한 것은 하나의 패러독스다.

이런 패러독스는 절대를 싫어하는 과학에도 존재한다. 그 일예를 아인슈타인의 상대성이론에서 찾아볼 수가 있다. 아인슈타인에 의하면 운동하고 있는 물체의 시간은 움직이지 않는 물체의 시간보다 천천히 흐른다는 것이다. 그러면 상대성이론에서는 왜 시간은 움직이는 시계에서는 천천히 흐르는가? 지금 여기서 두 개의 시계를 생각해 보자.

하나의 시계는 어떤 역의 전면에 걸려 있고(움직이지 않는 시계) 또 하나의 시계는 이 역을 통과하는 특급열차에 타고 있는 차장의 시계(움직이는 시계)인데 이런 경우에는 두 시계는 맞지 않는다. 즉 차장의 시계가 느리게 간다는 것이다. 즉 시간의 흐름은 속도에 따라 달라진다는 말이다. 이 원리에 따르면 빨리 움직일수록 시간은 느려진단다. 만약 빛이 날아가는 속도로 이동할 수 있다면 시간은 아예 흘러가지 않는다는 것이다. 그래서 그냥 방에만 있는 사람이 차를 타고 열심히 전국을 돌아다닌 사람보다 빨리 늙는다. 한편 일반상대성이론은 중력이론이라고도 불리는데, 중력에 따라 시간의 흐름이 달라진다. 중력이 클수록 시간은 천천히 흘러간다. 고층건물의 1층은 고층건물 꼭대기보다 중력이 크다. 그러니 고층건물 꼭대기에 사는 사람은 빨리 늙는 거다. 그렇다면 우리는 가능한 빨리 움직이고 가능한 낮은 곳에 살아야 할까. 연구에 따르면 33cm 위에 있는 시계는 지면의 시계보다 10경($10^{17}$)분의 4 정도 빨리 간다. 이는 우리가 79살까지 산다고 했을 때 고작 900억분의 1초밖에 차이가 나지 않는다. 그리고 시속 36km, 그러니까 우리가 자전거로 낼 수 있는 속도로 달리는 차 안의 시계와 정지한 시계를 비교해보았다. 그랬더니 시속 36km의 속도로 달리는 차 안의 시계는 정지한 시계보다 1경분의 6의 비율로 느리게 흘러갔다. 이렇게 시간의 상대적인 효과가 처음으로 지상에서 확인된 건 광시계란 게 등장한 덕분이다. 이런 연구에 동원된 광시계는 기존의 세슘 원자시계보다 40배 정도 더 정확하다. 이 시계로 재면 37억 년 동안 고작 1초밖에 틀리지 않는다.

이렇게 본다면 시간이 늦어지는 비율은 무시해도 좋을 정도다. 다만 이 시간의 흐름의 차이는 움직이는 물체의 속도가 광속도에 가까워질 때에만 눈에 뜨이게 된다. 그런데 상대성이론에는 또 하나의 원리가 있다. 이 원리에 의하면 빛의 속도는 어떤 좌표계에서 측정해도 변하지 않고 30만km라는 것이다. 즉 지상에서 빛의 속도를 측정하나 빛이 진행하는 방향으로 날아가는 로켓 위세서 측정하나 똑같이 30만㎞라는 것이다. 이 말은 빛의 속도는 절대속도라는 것이다. 이 원리를 광속도 불변의 원리라 한다. 상대론 속에 절대가 있는 것이다. 바로 이것이 시간의 패러독스다. 만일 이 패러독스를 받아들이지 않는다면 아인슈타인의 유명한 상대성이론도 무너지고 만다. 즉 광속도불변의 속도이다. 이 절대가 존재하므로 상대성이 진리로 용납된다.

신학에서도 상대 세계에 절대가 돌입했다고 한다. 즉 시간(인간) 속에 영원(그리스도)이 내입되면 시간은 질적으로 변화를 받아 새롭게 된다는 것이다. 그리고 결정적인 순간이 역사 내에 발생할 것 같으면 시간과 영원 사이에는 공간적 거리는 없어지게 된다. 영원자가 시간 속에 돌입하여 시간적인 것을 일신한 것은 하나의 패러독스다. 밀턴도 같은 사고 구조를 가졌다.

> 너와 여자 사이에, 그리고 네 후손과 여자의 후손 사이에
> 원수가 되게 하리라. 너는 그 발꿈치를 물려고 하다가
> 도리어 여자의 후손에게 네 머리를 밟히리라.
> (*PL.*, 10. 179-81)

이것은 시간에 대한 영원의 내입을 예언한 것이다. 밀턴은 오해를 막기 위해 이를 좀 더 명확하게 설명한다.

> 그것이 실현된 것은
> 제이의 하와인 마리아의 아들
> 예수가 하늘에서 번갯불처럼 허공의 왕 사탄이
> 떨어지는 것을 보았을 때다. (*PL.*, 10. 182-85)

'여자의 씨(후손)'은 성육된 그리스도와 동일시된다. 이미 그리스도

가 '여자의 씨'로 태어날 것은 예언되어 있던 바다.

> 그 여자의 씨가 다시 오시는 날,
> 그때는 희미하게 예언되어 있지만,
> 지금은 그대의 구주로
> 또는 주로 알려지고, 마지막에는
> 하나님의 영광을 옷 입듯 입고
> 하늘로부터 구름을 타고 나타나,
> 그가 사탄을 그 그릇된 세계와 함께
> 멸망시키면, 불타는 덩어리로부터
> 새 하늘과 새 땅이 솟아나고,
> 정의와 평화와 사랑에 뿌리박은
> 무한한 날의 세상이 돌아와, 영원한
> 환희와 축복의 열매 맺히리라. (PL., 12. 543-53)

『실낙원』의 마지막 부분, 하와의 말에도 '위대한 인간' 예수가 시간 안에 들어와서 모든 것(시간까지 포함한)을 회복하리라는 사상이 나타난다.

> 나로 인해 모든 것 잃었어도
> 나의 성약의 씨가 모든 것 회복하리라는
> 그런 은총을 하찮은 나에게 주셨으니. (PL., 12. 621-23)

그리스도 안에서는 모든 것이 새로워진다는 것이다. 고대 그리스 사상에서는 영원한 것, 즉 불변하는 것만이 진리요, 실체라 한다. 반면 시간적인 것, 일시적이고 변하는 것은 실체의 그림자로서 무가치하고 무의미한 것이라 한다. 그런데 밀턴은 그리스도로 표상되는 '절대' 또는 '영원'이 '상대' 또는 '시간' 안에 오심으로 이런 허무하고 무의미한 시간이 새롭게 회복되고 결정적인 의미를 갖게 된다고 한다. 시간에 대한 영원의 내입, 그것은 일종의 패러독스다. 그러나 이 패러독스는 진리이다. 그리스도를 통하여 비로소 시간은 영원과 상봉하게 되고, 그때 비로소 인간은 시간 내에서 영원을 경험하게 되며 그렇게 됨으로서 인간은 미래로 열린 존재 즉 영생으로 향하는 존재가 될 수 있다. 이 영원과 시간의 교차점을 엘이엇은 '정지점'(still point)라 했고, 시간적으로는 '영원한 지금'(eternal now)이라 하며, 기독교적으로는 '수육'(incarnation)이라 한다. 이것은 하나님이 대가 없이 주시는 순전한 은총이요 귀한 선물이다. 이런 은혜에 의한 역설적 시간이 없다면 죄에서 구원으로 나아가는 『실낙원』의 기본구조도 성립되질 않는다. '사건의 설화'를 흔히 플롯 또는 구조라 하지만, 그 사건은 '시간의 순서'에 따라 적절히 배열되어야 하니까 아담의 시간의식은 사건의 배열양식이 될 수도 있다. 이런 아담의 시간의식을 유기적으로 구성해서 만든 서사시가 『실낙원』이라고 볼 때, 『실낙원』에 있어서의 시간은 시종이 작품에 통일성을 주는 기본구조라 할 수 있다.

## 2. 역사

밀턴은 초기부터 역사에 대해 깊은 관심을 기울였었다. 그가 관심을 둔 역사는 단적으로 말해서 기독교적 역사관, 즉 구속사관이라 할 수 있다. 그의 역사관은 신학적이지만 하나님의 섭리에 국한된 것이 아니라 타락과 구원으로 이어지는 자유선택에 의한 하나님의 섭리와 인간의 자유의지 사이의 긴장에서 형성되는 이중적 역사관이다. 이는 인간역사의 비극적 양상과 인간구원을 동시에 조명하는 역사이해라 할 수 있다.

## 1) 인간의 비극적 역사

미카엘은 하나님으로부터 부여받은 자신의 임무에 따라 아담을 높은 역사 비전을 보여주는 언덕으로 데리고 가서 그에게 미래역사를 보여주었다. 그 역사는 얼핏 보면 비극의 역사 같지만 실은 신적인 희극의 역사 계시라 할 수 있다.442) 미카엘이 계시해 준 비전의 요점은 인간의 악과 그를 구속하고자 하는 하나님의 능력을 해설하여 주려는 데 있다. 처음 세 비전은 타락에 수반되는 인간의 내적 부패상을 설명해 주는 것이고, 그 다음의 두 비전은 하나님의 구원의 은총을 계시해 주는 것이다. 여기서는 처음 세 비전을 보여주는 타락에 수반되는 인간의 비극적 역사 비전을 다루겠다.

미카엘은 처음 세 비전을 통하여 각종 질병과 살인 및 온갖 죄악상 등을 계시해준다. 이 미래적인 비극의 역사를 조망하면서 아담은 자신의 죄과가 얼마나 비참한 것인가를 인식할 수 있었다. 타락한 세계에서는 이런 비극적인 죄악의 역사가 꼬리를 물고 이어지면서 돌아난다는 것을 깨닫게 된다. 인간의 타락의 역사에 미카엘의 계시를 통하여 밀턴은 인간의 역사와 지상의 나라들은 죄악의 오르고 내리기의 파도를 타고 이루어진다는 것을 보여준다.443) 비전에 대한 아담의 반응은 즉각적으로 악을 거절하려는 의지로 이어진다.444) 아담이 악을 증오하게 되었다고 하는 것은 참으로 구원의 단계로 한 걸음 나아갈 수 있는 계기가 된다. 동시에 그는 악에 굴하지 않고 오직 의롭게 살려고 한 그 시대의 두 의인, 에녹과 노아

---

442) Arthur O. Lovejoy, "Milton and Paradox of the Fortunate Fall," *Critical Essays on Milton from ELH* (Baltimore & London : The Johns Hopkins Press, 1969), 165.
443) G. K. Hunter, *Paradise Lost* (London : George Allen & Unwin, 1980), 151.
444) George M. Muldrow, "The Beginning of Adam's Repentance," *PQ.*, 46 (1967), 203.

처럼 선만을 추구하며 살기로 결심했다는 뜻이다. 이것은 꼬불꼬불 얽히고 설킨 미로와 같은 인간의 역사에 대한 준비가 된다. 낙원으로부터의 추방당함은 죽음의 세상으로 들어가는 것을 의미하지만 오히려 그것이 타락에 대한 형벌이라기보다는 인간의 본성을 변화시키는 결과를 맺게 되는 것이다.

한 걸음 더 나아가 아담의 악의 거절은 죽음의 공포와 인간의 죄악상을 보고 애통해 하는 것 같은 소극적인 형태의 감정만으로 그치지 아니하고 좀 더 구체적인 형태로 나타나는 것을 볼 수 있다. 즉 그는 "사탄의 인간적 유형"445)인 폭군 니므롯(Nimrod)의 반역적인 행위를 저주하며 그것을 거절하게 된다. 이때부터 아담은 밀턴이 『아레오파지티카』에서 말하는 '전투적인 크리스턴'(warfaring Christian)이 되는 것이다.446)

> 하늘의 은혜는 인간의
> 죄악과 다투나니, 선과 악을 함께 들을
> 각오하라. 이로써 참된 인내를 배우고,
> 순경에도 역경에도 한결같이 적당히 견디는 습성을
> 길러, 두려움과 경건한 비애를 기쁨에
> 조합하도록 하라. 그러면 편안한
> 생애를 보낼 수 있고,
> 모든 준비 잘 갖추어져 죽음이 왔을 때도
> 그것을 견딜 수 있게 되리라. 이 산에
> 오르라. (*PL.*, 11. 358-66)

이 시구는 아담을 '진정한 전투적인 크리스천'이 되게 하는 미카

---

445) Joseph H. Summers, "The Final Vision," *Milton : Paradise Lost*, ed. Louis L. Martz (New Jersey : Prentice-Hall, Inc., 1966), 194.
446) Don M. Wolfe, gen. ed. *Complete Prose Works of John Milton* 8 vols (New Haven : Yale UP., 1953-82), vol. 2, 515.

엘의 역사교육의 핵심이다. 인간의 역사와 관계되는 한, 선과 악 사이의 투쟁은 중단되질 않는다. 라얀은 이와 같은 인간의 도덕적 투쟁과 관련해서 말하기를 지금의 로마의 원형경기장과 같은 곳이 '정신과 역사'의 장이라고 하였다.447) 이런 의미에서 우리는 인간역사의 출발로부터 '마음의 낙원'(PL., 12. 587)의 길이 열린다는 것을 알 수 있다.

서상한 바와 같이, '사탄의 인간적 유형'인 폭군 '니므롯'과 맞서 싸우는 전투적 크리스천에게 구원역사의 문은 열리게 되는 것이다. 여기 언급된 '니므롯'이라는 이름은 '반역'을 의미하며 아우구스티누스는 그를 "주를 거역하는 거인 사냥꾼"448)로 보았다. 이러한 아우구스티누스의 해석은 「창세기」 10장 8-10절에서 암시받은 것이라고 생각한다. 밀턴은 '나므롯'이라는 이름의 전통적인 의미를 발전시켜 사용하였다. 밀턴의 '니므롯'은 '교만의 유형'일 뿐 아니라 야심만만한 반역자요 폭군이요 그 자신을 신격화하려고 하는 점에서 그는 '사탄의 인간적 유형'인 파괴자요 적그리스도다.

오만하고 야심 있는 자가 하나 나와, 공정한 평등,
우애의 상태에 만족치 않고, 자기 형제에게
부당한 주권을 참칭(僭稱)하고 화합과 자연의
법칙을 완전히 지상에서 쓸어버리고자 하리라.
포악한 그 주권에 복종하지 않으려는 자들을
전쟁과 적의의 올가미로
(짐승 아닌 인간을 사냥감으로 하여)
사냥하며, 하늘을 멸시하고 하늘로부터
제이의 주권을 요청함으로써, 그로 인해

---

447) Balachandra Rajan, *The Lofty Rhyme* (Florida : Coral Gables, 1970), 80.
448) Augustine, *The City of God*, tr. Marcus Dods (New York : Random House, Inc., 1950), 16. 3, 524.

주 앞에서 그는 위대한 사냥꾼의 호칭을 받으리라,
비록 자신이 다른 반역은 힐책하였지만,
그의 이름은 반역에서 생기도다.
그는 같은 야심으로 결합하여 자기와 함께
또는 자기 밑에서 포악한 행위 하려는
일당과 더불어 에덴에서 서쪽으로 나가
검은 역청의 물결이 땅 밑
지옥의 아가리에서 끓어오르는 들판을
찾게 되리라. 그들은 벽돌과 그 밖의 재료로
그 꼭대기가 하늘까지 닿는 도시와 탑을 세워,
이름이 좋건 나쁘건 상관하지 않고 스스로
이름을 얻고자 하리라, 아니면 그 이름
멀리 이국으로 흩어져 자기들의 기억
잃을까 하여. (*PL*., 12. 24-47)

위에 인용한 시에서 보는 바와 같이, '니므롯'은 사탄과 마찬가지로 교만과 야심 때문에 하나님의 바른 길을 거역하고 인간생활의 지침이 되는 자연법을 파괴하였다. 뿐만 아니라 그는 '그의 포악한 주권'에 대항하는 자들을 전쟁으로 점령했고 바벨탑을 쌓아서 하나님과 동등한 지위를 얻으려 했던 것이다. 어째서 인간은 이런 폭군의 지배를 받게 되어 부자유하게 되느냐 하는 것이다. 밀턴에 의하면, 누차 언급한 대로, 하나님의 최대 은사인 인간의 이성이 어둬지거나 그 소리에 인간이 복종하지 않을 때 외적인 부자유가 온다고 한다.

그러므로 인간이 자신의 심중에 부합되지 않는
힘으로 자유로운 이성을 다스리게 하면,
하나님은 정당한 판단으로 그를 밖으로부터
폭군에게 복종시키고, 그 폭군들은 으레

인간의 외적인 자유를 부당하게도 속박하느니라.
억압하는 자에게 변명이 되는 것은 아니나
억압은 반드시 있느니라. 그러나 때로
백성들은 이성이라는 덕으로부터 아주 낮게
떨어지므로, 악이 아닌 정의가 거기에
치명적인 저주까지 곁들여 그들의 외적인
자유를 박탈 하느니라, 이미 그들의
내적인 자유는 상실됐으니. (PL., 12. 90-100)

외부적 자유의 상실, 즉 '폭정'은 악에 대한 정의의 심판인 동시에 형벌이다. 그러니까 '폭정'은 사탄 아래 있는 인류의 역사를 특징 지어주는 상황이라 할 수 있다. 폭군 '니므롯'에 대한 미카엘의 해설을 듣고 아담이 보인 반응은 단순한 슬픔 이상의 것이었으며, 그것은 폭군에 대한 강한 저주로 나타났다.

아, 쩌구스런 아늘이여,
하나님으로부터 받지 않은 권위를 찬탈하여
젠 체하고 동포 위에 군림하려 하다니.
그분이 우리에게 내리신 절대 주권은 짐승,
물고기, 새 등에 대한 것뿐이로다. 은사에
의해 우리는 그 권리를 지니지만, 사람 위에
사람을 주인으로 두시지는 않으셨도다.
그런 이름은 자신이 보유하시고 인간은 인간으로서
자유로이 살도록 하셨도다. 그런데도 이 찬탈자는
인간에 대하여 그 오만한 침해행위를 그치지 않고,
그 탑은 하나님께 덤벼들듯 그분을
둘러쌌도다. 가엾은 인간! 식량을 거기 실어 올려
자신과 그 지각없는 군사들을 부양코자

함인가. 구름 위의 희박한 공기는 거친 내장을
괴롭히고, 빵이 아니라 호흡에 굶주림을 주리라.
(*PL.*, 12. 64-78)

여기서 아담이 증오하는 죄는 자연법에 대한 역행, 그것이었다. 자연법에 따르면, 인간은 결코 하나님이 될 수 없다. 인간은 어디까지나 하나님의 피조물이기 때문에 그에게 절대 복종하여야 하고 그에게만 경배하여야 한다. 그런데도 '니므롯'은 자연법에 순응하지 아니 하고 자신의 교만을 쫓아 자기 스스로를 신격화하려 하였던 것이다. 그렇기 때문에 아담은 '니므롯'이 보인 가장 근본적인 악을 거절하였다. 이런 아담의 악에 대한 거절행위는 아담의 '영적 성장'[449]으로 나아가게 하는 하나의 계기가 된다.

참다운 회개 없이 진정한 중생이 이루어지질 않고 진정한 중생이 이루어지지 않으면 인간의 비극적인 역사의 종막도 내려지질 않으며 구원역사의 서곡이 울려퍼지질 않을 것이다. 참다운 회개를 하는 아담에게 미카엘은 '한 위대한 의로운 사람'을 예형적으로 묵시해 준다.

> 그러나 단 한 사람
> 예외가 있으니, 그는 관례를 거슬러서 선하고,
> 유혹과 습관과 세속에 대해 격노하는,
> 어두운 세상의 유일한 빛의 아들이니라.
> 비난과 멸시, 아니 폭행도 두려워하지 않고, 그는
> 그들의 사악한 길을 훈계하며, 참된 안전과
> 평화로 가득 찬 정의의 길을 그들 앞에
> 제시하고 회개 없는 그들에게 닥쳐올 진노를
> 선언하며 도리어 그들의 조롱을 받지만,

---

449) Muldrow, 90.

하나님께서는 유일하게 살아 있는 의인으로 인정하고,
그 명령으로 그대가 본 바와 같이,
신기한 방주를 건조하여, 전멸로
정해진 세상에서 자신과 그 가족을
건지리라. (*PL.*, 11. 809-21)

여기서 말하는 '유일하게 살아 있는 의인' 노아를 가리키며 예수와는 직접적으로 관련이 없다. 문맥으로 볼 때 노아의 시대는 악했는데, 그 중에서 단 한 사람만이 예외였다. 그가 바로 노아라는 것이다. 이 노아를 통해 그 시대의 사람들이 하나님으로부터 오는 평화와 새로운 언약의 상징인 '무지개'를 보듯이, 아담도 역사의 비극적인 현실 뒤에 있는 구원의 역사를 보게 된다. 아담은 그의 기쁨을 이렇게 털어 놓는다.

아, 미래의 일을 현재처럼 나타내 보일 수 있는
하늘의 교사시여, 이 마지막 광경을 보고,
인간은 만물과 더불어 살며 그 종족을
보존할 것을 믿고 나는 소생했나이다.
사악한 아들들의 세계가 멸망하는 것을
슬퍼하느니보다 그처럼 완전하고 의로운
한 사람을 위해 하나님이 다른 세계를
일으켜 모든 그 노여움을
잊으신 것을 나는 기뻐하나이다. (*PL.*, 11. 870-78)

아담은 노아의 홍수가 인간을 위한 새로운 출발을 의미한다는 것을 알게 된다. 비록 그는 파괴된 세상을 슬퍼하기는 했지만, 더 기뻐하여야 할 이유는 그로부터 '새 하늘과 새 땅'(*PL.*, 12. 549)에 비교될 수 있는 다른 세상이 시작되기 때문이었다. 그럼에도 불구하고 인간역사의 비극은 최후의 심판 때까지 순환될 것이라는 것도 알게 된다. 노아의 홍수는 한 시대의 부패에 대한 심판이 나닌 인간에 대한 지속적인 심판의 예형이지만 심판이 없으면 형벌도 없고 구원도 없다는 것을 보여주는 예형적인 계시다. 밀턴의 궁극적인 역사는 인간의 비극적 역사를 통한 새로운 세계를 열어주는 구원 계시의 역사다.

## 2) 하나님의 구원의 역사

회개가 구원의 역사를 여는 소극적인 조건이라면 적극적인 조건은 믿음에 의한 중생이라 할 수 있다. 만일『실낙원』에 12편이 없었더라면 아마도 이 서사시는 그 주제로 설정한 인간을 향한 하나님의 길을 정당화할 수 없었을 것이다. 그랬더라면 밀턴의 역사는 참담한 비극의 역사로 끝나고 말았을 것이다. 미카엘의 예언적인 묵시는 예언시의 전형을 보여주고 있는데, 진정한 묵시는 백성의 죄나 우행에 대한 경고와 회개를 통한 하나님의 진노로부터의 도피 비전을 보여주지 않으면 안 되기 때문이다.

인간의 비극적 역사를 말하는 부분에서 미카엘이 보여준 비전은 인간 세상에 일어날 미래의 비극적인 상황과 범죄에 대한 경고와 저주였지만 하나님의 구원의 역사를 보여주는 비전에서는 희망과 기대를 부풀게 하는 예언에 집중된다. 서상한 바와 같이, 구원의 적극적인 조건은 믿음이라 했지만 그것은 우리의 힘으로 이루어지는 것이 아니라 위로부터 아래로 내려오는 초자연적 은사라 할 수 있다. 이런 초자연적인 은사 이야기를 하는 중에 미카엘이 제일 먼저 꺼낸 얘기는 아브라함의 부르심이다. 홍수 이후의 세계는 한 마디로 말해서 '그전처럼 악에서/더욱 심한 악으로'(*PL.*, 12. 105-06)으로 빠져 들어간 부패한 세계였다. 그래서 하나님께서는 대부분의 사람들을 그들이 걸어가던 노예의 길로 가도록 놔두고 '한 믿음의 사람에게서 나올 백성'(PL., 12. 113)을 일으키기로 결심했던 것이다. 그 한 신앙인이 다름아닌 아브라함이며 기독교적인 전통에 의하면 그는 이스라엘 민족의 조상이 된다.

밀턴이『그리스도교 교리론』에서 지적한 대로 아브라함은 부름을 받을 당시만 해도 철저한 '우수숭배자'였던 것을 알 수 있다. 그러나 하나님은 한 새로운 민족국가를 형성하기 위해 그러한 우상숭배자 아브라함을 선택해서 그를 불러냈던 것이다. '고향'을 떠나라고 하는 명령을 받고, 아브라함은 어디로 가야할 것인지 그 목적지조차 알지 못했지만, 오로지 하나님의 명령에 순종해서 그의 말씀을 굳게 믿고 우상숭배의 본거지인 그의 고향을 떠났던 것이다. 이러한 믿음의 조상 아브라함에게 준 하나님의 약속은 그의 혈통을 통하여 모든 민족을 축복해 줄만한 사람을 일으키겠다는 것이다. 하나님이 아브라함에게 주기로 약속한 '한 사람'이란 말할 것도 없이 '구속자'였음을 알 수 있다. 이 그리스도는 '모세'라는 인물 속에 이미 예시되었다. 그러니까 모세는 예형론450)의 입장에서 보면 그리스도를 예시해주는 중보자의 모형이라 할 수 있다.

모세의 생애 중에서 미카엘이 선택한 두 가지 사건은 이집트의 포로생활 속에서 유대민족을 해방시킨 사건과 시내 산에서 하나님으로부터 십계명 석판을 받은 사건이었다. 이집트의 노예생활에서 해방된 유대민족은 하나님의 인도로 광야에 이르렀고, 거기서 그들은 모세를 통하여 율법을 받았다. 이 율법 중의 일부는 민사에 관계되는 것이고 다른 일부는 종교의례에 관계되는 것이었다. 이러한 종교의식 중의 희생제물은 곧 '위대한 희생제물'이 될 '인류의 구속자'(PL., 12. 235)가 도래할 것을 예시해 준 것이라 할 수 있다. 그런 점에서 본다면 이삭(Issac)의 희생도 십자가에 달려 속죄제물이 될 '어린 양 그리스도'의 수난을 예표한 것이라 할 수 있다. 밀턴은

---

450) William G. Madson, *From Shadowy to Truth* : Studies in Milton's Symbolism (London : Cambridge UP., 1980) 참조.

성경에 기록된 대로 인간의 불행을 제거하고 그들을 구원하여 천국 백성이 되게 해 줄 그리스도가 올 것을 모세를 통하여 예형적으로 보여 주었다. 백성들에게 율법을 해설해 주는 모세에게서 우리는 또한 그리스도를 예시하는 중보자의 예형을 볼 수 있다. 밀턴은 그의 시에서는 물론이지만 그의 『그리스도교 교리론』에서도 모세를 중보자의 예형으로 보여 주었다.

> ··· 일부는 인간의 정의에
> 관계되는 것이요, 일부는 종교의식에 관계되는
> 것이므로, 그들에게 전형(典型)과 표상에 의해 뱀을
> 상하게 할 그 씨가 어떠한 방법으로 인류의 구원을
> 성취할 것인가를 알려주리라. 그러나 하나님의
> 목소리는 인간의 귀에는 무섭게 울리도다.
> 그들의 모세가 거룩한 뜻을 그들에게 전하여
> 공포를 멈춰주기를 바라도다. 중재가 없이는
> 하나님에게 접근할 수 없음을 알고 있기에,
> 모세는 그들의 소원을 받아들여, 그 높은 임무를
> 상징적으로 취하리라. 그것은 보다 위대한
> 자를 소개하고자 함이니, 그는 그 전성의 날을
> 예언할 것이고, 예언자들도 모두
> 그들 시대에 위대한 메시야의 때를 노래하리라.
> (*PL.*, 12. 232-44)

만일 율법이 없었더라면 인간은 본래의 타락상을 바로 깨달을 수 없었을 것이며 약속의 땅을 얻기 위해 분투노력도 하지 않았을 것이다. 그러나 아담은 그렇게도 많은 법이 무엇 때문에 필요한 것인지 이해할 수가 없었다. 왜냐하면 그렇게 많은 성문법은 없었지만 단 하나의 신의 명령(divine prescript) 아래서 그는 행복하게 살 수

있었기 때문이다. 그래서 그는 미카엘에게 다음과 같이 질문했던 것이다.

    ··· 그러나 아직은 어째서
    하나님이 황송하게도 지상에서 함께 사실 그들에게
    그토록 많은 갖가지 율법을 주셨는지 알 수
    없나이다. 그 많은 율법은 그만큼 죄가 많다는
    것을 입증하는 것, 그렇다면 어떻게 하나님이
    그들과 함께 사실 수 있겠나이까? (*PL.*, 12. 280-85)

  이러한 아담의 질문은 유효적절한 질문이라 할 수 있다. 도대체 그 이유는 무엇인가? 그것은 미카엘로 하여금 아담에게 타락의 심각한 결과를 다시 상기시키는 동시에 어떻게 하여야 자유를 회복할 수 있는 지에 대해 설명할 수 있도록 해주기 때문이다.[451] 아담의 타락으로 인하여 모든 그의 자손들은 예외 없이 '본유적 선'은 없어지고 '악'만이 있게 되어 하나님 앞에 조금도 선을 행할 능력을 갖지 못하게 되었다고 하는 것이 미카엘의 설명이었다. 율법은 이런 죄를 자각시켜 줄 수는 있지만 죄에서 인간을 해방시켜 줄 수는 없는 것이다. 율법이 인간을 의롭게 해줄 수 없고, 제물의 피가 그리스도의 보혈과 동등할 수도 없다. 오로지 인간은 하나님이 주기로 약속한 구세주를 믿음으로써만 의롭다함을 얻을 수 있는 것이다. 그것은 모세가 아무리 위대해도 가나안으로 그의 백성을 인도하지 못하고 오직 여호수아만이 인도한 것과 같은 이치다.

    그런 까닭에, 모세는 하나님의 지극한 사랑을 받지만
    다만 율법의 사역자에 불과하니, 그의
    백성을 가나안으로 인도할 수 없고, 이방인들이

---

451) Muldrow, 95.

예수라 부르는 여호수아만이 그 이름과 임무를
맡으리라. 그는 원수인 뱀을 죽이고, 이 세계의
광야를 거쳐 오랫동안 방황하던 인간을 영원한
안식의 낙원으로 편안히 데리고 가리라. (PL., 12. 307-14)

    요르단 강을 건너 광야에서 방황하던 백성들을 가나안으로 인도한 여호수아의 역사적인 역할은 인간의 구원을 위한 그리스도의 역할을 예시해준다. 이는 곧바로 다윗의 왕통과 이어진다.

다윗(나는 이 왕을 이렇게 부르지만)의
줄기에서 한 아들, 그대에게 예언된
그 여자의 씨가 나오리라. 그는 아브라함에게는
만백성이 그에게 의존하리라 예언되고, 왕들에게는
그 통치 한없을 것이므로 최후의 왕이라고
예언된 자. (PL., 12. 326-30)

    다윗의 줄기에서 태어나는 한 아들, 그 '예언된 씨'는 '기름부음받은 참된 왕 메시야'(PL., 12. 358-59)와 동일시된다. 이 사실을 아담은 미카엘의 설명을 통해 확실하게 깨닫게 된다.

아, 복음의 예언자여, 지극히 높은 희망의
완성자여! 내 이제야 확실히 깨달았나이다,
한결같은 마음으로 여태껏 헛되이 찾은, 우리가
크게 기대하던 그분이 여자의 씨라 불리는 그 까닭을.
동정녀 성모여, 만세! 하늘의 사랑에서는 높으나
내 허리에서 그대는 나오고, 그대의 태에서 지극히
높으신 하나님의 아들 나오시리라. (PL., 12. 376-82)

'여인의 씨'가 곧 하나님의 아들로 판명되고 그 안에서 하나님과 인간이 연합된다는 것이다. 밀턴에 따르면, 인간의 비극적 역사는 인간의 역사 속에서 이루시는 신인(神人) 하나님의 아들 예수의 구원의 역할을 통해 하나님의 거대한 역사 계획 속에 포섭되고 그리스도의 재림과 함께 그 역사는 종결된다. 아담의 개인적인 중생과 온 인류의 구원은 약속의 두 축이 되어 돌아가며 하나님의 위대한 섭리의 패턴을 이룬다.

하나님의 영원한 섭리는 '악'을 '선'으로 바꾸는 것이고 '죽음'이 '생명의 문'(PL., 12. 571)이 되게 하는 것이다. 그러나 타락한 세상에서는 여전히 인간역사의 비극이 계속되기 때문에 인간은 여전히 자유의지를 가지고 선택적인 삶을 살아야 한다. 그리고 외적인 낙원으로부터의 추방이 하나님의 구원사의 시작이 된다.

### 3) 약속된 낙원의 역사

밀턴은 에덴동산으로부터 추방당하는 아담과 하와의 모습을 이렇게 묘사하였다.

> 그들은 고개를 돌리고, 지금까지는 그들의 행복한
> 처소였던 낙원의 동쪽을 바라본다.
> 그 위에서는 불 칼이 휘둘리고, 문에는
> 무서운 얼굴과 불의 무기 병기들 가득하다.
> 그들은 눈물이 절로 흘렀으나, 곧 닦는다.
> 안주의 땅을 선택하도록 온 세계가 그들 앞에
> 전개되어 있다. 섭리는 그들의 안내자.
> 그들은 손을 마주잡고 방랑의 걸음 느리게,
> 에덴을 지나 그 쓸쓸한 길을 간다. (PL., 12. 641-49)

이 장면은 그들이 강인한 노력과 영웅적인 인내와 헌신으로써 그들의 과오를 보상하여야 하는 새로운 미지의 세계로 쓸쓸히 눈물지으며 걸어 나가는 장면이기는 하시만, 완진히 절망적인 장면이라 할 수는 없다. 왜냐하면 그들에게는 새로운 낙원회복의 약속이 주어졌기 때문이다. 그래서 그들은 '슬프지만 평온하게'(PL., 11. 117) 낙원을 떠날 수 있었던 것이다.

이때 이미 아담과 하와는 잃어버린 낙원을 회복하기 시작했다고 말할 수 있다. 그러나 그들이 얻은 낙원은 타락으로 인해 잃어버린 낙원과는 판이하게 그 성격이 다른 보다 더 행복한 낙원이다. 다시 말하면, 타락 이후 최후의 심판 때까지 인간역사의 터전, 세상에서 그들이 누릴 수 있는 약속된 낙원은 '마음의 낙원'(A paradise within)이다.452) 아담이 잃은 옛 낙원은 유일한 명령에 대한 순종으로 주어졌던 것이었다. 그러나 미카엘이 회개한 아담에게 약속해 준 새로운 낙원은 언제나 엄격한 율법을 준수함으로써 지켜나갈 수 있는 그런 고통스러운 낙원은 아니다. 이 낙원은 인간의 순결에 달려 있는 낙원이 아니라, 그 엄격한 율법을 완성해주고 그의 형벌을 대신 짊어져 줄 그리스도의 완전한 사랑에 근거한 낙원이다. 즉 그 사랑을 자유의지로써 받아들이고 그를 자유로이 사랑하는 순종에 의해서 주어지는 것이다.

> 굳세고 행복하고 사랑하라! 무엇보다 그분을 사랑하는
> 것은 순종이니 그분의 명령을 지켜라. 정욕에
> 판단이 흔들려 자유의지가 허용치 않는 것을
> 행하지 않도록 유의하라. 그대와 그대 모든 자손의
> 안녕과 재화가 그대에게 달려 있으니, 경계하라!
> 그대가 견디면 나도 다른 축복의 천사들도

---

452) 송홍한, *Milton's Vision of History in Paradise Lost, Paradise Regained, and Samson Agonistes* (서울 : 서강대학교대학원, 1993), 101.

기뻐하리라. 굳건히 서라. 서는 것도 떨어지는
것도 그대 자신의 자유로운 선택에 달렸느니라.
안으로 완전하게 되어 밖으로 도움 청하지 말라.
그리하여 반역하려는 모든 유혹 물리치라. (*PL.*, 8. 633-43)

이 낙원은 어디까지나 그들 자신의 소산이라기보다는 하나님의 은총에 의해 이루어지는 것이기 때문에 하나님의 자비와 은총에 기초한 것이라고 보아야 할 것이다. 그래서 헬렌 가드너는 죄를 회개하고 사죄를 받은 후 믿음으로 사는 의로운 자만이 새로운 낙원을 소유할 수 있다고 하였다.453) 이 새로운 낙원은 서상한 바와 같이, 아름다운 에덴동산처럼 눈으로 볼 수 있는 그런 지구상의 어떤 특정한 장소가 아니라, 믿는 자들만이 그들의 마음속에 소유할 수 있는 '내면화된 낙원',454) 곧 밀턴이 이른 바 기독교적 자유의 상태, 그것이 보다 행복한 낙원이라 할 수 있다.455)

밀턴은 정치적 자유, 가정의 자유, 언론·출판의 자유를 위해 용감하게 싸운 자유의 투사였지만 그에게 있어서 참다운 자유는 역시 중생한 자만이 누릴 수 있는 기독교적 자유였다.456) 그는 마음속의 낙원과 기독교적 자유를 동일시하면서 죄의 굴레와 율법의 지배로 해방시켜주고 노예가 아닌 하나님의 완전한 자녀가 되게 해주는 구속의 은총을 자유로 보았다. 이런 자유는 오직 그리스도 안에서 믿음으로 중생을 입은 자만이 누릴 수가 있다.457) 그러니까 그리스도 안에서 믿음으로 중생을 받지 못한 자는 결코 이러한 내적인 양심

---

453) Helen Gardner, *A Reading of Paradise Lost* (Oxford : The Clarendon Press, 1965), 77.
454) Northrop Frye, "The Garden Within," *On Milton's Poetry*, ed. Arnold Stein (Connecticut : Fawcett Publications, Inc., 1970), 229.
455) *Ibid.*, 231.
456) H. J. L. Grierson, *Criticism and Creation* (London : Chatto and Windus, 1949), 86.
457) Muldrow, 42.

의 자유를 소유할 수가 없다. 낡은 낙원은 엄격한 율법적인 행위에 기초한 것이지만, 새로운 낙원은 '풍부한 은혜의 자유로운 향수'(*PL.*, 12. 304-05)에 맡겨진 것이다.

밀턴이 묘사한 '마음속의 낙원'은 타락한 역사 속에 살고 있는 타락한 인간들에게는 불가능한 곳으로 '새 예루살렘'에 대한 희망찬 신앙 없이는 이를 수 없는 곳이다.458) 이 낙원은 가나안과 같은 곳에 세워지는 것이 아니고 쓸쓸한 광야에 세워지는 것이다. 광야에 낙원이 세워진다는 것은 도대체 무슨 뜻인가? 그 광야는 중생한 영혼들이 영적인 전투를 벌이는 전투장으로서 '비애와 슬픔의 세상'(*PL.*, 8. 332-33)이며 '폭풍이 일고 있는 변화무쌍한 사망의 음침한 골짜기'459)일 뿐 아니라 선악이 끊임없이 싸우고 있는 전투장인 것이다. 그러므로 광야에 낙원이 세워진다고 하는 것은 이러한 시련의 전투장을 거치지 않고 영원한 행복을 누릴 수 있는 자는 하나도 없다는 뜻이다. 그렇기 때문에 그리스도가 광야에서 사탄과 더불어 싸운 것처럼 유혹이 많은 이 세상에서 용과 더불어 싸워야만 하고 그리스도가 그 싸움을 통하여 '믿음'(*PR*, Bk. 1)을 더 하고, '절제'(*PR*, Bk. 2)를 더 하고, '인내'(*PR*, Bk. 3)를 더 하고, 마침내는 '지혜'(*PR*, Bk. 4)를 나타내 보인 것처럼 아담도 고독한 투쟁을 통하여 '믿음'과 '덕', '인내'와 '절제', '사랑'과 '자비'(*PL.*, 12. 584- 86)를 더 함으로써 최후의 승리를 거두면서 이루어지는 것이 내면화된 낙원이다.

---

458) Thomas H. Blackburn, "Paradise Lost and Found : The Meaning and Function of the 'Paradise Within' in *Paradise Lost,*" *Milton Studies* 5 (1973), 200.

459) Anne Davidson Ferry, *Milton's Epic Voice* (Cambridge : Havard UP., 1967), 44.

## 3. 자연

자연에 대한 인식여부는 시대에 따라 다르고 보는 사람에 따라 다르다. 자연에 대한 관점과 해석도 사람에 따라 다르고 시대에 따라 변해왔다. 또한 자연관은 같은 시대라 하더라도 입장에 따라 천차만별이다. 어떤 사람들은 자연을 경제적인 가치의 차원에서 보기도 하고, 어떤 사람들은 그 속에서 삶을 영위해 가는 사람을 중심에 놓고 사회적인 차원에서 해석하기도 하고, 또 어떤 사람들은 보다 심각하게 종교적 신념의 차원에서 바라보기도 한다. 시각은 제각각이다.

키케로로 대변되는 기원 1세기의 스토아학파가 '자연'을 '관습' 혹은 '규범 법'에 대비해서, 자연은 소우주인 인간의 '바른 이성'으로써 드러난다고 하는 것은, 그 후의 자연사상의 흐름에 비추어 볼 때, 결정적인 의미를 갖는다. 이 스토아학파의 생각이 그 후의 그리스도교 사조와 융합되어 르네상스와 17세기 영국의 퓨리터니즘의 논리적 척추가 된다. 그러나 본고의 목적은 그런 사상의 흐름을 추구하는 것이 아니라 전형적인 17세기인들 중의 한 사람이라 할 수 있는 존 밀턴에게 있어서 이런 전통적인 자연관이 어떻게 파악되었으며, 이 자연관이 어떻게 구체적으로 형상화되었는지를 살펴보는 것이다.

### 1) 피동적인 자연

'자연'에 해당되는 영어 '네이처'(nature)의 그리스적 표현은 '피시스'(physis)다. 이 '피시스'는 '꽃피다', '용솟음치다', '뿜어 나오다'의 뜻을 지닌 동사 '피사오'(Physao)의 명사화된 단어다. 따라서 '피시스'는 '꽃핌'이나 '용솟음', 다시 말해 일종의 '발현'을 의미하는데, 우리는 그 과정 자체를 두 가지 측면에서 이해할 수 있다. 하나는 '용솟음'이란 내부의 그 어떤 것이 용솟음쳐 나옴이라는 것이고, 또 하나는 그렇게 해서 용솟음쳐 나오게 된 것이 구체적으로 있다는 것이다. 전자는 사물의 내적 본성을 가리키고, 후자는 그런 본성이 구현된 개개의 사물들 혹은 그런 사물들 전체를 가리킨다.

이처럼 '피시스'에는 '본성으로서의 자연'과 '전체로서의 자연'이라는 의미가 이중적으로 혼재되어 있다. 즉 우리가 자연이라는 말에서 흔히 떠올리는 사물들 전체뿐만이 아니라, 그런 사물들의 내적 본성이나 원리까지도 모두 '피시스'에 포함된다고 할 수 있다. 고대 그리스인들은 '사물의 본성으로서의 피시스'를 물질적 '질료'(hyle)와 비물질적 '형상'(eidos)이라는 두 가지 방향에서 탐구하였다.

로마 가톨릭시대인 중세가 되면서 그리스어 '피시스'(physis)는 라틴어 '나투라'(natura)로 번역되었다. '나투라'는 '태어나다'는 뜻의 '나스코르'(nascor)에서 온 말로, 태어나면서부터 지닌 것이라는 의미에서는 '본성'을 뜻하고, 그런 본성을 지니고 태어난 것이라는 의미에서는 '사물들' 혹은 '사물 전체'를 뜻한다.

따라서 '피시스'와 마찬가지로, '나투라'의 의미에도 '본성으로서의 자연'과 '전체로서의 자연'이 동시에 포함됨을 알 수 있다. 그런데 무언가가 생겨난다는 점에서는 동일하지만, '꽃핌으로서의 피시스'와 '태어남으로서의 나투라'는 전혀 다른 사태라고 할 수 있다. '꽃이 핀다는 것'은 꽃이 적절한 때(kairos)를 만나 제 스스로 피어난다는 것을 함축하기 때문에, '피시스로서의 자연'이란 자신의 고유한 본성이 스스로 발현된 자립적인 것을 가리킨다. 그러나 아기가 '태어난다는 것'은 스스로의 의지와는 무관하게 부모를 그 존재 원인으로 하여 태어난다는 것을 의미하기 때문에, '나투라로서의 자연'은 자신의 존재 근거를 자기 안에 갖고 있지 않기 때문에 스스로에 의해 존립할 수 없는 것을 가리킨다. '피시스'가 스스로 움직이는 '자율적 자연'을 의미한다면, '나투라'는 하나님에 의해 조종되는 '피동적 자연'을 의미한다. 이것은 '피시스'가 '제작'(poiesis)의 산물인

데 반해서, '나투라'는 '창조'(creatio)의 산물임을 시사하고 있다.

이제 '하나님'과 '자연'의 관계는 '제작자'와 '제작물'의 관계가 아니라, '창조주'(creator)와 '피조물'(creature)의 관계로 전환된다. "은총은 자연을 밑에 둔다"는 원리에서 보듯이, 하나님의 은총과 말씀과 섭리에 의해 자연이 창조된다는 것이다. 모든 것을 산출해 내는 시동자가 '창조하는 자연'(natura naturans)이라면, 그에 의해 산출되는 자연은 '창조되는 자연'(natura naturata)이다. 이런 중세 신학에 따르면 자연 속에는 그 어떤 '변덕스러운 우연의 힘'도 전혀 용인되지 않는다. 에틴 길손(Etienne Gilson)이 이러한 중세철학의 정신을 다음과 같은 말로써 지지해 주었다.

"기독교적 우주 안에서는 합리적 질서의 이름 말고 다른 이름으로서는 아무 일도 일어나지 않으며, 그것에 의존하지 않고서는 그 어떤 것도 존재하지 않는다. 그 어떤 것도 우연히 발생하지는 않는다. 그것이 우주질서에 대한 궁극적인 기독교적 자세이다."460)

이런 우주질서에 대해서는 이미 많은 학자들이 확증하고 있지만, 토머스 윌슨의 주장이 '우주질서'에 대한 르네상스기의 신앙을 대변해 준다고 생각하기에 여기에 인용해 둔다.

"모든 것은 질서에 의해 서고, 질서 없이는 아무것도 존재할 수 없다. 왜냐하면 우리는 질서에 의해 깨어나고, 질서에 의해 살며, 질서에 의해 끝마치게 되기 때문이다. 질서는 머리로서 다스리고 다른 것들은 지체로서 복종한다. 질서에 의해 나라들이 서고 법도 효력을 거둔다. 그렇다. 질서에 의해서 자연의 모든

---

460) Etienne Gilson, *The Spirit of Medieval Philosophy*, tr. A. H. Downes (New York : Holt, Rinehart & Winston, 1962), 369.

작품과 모든 자연의 완전한 양상들이 그들의 지정된 길을 갖게
된다."461)

밀턴도 이 세상의 모든 것 속에 나타나는 질서의 미와 그 속에 스
며있는 선한 목적으로 볼 때 천상천하에 예지적 전능자가 선재한다
는 것과 그에 의해 자연 전체가 특수한 목적에 따라 창조되었다는
것을 알 수 있다. 밀턴에 따르면 자연세계는 혼돈으로부터 만들어진
조화의 세계라 한다. "때마침 성스러운 빛의 위력/나타나, 하늘의
성벽으로부터 멀리/어둠침침한 밤의 가슴에 희미한/새벽빛을 쏜다.
여기서 자연은 비로소/그 아득히 먼 변두리를 열고 혼돈은 물러난
다" (*PL.*, 2. 1034-38). 이시구가 '창조하는 자연'으로 형상화 되는
창조주와 '창조되는 자연'으로 형상화 되는 피조물의 유기적 관계를
시적으로 표현한 것이다. 다음 시구애서도 그런 자연철학을 찾아 볼
수 있다.

그의 말씀에 따라 이 세계의 원질(原質),
형체 없는 덩어리가 쌓여지는 것을 보았다.
혼란이 그의 목소리를 듣고, 거친 소요가
진정되고, 광대무변의 공간은 한계 지어졌다.
이윽고 두 번째 명령이 떨어지자 암흑은 도망치고
빛이 비치며 무질서에서 질서가 생겨났다.
이어 땅과 물, 공기와 불같은 무거운 원소는
재빨리 각기 제 구역으로 달려갔고
영기(에테르)라는 하늘의 제오원소(第五元素)는
갖가지 형태로 생명을 얻어, 하늘로 올라가
구체로서 회전하게 되었고, 이것이 무수한 별이 되어

---

461) Thomas Wilson, *The Arte of Rhetorique*, ed., G. H. Mair (London : James Clarke, 1958), 156-57.

그대가 보는 바와 같이 움직이고 있는 것이다.
이 별들은 각각 정해진 위치가 있고 도는 길이
있지만, 나머지 영기는 둥글게 이 우주의 벽이 되었다.
(PL., 3. 708-20)

밀턴은 '창조'를 하나님의 말씀에 따라 무질서한 형태 없는 덩어리(혼)에 질서를 주는 작업으로 보았다. 그는 우리엘과 라파엘 천사의 창조이야기를 통해서만 질서의 하나님을 강조한 것은 아니다.『실낙원』전편을 통하여 사탄은 끊임없이 자연의 질서를 파괴하려 하고 하나님은 그런 파괴로부터 질서를 유지하려고 끊임없는 노력을 경주한다.

··· 그들은 처음엔
순결한 빛의 영이어서 순수했으나 이제는 죄로
더럽혀졌도다. 남은 무리들은 모방하여 같은 무기에
몸을 맡겨보려고 근처의 산들을 찢었도다.
그래서 산은 공중에서 산과 마주치고,
참담하게 던져져 이리저리 나니,
땅 밑 음침한 그늘에서 그들은 싸웠느니라.
지옥의 소란! 전쟁도 이 소란에 비하면
일반 시중의 경기 정도였느니라, 무서운 혼란이 거듭
일어났으니. 만일 전능하신 아버지께서
그 숭앙받는 하늘의 성소에 편안히 앉으셔서
만물을 두루 살피시고 이 소란을 예상하시어
특별히 필요한 일체의 수단을 허용하지 않았다면,
하늘은 온통 파괴되어 멸망해 버렸으리라. (PL., 6. 661-73)

만일 하늘과 하나님을 상징하는 '순결한 빛의 영'이신 전능하신 아버지께서 사탄의 소란을 예상하시어 특별히 필요한 일체의 수단을 허용하지 않았다면, 하늘은 온통 파괴되어 멸망해 버렸을 것이라는 것이다. 『실낙원』의 세계는 우주의 질서를 끝까지 보존하려는 하나님과 그것을 파괴하려는 사탄의 끝없는 전투 드라마다. 물론 그 종결은 너무나도 예측하기 어렵지 않지만 말이다.

밀턴이 자연의 질서 미와 조화미를 중시하는 것은 전통적인 미의식의 배경에서 기인된다. 전통적인 미의식은 하나님의 정연한 질서의 법을 자연 속에 내재한다는 것을 인정하는 것이다. 단적으로 말해서 그 미의식은 균형을 이루는 작은 것들 속에서 미의 근원을 구하는 것이라 할 수 있다. 그러나 르네상스 이후 고전적 절도와 플라톤적인 조화는 위화적인 것이 되었다. 17세기가 되면서 바로크적인 예술이 영국에 접목되면서 참된 미의 시금석은 자연적이라기보다는 기하학적이라는 생각이 일기 시작하였다. 기학적인 미의 형태는 당연 불균형적인 것이라는 것이다.462) 물론 밀턴은 바로크적인 미의식을 전적으로 받아들이지는 않았다. 밀턴의 자연에 대한 기본자세는 자연 속에서 감득되는 질서에 대한 존경, 다시 말하면 형이상학적인 모럴이 잠재해 있는 자연에로의 경모지정에 입각해 있다. 그러나 하나님의 질서로 충만한 하늘나라나 에덴동산에 그 질서를 파괴하려는 세력을 용인했다는 것은 기이한 일로서 바로크적인 미의식을 따른 것이 아닌가 한다. 그러나 질서와 반질서가 그리스도의 사랑 안에 편입되면서 사랑의 공동체 문화로 승화된다는 점에서도 바로크적이다. 이런 면에서 우리나라의 토착신학으로서 모색해 볼만한 문화신학의 일면이라 할 수 있다.

---

462) Arthur O. Lovejoy, "The Chinese Origin of a Romanticism," *Essays in the History of Idea* (New York : Holt, Rinehart & Winston, 1960), 99.

## 2) 야누스적인 자연

밀턴의 자연관의 기초는 '피동적 자연', '자연의 사닥다리', '지식의 책'으로 이루어져 있다는 것은 서상한 대로다. 창조된 세계는 '직선'으로 관통되어 있으며 '존재의 망'으로 이루어져 있다는 메타포는 공연한 수식이 아니라 적어도 이 우주의 위계적 질서를 시사해 준 것이라 할 수 있다. 그리고 이러한 철학적 개념은 정원에서 나눈 아담과 라파엘 천사의 대담 속에서도 가장 문제가 되었던 것이다.

> 아, 아담이여, 유일하신 전능자가 계셔서 그로부터
> 만물은 나오고, 이토록 완전하게 창조되었으니
> 선에서 타락하지만 않는다면 다시 그에게로
> 돌아가리라. 만물은 그 원질이 하나이지만,
> 여러 가지 형태와 여러 가지 등급의 본질과
> 살아 있는 것들에는 생명이 주어졌도다.
> 그러나 각기 부여된 활동의 세계에서
> 하나님과 가까운 자리에 있거나 또는 가까워짐에 따라
> 더욱 정화되고, 더욱 영화되고, 더욱 순화되어,
> 마침내는 각 종류에 상응하는 한계 안에서
> 육체는 영으로 승화하리라. 이리하여 뿌리에서는
> 가벼운 푸른 줄기가 나오고 거기서 보다 가벼운
> 잎이 돋아 마침내는 빛나는 완전한 꽃이 피고
> 향기로운 영기를 풍기게 되도다. 꽃과 인간의
> 자양분이 되는 과일은 사닥다리를 올라가듯
> 점차 승화하여 동물에게도, 인간에게도 활력을 높여 주어,
> 양자에게는 생명과 감각, 상상과 오성이
> 주어지게 되느니라. 영혼은 거기서
> 이성을 받나니, 이성은 추리적이건 직관적이건

영혼 그 자체이다. 추리는 대체로
그대들의 것이고 직관은 주로 우리들의 것이지만,
정도의 차이가 있을 뿐 종류는 같도다. (*PL*., 5. 469-90)

여기 나타난 밀턴의 자연관을 보면, 이미 어느 자리에서 이에 대해서는 상세하게 논의한 바 있지만, 모든 창조물은 그것이 영혼이던 물체이던, 모두가 한 원시물질로써 이루어져 있다. 그리고 이 물질은 영원무한의 영의 본질에서 직접 발로한 것이다. 이 영에서 흘러나온 최초의 물질이 여러 가지로 점차 변화했지만, 근원적으로 하나이고 그 형식에 있어서는 상진적(上進的)으로 분화된다. 다시 말해서 극히 저급한 무기물질로부터, 다음은 식물, 다음은 동물, 다음은 인류, 그리하여 천사에 이르게 된다는 것이다. 이런 계층 구조에 있어서 가장 신에 가까운 것은 천사이고 신에 가까울수록 '더욱 우아하고, 영적이고, 순결하다.' 아담의 말을 빌리자면 이런 완전한 '자연의 사닥다리'(Scale of Nature, *PL*., 5. 509)은 한 질서 위에 놓였기 때문에 질서가 지배하는 피동적인 자연의 중심이 되는 에덴동산에는 윤리적 어떤 갈등도 있을 수 없다고 함이 옳을 것이다. 하나님은 창조주로서 모든 만물을 만드시고 지상에 인간을 대리인으로 세우셔서 자연 만물을 다스리게 하셨다. 결국 신-인간-자연으로 이루어진 중세적 위계 구조는, 인간은 신을 섬기고 자연을 지배한다는 말로 압축된다. 그러나 창조주와 인간과 자연의 관계 질서는 절대적인 것이 아니라 언제나 무너지고 파괴될 수 있는 그런 상대적이고 조건적인 질서였다. 이런 의미에서 에덴동산에 사는 아담에게는 윤리적인 긴장이 항상 뱀처럼 도사리고 있었다.

밀턴이 묘사한 에덴동산은 정원으로서 풍성하고 하나님이 주신 조건만 지키면 언제까지나 그 풍성한 질서를 누리며 행복하게 살 수가 있었다. 그러나 에덴동산이 주체할 수 없을 정도로 풍요로웠다는 데 주목하여야 한다.

여기에 자연은 청춘시절인 양 한창 무성하고,
그 처녀다운 공상을 마음껏 펴서 규범이나 기예로는 미칠 수
없을 만큼 방자하고 보다 상쾌하게 엄청난 축복을 쏟아 낸다.
(PL., 5. 295-97)

규범이나 기예를 넘어서는 방자함과 방일함이 있었다. 너무나 풍요롭고 아름다운 전원지대로 묘사된다. 절제를 넘어서는 법으로서 어떻게 다스릴 수 없는 그런 자연이었다.

오히려 말할 필요 있는 것은, 말할 재주가 있다면,
저 청옥의 샘에서 잔물결 이는 시내가
어떻게 찬란한 진주와 황금의 모래 위를 굴러,
드리워진 그늘 아래를 빙빙 돌아다니며, 감로수가
되어 흐르면서, 나무들을 하나하나 찾아가 낙원에
어울리는 꽃들을 키우게 하는가이다. 이는
손재주 무린 꽃밭이나 화단에서 볼 수 있는 원예가
아니고, 풍성한 자연이 산과 골짜기와 들에, 아침 해가
먼저 따뜻하게 넓은 들을 비추는 그곳, 또는 햇빛
안 드는 숲 그늘로 한낮에도 정자가 어두워지는 그곳에
아낌없이 쏟아내는 꽃이다. 바로 이처럼 이곳은
각양각색의 경치 좋은 행복한 전원지대였다.
무성한 나무들이 향액(香液)과 향유를 내뿜는
숲이 있고, 과실들이 황금 껍질로 빛나며
아름답게, 헤스페리데스의 얘기가 사실이라면
여기에서 뿐일 듯, 단맛 풍기며 매달려 있다.
숲 사이에는 풀밭과 평평한 언덕, 그리고 연한 풀을
뜯는 양떼, 종려나무 동산 등이
여기저기 늘어서 있다. (PL., 4. 236-54)

에덴의 자연은 이런 관점에서 볼 때 절제를 도외시 하는 악마적인 아름다움이 내재되어 있는 곳이었다. 에덴동산은 하나님의 창조의 중심이 되는 질서의 세계이지만 동시에 그 아름다움의 배후에는 아니 그 아름다운 것 그 속에 질서를 파괴하는 반질서적 경향이 도사리고 있었다는 사실을 간과해서는 안 된다. 에덴동산에서 아담과 하와가 하는 일이 바로 그런 반질서적인 자연을 다듬고 고쳐서 손질하는 것이었다.

> 내일 상쾌한 아침이 동녘에 솟아오르는
> 첫 해살로 줄무늬를 넣기 전에, 우리는 일어나
> 즐겁게 일하여 저쪽 꽃나무들과,
> 또한 한낮이면 우리가 거니는 저 푸른 오솔길을
> 손질합시다, 그 길에는 가지들이 우거져
> 우리의 손길 덜 간 것을 비웃고 있으니.
> 제멋대로 자란 나뭇가지들을 치는 데는 더 많은 손이
> 필요하오. 또한 저 꽃들과 저 방울져 떨어지는 수액들도
> 보기 싫게 거추장스럽게 흩어져 있으니,
> 편안히 걸어 볼 생각이 있다면 제거할 필요가 있소.
> 그때까지는 자연의 뜻을 좇아 밤을 쉬도록 합시다.
> (*PL.*, 4. 624-34)

아담과 하와는 라파엘의 가르침을 받아서 자연에는 풍요로운 가운데 절제의 도른 넘는 것이 잠재해 있다는 것을 알고 있었다(*PL.*, 8. 26). 아담은 타락하는 아침까지도 두 사람이 바른 이성으로 서 있으면 이 정원이 황폐해지지 않을 것이라고 그의 의견을 피력한 일이 있다(*PL.*, 9. 242-45). 두 사람은 세계의 통치자로서(*PL.*, 7. 510, 520, 532), 탐욕의 죄에 빠지지 않으면 '순결한 자연의 건전한 법'(*PL.*, 11. 523)을 유지할 수 있었다.

이와 같이, 에덴동산은 질서와 반질서가 상충하는 야누스적인 낙원으로서, 여기서 살고 있는 아담과 하와에게는 윤리적 결단이 요구되는 시련의 장소였다.463) 다시 말하면 그것은 유혹의 정원이었다. 이 정원은 질서 속에 반질서적 요소를 포함하고 있는 유혹의 정원이다. 따라서 아담과 하와는 윤리적 긴장에 강요당할 수밖에 없었다. 그러나 이것은 하나님의 악의에서 나온 산물이 아니라 시험을 단련시켜 보다 강한 사람으로 만들고 보다 더한 행복을 얻게 하고자 하는 은총의 선물인 것이다. 아담은 일단 타락해서 반질서에 굴복하지만 보다 위대한 한 인간 그리스도를 보내사 그들을 보다 더 좋은 낙원으로 돌아가게 하는 것이다. 반질서의 승리를 뒤집는 역전의 묘미를 맛보게 하신다.

### 3) 아름다운 지식의 책

자연은 어떤 사람에게 있어서는 하나의 '하나님의 해석'에 불과하고 또 어떤 사람에게 있어서 그것은 하나의 '하나님의 상형문자'다. 윌리엄 브로이스(William Bloys) 같은 학자는 '자연의 서'(the book of mature)라는 메타포를 써서 표현한 바 있다.464) 밀턴에게 있어서 그것은 '아름다운 지식의 책'(the Book of Knowledge Fair, *PL*., 3. 47)이었다.

에덴은 삼나무와 소나무, 전나무 등의 삼림으로 가지가 뻗어 있고 숲 위에 숲으로 층층이 장관을 이루어 숲의 극장이나 다름없었다. 그리고 나무에는 꽃과 열매들이 금빛을 내며 화려함과 찬란함을 더하고 있었다(*PL*., 4. 131-53). 이곳이야말로 천혜의 자연으로서 항

---

463) Arnold Stein, *Answerable Style : Essays on Paradise Lost* (Connecticut : Fawcett Publications, Inc., 1970), 52-74 ; A. B. Giamatti, *The Earthly Paradise and the Renaissance Epic* (New Jersey : Princeton UP., 1966), 232-355).
464) William Bloys, *Adam in Innocence* (The Hague : Mouton, 1948), 8-9.

상 향기가 배어 있고 녹음이 우거져 있으며 항상 순풍이 불어 자연의 향취를 더하고 봄가을의 계절만이 순환하는 듯한 곳이었다. 윤택한 자연의 산, 골짜기, 들판 곳곳에다가 아낌없이 가진 것을 다 쏟아 붓고 있다(PL., 4. 244-47). 이런 아름다운 자연을 접하게 될 때 아담은 하나님에 대해 생각하게 되었다.

> ··· 너 태양, 아름다운
> 빛이여, 너 빛을 받아 새롭고 찬란한 땅이여,
> 너희 산이여, 골짜기여, 강이여, 숲이여, 들이여,
> 그리고 살아 움직이는 아름다운 것들이여,
> 알면 말하라, 어떻게 내가 이렇게 여기 왔는가를.
> 내 힘으로는 아니다. 선으로나 힘으로나
> 월등한 어떤 대창조주에 의해서이리라.
> 말하라, 어떻게 그를 알고 그를 숭배할
> 것인가를, 이렇게 살아 움직이고, 깨닫는 것보다
> 훨씬 행복함을 느끼는 것은 그분 때문이니. (PL., 8. 273-83)

아담은 '이 모든 것을 누가 만들었는지'라는 질문을 하지 않고 자신에 대해 '내가 어찌하여 이곳에 와 있는가?'라는 자문하며 환희에 차 있는데, 그것은 대창조주의 덕분일 것이라고 생각을 한다. 하나님 스스로를 들어내심이 자연이며 영감을 받은 독자는 '자연의 책' 속에서 하나님의 지혜와 그 솜씨와 성업을 읽어낼 수 있다는 것이다(PL., 3. 59).

아담과 하와가 하나님의 드러내심과 지혜로우심을 때로 스스로 배울 수도 있지만, 라파엘과 미카엘이 그들에게 가르쳐 주기도 한다. 한 번은 아담이 그 아름다운 구조와 하늘과 땅으로 이루어진 이 세계를 보고, 그 크기를 헤아려 보면서, 어쩐지 자연이 불균형인 것 같다고 하는 의문을 품자 라파엘은 이렇게 대답해 주었다.

> ··· 하늘은
> 하나님의 책처럼 그대 앞에 놓여 있으니
> 거기서 신묘한 창조의 위업을 읽고, 계절과 시간,
> 날과 달 또는 해(年)를 배워 알라. 그대의
> 생각만 올바르면, 이 지식을 얻는 데에는
> 하늘이 움직이든 땅이 움직이든 상관없도다. 그 밖의
> 것은 위대한 건축자께서 슬기롭게 사람에게도
> 천사에게도 숨기고, 찬미하는 자가 그것을
> 자세히 살펴볼 수 있도록 그 비밀을
> 드러내지 않느니라. (PL. 8. 66-75)

하늘은 하나님의 책, 곧 '자연의 책'이라는 것이다. 신묘한 자연이라는 상형문자를 읽을 수 있으면 거기서 창조의 위업을 읽을 수 있고, 계절과 시간, 날과 달 또는 해를 배워 알 수 있다는 것이다. 생각이 바르면 누구나 거기서 지식을 얻을 수 있고 찬미하는 자는 그 속에 숨겨진 비밀을 살펴 볼 수 있다고 한다. 이 말은 자연신학을 가지고 하나님 지식을 얻을 수 있다는 것이다. 그러나 전통적인 크리스천 사상가들도 이른바 '자연신학'만으로는 만족할 수가 없다.

바울이 "우리가 지금은 거울로 보는 것 같이 희미하나 그 때에는 얼굴과 얼굴을 대하여 볼 것이요 지금은 내가 부분적으로 아나 그 때에는 주께서 나를 아신 것 같이 내가 온전히 알리라"(고전 13 : 12)라 하였을 때, 바울은 모든 정통적인 기독교 사상가들의 의도를 대변해 준 셈이다. 이 '자연의 책'만으로는 만족할 수 없기 때문에 '기록된 성경'(the written book of the scriptures)로 보충하여야 한다고 밀턴은 말한다.

> 그들 대신 이리 떼들, 그 사나운
> 이리 떼들이 교사들을 대리하여 일체의 성스러운

하늘의 비밀을 자신의 소득과 사악한 야심의
이익으로 바꾸고, 다만 씌어진 순수한 기록에만
남아 있는 진리를 미신과 전통으로 더럽히리라,
영이 아니고서는 이해할 수 없는데도.
그들은 이름과 장소와 칭호를 이용하고,
언제나 영의 힘으로써 행한다고 허언하면서,
이것들을 속된 권리에 결부시키고자 하리라.
그들은 모든 믿는 자에게 한결같이 약속되고
부여된 하나님의 영을 독차지하려 하도다.
그리고 그것을 구실로 영혼의 법을 육신의
권리로서 인간들의 양심에 강요하리라,
기록에 남겨진 것도, 심중의 영이 마음에
새긴 것도 아닌 그 율법을. 은혜의 영을
강요하고 그 배필인 자유를 구속하는
것 외에 그들이 할 수 있는 것이 무엇이랴? (PL., 12. 509-25)

이리떼로 환유되는 영국교회의 부패한 사제들은 하늘의 비밀을 풀어주는 척하면서 소득과 사악한 야심의 이익을 챙기고 순수한 기록에만 남아 있는 진리를 미신과 전통으로 더럽힌다는 것이다. 영이 부패하고 타락하면 사제라 할지라도 기록된 책을 순수하게 읽어낼 수 없다고 한다.

이 「시편」 제19편은 시인의 찬가로서 자연 속에 들어 있는 신의 영광을 찬양한 것이다. 시인은 옛 신앙에 따라 달과 해와 별들, 이 모든 천체는 그 움직임으로써 밤낮 없이 세계의 끝에서 끝으로 일대 화음을 빚어내고 있다고 믿었다.

하늘이 하나님의 영광을 선포하고
궁창이 그의 손으로 하신 일을 나타내는도다.

> 날은 날에게 말하고
> 밤은 밤에게 지식을 전하니
> 언어도 없고 말씀도 없으며 들리는 소리도 없으나
> 그의 소리가 온 땅에 통하고
> 그의 말씀이 세상 끝까지 이르도다. (시 19 : 1-4)

시인들이 믿었던 우주의 천체음악에는 언어가 없고 사람의 귀에 들리는 소리도 없다. 왜냐하면 그것들은 인간의 소리로써 말하고 노래하는 것이 아니기 때문이다. 그러나 그 음악, 그 우주의 신비로운 소리가 존재하지 않는다고 누가 감히 부정할 수 있겠는가! 만일 영의 기관에 지장만 없다면 그 언어 없는 대화와 소리 없는 우주 음악을 능히 들을 수 있고 또 감상할 수 있을 것이다. 이것이 시인의 신앙이요 또한 모든 성경 신앙인들의 생각이다. 셰익스피어도 『베니스의 상인』(The Merchant Of Venice)의 제5막 제 1장에서 같은 의견을 말한 바 있다.

> 그대가 쳐다보는 별 중의 가장 작은 것일지라도
> 움직일 때는 천사와 같이 노래하지 않는 것이 하나나 있소?
> 아, 그러나 화음이 저 불멸의 정령들 사이엔 있건만.
> 그러나 삭아가는 이 흙투성이 옷 속에 영혼을 파묻어 두는 동안은
> 그 아름다운 노래를 들을 수가 없소.

이는 로렌조가 제시카에게 하는 말이다. 과연 자연의 숨은 음성은 들을 수가 없는 것인가? 시인은 그것을 듣고 그것을 찬양했다. 그리고 그것은 창조 및 창조의 신적 기초의 영광이었다. 아무튼 자연은 숨은 언어와 소리로써 우리에게 말을 건네어 주며 그 영광을 노래로 들려 준다. 그리고 인간이 흙투성이 옷 속에 그 영혼을 파묻어 두지 않는 한 그 아름다운 노래와 신비의 밀어를 들을 수 있다는 것

이다. 그러기에 존 밀턴은 『실낙원』에서 자연을 '아름다운 지식의 책'이라 하였다.

'아름다운 지식의 책'인 자연으로 만족할 수 없으므로 기록된 순수한 성경에 의존하여야 하지만 그것도 타락하면 거울을 통해 보는 것처럼 희미하게 볼 수밖에 없다는 것이다. '자연의 질서'가 하나님의 섭리를 부분적으로 나마 계시해 준다고 하는 밀턴의 신념은 히브리적인 자연관 위에서 이루어진 것이다. 그리고 자연에 대한 히브리인의 태도는 지극히 높으신 전능자의 창조와 그 절대 지배를 믿는 신앙에 의하여 결정되었다.

### 4) 탄식하는 자연

자연은 단지 감미로운 미나 당연한 조화만을 나타내 보이는 것이 아니라 그것의 위압적인 위대성과 그것의 놀라운 권능까지도 선포해 주고 있다 함이 성경적 자연관이다.

여호와의 소리가 힘 있음이여 여호와의 소리가 위엄차도다.
여호와의 소리가 백향목을 꺾으심이여
여호와께서 레바논 백향목을 꺾어 부수시도다.
여호와의 소리가 화염을 가르시도다.
여호와의 소리가 광야를 진동하심이여
여호와의 소리가 암사슴을 낙태하게 하시고 (시 29 : 4-9)

욥기에는 자연의 무서운 세력이 물소와 악어의 신화적 상징으로 서술되어 있다. 그러나 자연은 영광으로만 차있는 것이 아니라 비극적인 것이기도 하다.

"피조물이 고대하는 바는 하나님의 아들들이 나타나는 것이니,

피조물이 허무한 데 굴복하는 것은 자기 뜻이 아니요 오직 굴
복하게 하시는 이로 말미암음이라. 그 바라는 것은 피조물도
썩어짐의 종 노릇 한 데서 해방되어 하나님의 자녀들의 영광의
자유에 이르는 것이니라. 피조물이 다 이제까지 함께 탄식하며
함께 고통을 겪고 있는 것을 우리가 아느니라." (롬 8 : 19-22)

 이는 바울이 로마 교회에 보낸 편지에서 한 말이다. 여기서 보는
바와 같이 탄식과 고통으로 차 있는 자연을 그렸다. 그러면 이 자연
은 왜 탄식하며 왜 고통을 당하고 있는가? 이에 대해서 바울은 아담
의 타락으로 말미암아 신의 저주를 받음으로써 그때부터 허무와 죽
음에 굴복하게 되었다고 한다. 이와 같이 자연의 비극은 인간의 비
극과 결부되어 있다. 인류는 언제나 조화와 환희가 온 자연에 충만
하며 자연과 인간 사이에 평화가 회복되는 때를 꿈꾸어 왔던 것이
다. 그러나 인간은 신의 계율을 깨뜨림으로 말미암아 이 조화를 파
괴하였다. 그래서 이제는 사람과 자연, 자연과 자연 사이에 적개심
이 생기게 되었고 한없는 고통과 탄식 속에 역시 구원의 때를 기다
리게 된 것이다.
 밀턴에 의하면 인간의 타락과 함께 그때까지는 완전했던 자연에
균열이 생기게 된 것이라고 한다.

  대지는 상처를 느끼고 자연은 제자리에서
  만물을 통하여 탄식하며 모든 것이 상실됐다고
  고애(苦哀)의 징표를 드러낸다. (*PL.*, 9. 782-84)

 아담이 하와의 죄를 되풀이하자 밀턴은 다시 한 번 자연의 선의
상실을 우수에 찬 곡조로 탄식한다.

  대지는 다시 고통에 몸부림치듯

내장에서부터 흔들리고 자연도 다시 한 번
신음한다. 하늘은 흐리고 뇌성은 나직이 울며
치명적인 원죄가 이루어짐을 보고
슬픔의 눈물을 흘린다. (*PL.*, 9. 999-1004)

계속해서 밀턴은 『실낙원』제1편에서 '원죄'로 인한 대자연의 혼란을 묘사하고 있다.

이제 짐승은 짐승끼리, 새는 새끼리, 물고기는 물고기끼리
싸운다. 모두 풀을 뜯어먹는 것을 그만두고
서로 잡아먹는다. 인간을 크게 두려워하지 않고
그들을 피해 숨어서 무서운 눈으로 그들
지나가는 것을 노려본다. (*PL.*, 10. 710-14)

이와 같이 신의 분노는 자연의 격변과 관련된다. 저 유명한 "드보라의 노래"(*Song of Deborah*)를 보면, 신이 세일에서 나와 에돔으로부터 진행할 때에 자연 질서에는 큰 변화가 생겼던 것을 알 수 있다. 이러한 자연의 격변을 통하여 이스라엘의 승리와 적국의 패전을 능히 예견할 수 있었던 것이다.

"여호와여 주께서 세일에서부터 나오시고 에돔 들에서부터
진행하실 때에 땅이 진동하고 하늘이 물을 내리고 구름도 물을
내렸나이다. 산들이 여호와 앞에서 진동하니." (사 5 : 4-5)

이러한 성경적 전통은 밀턴과 기타 많은 시인들에게 계승된 것을 본다. 특히 셰익스피어의 작품을 보면, 부자연스러운 사건의 전후에는 반드시 자연 질서에 어떤 변화가 일어난다. 맥베스(Macbeth)가 던칸(Duncan)왕을 살해하던 밤은 '험악한 밤'(rough night)이었다. 레녹스(Lennox)가 한 다음과 같은 말이나 늙은이(Old Man)가 한

다음과 같은 말은 자연의 법칙(law of nature)이 파괴된 것을 암시해 주고 있다.

> 어제 밤은 소란한 밤이었습니다.
> 저희 숙소에서는 굴뚝이 바람에 쓰러졌습니다.
> 그리고 사람들은 말하기를
> 공중에서는 곡성이 들리고, 기이한 죽음의 비명과
> 그리고 불행한 세상에 새로이 꾸며지는
> 무서운 소동과 혼란한 사변이
> 무서운 어투로 예언되고, 부엉이가
> 밤새도록 울었다고 합니다.
> 어떤 사람들은 말하기를 대지가
> 학질에 걸린 것 같이 벌벌 떨었다고 합니다.
> (맥베스 2. 3. 59-66)

> 이상한 일입니다.
> 어제 밤에 생긴 일과 마찬가지로
> 지난 화요일에는
> 하늘 높이 솟았던 매가
> 쥐를 잡아먹은 부엉이에게 채여서 죽었답니다.
> (맥베스 2. 4. 10-13)

자연법을 따르면 응당 낮이어야겠는데 실제로는 밤이다. 이것은 신하가 임금을 죽이는 도덕적인 무질서와 연결되는 자연계의 혼란인 것이다. 또한 자연법을 따르면 응당 매가 부엉이를 죽이는 것이 자연스러운 일이겠으나 여기 보면 그와는 정반대다. 맥베스의 행동과 직결되는 동물계의 무질서인 것이다. 다시 로스가 계속하는 말을 들어보자.

그리고 던칸왕의 말들은 - 아주 괴상한 일입니다 -
　　훌륭한 준마로 가장 귀염을 받고 있던 것들이
　　별안간 성질이 사나와져서
　　마굿간을 깨뜨리고 뛰쳐나와
　　마치 사람과 전쟁을 하려는 것 같이 달려들었다고 합니다.
　　(맥베스 2. 4. 14-18)

　인간에게 순종하여야 할 말이 오히려 인간에게 싸움이라도 걸기나 하려는 것처럼 난폭해진다. 이것도 맥베스의 행동에 의하여 야기되는 인간 사회의 무질서와 상통되는 동물계의 무질서인 것이다. 아무튼 자연의 비극은 인간의 비극과 관련이 된다. 인간의 선의 상실로 자연도 그 영광과 선을 상실하였고 이로써 자연은 탄식하며 신음할 뿐이라는 것이다. 아담과 하와가 타락하면서 자연도 타락하게 되고 모두 탄식하는 비극적인 결말을 갖게 된다.
　타락 이후 하와는 아담과 함께 동산에서 살고자하지만 자연의 징조는 그들이 에덴을 떠나야 할 것을 나타내 보여준다.

　　아, 하와여, 어떤 또 다른 변화가 우리를
　　기다리고 있음을, 하늘은 그 목적의 선행자인
　　말 없는 자연의 징조로써 우리에게 보이고, 또
　　며칠 죽음이 면제되었다고 해서 형벌에서 벗어난
　　것으로 알고 너무나 안심하는 우리에게 경고하는
　　듯하오. 언제까지 살며 그동안 어떠한 생활을
　　할 것인지, 또 우리는 흙이니 흙으로 돌아가면
　　그것으로 끝이라는 것 이상을 누가 알리오?
　　그렇지 않다면 어째서 같은 시간에 같은 방향으로
　　하늘과 땅에서 쫓기어 도망치는 한 쌍의 사슴이
　　눈에 보이겠소? 왜 한낮이 되기도 전에

> 동쪽이 어두워지고, 또 저쪽 서녘 구름에 한층
> 빛나는 아침 광선이 있어, 하늘에서 무엇인가를
> 싣고 창궁에 찬란한 흰 줄을
> 그으면서 천천히 내려오는 것이겠소? (*PL.*, 11. 193-207)

하늘과 땅에서 쫓기어 도망치는 한 쌍의 사슴을 보기도 하고 동쪽이 어두워지고 서녘 구름에 한층 빛나는 아침 광선이 있는 자연의 변괴 현상을 자연의 서를 정확하게 읽을 수 없게 된 아담은 신으로부터 직접 계시를 받고자 한다. 그러므로 아담은 하와를 향해 자연의 질서는 '하나님의 책'이라는 라파엘의 말을 얼핏 되풀이하여 말하고 있기는 하지만 매우 신중하다.

> 아, 하와여, 어떤 또 다른 변화가 우리를
> 기다리고 있음을, 하늘은 그 목적의 선행자인
> 말 없는 자연의 징조로써 우리에게 보인다. (*PL.*, 11. 193-95)

이와 같이 밀턴은 끝까지 성경적 자연관을 지지하였지만 그 후 그것은 일반적으로 매력을 잃었다.

## VI. 존 밀턴의 자유관

밀턴은 자유의 투사다. 시와 산문 여러 곳에서 밀턴 자신에게 가장 중요한 것은 자유라고 밝히고 있다. 『실낙원』, 『복낙원』, 『투사 삼손』의 가장 핵심적인 주제도 역시 자유의 문제다. 그러나 밀턴이 추구하는 '자유'는 사회의 권력과 제도를 거부하고 개인의 자율성과 개성을 과격하게 강조하는 그런 의미의 자유는 아니다. 밀턴이 주장하는 자유와 오늘날의 자유가 현격하게 다른 것은 17세기 영국의 특수한 역사적·사회적 상황과 밀턴의 종교관 때문이다.

오늘날의 개혁이나 자유와는 크게 달라도 평생 동안 밀턴은 끊임없이 사명감을 가지고 개혁과 자유를 추구한 자유의 투사였다. 그는 늘 정치적 압제와 종교적 압제 그리고 갖가지 악으로부터의 자유를 주장하였지만, 영국민의 대다수는 그의 자유를 위한 투쟁과 절규에 관심을 쏟지 않았고, 따르지도 않았다. 그러므로 그는 실로 늘 고독하지 않을 수가 없었다. 크롬웰의 죽음, 실명(失明), 그리고 공화정의 붕괴 등 1650년대 후반의 밀턴이 당한 상황은 상상하기 어려울 정도였다. 종교 개혁을 통하여 하나님의 나라를 영국에 재생시키는 것이 그의 예언자적 소명이었다. 그러나 그런 희망과 기대가 무너졌을 때, 그는 "나는 새 하늘과 새 땅을 보노라"(계 21:1)는 요한계시록의 말씀에서 새로운 의미를 읽고, 그것을 내면화하는 데 전심전력을 기울이게 된다. 이런 새로운 내면적 자유 체험을 형상화한 것이 후기의 작품들이다.

서상한 바와 같이, 밀턴은 여러 분야에서 자유의 정신을 강조했다. 인간에게 주어진 기본적인 자유로부터 언론, 출판, 교육, 이혼, 종교 등과 관련된 자유에 이르기까지 그는 줄곧 자유정신을 앞세웠는데, 그런데도 이에 대한 연구는 이제까지 그다지 많이 이루어지질 않았다. 그것은 너무도 방대한 작업이기 때문이기도 하지만, 그의 자유론은 너무 고전적이어서 현실적으로 절실히 요구되는 것도 아

니기 때문이다. 그럼에도 불구하고 밀턴이 주장하는 자유론은 오늘
도 필요한 기본원리가 되므로 현대적 연구도 해볼 만한 가치가 있
다고 사료된다. 우선 『실낙원』에 나타나는 인간에게 주어진 기본적
인 자유에 대해서부터 살펴보겠다.

## 1. 이성과 자유

인간은 하나님의 형상대로 지음 받은 피조물이다. 피조물이지만
피조물 가운데서는 가장 존엄한 존재이다. 그 존엄성의 근거는 다른
피조물에게는 없는 '바른 이성'이 있다는 것이다. 밀턴에 의하면 이
성적 존재는 선택의 자유를 가진 존재다. 밀턴의 자유론은 인간이
이성적 존재라는 데서부터 출발된다. 이와 관련해서 부수되는 여러
문제와 인간이 누릴 수 있는 자유의 성격과 범위 및 그 한계 등을
중심으로 해서 고구해 보겠다.

### 1) 선택의 자유

밀턴은 『아레오파지티카』(*Areopagitica*)에서 이성을 하나님의 형
상으로 보았다. 이 견해는 "인간을 죽이는 자는 하나님의 형상인 이
성을 죽이는 것이다"465)라는 말로써 입증된다. 학자들 가운데는 이
성을 신적인 빛(divine spark)으로 보는 자들도 있지만, 밀턴은 아
리스토텔레스적인 선택의 관념과 관련지어 이성을 설명하고 있다.
그러나 악 대신 미덕을, 또는 무지 대신 지식을 선택하는 것 같은
윤리적인 의미로 해석한 것은 아니다. 이런 의미에서 밀턴의 이성관
은 아리스토텔레스의 그것과는 다르다. 다시 말해서 그는 합리적인

---

465) Ernest Sirluck ed., *Complete Prose Works of John Milton* Vol. 2
(New Haven : Yale UP., 1643-1648), 492. 이후로는 *CPW*로 약기하겠다.

선택의 능력을 믿음, 순종, 사랑과 직접 연결시키고 있는 것이다. 그러니까 이성적 존재란 하나님에 대한 순종과 믿음과 사랑을 선택하도록 만들어진 존재라는 뜻이다.

동물과 인간의 차이는 무엇인가? 그것은 인간에겐 선택의 자유가 있지만 동물에겐 그것이 없다는 것이다. 허친슨(Huchinson)은 밀턴은 자유의지의 철저한 신봉자였다고 하면서, "여러 번 그는 『실낙원』에서 하나님이 인간에게 준 선택의 자유와 그의 행동에 대한 독자적인 책임을 강조하고 있다"466)고 말하였다. 허친슨이 주장한 바를 『실낙원』에서 확인할 수 있다.

> 일어선 자도 제 자유로 섰고,
> 떨어진 자도 제 자유로 떨어졌도다. 자유가 없다면,
> 그들이 원하는 것은 나타나지 않고 필연적으로 하여야 할
> 것들만 나타날 것이니, 참된 충성과 변함없는 신의나
> 사랑의 실증을 어떻게 신실하게 보여줄 수 있겠는가?
> 이런 순종이라면 그들은 어떤 칭찬을 받고, 그로부터
> 나는 무슨 기쁨을 얻겠는가, 의지와 이성이 (이성도
> 선택이니까) 다 자유를 빼앗겨, 쓸데없고 헛된 것이
> 되고, 둘 다 수동적인 것이 되어, 나 아닌 필연을
> 섬긴다면? (*PL*., 3. 102-11)

아리스토텔레스도 그의 윤리학에서 이성과 자유 또는 자유로운 합리성을 동일시하였다. 그러나 밀턴에게 있어서 양자의 동일성은 순전히 신학적인 문맥에서 파악된 것이라는 것을 알아야 한다. '이성'과 '자유'는 인간 속에 나타나는 하나님의 형상의 두 양상이지만, 인간의 존재 구성의 원리로 볼 때 그것은 동일한 것이다. '이성'과

---

466) F. E. Huchinson, *Milton and Englsih Mind* (New York : The Crowell-Collier Publishing Company, 1962), 137.

'자유'는 인간이 하나님의 모습대로 지음 받았다고 하는 두 표현이지만, 인간의 실존적 상황에 있어서 절대적 요소가 되는 것은 믿음, 사랑, 순종이라는 것을 강조하는 문맥에서 이해하여야 한다. 밀턴은 『그리스도교 교리론』(*The Christian Doctrine*)에서도 "하나님은 인간과 천사들에게 자유의지의 은사를 주어 서거나 또는 그 자신의 통제력이 없는 선택으로 넘어지게 했다"467)라고 하였다.

그러나 인간의 자유란 하나님의 자유와 같이 절대적인 것이 아니라 자기가 행한 선택에 대해서는 책임을 져야하는 그런 한계적인 자유인 것이다. 한계 없는 자유란 사실상 방종이라 할 수 있다. 그러므로 순종 없이는 자유를 생각할 수 없다. 아담과 하와가 오직 하나의 계율인 지식을 알게 하는 나무 열매를 따 먹고 난 뒤, 추방되기에 앞서 천사장 미카엘이 장차 인류에게 일어날 일들을 설명하는 자리에서 장차 오실 메시야의 할 일을 이렇게 말하고 있다.

> 비록 하늘에서의 추락으로
> 극심한 상처를 입혔을망정, 그대에게
> 죽음의 상처 못 줄 정도는 아니니라. 그대의
> 구주로 오시는 이가 이것을 낫게 하시리라,
> 사탄을 멸함으로써가 아니라 그대와 그대의 씨에서
> 그가 한 일을 멸함으로써, 그것은 다름 아니라 그대가
> 이행치 못한 것, 즉 죽음의 벌로서 가해진
> 하나님의 율법에 순종함으로써, 그리고 그대의 죄와
> 거기에서 나오는 그들의 죄에 적합한 형벌인
> 죽음의 고통을 받음으로써만 완수되느니라.
> 그럼으로써만 높은 정의는 충족되리라.
> 사랑만으로 율법을 완성할 수 있지만, 그는

---

467) Frank A. Patterson ed., *The Works of John Milton* (New York : Columbia UP., 1931-38), 14. 81.

순종과 사랑으로 하나님의 율법을 완성하리라.
(*PL.*, 12. 309-404)

  자유란 오직 순종 안에서만 얻을 수 있다. 문제는 무엇에 순종하느냐는 것이다. 만일 사탄이나 정욕을 섬긴다면, 그것이 악이 되고 굴종이 되지만, 하나님이나 이성이 명령하는 바를 따르는 것은 참 자유에 이르는 옳은 길이 된다. 그래서 밀턴은 "이성에 복종하는 것이 자유"(*PL.*, 9. 351-52)라고 하였다. 왜냐하면 진정한 자유는 항상 바른 이성과 더불어 살며 갈라져서는 존재할 수 없기 때문이다. 대천사 미카엘의 마지막 권고에서 보다 충실한 설명을 들을 수 있다.

  ··· 그러나
그대의 원죄 이후 참된 자유가 상실되었음을
또한 알라. 그것은 항상 바른 이성과
붙어살며 갈라져서는 존재치 않느니라.
인간의 이성이 어둡거나 또는 복종치 않으면
즉시 터무니없는 욕망과 갑자기 높아진 감정이
이성으로부터 주권을 빼앗고, 지금까지
자유롭던 인간을 노예로 만드느니라. 그러므로
인간이 자신의 심중에 부합되지 않는
힘으로 자유로운 이성을 다스리게 하면,
하나님은 정당한 판단으로 그를 밖으로부터
폭군에게 복종시키고, 그 폭군들은 으레
인간의 외적인 자유를 부당하게도 속박하느니라.
(*PL.*, 12. 82-94)

  요컨대 순종은 이성적 선택에 의해서만 가능한 것이고 그것이 올바로 이루어질 때 참 자유는 주어지는 것이다. 하나님이 인간에게 이성을 주었을 때 그것으로 의지에 바른 명령을 할 수 있게 했다.

> 하나님께서 의지를 자유하게 하셨으니,
> 이성을 따르는 자는 자유로우리라. 그는 이성을
> 바르게 만들어 항시 경계하고 주의하도록 하셨으니,
> 그렇지 않으면 외형이 아름다운 것에
> 유혹 받아 하나님이 분명히 금지한 바를
> 행하도록 의지에 그릇 명령하고 그릇 전하리라.
> (*PL*., 9. 351-56)

그래서 참된 의지의 자유는 이성이 영혼을 관리하고 있을 때 비로소 이루어지는 것이다. 하나님에 의해 창조된 영혼에는 위계질서가 있다. 이런 위계질서에 따르면 이성은 영혼을 관리하는 요소고 의지는 이성의 결정을 수행하는 요소다. 그렇기 때문에 의지는 그 관리자인 이성의 자유로운 선택에 참가할 수 있을 때 비로소 진정한 자유를 누릴 수 있게 된다. 만일 이성이 의지에 대한 통제 능력을 잃으면 의지는 정욕의 지배를 받아 악에 굴종하게 된다. 그러므로 이성적 선택에 의한 순종을 통하여 얻어지는 자유가 아니고 어떤 강제나 필연에 의해서 결정되는 자유라면 그것은 참된 자유라 할 수 없다. 그래서 밀턴은 "인간의 자유는 필연과는 완전히 독립해서 생각하여야 한다"468)고 했다. 사실상 어떤 강제에 의해서 오는 복종은 굴종에 불과하고 심리적으로나 윤리적으로나 마음에서 떠난 허식이요 노예적인 행동이라 아니 할 수 없다. 즉 인간의 의식적인 의지에서 나오는 행동이 아니면 그것은 자유 행동이라 할 수 없고 의미 있는 행동이라고도 할 수 없다는 것이다.469)

자유가 선택의 자유라면, 필연적으로 그 속에는 악에 대한 선택의

---

468) Patterson, 14. 77.
469) Hutchinson, 139.

가능성도 내포될 수밖에 없다. 이를테면 인간은 하나님의 법도를 따를 수도 있고, 또한 자유로이 선을 거역할 수도 있다는 것이다. 그러니까 아담과 하와의 타락은 자유로운 그들의 의사에 따라 잘못 선택했기 때문에 이루어진 것이다. 그러므로 그들의 죄는 합리성이 결여된 자유라 할 수 있다. 인간 속에 반영된 합리성이란 하나님의 사랑으로 향하는 인간의 선택적 능력을 뜻한다. 자유의 형이상학을 주요 주제로 삼고 있는 『실낙원』에 있어서 하나님의 예정은 운명이나 필연의 예정이 아니고 자유의 예정인 것이다. 즉 인간은 이성적 존재로서 자유로운 결정을 할 수 있도록 예정되었다는 말이다.

이러한 자유를 예정한 하나님의 높은 섭리는 불변하는 것이요 영원 하는 것이다. 결코 하나님의 예지예정은 인간의 자유를 구속하는 방향으로 강제적으로 행사되지는 않는다. 우리는 자유로이 하나님을 사랑하기 때문에 자유로이 그를 섬기는 것이며 필연이나 강제에 의해서 봉사하는 것이 아니다.

> 사랑하는 것도 사랑하지 않는 것도
> 우리의 의사에 달린 것인즉 자유로이
> 사랑하기 때문에 자유로이 섬긴다. 우리가 서는 것도
> 떨어지는 것도 그러하니, 어떤 자는 불순종에 굴복돼
> 하늘로부터 깊은 지옥으로 떨어졌도다. (*PL*., 5. 538-42)

밀턴에게 있어서 행복하게 사는 것은 자유를 누리는 것이요, 자유를 누리는 것은 곧 그것을 인간에 허락해 주신 하나님을 사랑하는 것이요 하나님을 사랑하는 것은 자유의지를 허락하신 그분에게 복종하는 하는 것이다. 밀턴에게 있어서 굳게 선다는 것은 자의적으로 순종하는 것을 뜻한다.470) 라파엘(Raphael)이 아담에게 준 마지막

---

470) Myong-Eun Koh, *Milton's Understanding of Human Freedom and the Polarized Symmetries of Paradise Lost* (Seoul : Hanshin Publishing

경고를 보면 더욱 명확하게 자유의 의미를 알 수 있다.

> 사랑하는 것도 사랑하지 않는 것도
> 우리의 의사에 달린 것인즉 자유로이
> 사랑하기 때문에 자유로이 섬긴다. 우리가 서는 것도
> 떨어지는 것도 그러하니, 어떤 자는 불순종에 굴복돼
> 하늘로부터 깊은 지옥으로 떨어졌도다. (*PL.*, 8. 633-43)

순종 하느냐 아니면 불순종하느냐 하는 것이 인간에게 있어서는 가장 기본적인 문제다. 다니엘슨(Danielson)이 지적한대로, 인간은 한 길을 각기 반대 방향으로 가게 된다는 것이다.471)

인간은 자유로 향한 길을 선택하든가 아니면 노예의 길을 선택하든가 반드시 자의(自意)로 선택하지 않으면 안 되는 존재라고 밀턴은 생각하였다. 인간은 하나님께 대한 순종을 선택할 수도 있고 불순종을 선택할 수도 있다. 그러면 참 자유는 무엇인가? 앞에서도 간단히 언급한대로 참 인간의지의 자유런 자유롭게 하나님께 대한 순종을 선택하는 것이다. 참 자유의 길을 선택한 사람에게 필요한 것이 하나님의 명령을 지키는 것이다.

## 2) 자유의 시금석 : 선악을 알게 하는 나무

자유의 온전한 의미를 파악하기 위해서는 동산 중앙에 있는 '생명나무'(the tree of life) 곁에 서 있는 '선악을 알게 하는 나무'(the tree of the knowledge of good and evil)를 탐구해 보아야 할 것이다.

---

Co., 1991), 38.
471) Dennis Richard Danielson, *Milton's Good God* (Cambridge : Cambridge UP., 1982), 65.

··· 이 즐거운 땅에
하나님은 한층 더 즐거운 동산을 정하였다.
그리고 이 풍요한 땅에서 보기 좋고, 향기롭고, 맛좋은
온갖 고귀한 종류의 나무들을 자라게 하셨다.
그 한복판에 생명나무가 서 있다,
두드러지게 키가 크고, 식물성 황금의 맛좋은
열매 주렁주렁 열리는. 생명나무 다음에는
우리의 죽음인 지식의 나무 가까이 자라고 있다,
선의 지식은 악을 앎으로써 비싸게 사게 되는 것.
(*PL*., 4. 214-22)

　여기서 '지식의 나무'는 '우리들의 죽음'의 상징으로 묘사되었다. 한편 '생명나무'는 생명을 주는 '거룩한 과실'(Ambrosial fruit)의 상징으로 묘사되었다. 이 두 나무는 바로 곁에서 자라고 있다. 이처럼 죽음은 생명의 바로 옆에 놓여 있다는 것을 보여준다.
　『실낙원』 제4편에서 아담이 하와에게 하나님의 창조의 목적을 설명하는 첫 번째 말에서도 '지식의 나무'가 언급된다.

　　그는 단 하나, 갖가지 맛있는
열매 맺는 낙원의 여러 나무들 가운데
생명나무 곁에 심어진 지식의 나무만은
맛보지 말라는 그 지키기 쉬운 명령을 지키는
것 외에 다른 아무런 봉사도 바라지 않으십니다.
죽음은 생명 가까이서 자라는 것이니, 죽음이 어떤
것이건 무서운 것만은 사실. 그대가 잘 아는 바와 같이
그 나무 맛보면 곧 죽으리라 하셨으니,
그것은 우리에게 부여된 권력과 지배, 그리고
땅과 하늘과 바다에 가득 차 있는 다른 모든 생물을

> 다스리는 주권의 상징들 가운데서
> 단 한 가지 우리의 순종을 바라는 표시랍니다.
> 그러니 한 가지 지키기 쉬운 금령을 어렵다고
> 생각지 맙시다, 이처럼 마음껏
> 아무 제한 없이 만물을 즐길 수 있고, 가지가지
> 기쁨을 수없이 택할 수 있는 몸이니. (PL., 4. 421-35)

여기서 '지식의 나무'는 창조주에 대한 '복종의 표지'(sign of obedience)로, 그리고 그의 명령을 지키지 않으면 죽음을 초래하게 되는 그의 '주권의 표지'(signs of power and rule)로 묘사된다. 물론 죽음의 나무인 이 지식의 나무는 영원한 생명을 주는 생명나무 곁에서 자라고 있다.

제8편에 보면 하나님 자신이 아담과 하와에게 직접 하시는 경고의 말씀 중에도 이 나무들이 언급된다.

> 이 낙원을 너에게 주노니, 이것을
> 네 것으로 삼아 갈고 지키고 과실을 먹으라.
> 낙원 안에 자라는 모든 나무의 과실은 기쁜
> 마음으로 마음껏 따 먹어라. 아무리 먹어도
> 여기서는 모자라는 법 없으니 염려 말라.
> 그러나 선악의 지식을 가져다주는 나무,
> 너의 순종과 믿음의 보증으로서 낙원 가운데
> 생명나무 옆에 내가 심은 그 나무에
> 대해서는 내 경고하노니, 결코 잊지 말라. 맛보는 것을
> 피할지어다, 그리하여 그 쓰라린 결과를 면하도록 하라.
> 네가 그것을 맛보는 날엔 나의 유일한 명령을
> 범하는 것이니, 너는 반드시 죽을 것이고,
> 그날부터 죽음의 몸이 되어 이 낙원의

행복함을 잃어버린 채 괴로움과 슬픔의
세계로 쫓겨나리라. (*PL.*, 8. 319-33)

여기서 '지식의 나무'는 '인간의 순종과 믿음의 표증'(pledge of man's obedience and faith)으로, 그리고 하나님께 대한 의무의 상징으로 묘사된다. 만일 하나님의 경고를 무시하고 그의 명령을 지키지 않으면 필연코 죽음을 면할 수 없다는 것이다. 이 죽음의 나무는 바로 영생을 약속하는 생명나무 바로 곁에서 자란다는 것을 잊어서는 안 된다.

여기서 언급하고 있는 선악의 지식을 주는 나무는, 배실 윌리(Basil Willey)가 말한 바와 같이, 인간으로 하여금 선악을 구별하게 하는 어떤 힘을 갖고 있는 것이 아니다.472) "그것을 먹는 자에게 새로운 종류의 지식을 제공해 주는 마력적 과실"473)이라고 믿는 사람들이 간혹 있지만, 밀턴 자신이 "그것은 그 사건 때문에 선악을 알게 하는 나무라고 불리게 되었다"474)라고 한 것을 보면, 그 나무의 성스러운 의미나 어떤 특별한 힘을 갖고 있었던 것은 아니었던 것이 틀림없다. 선악과 그 자체는 악한 것도 아니고 해로운 것도 아니다. 그것이 무슨 마력을 지녔기 때문에 먹으면 죄가 되는 것이 아니라 하나님이 금한 것이기 때문에 먹으면 불순종의 죄가 되는 것이다. 따라서 범죄 한 부부 사이에 일기 시작한 육체적 욕망은 사실상 금단의 과실 속에 들어 있는 마력적인 힘 때문이었다고 할 수 없고, 오히려 그것은 불순종 그 자체의 결과라고 봄이 옳을 것이다. 다시 말해서 그들의 육욕은 범죄의 가증스러운 증표로서, 그들 자신의 죄의식에 의하여 생긴 것이다.

---

472) Basil Willey, *The Seventeenth Century Background* (London : Chatto and Windus, 1967), 251.
473) Millicent Bell, "The Fallacy of the Fall in *Paradise Lost*," *PMLA*, 68 (1953), 875.
474) Patterson ed., 15. 11.

밀턴이 언론과 출판의 자유를 표방한 『아레오파지티카』에서 말한 바와 같이,475) 아담과 하와가 선을 행하기 위해서도 선도 알고 악도 알아야만 했을 것이다. 그러나 그들에게는 이미 선악에 대한 판별의 기준이 주어져 있었다. 즉 금령에 복종하는 것이 선이고 그것에 불복종하는 것이 악이라는 것을 그들은 알고 있었던 것이다. 왜냐하면 『실낙원』에 있어서, 바른 이성은 언제나 선악의 식별력이 되기 때문이다. 『아레오파지티카』에서도 인간에게는 선택의 자유가 주어졌다고 강변하고 있다.

"많은 사람들이 아담으로 하여금 율법을 범하게 한 하나님의 섭리를 불평한다. 이 얼마나 어리석은 말인가! 하나님께서 그에게 이성을 주었을 때, 하나님은 그에게 선택의 자유를 주신 것이다. 왜냐하면 이성이란 곧 선택에 불과하기 때문이다. 그렇지 않다면 그는 단순히 인공적으로 만들어진 아담에 지나지 않으며, 그러한 아담은 인형에 불과하다. 우리는 강제로 이루어지는 복종이나 사랑이나 선물을 존중하지 않는다. 그러므로 하나님은 그를 자유롭게 하셨고, 자극적인 물체들을 바로 그의 눈앞에 놔두셨던 것이다. 이로 인해 그의 공로는 인정 되고, 이로 인해 그의 보상 받을 자격도 얻게 되며, 그의 절제에 대한 칭송도 있게 된다."476)

이런 의미에서 그들은 선악에 대한 무지의 그늘 아래 있었던 것은 아니었다(*PL*., 9. 774)는 것을 알 수 있다. 그러므로 아담이 금령을 범했을 때, 그는 "그 자신의 한층 선한 지식을 어기고"(*PL*., 9. 998) 금단의 과실을 먹었다고 했던 것이다. 결국 금단의 과실을 먹은 후 얻은 지식이란 선을 잃고 악을 얻었다는 것이다. 그래서 아담은 "우리는 선도 알고 악도 알게 되었다. 잃은 선과 얻은 악을"(*PL*., 9. 1070-1071)하고 고백했던 것이다. 다시 말해서 금단의 과실을 먹은 후 얻은 것이 있다면, 그것은 악에 대한 체험이었다. 단순히

---

475) *CPW*., 2. 514.
476) *Ibid*., 2. 527.

하나의 가능성으로서가 아니라 엄연한 현실로서 인간의 비애와 고통을 체험하게 되었던 것이다. 이렇게 볼 때 지식의 나무는 그 이름이 보여주는 바와 같은 그런 도덕적 선택에 필요한 지식을 주었던 것은 아니라고 생각한다. 그러므로 밀턴은 그것을 가리켜 "허위의 열매"(PL., 9. 1011) 또는 "허망한 열매"(PL., 9. 1046)라 했다. 이런 사실로 미루어 보면, 하나님이 금한 것은 도덕적 선택의 수단이 되는 선악이 아니라, 악을 행하고 그로 인해 저주와 슬픔을 맛보게 될 그런 현실적 체험이었던 것이다. 요컨대 하나님은 그들에게 불순종 그 자체를 금했던 것이다.

지식의 나무는 이상에서 말한 바와 같이, 하나님의 명령에 대한 그들 자신들의 자발적인 복종을 증명해 보일 수 있었던 "복종에 대한 시금석"477)이었다. 그래서 밀턴은 그 과실을 유일한 "순종의 증표"(PL., 4. 428)라고 하였다. 그러니까 그들에게 있어서 무엇보다 중요한 것은 하나님에게 순종하는 것이었고 또한 하나님도 그것을 원하였다. 한 마디로 말해서 지식의 나무는 인간들이 그 나무를 주신 하나님을 사랑하고 그들에게 준 손쉬운 명령을 지키는가 하는 것을 시험하기 위해서 주신 것이다. '참된 자유'는 그를 사랑하고 그의 명령을 지킬 때 확보될 수 있는 것이다.

창조 때 아담과 하와는 두 명령 즉 부정적 명령과 긍정적 명령을 받았다. 부정적 명령은 선악을 알게 하는 나무의 열매만은 먹지 말라는 것이었고, 긍정적 명령은 "생육하고 번성하여 땅에 충만 하라. 땅을 정복하고 모든 것을 다스리라"(PL., 7. 531-532)는 것이었다. 이처럼 타락 이전의 순종은 절제와 적극적인 개입을 내포하고 있었다.478) 부정적 명령은 아담과 하와의 믿음과 순종을 시험하기 위한

---

477) John Calvin, *Institute of the Christian Religion,* trans. Henry Beveridge 2 vlols. (James Clarke & Co., 1957), ll. l. 4, Vol 1, 212 ; Alan Rudrum, *Milton : Paradise Lost* (London : Macmillan, 1966), 52.
478) John Spencer Hill, *John Milton : Poet, Priest and Prophet* (London :

선택의 유혹이라면 긍정적 명령은 그것을 성취하는데 직접 개입해서 수행하라는 것이었다. 인간은 이 명령에 따르면, 자신들의 최선의 절제와 노력에 의해 하늘을 얻을 수 있고 단계적으로 창조의 의지에 순종하게 되면 절대적인 완전에 이를 수가 있었다. 순종은 행복의 조건이므로479) 하나님의 의지가 아무리 "독단적인 것 같이 보일지라도"480) "감사하는 마음으로 기꺼이"481) 순종하여야만 한다. 왜냐하면 하나님은 절대주권자이기는 하지만 결코 인간을 전단적으로 취급하는 것이 아니라 '바른 이성'에 근거해서 통치하기 때문이다.482) 이와 같이 이성적으로 통치하는 하나님의 안목으로 볼 때, 순종은 지극히 어려운 것이 아니라 지극히 손쉬운 것이라고 생각하였기 때문에483) 그들에게 순종을 요구했다.

그런데도 사탄의 사주를 받은 하와는 금령 자체에 대해 의심을 품게 되었고 선악과를 따먹어도 해가 되지 않으리라는 생각을 갖게 되었다. 사실상 사탄의 발언은 모두가 허위요 위선이었지만, 하와에게 있어서 그것은 진실인 것 같이 보였다. 그래서 하와는 하나님의 금령보다는 사탄의 말을 더 믿게 되었다. 이런 하와에게 있어서 선악의 지식을 추구하고자 하는 지적 호기심은 당연한 것 같이 보였고, 하나님이 지혜를 숨긴 것은 사탄의 말대로 인간이 하나님과 같이 될까봐 두려워하는 하나님의 질투심 때문이라고 생각되었다. 뱀도 금단의 열매를 먹고 죽지 않았다면 결국 금령이란 우리를 구속할

---

The Macmillan Press, 1979), 130.
479) Murray W. Bundy, "Milton's Prelapsarian Adam," in *Milton*, ed. Alan Rudrum, 158.
480) Herbert J. C. Grierson, *Milton and Wordsworth* (London : Chatto & Windus, 1963), 117.
481) C. M. Bowra, *From Virgil to Milton* (London : Macmillan & Co., 1965), 201.
482) Douglas Bush, "*Paradise Lost* in Our Time : Religious and Ethical Principles," in *Milton : Modern Essays in Criticism*, ed. Arthur E. Barker (London : Oxford UP., 1070), 164.
483) Augustine, *The City of God*, 14. 12, 460.

힘이 없는 것이 아닌가 하는 의문도 갖게 되었다. 이와 같이, 그녀의 이성은 "하나님이 분명히 금한 것을 행하도록 … 그릇 가르치고 그릇 명령하게"(*PL.*, 9. 355-356) 되었다. 아서 시웰(Arthur Sewell)은 "하와는 지적 호기심 때문에 타락하였다"484)고 했지만, 지적 호기심 그 자체가 악이 되는 것이 아니다. 그 이유를 스미스(Smith)는 이렇게 설명했다. "물론 안다는 것은 그 자체가 나쁜 것은 아니다. 하나님의 지선과 능력을 명상하는 것은 인간의 가장 큰 기쁨이 되기 때문에, 아담이 하나님에 대해 알면 알수록 더 행복해질 수 있다. 알고자 하는 건전한 욕망과 불건전한 욕망 사이의 차이는 그 욕망의 근원에 달려 있다. 그 호기심은 찬양할 만하다. 그러나 그 자신을 높이고자 하는 수단으로 지식을 바란다면, 그 욕망은 그릇된 것이다."485)

즉 그 지식이 신의 영광을 위한 것이라면 찬양할 만하지만, 인간 자신의 욕망을 충족시키기 위한 것이라면 악이 된다는 것이다. 그런데 하와의 지적 호기심은 후자와 같은 불건전한 욕망에서 기인된 것이었다. 그렇기 때문에 그것이 악이 되는 것이다. 다시 말하면, 그녀는 일체의 가치를 하나님 중심에 두지 아니하고 자기중심에 두었으며, 하나님의 복종의 문제를 자기 욕망을 충족시키기 위한 지식의 문제로 바꾸어 버린데 잘못이 있는 것이다. 이것은 순전히 사탄에 대한 신뢰와 그가 불러일으킨 이성의 혼란에서 비롯된 것이다.

결국 하와는 선악의 지식을 주는 나무의 과실은 먹지 말라고 하는 명령을 어기는 것이다. 그래서 인간세계에 죽음이 들어오는 것이다. 죽음은 모든 것의 끝이다. 그러므로 자유도 끝이 나고 손상된다. 이 문제에 대해서는 다음 장에서 좀 더 살펴보겠다.

---

484) Arthur Sewell, *A Study in Milton's Christian Doctrine* (London : Oxford UP., 1935), 146.
485) Rusell E. Smith, "Adam's Fall," in *Critical Essays on Milton from ELH* (Baltimore & London : The Johns Hopkins Press, 1969), 184.

## 3) 자유의지의 상실

서상한 바와 같이, 하와는 선악의 지식을 알게 하는 나무의 열매를 먹지 말라고 하는 명령을 어김으로써 자유의 의지도 손상을 입게 된다. 자유의지가 손상 입었다는 것이 무엇을 잃었다는 말인가?

### (1) 바른 이성의 상실

'바른 이성'이란 하나의 천부적인 것으로 진리와 행동의 지침이 되는 것이다. 이 사실을 부시(Bush)는 이렇게 말하였다. "바른 이성이란 우리가 흔히 사용하는 말뜻 그대로의 단순한 이성은 아니다. 그것은 건조한 빛도 아니고 비도덕적인 탐구의 도구도 아니다. 또한 그것은 단순한 종교적 양심만도 아니다. 그것은 사람과 짐승을 구별하게 만들고 인간과 인간 그리고 인간과 하나님을 연결해 주는 일종의 합리적이며 철학적인 양심이다. 이 능력은 기독교인이나 비 기독교인에게 공히 진리와 행동의 지침으로서 하나님이 주신 것이다."486)

그러니까 하나님에게 순종한다고 하는 것은 곧 바른 이성의 명령에 순종하는 것을 의미한다. 그러나 이성은 결코 절대적인 것이 아니며 불변의 것도 아니다. 그것은 항상 오도의 가능성을 내포하고 있다. 왜냐하면 의지와 마찬가지로 "이성도 선택하는 것이기"(*PL*., 9. 108) 때문이다. 서로 분립해서 독자적인 일을 하고자 하는 하와의 제의를 받았을 때, 아담은 바로 이성에 근거해서 그 위험성을 다음과 같이 경고했다.

우리가 확고하게 서 있어도 흔들릴 가능성은

---

486) Bush, 161.

있으리라. 무릇 이성에도 있을 수 있는 일은
적에 매수당한 겉모양만 반반한 좋은 것을 만나
주의 받은 대로 엄중한 경계를 하지 않고
저도 모르게 기만에 빠질 수도 있으니,
유혹을 구하지 말라. (*PL*., 9. 359-63)

이러한 아담의 엄중한 경고에도 불구하고 이미 사탄의 유혹에 끌려 혼란해지기 시작한 하와의 이성은 그것을 따를 수 있을 만큼 그녀의 의지에 바른 명령을 할 수가 없었다. 그래서 하와는 선악과를 따먹으면 죽으리라는 하나님의 명령을 거역하고 어두워진 자신의 의지에 따라 선악과를 따 먹었던 것이다. 이렇게 볼 때 하와는 최종적으로는 '이성의 약점'(weakness of reason)487) 때문에 타락했다고 말 할 수 있다.

타락하기 전에 이미 아담과 하와의 바른 이성은 흐려지기 시작했고 선악의 지식을 주는 지식의 나무 과실을 따 먹은 순간부터 이성은 손상당하여 바른 식별을 할 수 없게 되었던 것이다. 이처럼 인간을 하나님의 명령에 불순종하였기 때문에 하나님의 형상의 가장 중요 부분인 '이성'은 파산 당하게 된다. 따라서 바른 판단과 식별이 불가능해졌다.

하나님과의 관계가 끊어지면서 자연 들어오는 '죽음'이 선을 식별할 수 있는 능력인 바른 이성의 상실이라 할 수 있다. 창조 때부터 인간은 하나님의 은총 가운데서 살았고 하나님의 형상으로 지음 받을 때 존귀한 선물로 받은 이성을 기초로 해서 최고의 선을 식별하고 이해할 수 있었는데, 결국 타락으로 인해서 이 값없이 주신 선물을 잃어버리게 된 것이다. 그래서 『실낙원』에서는 이렇게 노래하고 있다.

---

487) *Ibid.*, 168.

>   이성은 다스리지 못하고
>   의지는 그 명령을 듣지 않고, 둘이 다
>   육욕에 굴하니, 육욕은 아래로부터
>   지위를 빼앗아 지존한 이성 위에
>   군림하고 주권의 우위를 주장했다. (PL., 9. 1127-31)

이성은 다스리지 못하고 의지가 그 명령을 듣지 않으면, 육욕이 아래로부터 지위를 빼앗아 지존한 이성 위에 군림하고 주권의 우위를 주장한다는 것이다.

### (2) 자유의지의 상실

지식의 나무 열매를 따 먹은 결과는 '죽음'[488]이었다. 기독교적 전통에 따르면 인간은 불멸의 존재로 창조되었다고 한다. 만일 인간이 범죄 하지 않았더라면 죽음이나 슬픔을 체험하지 않고 초자연적인 하늘의 축복을 누릴 수가 있었을 것이다(PL., 5. 493-500). 그리고 영원히 만물을 지배하고 다스리며 모든 것을 즐길 수 있었을 것이다. 진정한 자유는 하나님께 복종하는 것이요, 하나님께 복종한다고 하는 것은 그의 법 곧 명령을 자의적으로 지키는 것이다.[489] 그러나 불순종의 결과 이 세상에 죽음이 들어오게 된다. 죽음은 위에서 말했지만 모든 것의 끝이라 할 수 있다. 그러므로 죄와 죽음과 함께 자유도 사라지게 된다. 『실낙원』의 다음 구절을 보면 한층 뚜렷해진다.

>   인간이 한 처음에 하나님을 거역하고 죽음에 이르는
>   금단의 나무 열매를 맛봄으로써

---

488) Patterson, 15. 203.
489) Willey, 253-254.

죽음과 온갖 재앙이 세상에 들어왔고
에덴까지 잃게 되었도다. (*PL.*, 1. 1-4)

    인간의 최초의 불순종은 죽음을 가져왔고 그 죽음과 더불어 에덴동산을 잃게 된다. 에덴동산에는 사랑이 있었고 기쁨이 있었으며, 자유롭게 무엇이나 선택할 수 있는 자유가 있었다. 모든 것을 즐겁게 누릴 수 있는 자유가 있었다. 그러나 에덴동산을 잃으면서 동시에 이 모든 것을 잃게 되었다. 죽음이 들어오면서 인간의 품성과 모습들이 크게 변하는 것을 볼 수 있다. 그 모습들을 보면 '바른 이성'은 약화되고 오히려 악과 정욕이 사람들의 영혼 즉 의지를 지배하고 있음을 알 수 있다. 의지가 악의 지배를 받을 때는 결코 참된 자유는 있을 수 없다.

    인간의 타락과 동시에 제일 먼저 이 세상에 들어온 것은 '죄악'이다. 죄악은 죽음의 일부로서 죽음의 도입부라고 할 수 있다. 「레위기」 5장 2절에 "… 무릇 부정한 것을 만졌으면 부지중이라 할지라도 그 몸이 더러워져서 허물이 있을 것이요"라고 한 바와 같이, 아담과 하와는 먹어서는 안 될 선악과를 먹음으로써 죄악을 맛보게 되었고 그들은 그 이후 죄의식을 느끼기 시작하게 된다.

이로써 재난과 죄와 그 그림자인 죽음,
그리고 죽음의 선구인 고통이
이 세상에 들어왔으니, 정녕 슬픈 일이로다! (*PL.*, 9. 11-13)

··· 아마존 족의
방패만큼 넓은 그 잎을 그들은 따 모아
재간껏 엮어 짜서 허리에 두르나, 그들의
죄와 무서운 수치를 가리기에는 빈약한
가리개다. 아, 최초의 알몸으로 있을 때의

영광과는 너무나 다르구나! (*PL.*, 9. 1111-16)

··· 하나님에게도,
두 사람에게도, 그 표정엔 사랑의 빛 없다. 다만
나타나는 것은 죄와 수치, 동요와 실망, 분노와
완미(頑迷), 그리고 증오와 허위일 뿐. (*PL.*, 10. 111-113)

타락 이후 그들은 죄의식을 갖게 되면서 고통과 수치감(롬 6 : 21), 동요와 실망, 분노와 완미, 증오와 허위의식을 갖게 되는 것이다. 이런 죄의식에 사로잡히면 절대로 영적으로 인간은 자유로울 수가 없다.

이런 의식 뒤에는 반드시 양심의 공포가 따르기 마련이다. 그래서 「창세기」 3장 8절에서도 "그들은 하나님의 음성을 듣고 ··· 몸을 숨겼으며 ··· 두렵다고 그는 하였다"고 기록하였다. 하나님의 음성을 듣고 마음에 찔림을 받아 두려워 숨어야하는 존재가 된 것이다.

양심이여! 어떤 공포와 전율의 심연으로
나를 몰아넣는 것이냐. (*PL.*, 10. 842-43)

이 어둠은 죄를 질책하는
그의 마음에 이중의 공포로써 만물을 나타낸다.
(*PL.*, 10. 849-50)

그들은 "무서워하는 종(노예)의 영"(롬 8 : 15)에 사로잡혔고, "오직 무서운 마음으로 심판을 기다리게"(히 10 : 27) 되었다.

양심의 공포와 동시에 아담과 하와는 하나님의 보호와 은총을 실제적으로 상실하게 되고, 그 결과 그들의 얼굴에서는 존엄성이 사라졌고 정신적 타락의 현상이 나타났다.

이렇게 알몸으로 존귀와 순결을 잃었고,
진실과 결백을 잃었으며, 평시의 우리의
장식은 이제 오염되고 더럽혀졌으며 우리의
얼굴에는 부정한 음욕의 표징이 뚜렷해졌소.
(*PL.*, 9. 1075-78)


그러나 그 허위의 열매는
우선 다른 작용을 드러내어 육욕을
충동한다. 그는 음란한 시선을
하와에게 던지기 시작했고, 그녀도 그에게
음탕하게 보답을 하니 둘은 다 같이
음욕에 불탔다. 드디어 아담은
하와를 유혹하여 희롱한다.
(*PL.*, 9. 1011-17)

타락 이후 아담은 더욱 마음속으로는 불행을 느끼고 격정의 바다에서 흔들리게 된다(*PL.*, 10. 717-718). 아담이 정욕적 추파를 던지니 하와도 그것을 알아차리고 그 눈에서 정욕의 불을 쏟는다(*PL.*, 9. 1035-1036). 축복된 부부의 사랑은 "두 사람의 죄의 표지"인 "사랑의 유희"(*PL.*, 9. 1043-1044)로 변했고, "한 때는 평화가 가득하고 고요한 경지였던"(*PL.*, 9. 1125-1126) 그들의 심중에는 분노와 증오, 불신과 혐의 및 불화 같은 격정들이 맹렬히 불타오르기 시작했다. 타락 이전에는 아담은 하와를 "모든 생물보다 월등하고 비길 데 없이 사랑스러운, 둘도 없는 하와, 둘도 없는 벗이여"(*PL.*, 9. 227-228)라고 부르든가 혹은 "하나님과 인간의 딸, 불멸의 하와여, 그대는 죄와 가책이 없는 몸이니"(*PL.*, 9. 291-292)라고 하였었다. 그러나 타락 이후 아담은 그녀를 "악녀"(bad woman)(*PL.*, 10. 837)라고 하거나 혹은 "너 뱀이여, 내 앞에서 물러가라! 그 거짓되고/미운 너, 그와 짜고 나를 속였으니 그 이름/네게 적합하다"
(*PL.*, 10. 867-869)라고 저주하고 그녀를 미워하며 그의 곁에서 떠나기를 바란다.

  타락 이전에는 나체였지만 그대로 위엄이 있고 순결했으나 이제는 그 위엄과 영광은 찾아 볼 수 없게 되고 수치와 치욕만을 의식하는 가장 비참한 존재가 된 것이다. 인격 전체가 죄로 오염되므로(롬 6 : 21) 거기서 나오는 것은 수치와 치욕 뿐이다.

> 베일처럼 그들을 덮어 악을 모르게 하던 순진은 사라지고
> 올바른 신뢰와 타고난 정의와 염치심은
> 그들에게서 떠나 그들은 알몸으로
> 죄스러운 부끄러움에 머무를 뿐이다.
> 몸은 가렸어도 그 옷은
> 더욱 드러낸다. 힘센 단 사람,
> 헤라클레스 같은 삼손이
> 블레셋의 창부 들릴라의 무릎에서
> 일어나자, 그의 힘이 끊어졌듯이
> 그들은 모든 덕을 잃고 알몸이 되었다.
> 말없이 당황한 기색으로 한참 동안
> 멍청히 앉아 있었다. (*PL.*, 9. 1054-59)

  악 중에서도 가장 악질적인 악이 치욕이요 수치심이다. 수치심은 제일 단계의 죽음인 것이다. 이처럼 정욕에 의해 의지가 지배를 받게 되니 자유로운 선택을 할 수 없다. 오로지 죄의 종노릇을 하게 될 뿐이다. 그러므로 자유는 사라지고 다만 마음에 격동만 일게 된다. 그것은 사실상 하나님과의 관계가 단절되면 자연스럽게 일어나는 현상이라 할 수 있다. 하나님과의 관계 단절 그것이 영적인 죽음인 것이다. 이 죽음은 인간이 원초적으로 받았던 신의 은총과 본유

적인 의로움을 상실하게 되는 것을 의미한다. 「에베소서」 4장 18절에서 언급하고 있는 "저희 총명이 어두워지고 저희 가운데 있는 무지함과 저희 마음이 굳어짐으로 말미암아 하나님의 생명에서 떠난" 상태를 말한다.490)

선을 식별할 수 있는 능력인 '바른 이성'이 그 지위를 잃고 육욕이 군림해서 다스리게 되면 완전한 인간은 죄의 노예가 되고 만다. 자유는 빼앗기게 되고 죄와 악마에게 노예처럼 굴종하게 된다. 이것은 곧 의지의 죽음을 뜻한다.491) 위의 인용문에서도 이성과 의지의 죽음이 확인되지만, 다음 인용문을 보면 더욱 뚜렷해진다.

> 그러나 그대의 원죄 이후 참된 자유가 상실되었음을
> 또한 알라. 그것은 항상 바른 이성과
> 붙어살며 갈라져서는 존재치 않느니라.
> 인간의 이성이 어둡거나 또는 복종치 않으면
> 즉시 터무니없는 욕망과 갑자기 높아진 감정이
> 이성으로부터 주권을 빼앗고, 지금까지
> 자유롭던 인간을 노예로 만드느니라. 그러므로
> 인간이 자신의 심중에 부합되지 않는
> 힘으로 자유로운 이성을 다스리게 하면,
> 하나님은 정당한 판단으로 그를 밖으로부터
> 폭군에게 복종시키고, 그 폭군들은 으레
> 인간의 외적인 자유를 부당하게도 속박하느니라.
> (*PL.*, 12. 83-94)

밀턴이 "모든 인류는 아담 안에서 죄를 범했다. 그러므로 모든 인

---

490) 「요한복음」 1 : 5 ; 「예레미아서」 6 : 10 ; 「요한복음」 8 : 43 ; 「고린도전서」 2 : 14 ; 「고린도후서」 3 : 5 ; 「골로새서」 1 : 13.
491) 「요한복음」 8 : 34 ; 「로마서」 7 : 14, 8 : 3, 8 : 7, 6 : 16-17 ; 「빌립보서」 3 : 19 ; 「사도행전」 26 : 18 ; 「디모데후서」 2 : 26 ; 「에베소서」 2 : 2.

간은 죄의 종으로 태어난다"492)라고 말한 바와 같이, 이런 영적 죽음은 아담 한 개인에게만 국한되는 것이 아니고 전 인류에게로 확대되었다. 장 칼뱅(Jean Calvin)도 아담의 모든 후손은 모태에서부터 오염되어 죄 가운데서 출생한다고 했다. "그러므로 더러운 씨에서 나오는 모든 우리는 죄에 전염되어 세상에 태어난다. 아니, 우리가 햇빛을 보기 전에 우리는 하나님 앞에서 더러워지고 오염되었다. 욥기도 "누가 더러운 것으로부터 깨끗한 것을 이끌어낼 수 있겠는가"라고 말하고 있다(욥 14 : 4)493)

"사람안의 하나님의 모습이 말살된 후, 그는 아름답게 걸치고 있던 장식들, 즉 지혜와 미덕, 정의와 진리 및 거룩함을 빼앗기는 대신 무서운 질병과 무지, 노쇠와 허영, 불결과 불의를 걸치게 되는 형벌을 받았을 뿐 아니라, 그의 후손을 끌어 들였고 그들을 꼭 같은 비참 속에 빠뜨렸다. 이것은 초기 기독교 필자들이 원죄라는 이름을 붙인 유전적인 타락으로, 그 이전에는 선하고 순결하던 본성을 잃어 버리게 되었음을 의미 한다"494)

이처럼 칼뱅은 인간의 전적부패를 주장했지만, 밀턴은 영적 죽음으로 말미암아 사람 안의 거룩한 하나님의 모습이 어느 정도 소멸된 것이 사실이기는 하나 완전히 파손된 것은 아니고, 그 어느 부분은 여전히 인간의 본질 가운데 남아 있다고 주장했다. "그러나 하나님의 모습의 어떤 자취는 여전히 우리 속에 존재하므로, 이런 영적 죽음으로 인해서 완전히 소멸되었다고 말할 수는 없다."495)

칼뱅의 전적 타락설과 밀턴의 부분적 타락설은 얼핏 보면 날카롭게 대립되는 것 같이 보이기 때문에 밀턴의 주장을 이단적 교리로 밀어붙이는 학자들도 있지만, 실상은 주관적 오류를 범하고 있다고 할 수 있다. 왜냐하면 칼뱅도 비록 의와 성결과 선은 없어지고

---

492) Patterson, 15. 207.
493) John Calvin, *Institute*, Vol. II. I. 5. Vol. I. 214-215.
494) *Ibid.*, 214.
495) Patterson, 15. 209.

자유는 상실되었지만, 인간이 짐승보다도 우월하다고 하는 증거, 즉 그런 우월성을 가능케 하는 은사는 여전히 남아있다고 믿었기 때문이다. 그러나 칼뱅은 하나님의 모습의 전적인 상실과 잔존(殘存)을 동일한 평면에서 말하지는 않는다. 그는 이런 역설적인 상태를 자연적 은사와 영적 은사로 구분함으로써 설명상의 혼란을 방지하였다. 자연적 은사는 죄로 크게 손상되고 부패되었지만, 하나님은 그의 창조 작업을 전적으로 버린 것이 아니고 사람에게 적지 않은 우월성과 위엄성을 남겨 두었을 뿐 아니라 처음 창조할 때 작정해 둔 그 목적을 계속적으로 수행하고 있다는 것이다. 칼뱅은 이 사실을 다음과 같이 설명하고 있다.

"그러므로 인간이 선과 악을 식별하고 이해하고 판단하는 능력인 이성은 자연적 은사이기 때문에 그것이 전적으로 파손되었다고는 할 수 없다. 그러나 그것은 부분적으로 약화되고 부분적으로 부패되었으므로, 고작 남아있는 것이라고 하는 것은 볼품없는 잔상(殘像)뿐이다. 이런 의미에서 '빛이 어둠 속에 비추되 어둠이 그것을 깨닫지 못한다'(요 1:5)라고 하였다."[496]

즉 인간에게는, 부분적으로 약화되고 부패되었지만, 하나님의 자연적 은사인 이성과 의지는 여전히 남아있다는 것이다. 그러나 초자연적 은사 즉 믿음과 의는 사라졌으며 영생의 길은 끊어졌다고 한다. 그러므로 그것은 오로지 그리스도의 은총을 가지고서만 회복할 수 있다는 것이다.

밀턴은 칼뱅과 같이 하나님의 모습의 상실과 잔존을 자연적 은사와 초자연적 은사로 나누어 설명한 일은 없지만, 타락 이후 인간은 초자연적 은총과 원초적 의를 잃게 되었다고 말한 점으로 보나 또는 하나님의 형상의 자취가 주로 이성과 의지 속에 남아있다고 말한 점을 보아서, 그의 견해가 칼뱅의 그것과 크게 상충되지 않는다는 것을 알 수 있다.

---

496) Calvin, Vol. l, 233.

"원초적인 우월성의 흔적은 우선 이성 속에 나타나 보인다. 또한 의지의 자유도 전적으로 파괴된 것은 아니다. 그러나 그 능력이 하도 작고 보잘 것이 없어서 어떤 행동도 할 수 없을 정도다."497)

위의 인용문에서 보듯이, 타락 이후에도 인간의 본질 가운데는 하나님의 모습의 어느 부분이 남아있다는 것인데, 그것은 이방인의 언행 속에 나타나는 지혜나 거룩함을 보아 확실하다는 것이다. 그러나 이성과 의지의 잔존을 말하는 끝에다 "그 능력이 하도 작고 보잘 것이 없어" 어떤 선행도 할 수 없을 정도라 한 것을 보면, 밀턴도 초자연적 은총 없이는 구원에 이를 수 없다고 본 것이 분명하다. 인간이 "어떤 흉악한 범죄로부터 돌아서서 그것을 피할 수는 있지만"498) 그것으로 구원을 받을 수 있는 것은 아니라는 것이다.

## 2. 언론·출판과 자유

언론출판의 자유를 선언한 작품이 바로 『아레오파지티카』다. 밀턴의 『아레오파지티카』가 출판된 것은 1644년이다. 이 팸플릿을 작성한 때는 찰스 1세가 영국을 다스린 때로서, 이 시기는 정치적으로 또는 종교적으로 매우 혼란스러운 시기였다. 명예혁명 이후 왕권신수설을 토대로 한 왕당파와 의회주권론을 사상적 토대로 한 의회파 간의 정치적인 분쟁이 전쟁으로 치닫고 있었고, 종교적으로도 분열되어 왕당파의 지지를 받는 영국국교회와 의회파의 지지를 받는 청교도가 첨예하게 대립하고 있었다. 더욱이 청교도 안에서도 종교의 자율성에 대한 논쟁으로 두개의 분파로 분리되어 급진적인 독립파

---

497) Patterson, 15. 209-211.
498) *Ibid.*, 213.

와 보수적인 장로파로 세분되어 있었다. 장로파와 독립파는 주교감독제를 주장하는 영국국교회에 대항하기 위해 연합한 두 분파였을 뿐 그 내부에서도 자율성 등의 교리와 교회 정체성 문제로 분리되어 있어, 총 세 개의 종교적인 분파가 서로 첨예하게 대립되어 있었다. 특히 이러한 갈등과 분쟁의 문제는 청교도 내부의 독립파와 장로파에서 더욱 대두되었는데 이들의 종교의 자율성에 관한 논쟁은 이내 교회개혁 문제에서 확대되어 인간의 자율성에 대한 근본적인 문제로까지 확대되게 되었다.

영국 의회는 1642년에 "인쇄인과 저자의 이름, 또는 적어도 인쇄인의 이름이 등록되어 있지 않다면, 어떤 책도 출판될 수 없다"는 명령을 내렸고, 1643년엔 "책이나 팸플릿 또는 문서는 앞으로 허가관 또는 적어도 이 법에 따라 지명 받은 자 가운데 하나에 의해 인증 및 허가받지 않으면 인쇄될 수 없다"는 명령을 내렸다. 그런 와중에 밀턴은 1643년 『이혼의 교리와 규율』이라는 제목의 팸플릿을 저자를 밝히지 않은 채 발간했고, 1644년에 이를 보완해서 저자 이름을 밝히고 출판했다. 그러자 의회는 출판허가 명령을 위반했다는 이유로 저자와 출판업자를 심문할 것을 요구했다. 차제에 밀턴은 출판허가 명령의 폐지를 요구하는 『아레오파지티카』를 발표했던 것이다.

이 책의 원제목은 『검열 없는 출판의 자유를 위해 존 밀턴이 잉글랜드 의회를 상대로 작성한 연설문』(*Areopagitica : A Speech of Mr. John Milton For the Liberty of Unlicensed Printing To the Parliament of England*)이다. '아레오파지티카'라는 말은 원래 그리스어 '아레오파고스'(Areopagos)에서 유래된다. '아레오파고스'는 '전쟁의 신', '아레스'(Ares)와 '구역'이란 의미의 '파구스'(Pagus)의 합성어로 '말로 다투는 곳', 즉 '법정'을 의미한다. 밀턴에게 있어서 영국의 의회는 단적으로 말해서 '잉글랜드의 아레오파고스'였다. 이 책의 부제에도 나타나듯이 『아레오파지티카』는 표현의 자유를 옹호한 고전적 산문이다.

## 1) 출판허가제 반대의 논리

『아레오파지티카』는 1643년 출판허가 명령이 만들어진 이후 출판검열과 언론탄압이 횡행하는 세태를 지적하면서 의회가 나서서 언론의 자유를 옹호해줄 것을 촉구한 글이라 할 수 있다. 밀턴은 서사 시인답게 아주 유려한 문장으로 출판 검열제를 비판하는 글을 다음과 같이 썼다.

"진리와 이해는 허가와 규제에 의해 독점되거나 거래되는 그런 상품이 아닙니다. 이 나라의 모든 지식을 왕권에 의해 통제되는 상품으로 만들고, 브로드 천이나 양모 궤짝처럼 거기에 허가 표시를 하려고 생각해서는 안 됩니다. 우리가 검열을 맡은 20명의 대장장이에게 모든 것을 맡겨 수리를 해야 한다면, 그것은 우리 자신의 도끼날과 보습 날을 날카롭게 만들 수 없도록 강요한 블레셋 사람들에 대한 굴종이 아니고 무엇이겠습니까?"499)

이와 같이, 밀턴이 허가제에 반대하며 펴는 논리는 첫째, 역사적으로 살펴볼 때 출판허가제라는 제도는 로마 가톨릭이 만들어낸 것이며, 이는 교황이 정치적 권력을 장악하게 되면서 지배의 확장을 위한 도구로 만들었다는 것이다. 즉, 그리스와 로마 시대의 역사적 사실에 비추어서도 전혀 드러나지 않았던 출판허가제와 검열은 세속에 물든 교황들에 의해 시작된 것으로서 의회는 이러한 명령을 철회할 것을 주장한다. 여기서 밀턴은 종교적인 검열과 억압을 이유로 출판 허가제를 반대한다고 볼 수도 있지만, 사실은 당시 왕당파와 의회파의 내전 상황에서 왕당파의 팸플릿을 억압하기 위한 것이

---

499) 박상익 지음, 『아레오파기티카』 (서울 : 소나무, 1999), 77.

었다.

둘째, 밀턴은 책을 읽는다는 것은 무엇을 의미하며, 책을 읽는다는 것은 이로운가, 해로운가를 질문하면서 그에 대해 독서는 어떤 것이든 이롭다는 것이다. 존 밀턴은 책을 살아 있는 존재로 규정한다. "좋은 책은, 생애 뒤의 생애를 위해 향취 있게 저장된 탁월한 영혼의 고귀한 생명의 피며, 한번 생명이 죽으면 어떤 세대도 그 생명을 되살릴 수 없고, 이보다 더 큰 손실은 없다."500) 또한 이런 말도 했다. "책이란 결단코 죽은 물건이 아니며, 그 속에 생명력이 있어, 그 책의 저자의 영혼만큼이나 활동적이다."501) "좋은 책 하나는 파괴하는 자는 이성 그 자체를 죽이는 것이며, 마음속에 있는 하나님의 형상을 죽이는 것이다"502)라고도 했다.

따라서 책을 검열하거나 심지어 태어나지 못하도록 하는 행위는 생명을 죽이는 것에 버금가는 심각한 일이며 생명과 마찬가지로 한번 죽은 책은 다시 되살릴 수 없다고 주장한다. "두뇌의 출산은 자녀의 출산과 마찬가지로 억압되지 않는다. 이는 시기심 많은 여신 주노가 사람의 지적 자녀의 출생에 대해 다리를 포개고 앉아 있지 않다."503) 선한 사람과 나쁜 사람은 있어도 모든 생명은 소중하듯 책에 담긴 지식도 마찬가지다. 선한 지식이든 악한 지식이든 지식은 그 자체로 순수한 것이다. 존 밀턴의 말처럼 "선과 악의 지식은 쌍둥이처럼 꼭 붙어있다." 따라서 악이 무엇인지 알지 못하면 선의 지식도 알 수 없다. 무엇을 피하고 삼가고 절제해야 하는지 알 수 없기 때문이다. 저자는 "악덕의 온갖 유혹과 한때의 쾌락을 잘 알고 있으면서도 이것을 멀리하고 분별하며, 그리고 참으로 더 좋은 쪽을 택하는 그런 사람"504)이 되어야 한다고 말한다. 예나 지금이나 죽

---

500) 위 책, 28.
501) 위 책, 28.
502) 위 책, 28.
503) 위 책, 42.
504) 위 책, 53.

은 생명을 다시 살릴 수 없다는 것은 진리이며, 책을 죽인다는 것은 그 이상의 손실이 없을 만큼 큰 손실이며, 한 시대의 혁명들도 흔히 진리의 거부로 생긴 이러한 손실을 회복하지 못하며, 이렇게 진리가 거부된 속에서는 어떤 나라든 더욱 나쁜 상태에 빠진다.505)

셋째, 허가조례는 원래 의도했던 목적에 맞는 실질적인 결과를 낳지 못한다는 것이다. 관습을 교정하기 위해 인쇄를 규제한다면 인간에게 즐거움을 주는 모든 것을 규제해야 하는데, 책 말고도 사람들의 마음을 어지럽히는 길은 다양하며 그들을 모두 막는다는 것은 불가능하다는 것이다. 허가제가 그 효력을 발휘하기 위해서는 더 강력한 억압이 가해질 것이고, 그것은 참된 정부로서의 역할과 배치되는 일이다. 허가제가 실질적인 결과를 낳지 못하는 또 다른 이유는 검열관의 자질과 관련한다. 세 번째 주장을 통해서는 행정적인 측면에서 허가제의 성과와 불가능에 대해 이야기하며 부적절한 정책을 지적하고 있다. 현실적인 측면의 주장이기도 한데, 여기서 밀턴이 주장하는 자유주의의 원리와 인간에게 주어진 자율성에 대한 믿음을 엿볼 수 있다.

넷째, 허가제로 드러나는 해악을 통해 의회의 결정이 진리의 원리와 배치되고 있음을 주장한다. 이 주장은 다시 세 개의 주제로 나누어져 있는데, 먼저 허가제는 학문과 학자들에게 최대의 좌절과 모욕을 가하는 것이다. 종교재판에 회부된 갈릴레오를 만난 경험을 예로 들며 지적 자유를 통제 하는 나라는 지적 발전을 이룰 수 없다고 비판한다. 다음은 참된 지식(진리)을 향해 나아가는데, 허가제는 장애를 낳아 지식을 더 추가하는 것을 못하게 한다는 것이다. 마지막으로, '나에게 어떤 자유보다 양심에 따라 자유롭게 알고 말하고 주장할 수 있는 자유를 달라'는 부분이다. 이 말은 언론 자유를 말할 때 가장 많이 인용되는 구절로서, 밀턴의 공개적인 토론과 사상의 자유

---

505) 위 책, 28.

시장 개념이 도출되는 장이기도 하다. 그에게 진리란 '역동적인 존재'를 가리키는데, 이는 많은 허위들과 투쟁에서 살아남으며 다른 특정 진리로서 억압되어서는 안 되는 것이다. 진리란 '항상 새로운 물이 솟아나는 샘'과 같아 변화하며 공개적인 토론을 거쳐 진리로서 군림한다. 그러므로 사람들은 사상의 자유 시장에서 공개적인 토론을 통해 진리를 발견하고 자신의 이성이라는 능력을 통해 그 진리를 이해하고 판별할 수 있는 것이다. 밀턴은 '분별력 있고 배운 바 있는 양심적인 사람'이 공개적으로 그의 생각을 세상에 밝히는 것보다 공정한 것은 없다고 말하며 그렇게 행동하지 않는 것은 '게으름이나 무능력'하기 때문이라고 비판한다. 그러므로 허가제는 진리의 발견을 방해하는 제도라고 주장하고 있다.

밀턴의 주장에 따르면, 출판물의 유해성 여부에 대한 판단은 일반 시민들의 손에 맡겨져야 할 것이다. 시민들의 건전한 판단력을 신뢰해야 한다는 말이다. 이것을 가리켜서 문화의 자정능력을 키운다는 말로도 표현할 수 있다. 요컨대 검열을 통한 일방적인 규제가 아니라 시민이 자율적으로 유해성 여부를 판단할 때, 유해한 문화를 물리칠 수 있는 한 사회의 힘이 강해질 수 있다는 것이다.

"나쁜 풍속은 비단 책이 아니더라도, 제지할 수 없는 수천 가지의 다른 경로를 통해 완벽하게 습득되며, 사악한 교리는 책이나 교사의 안내 없이도 썩 잘 전파되므로, 교사는 굳이 글을 쓰지 않더라도 그것을 퍼뜨릴 수 있으며, 따라서 이를 막을 길도 없습니다. 나는 검열이라는 교묘한 계획이 어떻게 해서 수많은 헛되고 불가능한 시도들 중의 하나로 여겨지지 않는지 설명할 길이 없습니다. 검열을 시행하고자 하는 사람은 공원 문을 닫음으로써 까마귀를 들어오지 못하게 하려는 무모한 사람과 다를 것이 별로 없습니다."506)

검열제가 결국 진리 및 진리에 대한 이해를 극소수의 검열관들이 독점함으로써, 국민들의 건전한 판단력과 상식을 무시하는 처사일 뿐이라는 주장이다. 밀턴은 여기서 검열제의 비효율성 또는 사실상의 효과 없음을 지적하고 있다. 더욱 밀턴은 학문의 발전에 미치는 검열제의 악영향을 이렇게 말한다.

"검열제는 무엇보다 우리가 기왕에 알고 있는 분야에서 우리의 능력을 무력화하고 둔화시킴으로써, 그리고 종교적 지혜 및 시민적 지혜 두 방면에서 더 이상의 발견을 방해함으로써, 모든 학문을 위축시키고 진리를 저해할 것입니다."507)

밀턴은 위의 말에서 검열제가 국민의 진리에 대한 이해 및 학문의 발전에 심각한 악영향을 미친다고 주장한다. 밀턴은 특히 이와 관련하여 이탈리아인들의 위대한 재능을 질식시킨 것이 다름 아닌 종교재판의 폭정이었다고 주장하면서, 갈릴레오와 만났던 경험을 이야기하기도 했다. 유럽 여행 중에 밀턴이 만난 갈릴레오는 가톨릭 검열관들과 천문학에 대해 다른 생각을 가지고 있다는 이유로 종교재판소의 죄수가 되어, 가택감금상태에 놓여 있었던 것이다.

검열제 하에서는 이미 진리로 간주되고 있는 이론에 대한 의문의 제기가 좀처럼 허용되지 않는다. 의문이 제기되지 못한다는 것은 기존의 이론들을 제대로 검증할 수 없다는 것을 뜻한다. 그러나 검열 없는 자유로운 출판을 통해 기존의 이론에 도전하는 주장이 수시로 등장한다면, 기존의 이론을 옹호하는 사람들은 자신의 주장을 입증하기 위해 노력하지 않을 수 없다. 이에 따라 기존 이론이 진리라면 그것이 더욱 확실하고 분명하게 이해될 수 있으며, 새로운 이론이 진리라면 그것이 설득력을 얻어 새로운 진리로 자리 잡을 수 있다.

---

506) 위 책, 59-60.
507) 위 책, 27-28.

이러한 과정을 통해 학문이 제대로 발전할 수 있는 것이다.

"우리가 검열제와 금지조치를 취한다면 그것은 부당하게도 진리의 힘을 의심하는 것입니다. 진리와 거짓으로 하여금 서로 맞붙어 싸우게 하십시오. 자유롭고 공개적인 경쟁에서 진리가 패배하는 일은 결단코 없습니다."508)

우리는 누가 보기에도 명백한 사실을 부인하거나 거짓을 말하는 사람을 비난하고 싶어 한다. 때로는 그런 사람들을 탄압하고 싶은 마음이 들기도 할 것이다. 그러나 밀턴의 위의 말에 따른다면, 명백한 사실을 부인하거나 거짓을 말하는 사람은 명백한 사실과 진실에 의해 그 기만과 거짓이 폭로될 수밖에 없다. 밀턴은 그렇게 진리가 승리할 수 있는 조건을 다름 아닌 자유롭고 공개적인 경쟁에서 찾고 있는 것이다. 결국 검열과 금지를 통해 규제하는 사회라면, 진리가 왜곡되기 쉽다는 것을 지적하는 셈이다.

### 2) 출판의 자유

『아레오파지티카』는 좀 더 적극적인 의미로 말하면 출판의 자유를 주장한 글이라 할 수 있다. 그는 제일 먼저 제한적인 자유론에 대한 문제를 제기한다. 밀턴이 제기하는 자유는 어떤 것인가. 그가 사용한 '자유'의 개념은 현대의 우리 사회가 사용하는 그것과는 의미가 판이하게 다르다. 그것은 개인의 양심에 따라 결정하는 자유가 허용되는 영역인 '아디아포라' 곧 이렇게 하든 저렇게 하든 상관없는 그런 자유에 해당된다. 그 자체로 옳지도 그르지도 않은 그런 행위로서 성경이 권하지도 금하지도 않는 행위를 이르는 말이 '아디아

---

508) 위 책, 108.

포라'라는 말이다. 이러한 자유가 바로 루터가 말하는 '크리스천의 자유'다. 양심에 따라 할 수도 있고 안 할 수도 있는 자유가 곧 크리스천의 자유라 할 수 있다. 이 자유가 바로『아레오파지티카』에서 언급된 '현자의 자유'이다. '분별력 있고 현명한' 크리스천이 소유하는 자유는 당시 대중의 시민이 누리던 자유의 자질과는 크게 다르다. 당시의 대중은 '분별력'과 '현명함'을 소유한 엘리트에 의해 인도되는 공동체에 불과했기 때문에, 밀턴의 자유는 '제한적'이라고 할 수밖에 없다. 또한 밀턴이 말한 자유는 무조건적인 방임으로 이루어진 자유가 아니라 '절제'를 바탕으로 한 자유이므로 역시 '제한적'이다. 즉 그가 말한 자유는 '이성'이 전제되는 자유였다. 이 '이성'은 '진리'를 선택 판별해내는 능력으로서 '절제'라는 규범의 지배 아래 있을 때에만 비로소 바르게 행사될 수가 있으므로 그가 말하는 자유는 제한적일 수밖에 없다.

'제한된 자유'에 대한 밀턴의 주장은 자유방임적인 표현의 자유가 당연히 아니다. 그는 실제로 모든 출판과 관련한 법령을 반대한 것이 아니라 출판물의 사전 검열과 1643년 '면허령'에 대해서만 문제삼았다. 그런 의미에서 그가 주장한 '자유'는 제한된 '지석 탐구의 자유'였으며, 명백히 '크리스천적인 자유'라고 할 수 있다. 그러므로 엄격히 말해서 그의 자유론의 개념은 '자유주의'로 받아들일 수 있을지에 대한 의문이 생긴다. 더군다나 그것이 대중보다 '분별력'과 '현명함'을 소유한 엘리트를 중심으로한 자유론이기 때문에 그렇다. 밀턴의 공화주의적인 자유는 타자의 존재를 인정하고 휴머니즘적인 인간관을 수용하는 것인 동시에 소수가 지도하는 국가적 차원의 것이기도 하다. 정책을 수립하면 그에 대한 채택여부는 다수가 결정하는 형태의 공화주의에서 밀턴의 자유는 다수 개인의 권리로서의 자유가 아니라 공동체의 선을 위한 자유로서 쓰였다. 그러므로 이 책의 목적은 올바른 공화정을 수립하고 그 발전을 꾀하기 위함이었다.

차제에 밀턴은 종교적 관용과 개인의 자유를 주장하게 된다. 당시의 사정을 살펴보면 17세기는 종교 문제를 비롯하여 대부분의 정치, 사회 문제마저도 종교적 관점에서 논의되었던 시대이다. 이런 당시의 상황 속에서 밀턴이 주장한 '표현의 자유'는 상이한 종교적 견해의 선택을 용인하는 '종교적 관용'과 다양한 교리를 신봉할 수 있는 '개인의 자유' 곧 양심의 자유를 뜻하는 것이었다. '종교적 관용'이 소극적인 성격을 갖는데 비해, '양심의 자유'는 한층 적극적인 의미를 갖는다. 그러나 밀턴은 '종교적 관용'을 적극적으로 주장하면서도 로마 가톨릭만은 거부한 것은 가톨릭이 '모든 종교'를 뿌리째 뽑아 버리는 '공공연한 미신'이라고 믿었기 때문이었다. 사실상 밀턴이 모든 종교를 용인하면서도 로마 가톨릭을 거부한 것은 그가 가지고 있던 진리 개념 때문이었다.

『아레오파지티카』에서 밀턴이 주장하는 것은 크게 진리발견과 사상의 자유로 나눌 수 있다. 그러나 이러한 주장에는 인간이 이성을 지니고 있다는 것과 밀턴의 사상적 배경이라 할 수 있는 기독교적 진리관이 전제로 되어 있다. 이 『아레오파지티카』의 이념적 중심축은 '인간의 이성'에 대한 절대 신뢰라 할 수 있다. "하나님이 아담에게 이성을 주셨을 때, 하나님은 그에게 선택하는 자유를 주신 것입니다. 이성이란 곧 선택을 의미하는 것이기 때문입니다. 그렇지 않다면 그는 단순히 인공적으로 만들어진 아담일 뿐이며, 그러한 아담은 인형에 불과합니다"[509]라고 한 말이나 바울이 「디도서」 1장 15절 "깨끗한 자들에게는 모든 것이 깨끗하나 더럽고 믿지 아니하는 자들에게는 아무 것도 깨끗한 것이 없고 오직 그들의 마음과 양심이 더러운지라"[510]라고 한 바와 같이, 이성과 동시에 흔히 인간에게 있어서 선택의 자유의지와 양심이 중시되었다는데 주목하여야 한다.

---

509) 위 책, 66.
510) 위 책, 49.

### 3) 관용론

이 작품의 결론부분에서는 관용과 자유를 주장한다. 밀턴의 관용론은 고대 수사학의 전통을 이어받은 휴머니스트의 관용론을 계승한 것으로 평가된다. 다만 가톨릭과 무종교주의는 관용의 대상에서 제외된다. 그것은 가톨릭이 모든 다른 종교와 시민적 우월성들을 근절하려 한다고 보았기 때문이다. 『아레오파지티카』에서 주장하는 자유는 개인주의적 자유가 아니라 공화주의적인 자유로서 첫째 이렇게 하든 저렇게 하든 아무런 상관이 없는 그런 '아디아포라'(adiaphora), 즉 하나님이 적극적으로 명령 혹은 금지하지 않은 비근원적인 문제에 한정되고, 둘째 자율적인 절제의 지배라는 제한을 갖는다고 평가한다.

앞에서의 이유로 출판허가제 폐지를 원한 밀턴은 더 많은 진리를 보유한 공개적인 사회 즉, 열린사회로 나아가기 위해 대안으로 '관용'을 제시한다. 즉 겸손과 인내를 갖고 경청하며 그리고 그들이 다소 우리와 다르다 할지라도 이를 관용할 것을 권고하는 것이다. "진리와 거짓으로 하여금 맞붙어 싸우게 하십시오. 자유롭고 공개적인 경쟁에서 진리가 패배하는 일은 결단코 없습니다"511)라는 글을 통해서 우리는 허위와의 논쟁에서 반드시 승리하는 것이 진리라는 밀턴의 '진리관'과 사상의 자유 시장론을 다시 한 번 확인할 수 있다. 그러나 이렇게 논쟁을 통해 우리가 얻게 된 진리는 파편화된 진리의 조각일 뿐이다. 완전한 절대적인 진리는 이러한 진리의 조각들이 합쳐져서 만들어지는 것이다.

또한, 밀턴의 '관용론'에 대해서는 당시 시대적 상황도 빼놓아서는 안 된다. 당시 밀턴이 공개적인 토론의 장을 강조했던 배경에는 영국 사회에서 논쟁과 토론이 필요했던 시대이기 때문일 것이다. 자

---

511) 위 책, 108.

유롭게 토론하고 진리와 허위를 구분하는 장에서 서로에 대한 관용은 필수적인 것이다. 당시 다양한 종파가 나누어 가진 진리의 파편을 토론장에서 모아 자유로운 토론에서 살아남은 진정한 진리를 구현하는 것이 밀턴의 '관용'이다. 그런데 이러한 밀턴의 주장 속에 공개적 미신은 배제되어 있고 종교적 관용의 대상에 가톨릭 역시 포함되어 있지 않다. 그렇다면 밀턴의 '관용'은 모든 이들에게 적용될 수 있는 것이라 할 수 없다. 그의 주장에는 특정한 대상이 있으므로 '자유론' 역시 제한된 '자유'임을 알 수 있다.

"나의 양심에 따라, 자유롭게 알고 말하고 주장할 자유를, 다른 어떤 자유보다도 그러한 자유를 나에게 주십시오"512)는 구절이다. 이것은 표현의 자유를 주장한 것이지만 밀턴의 이 주장은 종교개혁의 완성을 위해 종교적 견해를 자유롭게 발표하고 출판할 수 있도록 허용하라는 뜻이었다. 우드하우스가 지적한 것처럼, 종교개혁에 대한 열망은 밀턴에게 "하나의 고정된 가치 체계"513)를 제공했다고 볼 수 있다. 밀턴은 그것으로부터 스스로를 자유롭게 하려 하기보다는 오히려 종교개혁의 가치를 실현할 자유를 얻고자 자유문제를 제기한 것이다.

종교개혁의 완성을 추구한 밀턴이 반 가톨릭적인 태도(anti popery)를 취했다는 것은 너무도 자연스러운 일이라 할 수 있다. 밀턴은 천년왕국 사상의 패러다임을 통해 로마 가톨릭교회와 그 지지자들을 보았다. 동시대 대다수 잉글랜드인과 마찬가지로, 밀턴은 선과 악의 초월적인 힘이 우주를 지배하며, 두 세력은 사람들을 선과 악 중 어느 한 편에 서도록 만든다고 판단하였다. 그러므로 선과 악의 편에 선 대리 세력이 누구인가를 분별하는 일은 지극히 중요하였다. 교황을 적그리스도와 동일시한 밀턴에게 가톨릭이 악을 의미했다는

---

512) 위 책, 106.
513) A. S. P. Woodhouse, *The Heavenly Muse : A Preface to Milton* (Toronto : U. of Toronto P., 1972), 103.

것은 두 말할 나위 없는 일이었다.

  홀러가 지적했듯이,514) 밀턴의 시대는 "말씀에 도취된 시대"였으며, 밀턴은 "진리가 자유롭게 표현될 경우 성취된 놀라운 변혁의 비전을 내다보고", 감탄을 금하지 못하였다.『아레오파지티카』에서 밀턴은 "추수하려면 5개월 이상이 남아 있다고 생각"하였지만, 실은 "5주도 남지 않았으며, 눈을 들어 밭을 보면 곡식이 이미 익어" 있다고 주장하였다. 목적지에는 "이미 상당히 가까이 도달"해 있었고, 바야흐로 "하나님은 전반적인 개혁을 위해 강력하고 건전한 격동"으로써 잉글랜드를 뒤흔들고 있다고 생각하였다. 밀턴에게 있어서 종교개혁의 완성은 천년왕국과 그리스도의 재림을 예비하기 위한 필수적인 전제 조건이었다. 종교개혁을 완성하기 위해서는 무엇보다도 종교 문제에 관한 자유로운 토론과 표현이 보장되어야만 하였다. 종교적 진리란 특정 교리로 고착된 것이 아니라 진보하는 것이기 때문이다. 밀턴에 의하면 적그리스도의 멸망과 그리스도의 재림은 "이 브리튼 제국"이 종교적으로 "영광스럽고 자랑스러운 절정에 이를 때" 이루어지도록 계획되어 있었다. 밀턴은 이 긴박한 시기에 검열제에 의해 진리의 자유로운 토론과 표현을 억압함으로써 종교개혁의 작업을 방해하는 집단의 정체를 드러내는 동시에, 의원들로 하여금 그들이 부여받은 종교개혁적인 임무를 인식할 것을 촉구했던 것이다.

## 3. 교육과 자유

  밀턴이 1644년 6월에 발행한 『교육론』(*Of Education*)에서 다음과 같이 우리의 주목을 끄는 두 가지 학문의 목적을 제시했다.

---

514) William Haller, *The Rise of Puritanism* (New York : Columbia UP., 1957), 306.

"그러니까 학문의 목적은 하나님을 바르게 알 수 있는 상태를 다시 회복함으로써 우리의 최초의 시조의 파멸(타락)을 수복하는 것이고, 또한 그 지식을 갖고서 하나님을 사랑하고 모방하고, 진실의 덕을 구비한 영혼을 가짐으로써 가능한 한 하나님께 가까이 가서 그와 같이 되는 것이다. 이 진실한 덕은 신앙이라고 하는 하나님의 은총과 결부되어 최상의 완성을 이룬다."515)

학문과 신앙에 관한 밀턴의 사상이 완전히 결합되어 있는 모습을 볼 수 있다. 이 점에 대해서는 『감독제도에 반대하는 교회치리론의 근거』(*The Reason of Church Government Urg'd against Prelaty*) (1642)에서 "종교에 있어서의 진실한 지식과 윤리상의 덕 - 이 두 가지는 학문의 최량(最良) 최대(最大)의 요점이다"516)라고 강조하였다. 『그리스도교 교리론』에서도 종교적 지식과 예지(叡知)에 관한 교육이 중요하다고 주장하면서, 그 두 가지를 극명하게 구분하였는데, 첫째는 신앙, 즉 하나님에 관한 지식이고, 그 다음으로는 사랑 즉 하나님에 대한 예배이다.517) '예지'란 곧 하나님의 의지를 열심히 규명하고 그 명령에 따라서 모든 행위를 결정하는 '덕'이다. '예지'에 의한 행위 그것이 곧 하나님에 대한 사랑 즉 예배행위와 같은 것이다.518) 이와 같이 밀턴의 교육관은 늘 종교와 관련되어 있다. 그런 한에 있어서 그가 『교육론』에서 한 다음과 같은 말은 지극히 당연하다고 사료된다.

"언어학자가 바벨탑에 의해 세상에 분산된 여러 언어들을 습

---

515) *CWP.*, 2. 366-367.
516) *Ibid.*, 1. 854.
517) *Ibid.*, 6. 128.
518) *Ibid.*, 6. 647.

득하는 것을 자랑으로 여기고 있지만, 말이나 고전어사전과 마찬가지로 그 속에서 견실한 사실들을 배우지 않는다면, 그는 모국어에 있어서 완전 정통한 향사나 상인만큼 학식이 있는 사람으로 평가할 수 없다."519)

위에서 밀턴은 기독교적 지식 못지않게 고전어와 고전문화를 가르치는 것이 중요하다는 것을 강조하고 있음을 알 수 있다. 더욱 더 글라스 부시가 말한 바와 같이,520) 그 고대문화에 대한 연구도, "현재 이러한 기독교적 지식의 순수성 가운데 있는 이점을 이용해서, 고대 상찬되었던 미덕이나 탁월성을 다시 세상에 유행하도록 할 때"521) 진가를 나타낸다는 것이다.

그것이 수사학이나 인간 모두에게 있어서 중요한 것은 "하나님과 인간 양자에 관한 사실들을 취급한 시들이, 얼마나 종교적인가, 또는 얼마나 찬란하고 장중한 효과를 갖는가를"522) 들어내 주기 때문이다. 그렇기 때문에 "일요일과 모든 날 저녁에도 지금까지 이해하고 있는 차원에서 신학이나 고금 교회사에 관해서 가장 뛰어난 사실들을 배우면서 보내지 않으면 안 된다"523)고 하였다. 따라서 사적으로도 공적으로도 또는 평화와 전쟁에 관해서도 직무를 바르고 교묘하게, 고결한 태도를 수행하는 인간을 만들어 내는 것이 완전한 교육이라는 것이다.524)

정치면에서 본 교육의 중요성을 밀턴은 그의 『자유공화국을 수립하는 준비되고 쉬운 길』(*The Readie and Easie Way to Establish a Free Commonwealth*, 1660)에서 논하고 있다. 즉 정치를

---

519) *Ibid.*, 2. 369-370.
520) Douglas Bush, *English Literature in the Earlier Seventeenth Century* (London : Oxford UP., 1945), 383.
521) *CWP.*, 2. 413-414.
522) *Ibid.*, 2. 405-406.
523) *Ibid.*, 2. 399-400.
524) *Ibid.*, 2. 377-379.

바르게 하기 위해서는 바른 교육이 필요하다고 역설한다. 다시 말하면, 타락되고 결함을 갖는 교육을 바르게 하고, 사람에게 미덕, 절도, 근엄, 검약, 정의를 결하지 않은 신앙을 가리키는 것이 평화와 자유와 안전을 인정하는 교육이라는 것이다.525)

『영국민을 위한 두 번째 변호』(*The Second Defence of the English People*, 1654)에서는 자유는 곧 경건이요, 현명함이요, 바르게 함이요, 절도를 지키는 것이라 했다. 한 마디로 말하면 자유란 곧 '바른 이성' 즉 내면적인 신의 음성에 따르는 것이라는 것이다. 바른 이성에 따르는 것이 곧 아량이고 그것이 자유를 준다는 것이다.526) 여기서 '아량'이란 밀턴의 『그리스도교 교리론』에 의하면 반 영웅적인 개념인 '야망'(ambitio), '교만'(superbia), '소심'(putillanimitas)의 반대되는 덕목을 가리킨다.527) 또한 『투사 삼손』의 523-527행에서도 보는 바와 같이, 밀턴은 르네상스기의 다른 사상가들과 마찬가지로 '아량'을 영웅적 미덕과 결부시키고 있다. 그러나 밀턴에게 있어서 이 '아량'은 단순히 고전적인 영웅적 미덕 이상의 신적인 내용을 함축하고 있다고 해도 과언이 아니다. 밀턴에게 있어서 '아량'은 진정한 크리스천이 자신의 가치를 평가할 수 있는 기준이 되는 정신이다. 그러니까 '아량'이란 인간중심적인 덕목이 아니라 밀턴에게 있어서는 하나님 중심적인 신앙의 내용과 거의 같은 것이라 할 수 있다.

제이 아담인 예수의 속죄로 인해서 원죄가 깨끗하게 된 인간은 제일 아담의 원초적 모습을 회복할 수 있다. 타락한 인간의 이성에 구름이 끼어 희미해졌지만 밀턴은 하나님의 은총에 의해 재생의 상태에 이를 수 있다고 본다. 그 때 참 자유가 주어진다. 원초적 인간의 모습을 되찾는 것이 자유이고, 율법으로부터 해방되는 것이 은총이며 욕망을 억제하는 것이 규율이다. 이런 일을 해주는 것이 교육이라고 밀턴은 생각하였다.

---

525) *Ibid.*, 7. 443.
526) *Ibid.*, 4. 625.
527) *Ibid.*, 6. 736.

## 4. 이혼과 자유

소위 격문논쟁(Pamphlet War)이라고 불리는 기간 동안 밀턴은 시를 쓰지 아니하고 주로 산문을 썼다. 그의 산문은 전체적으로 그 나름의 방식으로 기독인의 자유를 규정하려는 노력을 공통적으로 담고 있다. 밀턴은 그의 『두 번째 변호』에서 '가장 본질적인 자유를 신장'(promotion of real and substantial liberty)하는 것을 그의 글의 목표로 하고 있다고 밝히고 있다. "그것이 없으면 어떤 사람이라도 편안히 지낼 수 없는 세 가지 종류의 자유가 있는데, 그것은 종교적 자유, 가정적 자유 혹은 개인적 자유, 시민적 자유이다. 나는 이미 첫 번째 종류에 대해서는 쓴 바가 있고, 행정관들이 부지런히 세 번째 자유에 대해 고심하고 있는 것을 보았고, 이제 나는 남아있는 문제 거리인 가정적 자유를 다루는 일에 착수했다."528)

1620년대로부터 밀턴의 산문시대는 시작된다. 이 산문시대를 셋으로 나눈다. 위에서 인용한 밀턴의 글에 따르면 제1은 '종교적 자유'(ecclesiastical freedom)를 주장하는 여러 논문을 쓴 시기로 1641년부터 그 이듬해에 해당된다. 제2는 '가정적 자유'(domestic freedom)를 주로 논한 시기로서, 1644년을 중심으로 전후 삼년간이다. 제3은 1649년부터 1654년에 이르는 정치논쟁, 즉 밀턴에게 있어서는 '정치적 자유'(civil freedom)을 주장하던 시기이다.

제2기에 발표한 산문을 보면 『이혼의 교리와 규율』(*The Doctrine and Discipline of Divorce*, 1643), 『교육론』(*Of Education*, 1644), 『마르틴 부서의 견해』(*The Judgment of Martin Bucer*, 1644), 『아레오파지티카』(*Areopagitica*, 1644), 『사현금』(四絃琴, *Tetrachordon*, 1645), 『징벌편』(懲罰鞭, *Colasterion*, 1645) 같은 것들이다.

---

528) John MIlton, "Second Defence of the *English People,*" *John MIlton's Complete Poems and Major Prose*, ed. Merritt Y. Hughes (Indiana police : Odyssey Press, 1654), 830-831.

이 중에서 일반 이혼을 다룬 저작은 네 종류다. 그러나 여기서 주목하여 보아야할 것은 『교육론』과 『아레오파지티카』는 이 시기에 속하는 산물로서, 이 담론들도 이혼론과 관련이 있는 많은 문제점을 포함하고 있다는 것이다.

밀턴은 1642년 5월에 메어리 파웰(Mary Powell)과 결혼하였다. 17세 연하의 왕당파의 딸이었다. 이 결혼은 약 2개월 정도 지나서 파탄을 맞는다. 메어리는 본가로 돌아갔다가 3년여 지나서야 화해했다. 이 기간 중에 일련의 이혼론을 썼다. 바로 일련의 이혼론은 이 비극이 계기가 되어 씌여진 것이다. 이 일련의 이혼론에서 밀턴이 전개하는 논리는 그의 전 생애에 있어서 결정적인 의미를 갖는 "낙원의 상실"의 주제와 관련이 된다고 생각한다.

밀턴의 이혼론의 특색은 결혼을 하나님과 인간 사이의 계약의 구체적인 규범으로 파악한다는 것이다. 그러나 그는 이미 형해화(形骸化)되어, 인간의 자유의지를 속박하는 방향으로 움직이는 계약사상, 결혼은 하나님과의 계약이기 때문에 어떠한 이유가 있다하더라도 그 계약을 해소해서는 안 된다고 하는 생각에 반대한다. 결혼은 계약이지만, 그 계약은 강제나 의무수행 때문에 억지로 같이 사는 것이 되어서는 안 되며, '사랑과 화평'으로 이루어져야 한다는 것이다. 『사현금』에서는 "경건과 신앙이 그리스도 교도의 결혼생활의 주요한 끈이다"[529]라 하였다. "어떠한 결혼생활도 신에의 신앙이 없으면 견고한 것은 없다"[530]고 한 성 암브로스(St. Abrose 340?-397)의 말을 인용하고 있다.

『이혼의 교리와 규율』에서 결혼의 실질적인 목적은 욕구 충족과 자손의 번식이 아니라 대화를 통해 서로 도와주고 위로하며 사랑하는 것이라 한다. 『사현금』과 『그리스도교 교리론』에서도 마찬가지로 하나님이 여자를 창조한 것은 남자를 위해서라고 한다. 즉 남자

---

529) *Ibid.*, 2. 591.
530) *Ibid.*, 2. 698.

를 돕고, 위로하고, 즐겁게 하기 위한 의도라는 것이다. 그런데 그 대신 슬픔, 치욕, 사기, 파멸, 고통, 재난을 가져다주면 그런 아내와는 이혼해도 무방하다고 한다.531) 그것은 이미 하나님과의 계약을 파기한 것이기 때문이다.

본래의 의의를 상실한 결혼생활은 '인간의 행복이나 하나님의 영광'532), '신에의 예배'533), '그리스도인들의 생활전체'534)에 방해가 된다는 것이다. 이것은 남성 중심적 사고와 메어리의 행위에 대한 불신앙에서 기인한 것 같다. 「마가복음」 10장 9절 "그러므로 하나님이 짝지어 주신 것을 사람이 나누지 못 할지니라 하시더라"는 말씀에 대해서도 『이혼의 교리와 규율』, 『사현금』, 『그리스도교 교리론』에서 독특하게 해석하고 있다. 즉 결혼은 계약이지만 부부 사이에 조화와 사랑이 없으면 이미 부부 사이의 계약은 파기된 것이나 다름없고 역시 신과의 계약도 말소된다는 것이다.535) 그러면서 「고린도전서」 7장 15절 "형제나 자매나 이런 일에 구속 받을 것이 없느니라. 그러나 화평 중에서 너희를 부르셨느니라"는 말씀을 인용하고 있다.

또 하나 밀턴의 이혼론의 특색은 '바른 이성'(recta ratio)에 대한 신뢰이다. 이성은 '하나님의 목소리' 또는 '하나님의 형상'으로서 진리의 원천이며 행위의 규범이라고 한다. 또한 이성은 선악의 선택 능력이며 판별력으로 본다. 그리고 '바른 이성'은 '인격적인 신의 명령에 대한 복종'이다. 인격적인 신의 명령에 불복종하면서 결혼의 계약은 이미 깨졌다고 한다. 그 깨진 계약을 다시 회복하는 것이 낙원의 회복이기도 하다.

---

531) *Ibid.*, 6. 374.
532) *Ibid.*, 2. 281.
533) *Ibid.*, 2. 276.
534) *Ibid.*, 2. 259.
535) *Ibid.*, 2. 697 ; 6. 371.

# 끝맺는 말

## 『실낙원』
### 기독교적 세계관과 서사 시학의 유기체

『실낙원』의 중심주제는 제1편 제26행에 나타나 있는 대로, "인간을 향한 하나님의 길을 정당화하고자 한다"(to justify God's way to man)는 것이다. 그리고 바로 그 앞 25행에서는 "인간을 향한 영원한 섭리를 정당화하고자 한다"(to justify eternal providence to man)라 하였는데, 이 두 행은 동의적 평행을 이룸으로 '하나님의 길'과 '영원한 섭리'라는 같은 뜻의 다른 표현에 불과하다. 하나님의 영원한 섭리, 곧 인간을 위해서 세워놓은 '하나님의 뜻'이 옳다는 것을 증명하고자 한 작품이 『실낙원』이다.

밀턴은 한때 가정적·정치적·육체적 혹독한 시련을 겪으면서 자기를 향한 하나님의 뜻 곧 그 길이 너무 가혹하고 불합리하다고 생각하였었다. '좋으신 하나님이라는데, 어떤 점에서 좋으시다고 할 수 있는가? 또는 옳으신 하나님이라고 하는데, 어떤 점에서 합리적이란 말인가? 나처럼 유능하고 젊은 사람을 정치 일선에서 쫓겨나게 하고 일시에 눈도 멀게 해서 글도 못쓰게 만들다니 어디 그럴 수가 있겠는가?'하는 것이 그의 항변이었다. 그러나 그런 처절한 극한 상황에서 그는 절망하며 나락으로 떨어진 것이 아니라 오히려 새로운 진리에 대한 깨달음에 이르게 되고 영적인 눈을 뜨게 되어 하나님의 길이 옳다는 것을 보게 되었다. 그래서 그는 인류에게 이것을 증명해 보이지 않을 수가 없었다. 그걸 위해 만들어진 불후의 서사시가 『실낙원』이요 『복낙원』이다.

『실낙원』에서 밀턴이 입증해 보이려 한 하나님의 길 곧 그 섭리는 세 가지 큰 사건, 즉 창조·타락·구원으로 이어지며 구현된다. 이것은 『실낙원』의 구조적 골격이기도 하지만 기독교적 세계관의 요체이기도 하다. 『실낙원』만큼 기독교적 세계관을 극명하게 보여주는 작품도 드물다. 이 세계관을 밀턴은 변증법적으로 전개하였다. 주지하는 바와 같이, 변증법은 정반합의 원리에 의해서 전개되는 하나의 논증법이다. 『실낙원』에 있어서 정(Thesis)에 해낭뇌는 것은 하나님의 창조 질서와 의로움, 그 창조에 나타난 그의 사랑과 선의를 일컫는다. 그런데 선하던 세계 속에 악이 들어와서 그 선과 질서를 파괴하려는 시도를 벌이는데, 그것이 곧 반(Antithesis)이다. 이 반의 과정은 모순, 갈등, 긴장관계로 진행된다. 이런 모순, 갈등, 긴장관계를 통하여 새로운 합(Synthesis)의 세계가 이루어진다. 그것이 그리스도의 사랑으로 나타나는 구원이다. 그 구원 속에 모든 인간의 악이 포섭 통합되고 승화된다. 이것이 창조로 시작되는 알파와 종말로 끝나는 오메가로 완성되는 기독교적 세계관이다.

세계관은 인간의 삶과 우주 역사를 총체적 관점으로 인도하는 기능을 수행한다. 그래서 인간이 소유하는 세계관의 차이에 따라서 삶과 작품의 방향도 크게 달라진다. 이 세계관은 인간이 살고 있는 현실의 시대와 세계를 어떻게 이해하느냐에 따라 형성되는 사유의 틀에 의해 만들어진다. 예술이나 작품 역시 이 세계관으로부터 생성된다. 작품은 시대의 미학적 형성뿐 만이 아니라 삶과 역사의 총체적 관점을 반영한다. 즉 작품은 역사적 삶 속에서 형성되는 것으로 세계관이 지시하는 미학적 지형에 따라 특정한 이미지로 표현된다.

이런 미학적 지형에 따라 특정한 이미지로 표현되는 기독교적 세계관에 따르면 만물 창조 가운데서도 특별한 역사는 인간이 하나님의 형상대로 만들어졌다는 것이다. 단적으로 말해서 창조된 인간은 절대 독립적인 존재가 아니라 하나님과의 관계 아래 있을 때에만 온존하고 행복할 수 있는 상대적이요 조건적인 존재라 할 수 있다. 그런 존재가 창조질서의 주체이신 하나님께서 바른 선택을 위해 주신 존귀한 선물인 저 유의지를 남용하여 하나님의 선보다 파괴질서의 선동자인 사탄의 악에 더 끌려 하나님을 거역하므로 이 세상에 죽음과 슬픔, 온갖 절망과 죄들이 들어와 불행한 존재가 되고 만다.

그러나 하나님께서는 은총의 법을 세우시고 외아들 예수 그리스도에게 육신의 옷을 입혀 이 땅에 오게 하시고, 죽을 죄인들을 위해 대신 속죄의 죽음을 죽게 하셨으며 그를 믿는 사람마다 구원을 얻고 영적인 죽음을 면하게 하는 동시에 성령의 인도 따라서 그리스도를 본받아 사는 삶을 통해 성화되어 하나님 나라로 들어가 영화로운 하나님의 질서 속에 통합되게 하셨다. 이것이 절망과 죽음을 지나 소망과 생명으로 나아가게 하는 하나님의 섭리다. 이와 같이 밀턴은 창조, 타락, 구원, 완성으로 이어지는 세계관, 곧 우주 질서 가운데 간여하시는 하나님의 섭리적인 사역이 옳음을 입증하기 위하여 『실낙원』을 썼다.

서상한 바와 같이, 『실낙원』의 문학세계는 두 질서의 충돌로써 시작된다. 하나는 하나님의 창조적 질서이고, 다른 하나는 사탄의 파괴적 질서이다. 질서를 유기체의 생존적 자율이라고 말할 수 있다면, 원래 사탄은 하나님으로부터 선하게 창조된 피조물이니까 독립된 자율적인 질서를 이룰 수가 없는 의존적인 존재였다. 그런데 어떻게 사탄이 악을 조장하고 생명을 파괴하는 파괴적 질서가 되었는가?

바울은 창조의 사역에 대해 말하면서(골 1:16) 창조를 두 개의 분명한 영역으로 나눈다. 보이지 않는 것들이 존재하는 하늘의 영역과 보이는 것들이 존재하는 땅의 영역이 있다는 것이다. 천사는 세상 창조 이전에(욥 38:6-7) 신성한 상태로(유 1:6) 하나님에 의하여 창조되었다. 모든 천사는 하나님께서 그의 모든 창조물을 향해 좋았다고 말씀하신 것처럼 거룩하고 선하게 본래 창조되었다. 그리고 하늘에 두시고 그의 소식을 전하는 사역자 노릇을 하게 하였다.

천사들의 수는 이루 헤아릴 수 없이 많다. 성경에 천천만만이라는 수가 나오지만 그것은 헤아릴 수 없이 많은 것을 나타내는 수적인 표상이다. 하늘의 별처럼 셀 수 없으리만큼 무수한 이 천사들이 성경에서는 8등급으로 나타난다. 천사들의 서열은 탁월성의 정도 차이를 뜻하거나 임무와 직책의 차이를 뜻한다. 이런 서열을 볼 때, 적어도 우리는 천사들의 능력이 서로 다르며, 어떤 천사들에게는 다른 천사들이 갖지 못한 권위가 있다는 것을 알게 된다.536)

밀턴의 사탄은 원래 루시퍼(Lucifer)라고 불리는 대천사였다고 한다. 성경에 '천사장들'이라는 복수명사가 한 번도 사용되지 않고 단수명사만 사용된 것을 볼 때, 천사장은 미카엘 하나뿐이었던 것 같다. 다만 타락 이전에는 루시퍼도 미카엘과 거의 동등한 천사장급이었던 것 같다.537) 적어도 사탄은 그룹 천사에 속하였던 아주 등급이 높은 천사였다. 「에스겔」 28장 14절에서는 사탄을 '기름 부음을 받은 덮는 그룹'이라 하였다. 이로써 우리는 타락하기 이전의 사탄은 기름 부음을 받은 거룩한 그룹 천사로서, 하늘에서는 '아침의

---

536) Billy Graham, *Angels : God's Secret Agents* (New York : Pocket Book, 1975), 63.
537) *Ibid.*, 63.

아들 루시퍼'라고 불리었던 것이 틀림없다는 것을 알 수 있다.538) 프로테스탄트 학자들 중의 일부는 「이사야」 14장 12절에 나오는 '계명성'(bright morning star)을 바벨론 왕에 대한 대명사로 보지만, 대개는 타락한 천사들의 우두머리 곧 '루시퍼'로 본다.539) 루시퍼는 '빛을 짊어지고 다니는 자'(light-bearer)라는 뜻이다. 그 뜻대로 루시퍼는 실로 수많은 천사들을 통솔하는 별 들 중에서도 가장 찬란한 별 즉 계명성이었다(PL., 8. 132-33). 성군을 이끄는 새벽별540) 같은 그의 용모는(PL., 5. 708-709) 마치 햇빛과도 같았다. 또한 그는 하늘에서 바르고 깨끗하게 서 있었고(PL., 4. 837) '그렇게도 영광스럽고 완전한'(PL., 5. 567-68) 존재였다. 그처럼 찬란한 존재였던 그가 왜 하늘에서 떨어지게 되었는가? 한 마디로 말해서 그것은 교만 때문이었다.

　　오만불손한 그가
　　반역천사들과 함께 하늘에서
　　쫓겨났도다. (PL., 1. 36-38 ; 4. 40-41 ; 5. 662-65)

미카엘과 더불어 루시퍼는 하나님 다음가는 높은 위치를 차지하고 있었는데, 그 위치를 하나님의 아들에 의해 빼앗겼다고 생각하여 질투심에 사로잡혀 모반을 일으켰던 것이다. 히브리 원어로 사탄은

---

538) *Ibid.*, 73.
539) Robert H. West, *Milton and the Angels* (Athens : U of Georgia P, 1955), 49.
540) 새벽별은 흔히 행성인 금성을 묘사하는 데 쓰이는 이름이다. 금성은 매년 일정 기간 태양이 뜨기 전에 동쪽 하늘에 떠오른다. 금성을 매우 밝은 행성이기 때문에 새벽 시간까지 보이는 상태로 남아 있으며, 비록 진짜 항성이 아니지만 효성(曉星)으로 불린다. 세벽에 뜨는 기간 외에 금성은 저녁별이 된다. 이때부터 일몰 후 서쪽 하늘에 나타나는 것이다. 저녁에 보이든 새벽에 보이든 금성은 지구 안쪽 궤도에 있는 행성이므로 태양으로부터 아주 먼 거리로 선회하지는 않는다. 수성 또한 새벽별과 저녁별로 불리지만 눈으로 보기는 매우 어렵다.

'원수'(enemy) 또는 '적대자'(adversary)라는 뜻인데, 질투심에 불타 모반을 일으킨 순간부터 그는 은총을 크게 입은 하나님의 총애자가 아니라 하나님의 적대자로 전락하게 된다.

하나님의 적대자가 되면서 보통명사로 불리던 '루시퍼'가 곧 지옥으로 추방되고 그때부터 '사탄'이라는 고유명사로 불리게 된다. 사탄은 이때부터 끊임없이 악을 조장하여 창조적 질서에 반항하고 생명을 파괴하는 일을 한다. 사탄의 질서는 파괴적 질서다. 성경에서는 반역천사의 우두머리 마귀를 이 '세상의 임금'(요 12:31) 또는 '세상 사람들을 혼미케 하는 이 세상의 신'(고후 4:4)이라 하였다. 이처럼 하늘의 대천사였던 루시퍼는 반역을 꾀하였다가 지옥으로 떨어진 후 '지옥의 군주'(PL., 10. 621)가 되고, 사탄이라는 고유명사로 불리게 된다. 회교국의 군주인 술탄처럼, 지옥의 군주가 된 사탄은 무엇보다 지옥의 군대를 통솔하는 장군으로서 활약하는가 하면, 부하 수령들을 모아놓고 개최한 보복모의를 위한 지옥회의를 주재하는 영도자의 역할을 한다.

이 사탄군은 하부조직으로 조(분대, 중대)와 대대를 갖고 있었고, 각 조는 수백의 병졸, 각 대대는 수천의 병졸로 구성돼 있었던 것 같다. 조마다 조장이 있고 대대마다 대대장이 있으며 사탄은 이들을 지휘하는 총사령관이었다. 이만큼 사탄의 군대는 막강한 전투조직을 갖고 일사분란하게 움직이고 있는 것이다. 이 병졸들 중의 어떤 자는 깃발(PL., 1. 533)을 드는 자로, 어떤 자는 전령자(PL., 1. 752)로, 또 어떤 자는 맘몬의 공병대(PL., 1. 675)로 활약을 하고 있다. 밀턴은 사탄의 군대를 참호를 파고 도시의 보루를 쌓는 기술과 재능을 갖고 있는 공병과 동일시하고 있다.541) 또한 밀턴은 사탄의 군대를 광부나 건축가로 비교하기도 하였다.542) 아무튼 사탄은 이런 반역군의 총사령관으로 그 위용을 떨치고 있는 것이다. 마귀 사

---

541) William Bourne, *Inventions* (London : Longman Group Ltd., 1978), 56.
542) *Ibid.*, 56.

탄은 군대 귀신들을 적그리스도로 이용한다.

사탄의 이런 위용은 지옥으로 떨어진 이후에도 여전히 그의 형상과 거동이 남들보다 자랑스럽게 뛰어나 탑처럼 서 있다(PL., 1. 589-91). 보통의 탑은 범접하기 어려운 상태 또는 얕보기 어려운 위상 같은 것을 상징한다. 사탄은 지옥으로 떨어지기는 했지만 아직은 그 형상과 거동이 위엄이 있고 얕볼 수 없는 범상한 자태를 가지고 있었다. 특히 타락한 천사들에게 그러했다. 지옥의 회의를 마치고 당당한 지옥의 타락 천사들 앞으로 걸어 나오는 모습은 강대한 군주, 무서운 제왕 또는 신처럼 꾸민 위엄으로 가득 찬 그런 모습이었다(PL., 2. 508-11).

이런 사탄이 인간을 넘어뜨리는 유혹자가 되면서 그 모습이 계속 추락된다. 그 추락자의 특색은 교활(guile), 기만(fraud), 허위(false-food), 거짓말(lies), 간계(wiles), 이른 바 가장 비천한 것들(PL., 9. 71)로 나타났다. 밀턴에게 있어서 유혹자는 무엇보다 싫고 더러운 파괴적인 존재였다. 그래서 밀턴은 유혹자로서의 사탄을 성경에서는 유혹자의 표상인 '고래'로 표현되기도 하고(시 104 : 26), '악어'라고도 하는(욥 41 : 15 ; 시 74 : 4) 거대한 해수 '리워아단'에다 비유하기도 한다(PL., 1. 202-210).

동물우화에 따르면, '리워아단'은 뱃사람들을 유혹해서 겉보기에는 안전한 큰 몸집에 정박하게 하고는 그 다음엔 바닥으로 가라앉아 그들을 파멸시켰다고 한다. 사탄은 '리워아단'과 같이 이미 그의 동료천사들을 유혹해서 지옥으로 떨어뜨렸고, 현재나 미래에 있어서도 수많은 사람들을 유혹하고 속여서 멸망으로 이끄는 것이다. 성경에도 보면 사탄을 '멸망으로 인도하는 자'[543] 또는 '죄로 이끄는 자'[544]로 묘사되어 있다. 그 뿐 아니라 사탄은 '허위의 선동자'[545]

---

543)「베드로전서」5 : 8 ;「에베소」6 : 11.
544)「요한복음」13 : 2.
545)「사도행전」5 : 3 ;「요한계시록」12 : 9.

로, 또는 '살인자'546)로 나타난다. 그러니까 '리워아단 이미지'는 거대하기는 해도 유혹자로 떨어진 사탄의 변신을 그려주는 적절한 비교라 할 수 있다. 사탄은 사람을 유혹하기 위해 다양한 위장과 변신을 꾀한다.

사탄은 그런 미혹적인 막강한 힘을 가지고 에덴동산과 그곳에 살고 있는 인간을 파멸시키기 위해 그곳으로 향한다. 그곳으로 향할 때 그는 '폭우에 시달린 배'(PL., 2. 1043-44)처럼 된다. 에덴동산에 도착한 사탄은 우선 어린 천사의 모습으로 위장하고 우리엘을 속인다. 그리고는 계속 먹이를 찾아 헤매는 '늑대'(PL., 4. 184), 부유한 시민의 돈을 훔쳐 내려고 마음먹은 '도둑'(PL., 4. 188-89)으로, 멀리서 보면 장려하고 멋지지만 실재에 있어서는 탐욕으로 가득 찬 새 '가마우지'(PL., 4. 196)로, 쇠 재갈을 깨물며 고삐에 끌려가는 '사나운 말'(PL., 4. 857-59)로, 두 사람 주위를 눈을 번득이며 활보하는 '사자'(PL., 4. 401-402)로, 숲가에서 두 마리 새끼 사슴을 보고 몸을 굽혔다가 일어서며 돌진하기 위하여 웅크린 '호랑이'(PL., 4. 403-408)로 위장해 가지고 에덴동산을 탐험한다. 사실상 성경에서도 사탄을 '늑대'나 '사자' 또는 '호랑이'에 비유한 것은 많이 있다. 모두 이 동물들은 악의 상징이기 때문이다. 또한 '가마우지'도 탐욕과 연관되는 악의 표상이니까(시 7：2； 벧전 5：8), 사탄을 '가마우지'로 위장시킨 것도 동일한 표상을 이용한 것이라 할 수 있다.

사탄의 외형적 모습이 변함에 따라 그의 '도덕적 성품'이나 '내면적인 가치'도 변질되는 것을 볼 수 있다. 즉 빛은 어둠으로, 선은 악으로, 온유와 겸손은 교만으로, 영광은 치욕으로, 장엄함은 흉함으로, 질서는 혼돈으로 바뀌는 것이다. 마침내는 '두꺼비'로 위장한 사탄은 하와의 귓가에 웅크리고 앉아 그녀를 미혹한다.

---

546) 「요한복음」 13：27.

거기서 그들은 바싹 하와의 귓전에 두꺼비처럼
웅크리고 앉아 있는 그를 발견한다. (*PL*., 4. 800-801)

중세 예술에 있어서 악마는 자주 '두꺼비'의 형태로 인간 속에 들어오는 경우가 많다. 대개는 '두꺼비'를 여자의 성기에 붙여 놓는 경우가 많지만, 밀턴은 '두꺼비'를 하와의 귓전에 배치했다. 사탄은 하와의 공상에다 악의를 불어넣으려고 하니까, 두꺼비를 귓전에다 배치한 것은 매우 적절한 조치라고 생각한다. 사탄이 하와의 귓전에 '두꺼비'처럼 웅크리고 앉아 있었을 때, 하와는 그를 아름다운 천사 방문객으로 생각했다. 마지막에는 뱀으로 변신하여 사탄은 하와를 유혹한다. 하와의 범행은 바울이 지적했듯이(살후 2:9-12) 사탄이 벌이는 속임수와 유혹에 그만 판단이 흐려져 거짓 것을 믿는데서 나오는 것이다. 아담은 속은 것은 아니나 하나님보다도 그가 반려자로 주신 여자를 더 사랑하고 의존했기 때문에 범죄 하는 것으로 밀턴은 묘사하고 있다.

사탄의 파괴질서가 극대화되고 인간의 모순적 질서가 한계에 이르면 하나님의 창조적 질서가 개입하여 들어온다. 그래서 하나님께서는 그의 외아들을 세상에 보내신다. 그것을 신학적으로는 성육신이라 하고 시각적으로는 창조적 질서의 형상화라 한다. 인간의 몸으로 육화된 그리스도가 뱀의 머리를 밟아버리고 그의 복음을 받아드리고 믿는 사람들은 구원하시는 것이다. '창조 질서'는 우주 만물을 창출하는 역사일 뿐 아니라 그들을 섭리하는 규율이기 때문에 때가 되면 파괴적인 질서도 수용될 수 있고 인간의 모순적 질서도 수용될 수가 있는 것이다. 그래서 인간은 더 좋은 낙원을 회복하게 된다. 회복된 낙원의 세계에서는 모든 악도 하나님의 섭리 속에 포섭 통합되면서 선으로 승화되고, 어둠은 빛으로, 혼돈은 질서로, 죽음은 생명으로, 절망은 소망으로, 슬픔은 기쁨으로 지양되게 된다. 그러니까 근원적으로 창조적 질서로 충만한 천국에는 악이 존재할 수 없고, 어둠도 없으며, 죽음과 절망 또는 눈물도 존재할 수가 없다.

서상한 바와 같이,『실낙원』의 작품세계는 엄격하게 말하자면 창조와 타락이라는 상충되는 질서가 서로 갈등하며 밀고 당기고 하다가 사랑의 질서 즉 구원으로 융합되는 세계이다. 하나님께서는 어제나 오늘이나 변함없이 선하게 창조하신 천지만물을 관리하고 보존하며 질서를 유지하여 가신다. 「창세기」 1장 2절을 보면 "땅이 혼돈하고 공허하며 흑암이 깊음 위에 있고 하나님의 신은 수면에 운행하시니라" 하였다. 창조 이전의 상태는 혼돈, 공허, 흑암뿐이었다. 하나님의 신이 수면에 운행하면서 창조를 마무리 짓고 나니 혼돈은 질서로, 공허는 충만으로, 흑암은 빛으로 나타났다. 이것이 창조의 질서다. 타락한 그룹 천사 사탄의 존재 목적은 끊임없이 악을 조장하여 창조적 질서에 반항하고 생명을 파괴하는 것이다. 그 사탄이 파괴하는 것은 질서와 생명과 선의 충만, 그리고 빛의 세계다.

현대는 하나님의 일시적인 허용 아래 사탄이 세상 임금 노릇을 하고 있기 때문에 사탄 마귀 세상 같이 보인다. 온통 이 세상은 혼돈과 공허, 무의미와 무규범, 무질서와 부조리, 그리고 흑암으로 가득 들어 차있다. 사탄은 아담과 하와를 유혹하여 인류를 전락시켰고(창 3:1-5), 그 이래로 자신의 사자 귀신들을 동원하여 조직적으로 또는 은근하게 비밀리에 불의와 가까운 사람들의 틈새와 약점을 비집고 들어와 미혹하여 넘어뜨린다. 사탄의 세력은 너무 두려워할 필요도 없지만 너무 얕잡아 보아도 낭패할 수가 있다. 사탄의 세력은 막강한 군대 조직을 갖고 있으며 온갖 전술전략을 치밀하게 짜서 움직이고 있기 때문에 깨어 각성하고 대적하지 않으면 믿는 자라도 넘어질 수밖에 없다.

『실낙원』이 우리에게 주는 영적 메시지는 무엇인가? 현대에 있어서 필요한 그리스도인은 마귀와 대적하여 싸우는 '전투적인 크리스천'(Wafarring Christian)이라는 것이다. 로마 사람들은 그리스도인을 가리켜 '끄리스피아누스'(Christianus)라 불렀다. 이 말은 원래 군대식 개념에서 나온 것으로 '그리스도의 군대'라는 뜻을 가지고 있다. 종교개혁자 마르틴 루터도 그리스도인을 가리켜 '십자가의 군기를 든 강한 그리스도의 군병들'이라 하였다. 군병들이 되어야 할 그리스도인들이 점차 오합지졸이 되어가고 있다. 눈먼 시인 밀턴은 이렇게 패잔병처럼 전의를 상실한 그리스도인들을 향하여 진군의 나팔을 부는 것이다.

  밀턴이 공화정부에 들어가 일을 하다가 쫓겨나고 실명하고 나서 깨달은 것은 자기가 싸워야할 적은 혈과 육(왕당파)이 아니라 사탄 마귀와 벨리알의 무리들 및 맘몬의 추종자들과 싸우지 아니하면 보다 좋은 낙원을 회복할 수 없다는 것이었다. 싸우는 '전투적인 크리스천'이 되기 위하여 그는 『실낙원』의 중요 대목 네 곳에서 무릎을 꿇고 성령을 덧 입혀 달라고 기도한다. 성령을 힘입어 그 영감으로 기록한 작품이 곧 성부 하나님이 중심이 되는 『실낙원』, 성자 하나님이 중심이 되는 『복낙원』, 그리고 성령이 중심이 되는 『투사 삼손』이다. 이 세 작품은 각기 독자적인 탁월성과 불후성을 지니고 있지만 밀턴의 작품 세계를 총체적으로 파악하기 위해서는 일종의 삼부작이라 할 수 있는 이 세 작품을 통합적 미학의 관점으로 이해하는 것이 중요하다.

# 인용문헌 목록

김동건, "기독교의 하나님 : 삼위일체," 『국민일보』. 2013년 3월 22일
디카슨, C. F. 『천사 사탄과 귀신론』, 김달생 옮김. 서울 : 성광문화사, 1982.
밀턴, 존. 『실락원 · 장사 삼손』, 이창배 옮김. 서울 : 동국대학교 출판부, 2000.
_____, 『실낙원』, 조신권 옮김. 서울 : 아가페문화사, 2013.
_____, 『복낙원』, 조신권 옮김. 서울 : 아가페문화사, 2014.
박상익. 『아레오파기티카』. 서울 : 소나무, 1999.
박인성. 『칼빈주의 예정론』. 전주 : 전주대학교출판부, 1998.
바타이유, 조르주. 『문학과 악』, 최은경 옮김. 서울 : 민음사, 1995.
송홍한. *Milton's Vision of History in Paradise Lost, Paradise Regained, and Samson Agonistes*. 서울 : 서강대학교 대학원, 1993.
이상섭. 『문학용어사전』. 서울 : 민음사, 1976.
이인성. "밀턴과 서사시 전통," 밀턴과 근세 영문학회 편 『밀턴의 이해』. 서울 : 시공아카데미, 2004.
임철규. 『왜 유토피아인가』. 서울 : 민음사, 1994.
장경철. 『흔적신학』. 서울 : 도서출판 더드림, 2014.
조신권. 『청교도 애국시인 존 밀턴의 문학과 사상』. 서울 : 아가페문화사, 2012.
최재헌. 『*Paradise Lost*의 언어와 존재 연구』. 경북대학교 대학원 문학 박사학위논문, 1993.
키취, 벤쟈민. 『성경 은유 영해』, 김경선 옮김 제2권. 서울 : 여운사, 1987.
편찬위원회. 『기독교 대백과사전』. 서울 : 기독교문사, 1984.
해밀튼, 이디스. 『그리스 · 로마 신화』, 이재호, 유철준 옮김. 서울 : 탐구

당, 1995.

호메로스. 『일리아스』, 『오디세이아』, 정병조 역. 서울 : 동화출판사, 1970.

Abrams, M. H. A. *A Glossary of Literary Terms*. New York : Holt Rinehart and Winston, 1981.

Addition, Joseph. *The Spectator*. London : J. M. Dent & Sons Ltd., 1958.

Allen, D. C. *The Harmonious Vision*. Baltimore : Peter Smith, 1970.

_____, "Two Notes on *Paradise Lost*," *MLN* 68, 1953.

Alexander, Samuel. *Space, Time and Deity*. New York : Coller Books, 1966.

Anthony, Joseph. *The Romantics on Milton : Formal Essays and Critical Asides*. Cleveland, 1970.

Aristotle, *Poetics* with Commentary by O. B. Hardison, Jr., Translated by Leon Golden. New Jersey : Prentice-Hall, Inc., 1968.

_____, *Physics*. New York : Bandom House, Inc., 1946.

Arnold, Matthew. *Essay In Criticism*. London : Macmillan and Co, Ltd., 1969.

Augustine, *The City of God*, trans. Marcus Dods. New York : Rondom House, Inc., 1950.

Babb, Lawrence. *The Moral Cosmos of Paradise Lost*. Michigan State University Press, 1970.

Bangs, Carl. *Arminius : A Study in the Dutch Reformation*. New York, 1971.

Banks, T. H.. *Milton's Imagery*. New York : Holt, Rinehart and Winston, 1950.

Barth, Karl. *Church Dogmatics*. New York, 1957.

Bell, Millicent. "The Fallacy of the Fall in *Paradise Lost*," *PMLA*, 68,

1953.

Binyon, Laurence. "A Note on Milton's Imagery and Rhythm," *Seventeenth Century Studies presented to Sir Herbert Grierson*. Oxford : Oxford University Press, 1938.

Blackburn, Thomas H. "Paradise Lost and Found : The Meaning and Function of the 'Paradise Within' in *Paradise Lost*," *Milton Studies* 5, 1973.

Blair, Walter & Chandler, W. K. *Approches to Poetry*. New York : Appleton-Century-Crofts, Inc., 1953.

Blamires, Harry. *Milton's Creation*. London : Methuen, 1971.

Blessington, Francis C. *Paradise Lost : Ideal and Tragic Epic*. Boston : G. K. Hall, 1988.

Bloomfield, M. W. *The Seven Deadly Sins*. Hawaii : East Lansing, 1952.

Bloys, William. *Adam in his Innocence*. New York : Washington Square Press, 1928.

Bonnell, John H. "The Serpent with the Human Head in Art and in Mystery Play," *American Journal of Archaeology* 21, 1917.

Bourne, William. *Inventions*. London : Longman Group Ltd., 1978.

Bowra, C. M. *From Virgil to Milton*. London : Macmillan & Co., Ltd., 1965.

Broadbent, John B. "Milton's Hell," *ELH* 21, 1854.

_____, *Some Grave Subject : An Essay on Paradise Lost*. New York : Harper & Row, 1960.

Burden, Dennis H. *The Logical Epic : A Study of the Argument of Paradise Lost*. London : Routledge and Kegan Paul, 1867.

Burgess, Frederick. *English Churchyard Memorials*. London : Cohn & West, 1963.

Burto, William. ed., *William shakespeare : The Sonnets.* New York : New American Library, 1963.

Burton K. M. ed., *Milton's Prose Writings.* London, 1958.

Bush, Douglas. *English Literature in the Earlier Seventeenth Century.* London : Oxford University Press, 1945.

_____, *Paradise Lost in Our Time.* Cloucester : Peter Smith, 1957.

Calvin, John. *Institute of the Christian Religion.* trans. Herny Beveridge. London : James Clarke & Co., 1957.

Carlyle, Thomas. *Sartor Resartus.* London : J. M. Dent & Sons Ltd., 1956.

Carnes, Valerie. "Time and Language in Milton's *Paradise Lost*," *ELH* 37, 1970.

Cassirer, Ernest. *An Essay on Man.* New York : Doubleday, 1953.

Chambers, A. B. "The Falls of Adam and Eve in *Paradise Lost*," in *New Essays on Paradise Lost.* ed. Thomas Kranidas. Berkley · University of California Press, 1971.

_____, "Three Notes on Eve's Dream in *Paradise Lost*," *PQ* 46, 1967.

Cirillo, Albert R. "Noon-midnight and the Temporal Structure of *Paradise Lost*," *Critical Essays on Milton from ELH.* Baltimore & London : The John Hopkins Press, 1969.

Coleridge, S. T. *Biographia Literaria.* ed., J. Shawcross. Oxford : Basil Blackwell, 1907.

Colie, Rosalie L. "Time and Eternity : Paradox and Structure in *Paradise Lost*," *Milton.* ed. Alan Rudrum. London : Macmillan, 1968.

Corcoran, Sister Mary Irma. *Milton's Paradise with Reference to the Hexameral Background.* Washington : Catholic University of America Press, 1945.

Cope, Jackson I. *Metaphoric Structure of Paradise Lost*. Baltimore : The Johns Hopkins Press, 1962.

Curry, Walter Clyde. *Milton's Ontology, Cosmology and Physics*. Lexington : University of Kentucky Press, 1966.

Crosman, Robert. *Reading Paradise Lost*. Bloomington : Indiana University Press, 1980.

Cullmann, O. *Christ and Time*. London : SCM Press, 1951.

Crump, Galbraith Miller. *The Mystical Design of Paradise Lost*. Cranbury : Associated University Press, 1975.

Daiches, David. *Critical Approaches to Literature*. London : Longmans, Green and Co., Ltd., 1969.

Danielson, D. R. *Milton's Good God*. Cambridge : Cambridge University Press, 1982.

Davie, Donald. "Syntax and Music in *Paradise Lost*," *The Living Milton*. ed. Frank Kermode. London : Routledge and Kegan Paul, 1960.

Delasanta, Bodney. *The Epic Voice*. The Hague : Mouton & Co., 1967.

Diekhoff, John S. *Milton's Paradise Lost*. New York : The Humanities Press, Inc., 1958.

Demaray, John G. *Milton's Theatrical Epic*. Cambridge : Havard University Press, 1980.

──────, "The Thrones of Satan and God : Backgrounds to Divine Opposition in *Paradise Lost*," *HLQ* 31, 1967.

Dixon, W. M. *English Epic and Heroic Poetry*. Oxford : The Clarendon Press, 1956.

Douce, F. *Holbein's Dance of Death*. London : Routledge & Kegan

Paul, 1958.

Dustdoor, P. E. "Legends of Lucifer in Early English and in Milton," *Anglia* 54, 1930.

Eliot, T. S. *On Poetry and Poets*. London : Faber and Faber, 1961.

―――, "Milton," *Proceedings of the British Academy* 33, 1947.

―――, *Selected Essays*. London : Faber and faber, 1951.

Empson, William. *Milton's God*. London : Chatto & Windus, 1965.

―――, *The Structure of Complex Words*. London : Faber and Faber, 1951.

Entzimibger, Robert L. *Divine Word : Milton and the Redemption of Language*. Pittsburgh : Duquesne University Press, 1985.

Evans, J. M. *Paradise Lost and the Genesis Tradition*. London : Oxford University Press, 1968.

Ferry, Anne Davidson. *Milton's Epic Voice*. Cambridge : Harvard University Press, 1967.

Fish, Stanley E. *Surprised by Sin*. London : University of California Press, 1971.

Fletcher, Harris. *Milton's Rabbinical Readings*. Urbana, 1930.

Foster, Edward Morgan. *Aspects of the Novel*. New York : Harcourt, Brace, Jovanovich, 1927.

Fowler, Alastair. ed., *Milton : Paradise Lost*. London : Longman Group Ltd., 1968.

Fox, Robert C. "Milton's Sin : Addenda," *PQ* 42, 1963.

Freeman, James A. *Milton and European Traditions of War*. New Jersey : Princeton University Press, 1980.

Frye, Northrop. *Anatomy of Criticism*. New York : The Odyssey Press, 1965.

―――, *Five Essays on Milton's Epics*. London : Routledge &

Kegan Paul, 1965.

_____, "The Garden Within," in *On Milton's Poetry*. ed. Arnold Stein. Connecticut : Fawcett, 1970.

Frye, Roland Mushat. *Imagery and the Visual Arts*. New Jersey : Princeton University Press, 1978.

Gardner, Helen. *A Reading of Paradise Lost*. Oxford : The Clarendon Press, 1965.

Giamatti, A. Bartlett. *The Earthly Paradise and the Renaissance Epic*. Princeton : Princeton University Press, 1966.

Gilson, Etienne. *The Spirit of Medieval Philosophy*. tr. A. H. Downes. New York : Holt, Rinehart & Winston, 1962.

Gossman, Ann. "Milton, Prudentius and the Brood of Sin," *N&Q* 202, 1957.

_____, "Two Milton Notes," *N&Q* 206, 1961.

Graham, Billy. *Angels : God's Secret Agents*. New York : Pocket Book, 1975.

Grierson, H. J. L. *Criticism and Creation*. London : Chatto and Windus, 1949.

_____, *Cross Currents in English Literature of the Seventeenth Century*. Harmondsworth : Penguin, 1958.

_____, *Milton and Wordsworth*. London : Chatto & Windus, 1963.

Haller, William. *The Rise of Puritanism*. New York : Columbia University Press, 1957.

Handford, James H. *A Milton Handbook*. New York : Appleton-Century-Crofts, 1954.

Harison, O. B. "Written Records and Truths of Spirit in *Paradise Lost*," *Milton Studies 1*. Pittsburgh : University of Pittsburgh Press, 1969.

Highet, Gilbert. *The Classical Tradition : Greek and Roman Influences on Western Literature*. London : Oxford University Press, 1953.

Hill, D. M. "Satan on the Burning Lake," *N&Q* 201, 1965.

Hill, John Spencer. *John Milton : Poet, Priest and Prophet*. London : The Macmillan Press, Ltd., 1979.

Hooker, Richard. *Of the Laws of Ecclesiastical Polity*. London : Oxford University Press, 2013.

Hughes, Merrit Y. ed., *John Milton : Prose Selection*. New York : The Odyssey Press, 1943.

_____, *John Milton's Complete Poems and Major Prose*. New York : The Odyssey Press, 1654.

Hutchison, F. E. *Milton and the English Mind*. New York : Collier Books, 1962.

Holman, C. Hugh. *A Handbook to Literature*. Indianapolis : Bobb-Merill Educational Publishing Co., 1980.

Hunter, Patrides, Adamson, *Bright Essence : Studies in Milton's Theology*. Salt Lake City : University of Utah Press, 1971.

Hunter, G. K. *Paradise Lost*. London : George Allen & Unwin, 1980.

Huxley, Aldous. *In Music at Night*. London : Chatto & Windus, 1936.

Illo, John. "Animal Sources for Milton's Sin and Death," *N&Q* 205, 1960.

Jesperson, Otter. *The Philosophy of Grammar*. London : Longman, 1924.

Kendon, Frank. *Mural Paintings in English Churches during the Middle Ages : An Introductory Essay on the Folk Influence in Religious Art.* London : Lowe & Brydone Ltd., 1923.

Ker, W. P. ed., *Essays of John Dryden.* London : Oxford University Press, 1926.

Kerrigan, William. *The Prophetic Milton.* Charlottesville : The University Press of Virginia, 1974.

Kierkegaard, S. *Repetition.* New Jersey : Princeton University Press, 1945.

Kirkconnell, Watson. *The Celestial Cycle.* Toronto : Toronto University Press, 1952.

Koehler, G. Stanley. "Milton's Use of Color and Light," *Milton Studies* 3, 1971.

Koh, Myong-Eun. *Milton's Understanding of Human Freedom and the Polarized Symmetries of Paradise Lost.* Seoul : Hanshin Publishing Co., 1991.

Knott, John R. Jr., "Milton's Heaven," *PMLA.* Vol. 85, No 3 May, 1970

_____, *Pastoral Vision : An Approach to Paradise Lost.* Chicago : The University of Chicago Press, 1971.

Langdon, Ida. *Milton's Theory of Poetry and Fine Arts.* New York : Russell & Russell, 1965.

Leavis, F. R. *The Common Pursuit.* New York : Washington Square Press, 1952.

_____, *Revaluation.* Harmondsworth : Penguin, 1967.

Legouis, Emile. *History of English Literature.* London : J. M. Dent & Sons, 1954.

Levin, Harry. *The Myths of the Golden Age in the Renaissance.* Bloomington : Indiana University Press, 1969.

Lewalski, Barbara. "Innocence and Experience in Milton's Eden," in

   *New Essays on Paradise Lost,* ed. Thomas Kranidas. California : University of California Press, 1971.

Lewis, C. S. *A Preface to Paradise Lost.* London : Oxford University Press, 1960.

_____, *Reflections on the Psalms.* New York : Harcourt, Brace & World, 1958.

_____, *The Discarded Image : An Introduction to Medieval and Renaissance Literature.* Cambridge : Cambridge University Press, 1964.

Long, Mason. *Poetry and Form.* New York : G. P. Putnam's Sons, 1938.

Lovejoy, Arthur O. "Milton and the Paradox of the Fortunate Fall," *Critical Essays on Milton from ELH.* Baltimore : The Johne Hopkins Press, 1969.

_____, "The Chinese Origin of a Romanticism," *Essays in the History of Idea.* New York : Holt, Rinehart & Winston, 1960.

MacCafery, Isabel G. "The Themes of *Paradise Lost,* Book lll," *New Essays on Paradise Lost,* ed. Thomas Kranidas. California : University of California Press, 1969.

_____, *Paradise Lost as "Myth".* Cambridge : Harvard University Press, 1959.

McClley, Grant. *Paradise Lost : An Account of Its Growth and Major Origins.* Chicago : Packard, 1940.

Madsen, W. G. *From Shadowy Types to Truth.* New Haven : Yale University Press, 1968.

Mahood, M. M. "Milton's Heroes," *Milton.* ed. Alan Rudrum. London : Macmillan, 1968.

Marlory, John. *Milton and his Epic Tradition.* Washington :

University of Washington Press, 1979.

Howard Marshall, I. Howard. *Biblical Inspiration*. Michigan : William B. Eerdmans Publishig Company, 1982.

Martz, Louis L. *The Paradise Within* : *Studies in Vaughan, Traherne, and Milton*. New Haven : Yale University Press, 1964.

Masson, David. ed. *The Poetical Works of John Milton*. London : Macmillan, 1893.

Mendilow, A. A. *Time and Novel*. New York : Humanities Press, 1965.

Meyerhoff, Hans. *Time in Literature*. Berkeley and Los Angeles : University of California Press, 1968.

Mile, Emile. *The Gothic Image*. New York : Coller Books, Ltd., 1958.

Miles, Josephine. "From 'Good' to 'Bright' : A Note in Poetic History," *PMLA* 60, 1945.

Miner, Earl. ed. *Seventeenth-Century Imagery*. Berkeley : Berkeley University Press, 1971.

Muir, Kenneth. *John Milton*. New York, 1955.

Muir, Lynete R. "A Detail in Milton's Description of Sin," *N&Q* 201, 1956.

Muldrow, George M. *Milton and the Drama of the Soul*. Mouton, 1970.

_____, "The Beginning of Adam's Repentance," *PQ*. 46, 1967.

Murray, Gilbert. *The Rise of Greek Epic*. London : Oxford University Press, 1924.

Mustazza, Lleonard. *"Such Prompt Eloquence"* : *Language as Agency and Character in Milton's Epics*. Lewisburg : Bucknell Univerity Press, 1988.

Nevins, Mary Ann. "Eve and Dalila : Renovation and the Hardening of the Heart," *Reason and the Imagination.* ed. J. K. Mazzeo. New York : Columbia University Press, 1992.

Niebuhr, R. *Faith and History.* London : Metheun & Co., 1951.

Ogden, H. V. S. "The Crisis of *Paradise Lost* Reconsidered," *Milton : Modern Essays in Criticisim.* ed. Arthur E. Barker. London : Oxford University Press, 1970.

O'Keefe, Timothy J. "An Analogue to Milton's Sin and More on the Tradition," *Milton Quarterly* 5, 1971.

Oras, Ants. "Darkness Visible—Notes on Milton's Descriptive Procedures in *Paradise Lost*," *All These to Teach : Essays in Honor of C. A. Robertson.* ed. Robert A Bryan. Gainesville, 1965.

Patrides, C. A. *Milton and the Christian Tradition.* London : Oxford University Press, 1966.

_____, "Because We Freely Love," *On Milton's Poetry.* ed. Arnold Stein Connecticut : Fawcet Publications, Int., 1970.

Patterson, F. A. ed., *The Student's Milton.* New York : Columbia University Press, 1961.

_____ ed., *The Works of John Milton.* New York, 1931-38.

Peter, John. *A Critique of Paradise Lost.* New York : Columbia University Press, 1960.

Plato, "Phaedo," *Dialogues of Plato.* ed., Justin D. Kaplan. New York : Washington Square Press, 1950.

Pratz, Mario. *On Neoclassicism.* Evanston, 1965.

Quincey, De. *The Opium-Eater.* London : James Clarke & Co., 1948.

Quinones, Richard J. *The Renaissance Discovery of Time.* Cambridge

: Havard University Press, 1972.

Qvarnstrom, Gunnar. *The Enchanted Palace : Some Structural Aspects of Paradise Lost.* Stockholm, 1967.

Rajan, Balachandra. *The Lofty Rhyme.* Florida : Coral Gables, 1970.

_____, *Paradise Lost & the Seventeenth Century Reader.* London : Chatto & Windus, 1947.

Reesing, John. *Milton's Epic Art.* Cambridge : Harvard University Press, 1968.

Reutersward, Patrik. "What Color is Divine Light," in *Light in Art*, eds., Hess and Ashbery. New York : F. S. Crofts & Co., 1971.

Richter, Harvena. *Virginia Wolf : The Inward Voyage.* New Jersey : Princeton University Press, 1970.

Robins, Harry F. "Milton's Golden Chain," *MLN* 69, 1954.

Rosenau, Helen. *The Ideal City in Its Archetectual Evolution.* London : Routledge, 1959.

Rudrum, Alan. *Milton : Paradise Lost.* London : Macmillan, 1966.

Ryken, Leland. *The Apocalyptic Vision in Paradise Lost.* Ithaca and London : Cornell University Press, 1970.

_____, *The Christian Imagination* : *Essays on Literature and the Art.* Michigan : Grand Rapids, 1981.

Samuel, Irene. *Dante and Milton : The Commedia & Paradise Lost.* Ithaca : Cornell University Press, 1966.

Sands, Maurice. *An Outline of Milton : Life and Work.* Boston : Student Outlines Company, 1949.

Seaman, John E. *The Moral Paradox of Paradise Lost.* The Hague : Mouton, 1971.

Sewell, Arthur. *A Study in Milton's Christian Doctrine.* London : Oxford University Press, 1939.

Sewall, Richard. *The Vision of Tragedy.* New Haven : Yale University Press, 1980.

Schillan, D. & Dloyfair, O. S. *Paradise Lost Book I-III.* Macmillan & Co. Ltd., 1964.

Shakespeare, William. *As You Like it.* London : J. M. Dent & Sons, Ltd., 1958.

Showcross, John T. ed., *Milton 1732-1801 : The Critical Heritage.* London : Routledge & Kegan Paul, 1970.

Shumaker, Wayne. "The Fallacy of the Fall in *Paradise Lost*," *PMLA*, 52, 1958.

_____, *Unpremeditated Verse : Feeling and Perception in Paradise Lost.* Princeton : Princeton University Press, 1967.

Sirluck, Ernest. ed. *Complete Prose Works of John Milton* Vol. 2. New Haven : Yale University Press, 1643-1648.

Smith, Rusell E. "Adam's Fall," *Critical Essays on Milton from ELH.* Baltimore : The Johns Hopkins Press, 1969.

Spencer, Jeffry B. *Heroic Nature : Ideal Landscape in English Poetry from Marvell to Thompson.* London : Chatto & Windus, 1973.

Spingarn, J. E. ed. *Critical Essays of the Seventeenth Century,* London : Oxford University Press, 1908-1909.

Stapleton, Laurence. "Perrspective of Time in *Paradise Lost*," *PQ* 65, 1966.

Steadman, John M. *Epic and Tragic Structure in Paradise Lost.* Chicago : University of Chicago Press, 1976.

_____, "Sin and The Serpent of Genesis 3." *MP* 54, 1967.

Stein, Arnold. *Answerable Style : Essays on Paradise Lost.* Seatle, 1967.

Stocker, Margarita. *An Introduction to the Variety of Criticism : Paradise Lost.* London : Macmillan, 1988.

Stoll, Elmer E. *Poets and Playwright.* Minnesota : University of Minnesota Press, 1966.

Summers, Joseph H. *The Muse's Method : An Introduction to Paradise Lost.* Cambridge : Harvard University Press, 1962.

_____, "The Final Vision," *Milton : Paradise Lost,* ed. Louis L. Martz. New Jersey : Prentice-Hall, Inc., 1966.

Taylor, George Coffin. "Milton and Mining," *MLN* 45, 1930.

Thorpe, James. *John Milton : The Inner Life.* San Marino : The Huntington Library, 1983.

Tillyard, E. M. W. *Milton.* Harmondsworth : Penguin Books Ltd., 1968.

_____, *Studies in Milton.* London : Chatto and Windus, 1951.

_____, *The English Epic and Its Background.* London, 1954.

Toynbee, Arnold. *Civilization and Trial.* London : Oxford University Press, 1943.

Trapp, J. B. "The Iconography of the Fall of Man," *Approaches to Paradise Lost*, ed. C. A. Patrides. London : Oxford University Press, 1968.

Treip, Mindele. *Milton's Punctuation and Changing English Usage 1582-1676.* London : Macmillan and Co., 1970.

Tuve, Rosamond. *Allegorical Imagery : Some Medieval Books and Their Posterity.* Pcinceton : Princeton University Press, 1966.

Waddington, Raymond B. "Appearance and Reality in Satan's Disguises," *TSLL* 4, 1962.

Waldock, A.. J. A. *Paradise Lost and Its Critics.* London :

Cambridge University Press, 1947.

Watkins, W. B. C. *An Anatomy of Milton's Verse*. Hamden : Archon Books, 1965.

Welleck, Rene and Warren, Austin. *Theory of Literature*. New York : The Odyssey Press, 1942.

Werblowsky, R. J. Zwi. *Lucifer and Prometheus*. London : Routledge & Kegan Paul, 1952.

West, Robert. *Milton and Angels*. Athens : University of Georgia Press, 1955.

Whaler, James. "Animal Simile in *Paradise Lost*." *PMLA* 47, 1932.

Williams, Arnold. *The Common Expositor*. Chapel Hill, 1948.

Willey, Basil. *The Seventeenth Century Background*. London : Chatto and windus, 1967.

Wilson, Thomas. *The Arte of Rhetorique*. ed. G. H. Mair. London : James Clarke, 1958.

Whiting, George W. "Tormenting Tophet," *N&Q* 192, 1974.

Wolf, Virginia. *Orlando*. New York : Random House, Inc., 1960.

Wolfe, Don M. ed. *Complete Prose Works of John Milton*. New Haven : Yale University Press, 1973.

_____, *Milton and his England*. New Jersey : Princeton University Press, 1971.

_____, *Milton in the Puritan Revolution*. London : Cohen & West, 1963.

Woodhouse, A. S. P. *The Heavenly Muse : A Preface to Milton*. Toronto : University of Toronto Press, 1972.

_____, *The Poet and His Faith*. Chicago, 1965.

Wright, B. A. "The Source of Milton's Pandemonium," *MP* 29, 1931.

**운암 조신권 교수 전집출간 후원 안내**

은행 계좌번호 : 국민 043901-04-112613

예금주 : 강 경 애

연락처 : 02-587-5820, 010-8272-5820

이메일 : skcho915@hanmail.net

> 저자와 협의하여
> 인지 부착을
> 생략하였음

## 밀턴의 영성문학과 신학

2015. 6. 10 초판 인쇄
2015. 6. 15 초판 펴냄

지은이   조 신 권
발행인   김 영 무

발행처 : 도서출판 아가페문화사
156-094 서울 동작구 사당4동 254-9
전화 02-3472-7252, 3 팩스 02-523-7254
등록 제 3-133호(1987. 12. 11)

보급처 : 아가페문화사
156-094 서울 동작구 사당4동 254-9
전화 02-3472-7252, 3 팩스 02-523-7254
온라인 국   민 772001-04-114962(김영무)
우 체 국 011791-02-004204(김영무)

값 35,000 원

ISBN 978-89-8424-138-1   03840